# 总承包项目 EPCC 协同管理与控制

顾祥柏　编著

化学工业出版社

·北京·

图书在版编目(CIP)数据

总承包项目 EPCC 协同管理与控制/顾祥柏编著．
—北京：化学工业出版社，2019.9
ISBN 978-7-122-34846-3

Ⅰ.①总… Ⅱ.①顾… Ⅲ.①承包工程-项目管理
Ⅳ.①F271

中国版本图书馆 CIP 数据核字（2019）第 140997 号

责任编辑：宋　辉　　　　　　　　　　　文字编辑：汲永臻
责任校对：边　涛　　　　　　　　　　　装帧设计：关　飞

出版发行：化学工业出版社（北京市东城区青年湖南街 13 号　邮政编码 100011）
印　　装：三河市延风印装有限公司
787mm×1092mm　1/16　印张 40¾　字数 1097 千字　2020 年 3 月北京第 1 版第 1 次印刷

购书咨询：010-64518888　　　售后服务：010-64518899
网　　址：http://www.cip.com.cn
凡购买本书，如有缺损质量问题，本社销售中心负责调换。

定　价：198.00 元　　　　　　　　　　　　　　　　　　　　　　　版权所有　违者必究

# 前 言

随着"一带一路"国家倡议逐步深入推进，国内调结构去产能促增长政策逐渐推动了以 EPCC、PPP 等为代表的新的工程项目实施模式的广泛应用，工程项目的规模与复杂程度越来越高，工程建筑企业参与市场的竞争压力与动力逐渐加大，工程项目的业主与承包商对科学高效管控 EPCC 项目的需求日益强烈，迫切需要建立行之有效的 EPCC 协同管理体系。

EPCC 的协同管理体系有必要整合设计过程、采购过程、施工过程以及机械完工与试车过程，并通过优化 EPCC 流程与程序提高其规范化、标准化水平，畅通沟通渠道，将项目参建各方组成一个有机的整体，减少参与项目各方之间的冲突与矛盾，协同提高管理水平和工作效率，充分发挥 EPCC 总承包模式的优势，显著提升工程承包项目的进度和成本绩效，实现项目参建各方的共赢。

为此，本书主要介绍工程设计管理、采购与材料管理、施工管理以及机械完工试车与移交管理的推荐做法，筛选了许多成功的创新实践、流程、程序以及相应的工具和模板，提供的程序、工具与模板可以直接用于实现 EPCC 的协同管控，也可以用于支持 EPCC 项目的投标报价工作。

项目业主与工程企业可依托本书所提供的 EPCC 管控程序、工具与模板，结合工程项目管理面临的突出问题与典型承包合同类型，开发符合项目业主要求和工程企业实际的 EPCC 项目管控工作体系。本书提供的程序、工具与模板可有效支持以 EPCC、PPP 为代表的工程项目建设模式，具有极高的实用价值。

本书一方面可为 EPCC 项目管控的实际操作提供精准的指导，另一方面也可作为 EPCC 项目管理不同岗位从业人员的业务培训教材，也可作为高等院校项目管理相关专业学生的参考书。

为方便读者使用，本书配有大量电子版表格和模板，在"www.cip.com.cn/资源下载/配书资源"中查找书名或书号即可下载。也可发邮件至 13520291257@163.com 中索取。

编著者

# 目 录

## 第1篇　工程设计管理 /1

### 第1章　工程设计执行计划 /3
1.1　目的 …………………………………………… 3
1.2　范围 …………………………………………… 3
1.3　基准 …………………………………………… 3
1.4　工程设计组织 ………………………………… 4
1.5　项目执行策略 ………………………………… 5
1.6　项目的专业工程设计工作 …………………… 5
1.7　工程设计界面 ………………………………… 9
1.8　工程设计控制 ………………………………… 12
1.9　现场工程设计 ………………………………… 13
1.10　工程设计软件工具 ………………………… 13
1.11　相关规定与程序 …………………………… 13

### 第2章　承包商内部设计界面管理计划 /14
2.1　目的 …………………………………………… 14
2.2　范围 …………………………………………… 14
2.3　内部界面管理程序 …………………………… 14
2.4　界面协调员详细联系资料 …………………… 16
2.5　会议 …………………………………………… 17
2.6　界面管理计划 ………………………………… 18
2.7　样表 …………………………………………… 19

### 第3章　工艺设计执行计划 /21
3.1　目的 …………………………………………… 21
3.2　范围 …………………………………………… 21
3.3　缩写 …………………………………………… 21
3.4　执行策略 ……………………………………… 21
3.5　工艺专业主要工作说明 ……………………… 22
3.6　工艺专业交付文件清单 ……………………… 28
3.7　技术规定 ……………………………………… 28
3.8　采用的软件 …………………………………… 28
3.9　相关规定与程序 ……………………………… 29

### 第4章　配管设计执行计划 /30
4.1　目的 …………………………………………… 30
4.2　范围 …………………………………………… 30
4.3　工作范围 ……………………………………… 30
4.4　施工支持 ……………………………………… 32
4.5　项目文件表和模板 …………………………… 32
4.6　设计界面管理 ………………………………… 32
4.7　业主审查/批准 ……………………………… 32
4.8　沟通 …………………………………………… 32
4.9　3D 建模 ……………………………………… 33
4.10　采用的软件 ………………………………… 33
4.11　技术变更管理 ……………………………… 33
4.12　质量保证/质量控制要求 ………………… 33
4.13　配管执行计划模板 ………………………… 33

### 第5章　土建设计执行计划 /34
5.1　目的 …………………………………………… 34
5.2　范围 …………………………………………… 34
5.3　设计中心工作范围和工作总体说明 ……… 34
5.4　文件管理计划 ………………………………… 34
5.5　交付文件 ……………………………………… 34
5.6　设计基础和项目规定 ………………………… 35
5.7　设计审查会 …………………………………… 35
5.8　询价请购书和采购请购书 …………………… 35
5.9　技术标评审 …………………………………… 35
5.10　供应商文件审查 …………………………… 35
5.11　竣工文件 …………………………………… 35
5.12　软件 ………………………………………… 35
5.13　项目文件模板和格式 ……………………… 36
5.14　业主审查/批准程序 ……………………… 36
5.15　沟通 ………………………………………… 36
5.16　质量保证/质量控制要求 ………………… 36
5.17　相关规定与程序 …………………………… 36

### 第6章　静设备设计执行计划 /38
6.1　目的 …………………………………………… 38
6.2　范围 …………………………………………… 38
6.3　定义 …………………………………………… 38

| | | |
|---|---|---|
| 6.4 | 组织结构图 | 38 |
| 6.5 | 文件管理系统 | 39 |
| 6.6 | 交付文件清单 | 39 |
| 6.7 | 计划 | 39 |
| 6.8 | 询价请购书/采购请购书程序和涉及的文件 | 40 |
| 6.9 | 设计基础 | 40 |
| 6.10 | 相关规定与程序 | 42 |
| 6.11 | 样表与模板 | 42 |

## 第7章 机械设计执行计划 / 45

| | | |
|---|---|---|
| 7.1 | 目的 | 45 |
| 7.2 | 范围 | 45 |
| 7.3 | 工作范围 | 45 |
| 7.4 | 相关规定与程序 | 48 |
| 7.5 | 采用的软件 | 48 |
| 7.6 | 询价请购书/采购请购书清单 | 48 |

## 第8章 电气设计执行计划 / 50

| | | |
|---|---|---|
| 8.1 | 目的 | 50 |
| 8.2 | 范围 | 50 |
| 8.3 | 总体实施策略 | 50 |
| 8.4 | 电气专业工作范围 | 50 |
| 8.5 | 电气专业采用的软件 | 51 |
| 8.6 | 业主规定和程序 | 51 |
| 8.7 | 模板与样表 | 51 |

## 第9章 仪表设计执行计划 / 52

| | | |
|---|---|---|
| 9.1 | 目的 | 52 |
| 9.2 | 范围 | 52 |
| 9.3 | 总体实施策略 | 52 |
| 9.4 | 仪表专业工作范围 | 52 |
| 9.5 | 仪表专业采用的软件 | 57 |
| 9.6 | 设计界面管理 | 57 |
| 9.7 | 技术澄清（TQ）和豁免申请（WR）管理 | 57 |
| 9.8 | 变更管理 | 57 |
| 9.9 | 3D建模 | 58 |
| 9.10 | 质量保证QA/质量控制QC要求 | 58 |
| 9.11 | 项目组织机构 | 58 |
| 9.12 | 相关规定与程序 | 58 |
| 9.13 | 工作分工 | 58 |

## 第10章 传热设计执行计划 / 59

| | | |
|---|---|---|
| 10.1 | 目的 | 59 |
| 10.2 | 范围 | 59 |
| 10.3 | 实施 | 59 |
| 10.4 | 设计中心工作总体说明 | 59 |
| 10.5 | 传热设计交付文件 | 60 |
| 10.6 | 传热设计工作 | 60 |
| 10.7 | 空冷式换热器和管壳式换热器换热设计和水力学设计 | 62 |
| 10.8 | 空冷式换热器和管壳式换热器机械设计 | 62 |
| 10.9 | 加热炉换热设计和水力学设计 | 63 |
| 10.10 | 采购工作和交付文件的技术支持 | 63 |
| 10.11 | 相关规定与程序 | 63 |

## 第11章 设计变更管理程序 / 64

| | | |
|---|---|---|
| 11.1 | 目的 | 64 |
| 11.2 | 范围 | 64 |
| 11.3 | 设计变更管理总体原则及规则 | 64 |
| 11.4 | 大多数设计变更管理所需主要的辅助程序 | 65 |
| 11.5 | 设计变更管理方法 | 65 |
| 11.6 | 数据库 | 67 |
| 11.7 | 职责 | 67 |
| 11.8 | 相关规定与程序 | 67 |

## 第12章 文件的设计、审核与批准 / 68

| | | |
|---|---|---|
| 12.1 | 目的 | 68 |
| 12.2 | 范围 | 68 |
| 12.3 | 承包商文件的编制、审核与发布 | 68 |
| 12.4 | 其他方对设计文件的审核与批准 | 70 |
| 12.5 | 正式审核会和第三方报告 | 71 |
| 12.6 | 相关规定与程序 | 71 |

## 第13章 相同单元设计文件复制程序 / 72

| | | |
|---|---|---|
| 13.1 | 目的 | 72 |
| 13.2 | 范围 | 72 |
| 13.3 | 介绍 | 72 |
| 13.4 | 识别相同单元 | 73 |
| 13.5 | 设计文件 | 73 |
| 13.6 | 供应商文件 | 74 |
| 13.7 | 承包商对关键设计文件和关键工作采取的方法 | 74 |
| 13.8 | 差异管理 | 76 |
| 13.9 | 文件管理 | 76 |
| 13.10 | 相关规定与程序 | 76 |

## 第14章 关键文件变更通知程序 / 77

| | | |
|---|---|---|
| 14.1 | 目的 | 77 |
| 14.2 | 范围 | 77 |
| 14.3 | 职责 | 77 |
| 14.4 | 变更通知执行阶段和步骤 | 79 |
| 14.5 | CN文件 | 82 |

| 14.6 | 相关规定与程序 …………… 83 |
| 14.7 | 样表与模板 ………………… 83 |

## 第 15 章 技术澄清与豁免请求程序 / 86

| 15.1 | 目的 ………………………… 86 |
| 15.2 | 范围 ………………………… 86 |
| 15.3 | 定义 ………………………… 86 |
| 15.4 | 技术澄清（TQ）与豁免请求（WR）的周期 ……………… 86 |
| 15.5 | TQ 和 WR 编号 ……………… 87 |
| 15.6 | 相关规定与程序 …………… 87 |
| 15.7 | 技术澄清（TQ）流程图 …… 87 |
| 15.8 | 技术豁免请求（WR）流程 … 87 |
| 15.9 | 样表与模板 ………………… 87 |

## 第 16 章 资产标签编制程序 / 89

| 16.1 | 目的 ………………………… 89 |
| 16.2 | 范围 ………………………… 89 |
| 16.3 | 编制标签的要求 …………… 89 |
| 16.4 | 编制标签的责任 …………… 90 |
| 16.5 | 相关规定与程序 …………… 91 |

## 第 17 章 资产关键程度评级程序 / 92

| 17.1 | 目的 ………………………… 92 |
| 17.2 | 范围 ………………………… 92 |
| 17.3 | 关键程度 …………………… 92 |
| 17.4 | 样表与模板 ………………… 93 |

## 第 18 章 设备表统一指南 / 94

| 18.1 | 目的 ………………………… 94 |
| 18.2 | 范围 ………………………… 94 |
| 18.3 | 通用指南 …………………… 94 |
| 18.4 | 具体规定 …………………… 95 |
| 18.5 | 相关规定与程序 …………… 98 |
| 18.6 | 样表与模板 ………………… 98 |

## 第 19 章 危险源辨识和环境因素辨识程序 / 101

| 19.1 | 目的 ………………………… 101 |
| 19.2 | 范围 ………………………… 101 |
| 19.3 | 定义与缩写 ………………… 101 |
| 19.4 | HAZID & ENVID 研究 ……… 103 |
| 19.5 | 相关规定与程序 …………… 109 |
| 19.6 | 模板与样表 ………………… 110 |

## 第 20 章 电气系统安全与可操作研究（SAFOP）/ 113

| 20.1 | 目的 ………………………… 113 |
| 20.2 | SAFOP 范围 ………………… 113 |

| 20.3 | SAFOP 进度计划 …………… 113 |
| 20.4 | SAFOP 参会者 ……………… 113 |
| 20.5 | SAFOP 方法 ………………… 114 |
| 20.6 | 说明 ………………………… 116 |
| 20.7 | 样表与模板 ………………… 116 |

## 第 21 章 SIL 分配程序 / 117

| 21.1 | 目的 ………………………… 117 |
| 21.2 | 范围 ………………………… 117 |
| 21.3 | 定义 ………………………… 117 |
| 21.4 | IPF 审核的目的 …………… 118 |
| 21.5 | 团队组成 …………………… 118 |
| 21.6 | 团队的职责 ………………… 118 |
| 21.7 | 所需信息 …………………… 120 |
| 21.8 | IPF 分级方法（SIL 分配）… 120 |
| 21.9 | 相关规定与程序 …………… 125 |

## 第 22 章 SIL 验证程序 / 127

| 22.1 | 目的 ………………………… 127 |
| 22.2 | 范围 ………………………… 127 |
| 22.3 | 定义 ………………………… 127 |
| 22.4 | 概述 ………………………… 128 |
| 22.5 | SIL PFD 要求 ……………… 128 |
| 22.6 | 容错要求 …………………… 128 |
| 22.7 | 性能要求 …………………… 131 |
| 22.8 | PFD/ADU 计算 ……………… 131 |
| 22.9 | 相关规定与程序 …………… 133 |

## 第 23 章 管道单线图发布程序 / 134

| 23.1 | 目的 ………………………… 134 |
| 23.2 | 范围 ………………………… 134 |
| 23.3 | 单线图工作流程 …………… 134 |
| 23.4 | 单线图发布的索引和图纸 … 138 |
| 23.5 | 实际单线图版本（版本 01）… 139 |

## 第 24 章 土建单线图发布程序 / 140

| 24.1 | 目的 ………………………… 140 |
| 24.2 | 范围 ………………………… 140 |
| 24.3 | 单线图工作流程 …………… 140 |
| 24.4 | 单线图清单生成 …………… 141 |
| 24.5 | 相关的项目程序 …………… 144 |

## 第 25 章 材料统计程序 / 145

| 25.1 | 目的 ………………………… 145 |
| 25.2 | 范围 ………………………… 145 |
| 25.3 | 材料统计程序 ……………… 145 |
| 25.4 | 相关的项目程序 …………… 149 |
| 25.5 | 样表与模板 ………………… 149 |

## 第26章 文件分发矩阵程序 / 151

- 26.1 目的 ………………………………… 151
- 26.2 范围 ………………………………… 151
- 26.3 工作内容 …………………………… 151
- 26.4 相关规定与程序 …………………… 151
- 26.5 文件分发矩阵 ……………………… 151

## 第27章 RFI、TBE 和 RFP 管理程序 / 152

- 27.1 目的 ………………………………… 152
- 27.2 范围 ………………………………… 152
- 27.3 定义 ………………………………… 152
- 27.4 请购文件结构 ……………………… 152
- 27.5 技术评标和预筛选结构 …………… 154
- 27.6 内部协调和工作流程 ……………… 156
- 27.7 设备 RFI、TBE 和 RFP 工作流程 … 156
- 27.8 大宗材料 RFI、TBE 和 RFP 工作流程 ……………………………………… 157
- 27.9 相关规定与程序 …………………… 159
- 27.10 询价规定/采购规定 ……………… 159
- 27.11 模板与样表 ………………………… 162

## 第28章 设计支持采购的工作与接口流程 / 166

- 28.1 设计支持采购的工作 ……………… 166
- 28.2 工程设计支持采购的工作流程 …… 166
- 28.3 请购流程图 ………………………… 170
- 28.4 请购工作流程与周期 ……………… 170
- 28.5 供应商文件沟通流程 ……………… 171

## 第29章 技术评标 / 172

- 29.1 综述 ………………………………… 172
- 29.2 技术评审的投标书和相关文件 …… 172
- 29.3 总体意见 …………………………… 172
- 29.4 针对每份投标书的具体意见 ……… 173
- 29.5 选项要求 …………………………… 173
- 29.6 技术推荐 …………………………… 173
- 29.7 模板与样表 ………………………… 174

## 第30章 设计与采购支持施工 / 175

- 30.1 目的 ………………………………… 175
- 30.2 范围 ………………………………… 175
- 30.3 编制施工工作包 …………………… 175
- 30.4 响应并澄清施工分包问题 ………… 176
- 30.5 编制红线图与竣工图 ……………… 176
- 30.6 施工准备就绪评审 ………………… 176
- 30.7 样表与模板 ………………………… 180

# 第2篇 采购与材料管理 / 193

## 第1章 EPCC 项目的采购实践与趋势 / 195

- 1.1 物料需求计划 ………………………… 195
- 1.2 项目采购策略 ………………………… 196
- 1.3 采买 …………………………………… 196
- 1.4 分包与订单管理 ……………………… 196
- 1.5 催交检验 ……………………………… 196
- 1.6 供应商质量管理 ……………………… 196
- 1.7 运输和物流 …………………………… 197
- 1.8 现场设备与材料管理 ………………… 197
- 1.9 运营和维护的物料管理 ……………… 197
- 1.10 实施设备与材料管理计划 ………… 197
- 1.11 发展趋势 …………………………… 197

## 第2章 采购与材料管理执行计划 / 199

- 2.1 目的 …………………………………… 199
- 2.2 范围 …………………………………… 199
- 2.3 采购管理及组织机构 ………………… 199
- 2.4 采购执行策略 ………………………… 201
- 2.5 采购 …………………………………… 204
- 2.6 催交 …………………………………… 206
- 2.7 检验程序 ……………………………… 209
- 2.8 物流 …………………………………… 209
- 2.9 相关规定与模板 ……………………… 211

## 第3章 采购执行计划 / 213

- 3.1 目的 …………………………………… 213
- 3.2 范围 …………………………………… 213
- 3.3 准备投标人清单 ……………………… 213
- 3.4 保密协议 ……………………………… 214
- 3.5 询价请购文件 ………………………… 214
- 3.6 招标期 ………………………………… 215
- 3.7 接受投标与开标 ……………………… 216
- 3.8 商务说明与投标评审 ………………… 218
- 3.9 采购订单 ……………………………… 220
- 3.10 订单变更请求 ……………………… 221
- 3.11 豁免书 ……………………………… 221
- 3.12 报告编制 …………………………… 221
- 3.13 授标后 ……………………………… 221
- 3.14 样表与模板 ………………………… 221

## 第 4 章　项目所在地设备/材料采购执行计划 / 230

4.1　目的 …………………………………… 230
4.2　范围 …………………………………… 230
4.3　策略 …………………………………… 230
4.4　样表与模板 …………………………… 231

## 第 5 章　具体供应条件 / 233

5.1　目标 …………………………………… 233
5.2　定义 …………………………………… 233
5.3　要求 …………………………………… 233
5.4　服务范围 ……………………………… 238
5.5　合格子供应商 ………………………… 239
5.6　质量要求 ……………………………… 240
5.7　健康、安全与环境要求 ……………… 240
5.8　文件编制要求 ………………………… 241
5.9　偏差表 ………………………………… 242
5.10　澄清表 ………………………………… 242
5.11　报价单所需信息 ……………………… 242
5.12　相关的模板 …………………………… 243

## 第 6 章　招标采购与商务条款及说明 / 244

6.1　招标人须知 …………………………… 244
6.2　通用采购条款 ………………………… 248
6.3　专用采购条款 ………………………… 266
6.4　采购商务条款检查表 ………………… 272
6.5　包装、标记和运输要求 ……………… 275

## 第 7 章　招标采购过程管理 / 280

7.1　RFI 状态跟踪表 ……………………… 280
7.2　开标 …………………………………… 280
7.3　商务条件偏差评估 …………………… 280
7.4　技术预评标 …………………………… 280
7.5　生命周期成本计算报告 ……………… 281
7.6　推荐的短名单 ………………………… 282
7.7　商务评标 ……………………………… 283
7.8　授标推荐 ……………………………… 283
7.9　授标通知 ……………………………… 284
7.10　签订采购订单 ………………………… 284
7.11　技术服务协议 ………………………… 284
7.12　订单状态控制 ………………………… 285
7.13　关键绩效指标（KPI） ……………… 285

## 第 8 章　标准化程序 / 287

8.1　目的 …………………………………… 287
8.2　范围 …………………………………… 287
8.3　可标准化的主要设备、材料和驱动 …… 288
8.4　可标准化的主要子部件及其他部件 …… 288
8.5　可标准化的其他设备、材料和系统 …… 288
8.6　阶段 …………………………………… 288
8.7　相关规定与程序 ……………………… 289
8.8　标准化样表 …………………………… 289

## 第 9 章　检验程序 / 291

9.1　目的及目标 …………………………… 291
9.2　适用范围 ……………………………… 291
9.3　定义及首字母缩写词 ………………… 291
9.4　组织、职责及资格 …………………… 292
9.5　操作规程 ……………………………… 295
9.6　文件处理 ……………………………… 303
9.7　相关规定与程序 ……………………… 303
9.8　样表与模板 …………………………… 304

## 第 10 章　催交计划 / 305

10.1　目的 …………………………………… 305
10.2　范围 …………………………………… 305
10.3　缩写 …………………………………… 305
10.4　组织机构和职责 ……………………… 305
10.5　操作规程 ……………………………… 307
10.6　样表与模板 …………………………… 310

## 第 11 章　检验员与工厂催交员工作指派程序 / 311

11.1　目的 …………………………………… 311
11.2　范围 …………………………………… 311
11.3　定义和首字母缩写 …………………… 311
11.4　指派标准 ……………………………… 312
11.5　发布询价文件 ………………………… 312
11.6　技术-商务评审 ………………………… 313
11.7　批准指派 ……………………………… 313
11.8　发布指派的工厂检验/催交服务 …… 313
11.9　批准工时 ……………………………… 314
11.10　开发票 ………………………………… 314
11.11　相关规定与程序 ……………………… 314
11.12　样表与模板 …………………………… 314

## 第 12 章　供应商技术支持专家计划 / 315

12.1　目的 …………………………………… 315
12.2　范围 …………………………………… 315
12.3　定义 …………………………………… 315
12.4　编制依据 ……………………………… 315
12.5　到场需求 ……………………………… 317
12.6　主要责任 ……………………………… 318
12.7　记录 …………………………………… 318
12.8　相关规定与程序 ……………………… 318

12.9　样表与模板 ………………… 319

## 第13章　现场材料管理计划 / 320

   13.1　目的 ……………………… 320
   13.2　范围 ……………………… 320
   13.3　定义 ……………………… 320
   13.4　职责 ……………………… 320
   13.5　组织机构图 ……………… 320
   13.6　现场材料与文件处理流程 … 320
   13.7　接收 ……………………… 322
   13.8　仓库 ……………………… 325
   13.9　保管计划 ………………… 328
   13.10　发料 …………………… 336
   13.11　剩余材料的管理控制 …… 338
   13.12　遗失/损失/损坏现场材料再发放控制 ……………… 339
   13.13　个人计算机软件应用 …… 340
   13.14　样表与模板 …………… 340

# 第3篇　施工管理 / 343

## 第1章　施工执行计划 / 345

   1.1　目的 ……………………… 345
   1.2　范围 ……………………… 345
   1.3　介绍 ……………………… 345
   1.4　概述 ……………………… 345
   1.5　项目说明 ………………… 346
   1.6　建议的工作划分和人工预测 … 346
   1.7　施工组织 ………………… 348
   1.8　施工策略 ………………… 349
   1.9　预制和预组装策略 ……… 357
   1.10　吊装策略 ………………… 359
   1.11　分包策略 ………………… 359
   1.12　材料管理策略 …………… 359
   1.13　可施工性策略 …………… 361
   1.14　施工进度 ………………… 362
   1.15　施工控制系统 …………… 362
   1.16　进场策略 ………………… 363
   1.17　联动试车以及投料试车和开车协助策略 ……………… 365
   1.18　质量策略 ………………… 365
   1.19　HSE策略 ………………… 365
   1.20　现场文档控制 …………… 366
   1.21　相关规定与程序 ………… 366
   1.22　初步现场组织结构图 …… 367

## 第2章　可施工性计划 / 368

   2.1　目的 ……………………… 368
   2.2　范围 ……………………… 368
   2.3　定义 ……………………… 368
   2.4　概述 ……………………… 368
   2.5　职责 ……………………… 369
   2.6　可施工性计划 …………… 369
   2.7　可施工性研讨会 ………… 370
   2.8　可施工性报告 …………… 370
   2.9　可施工性数据库管理系统 … 370
   2.10　可施工性指导原则 ……… 370
   2.11　相关规定与程序 ………… 372
   2.12　模板与样表 ……………… 372

## 第3章　分包计划 / 393

   3.1　目的 ……………………… 393
   3.2　范围 ……………………… 393
   3.3　分包策略 ………………… 393
   3.4　分包部门活动 …………… 395
   3.5　潜在分包商名单 ………… 396
   3.6　相关规定与程序 ………… 396

## 第4章　业主供货设备执行计划 / 397

   4.1　目的 ……………………… 397
   4.2　范围 ……………………… 397
   4.3　业主供货设备的执行策略 … 397
   4.4　业主供货设备组织结构 … 398
   4.5　进度 ……………………… 398
   4.6　业主供货设备检验计划 … 398
   4.7　对业主的要求 …………… 400
   4.8　相关规定与程序 ………… 400
   4.9　样表和模板 ……………… 400

## 第5章　现场不合格项和纠正措施程序 / 402

   5.1　目的 ……………………… 402
   5.2　范围 ……………………… 402
   5.3　定义 ……………………… 402
   5.4　发现不合格项 …………… 403
   5.5　职责 ……………………… 404
   5.6　报告的发布和整理 ……… 405
   5.7　措施的监视和结束 ……… 405
   5.8　记录 ……………………… 406
   5.9　报告的分发 ……………… 406
   5.10　相关规定与程序 ………… 406
   5.11　样表与模板 ……………… 406

## 第 6 章　现场早期工作计划 / 410

- 6.1　目的 …………………………… 410
- 6.2　范围 …………………………… 410
- 6.3　介绍 …………………………… 410
- 6.4　活动列表 ……………………… 410
- 6.5　阶段 1 ………………………… 411
- 6.6　阶段 2 ………………………… 411
- 6.7　HSSE …………………………… 413
- 6.8　QA/QC ………………………… 413
- 6.9　预期的现场组织 ……………… 413
- 6.10　相关规定与程序 …………… 413
- 6.11　样表与模板 ………………… 413

## 第 7 章　临时设施计划 / 416

- 7.1　目的 …………………………… 416
- 7.2　范围 …………………………… 416
- 7.3　定义 …………………………… 417
- 7.4　临时施工设施总体说明：区域、作业和阶段 ……………………… 417
- 7.5　临时施工设施策略 …………… 420
- 7.6　设施详细说明 ………………… 424
- 7.7　相关规定与程序 ……………… 435
- 7.8　模板与样表 …………………… 436

## 第 8 章　设备检验、测量和测试控制程序 / 437

- 8.1　目的 …………………………… 437
- 8.2　范围 …………………………… 437
- 8.3　定义 …………………………… 437
- 8.4　校验控制 ……………………… 437
- 8.5　校验服务 ……………………… 437
- 8.6　校验状态 ……………………… 438
- 8.7　校验记录和周期 ……………… 438
- 8.8　召回 …………………………… 438
- 8.9　职责 …………………………… 438
- 8.10　相关标准 …………………… 439
- 8.11　模板与样表 ………………… 439

## 第 9 章　施工环境研究报告 / 440

- 9.1　目的 …………………………… 440
- 9.2　范围 …………………………… 440
- 9.3　缩写 …………………………… 440
- 9.4　执行摘要 ……………………… 440
- 9.5　引言 …………………………… 441
- 9.6　环境研究研讨会 ……………… 441
- 9.7　施工环境结论 ………………… 443
- 9.8　模板与样表 …………………… 445

## 第 10 章　分包商的函电及会议程序 / 446

- 10.1　目的 ………………………… 446
- 10.2　范围 ………………………… 446
- 10.3　概述 ………………………… 446
- 10.4　函电 ………………………… 447
- 10.5　会议纪要 …………………… 449
- 10.6　相关规定与程序 …………… 450
- 10.7　模板及样表 ………………… 450

## 第 11 章　分包商 4 级详细计划程序 / 454

- 11.1　目的 ………………………… 454
- 11.2　范围 ………………………… 454
- 11.3　定义 ………………………… 454
- 11.4　4 级分包商详细计划 ……… 454
- 11.5　分包商 4 级详细计划工作系统分解要求 ………………………… 455

## 第 12 章　施工分包商选择程序 / 492

- 12.1　目的 ………………………… 492
- 12.2　范围 ………………………… 492
- 12.3　定义 ………………………… 492
- 12.4　职责 ………………………… 492
- 12.5　资格预审 …………………… 493
- 12.6　ITB 文件的组成 …………… 495
- 12.7　招标资格预审数量 ………… 495
- 12.8　招标和评估 ………………… 495
- 12.9　投标期间的活动 …………… 496
- 12.10　分包授标和签署 ………… 497
- 12.11　分包合同执行记录保存 … 498
- 12.12　相关规定与程序 ………… 498
- 12.13　模板与样表 ……………… 498

## 第 13 章　分包商文件要求 / 499

- 13.1　目的 ………………………… 499
- 13.2　定义 ………………………… 499
- 13.3　分包商图纸和数据要求 …… 499
- 13.4　相关规定与程序 …………… 503
- 13.5　模板与样表 ………………… 503

## 第 14 章　分包综合管理 / 511

- 14.1　目的 ………………………… 511
- 14.2　范围 ………………………… 511
- 14.3　定义 ………………………… 511
- 14.4　总则 ………………………… 512
- 14.5　职责 ………………………… 512
- 14.6　额外工作 …………………… 512
- 14.7　延迟通知（NOD） ………… 514

| | | |
|---|---|---|
| 14.8 | 新价格/对价 | 515 |
| 14.9 | 反索赔 | 515 |
| 14.10 | 违约赔偿金 | 516 |
| 14.11 | 报价请求（RFQ） | 516 |
| 14.12 | 凭证 | 516 |
| 14.13 | 特殊考虑因素 | 517 |
| 14.14 | 记录 | 517 |

## 第 15 章　焊接图和管道生产报告程序 / 519

| | | |
|---|---|---|
| 15.1 | 目的 | 519 |
| 15.2 | 范围 | 519 |
| 15.3 | 定义 | 519 |
| 15.4 | 管道控制应用 | 519 |
| 15.5 | 焊接图 | 520 |
| 15.6 | 二维码（QR）智能标签 | 520 |
| 15.7 | 焊接完工报告（承包商） | 520 |
| 15.8 | 管道生产报告 | 521 |
| 15.9 | 生成电子文件的规定 | 521 |
| 15.10 | 相关规定与程序 | 525 |
| 15.11 | 模板与样表 | 525 |

## 第 16 章　控制工具程序 / 526

| | | |
|---|---|---|
| 16.1 | 目的 | 526 |
| 16.2 | 范围 | 526 |
| 16.3 | 定义和缩写 | 526 |
| 16.4 | 管道生产和控制工具（PCA） | 526 |
| 16.5 | 管道进度控制工具（PCS） | 529 |
| 16.6 | 施工顺序控制工具（CSM）3D-管道模块 | 530 |
| 16.7 | 钢结构控制工具（SCA） | 530 |
| 16.8 | 电气和仪表安装进度与质量控制工具 | 532 |
| 16.9 | 相关规定与程序 | 534 |
| 16.10 | 模板与样表 | 534 |

## 第 17 章　劳动力追踪系统程序 / 535

| | | |
|---|---|---|
| 17.1 | 目的 | 535 |
| 17.2 | 范围 | 535 |
| 17.3 | 定义 | 535 |
| 17.4 | 人力追踪系统 | 535 |
| 17.5 | 人力数据编码 | 535 |

| | | |
|---|---|---|
| 17.6 | 需要提交的报告 | 540 |

## 第 18 章　起重吊装程序 / 542

| | | |
|---|---|---|
| 18.1 | 目的 | 542 |
| 18.2 | 范围 | 542 |
| 18.3 | 定义与缩写 | 542 |
| 18.4 | 职责 | 542 |
| 18.5 | 编制 | 543 |
| 18.6 | 相关规定与程序 | 546 |
| 18.7 | 模板与样表 | 546 |

## 第 19 章　电气设备检查程序 / 548

| | | |
|---|---|---|
| 19.1 | 目的 | 548 |
| 19.2 | 范围 | 548 |
| 19.3 | 定义与缩写 | 548 |
| 19.4 | 职责 | 548 |
| 19.5 | 一般要求 | 549 |
| 19.6 | 验证 | 552 |
| 19.7 | 检查指南 | 553 |
| 19.8 | 没收标签的条件 | 554 |
| 19.9 | 相关规定与程序 | 554 |
| 19.10 | 模板与样表 | 555 |

## 第 20 章　散装管材刷漆导则 / 556

| | | |
|---|---|---|
| 20.1 | 目的 | 556 |
| 20.2 | 范围 | 556 |
| 20.3 | 定义 | 556 |
| 20.4 | 工作内容与目标 | 556 |
| 20.5 | 相关规定与程序 | 557 |
| 20.6 | 简要汇总 | 557 |

## 第 21 章　施工检验试验计划指南 / 559

| | | |
|---|---|---|
| 21.1 | 目的 | 559 |
| 21.2 | 范围 | 559 |
| 21.3 | 定义 | 559 |
| 21.4 | 分包商、承包商及业主的职责 | 560 |
| 21.5 | 检查/审查和试验的分类 | 560 |
| 21.6 | 检验申请通知 | 560 |
| 21.7 | 检验报告 | 561 |
| 21.8 | 特别说明 | 561 |
| 21.9 | 相关规定与文件 | 561 |

# 第 4 篇　机械完工试车与移交管理 / 562

## 第 1 章　机械竣工、联动试车、移交和投料试车计划 / 564

| | | |
|---|---|---|
| 1.1 | 目的 | 564 |
| 1.2 | 范围 | 564 |
| 1.3 | 定义 | 564 |
| 1.4 | 系统化方法 | 565 |

| | | |
|---|---|---|
| 1.5 | 与施工的界面 | 566 |
| 1.6 | 联动试车 | 567 |
| 1.7 | 设备检查和装填 | 572 |
| 1.8 | 投料试车 | 579 |
| 1.9 | 防腐 | 583 |
| 1.10 | 联动试车组织 | 583 |
| 1.11 | 业主与承包商之间的界面 | 586 |
| 1.12 | 协调方法 | 587 |
| 1.13 | 相关规定与程序 | 587 |
| 1.14 | 模板与样表 | 587 |

## 第2章　联动试车程序 HSE/风险评估 / 589

| | | |
|---|---|---|
| 2.1 | 目的 | 589 |
| 2.2 | 范围 | 589 |
| 2.3 | 定义 | 589 |
| 2.4 | 职责 | 590 |
| 2.5 | 沟通程序 | 590 |
| 2.6 | 现场检查 | 591 |
| 2.7 | HSE 检查审核 | 592 |
| 2.8 | 培训人员 | 592 |
| 2.9 | 事件/事故/险情报告 | 593 |
| 2.10 | 联动试车的关键活动 | 593 |
| 2.11 | 相关规定与程序 | 595 |

## 第3章　保管程序 / 596

| | | |
|---|---|---|
| 3.1 | 目的 | 596 |
| 3.2 | 范围 | 596 |
| 3.3 | 定义 | 596 |
| 3.4 | 安全考虑 | 597 |
| 3.5 | 承包商人员责任 | 597 |
| 3.6 | 方法 | 597 |
| 3.7 | 一般准则 | 599 |
| 3.8 | 详细的保管要求 | 600 |
| 3.9 | 相关规定与程序 | 610 |
| 3.10 | 模板与样表 | 610 |

## 第4章　移交与尾项清单程序 / 617

| | | |
|---|---|---|
| 4.1 | 目的 | 617 |
| 4.2 | 范围 | 617 |
| 4.3 | 定义 | 617 |
| 4.4 | 系统化 | 618 |
| 4.5 | 数据库开发 | 619 |
| 4.6 | 移交组织 | 619 |
| 4.7 | 尾项来源 | 622 |
| 4.8 | 关闭尾项 | 622 |
| 4.9 | 临时移交 | 623 |
| 4.10 | 移交 | 624 |
| 4.11 | 接收 | 624 |
| 4.12 | 相关规定与程序 | 625 |
| 4.13 | 模板与样表 | 625 |

## 第5章　最终交付物移交计划 / 632

| | | |
|---|---|---|
| 5.1 | 目的 | 632 |
| 5.2 | 范围 | 632 |
| 5.3 | 定义和缩写 | 632 |
| 5.4 | 项目记录手册 | 632 |
| 5.5 | 操作程序手册 | 633 |
| 5.6 | 可交付物现场移交 | 635 |
| 5.7 | 相关规定与程序 | 636 |
| 5.8 | 最终可交付物的移交计划及竣工工作流程 | 636 |

# 参考文献 / 638

# 第1篇 工程设计管理

工程设计的可交付成果是定义 EPCC 项目范围的基础，设计可交付成果的完整性与准确性将会直接影响 EPCC 承包商的成本、进度以及质量的管理与控制，严重时甚至会造成设计、采购和/或施工大量的返工，造成材料与工时的巨大浪费，最终对整个 EPCC 项目交付带来较大的负面影响。

高质量的设计交付成果对于 EPCC 项目的成功至关重要，但设计的质量往往难以定义和预测，同时，构成项目设计团队的专业较多，因此项目利益相关者经常对可交付工程设计成果的质量定义持不同意见。项目利益相关者还可能会因为各种原因采用落后而不是领先的指标来确定工程设计的质量，EPCC 项目实施过程中本质上是被动响应出现的设计质量问题，因而有必要构建多专业协同开展设计的工程设计管理与控制体系，及早发现 EPCC 项目实施过程中存在的设计问题。

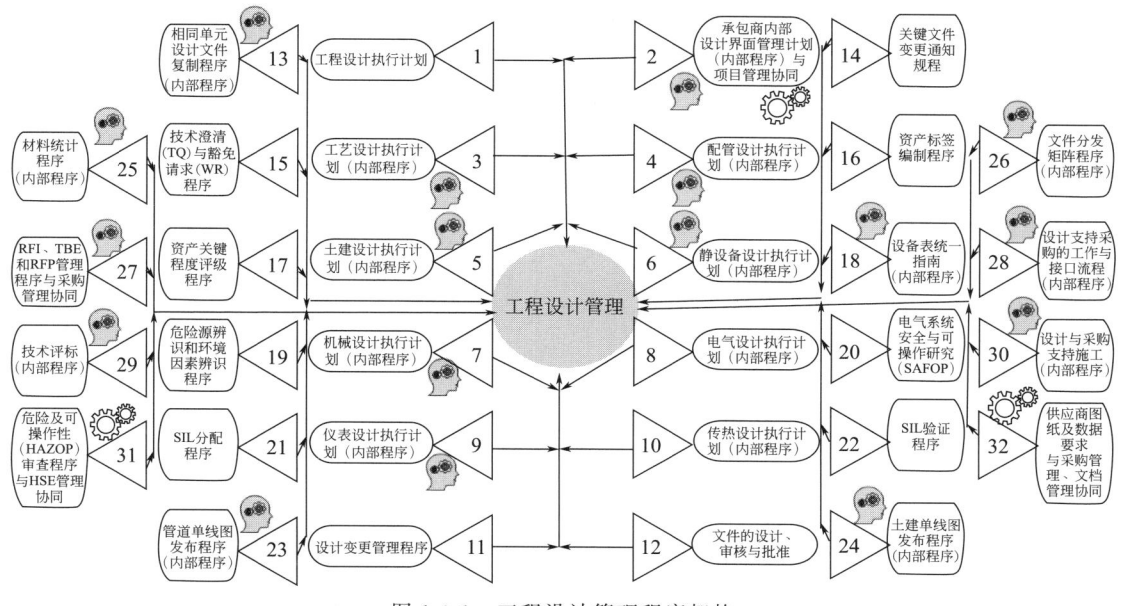

图 1-0-1　工程设计管理程序架构

工程设计管理程序架构如图1-0-1所示，共包括32项程序，其中承包商内部设计界面管理计划、工艺设计执行计划等共17项程序为内部程序；2项内部协同程序包括：（1）承包商内部设计界面管理计划是与项目管理协同的程序；（2）RFI（Requisition for Information）、TBE（Technical Bidding Evaluation）和RFP（Requisition for Proposal）管理程序应与采购管理协同；2项协同程序包括：（1）危险及可操作性（HAZOP）审查程序与HSE管理协同；（2）供应商图纸及数据要求与采购管理、文档管理协同。

# 第1章 工程设计执行计划

## 1.1 目的

旨在说明项目工程设计执行过程中必须要考虑的事项。

## 1.2 范围

本程序涵盖了承包商应开展的 EPCC 项目全部的工程设计活动。

## 1.3 基准

在 EPCC 项目的整个执行过程中，承包商将负责执行所有与工程设计相关的标准、规范以及规定，严格执行包括"工艺设计中的安全"等安全与环境相关的技术规定，并采取预防损失的措施和活动。

### 1.3.1 工程设计范围

承包商的工程设计范围包括，按照适用的要求，为实现 EPCC 项目执行计划中说明的所有设施开车准备就绪条件所需的详细工程设计工作。

### 1.3.2 优先顺序

一旦合同文件之间出现冲突、矛盾、不一致或模糊，而且在其他地方没有明确提出，则应该按照下列优先顺序确定其优先权：①项目所在地的法律法规（根据适用情况）；②合同协议；③通用合同条件；④工作范围；⑤健康、安全、安保和环境要求；⑥技术规定；⑦性能担保；⑧完工和移交/培训要求；⑨项目管理和协调程序；⑩合同价格的基准；⑪履约保证书；⑫项目完工进度计划；⑬变更的定价；⑭三方（业主、技术提供方、承包商）协议；⑮长周期设备；⑯母公司担保；⑰承包商的分包计划；⑱承包商的关键人员；⑲保险范围；⑳操作与管理人员的培训大纲；㉑批准的项目执行计划。

### 1.3.3 工程设计里程碑

在第 3 级项目进度计划中，定义了所有项目活动或工作的详细工期，包括 EPCC 合同中列出的所有合同里程碑。虽然 EPCC 合同仅有的工程设计里程碑是涉及交换界面信息的那些里程碑，但工程设计工作的重点将放在确保预定工作按时完工上，以防止延误设备与材料交付和设施的施工，从而保证设施按照 EPCC 合同规定的完工日期顺利建成并投入运行。

## 1.4 工程设计组织

### 1.4.1 总体组织和工作原则

项目详细工程设计是通过由 EPCC 项目管理部（PDO）的设计团队负责协调和指导的三个工程设计中心（AEC、BEC 和 CEC）来执行的。PDO 负责提供工程设计中心之间必要的协调和指导。

每个工程设计中心根据 EPCC 合同要求充当各规定专项的工作团队，致力于按照"项目执行计划"说明的项目细分，执行规定范围的详细工程设计。每个工程设计中心和 PDO 均设联络工程师，负责协调 PDO 和工程设计中心之间的各项工作。每个工艺单元或项目区域的工作由项目区域/单元经理领导。

每个工程设计中心和 PDO 的设计团队将由工程设计经理领导，设计经理协调工程设计中心/PDO 的专业负责人。项目程序的"组织机构程序"中应包括工程设计组织图，以及关于工程设计关键岗位的责任说明。

### 1.4.2 PDO 工程设计的职责

PDO 工程设计团队负责：①编制 EPCC 工作范围的设计依据。②编制和发布程序和模板，供工程设计中心共同用于开展项目的详细工程设计工作。③保证项目要求能落实到工程设计的交付资料中。④针对技术澄清和豁免要求，充当与业主的唯一对话人。这意味着 PDO 将收集和过滤来自工程设计中心的技术澄清和豁免要求，并将答复分发给所有工程设计中心，供所有工程设计中心应用。⑤发布项目全部的工程设计交付资料，接收业主对工程设计的审批意见（如果有），并发布合适的答复。⑥管理和维护电子文档管理系统（EDMS）。⑦维护用于数据系统的承包商的卫星服务器，向承包商管理员提供软件/硬件。⑧管理承包商各工程设计中心之间的内部界面。⑨监控工程设计中心的履约情况和进展。⑩协调和统一各工程设计中心针对其范围内的设备编制的 RFI 和 RFP。⑪负责编制大宗材料的 RFI 和 RFP。⑫领导并协调设备采购的询价以及供应商投标的技术评审，负责大宗材料的技术评审。⑬与供应商交换信息，分发/收集进出工程设计中心的信息。按照标准化的目的，协调这些信息。⑭在承包商的总部，按照操作管理人员培训大纲，在总部对业主的工程师进行培训。

### 1.4.3 工程设计中心的职责

每个工程设计中心负责其工作范围内设施内部的下列工作：①按照 EPCC 合同要求和 PDO 协调说明书，完成设施的详细设计；②建立并维护项目的工程设计数据库群；③从数据库中提取工程设计交付资料；④编制和设计项目执行所需的交付资料；⑤向 PDO 提交供正式发布的交付文件；⑥分析业主对交付资料的审批意见（如果有），并通过 PDO 向其提供答复；⑦按照项目要求，组织和执行项目设计审核；⑧准备其工作范围内的最终版/竣工版交付资料；⑨通过 PDO，向业主提议、准备并分析技术澄清和豁免申请；⑩针对工程设计中心工作范围内的资产，编制附带技术要求的 RFI 和 RFP；⑪收到投标文件后，负责技术评标；⑫根据项目的管理规定与程序，适时统计材料；⑬根据项目的进展，及时向供应商和施工方提供所需的技术信息；⑭评价和批准供应商文件；⑮通过 PDO 与项目业主、供应商及其他利益相关方交换信息和交付资料。

### 1.4.4 联络工程师

联络工程师的作用是帮助承包商联合体成员的实体组织之间建立相互理解并形成合作，这得益于联络工程师了解并熟悉自己组织内部的通用惯例，并将联络工程师分派到承包商联合体成员的其他工程设计中心。给 BEC 和 CEC 分派来自 PDO 的 AEC 工程师，给 PDO 分派 BEC 和 CEC 的工程师。联络工程师与处在 PDO 和各个工程设计中心的工程设计经理直接联系。

联络工程师的主要任务是：①参加 PDO 和工程设计中心之间的沟通；②促进两个地点工程师之间的信息交换，以便尽早、更容易地解决存在疑问的问题，更好地实现工作的标准化。

## 1.5 项目执行策略

承包商的工作范围包括若干个完全相同的生产线，每个生产线包含设计完全相同的多个单元。项目执行策略应该是，最初只执行一条生产线中相关单元的工程设计，设计审核与发放"供参考"和"用于设计"的文件应全部从属于所选生产线内部相关单元的设计。一旦一个生产线单元的设计"批准用于施工"，那么，将用于复制其他生产线内的相同单元，而且，应该恰当修改已完成单元的设计文件，以便准确地反映其他生产线的特征，然后发布"批准用于施工"。

这个策略将允许业主和承包商优化资源，实现高效执行和更加有效控制相关的工程设计，从而避免相同单元的设计出现不希望的差别。

## 1.6 项目的专业工程设计工作

承包商工程设计团队将执行完成工作所需的一切工程设计活动；作为最低要求，应执行 EPCC 合同中包括的全部工程设计工作。工程设计的工作内容主要在 EPCC 合同的"工作范围"和"工程设计工作的执行"中详细描述。本程序中的以下内容并不能取代 EPCC 合同的要求，只是承包商按照自己内部组织的每个部门提供应执行的主要活动的汇总。每个工程设计专业应针对专业的工作和交付资料、适用于本专业的技术规定进一步细化，编制一份专业设计执行计划，并定义开展专业设计工作的策略。

### 1.6.1 工艺

**(1) 主要的设计工作**

工艺专业主要的设计工作有：①检查/验证业主发布的基础设计数据；②按照 EPCC 合同范围，承包商系统编制基础设计数据；③执行定义物料平衡所需的模拟和计算，并发布设备和仪表的工艺数据表，以及所有工艺和公用工程单元的 PEFS（Process Engineering Flow Scheme）；④发布工艺流程图（PFD），以及热量和物料平衡；⑤发布材料选择图（MSD：Material Selection Diagram）；⑥发布用于设备和系统以及用于仪表的工艺数据表；⑦发布公用工程汇总表；⑧发布有害物质清单，包括生成危险区域分类图纸（由电气专业负责）所需的数据；⑨确认危险流出物源的清单，用于定义危险区域分类明细表；⑩编制流出物汇总清单；⑪发布安全装置汇总计算书；⑫执行工艺水力学计算；⑬发布管线明细表；⑭执行泄放阀和排污研究；⑮确认界区的工艺条件；⑯发布联锁说明/工艺安全保护说明；⑰发布复杂回路的控制原理；⑱编制操作手册；⑲发布化学品和催化剂汇总；⑳参加 HAZOP 研究，并实施研究成果；㉑审核平面布置图，也要确定火炬管线的管廊高度；㉒为设备采购活动提供支持（审核供应商数据与更新工艺数据表）；㉓参加可施工性审核。

**(2) 适用的软件**

除了符合不同需要的工艺计算程序和在需要之处用于工艺模拟的 ASPEN 以外，智能工厂管道和仪表流程图（P&ID）和智能工厂仪表将是用于工艺工程设计的主要工具（表 1-1-1）。

表 1-1-1　适用的软件

| 火炬管网计算 | Aspen 火炬系统分析 | PEFS | 智能工厂 P&ID |
| --- | --- | --- | --- |
| 水力学计算 | OC［VJR1］专有软件 | PFS | 智能草图（Smart Sketch） |
| 设备设计 | OC［VJR2］专有软件 | | |

### 1.6.2　管道

**(1) 主要的设计工作**

管道专业包括与设计、材料以及应力和支架相关的工作。对于上述每一个领域，都配备一组工程师。

管道专业工程设计的主要工作有：①发布管道技术规格书（设计、应力分析、支架、材料和三维模型）。②发布平面图。将在详细设计的早期审核基础设计阶段生成的平面图，以保证它们能充分反映设计依据。③发布关键平面图和关键模型。④发布平面布置图和管道总体布置图。除了提供管道竣工文件以外，管道设计团队还将针对工作范围内的所有区域设计平面布置图，以及用于地上和地下管道的总体布置图和空视图，达到"批准用于施工"（AFC：Approval for Construction）状态。⑤三维模型。此软件将是项目实施期间所有设计专业使用的主要设计工具。现场工程设计人员也将使用它作为辅助工具，以促进对装置详细信息的理解。⑥项目管道专业的技术规定将装到智能工厂三维建模系统内，用于开发计算机化的三维模型。⑦将对照合适版本的 P&ID、管段表和供应商"最终检查确定"数据，检查三维模型。模型将与来自其他专业相同模型的 CADD 输入一起接受碰撞检查。将从此模型中提取管道总体布置图和空视图；然后，按照确定的进度计划，分阶段给位于项目现场、总部和各工程设计中心的其他专业、分包商、业主发放"批准用于施工"的图纸，以适应施工情况。⑧管道总体布置图和空视图。将从智能工厂三维模型提取，管道总体布置图和空视图的设计将依据下列信息：平面图、P&ID、设备清单、管段表、设备信息和供应商数据。⑨材料统计（MTO）。将运用来自平面图、P&ID 和规划研究的早期材料统计，以便能够识别所有阀门和材料类型。后续将从三维模型提取 MTO，然后抽取到材料管理电子系统中；基于材料管理电子系统完成材料的请购、跟踪和控制。⑩应力分析和管架。管架将按照项目管架标准进行设计。管架弹簧将列在管架弹簧汇总表中，给出尺寸、类型、负荷及行程等详细信息。⑪发布管架的管卡设计。⑫发布带有材料表（BOM：Bill of Material）的空视单线图。

**(2) 适用的软件**

用于请购文件的 Marian 系统将由 PDO 的文档控制部门支持。SP3D 2014 R1 Hotfix 17 用于三维模型，CAESARII 2013 R1 版本 6.10 用于应力分析。

### 1.6.3　土建

**(1) 主要的设计工作**

土建专业负责土建、结构、建筑和供热通风与空调（HVAC）设计。为每个领域（地下、基础、混凝土结构、钢结构以及特殊管道支架）配置一组工程师和设计人员，提供工程设计服务，全部由土建专业负责人领导和协调。

主要的工程设计活动有：①土建。a.岩土勘测规格书。b.设备基础设计。c.设备结构和支架的基础设计。d.道路和铺路设计。e.自流地下系统设计和地下系统总体协调。将绘制地下布置图，显示所有地下设施、基础、电气和仪表电缆沟与管道；而且将重点关注所有系统之间的界面；②结构。a.管廊和设备结构设计。b.采用钢框架的厂房设计。c.特殊管架设计。d.设备平台设计。e.一旦完成管道布置，就能最终确定结构和基础的设计，使得：可以发布"批准用于施工"的最终基础布置图和详细基础图；可以将钢结构图纸发给制造商，进行制作。制造商将绘制钢构制作图纸,供承包商审核。③建筑。厂房建筑设计(布置图、面饰等)。④暖通空调 HVAC。a. HVAC 规格书。b. HVAC 基础设计。

在设计进展过程中,将采用数据表、土建和结构布置图及书面格式编制询价文件,以便发放给批准的分包商,供现场准备、土建、结构、厂房和任何相关专业分包合同招标。

将设计加载在三维模型中,以便检查碰撞,完成三维模型,并允许合适的地震动加速度(PGA)和三维设计审核。

**(2) 适用的软件**

适用的软件包括:①STAAD. Pro V8i,开发商是 Bentley(本特利)公司;②STAAD Foundation Advanced V8i,开发商是 Bentley(本特利)公司;③Mat 3D rev 5.5.0,开发商是 Dimensional solution Inc.(维度解决方案公司);④Foundation 3D rev 5.5.0,开发商是 Dimensional solution Inc.(维度解决方案公司);⑤LS-DYNA;⑥AutoCAD,版本 2012(二维图纸);⑦Microstation V8,开发商是 Bentley(二维图纸);⑧Tekla Structure rev 18/19,开发商是 Tekla 公司(三维钢结构软件);⑨Smart Plant 2014R1;⑩Smart Sketch 2014R1。

### 1.6.4 仪表和控制

**(1) 主要的设计工作**

仪表和控制专业包括:①仪表和控制;②火灾和气体探测与保护;③电信。

为所有领域(过程控制系统 PCS)、火灾和气体探测、消防系统、电信、成套单元、请购文件等)提供工程服务的仪表专业分为多个组;每个领域的设计由一名唯一的负责人领导和协调。此负责人向仪表专业的负责人报告。

Smart Plant Instrumentation(SPI)是编制项目交付资料的主要工具。Auto-CAD 适用于直接绘制二维设计图纸。计算需要专用的程序。

开展的主要设计工作有:①编制项目统一规定和程序;②为 Smart Plant Instrumentation 建立仪表数据库(仪表索引、连接等);③定义 Smart Plant Instrumentation 和 Smart Plant Material(Marian)之间的数据交换;④发布仪表索引表;⑤发布仪表 I/O 清单;⑥发布仪表数据表;⑦发布电缆走向图;⑧发布电动仪表布置图;⑨发布控制室/系统布置图和电缆走向图;⑩发布仪表回路图;⑪发布控制系统图形符号;⑫发布安全和停车逻辑图;⑬发布接线图;⑭发布详细的电缆表;⑮发布仪表安装图;⑯发布因果图;⑰发布 HSE 安全完整性等级(SIL)报告;⑱发布气动仪表布置图/分联箱;⑲发布消防水 P&ID;⑳发布消防水管段表;㉑发布火灾风险区域;㉒发布消防水保护布置图;㉓发布消防建筑物布置图;㉔发布逃生路线图;㉕发布消防设备数据表;㉖发布消防水力学计算;㉗发布火灾与气体(F&G)探测布置图;㉘发布厂房 F&G 探测布置图;㉙发布 F&G 安装详图;㉚发布电缆走向和电缆沟布置图与剖面图;㉛发布电信设备布置图;㉜发布电信电缆与电缆盘明细表;㉝发布电信安装详图;㉞发布电信接线图;㉟发布电信方块图;㊱发布电信室/设备布置图。

**(2) 适用的软件**

适用的软件包括:①SP3D 2014 R1;②SPI 2013;③PIPENET VISION,开发商是 Sunrise Systems Limited 公司,用于消防水管网和其他部件的设计。

### 1.6.5 电气

**(1) 主要的设计工作**

完成并发布供施工和/或下采购订单的所有文件和图纸。还包括在基础设计阶段第三方提出的意见。详细设计期间的主要设计工作包括下列内容:①电气详细计算书;②主要电缆走向图；③马达表；④在设计进展过程中，将采用工程量清单（BOQ：Bill of Quantity）及规定的格式编制询价文件，以便发放给批准的分包商，供竞争性招标；⑤发电机和变压器、开关装置和 MCC 数据表；⑥单线图；⑦带材料表（BOM）的电缆表和数据表；⑧接线图；⑨动力系统规格书、布置图和相关电缆走向的剖面图；⑩接地和避雷系统布置图与计算书；⑪照明系统布置图和计算书；⑫AC/DC UPS 系统数据表；⑬阴极保护材料规格书；⑭电伴热规格书和布置图；⑮电气系统研究和相关报告（ETAP）；⑯负荷清单；⑰变电站设备布置图；⑱电缆数据表；⑲危险区域划分图纸；⑳控制原理图；㉑详细安装图。

承包商将按照 EPCC 合同规定采用的设计工具（如 SPEL：Smart Plant Electrical）向业主提交数据。由于项目进度原因，SPEL 将在工程设计阶段的后期安装；因此，大多数文件仍将在 Microsoft Office 和 Auto-CAD 图纸上直接编制。ETAP 是用于系统电气分析的程序；也有用于特定计算的其他程序，例如确定电缆规格。

(2) 适用的软件

适用的软件包括：①ETAP Power Station（ETAP 电站），版本 12 用于动力系统研究；②Cable Sizing（电缆规格确定)-EC 的自带应用程序（每个变电站的最终报告格式应完全相同）；③照明软件-Luxicon（Crouse Hinds）或类似程序；④Smart Plant Electrical 2013。

### 1.6.6 机械设备

(1) 主要的设计工作

机械专业负责动设备（泵、压缩机、汽轮机或燃气轮机等）和过滤器以及其他杂项设备（比如消音器）与成套设备。由于机械设备的主要设计工作与请购文件（RFI、技术评审表、RFP、供应商图纸审查）相关，所以与请购文件相关的机械设备人员也可能同时涉及涵盖不同领域的设备。

机械设备的主要设计工作有：①编制用于询价的数据表；②设计布置图（用于固体处理系统）；③发布适用的机械统一规定。

(2) 适用的软件

无特定的工程设计软件。

### 1.6.7 静设备

(1) 主要的设计工作

静设备专业划分成两个主要部分：①压力容器。负责静设备（反应器、塔、槽罐和所有类型的压力容器）。②冶金学。负责与材料、焊接、试验程序等相关的所有问题。冶金学同时支持其他专业。

主要的工程设计工作有：①计算。通过聚焦基础工程设计或 FEED 的资料以及设计技术规定，由专家开展设备的计算。然后，将获得的计算结果（最小厚度、重量、地脚螺栓等）用于工程设计，并体现在相应的工程设计图纸中。②绘制工程设计图纸。根据基础设计信息、适用的设计技术规定和机械计算，绘制工程设计图纸。这些图纸显示总体尺寸、所需的最小厚度、设计数据、管口表、材料、内部元件、地脚螺栓规格等。

(2) 适用的软件

PV Elite 2015。

### 1.6.8 传热

(1) 主要的设计工作

传热专业划分成两个部分：①热力学设计，负责传热设备的热额定值：管壳式换热器、空气冷却器等。②机械设计，负责传热设备的机械设计、制造详图等。

主要的工程设计工作有：①编制设计依据；②按照项目统一规定，准备热力和机械设计；③编制机械数据表；④执行换热器的初步机械设计，准备安装方案，以最终确定关键设计数据，从而使其他承包商能够继续专业的工作。

**（2）适用的软件**

适用的软件包括：①HTRI Xchanger Suite 7.2，Service Pack 2，用于管壳式和空气冷却器热额定值；②HTRI，用于热力设计。

### 1.6.9 文件控制

按照文件管理计划的规定管理与控制文件。

## 1.7 工程设计界面

### 1.7.1 与业主的界面

为保证工程设计阶段出现的所有技术问题能够得到快速、一致和满意的解决，成功管理业主和承包商之间的界面将是至关重要的一个要点。为了推动项目实施，承包商的重要目标之一是建立平稳、畅通的沟通渠道，并建设一个目标一致的团队。

虽然承包商和业主之间将有众多界面，但是，主要的工程设计界面只有两个：第一个界面是通过工程设计经理，沟通覆盖 EPCC 项目包含的全部单元都适用的所有通用的工程设计事项；第二个界面是通过项目区域经理，更加重点关注沟通其负责区域的工程设计事项。

然而，以下人员也将与业主组织内的对等人员直接对接：①区域项目工程师；②专业负责人。图 1-1-1 给出了承包商与业主之间评审意见的流程图。

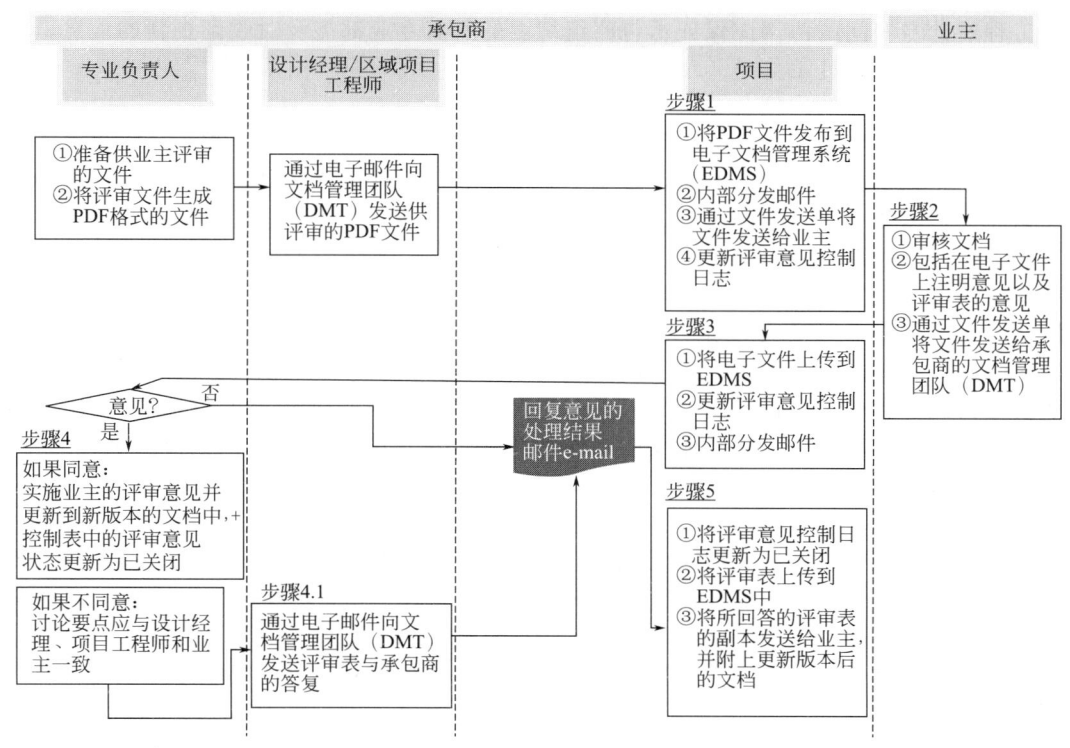

图 1-1-1　业主评审意见流程图

### 1.7.2 与其他承包商的界面

承包商已知业主将其整个项目分成若干个工作包。承包商负责的 EPCC 工作包的周边还有其他作为业主的承包商承担的工作。恰当、顺利和及时协调与这些承包商之间的界面是 EPCC 项目成功的一个关键因素。

在界面管理计划中说明与其他承包商的界面管理。承包商的界面经理与业主和其他承包商的对等人员直接联系沟通。

承包商界面经理直接向承包商的项目经理报告，工作时与承包商工程设计团队直接合作。

### 1.7.3 与专利商（技术提供方）的界面

承包商将与专利商协调，处理详细设计过程中文件和图纸的批准事宜。专利商提供的输入已经在 FEED 中交付的 P&ID 中给出。应要求专利商参加详细设计期间进行的 HAZOP 审核。

按照 EPCC 合同中的详细说明确定需要由专利商批准的文件。

项目程序"项目第三方协调程序"详细说明与包括专利商在内的第三方协调有关的所有详细信息和计划。

### 1.7.4 承包商内部的界面

**（1）专业间协调**

为保证项目的成功实施和确切融合，协调不同专业之间的工程设计是一项基本任务。工程设计的协调工作应直接通过牵头专业工程师和工程设计经理进行。如果工作分包给外部工程公司，则工程设计经理和项目区域经理也将负责协调与其的工作界面。

工程设计专业间的协调应保证承包商组织内的所有专业都能及时收到更新的信息，从而恰当地继续各自的设计工作。

应召开专业间协调周例会。

需要专业间高度协调的部分文件有：①危险区域分类。危险区域分类图属于承包商和业主一起进行正式审核研讨会的对象，参见后面 1.8.2 节设计审核部分。此工作应该在项目的一开始完成，需要电气专业的协调。所有信息集中在由不同专业填写的泄放源清单上，具体如下：a. 项目工程设计专业指明设备、泄放源和通风；b. 工艺专业指明物质的性质；c. 电气专业指明防爆等级、区域、组、点燃源、温度、分类和到源点的危险延伸距离。一旦发布泄漏源清单，电气专业就应使用适用标准（API-RP 500、IEC 60079、IP-15 等）作为指南，绘制危险区域分类图，显示平面图不同区域的延伸和分类。②地下系统。地下系统图由土建专业负责协调，并在土建设计图上导入所有相关信息的结果。这些相关信息来自以下专业。a. 管道专业：发布平面图，是其他设计工作的依据。在这个平面图上，也指出了含油排水、地下管道的规格和路径（排水、工艺、公用工程和消防水）。b. 土建专业：发布基础图纸。土建专业也设计地下的生活污水、含油污水和雨水管道。c. 电气和仪表专业：发布自己的地沟图纸。③管道和仪表图（P&ID）的详细说明（P&ID 属于承包商和业主一起进行正式审核研讨会的对象，参见 1.8.2 节的设计审核部分）。P&ID 由工艺专业负责协调，是在工艺设计图上导入所有相关信息的结果。这些相关信息来自以下专业。a. 管道专业：包括来自管道设计工作的意见。b. 仪表专业：包括来自仪表设计工作的意见。c. 机械专业：包括来自机械设备的意见，也生成关于成套设备的（压缩机、泵等）的 P&ID。d. HSE 专业：审核 P&ID，检查是否符合项目 HSE 要求。这些信息由 P&ID 协调员负责通过专业之间的正常信息流动和定期筛查来收集。④三维模型（三维模型属于承包商和业主一起进行正式审核研讨会的对象，参见后面 1.8.2 节的设计审核部分）。为了能够在三维模型中高效地整合项目所有专业的信息，承包商已经开发了一种所有涉及专业都应遵守的方法。a.管道专业：包括设备、成套单元、工艺和公用工程管道（地上/地下）、混凝土/金属结构（通用）平台、消防水管线和设备、在线仪表、分析仪、操作和维护区。b.土建专业：平面图、基础、混凝土/金属结构（详细信息）、路面的特殊支撑、地坑、电气/仪表沟、自流地下管线。c.电气和仪表专业：包括控制盘、接线盒，以及电缆桥架（如果有的话）。此三维设计软件工具（如鹰图的PDS软件，3D PDS）由管道专业协调员负责协调，其主要活动有：a.将模型划分成不同的工作区域，使得它们可用于不同的土建、管道和机械设计人员；b.检查管道技术规格书，作为材料组和管道组之间的中间人；c.分配用于土建、仪表、电气和管道设计工作的空间；d.检查碰撞，达成一致的解决方案；e.安排三维模型审核。⑤其他设计工作：a.电气负荷清单（所有涉及的专业）；b.单线图和控制原理图（电气、机械、控制和仪表）；c.PSA（电气和控制）。

**(2) 工程设计与采购的界面**

工程设计团队将编制设备和大宗材料技术规格书，使得采购专业能够下询价单和采购订单。

材料管理部门将协调工程设计和采购部门之间的活动，确保材料和设备符合材料统计表、规格书，并能在预定日期运到工地。

**(3) 工程设计与总部施工部门的界面**

总部施工部门位于总部运营中心，依靠与工程设计各专业的密切合作，掌控分包和现场安装的优先顺序。在项目初期，针对施工要求和设计过程中需要考虑的优先权，施工团队组织并主持一系列专业范围内的会议。以后，进一步细化可施工性研究（预制、起重吊装等），并提供给设计、计划等部门。施工团队需要审核工程设计，参加设计审核会，确保可施工性应考虑的事项和相应的检查可实施。

工程设计部门帮助施工部门编制包括数量在内的技术包，这将用于定义分包商的工作范围。

工程设计经理应该是施工事项的联络人，应保持与施工经理的日常对话，以促进对项目优先权的理解。

**(4) 与现场设计的界面**

工程设计经理负责与现场设计的协调。工程设计经理将全程跟踪项目的施工和投料试车阶段，并以这种方式为总部与现场提供知识支持。

总部设计团队的主要目标是优化可施工性、支持施工工作、满足项目的进度要求。为达到此目标，在设计阶段一开始就将施工输入整合到设计中，改善施工团队规划施工工作/工序的能力，加快施工的工作进展。

涉及的主要领域将有：①让施工团队熟悉设计工作；②在工程设计和制作/安装分包商之间，建立最佳的工作划分；③审核大型设备及成套设备的现场交货条件，以优化现场工作；④审核用于预制的早期材料要求；⑤让施工团队参加模型审核；⑥通过组织工程设计期间的可施工性审核，促进可施工性；⑦保证与预制方法的兼容性。

按照施工进度和顺序，参加确定和规划交付资料、需要运到现场的设备和材料的优先权。

对于现场发起的设计变更，现场设计团队将负责其解决方案的技术澄清和控制。其责任也包括协调分包商的竣工资料。

**(5) 联动试车及投料试车与工程设计的界面**

承包商的工作范围包括联动试车、机械完工以及支持投料试车。支持投料试车不仅意味着由承包商和供应商的专家给予的某些帮助，而且意味着提供某些物品，例如润滑剂和化学品。

为了使联动试车和投料试车人员就安全和可操作性事宜与项目各专业的设计工程师直接对接，应尽早参加设计审核。

联动试车和投料试车人员将与各专业的设计工程师协作，以保证将联动试车、投料试车和试车的所有要求整合到设计中。应考虑投料试车备件的要求，并将该要求包括在请购文件中。在下订单之前，应就早期发布供应商投料试车操作手册的特殊要求达成一致。

投料试车也需要大量可移动的物资，比如升降机、便携式泵、工具和实验室设备。这些都需要与工程设计部门达成一致，并由工程设计指定相应的规格型号以及数量，以便进行请购。需要提前识别投料试车阶段所需的化学品和润滑剂，及早通知备件协调员。应按照EPCC合同的规定和供应商的要求，供应相应规格及数量的化学品和润滑剂。

## 1.8 工程设计控制

在编制、审核及发布所有项目交付资料时，应遵守下列程序：①每个工程设计中心的设计控制程序，按照承包商联合体成员各自的内部程序控制；②项目程序"文件的设计、审核及批准"中的要求；③与执行工程设计相关的所有其他程序，不论它们是否已经在上面参考的程序中明确提到，尤其是在关系到HSE、质量、设计变更和业主的审批意见，来自专利商、业主和合同的任何其他关联方的审核与/或批准等；④EPCC合同的任何其他要求。

### 1.8.1 资产关键程度评级

资产关键程度评级系统用于识别EPCC项目中关键程度高的资产，并将项目资源集中在对成功完成项目至关重要的那些资产上。关键程度评级将帮助识别项目中比较关键的那些资产，并有针对性地增加资源、控制和审核，并防止在不太重要的那些资产上过量使用有限的资源，但还要保证整个项目从头到尾所有资产都能达到EPCC合同规定的最低质量标准。

应充分了解并理解"资产关键程度评级程序"的要求及其目的。

### 1.8.2 设计审核

对于下列交付资料，承包商将计划并安排业主参加的正式设计审核：①工艺流程方案（PFS）/工艺流程图（PFD）；②工艺设计流程方案（PEFS）/P&ID；③材料选择图（MSD）；④消防设计文件；⑤总平面布置图；⑥三维审核；⑦危险区域划分图；⑧建筑厂房布局，包括厂房材料规格书；⑨建筑规定审核；⑩厂房消防。

承包商也要安排和组织需要业主出席的下列研究：①工艺危害分析（PHA：Process Hazards Analysis），比如HAZOP（Hazard and Operability Analysis）；②安全完整性等级（SIL：Safety Integrity Level）/保护层分析（LOPA：Layer of Protection Analysis）；③定量风险分析（QRA：Quantitative Risk Analysis），比如爆炸建模、火灾辐射等。

上面列出的研究需要由HSE协调，由设计团队参加；但SIL研究例外，SIL由工程设计部门协调。

所有这些审核与研究可视为对承包商内部执行工作的补充，承包商自行执行的工作包括下列惯例：①由编制文件的人员进行的自检（校核）；②由与编制文件不同的高级专家进行的审核；③发布的文件所要求的专业间审核（会签）；④关于可施工性、可维护性、可操作性、HSE等的特殊审核。在交付工程设计资料的不同阶段执行这些审核，甚至在准备正式发布期间的不同时刻开展。

### 1.8.3 已发布文件的审核、意见和批准

除了由承包商组织和安排的正式设计审核研讨会以外，有一些交付资料需要专利商和业主专门批准或审核。

需要专利商审核、批准的交付资料列在"项目第三方协调程序"中。

关于需要业主审核、批准的交付资料，应按照EPCC合同的规定执行，通常在EPCC

合同中应该明确说明"工程设计/竣工期间的业主审核矩阵"。

"业主审批意见控制程序"说明了如何传送和解决业主对承包商交付文件所提的意见。

### 1.8.4 对工程交付资料变更的控制

应采用"设计变更管理程序"来实施对设计交付资料的变更控制，以保证既能告知设计负责人发生的变更又能获得相应的批准，同时让那些受变更影响的人及时知道，比如其他工程设计专业、施工部门、供应商、分包商等，使得所有受影响的交付资料都能准确地更新，以反映变更的影响。

应根据设计文件的属性和文件的等级实施设计变更管理程序。下列设计文件和发布阶段特别关键，应遵照"关键文件变更通知程序（CDCN：Critical Document Change Notice）"的附加要求和专用程序：①PFS（发布供设计之后）；②总平面布置图（发布供设计之后）；③管段表/管线表（发布供施工之后）；④P&ID/PEFS（发布供设计之后）；⑤单线图（发布供施工之后）；⑥材料选择图（发布供设计之后）；⑦因果图（发布供施工之后）。

## 1.9 现场工程设计

现场工程设计将限制在支持施工工作所需的必要内容。

## 1.10 工程设计软件工具

承包商的计算机化活动包括项目管理、计算机辅助设计（基础设计和详细工程设计）、采购、管理和内部统计，以及由承包商自有计算机系统支持的其他补充活动，比如文字处理、文件管理等。

承包商使用广泛的IT系统，支持项目执行中涉及的各个专业和部门。承包商拥有持续改进IT系统和引入新技术的政策。

关于和每个专业特定活动相关的软件，参见前面1.6节"项目的专业工程设计工作"部分；关于适用于数据库和生成图纸、报告、手册等的软件，参见CADD实施计划。

## 1.11 相关规定与程序

### 1.11.1 业主规定和程序

业主的规定与程序包括：①工作范围；②总体执行要求介绍；③执行工程设计工作的要求。

### 1.11.2 承包商项目程序

承包商的项目程序包括：①项目执行计划；②技术澄清和豁免申请程序；③组织机构程序；④业主审批意见控制程序；⑤信息管理计划；⑥数据管理计划；⑦变更管理程序；⑧界面管理计划；⑨项目第三方协调程序；⑩文件的设计、审核与批准；⑪设计变更管理程序；⑫关键文件变更通知程序（CDCN）；⑬资产标签编制程序；⑭CADD实施计划；⑮资产关键程度评级程序；⑯文件管理计划；⑰项目关闭和存档计划；⑱现场文件控制程序。

### 1.11.3 承包商项目技术规定

承包商的项目技术规定包括：①工艺设计准则和导则；②土建和结构设计基础（依据）；③静设备设计基础；④机械设计基础；⑤仪表设计基础；⑥管道设计技术规定；⑦3D模型设计审核技术规定；⑧管道应力分析技术规定；⑨电气系统设计基础。

# 第2章 承包商内部设计界面管理计划

## 2.1 目的

旨在明确界面管理程序，以便协调识别、确认和关闭项目设计中心涉及的所有界面：①制定界面管理计划，各设计中心按照该计划协调其工作，并有效实施界面管理；②确保在项目早期明确界面；③便于形成界面协议，并跟踪界面协议，直至各设计中心完成其职责，并明确提供界面信息的进度计划安排；④在提供界面信息时，确保各设计中心之间的沟通做到清晰、准确、及时和统一；⑤为验证界面信息的有效性提供合适的手段和方法；⑥快速识别会影响费用和进度的界面问题，并将这些问题传达给各设计中心，最大限度地降低这些影响；⑦确保及时定义界面，从而保证各设计中心实现其项目费用、进度计划和质量控制目标。

## 2.2 范围

本程序对"项目界面管理计划"进行了补充，明确了承包商各设计中心的内部界面管理要求。

本程序规定了承包商各设计中心的界面管理、界面点编号、沟通和会议要求。

## 2.3 内部界面管理程序

### 2.3.1 界面点（IP）

为了确保对界面实施有效管理并确保整个项目顺利开展，应识别承包商各设计中心之间的所有界面点（IP），并为其分配唯一的编号，然后形成界面点清单。

### 2.3.2 界面点内部编号

（1）工艺和管线

IP-P-UXX-NNNN，其中，XX 为单元号，如 U34；NNNN 为连续编号。例如：IP-P-U34-0001。

（2）地下设施

如表 1-2-1 所示。

（3）单元变电站界面点

IP-E-XXSSYY-NNNN，其中，XXSSYY 为单元变电站编号，如变电站 34-SS-01 的编号为 34SS01；NNNN 为连续编号。例如：IP-E-34SS01-0001。

表 1-2-1 地下设施编号

| AEC-BEC-IP-XX-ZZ-I-D-WWW | | | | | | | |
|---|---|---|---|---|---|---|---|
| | 第1方编号 | 第2方编号 | 第1方单元编号 | 第2方单元编号 | 界区地理位置识别符,N,S;E;W N,S;E;W | 专业 | 序号 |
| | BEC | AEC | XX | ZZ | I | D | WWW |
| | CEC | AEC | 14 | 78 | W | AOC | 001 |
| 第1方编号 | 向对口方提供流量、电缆沟、管沟、道路或其他基础设施信息的工程设计中心。在本项目中,第1方为 BEC 或 CEC | | | | | | BEC 或 CEC |
| 第2方编号 | 对口方编号。在本项目中为 AEC | | | | | | AEC |
| 第1方单元编号 | 第1方的单元号 | | | | | | BEC= 04,14,6 & 34<br>CEC=3,5,13,25 & 23 |
| 第2方单元编号 | 对口方单元号(第2方) | | | | | | AEC= 74 |
| 界区识别符 | 单元 IP 地理位置识别符。例如,如果 IP 位于单元 06 西侧,应采用字母 W 表示 | | | | | | N,S;E;W |
| 专业 | E 电气<br>P 配管(工艺流体)<br>U 配管(公用工程流体)<br>J 仪表和控制系统<br>G 总体<br>T 电信<br>FW 消防水<br>ODS 含油污水排放系统 | | | CSW 土建/重力流污水管道<br>AOC 土建/重力流管道<br>ET 土建/电气电缆沟<br>IT 土建/仪表电缆沟<br>R 土建/道路、通道<br>COC 土建/重力流管道<br>CW 管道/冷却水<br>DSS 管道/污水排放系统 | | | |
| 序号 | 界面点(IP)序号 | | | | | | |

**(4) 仪表机柜间(FAR)界面点**

IP-I-XXFARYY-NNNN,其中 XXFARYY 为机柜间编号,如机柜间 34-FAR-01 的编号为 34FAR01;NNNN 为连续编号。例如:IP-I-34FAR01-0001。

### 2.3.3 界区界面表(BLIT)登记表

① 界区界面表(BLIT:Battery Limit Interface Table)登记表包含了所有必需的信息,主要是在项目实施过程中各对口方之间的界面信息。

② 应按照界面申请表来保存 BLIT 登记表。

③ 由各设计中心界面协调员负责编写和维护 BLIT 登记表。

④ 每周向界面协调员提交一次 BLIT 登记表,并抄送给界面经理,以及时为申请方提供所需信息。

⑤ 设计中心应在一周内回复,其界面点应反映出界面点当前状态。

⑥ 由 PDO 的地下设施负责人和界面经理管理 BLIT 登记表,以便为各设计中心界面协调员提供所需信息。

⑦ 界面经理应整理并维护好 BLIT 登记表。

⑧ BLIT 登记表应采用一套颜色编码系统,以标明 IP(Interface Point)信息状态:

绿色:IP 已认可并冻结;黄色:IP 正在讨论之中;

红色:IP 存在冲突;灰色:IP 仍无任何共享信息。

### 2.3.4 界面申请（IR）

① 当2.3.3节界区界面表尚未包含所需的具体界面信息时，界面申请设计中心（IRC）应通过界面申请形式来要求提供相关信息。

② 由界面协调员负责处理界面函件。同时，一定要将界面函件抄送给界面经理和PDO项目秘书（指定联系人及邮件）。

③ 界面申请设计中心（IRC）应采用模板界面申请登记表来发出界面申请（IR）。

④ 界面响应设计中心（ISC）向界面申请设计中心（IRC）回复时间通常为2周。

⑤ 界面申请设计中心（IRC）应在1周内对收到的信息进行确认或对收到的信息提出意见。

⑥ 界面申请设计中心（IRC）应告知界面响应设计中心（ISC）是否需要对提供的信息进行进一步澄清或已关闭界面申请。

### 2.3.5 界面协议（IA）

① 当向界面申请设计中心（IRC）提供的界面信息得到确认并认为有效后，界面申请设计中心应发出界面协议。该协议应包括界面申请中由界面响应设计中心（ISC）提供的信息。界面协议模板见后面2.7.3节。

② 界面响应设计中心（ISC）和界面申请设计中心（IRC）对界面信息进行整理和统一。

③ 界面响应设计中心（ISC）和界面申请设计中心（IRC）应签署界面协议。

④ 界面协议编号应与界面申请协议编号相同。

### 2.3.6 变更申请（RC）

当设计中心（ISC或IRC）需要审查界面协议并进行某些变更时，如果任何一方不同意其中的变更，应采用变更申请形式通知ISC/IRC和界面经理，清晰指明对双方签署界面协议进行变更存在的异议。应由各方（设计中心）和专业负责人（PDO）评估变更申请，然后由界面经理审批。变更申请模板见后面2.7.4节。

### 2.3.7 界面申请（IR）E-mail 编号

界面申请编号如下：IR-XXX-YYY-DDD-NNNN。其中，XXX为界面申请设计中心（AEC/BEC/CEC）；YYY为界面响应设计中心（AEC/BEC/CEC）；DDD为专业，如CSA——土建、结构和建筑，PIP——配管，PRO——工艺，ELE——电气，INS——仪表；NNNN——从"0001"开始的连续编号。

界面申请设计中心（IRC）应通过E-mail向界面响应设计中心（ISC）提出界面申请。E-mail编号同界面申请编号。

### 2.3.8 界面协议（IA）E-mail 编号

界面协议编号如下："IA"-XXX-YYY-DDD-NNNN。其中，XXX为界面申请设计中心（AEC/BEC/CEC）；YYY为界面响应设计中心（AEC/BEC/CEC）；DDD与前面2.3.7节中规定的专业相同；NNNN同前面2.3.7节界面申请中的编号。

### 2.3.9 界面申请登记表（IRR）

在界面经理的协调下，界面申请登记表（IRR）（见后面2.7.2节）将由项目秘书编制、保存和维护。各设计中心界面协调员应每周提交一次界面申请登记表。

## 2.4 界面协调员详细联系资料

### 2.4.1 AEC

如表1-2-2所示。

表 1-2-2　AEC 界面协调员详细联系资料

| 承包商 | |
|---|---|
| 代表 | |
| 地址 | |
| 电话 | 固定电话：　　　　　　　　　　　手机： |
| E-mail | |
| 其他接收人 | |

### 2.4.2　BEC

如表 1-2-3 所示。

表 1-2-3　BEC 界面协调员详细联系资料

| 承包商 | |
|---|---|
| 代表 | |
| 地址 | |
| 电话 | 固定电话：　　　　　　　　　　　手机： |
| E-mail | |
| 其他接收人 | |

### 2.4.3　CEC

如表 1-2-4 所示。

表 1-2-4　CEC 界面协调员详细联系资料

| 承包商 | |
|---|---|
| 代表 | |
| 地址 | |
| 电话 | 固定电话：　　　　　　　　　　　手机： |
| E-mail | |
| 其他接收人 | |

### 2.4.4　PDO 地下设施协调员

如表 1-2-5 所示。

表 1-2-5　PDO 地下设施协调员详细联系资料

| PDO | |
|---|---|
| 代表 | |
| 地址 | |
| 电话 | 固定电话：　　　　　　　　　　　手机： |

## 2.5　会议

### 2.5.1　视频会议

每两周通过视频会议系统（如 Webex）召开一次界面视频会议。界面经理应负责组织会议，并确定会议议程。

界面经理应负责形成会议纪要，会议纪要内容应在同一会议上确认，防止出现不必要的延误和误解。在会议纪要中应包括行动项清单，以便按照清单跟踪行动事项。

### 2.5.2 面对面界面会

每三个月召开一次全部设计中心与PDO面对面的界面会议。

首次面对面界面会将在总部召开，以后依次在AEC/BEC/CEC召开。

## 2.6 界面管理计划

如表1-2-6所示。

表1-2-6　界面管理计划

| 里程碑序号 | 工艺专业组提供的文件 | 说明 | 天数 | 日期 | 部门 | 单元 | 图号 | 图纸名称 | 版次说明 |
|---|---|---|---|---|---|---|---|---|---|
| 1 | 单元界区条件（工艺和公用工程） | 对于涉及不同EPCC承包商的工艺和公用管道，应执行单元界区条件和公用工程条件表。承包商应对FEED参数进行核实，当需要确认变更时，应提交给业主进行审查 | 90 | 1/26/2017 | 120 | PDO-01 |  | 单元01界区条件（工艺和公用工程） | IFA（发布供批准） |
| 2 | 地下管线数据（AOC、COC、冷却水流量） | 提交给EPCC承包商2，以便由其对整个项目进行水力学分析，并确定总管尺寸 | 120 | 2/25/2017 | 132 |  |  | 第1标段～第2标段AOC界区界面表 | IFI（发布供参考） |
|  |  |  |  |  |  |  |  | 第1标段～第3标段AOC界区界面表 | IFI（发布供参考） |
|  |  |  |  |  |  |  |  | 第1标段～第4标段AOC界区界面表 | IFI（发布供参考） |
|  |  |  |  |  |  |  |  | 第1标段～第2标段COC界区界面表 | IFI（发布供参考） |
|  |  |  |  |  |  |  |  | …… |  |
| …… | …… | …… | …… | …… | …… | …… | …… | …… | …… |
| n | 施工协调数据，包括但并不限于：<br>① 安装详图<br>② 电缆敷设所需通道<br>③ 试验协调<br>④ 上述工作计划日期 | 当一家EPC承包商需要在另外一家EPC承包商区域内开展工作时，应对所开展的工作进行协调并达成协议。应对相互关联的两家承包商安装、试验和联动试车等工作进行协调 | 360 | 10/22/2017 |  |  |  |  |  |

## 2.7 样表

### 2.7.1 界面申请表

如表 1-2-7 所示。

表 1-2-7　界面申请表

| XXXXXX 项目 | | | | 合同编号: | |
|---|---|---|---|---|---|
| 承包商的 LOGO | 界面申请 | 界面申请号:<br>IR-BEC-AEC-PRO-0001 | | | 页号:<br>1/1 |
| | | 日期: | | | |
| | | REV<br>版次 | 0 | | |
| 主题:消防水需求量 | | | | | |
| 响应时间(申请提出日期+2周) | | | 专业: | | |
| 技术咨询说明: | | | | | |
| 签字:<br>来自 IRC 的界面协调员 | | | 日期: | | |
| 咨询响应: | | | | | |
| 签字:<br>来自 ISC 的界面协调员 | | | 日期: | | |

注:

### 2.7.2 界面申请登记表

如表 1-2-8 所示。

表 1-2-8　界面申请登记表

| 业主的 LOGO | XXXXXX 项目 | | 界面申请登记表<br>(IR 登记表) | | 承包商的 LOGO | | 合同编号: | |
|---|---|---|---|---|---|---|---|---|
| | | | | | | | 发出日期:XX/XX/XXXX | |
| | | | | | | | 版次:0 | |
| IQ 编号 | 版次 | 主题 | 日期 | E-mail 编号<br>(发出) | 日期 | E-mail 编号<br>(接收) | 业主响应 | 状态 |
| IQ-AEC-BEC-0001 | 0 | 负荷表 | | | | | | 关闭 |
| | | | | | | | | |
| | | | | | | | | |

### 2.7.3 界面协议表

如表 1-2-9 所示。

表 1-2-9　界面协议表

| XXXXXX 项目 | | | 合同编号： | |
|---|---|---|---|---|
| 承包商 LOGO | 界面协议 | 界面协议号：IR-BEC-AEC-0001 | 页号：1/1 | |
| | | 日期： | | |
| 主题:消防水需求量 | | | | |
| 响应时间(申请提出日期＋2周) | | | 专业： | |
| 说明： | | | | |
| 签字及日期：来自 ISC 的界面协调员 | | 签字及日期：IRC 界面协调员 | | |

### 2.7.4　变更申请表

如表 1-2-10 所示。

表 1-2-10　变更申请表

| XXXXXX 项目 | | | 合同编号： | |
|---|---|---|---|---|
| 承包商的 LOGO | 变更申请 | 变更申请号： | 页号：1/1 | |
| | | 日期:07/12/2017 | | |
| 需变更界面协议名称： | | | | |
| 专业： | | | | |
| 说明： | | | | |
| 签字及日期：ISC 界面协调员 | | 签字及日期：IRC 界面协调员 | | |
| 界面经理批准:是/否 | | | | |
| 日期： | | | | |

### 2.7.5　界区界面表——道路/通道土建

如表 1-2-11 所示。

表 1-2-11　界区界面表——道路/通道土建

| 业主的 LOGO | | | | 界区界面表 土建道路/通道 | | | | | 承包商的 LOGO | | | |
|---|---|---|---|---|---|---|---|---|---|---|---|---|
| 界面编号 | 界面类型 | 界面单元号 | | 服务 | 类型说明 | 道路详细资料 | | | | 参考文件 | | 说明 | 版次 |
| | | | | | | 道路宽度 | 路肩宽度 | 中心线标高 | IP 坐标 | | | | |
| | | 承包商 1 | 承包商 2 | | | m | m | m | 北 | 东 | 承包商 1 | 承包商 2 | |
| | | | | | | | | | | | | | |
| | | | | | | | | | | | | | |
| | | | | | | | | | | | | | |

# 第3章 工艺设计执行计划

## 3.1 目的

旨在为工艺专业和各设计中心明确统一和协调一致的执行方法，确保项目按照 EPCC 合同中规定的设计工作范围和项目程序顺利完成所承担项目的详细设计工作。

## 3.2 范围

本程序规定了在项目详细设计阶段由工艺专业开展的主要工作，以及提交的设计交付文件。本文件为各设计中心明确了统一的工作标准和主要要求。

## 3.3 缩写

计划用到的缩写包括：①PEFS（Process Engineering Flow Scheme）：工艺设计流程方案。②PFS（Process Flow Scheme）：工艺流程方案。③ SPPID：Smart Plant P&ID®。④SPI：Smart Plant Instrumentation®。

## 3.4 执行策略

基于承包商的联合体协议和项目执行计划来确定工艺专业设计执行策略。如果发现有任何不一致，以承包商的联合体协议为准。

工艺专业的所有主要设计工作将由各设计中心（如 AEC、BEC 和 CEC）的工艺专业负责完成。工艺设计工作由 PDO 负责协调。

PDO 工艺专业负责人将协调由各设计中心工艺专业开展的所有设计工作、设计交付文件和文件模板。因此，PDO 将编制通用或具体的程序和工作指南，以便按照项目规定来开展设计工作。

由 PDO 负责的协同工作主要包括：①协调对设计工作、进度计划、函件以及与专利商的沟通。②编制设计工作基础文件：程序、设计标准、工作指南和模板等。③内部界面和外部界面的整合。④为设计中心提供支持：检查/审查关键设计工作和文件。⑤整理和合并汇总表（公用工程、火炬负荷、污染物排放等）。⑥整理化学品和催化剂询价书/请购文件。

设计中心负责对工艺专业的设计文件和图纸中的技术信息进行审查和确认。

每一设计中心将按照技术澄清的程序直接与其专利商联系。在向专利商发出技术澄清前，设计中心应提前通知 PDO。

### 3.4.1 关键工艺设计工作

考虑到某些设计工作会在 EPCC 项目开展过程中产生潜在的影响，因此，将这些设计工作视为关键工作，需对其加以识别和监控。其中部分工艺设计工作需要进行进一步检查或详细审查。这些关键工艺设计工作包括但并不限于：①工艺文件设计基础、热量和物料平衡以及工艺性能保证值之间的一致性分析；②长周期设备（LLI）和其他主要设备确认；③水力学计算、设备的设计压力、压缩机的压差、各单元反应工段回路的压差等；④会对主要设备标高造成影响的低压管道系统，如泵入口管线、再沸器管线和重力流回路等；⑤检查火炬总管关键泄压阀（PRV）的最大泄压负荷以及总管尺寸；⑥公用工程平衡数据和裕度设计，以便及早检查总管尺寸。

### 3.4.2 早期设计工作

在项目开始时，作为 FEED 检查和确认工作的一部分或对 FEED 确认后，应立即开展某些关键工艺设计工作（表 1-3-1）。工艺专业将负责开展这些早期工作。

表 1-3-1 关键工艺设计工作

| 序号 | 文件/工作 | 说 明 |
|---|---|---|
| 1 | 工艺设计基础 | 一致性检查，包括生产能力、进料和产品、组分/条件、特殊设计标准等 |
| 2 | 热量和材料平衡以及工艺流程图（PFD） | 压力/温度曲线、基本控制一致性检查,确保与工艺说明相符 |
| 3 | 工艺性能保证值 | ① 工艺性能保证值与设计基础、物料平衡和公用工程消耗相符<br>② 检查并核实公用工程汇总表，以明确是否存在会对工艺性能保证值造成任何影响的消耗量变化或数据缺失（如透平的动力蒸汽、成套设备的公用工程等） |
| 4 | 设计变更通知（DCN）/澄清 | ① 分析和实施工艺设计文件的所有设计变更和供应商的报价澄清<br>② 评估因为实施 DCN 而造成的影响 |
| 5 | 关键回路的水力学计算 | 检查关键回路的水力学计算,如反应工段回路,核实设备设计压力和压缩机差压等 |
| 6 | 设备数据表 | ① 检查是否编制了所有工艺数据表<br>② 对所有长周期设备（LLI）和主要设备进行确认，如压缩机、反应器、加热炉、专用换热器/空冷器、进料泵/高压泵、塔、在项目设计阶段明确为 LLI 的其他设备<br>③ 检查塔和其他主要设备的溢出保护<br>④ 检查并发出设备（LLI）工艺数据表 |
| 7 | 工艺专业交付文件 | ① 为发出的招标文件（ITB）编制工艺设计文件和图纸清单<br>② 检查 FEED 文件包中的总 PEFS，将其细分成不同区域进行详细设计，同时对辅助设备和成套设备等编制详细 PEFS，并编制 PEFS 清单 |
| 8 | 发现的主要工艺问题/技术澄清/开工会（KOM；Kick-off Meeting） | ① 记录发现的主要工艺问题<br>② 编制技术澄清申请，并提交给专利商/业主审批<br>③ 开工会发现的其他问题并澄清 |

### 3.4.3 关键管线管理

工艺专业应从工艺设计的角度明确主要管线（如各单元的反应器回路、空冷器或再沸器入口和出口管线、低压管道系统的管线等），确定管线敷设路径或初步单线图，以完成水力学计算或确定管线的长度和管件方面的限制要求。工艺设计工程师应核实这些管线的单线图，然后发出单线图供设计使用。

## 3.5 工艺专业主要工作说明

下面介绍工艺专业主要的设计工作。同时，还按照工程设计执行计划为项目的工艺设计编制通用的指南。

### 3.5.1 概述

工艺专业应从工艺设计角度分析 FEED 设计包的一致性，在整个详细设计阶段不断深化和细化 FEED，编制并更新工艺设计文件，确保满足项目的工艺要求。

工艺专业负责人负责按照设计质量和进度要求完成设计工作，同时负责按照预先确定和共同认可的项目进度计划为工艺设计专业分配足够的设计人员。将按照 EPCC 合同要求、技术规定和工艺标准规范为项目分配足够的工艺工程师，以完成所有工艺设计工作。

取决于设计工作量，通常按照单元或区域分成不同设计组，并为每一设计组任命一名经验丰富的工艺工程师担任组长，同时，如果需要，还应将任命的组长通知 PDO。

### 3.5.2 确认 FEED /基础设计一致性分析

工艺专业将分析 FEED 的工艺设计，确保其内容一致性，并确保其符合项目设计基础、设计准则、设计标准和要求。分析范围限于由工艺专利商提供和/或在 FEED 文件中的技术资料和详细数据。

分析 FEED 工艺设计包括以下步骤：①检查工艺设计的完整性。核实并确保在图纸、数据表和其他文件中提供了足够的信息，以便开展 EPCC 的详细设计工作。②检查工艺设计和项目设计基础之间的一致性。核实并确保专利商文件和/或 FEED 文件中的数值不存在任何不一致或冲突，并满足项目设计和施工要求。③检查专利商文件和/或 FEED 文件中给出数值的一致性。当不同文件中的条件或参数相同时，应检查运行条件参数、物理特性或其他参数，确保不同文件中的数值保持统一。④分析和检查操作条件/设计条件、工艺单元或系统之间的相互连接以及装置水力学计算：a. 在该步工作中，核实并确保最大运行条件和设计条件之间的容许极限满足项目规定和指南或工程设计规定的要求；b. 还应确保单元界区处的操作条件和设计条件与进出单元或系统的物流设计保持一致；c. 通过检查操作条件、装置布置以及流体输送设备（泵、压缩机或类似设备）的性能参数，分析装置水力学计算的一致性。⑤检查并核实设备和仪表数据表、管道和仪表图（P&ID）以及其他工艺设计资料：a. 在该步工作中，将专利商文件和/或 FEED 文件划分为可靠资料和待核实资料。可靠资料在很大程度上通常包括专利商技术诀窍类资料，除非发现存在明显错误或遗漏，一般不会检查这类资料。举例来说，这类资料包括工艺流程方案、热量和物料平衡、材料选择、反应器、塔和其他设备的工艺设计。b. 对于其余资料，则通过核实其是否与可靠资料、项目设计良好实践或强制性标准一致来进行检查。通常而言，当承包商开展此步工作时，专利商和/或 FEED 设计承包商必须已在其基础设计包中提供足够的详细信息，并提供相应可靠的数据，以便承包商对数据和信息进行核实。

当承包商发现任何不一致时，应与业主和/或专利商澄清。未经专利商书面批准，不得对专利装置进行任何变更。在 EPCC 项目开始前几周，应检查和核实 FEED 文件包，并上报检查结果。

### 3.5.3 工艺流程方案以及热量和物料平衡

专利商工艺设计包（PDP）或 FEED 中的工艺流程方案（PFS）以及热量和物料平衡通常划分为可靠资料和不可靠资料。工艺专业将检查收到的设计文件的一致性，以核实是否存在任何明显错误或遗漏，然后作为项目设计交付文件发出。

如果必要，承包商将采用工艺模拟软件（如 Aspen Plus、Hysys、Pro/Ⅱ、Promax 等）对"不信任"的系统进行工艺流程模拟。

### 3.5.4 材料选择图

将对作为 FEED 文件一部分提供的材料选择图（MSD）进行审查，并根据需要对其进行更新，以反映出所进行的任何变更。应由工艺工程师和材料专家共同审查材料选择图（MSD），确保符合工艺物流组分和操作条件要求，并满足业主项目规定的要求。

### 3.5.5 工艺设备数据表

工艺专业应对所有设备数据表进行检查，并确保足以满足项目要求。应优先考虑由承包商确定的长周期设备（LLI）和其他主要设备。

当更改或修改设备数据后，应在原FEED数据表或专利商数据表中用红颜色标出（并采用三角形符号标注修订版次）。由PDO提供全部所需的工艺设备数据表模板。

当承包商的工艺专业完成FEED工艺设备数据表（包括业主和专利商的专项要求）的审查后，承包商机械设计专业（压力容器、传热设备、动设备和成套设备）应发出机械设备数据表。

对于注入或装填化学品的成套设备，工艺工程师应联系化学品供应商，确认处理程序、化学品特性和操作要求。应将所有化学品信息纳入工艺数据表。

当获得供应商的信息后，如设备性能曲线和数据、公用工程消耗等，应立即提供给工艺专业，以便其编制工艺设计流程方案（PEFS）、控制策略、工艺控制说明、安全保护说明和因果关系图。

### 3.5.6 特殊管道部件

管道等级未涵盖的管道部件以及特殊规格和特殊特性的管道部件通常视为特殊管道部件。在工艺设计流程方案（PEFS）中，应清晰注明特殊管道部件，并专门为其编制工艺数据表，注明要求的特性。

### 3.5.7 编制工艺设计流程方案

承包商应更新详细设计阶段的工艺设计执行计划并完成工艺设计流程方案（PEFS），编写要求的所有其他工艺设计图纸，包括设备详图、公用工程分配图、辅助设施图（如API方案或取样安装图）以及其他设计图纸。

为了保证工艺设计流程方案（PEFS）的统一，承包商应基于项目规定和标准编制一个总体程序，明确相关要求和建议，以指导编制工艺设计流程方案的工作。另外，对于特殊问题，还应编制具体程序和工作指南。

工艺专业负责编制工艺设计流程方案（PEFS）。将基于专利商的工艺设计包（PDP：Process Design Package）和FEED来编制工艺设计流程方案，并根据后续修改不断更新工艺设计流程方案，不仅包括由工艺专业提出的建议，还应包括在详细设计阶段由其他相关专业提出的建议。

工艺专业将与其他相关专业一起参加多专业的筛查工艺设计流程方案（PEFS）的审查会，确定各专业之间的界面，确保全面考虑装置的设计，包括安全、可操作性和可靠性等。

主要目标是：①通知不同专业并共同分析由专业人员提出的意见和建议；②解决不同专业所提出的意见和建议存在的不一致；③加快实施会对费用和/或进度造成影响的意见和建议。

项目管理与控制、工艺、配管和仪表专业的设计人员应参加每次会议。当要求时，其他人员，如机械、HSE或传热专业的设计人员，也应参加会议。工艺设计流程方案（PEFS）通常应至少包括三个版次：①IFA（发布用于批准）/IFH（发布用于HAZOP审查）。包括相关标准和规范、设备、仪表和管段编号、通用要求、设计说明以及在该详细设计阶段可获得的所有信息，供业主审查并提出意见以及供HAZOP审查使用。②IFD（发布用于设计）。在该版次中，纳入了所有意见和建议，包含启动详细设计所需的所有信息。从该阶段开始直至项目结束，尤其是对于EPCC项目而言，必须识别和监控工艺设计流程方案（PEFS）的尾项，以不断关闭尾项。另外，对于会对下游专业造成影响的PEFS变更，必须对其进行记录并通知相关专业。③IFC（发布用于施工）。在该版次中，应包括所有设计信息、已采购设备信息和仪表信息，以确保能够开始施工。

当要求时，承包商应与业主和提供工艺技术的专利商对工艺设计流程方案（PEFS）进行联合审查。PEFS联合审查计划应由各方共同认可。作为一项最低要求，承包商、业主与专利商应联合审查IFD和IFC工艺设计流程方案（PEFS）。

应将工艺专业设计成果纳入承包商编制的工艺设计流程方案（PEFS）中，具体工作包括：①深化和修改项目通用的工艺原则，例如隔离、工艺控制、紧急停车、泄压、超压和HSE要求。②与业主共同审查所有设计变更通知单（DCN）并在相应单元中实施。③审查专利的工艺设计包（PDP）内容，以核实工艺和设计文件是否提供了足够的信息，是否与技术规定保持一致。对于专利单元，无须对其进行工艺模拟。当发现存在任何不一致或错误时，应通知业主和专利商进行审查，如果需要，还应对相关文件进行更新。④按照装置运行条件和设施要求对工艺流程方案（PFS）进行检查。在对工艺流程方案进行检查时，如果对其进行了修改，应将修改后的工艺流程方案提交给业主进行审批。⑤应按照工艺设备运行条件和业主项目规定检查工艺设备数据表。⑥核实泄压阀（PRV）的泄压负荷。重新评估专利单元的泄压负荷，当发现任何不一致时，应与专利商和业主澄清并确认。⑦检查火炬负荷。可能要求深入研究实施仪表安全系统（SIS）或高度一体化的保护系统（HIPS），以降低火炬负荷。这可能需要专利商参与。⑧承包商应编制其工作范围内管道的初步和最终水力学计算书。

应为工艺设计流程方案（PEFS）编制一份尾项清单，并监督尾项的关闭工作。在详细设计阶段，工艺工程师应负责关闭所有尾项，并应将可获得的供应商信息纳入工艺设计流程方案（PEFS）和管道表，并将其更新为最终施工版。

### 3.5.8　管道表

管道表为由工艺专业发出的一种设计文件，列出了工艺装置所有的管道及其特性、运行条件和设计参数。由SPPID（Smart Plant P&ID）系统生成管道表。

工艺工程师负责将每一管道的运行条件和设计条件以及其他要求（如保温、伴热等）输入SPPID系统。还应将由其他专业提供的其他信息（刷漆、试验条件等）纳入管道表中。

为了统一管道表，承包商的所有设计中心应遵守由PDO制定的工作指南，并使用PDO提供的模板。采用来自FEED文件的以下数据：①工艺设计流程方案（PEFS）；②物料和能量平衡表；③设备工艺数据表；④仪表工艺数据表。

### 3.5.9　界区和互联管线

与其他EPCC承包商的外部界面管理要求见"项目界面管理计划"。
PDO将按照承包商联合体协议负责协调项目内部各单元之间的界面。
每一设计中心应负责及时向PDO提交所要求的工艺数据，以便各设计中心正确执行各单元的工艺设计工作。
每一设计中心应发出由其负责的工艺单元界区的界面申请表。

### 3.5.10　仪表工艺数据表

工艺工程师负责进行一致性分析（按照物料和能量平衡表以及相关的具体标准核实数据表中的流量、压力、温度计和其他参数）、检查设计规范、完成相关计算，以检查在数据表中是否存在任何错误或遗漏信息。对于新增仪表，承包商应按照相关项目规定为其编写工艺数据表。仪表工艺数据表由SPI（Smart Plant Instrumentation）系统生成：①控制阀；②开关阀；③泄压装置；④流量仪表；⑤温度和压力仪表；⑥液位仪表；⑦分析仪。

### 3.5.11 泄压负荷汇总表

泄压负荷汇总表汇总装置中全部泄压设施的泄压负荷，至少应为每一泄压设施注明以下信息：①紧急工况（每一紧急工况上限数据）；②排放目的地；③排放流量；④泄压条件；⑤泄压时流体的物理特性。另外，还应明确累积的工况。因此，泄压负荷汇总表应包含火炬系统和相关设备设计所需的几乎全部数据。

应检查和核实泄压阀的泄压负荷。对于专利技术单元，当发现有任何不一致时，应直接提交给专利商澄清。另外，还应核实计算火炬的负荷。如果 EPCC 项目没有提供任何具体指南，则应采用承包商的通用设计规定与标准。当 PDO 征得业主同意后，将提供泄压负荷模板。

应明确编制数据表的优先顺序。应优先为会影响确定火炬总管尺寸的阀门以及在 FEED 中未提供任何信息或信息不全的阀门编制数据表。

### 3.5.12 水力学计算

承包商应为其工作范围内的管道编制初步和最终水力学计算书。应按照管道资料、采购的设备以及在详细设计阶段确定的参数检查回路的水力学计算书。

需要审查的回路和参数包括：①泵入口管线，尤其是可用汽蚀余量（NPSH）和要求的 NPSH 相差很小时；②压缩机或泵回路，尤其是当要求的差压在很大程度上取决于动态压力降时；③关键的非泵送回路；④泵和压缩机最小流量保护回路；⑤热虹吸式再沸器回路；⑥工艺单元内火炬总管和支管；⑦公用工程总管和分配系统；⑧真空管线；⑨两相流管线；⑩重力流管线；⑪相关水力学回路冲击分析；⑫控制阀压力降；⑬安全阀入口和出口管线；⑭泄压系统；⑮循环气压缩机回路设定压力计算（如果适用的话）；⑯由单一泄压装置保护的系统的设计压力计算；⑰各单元中的高压工段以及有高压工艺系统的所有设施的泄压计算。

应采用管道信息和设备/仪表设计数据检查上述内容，采用各设计中心内部的程序进行计算。另外，还应提供具体的计算书。

### 3.5.13 泄压阀和火炬计算

由供应商负责编制泄压阀尺寸和孔板计算书。在工艺安全保护备忘录或同等文件中，应提供为确定每一泄压装置泄压负荷而采用的假设条件和流体特性，为安全装置工艺数据表中的数据提供支持。

如果要求对工艺单元内火炬系统进行水力学计算，则应编制计算书。在计算书中，除包括通过泄压系统水力学计算软件获得的数据外，还应包括确定排放管道和整个泄压排放系统能力的基础。

### 3.5.14 危险物质清单

工艺工程师应编制相关工艺单元涉及的危险物质（或流体）清单，并注明其特性。该清单用于确定项目危险区划分。相关数据应引自 FEED 文件包指明的规范（如 EPDS、NFPA 规范或其他认可的规范）。

### 3.5.15 污染物排放清单

污染物排放清单应列出装置所有排放污染物的数据，包括废气、废液、废固和有机废液。应提供以下数据：污染物类型、污染源、流体名称、组成、流量（最大/正常/最小）、排放频率、条件、处置目的地、排气口尺寸（废气）和废固的名称。

### 3.5.16 公用工程平衡

在详细设计阶段，应按照从设计专业获得的数据以及从设备供应商获得的数据更新和调整公用工程消耗数据，并据此更新公用工程平衡数据，可能会需要进一步变更公用工程设施及其分配系统的设计。

公用工程平衡表应包括公用工程系统设计所要求的所有数据。在编制公用工程平衡汇总表时，应考虑所有运行模式（正常、间歇、峰值、开车、紧急工况或其他工况）。

在 PDO 征得业主同意后，将提供公用工程平衡表模板。

### 3.5.17　HAZOP 研究

危险和可操作性（HAZOP）研究旨在以定性方式分析某一生产工艺中设施的设计，识别工艺固有潜在危险以及会导致装置可能偏离设计条件运行的异常情况。

通过由工艺专业和其他专业人员参加的审查会来进行 HAZOP 研究。同时，还应邀请工艺专利商人员或业主人员参加 HAZOP 审查会。

HSE 专业将按照项目要求和"危险及可操作性（HAZOP）审查程序"来组织和协调 HAZOP 研究，并负责跟踪和关闭采取的措施。

工艺工程师负责分析和实施在 HAZOP 审查过程中确定的与工艺专业或其交付文件有关的措施。

在 FEED 阶段，FEED 承包商已进行了初步的危险分析研究。承包商负责在 EPCC 阶段实施和关闭在初步危险分析研究时确定的措施。

在完成 HAZOP 审查后，承包商应编制变更管理程序，并提交给业主审批，以实施对工艺设计流程方案（PEFS）和所有支持文件的变更管理（变更管理程序应包括业主对变更的审查和接受的要求）。

### 3.5.18　报警和联锁设定值清单

如果专利商或 FEED 承包商没有提供报警和联锁设定值清单，则应由工艺专业负责编制。应将设定值输入 SPI（Smart Plant Instrumentation）系统的工艺模型中。然后由 SPI 生成报警和联锁设定值清单，并由仪表专业发出。

### 3.5.19　操作手册

操作手册由多专业编写，将在项目设计的最后阶段提供。工艺工程师负责编写操作手册的工艺部分，在编制过程中，还应与其余相关专业配合。

工艺操作手册是装置运行管理人员的参考资料，以便帮助管理人员为其操作工编制详细的操作指南。

操作手册至少应包含的内容详见第 4 篇第 5 章 5.5 节"操作程序手册"。

### 3.5.20　催化剂和化学品

承包商负责采购催化剂和化学品。应审查作为 FEED 的一部分提供的催化剂和化学品汇总表，并基于详细设计的最新信息更新催化剂和化学品汇总表。

对于催化剂和化学品的采购，工艺专业的设计人员应编制：①询价书（RFI），包括供货范围、数据表、规定、标准、图纸、供货条件、要求供应商提供的信息、检查工作计划以及供应商图纸和数据要求（VDDR）；②评审报价的技术投标并提出技术建议；③发出采购询价书。

### 3.5.21　供应商资料

从工艺角度审查成套设备和供应商资料，以核实是否与装置其余部分的技术资料保持统一。项目工艺工程师应定期检查供应商资料。

### 3.5.22　3D 模型审查

当要求时，工艺专业应参加 3D 模型审查。至少应对以下内容进行审查：①自流排水和坡度要求；②工艺要求的高度；③实施工艺设计流程方案（PEFS）中的工艺要求；④其他具体工艺要求。

## 3.6 工艺专业交付文件清单

项目要求的工艺专业交付文件主要包括以下文件和图纸：①工艺设计标准；②工艺单元设计基础；③工艺流程方案（PFS）；④工艺设计流程方案（PEFS）编制程序；⑤工艺说明；⑥公用工程消耗和平衡汇总表；⑦界区的界面表；⑧三废排放汇总表；⑨火炬负荷汇总表；⑩工艺单元的热量和物料平衡；⑪材料选择图（MSD）；⑫催化剂和化学品汇总表；⑬工艺设备数据表；⑭成套设备工艺技术规定；⑮控制阀/开关阀/安全阀工艺数据表（由SPI生成）；⑯其他仪表和分析仪工艺数据表（由SPI生成）；⑰工艺设计流程方案（PEFS）（P&ID图）；⑱管线表（由SPPID生成）；⑲操作手册（工艺部分）；⑳试运行程序；㉑工艺研究报告（如果要求的话）；㉒确定管线尺寸的水力学计算；㉓工艺过程控制原则；㉔工艺安全保护备忘录及其工艺设计流程方案（PEFS）；㉕催化剂询价请购文件；㉖催化剂技术评标；㉗催化剂采购请购文件；㉘化学品询价请购文件；㉙化学品技术评标；㉚化学品采购请购文件；㉛性能考核程序（现场）。

另外，在详细设计阶段，工艺专业还应编制以下内部文件或开展以下支持性工作：①泄压阀（PSV）计算书；②工艺单元内火炬总管计算书；③泵和压缩机水力学计算书；④协助HAZOP/SIL审查；⑤审查3D模型并提出意见；⑥因果关系图工艺数据；⑦复杂控制回路说明（为编制控制系统说明提供支持）；⑧联锁和安全系统说明；⑨审查供应商文件，包括塔和反应器管口布置；⑩危险流体清单；⑪安全装置记录表；⑫审查DCS画面；⑬静态和动态工艺流程模拟报告（当要求时）；⑭喘振分析报告（当要求时）；⑮为设计团队其他专业的工作提供支持。

## 3.7 技术规定

在工艺专业详细设计过程中，应执行项目的以下规定：①EPCC合同明确的业主相关的规定及项目修订的规定；②基础设计数据（BEDD）规定及其设计变更通知单（DCN）；③工艺设计标准；④国际规范和标准；⑤专利商标准/指南/规范；⑥当地法规。

工艺专业通常采用的部分国际规范和标准包括：①ASME第Ⅷ部分第1和第2节。②API 660：炼油厂通用管壳式换热器。③API 620：大型焊接低压储罐设计和建造。④API 2000：常压储罐和低压储罐的通气。⑤API 2350：石油储罐溢出保护。⑥API 560：炼油厂通用加热炉。⑦API RP 520第Ⅰ部分。⑧API RP 520第Ⅱ部分。⑨API RP 521。⑩API 610：炼油厂通用离心泵。⑪API 617：炼油厂通用离心式压缩机。⑫API 618：炼油厂通用往复式压缩机。⑬API 619：螺杆式压缩机。

## 3.8 采用的软件

工艺设计采用的软件如下：①火炬网络计算：Aspen火炬系统分析或同等软件。②水力学计算：OC专利软件。③设备设计：OC专利软件。④工艺设计流程方案（PEFS）SmartPlant P&ID。⑤工艺流程方案（PFS）Smart Sketch。⑥文本文件：Microsoft Word。⑦电子表格：Microsoft Excel。按照业主技术规范中规定的要求，最终交付图纸和文件应注明软件版本号。

## 3.9 相关规定与程序

### 3.9.1 业主规定和程序

业主的规定和程序主要包括：①基础设计数据；②工艺原则参考指南；③技术安全原则等。

### 3.9.2 项目程序

项目的程序主要包括：①项目执行计划；②工艺设计规定；③P&ID图绘制程序；④危险和可操作性（HAZOP）审查程序；⑤项目界面管理计划等。

# 第4章 配管设计执行计划

## 4.1 目的

旨在为各设计中心（AEC、BEC 和 CEC）配管专业明确统一和协调一致的执行方法，确保顺利完成项目详细设计工作。本文件应配合承包商联合体协议一起使用。

本文件为各设计中心明确了统一的工作标准和主要要求。

## 4.2 范围

本程序用于协调执行 EPCC 合同设计工作的各设计中心的工作。

基于承包商联合体协议和项目执行计划来确定配管的执行策略。如果发现有任何不一致，以承包商联合体协议为准。

## 4.3 工作范围

### 4.3.1 设计中心工作的总体说明

（1）设计

每一设计中心负责其界区内的配管设计工作，同时明确并遵守与其他设计中心的界面。为了确保配管设计协调一致，各设计中心应遵守项目规定、标准、图纸和程序的要求。

在设计过程中，PDO 的配管负责人将负责组织 3D 模型审查会，按照规定、标准和程序对 3D 模型进行内部审查。另外，PDO 的配管负责人还应为每一次正式审查提供协助。

对于与配管有关的主要程序、规定和标准，见后面 4.3.4 节。但是，每一设计中心应确保使用正确的规定、程序和标准。

（2）管道应力和管道支架

每一设计中心应负责研究管道应力和管道支架，并明确与其他设计中心的设计界面对接。换而言之，为保证管道应力和管道支架研究的一致性，每一设计中心应遵守项目规定、管道支架标准图和项目程序中规定的要求：①管道应力分析规定；②管道支架规定。

（3）MTO 和请购文件

每一设计中心应负责编制其单元的管道材料表（MTO），并采用规定的 MTO 模板及时提交给 PDO 配管负责人，以将其输入材料管理系统如（MARIAN）。同时，按照 PDO 发布的 MTO 程序将管道材料表存档。

由每一设计中心编制的材料表（MTO）应采用详细研究、SP3D 单线图或估算（项目初期阶段）方式注明正式管段表中的所有管道材料。

PDO 负责所有设计中心的大宗材料和设备（带位号）的询价请购文件、技术规格书和采购请购文件以及供应商文件。

(4) 配管材料规定

PDO 将按照承包商联合体协议中的规定发布管道等级规定。应按照由 PDO 发布的配管材料规定程序管理材料规格和变更，确保标准的统一性。

(5) 3D 模型配置和模板

将由 PDO 发出 3D 模型配置要求以及单线图、平面布置图和配管布置图模板，从而确保标准的统一性。

有关详细要求，见由 PDO 发布的 3D 模型程序：①S3D 建模程序；②S3D 实施计划；③S3D 绘图实用程序；④承包商内部 3D 模型沟通程序。

设计中心应按照由 PDO 发布的 3D 模型规定每月进行一次碰撞检查和分析，并提交检查报告。

### 4.3.2 文件管理系统

见"文件管理计划"。

### 4.3.3 交付文件类型清单

PDO 配管负责人和每一设计中心的配管专业应按照 EPCC 合同中"设计/竣工阶段业主审查矩阵"以及承包商联合体协议中的规定编制并发布 PDO 配管交付文件清单。

### 4.3.4 设计标准/强制性指南

该指南经所有工程设计中心同意后由 PDO 专业负责人发布。

在整个项目中，应采用 EPCC 合同规定的良好工程设计实践（GEP）、相关项目修订（PV）规范、项目规定以及材料和设备标准和规范［如壳牌（Shell）的 MESC］。

可以发布项目修订规定，用于对部分工程设计时间进行修改/补充。同时也可以发布项目新的规范，用于明确工程设计实践和相关项目修订（PV）规定尚未涵盖的要求。

除非在工程设计实践中特别指明，项目采用的项目修订（PV）规定、项目规定（带日期和版次）以及国际规范和标准（包括补遗/补充）应为 2005 年 1 月 31 日后的最新版本。

在项目开始前几周，还应审查设计变更通知（DCN）程序，确保符合相关的项目文件要求。

(1) 有关规范和标准

列明与配管专业相关的有关标准规范。

(2) 项目规定

项目规定包括但不仅限于下面列出的规定：①配管设计规定；②配管标准图；③管道材料规定；④S3D 模型设计审查规定；⑤管道应力分析规定；⑥管道支架规定；⑦蒸汽伴热规定；⑧可变弹簧支架技术规定；⑨管道典型组件；⑩S3D 建模规定；⑪S3D 实施计划；⑫S3D 绘图实用程序。

(3) 项目程序

项目程序包括但不限于下面列出的规定：①图纸和文件电子格式规定；②Smart Plant 3D 实施规定；③Smart Plant 3D 要求和开发规定；④项目装置间距和净距规范；⑤挠性管；⑥金属膨胀节；⑦管道支架部件；⑧管线等级；⑨电子交付文件规定。

### 4.3.5 设计审查

每一设计中心应负责其单元以及所有相关的设计审查。每一设计中心的配管专业应参加以下设计审查：①P&ID 图；②平面布置图；③单元平面布置图（初版发出后，IFA 版）；④3D 模型审查；⑤双周审查（仅将模型信息提供给 PDO 审查组以进行内部审查）；⑥正式审查（见承包商内部3D模型沟通程序）。

有关更详细内容，见"文件的设计、审核与批准"。

#### 4.3.6 询价请购书（RFI）和采购请购书（RFP）

对于每一询价请购书（RFI）涉及的大宗材料，设计中心将发布最新版MTO，并将材料表（MTO）提交给PDO。PDO将MTO文件上传至M材料管理系统。由PDO编制询价请购书，并由PDO配管专业负责人发出。

对于已明确的材料，每一设计中心将编制供货范围，而PDO配管专业负责人将负责编制RFI、技术评标（TBE）和RFP。

#### 4.3.7 技术评标

PDO负责大宗配管材料的技术评标（TBE），对于某一设计中心工作范围内非常特殊的配管材料，则由相应的设计中心提供帮助。

就各设计中心已明确的材料，PDO将仅负责通用配管材料和设备（如安全淋浴器等）的技术标评审，而对于其余的具体材料，则宜由相关的设计中心进行技术标评审。

#### 4.3.8 供应商文件审查

见"文件管理计划"。

#### 4.3.9 竣工文件

见"文件管理计划"。

### 4.4 施工支持

配管专业的设计工程师应从以下几个方面支持施工：①参加可施工性专题会；②现场设计；③编制工程量（BOQ）的策略。

### 4.5 项目文件表和模板

由PDO专业负责人负责编制以下模板和文件：①单线图模板；②平面布置图模板（$A_0/A_1$）；③MTO模板；④TBE模板；⑤配管布置图模板；⑥进度曲线；⑦3D模型审查报告。

### 4.6 设计界面管理

按照"承包商内部设计界面管理计划"执行。

### 4.7 业主审查/批准

应在合适的设计阶段计划、安排并按照顺序来进行由业主参与的正式设计审查，并进行记录。在业主正式批准前，应处理完对设计文件的所有审查意见。

详细内容参见"文件管理计划"和"业主审批意见控制程序"。

### 4.8 沟通

见"沟通协调程序"。

## 4.9 3D 建模

请参考：①SP3D 建模程序；②SP3D 实施计划；③承包商内部 3D 模型沟通程序。

## 4.10 采用的软件

配管专业采购的主要软件包括：①询价请购文件：材料管理系统，由 PDO 文件管理部提供支持。②3D 模型：采用 SP3D 2014 R1 Hotfix。③应力分析：CAESAR Ⅱ 2014。④仅由 AEC 采用 Documentum 电子文档管理系统审查文件，其余设计中心将采用自己的系统审查文件，但是，在文件管理计划中详细说明了各设计中心系统之间的衔接。⑤AEC 将采用供应商文件和图纸（VDDR）申请系统，当设备属于某一设计中心时，AEC 将通过 VDDR 系统发给相关的设计中心，否则，设计中心应采用 Excel 格式提供相关数据。⑥AEC 将采用检验活动工作计划（IAP）系统，其余设计中心采用 Excel 格式。⑦文本文件采用 Microsoft Word。⑧数据表采用 Microsoft Excel。⑨3D 设计：Smart Plant 3D 审核，版本为 2015 R1。⑩2D 设计：AutoCAD。

## 4.11 技术变更管理

技术变更管理参考以下文件：①变更单管理程序；②设计变更管理程序；③关键文件变更通知程序。

## 4.12 质量保证/质量控制要求

每一设计中心在将交付文件提交给业主前，应审查文件的质量，确保符合 EPCC 合同中规定的要求。设计中心应按照其自己的程序规定检查设计内容以及设计采用的方法，同时尽量包括配管专业的独立检查以及必要的专业间交叉检查。应编写合适的检查清单，以用作备忘录，确保进行彻底的检查。

## 4.13 配管执行计划模板

本部分内容参见电子版，下载地址见前言中的说明。

# 第5章 土建设计执行计划

## 5.1 目的

旨在为各设计中心的土建、结构和建筑（CSA：Civil Structure Architecture）专业明确统一和协调一致的执行方法，确保其顺利完成所承担项目的详细设计工作。本文件应配合承包商联合体协议一起使用。

本文件为各设计中心明确了统一的工作标准和要求。

## 5.2 范围

本程序涉及以下专业：①土建和结构；②建筑物与构筑物；③地下重力流管道系统；④HVAC系统。

## 5.3 设计中心工作范围和工作总体说明

各设计中心之间的工作范围划分，按照承包商联合体协议执行。

## 5.4 文件管理计划

参见项目程序"文件管理计划"。

## 5.5 交付文件

提供的设计文件包括但并不限于：①土建设计基础（见后面5.6.1节）。②土建工程和钢结构规定（见后面5.6.2节）。③以下计算报告：a.混凝土结构；b.钢结构；c.基础；d.HVAC系统；e.雨水排放系统和地下（重力流）管道系统；f.每一结构和基础设计应提供相应的计算报告；g.建筑物结构和基础设计将包含在一个计算报告中，除此之外，地上结构和基础设计应提供单独的计算报告。④以下结构图：a.混凝土结构；b.预制混凝土结构；c.钢结构，包括详细预制图；d.基础；e.建筑物结构和基础。⑤建筑物的建筑图。⑥HVAC系统图纸：流程图和控制图、单线布置图、维护车间、操作室布置图、总图，不包括由供应商提供的详图。⑦地下（重力流）管道系统：a.收集池和人孔清单；b.地下管道单线图。⑧以下布置图：a.场平、铺装面、通道和道路；b.围墙；c.地下管道系统，包括清洁雨水系统；d.电气和仪表电缆沟。

## 5.6 设计基础和项目规定

### 5.6.1 设计基础

应按照 EPCC 合同的规定与要求编制土建和结构专业的设计基础，该设计基础适用于由各设计中心负责进行的所有土建与结构专业的设计工作。

### 5.6.2 项目规定

在详细设计阶段发布的项目规定适用于由各设计中心负责进行的所有设计工作。项目规定包括但并不限于：①钢结构总体说明；②混凝土工程总体说明；③基础锚固螺栓；④钢结构防火；⑤混凝土预埋板；⑥收集池、人孔和清理口；⑦建筑物结构；⑧HVAC系统。

## 5.7 设计审查会

设计审查会主要包括：①建筑布置（楼层平面图/天花板平面图/层高）；②3D模型（30％、60％和90％模型）等。

## 5.8 询价请购书和采购请购书

将为询价请购书（RFI）/采购请购书（RFP）编制以下技术文件：①岩土工程研究；②钢结构预制；③建筑物（包括建筑物用途和 HVAC 系统）；④土建工程。

## 5.9 技术标评审

对于每一 RFI 以及上文介绍的系统或设施，将评审由投标方提供的技术报价。

## 5.10 供应商文件审查

参见"文件管理计划"中供应商文件的工作流程。

## 5.11 竣工文件

参见"文件管理计划"相关的内容。

## 5.12 软件

### 5.12.1 结构和基础设计

结构和基础设计应用的软件包括：①STAAD.Pro V8i（Bentley）；②STAAD Foundation Advanced V8i（Bentley）；③Mat 3D rev 5.5.0（Dimensional solution Inc）；④Foundation 3D rev 5.5.0（Dimensional solution Inc）；⑤LS-DYNA。

### 5.12.2 2D 与 3D 设计

2D设计的主要软件包括：①AutoCAD，版本为2012（2D图）；②Microstation V7, V8

（2D 图）（Bentley）。

3D 涉及的主要软件包括：①Tekla 公司的 Structure rev 18/19（3D 钢结构设计软件）；②Smart Plant 2014R1；③Smart Sketch 2014R1。

#### 5.12.3 其他

①文本文件采用 Microsoft Word；②电子表格采用 Microsoft Excel；③演示文件采用 Power Point。

### 5.13 项目文件模板和格式

设计工作所需不同模板和格式参见相关的项目程序。未经 PDO 专业负责人事先批准，不得采用这些标准模板以外的格式。PDO 负责确保各设计中心采用统一的模板，如果缺少模板，设计中心应直接向 PDO 提出申请。

### 5.14 业主审查/批准程序

有关提交供业主审查/批准/参考的设计交付文件，按照业主工程设计/竣工阶段文件审查矩阵和文件管理计划进行审批。

### 5.15 沟通

见函件和会议程序。

### 5.16 质量保证/质量控制要求

每一设计中心在将交付文件提交给业主前，应对文件质量进行审查，确保符合项目标准中规定的要求。设计中心应在自己的程序中规定检查内容以及检查采用的方法，还应包括专业独立检查以及必要的专业间检查。如果适用，检查清单应用作备忘录，确保对交付文件进行彻底审查。

### 5.17 相关规定与程序

#### 5.17.1 业主规定和程序

业主相关规定和程序包括但并不限于：①HVAC 设计准则；②HVAC 安装；③HVAC 成套空调机组；④HVAC 中心站空气处理机组；⑤HVAC 风机盘管机组；⑥HVAC 空冷冷凝机组；⑦HVAC 空冷水冷器；⑧HVAC 风机；⑨HVAC 化学过滤机组；⑩HVAC 控制系统；⑪HVAC 设备编号；⑫HVAC 仪表和控制系统设备编号；⑬维护车间和操作室-HVAC/管道系统/消防设计说明；⑭吸烟室和休息室-HVAC/管道系统/消防设计说明；⑮装置建筑物采暖、通风和空调系统；⑯HVAC 系统的安装、测试、平衡和调试；⑰项目建筑物清单；⑱建筑物管道系统；⑲家器具设计说明；⑳员工停车场建筑物设计说明（所有区域）；㉑维护车间和操作室-建筑物设计说明；㉒建筑物设计说明（吸烟室和休息室）；㉓操作工避险场所设计说明；㉔地形和装置勘探规定；㉕岩土工程勘察规定；㉖周边安保围墙系统；㉗绿化设计说明；㉘A 类围墙土建施工；㉙B 类围墙土建施工；㉚C 类围墙土建施工；㉛带钢筋混凝土桩的 D 类围墙土建施工；㉜重型道路典型剖面图（柔性路面和刚性路面）；㉝轻型道路典型剖面图（柔性路面和刚性路面）；㉞轻型混凝土铺装和人行道典型详图；㉟重型混凝土铺装典型详图；㊱铺装面上或穿过铺装面的钢筋混凝土基础；㊲结构楼梯总体布置；㊳结构楼梯斜梁基部；㊴结构楼梯扶手连接；㊵结构楼梯中间平台；㊶结构楼梯斜梁顶部连接；㊷结构扶手；㊸结构扶手与混凝土连接；㊹结构爬梯与柱、烟囱和结构的一般布置；㊺地脚螺栓；㊻结构格栅；㊼管道水泥衬里；㊽混凝土结构耐化学衬里的设计和施工；㊾陆上设施抗震设计-地震灾害评估；㊿结构设计；51现场踏勘；52现场平整和挖掘作业，包括储罐基础和罐区；53岩土工程和基础设计-陆上设施；54道路、铺装、表面处理、护坡和围墙；55排水系统和一次处理设施；56建筑物设计；57陆上建筑物、控制室和现场机柜间防爆和抗爆设计；58轻型抗爆模块；59陆上设施被动消防系统；60钢筋混凝土结构；61钢制烟囱（CICIND 模型规范补遗/补充）；62钢筋混凝土烟囱；63钢结构；64设计/竣工阶段业主审查矩阵。

### 5.17.2 项目程序

建筑与结构专业相关的项目程序包括：①项目执行计划；②土建设计基础；③3D 模型和 SP3D 程序；④文件管理计划；⑤沟通协调程序。

# 第6章 静设备设计执行计划

## 6.1 目的

旨在为各设计中心静设备专业明确统一和协调一致的执行方法，确保其顺利完成所承担项目的详细设计工作。本文件应与设计分包合同工作单和承包商联合体协议一起使用。

本文件为各设计中心明确了统一的工作标准和要求。

在项目实施过程中，对于承包商各设计中心在项目沟通、函件和会议方面的主要要求，按照"沟通协调程序"执行。

## 6.2 范围

本程序涵盖设计图纸的编制、计算基础和材料询价请购/采购请购指南。

应基于项目执行计划来确定静设备专业设计执行策略。

## 6.3 定义

用到的定义包括：①Documentum：商业化的工程文件管理系统（EDMS）。②RFI（Requisition for Inquiry）：询价请购书。③RFP（Requisition for Purchase）：采购请购书。④TBE（Technical Bid Evaluation）：技术评标。⑤BEDD（Basic Engineering Design Data）：基础设计数据。⑥FEED（Front End Engineering Design）：基础工程设计。⑦DDL（Directorate Discipline Leader）：PDO专业负责人。⑧GEP（Good Engineering Practice）：良好的工程设计实践。⑨EC（Engineering Centre）：设计中心。

## 6.4 组织结构图

PDO对项目各技术部门工作负责。PDO静设备专业负责人负责以下设备设计的标准化：①反应器；②塔；③罐；④API储罐。

换热器、不带尺寸的设备（如过滤器、脱盐设备）或成套装置中的设备不属于本计划的范围。

PDO负责：①与业主的沟通（如技术澄清）；②请购材料表；③统一设计标准；④模板和程序；⑤检验活动工作计划（IAP）；⑥供应商图纸和数据要求（VDDR）；⑦通用规定；⑧编制材质选择标准。

各设计中心应根据其具体工作范围负责以下工作：①设备计算；②按照6.11.2节的设备编码对不同的询价请购书与采购请购书中的所有设备进行分类；③每台设备的设计图；④询价请购书（RFI）；⑤技术标评审（TBE）；⑥采购请购书（RFP）；⑦审核供应商文件；⑧验证材质并为编写通用规定提供支持。

## 6.5 文件管理系统

参见"文件管理计划"。

## 6.6 交付文件清单

对于EPCC承包商，由其静设备专业编写的设计文件汇总见后面6.11.1节。

## 6.7 计划

根据由各设计中心提交的所有交付文件来编制详细计划。

为了便于PDO准确编制计划，PDO应编制一份Excel文件，注明需由各设计中心完成的所有工作，以及需提交的所有设计文件。该Excel文件包含每一设计中心编写设计文件所涉及的所有工作：①RFI（询价请购书）；②TBE（技术标评审）；③RFP（采购请购书）；④设计图；⑤审核供应商文件；

Excel文件采用"csv"格式（见后面6.11.3节），包含表1-6-1中列出的"类别"和"名称"。为所有询价请购书/采购请购书工作分配的单元号均为PDO-00，但是，每一设计图包含在其对应单元中。类别编码示例见表1-6-1。类别详细说明见表1-6-2。

表 1-6-1 类别编码示例

| 类别 | 名称 | 类别 | 名称 |
| --- | --- | --- | --- |
| GE | 一般性工作 | RE | 技术标评审 |
| MT | 材质选择 | PF | 审核供应商文件 |
| RI | 询价请购书 | DW | 工程设计图 |
| RP | 采购请购书 | | |

表 1-6-2 类别详细说明

| 栏目 | 说明 | 备注 |
| --- | --- | --- |
| 1.单元 | 工作所属的单元 | |
| 2.类别 | 类别编码 | 见表1-6-1 |
| 3.工作编码 | 工作缩写 | 最多10个字符 |
| 4.文件编号 | 交付文件编号 | 按照文件与资产标签编号程序 |
| 5.名称 | 文件名称 | |
| 6.初步预算 | 本项工作初步预算 | 这是在项目执行过程中的工作权重 |

## 6.8 询价请购书/采购请购书程序和涉及的文件

询价请购书和采购请购书结构如下：①供货范围；②数据表和清单；③统一规定；④图纸和标准；⑤具体供货条件；⑥供应商图纸和数据要求；⑦检查和试验要求；⑧其他。

采用 Smart Plant Material（Marian）软件开展采购工作。为了能够向 Smart Plant Material 管理系统提供合适的信息（由 PDO 负责输入信息），每一设计中心应执行内部 RFI、TBE & RFP 管理程序。

询价请购书清单示例见后面 6.11.4 节。

## 6.9 设计基础

### 6.9.1 标准规范

设备专业设计执行的标准规范主要包括：①ASME SECTION Ⅷ Div.1-2015；②ASME SECTION Ⅷ Div.2-2015；③ASME Ⅱ Part A，B，C and D-2015；④ASME Section Ⅴ-2015；⑤ASME Section Ⅸ-2015；⑥ASME/ANSI B 1.1-2003 年版；⑦ASME/ANSI B 16.5-2013 年版；⑧ASME/ANSI B 16.20-2012 年版；⑨ASME/ANSI B 16.21-2011 年版；⑩ASME/ANSI B 16.47-系列 A-2011 年版；⑪WW.R.C.107，1965 年 8 月（1979 修订）；⑫W.R.C.297，1984 年版（1987 修订）；⑬NACE 标准 MR0103-2012 年版；⑭NACE 标准 SP0472-2010 年版；⑮NACE 标准 TM0284-2011 年版；⑯NACE 标准 TM0177-2005 年版；⑰NACE 标准 SP0187-2008 年版。

### 6.9.2 统一规定

设备专业的统一规定包括：①技术规定：a.在 FEED 阶段形成的规定/标准；b.EPCC 合同中的相关规定。②良好的工程设计实践（GEP）：a.项目中涉及 GEP 和文件包含一般设计、设备、材料、安装和制造方面的要求；b.GEP 应与项目相应的修订规定（PV，如果有的话）配合使用。③项目修订规定（PV）：项目修订规定（PV）为项目提供了具体信息和要求。④设计变更通知（DCN）：a.设计变更通知（DCN）用于解释对具体设计标准或规定进行的修改；b.每一设计中心应按照 DCN 索引对设计变更通知进行审查，对变更、修改和要求进行确认，并将其纳入需修改文件或将 DCN 附在被修改文件中（如果适用的话）。

应该注意的是文件优先顺序取决于单元类型，具体如下：①专利技术单元：a.设计变更通知（DCN）；b.专利商 FEED 文件包；c.项目技术规定；d.针对 GEP 的项目修订规定；e.GEP。②非专利技术单元：a.设计变更通知（DCN）；b.项目技术规定；c.针对 GEP（版次为 V32）的项目修订规定；d.GEP（版次为 V32）；e.FEED 文件包。

注意：当地法规/法律优先于 EPCC 合同包含的所有文件。

如果在业主文件、行业标准、规定或图纸之间出现任何不一致或矛盾，承包商应书面提交给业主。在业主做出正式决定前，应以最严格的要求为准。

当规定之间出现任何不一致时，每一设计中心应按照技术澄清和豁免申请程序向 PDO 提交技术澄清和/或豁免申请，然后由 PDO 审查并提交给业主审批。

### 6.9.3 标准

GEP 中的标准图纸和相关项目修订规定（PV）为 EPCC 项目设备和材料的安装、制造和设计提出了要求，并提供了信息。

#### 6.9.4 计算

应按照前面 6.9.1 节列出的标准规范执行设备涉及的计算。

采用的软件应为 PV Elite 2015（每一工程设计中心应确保每一设计和软件包含 ASME Ⅷ Div.1 & 2 Ed.2015 中的所有要求）。

#### 6.9.5 抗震要求

设备抗震计算要求应考虑基于结构设计及其项目修订规定中的所有数据（表1-6-3）。

表 1-6-3 抗震需求

| 周期/s | $Sa$[DBE(设计基准地震)，重要系数 $I=1.25$]/(m/s²) | 周期/s | $Sa$[DBE(设计基准地震)，重要系数 $I=1.25$]/(m/s²) | 周期/s | $Sa$[DBE(设计基准地震)，重要系数 $I=1.25$]/(m/s²) |
|---|---|---|---|---|---|
| 0 | 0.11 | 0.6 | 0.22 | 1.40 | 0.16 |
| 0.05 | 0.16 | 0.65 | 0.21 | 1.50 | 0.16 |
| 0.1 | 0.20 | 0.7 | 0.21 | 1.60 | 0.15 |
| 0.15 | 0.25 | 0.75 | 0.20 | 1.70 | 0.15 |
| 0.2 | 0.25 | 0.8 | 0.20 | 1.80 | 0.15 |
| 0.25 | 0.25 | 0.85 | 0.19 | 1.90 | 0.14 |
| 0.3 | 0.25 | 0.90 | 0.19 | 2.00 | 0.14 |
| 0.35 | 0.25 | 0.95 | 0.18 | 2.10 | 0.13 |
| 0.4 | 0.25 | 1.00 | 0.18 | 2.20 | 0.12 |
| 0.42 | 0.25 | 1.10 | 0.17 | 2.30 | 0.11 |
| 0.5 | 0.23 | 1.20 | 0.17 | 2.40 | 0.10 |
| 0.55 | 0.22 | 1.30 | 0.16 | 2.50 | 0.09 |

根据 GEP 规定的要求，应按照相应标准制定的方法［如欧盟标准 EN1998 第 4.3.3.2 条（横向力方法）采用获得的频谱］进行计算。

#### 6.9.6 风负荷要求

设备计算风负荷要求应考虑按照 GEP 中列出的标准（如 EN 19991-1-4）获得的风负荷参数（表1-6-4），设计风速取 35m/s。

表 1-6-4 风负荷要求

| 高度/m | $P_z$/(kg/m²) | 高度/m | $P_z$/(kg/m²) |
|---|---|---|---|
| 10 | 180.1 | 60 | 276.1 |
| 20 | 215.1 | 70 | 285.2 |
| 30 | 236.9 | 80 | 293.2 |
| 40 | 252.8 | 90 | 300.3 |
| 50 | 265.5 | | |

#### 6.9.7 特殊应用

设备特殊应用的所有要求应符合特殊应用技术规定中的规定。

#### 6.9.8 MDMDT（最低设计金属温度）

除非在数据表中特别指明，最低设计金属温度应采用 －3℃。

#### 6.9.9 测量单位

应采用规定的测量单位（表1-6-5）。

表 1-6-5  测量单位

| 参数 | 单位 | 参数 | 单位 |
|---|---|---|---|
| 温度 | ℃ | 结垢系数 | $m^2 \cdot K/kW$ |
| 压力 | bar(绝压),bar(表压),bar(差压),mbar(表压),mbar(绝压) | 质量(流量) | kg/h |
| 质量 | kg,t | 气相(流量) | $m^3/h$ |
| 长度 | m,mm | 液相(流量) | $m^3/h$,L/s |
| 管道尺寸 | mm | 气相(标准量) | $N \cdot m^3/h@0℃$ |
| 管口尺寸 | mm | 液相(标准量) | $S \cdot m^3/h@15℃$ |
| 密度 | $kg/m^3$ | 热焓 | kJ |
| 液体相对密度(S.G.) | S.G.@℃/15℃[①] | 热耗率 | kW |
| 液体标准相对密度(标准S.G.) | S.G.@15℃[②] | 黏度 | $mPa \cdot s(cP)$ |
| 速度 | m/s | 表面张力 | dyn/cm |

① 在流动条件下的流体密度/(1000kg/$m^3$)。
② 在15℃时的流体密度/(1000kg/$m^3$)。

## 6.10 相关规定与程序

### 6.10.1 业主规定和程序

业主的规定与程序包括:①承包商联合体协议;②技术规定索引;③GEP索引;④现场抗震设计参数;⑤项目对GEP结构设计的修订;⑥基础设计数据。

### 6.10.2 项目程序

承包商的项目程序主要包括:①承包商联合体协调程序;②项目执行计划;③文件管理计划;④RFI/RFP/TBE管理程序;⑤文件与资产标签编号程序;⑥专用技术规定。

## 6.11 样表与模板

### 6.11.1 交付业主的文件

如表1-6-6所示。

表 1-6-6  交付业主的文件

| PDO-0000-DA00-LST-0001 | | | VDDR 编码 | | 负责方 |
|---|---|---|---|---|---|
| 编号 | 要求的文件 | 备注 | 编码 | 文件 | |
| 10.00 | 设计基础和导则 | 规定、规定审查或按照项目要求对规定进行的补充 | 不适用 | 不适用 | 设备专业 |
| 10.03 | 设备数据表 | 不适用于压力容器 | 不适用 | 不适用 | 不适用 |

续表

| 编号 | 要求的文件 | 备注 | VDDR 编码 编码 | VDDR 编码 文件 | 负责方 |
|---|---|---|---|---|---|
| 10.04 | 设备表(注明设备能力) | 项目部将发布设备表 | | | 项目工程师 |
| 10.05a | 设备总体布置/外形图 | | PLG-0003 | 带尺寸和荷载数据的总体布置图 | 供应商 |
| 10.05b | 设备详细设计图 | | 不适用 | 不适用 | 不适用 |
| 10.07 | 设备详细制造图 | | PLD-001 | 设备详图 | 供应商 |
| 10.10 | 设备安装、运行和维护手册 | 仅当要求时(氮封、吊装要求等) | MAN-0001 | 安装、运行和维护手册 | 供应商 |
| 10.11 | 设备注册记录(规范认证) | | CER-0002 | 证书和符合性声明 | 供应商 |
| 10.13 | 刷漆、蒸汽伴热、保温和防火表 | 不适用于压力容器 | | | |
| 10.14 | 备件数据 | | LIS-0016/LIS-0017 | 投料试车、试车和开车备件清单以及2年正常运行备件清单 | 供应商 |
| 10.16 | 容器爬梯和平台图 | | 不适用 | 不适用 | 设备专业 |
| 10.17 | 容器、换热器和其他静设备设计图 | | 不适用 | 不适用 | 设备专业 |
| 10.18 | 压力容器计算书和工厂制造图,注明所有信息 | 编制模板 | CAL-0005 | 机械计算书 | 供应商 |
| 10.19 | 塔/塔盘和容器详细设计 | | PLD-0003 | 内件图 | 供应商 |
| 10.20 | 反应器/内件详细设计 | | PLD-0003 | 内件图 | 供应商 |
| 10.24 | 储罐详细制造图 | | PLD-001 | 设备详图 | 供应商 |
| 10.25 | 供应商制造和焊接程序 | | DOS-0001 | 焊接文件 | 供应商 |
| 10.27 | 阴极保护系统设备布置图和接线图 | 由电气部门负责 | 不适用 | 不适用 | 电气部门 |
| 10.28 | 阴极保护系统设备规范以及询价书/请购书,包括计算书 | 由电气部门负责 | 不适用 | 不适用 | 电气部门 |
| 10.29 | 阴极保护系统设备、电缆和材料检查、试验和调试以及表格 | 由电气部门负责 | 不适用 | 不适用 | 电气部门 |
| 10.30 | 供应商检查和试验计划 | | PLN-0001 | 质量控制计划 | 供应商 |
| 10.31 | 供应商检查和试验程序 | | PRC-0006 | 无损探伤(NDT)程序 | 供应商 |
| 13.06 | 技术报价/商务报价评审 | | 不适用 | 技术标评审(TBE) | 设备专业 |
| 13.07 | 询价规格书/请购书 | | 不适用 | 询价书/请购书(RFI/RFP) | 设备专业 |

续表

| 编号 | PDO-0000-DA00-LST-0001 要求的文件 | 备注 | VDDR 编码 编码 | 文件 | 负责方 |
|---|---|---|---|---|---|
| | | | DOS-0002 | 最终质量文件 | 供应商 |
| | | | PRC-0011 | 焊后热处理程序（PWHT） | 供应商 |
| | | | ESP-0004 | 材料采购技术规范 | 供应商 |
| | | | LIS-0001 | 采用 VDDL 格式的供应商图纸和数据表 | 供应商 |
| | | | PRC-0010 | 水力学试验程序 | 供应商 |
| | | | PRC-0016 | 刷漆程序 | 供应商 |
| | | | PRG-0003 | 制造总程序 | 供应商 |
| | | | PRC-0007 | 酸洗和钝化程序 | |
| | | 由供应商提供的交付文件不包括在 PDO-0000-DA00-LST-0001 中 | SUB-0001 | 不带价格的子供应商订单复印件 | 供应商 |
| | | | PLD-0008 | 设备运输准备图纸 | 供应商 |
| | | | PLD-0019 | 铭牌图 | 供应商 |
| | | | PLN-0002 | 项目质量计划 | 供应商 |
| | | | DOS-0003 | 质量文件索引 | 供应商 |
| | | | VDB-0001 | 供应商数据手册索引 | 供应商 |
| | | | VDB-0002 | 供应商数据手册 | 供应商 |
| | | | CER-0004 | 材料试验和认证 | 供应商 |
| | | | LIS-0020 | 装箱单和板条箱内包装物清单 | 供应商 |
| | | | PRC-0012 | 包装和运输程序 | 供应商 |
| | | | CRC-0047 | 抗冲击试验程序 | 供应商 |
| | | | PLD-0021 | 最终版竣工图 | 供应商 |

### 6.11.2 设备编码样例

本部分内容参见电子版，下载地址见前言中的说明。

### 6.11.3 项目工作计划（PPA）

本部分内容参见电子版，下载地址见前言中的说明。

### 6.11.4 询价请购书清单示例

应按照表 1-6-7 所示的格式，列出 EPCC 合同工作范围的全部询价请购书的清单。

表 1-6-7 询价请购书清单示例

版次：1　　　　　　　　2017 年 10 月 27 日

| 专业 | RFI 名称（AEC/BEC/CEC） | RFI 编号 | AEC RFI 编号 | BEC RFI 编号 | CEC RFI 编号 |
|---|---|---|---|---|---|
| 容器 | 反应器 | | | | |
| 容器 | 碳钢塔 | | | | |
| 容器 | 壁厚达 19mm 容器 | | | | |
| 容器 | 壁厚 19～38mm 容器 | | | | |
| 容器 | 碳钢复合板塔 | | | | |
| 容器 | 厚壁容器和塔 | | | | |
| 容器 | 塔和容器内件 | | | | |

# 第7章 机械设计执行计划

## 7.1 目的

本执行计划旨在为各设计中心的机械专业明确统一和协调一致的执行方法，确保其顺利完成所承担的EPCC项目工作范围内的详细设计工作。本文件应配合承包商联合体协议一起使用。

本文件为各设计中心明确了统一的工作标准和要求。

## 7.2 范围

本程序对项目各设计中心之间的协调进行了规定。

基于承包商联合体协议和项目执行计划来确定机械专业设计的执行策略。如果发现有任何不一致，以承包商联合体协议为准。

## 7.3 工作范围

### 7.3.1 设计中心工作总体说明

设计工作包括按照相关计划、程序、规定、图纸以及EPCC合同中规定的其他文件对每一机械设备进行设计。

机械设备包括EPCC合同以及承包商联合体协议中列出的动设备和成套设备类型，但下面的情况需要引起关注：①包括设备/成套设备中的电气设备，如电机、变频驱动设备（VFD）；②不包括应急发电机，这属于电气专业的工作范围；③不包括动力锅炉和流化床，这属于传热专业的工作范围。

"成套设备"一词是指项目中所有机械成套设备，但应该注意的是，在机械专业中，成套设备不包括传热成套设备，如火炬和锅炉等，仅包括机械成套设备以及机械成套设备中的换热器、加热炉、罐或容器。

按照项目编号程序来确定代码，见表1-7-1。

表1-7-1 按照项目编号程序来确定代码

| 字母代码 | 设备类型（第1栏或单栏） | 设备类型（第2栏或单栏） | 说　　明 |
| --- | --- | --- | --- |
| A | 成套设备和辅助设备 | 未使用 | |
| C | 塔盘塔或填料塔、接触器 | 容器 | 仅为机械成套设备一部分时 |

续表

| 字母代码 | 设备类型(第1栏或单栏) | 设备类型(第2栏或单栏) | 说　　明 |
|---|---|---|---|
| D | 干燥设备 | 柴油发动机 | |
| E | 换热器、非明火加热设备 | 未使用 | 仅当换热器为成套设备的一部分时 |
| F | 明火加热器、加热炉、锅炉 | 风扇 | |
| G | 发电机 | 齿轮箱 | |
| H | 电加热器 | 未使用 | |
| J | 喷射装置：喷射器、喷注器、引射器等 | 未使用 | |
| K | 压缩机、风机、风扇 | 未使用 | |
| M | 混合器、掺混器、混合喷嘴和减温减湿器 | 电机 | |
| P | 泵：离心式、往复式和旋转式 | 未使用 | |
| S | 重力分离器和机械分离器、过滤器/过滤网 | 未使用 | |
| T | 常压储罐、池 | 透平(蒸汽或燃气) | 仅为机械成套设备一部分时 |
| V | 容器、压力储罐、料仓和料斗 | 未使用 | 仅为机械成套设备一部分时 |
| X | 固定输送设备 | 未使用 | |

对于部分设备，BEC 和 CEC 可能将其划分为非机械专业类，见表1-7-2。

表1-7-2　部分设备的划分

| 设备类型 | AEC 设计中心 | BEC 设计中心 | CEC 设计中心 |
|---|---|---|---|
| 过滤器 | 机械专业 | 工艺专业 | 容器专业 |
| 进料过滤器 | 机械专业 | 不属于 BEC 工作范围 | 容器专业 |
| 化学品注入成套设备 | 机械专业 | 工艺专业 | 不属于 CEC 工作范围 |
| 静态混合器 | 机械专业 | 工艺专业 | 容器专业 |
| 聚结器 | 不属于 AEC 工作范围 | 不属于 BEC 工作范围 | 容器专业 |
| 真空干燥器成套设备 | 不属于 AEC 工作范围 | 工艺专业 | 不属于 CEC 工作范围 |
| 减温减压器 | 机械专业 | 工艺专业 | 容器专业 |
| 消音器 | 机械专业 | 工艺专业 | 容器专业 |
| 喷射器 | 机械专业 | 工艺专业 | 容器专业 |
| 蒸汽疏水器 | 机械专业 | 工艺专业 | 不属于 CEC 工作范围 |
| 阻火器 | 机械专业 | 工艺专业 | 容器专业 |

应按照表1-7-2来确定由 BEC 和 CEC 不同部门负责管理的辅助设备，但是，相关材料的询价请购书/采购请购书，则由各设计中心机械专业负责人作为联系人进行管理。与 PDO 的所有沟通文件应发给 PDO 机械专业负责人。

### 7.3.2　文件管理系统

见"文件管理计划"。

### 7.3.3 交付文件类型清单

按照承包商联合体协议确定设计范围划分为：泵、风机、往复式压缩机、离心式压缩机、透平、起重设备、成套系统、其他小型撬装设备、工艺成套设备和输送成套设备。设计交付文件应包括：①更新后的规定（当需要增加补遗时）；②机械数据表；③询价书；④技术标评审；⑤询价请购书/采购请购书；⑥项目润滑油清单。

另外，无论供应商文件是否包含在 EPCC 合同中规定的交付文件清单中，各设计中心必须确保供货商至少提供 VDDR 模板中列出的文件，以便按照统一的要求为动设备、成套设备和固体材料输送设备编制询价请购书/采购请购书。

### 7.3.4 承包商设计指南

机械专业设计工作程序主要包括：①按照设备清单和询价请购书/采购请购书清单来确定机械设备，并为其编制询价请购书/采购请购书。②按照由 PDO 提供的信息来识别/确认长周期机械设备/主要机械设备。长周期机械设备/主要机械设备指以下类型的设备：a. 离心式压缩机；b. 往复式压缩机；c. API 610 多级离心泵；d. API 610 BB1/BB2 离心泵；e. 真空干燥器成套设备；f. 脱盐成套设备；g. 氢气回收装置。③PDO 负责接收和分发向业主提交的所有建议以及由业主提出的所有意见。④及时提供由机械专业工程师负责的采购订单，以便与业主进行澄清。

另外，每一设计中心还应参与以下一般性工作：①参与和项目进度计划有关的 PDO 项目控制工作，明确与项目执行进度计划有关的关键事宜；②按照 EPCC 合同要求以及由工艺部门提供的数据，为机械专业工作范围内所有设备询价请购书编制所有必要文件（供货/技术规定、数据表和项目规定等）；③在供货商的密切配合下，明确由供货商所提供的机械设备或系统的具体要求和特性（包括重量、重心），并基于供货商的经验按照不同技术解决方案说明其特性；④检查供货商报价是否满足供货/技术规定中的规定要求；⑤在商务谈判中，为采购部门提供必要支持；⑥参与采购部门编制采购订单的工作；⑦在选定供应商的密切配合下，完成机械设备的全部设计，并提供采购订单中规定的所有服务；⑧如果要求，参加成套设备和一般工艺单元的 3D 模型审查和 HAZOP 审查；⑨在设备安装、机械竣工、预投料试车、投料试车和开车阶段，为解决现场所有的问题提供支持。

### 7.3.5 设计审查

每一设计中心应负责其单元以及所有相关的设计审查：①在项目早期阶段，每一设计中心应审查和核实 FEED，以便明确是否需要对 FEED 提出建议或对其进行修改，并确认运行条件和选择设备。②每一设计中心的相关专业必须审查供应商的主要文件。供应商文件审查发起人（机械设备的专业负责人）应负责由其他专业修改的设计文件。③3D 模型审查发起人应为 3D 模型审查提供支持，确保系统成套设备和其余部分之间保持一致，同时保证设备的可操作性和可维护性。④HAZOP/SIL 审查发起人应参加 HAZOP 研究，并协调供应商提供所需文件以便完成 HAZOP 研究。同时，还应负责并参与 HAZOP 审查确定采取的行动项，直至所有行动项关闭。一旦需要，供应商也应参加 HAZOP 审查。⑤应修改完善成套设备的 PEFS，并确保供应商的 PFES 和工艺 PFES 保持一致。⑥遵守供货具体条款模板中规定的 HSE 一般要求，并遵守项目规定。

按照 HSE 要求，在距离设备表面 1m 处的最大噪声应控制为低于 85dB（A）（$P_{峰值}$=140Pa），供应商应保证满足该项要求。

### 7.3.6 机械数据表

每一设计中心负责完成每一设备的机械数据表。PDO 将按照项目进度计划按时提供主要设备的模板。

将基于工艺数据（包括由专利商提供的信息、在对 FEED 审查时进行的所有变更以及获得的所有机械信息）来编制机械数据表。

对于成套设备，数据表应包括成套设备中的所有辅助设备。当采用电机驱动设备时，电气部门应提供模板，并注明相关电气数据。在询价请购书（RFI）中，仅包括电机模板，并注明基本数据。对于采购请购书（RFP），应编制所有数据表，包括在技术标评审过程中对供应商信息进行的所有修改，以及与供应商和业主达成的意见。

#### 7.3.7 询价请购书/采购请购书（RFI/RFP）

见"RFI、TBE & RFP 管理程序"。业主将按照设计/竣工阶段审查矩阵中的审批和责任矩阵审查文件。

### 7.4 相关规定与程序

#### 7.4.1 业主规定和程序

业主规定见 EPCC 合同中相应的内容，取决于不同类型的单元，项目规定的优先顺序如下：①专利技术单元：a. 设计变更通知（DCN）；b. 专利商 FEED 文件包；c. 项目技术规定；d. GEP（版次为 V.32）项目修订规范；e. GEP（版次为 V32）。②公开技术单元：a. 设计变更通知（DCN）；b. 项目技术规定；c. GEP（版次为 V.32）项目修订规范；d. GEP（版次为 V32）；e. FEED 文件包。

应该注意的是，当地法规/法律优先于 EPCC 合同中规定的所有文件。

国家和国际标准：指适用于每一设备和询价请购书/采购请购书的 API、ASME、ISO、IEC 和 EN 标准等，同时还包括相关当地标准。除非特别指明，承包商应采用这些标准的最新版。

如果在业主文件、行业标准、规定或图纸之间出现任何不一致或冲突，承包商应书面提交给业主进行澄清和确认。在尚未得到业主正式澄清前，应采用最严格的标准。

当规定之间出现任何不一致时，每一设计中心应按照技术澄清和豁免申请程序向 PDO 提交技术澄清和/或豁免申请，然后由 PDO 审查并提交给业主审批。

#### 7.4.2 项目程序

相关的项目程序主要包括：①项目执行计划；②沟通协调程序；③文件与资产标签编号程序；④技术澄清和豁免申请程序。

### 7.5 采用的软件

机械专业采用的主要软件包括：①询价请购书和采购请购书：Smart Plant Materials 管理系统（Marian），由 PDO 文件管理部门提供支持。②文本文件：Microsoft Word。③数据表：Microsoft Excel。④供应商图纸：PDF 软件。⑤PFES、P&ID 图审查和最终版：Smart Plan P&ID。⑥3D 模型：采用"*.VUE"文件格式（与 SP3D 格式兼容）或 MicroStation（版本 J）3D 文件格式（3D 模型）。

### 7.6 询价请购书/采购请购书清单

如表 1-7-3 所示。

表 1-7-3　询价请购书/采购请购书清单

| REV1 版次:1 | | | | | | 2017 年 10 月 27 日 | | |
|---|---|---|---|---|---|---|---|---|
| 专业 | RFI 说明（AEC/BEC/CEC） | HOC RFI 编号 | AEC RFI 编号 | BEC RFI 编号 | CEC RFI 编号 | 设计中心编制部门 | | |
| | | | | | | AEC 部门 | BEC 部门 | CEC 部门 |
| 机械 | 蒸汽疏水器 | | | | | 机械 | | |
| 机械 | 脱盐装置 | | | | | 机械 | 工艺 | |
| 机械 | 氢气回收单元 | | | | | 机械 | | |
| 机械 | 化学品注入成套设备 | | | | | 机械 | | |
| 机械 | 静止过滤器 | | | | | 机械 | 工艺 | |
| 机械 | 进料过滤器 | | | | | 机械 | 工艺 | 容器 |
| 机械 | 离心式分离器 | | | | | 机械 | | 容器 |
| 机械 | 静态混合器 | | | | | 机械 | | |
| 机械 | 聚结器 | | | | | 机械 | 工艺 | 容器 |
| 机械 | 真空干燥器 | | | | | 机械 | | 容器 |
| 机械 | 减温减湿器 | | | | | 机械 | 工艺 | |
| 机械 | 喷射器 | | | | | 机械 | 工艺 | 容器 |
| 机械 | 离心式压缩机 | | | | | 机械 | 工艺 | 容器 |
| 机械 | 往复式压缩机 | | | | | 机械 | 机械 | 机械 |
| 机械 | API 610 OH2 泵 | | | | | 机械 | 机械 | 机械 |
| 机械 | API 610 BB1 & BB2 泵 | | | | | 机械 | 机械 | 机械 |
| 机械 | API 610 多级泵 | | | | | 机械 | 机械 | 机械 |
| 机械 | API 610 低流量高扬程泵 | | | | | 机械 | 机械 | 机械 |
| 机械 | API 675 加药泵 | | | | | 机械 | 机械 | 机械 |
| 机械 | API 610 立式泵 | | | | | 机械 | 机械 | 机械 |
| 机械 | 提升站成套设备 | | | | | 机械 | 机械 | 机械 |
| 机械 | 搅拌器 | | | | | 机械 | | |
| 机械 | 阻火器 | | | | | 机械 | 工艺 | 工艺 |
| 机械 | 消音器 | | | | | 机械 | 工艺 | 工艺 |
| 机械 | 行车 | | | | | 机械 | 机械 | 机械 |
| 机械 | 电梯 | | | | | 机械 | 机械 | 机械 |

注：标注阴影的为长周期设备询价请购书。

# 第8章 电气设计执行计划

## 8.1 目的

旨在为各设计中心电气专业明确统一和协调一致的执行方法,确保其顺利完成所承担的EPCC项目的详细设计工作。本程序应配合承包商联合体协议一起使用。

本文件为各设计中心明确了统一的工作标准和要求。

## 8.2 范围

本程序涵盖与电气专业有关的详细设计的最低要求。

基于承包商联合体协议和项目执行计划来确定电气专业设计执行策略。如果发现有任何不一致,以承包商联合体协议为准。

## 8.3 总体实施策略

承包商将作为单一实体按照业主要求和EPCC合同确定的项目规定完成整个项目的电气设计与采购(项目所在国境外)以及施工(项目所在国境内)工作。

所有工作将在PDO的管理下进行,PDO负责协调各设计中心。

如果详细设计无法按照单个一般程序和相关规定进行统一,每一设计中心将按照其自己的程序开展详细设计。PDO设计经理将在承包商的总部负责对设计进行总体管理和标准化。PDO将采用同一系统(Marian)负责所有采购工作。

## 8.4 电气专业工作范围

### 8.4.1 设计中心工作的总体说明

设计工作划分应基于承包商联合体协议确定的工作划分执行。电气设计的工作分工参见后面8.7节。

电气设计主要原则是,每一设计中心应采用自己的程序和质量标准来完成其工作范围内的详细设计工作,同时,还要符合EPCC合同中项目规定的要求,但是,为了统一各设计中心的设计工作,可能需要适当修改PDO发布的项目程序和指南。

### 8.4.2 交付文件清单/业主审批

电气专业至少应负责完成设计交付文件清单中规定的设计文件。

PDO 已经编制了由每一设计中心提交的设计文件以及所需开展设计工作的最终详细清单。

### 8.4.3 项目文件模板

PDO 将编制并发布项目文件模板供所有设计中心使用。有关由 PDO 提供的模板清单见后面 8.7 节。

### 8.4.4 设计标准/强制性指南

对于电气专业设计工作，应遵守但并不仅限于以下标准和指南：①项目一般设计规定；②GEP（良好的工程设计实践）；③设计变更通知单（DCN）；④PDO 提供的由业主批准的豁免申请和技术澄清请求。

### 8.4.5 设计审查支持

电气专业应参加与以下主题相关的设计审查：①在项目早期阶段，每一设计中心应审查和核实 FEED，以便明确是否需要对 FEED 提出建议或对其进行修改，并确认运行条件和选择设备；②3D 模型审查；③与受影响专业统一划分危险区域；④HAZOP 审查（当要求时）；⑤参加工厂验收；⑥参加现场验收。

对于 3D 建模，PDO 已编制了详细的建模规定。另外，还应遵守以下规定：①Smart Plant 3D 配置和实施；②Smart Plant 3D 要求。

### 8.4.6 供应商文件审查

识别并审查供应商的主要文件。

## 8.5 电气专业采用的软件

电气专业将采用以下软件和计算机应用程序：①供电系统研究：ETAP Power Station（版本为 12）。②确定电缆尺寸：每一设计中心应用自己的程序（每一变电站的最终报告格式应采用相同的格式）。③照明设计软件：Luxicon（Crouse Hinds）或同等设计软件。④Smart Plant Electrical 软件。

## 8.6 业主规定和程序

在编制 SPEL 时，应采用以下规范：①Smart Plant Electrical 配置和实施；②Smart Plant Electrical 要求；③电缆管理。

## 8.7 模板与样表

设计工作分工、设计中心工作计划（PPA）、模板清单见电子版，下载地址见前言中的说明。

# 第9章 仪表设计执行计划

## 9.1 目的

旨在为各设计中心仪表专业明确统一和协调一致的执行方法，确保其顺利完成所承担的 EPCC 项目的详细设计工作。本程序应配合承包商的联合体协议一起使用。

本程序为各工程设计中心明确了统一的工作标准和要求。

## 9.2 范围

本程序为设计阶段仪表专业的执行计划。

## 9.3 总体实施策略

基于承包商联合体协议和项目执行计划来确定仪表专业设计执行策略。如果发现有任何不一致，以承包商联合体协议为准。

承包商将按照业主要求和规定开展并完成整个 EPCC 项目的设计与采购（项目所在国境外）以及施工（项目所在国境内）工作。

所有工作将在 PDO 的管理下进行，PDO 负责协调各设计中心。

按照项目执行计划中的规定，各设计中心将基于工作分解结构在其各自办公地点完成其工作范围内的设计工作。

只有当设计中心无法按照统一的设计规定开展详细设计时，才按照其各自的程序并基于工作分解结构开展详细设计工作。PDO 设计经理将在承包商总部负责 EPCC 项目的设计管理和标准化。PDO 采用同一系统（如：Marian）管理所有采购工作。

在 PDO 所在的总部办公地点授标后的第一周召开采购订单的开工会。

## 9.4 仪表专业工作范围

### 9.4.1 设计中心工作总体说明

设计工作按照承包商联合体协议的"设计分工"进行划分。仪表专业设计内容见后面 9.13 节。

仪表设计主要原则是，每一设计中心应采用自己的程序和质量标准来完成其工作范围内的详细设计工作，同时，还要符合 EPCC 项目规定的要求，但是，为了统一各设计中心的设计工作，可能需要适当修改 PDO 发布的项目程序和指南。

### 9.4.2 文件管理系统

参见"文件管理计划"。

### 9.4.3 交付文件清单/业主审批

仪表专业至少应提供基于业主的设计/竣工阶段业主审查矩阵规定编制的设计交付文件清单中列出的设计文件。仪表专业还应负责修改和审批供应商供货范围内的文件。

除后面 9.13 节中规定的交付文件外，设计中心应基于 PDO 发布的设计指南为火灾和可燃气体检测系统提供仪表设计文件，包括以下信息：①火灾和可燃气体危险分析设备清单；②火灾和可燃气体检测设备 MTO（供内部使用）；③消防设备 MTO（供内部使用）；④消防水用量估算（供内部使用）；⑤消防区域布置（供内部使用）；⑥火灾抑制系统（气体喷淋系统）规范和图纸；⑦火灾危险评估以及火灾和可燃气体检测系统布置所需的输入数据。

### 9.4.4 业主审批意见管理

业主审查承包商交付文件提出的意见应按照业主审批意见管理程序管理。

### 9.4.5 项目文件模板和格式

在项目实施过程中，PDO 将发布模板和典型文件（样表、模板、标准、数据库、VD-DR 和 IAP 等），以供所有设计中心使用或作为开展设计工作的基础。PDO 可要求设计中心提供支持以编写以下文件：①仪表设计基础；②交接计量系统规格书；③仪表连接规格书；④先进过程控制（APC）系统规格书；⑤仪表导压管和工艺管道连接的管道等级要求；⑥安全要求规定；⑦综合布线系统（SCS）和局域网（LAN）数据网络规定；⑧电信电缆规格书；⑨电信系统总体要求规定；⑩第三方接口 Modbus 要求；⑪数据表指南、MTO 格式、程序和模板；⑫单元电信设备布置和电缆敷设模板；⑬单元光纤和电信主干电缆敷设模板；⑭单元电信设备和电缆表模板；⑮建筑物电信设备和电缆表模板；⑯火灾和可燃气体检测系统原则和设计基础；⑰消防系统原则和设计基础；⑱一体化通信系统设计基础和原则；⑲现场总线（FF）仪表分段图（供内部使用）；⑳现场总线（FF）分段计算（供内部使用）；㉑现场总线（FF）指南；㉒SPI 程序；㉓SIL 验证程序；㉔SIL 分配程序；㉕SIL 分配报告模板；㉖单元安全要求规范细则模板；㉗单元成套设备 SIL 分配报告模板；㉘因果关系矩阵模板；㉙复杂回路说明模板；㉚联锁说明模板；㉛单元容器外形图模板；㉜消防设备 P&ID 图符号；㉝火灾和可燃气体检测系统方块图；㉞火灾和可燃气体检测器原则和设计基础；㉟消防系统设计基础；㊱现场装置火灾和可燃气体检测器安装详图；㊲火灾和可燃气体危险分析设备清单；㊳消防水供水-消防水网络 P&ID 图；㊴消防水管网水力学计算。

### 9.4.6 设计标准/强制性导则

仪表设计工作应执行（但并不限于）以下的标准和导则。

(1) 专利商标准/导则/规定

(2) GEP（良好的工程设计实践）及相关项目修订规定（PV）

GEP（良好的工程设计实践）及相关项目修订规定主要包括：①本质安全设备（ISO 31、ISO 1000 和 ISO 80000 补充）；②项目人机工程设计；③人机工程设计-阀门分析；④人机工程设计-控制室设计；⑤人机工程设计-人机界面；⑥金属材料-选择标准；⑦非金属材料-选择和应用；⑧气-液分离器-型式选择和设计原则；⑨液-液和气-液-液分离器-型式选择和设计原则；⑩动设备运行条件监控和安全防护；⑪通用蒸汽透平；⑫配管--一般要求；⑬管道等级-炼油和化工行业；⑭火灾、可燃气体和烟气检测系统；⑮FF 现场总线-设计和配置；⑯仪表设计程序；⑰标准表-液位计算表；⑱测量和控制仪表；⑲成套设备仪表；⑳在线分析仪；㉑分析仪室；㉒液态烃交接计量系统；㉓天然气交接计量系统；㉔湿气体环境流量测量-湿气体环境流量测量技术；㉕控制阀-选型、确定尺寸和规格；㉖在线分析仪安装；㉗仪表导压管；㉘泄压系统仪表；㉙仪表保护功能的分类和实施；㉚仪表保护系统；㉛仪表保护功能（IPF）；㉜报警管理；㉝电气设计；㉞供电和发电系统-设计和运行；㉟孔板流量计直管段工厂和现场预制；㊱仪表检查和功能试验；㊲设备清理；㊳项目质量保证；㊴装置电信系统；㊵电信系统标准；㊶电话电缆设计和安装；㊷电信综合布线系统；㊸电信塔和拉线式天线杆；㊹电磁兼容性（EMC）要求；㊺成套设备仪表；㊻陆上设施火灾安全评估；㊼陆上设施主动消防系统和设备；㊽火灾、可燃气体和有毒气体（FGS）检测器系统设计指南；㊾陆上设施用灭火剂和便携式/移动式消防设备；㊿陆上设施被动式消防系统；㉛污水排放系统和初步处理设施；㉜火灾、可燃气体和烟气检测系统。

**（3）业主项目规定**

业主项目规定主要包括：①仪表数据表以及控制安全一体化系统原则；②码头设施控制和安全一体化系统原则；③集散控制系统（DCS）；④子系统通信界面；⑤现场机柜间预制规定；⑥先进过程控制；⑦实验室信息管理系统（LIMS）；⑧泄漏检测和管线模拟模型规定；⑨通信网络装置外部电缆敷设；⑩座机电话系统；⑪电话热线系统；⑫企业移动无线系统；⑬通信设备机房和计算机房建筑物标准；⑭信息和通信系统一般要求和界面规定；⑮紧急通信控制中心/资源协调中心/人员协调中心；⑯综合布线系统；⑰无线局域网（WLAN）；⑱IP电话（含统一信息转发功能）；⑲广域网（WAN）；⑳存储区域网；㉑出口码头企业集成和通信系统设计基础；㉒连续排放监控系统（CEMS）设计指南；㉓操作工培训模拟系统；㉔火灾、可燃气体和烟气（FGS）检测器系统设计指南；㉕项目控制系统SPI实施规定；㉖仪表和光纤电缆；㉗一般报警公共广播系统；㉘安保系统/门禁系统；㉙工艺闭路电视（CCTV）系统；㉚动设备保护和监控系统；㉛分析仪管理和数据采集系统（AMADAS）；㉜输送交接计量系统；㉝局域网（LAN）设备；㉞监控和数据采集（SCADA）系统；㉟消防原则；㊱火灾和可燃气体检测原则；㊲安全技术原则；㊳消防原则规定；㊴工艺区和罐区泡沫消防系统和喷淋消防系统。

**（4）基础设计数据规定和设计变更通知（DCN）**

必须特别注意影响仪表专业工作范围的设计变更通知（DCN）。

项目规范更新：按照项目修订规定，除非在GEP中特别指明，基础设计列出的国际规范和标准、项目采用的项目修订规范（PV）、项目规定（带日期和版次）以及表1-9-1列出的国际规范和标准（包括补遗/补充）应为EPCC项目投标日期时的最新版本。

表 1-9-1 部分国际规范和标准

| | |
|---|---|
| A. D(Merkbltter German Pressure Vessel Code) | 德国压力容器规范 |
| ACI(American Concrete Institute) | 美国混凝土协会 |
| AISC(American Institute of Steel Construction) | 美国钢结构学会 |
| ANSI(American National Standards Institute) | 美国国家标准协会 |
| API(American Petroleum Institute) | 美国石油学会 |
| ASCE(American Society of Civil Engineers) | 美国土建工程师协会 |
| ASHRAE(American Society of Heating, Refrigeration and Air-Conditioning Engineers) | 美国采暖、制冷和空调工程师协会 |
| ASME(American Society of Mechanical Engineers) | 美国机械工程师协会 |

续表

| | |
|---|---|
| ASTM(American Society of Testing Materials) | 美国材料试验协会 |
| AWS(American Welding Society) | 美国焊接学会 |
| DIN(German Material Standards) | 德国材料标准 |
| EN(European Standards) | 欧洲标准 |
| IBC-2006(International Building Code) | 国际建筑规范 |
| IEC(International Electric Code) | 国际电工委员会 |
| ISA(Instrument Society of America) | 美国仪表协会 |
| MESC(Material & Equipment Standard and Code) | 材料和设备标准和规范 |
| NACE(National Association of Corrosion Engineers) | 美国腐蚀工程师协会 |
| NFPA(National Fire Protection Association) | 美国国家消防协会 |
| PIP(Process Industry Practices) | 流程工业实践 |
| ISO(International Organization for Standardization) | 国际标准化组织 |
| IRI（储罐间距）(Industrial Risk Insurers) | 行业风险保险人协会 |

**(5) 美国标准**

EPCC 项目所采用的美国标准主要包括：①API Std 670：振动、轴向位置和温度监测系统。②MPMS 5.2：石油计量标准手册-第 5 章 计量-第 2 部分 用容积式流量计计量液体烃。③ASME B16.5：NPS 1/2-NPS 24 管道法兰和法兰管件。④ASTM A 262：奥氏体不锈钢晶间浸蚀敏感性检测标准实践。⑤ASME PTC 19.3 TW：温度计插孔测试规定。⑥AGA 报告 3-2：天然气和其他相关烃液体的孔板流量计-第 2 部分 规定和安装要求。⑦AGA-9：用多声道超声流量计测量天然气流量。⑧NACE MR0103：腐蚀性石油炼制环境中抗硫化物应力开裂材料的选择。⑨NACE MR0175：石油天然气工业-油气开采中用于含硫化氢环境的材料。⑩API RP 55：含硫化氢石油天然气生产及气体加工装置运营推荐做法。⑪API RP 520：炼油厂压力泄放装置的尺寸确定、选择和安装。⑫API RP 521：降压系统压力释放指南。⑬API 650：钢制焊接石油储罐。⑭API RP 2001：炼油厂防火。⑮API RP 2021：常压储罐防火和灭火。⑯API RP 2030：石油化工企业固定水喷淋消防系统应用。⑰API RP 2031：可燃气体检测器系统以及影响其性能的环境运行因素。⑱API RP 2218：石油和石化加工工厂防火规程。⑲API 2510A：液化石油气（LPG）设施设计和运行消防考虑。

**(6) NFPA-美国国家防火协会**

EPCC 项目用到的美国国家防火协会的标准主要包括：①NFPA 10：手持式灭火器标准。②NFPA 11：低、中、高倍数泡沫标准。③NFPA 12：二氧化碳灭火系统标准。④NFPA 13：喷水灭火系统安装标准。⑤NFPA 14：消防立管、消防栓及软管系统安装标准。⑥NFPA 15：消防用水喷射固定设备的标准。⑦NFPA 16：泡沫水喷洒系统安装标准。⑧NFPA 17：标准干粉灭火系统。⑨NFPA 20：离心式消防泵安装标准。⑩NFPA 22：灭火专用水箱。⑪NFPA 24：专用消防水管及其附件的安装标准。⑫NFPA 25：水系消防系统的检查、测试和维护标准。⑬NFPA 30：易燃和可燃液体标准。⑭NFPA 70：国家电气规范。⑮NFPA 72：国家火灾报警规范。⑯NFPA 80：防火门和防火窗标准。⑰NFPA 90A：空调和通风系统安装标准。⑱NFPA 101：建筑物和结构火灾生命安全规范。⑲NFPA 221：防火墙和防火隔墙标准。⑳NFPA 230：仓库消防标准。㉑NFPA 251：建筑施工和材料的防火测试标准。㉒NFPA 291：消防栓标准。㉓NFPA 325：易燃液体、气体和挥发性固体的火灾危险性。㉔NFPA 1901：消防车标准。㉕NFPA 1961：消防软管标准。

㉖NFPA 1963：消防水龙带连接用螺纹和垫圈。㉗NFPA 2001：洁净气体灭火系统标准。㉘NFPA 5000：建筑结构和安全规范。

(7) 德国标准

NAMUR NE 43 数字变送器故障报警信号水平标准化。

(8) 欧洲标准

EPCC 项目采用的欧洲标准主要包括：①EN 837-1：压力表-第 1 部分 波登管压力表-尺寸、范围、要求和测量。②EN 10204：金属产品-检查文件的类型。③EN 50262：电气设备用"m"电缆密封装置。

(9) 国际标准

EPCC 项目采用的国际标准主要包括：①IEC 60050-300：国际电工词汇 电气和电子的测定和测量装置。②IEC 60079：爆炸气体环境电气设备-第 10 部分 危险区划分；第 14 部分 危险区域（除矿山）电气设备；第 18 部分 爆炸性气体环境用电气设备-浇封型"m"电气设备的结构、试验和标志。③IEC 60529：外壳防护等级（IP 标志）。④IEC 60534：工业过程控制阀。⑤IEC 60534-4 第 4 部分 检验和例行试验。⑥IEC 60584：热电偶-第 1 部分 参考表；第 2 部分 容差。⑦IEC 60654：工业过程测量和控制设备的设计条件-第 1 部分 气候条件；第 3 部分 机械影响；第 4 部分 腐蚀和侵蚀影响。⑧IEC 60751：工业铂电阻温度计传感器。⑨IEC 61241-10：用于可燃性粉尘环境的电气设备-第 10 部分 有或可能有可燃性粉尘区域的分类。⑩ISO 5167-1：用安装在圆形截面管道中的差压装置测量满管流体流量-第 1 部分 一般原则和要求；第 2 部分 孔板。⑪ISO 9613-2—1996：声学-户外声传播衰减-第 2 部分 计算的一般方法。⑫ISO 9355-2：显示和控制调节器设计的人类工效学要求。⑬ISO 15156：石油天然气工业-油气开采中用于含硫化氢环境的材料。⑭ISO 17089-1：封闭管道中液体流量的测量-气体超声流量计-第 1 部分 交接输送和配置计量用仪表。⑮ISO 17292：石油、石化和相关工业用金属球阀。⑯TS 4943：原油和石油产品存储安全标准。⑰IP 19：石油炼油厂和存储设施防火措施。⑱美国保险实验室（UL）和美国工厂保险联盟（FM）试验证书。

(10) 业主批准的豁免申请和技术澄清请求

### 9.4.7 交付文件和设计审查

承包商应按照进度测量程序中规定的前提条件适当修改后面 9.13 节中列出的设计交付文件。

另外，仪表专业应参加与以下主题相关的设计审查：①在项目早期阶段，每一设计中心应审查和核实 FEED，以便明确是否需要对 FEED 提出建议或对其进行修改，并确认运行条件和选择设备。②筛选 P&ID 图。③审查 3D 模型。④HAZOP/SIL 审查会：a. 参加 HAZOP/SIL 多专业危险研究；b. 在 HSE 专业的协助下，审查 HAZOP/SIL 确定报告；c. 关闭在 HAZOP/SIL 研究中形成 SIL 的行动项。⑤参加制造商审计会议（MAC）（当要求时）。⑥参加工厂验收试验（FAT）（当要求时）。⑦参加现场验收试验（SAT）。

对于火灾和可燃气体检测系统设计工作，每一设计中心通过提供其工作范围内相关信息并参加设计审查会，为以下专业间设计审查提供支持：①总平面布置图审查；②按照 3D 模型程序进行 3D 模型审查；③建筑布置（楼层平面图/天花板平面图/标高）；④工艺单元主要组成部分（结构、设备等）防火范围审查；⑤火灾和可燃气体检测系统布置审查；⑥火灾危险评估审查。

### 9.4.8 询价请购书（RFI）和采购请购书（RFP）

见"RFI、TBE & RFP 管理程序"。

对于火灾和可燃气体检测系统，询价请购书（RFI）和采购请购书（RFP）包括：①消防系统（消防栓、消防水炮、高架消防水炮、软管盘、灭火器、喷淋阀、喷水阀、泡沫系统等）；②气体检测和报警系统（气体检测器、灯光报警器、声音报警器等）；③火灾检测和报警系统（火灾检测器、烟气检测器、火灾报警器等）；④火灾抑制系统（气体喷淋系统）。

## 9.5 仪表专业采用的软件

通用软件执行 EPCC 合同中业主规定的要求。有关采用的应用软件、版本以及文件扩展名见表 1-9-2。

表 1-9-2　仪表专业采用的软件、版本以及文件扩展名

| 信息类型 | 原始文件格式 | 可选转化格式 | 一般阅读格式 |
| --- | --- | --- | --- |
| 文件 | .doc（MS-Word v97-2003）<br>.doc 格式（MS-Word v97-2003） | 不适用 | Pdf 格式（Acrobat v10） |
| 表格型报告 | .xls 格式（MS-Excel v97-2003） | 不适用 | Pdf 格式（Acrobat v10） |
| 数据 | 数据库和交付文件原始格式（按照所选用的软件工具） | 可选转化格式仅用于图纸和报告：.dwg 格式（v2004）；xls 格式（MS-Excel v97-2003） | 不适用 |
| 其他数据 | .mdb 格式（MS-Access v97-2003） | 不适用 | 不适用 |
| 扫描图形 | 不适用 | 不适用 | Pdf 格式（Acrobat v10） |

另外，仪表专业还采用 SPI 应用软件，用于生成仪表设计文件并对设计文件进行管理。SPI 的使用以及数据生成（如仪表索引、仪表数据表、规格书、工艺数据、计算、接线、现场总线分段、回路图、连接图、调校和维护）应遵守 SPI 建模实施计划规定的要求。

承包商将采用 Documentum 电子文档管理系统来保存设计、采购和供应商文件、施工文件以及业主与承包商之间的函件。

对于采购工作，Marian 系统将用作主要系统。

EPCC 项目的火灾和可燃气体检测系统采用的软件为 PIPENET VISION，供应商是 Sunrise Systems Limited 公司，主要用于按照 NFPA 的规则设计管道网络和其他部件、消防系统（雨淋系统、主环形管网或喷淋系统）。

## 9.6 设计界面管理

应按照界面管理程序、项目执行计划以及承包商联合体协议中规定的仪表专业具体要求（见后面 9.13 节）管理设计界面。

## 9.7 技术澄清（TQ）和豁免申请（WR）管理

应按照技术澄清和豁免申请程序管理技术澄清（TQ）和豁免申请（WR）。

## 9.8 变更管理

应按照变更管理程序来管理和处理变更单（CO）、变更申请（COR）、变更通知（CON）和强制性变更（MC）。

## 9.9 3D 建模

应按照 3D 模型内部沟通程序和以下程序来进行 3D 建模：①S3D 建模程序；②S3D 实施计划；③S3D 绘图实用程序。

火灾和可燃气体检测专业负责为多专业 3D 模型审查会提供支持。在设计中心工作范围内，每一设计中心至少应提供以下支持：①防火系统的安全距离；②气体检测系统；③消防系统；④防火。

## 9.10 质量保证 QA/质量控制 QC 要求

承包商质量保证 QA/质量控制 QC 要求见"设计和采购质量管理计划"。

每一设计中心应采用自己的程序和质量标准来完成其工作范围内的详细设计工作，但是，为了统一各工程设计中心的设计工作，可能需要适当修改 PDO 发布的项目程序和指南。

## 9.11 项目组织机构

项目组织机构按照组织机构程序设立，各工程设计中心之间的沟通和协调按照承包商联合体协议进行管理。

## 9.12 相关规定与程序

### 9.12.1 业主规定和程序

业主的规定和程序：设计期间业主的审查矩阵。

### 9.12.2 项目程序

项目程序主要包括：①项目执行计划；②文件管理计划；③进度测量程序；④业主审批意见控制程序；⑤RFI、TBE & RFP 管理程序；⑥界面管理程序；⑦技术澄清和豁免申请程序；⑧变更管理程序；⑨3D 模型内部沟通程序；⑩S3D 建模程序；⑪设计和采购质量管理计划；⑫组织机构程序。

## 9.13 工作分工

设计工作范围划分和批准以及责任矩阵参见电子版，下载地址见前言中的说明。

# 第 10 章 传热设计执行计划

## 10.1 目的

旨在为各设计中心的传热专业明确统一和协调一致的执行方法,确保其顺利完成所承担的 EPCC 项目详细设计工作。本程序应配合承包商联合体协议一起使用。

本程序为各工程设计中心和 PDO 明确了统一的工作标准和要求。

本程序不能替代承包商联合体协议,因此,当本程序与承包商联合体协议出现冲突时,以承包商联合体协议为准。

## 10.2 范围

本文件涵盖与传热专业有关的最低详细设计要求。

## 10.3 实施

基于承包商联合体协议和项目执行计划来确定传热专业设计执行策略。

PDO 负责协调业主与各设计中心以及 EPCC 项目传热设备有关的所有工作,主要目标是确保 EPCC 项目传热专业采用统一和协调一致的设计方法。因此,PDO 将安排一名负责人来协调所有相关工作。

## 10.4 设计中心工作总体说明

各设计中心的传热专业将负责其工艺单元内以下类型传热设备的所有设计工作:①管壳式换热器,EMA 型换热器;②套管式换热器;③多管式换热器;④板式换热器(全焊接板式换热器或带密封垫板式换热器);⑤螺旋式换热器;⑥其他类型换热器[螺旋折流板式换热器、螺纹锁紧环式换热器等];⑦空冷式换热器(也称为空冷器);⑧工艺加热炉;⑨热裂解加热炉;⑩锅炉;⑪火炬;⑫电加热器。

每一设计中心应指派一名联系人,负责其所有传热设计工作。

详细设计要求以及 PDO 和设计中心之间的工作范围划分,按照承包商联合体协议执行。

## 10.5　传热设计交付文件

每一设计中心对其设计交付文件的质量负责。每一设计中心应向PDO提交以下设计交付文件，以便PDO审查/参考：①加热炉：机械数据表（热负荷由供应商确定）。②管壳式换热器：机械数据表和设计图纸，包括换热管布置图。③空冷器：机械数据表，包括热负荷。④询价请购书。⑤技术标评审。⑥采购请购书。⑦为顺利开展详细设计工作以及与供应商、业主、其他承包商密切配合，PDO可能要求提供的所有其他设计文件。

每一设计中心将对业主提出的意见进行审查和答复，并将业主意见落实到其设计交付文件中。该过程由PDO负责监督和协调。

当选择了供应商并签订了订单后，设计中心应审查供应商提供的信息，然后据此更新机械数据表和设计图纸。如果因缺少信息或在后期变更了机械数据表和设计图纸，则应编制新版次的文件。

## 10.6　传热设计工作

各设计中心除完成规定的设计工作内容并提供相应的交付文件外，还应完成表1-10-1所示工作。

表1-10-1　传热设计工作

| 序号 | 设计工作 | 形成的文件 |
| --- | --- | --- |
| 1 | 参加确定基础设计数据和工艺数据表的工作 | |
| 2 | 确定项目中设备运行的基本准则，同时选择项目采用的标准和统一规定 | |
| 3 | 执行FEED确认、一致性检查和设计变更通知（DCN） | 完成FEED确认报告以及注明发现的主要问题的Excel表，并提交给PDO。<br>检查规格书和数据表等数据一致性的Excel表提供DCN检查表 |
| 4 | 参加项目计划工作，如： | |
| 4.1 | 参加与项目实施进度计划有关的长周期设备和关键设备识别工作以及与采购有关的问题处理 | 对项目进度计划提出意见和建议；基于PDO的准则确定相关关键设备和长周期设备清单；确定材料交付时间；协助明确超限/超重设备（设备运输和现场组装） |
| 4.2 | 明确相关设计工作的进度和顺序 | |
| 4.3 | 参与可施工性研究（大型设备的模块化和现场组装、超限/超重设备的起重作业、加热炉的安装顺序） | |
| 5 | 明确设备类别以及相关设备RFQ数量、采购订单数量 | 参与不同设备供应商的确认工作（由PDO负责提供不同设备的供应商名单）。<br>按照工作范围核实关键检查计划是否完整，以便明确设备检查等级。检查工作计划由PDO负责制定 |
| 5.1 | 参与项目设备供应商和子供货商名单的整合工作 | |
| 5.2 | 参与确定设备关键程度等级类型工作，以便确定设备的检查等级 | |
| 6 | 编制管壳式换热器和空冷器数据表 | 管壳式换热器和空冷器机械数据表：包括热负荷（按照HTRI相关规定确定）、主要功能数据、特殊应用 |

续表

| 序号 | 设计工作 | 形成的文件 |
|---|---|---|
| 6.1 | 管壳式换热器和空冷器热负荷和液压负荷 | 注明主要部件的材质、执行的规定、结构特性和项目基础数据以及其他相关要求,同时还要考虑设备所在装置的不同运行条件。<br>管壳式换热器和空冷器由传热专业负责完成换热设计,相关数据表还应包括以下内容:<br>① 管壳式换热器:"TEMA"型式、换热面积、壳程数量、管口数量和尺寸、换热管和折流板数量与尺寸、内部压力降和换热器自身压力降以及换热管布置图等;<br>② 空冷器:换热面积、通风类型、冷却管和封头特性、风扇特性、冷却管数量和尺寸、封头类型、管口数量和尺寸、扩展表面、压力降等 |
| 6.2 | 优化管壳式换热器和空冷器热动力设计与水力学设计 | 每一设计中心应将管壳式换热器和空冷器 HTRI 原始文件提交给 PDO,以便告知 PDO 或由其审查 |
| 7 | 编制加热炉数据表 | 加热炉机械数据表,包括主要功能和工艺数据、污染物排放和燃料数据、专项应用、主要部件的材质、执行的规范和标准、结构特性和项目基础数据以及其他相关要求,同时还要考虑设备所在装置的不同运行条件。 |
| 7.1 | 加热炉热负荷和水力学负荷由供应商负责确定 | 供应商负责加热炉的换热设计。每一工程设计中心将检查供应商的换热设计,确保符合按照项目同意规定确定的工艺和机械设计要求 |
| 8 | 管壳式换热器的设计图纸 | 包括换热管布置图 |
| 9 | 参加多专业间设计文件的编制工作 | 编制相关电气用户清单,提供公用工程消耗清单(当要求时)。<br>对 PEFS 提出意见和建议 |
| 10 | 为询价请购书(RFI)编制技术文件(有关详细要求,见"RFI、TBE & RFP 管理程序" | RFI 技术文件主要包括:①分项清单(由 PDO 在 Marian 系统中生成);②项目规定和通用规定清单(由 PDO 在 Marian 系统中生成);③机械数据表和/或设计图纸;④供货具体条款;⑤检验工作计划(由 PDO 负责制定);⑥供应商图纸和数据要求(VDDR)(由 PDO 负责确定),将由 PDO 提供模板 |
| 11 | 发出询价书(RFI) | 询价书(RFI) |
| 12 | 对供应商报价进行技术评审,检查报价是否完整,是否符合询价书中规定的技术要求和供货要求,可要求供应商提供补充信息和更新信息。在该阶段,需要与其他技术部门协同工作,以便由其他技术部门提出检查意见(如仪表部门对明火加热炉控制系统进行检查,电气部门对空冷器电机进行检查等)。在技术标评审阶段,每一设计中心应与供应商澄清相关问题 | 技术标评审:按照是否满足询价书中规定的要求来确定技术报价是否合格。还应指明其他方案、处罚条款和采购所需的其他信息。还必须特别注意明火加热炉供应商的性能保证值。<br>由每一工程设计中心提供技术澄清清单。<br>需要评审的供应商报价数量将由 PDO 确定 |
| 13 | 编制采购请购书(RFP)的技术文件 | RFP 技术文件主要包括:①物资分项清单(由 PDO 在 Marian 系统中生成);②项目规定和统一规定清单(由 PDO 在 Marian 系统中生成);③机械数据表和/或设计图纸;④供货的具体条款(由 PDO 负责制定);⑤检验工作计划(IAP)(由 PDO 负责制定);⑥供应商图纸和数据要求(VDDR)(由 PDO 负责制定) |
| 14 | 发出采购请购书(RFP) | 采购请购书(RFP) |

续表

| 序号 | 设计工作 | 形成的文件 |
|---|---|---|
| 15 | 按照要求参与3D模型设计工作 | |
| 16 | 与供应商一起核实并最终确认备件清单。按照合同条款,本清单应包括预投料试车和/或初次运行所需备品备件 | |
| 17 | 通过检查对供应商文件和图纸提出的意见,监督、核实和确认由供应商完成的详细设计工作 | 由供货商提供的文件,这些文件包含所提供设备的特性,包括:①安装指南和操作手册;②电气负荷和最终用户清单;③公用工程清单;④与其他相关专业保持沟通和协调,以便由其对传热设备供应商图纸提出意见和建议 |
| 18 | 对供应商的设计和工程设计中心的设计进行整合,确保交换必要信息(明火加热炉管口方位、仪表连接、爬梯和平台连接、管道支架连接、控制系统和安全系统等) | |
| 19 | 检查供应商的机械手册,确保其准确性和完整性,以便移交给现场/业主 | |
| 20 | 及时提供相关设备现场安装所需的技术文件 | 由供应商负责提供技术文件的最终版本 |
| 21 | 安装指南(在现场安装明火加热炉) | 明火加热炉安装程序和顺序 |
| 22 | 为明火加热炉HAZOP审查提供支持和协助 | |

## 10.7 空冷式换热器和管壳式换热器换热设计和水力学设计

每一设计中心应负责管壳式换热器和空冷式换热器的换热设计。每一设计中心应将管壳式换热器和空式换热冷器 HTRI 原始文件提交给 PDO,以便告知 PDO 或由 PDO 审查:①当工艺专业完成 FEED 工艺数据表审查和确认后,每一设计中心应发出机械设备数据表;②应采用项目最新统一规定中的模板来编制管壳式换热器机械数据表以及空冷式换热器机械数据表;③无论设备是否与安装在其他单元和/或生产线的设备相同,每一设计中心均应为每一设备编制单独的数据表。

供应商应按照项目规定提供管壳式换热器和空冷式换热器的换热设计保证值,同时,供应商还应按照设计中心规定的热负荷提供设备,仅允许供应商进行微小变更,设备设计必须满足项目规定的要求,且在技术上可进行微小变更。无论在何种情况下,设计中心应强制要求供应商遵守由设计中心确定的热负荷规定。

## 10.8 空冷式换热器和管壳式换热器机械设计

所有设计中心应按照管壳式换热器设计样图提供管壳式换热器的设计图。

由于 HTRI 并没有考虑所有机械参数,如连续清洗通道(转角正方形管排列)、浮头换热器 OTL、入口和出口管口的实际高度、折流板实际切割尺寸等,因此,提醒每一设计中心注意,按照 HTRI 相关规范设计的换热管布置不一定满足所有机械设计要求。基于该原因,要求工艺专业和机械专业做到沟通顺畅。

在热负荷设计阶段,所有设计中心应完成换热管布置的机械设计,以确保满足 HTRI 尚未考虑的所有机械要求。每一设计中心负责换热设计和机械设计之间的完全匹配。

## 10.9 加热炉换热设计和水力学设计

由加热炉供应商负责完成加热炉的换热设计。然而，每一设计中心应采用项目统一规定中的模板向供应商发出加热炉设备数据表。每一设计中心应核实收到的加热炉换热设计和水力学设计，确保完全满足项目规定和专利商要求。

## 10.10 采购工作和交付文件的技术支持

每一设计中心应编制必要的询价请购书（RFI），以便供应商提供项目所有传热设备和所需材料的报价。所有设备和材料的报价将由PDO上传至材料管理系统（如Marian），以便在项目整个实施过程中跟踪其状态。

询价请购书（RFI）通常包括以下内容，以便于供应商进行报价：①供货范围的详细定义；②供货具体条款；③相关规范和设计要求；④机械数据表；⑤设计图纸（如果适用，如管壳式换热器等）；⑥供应商图纸和数据要求（VDDR）；⑦检查工作计划（IAP）；⑧备品备件（投料试车、开车和2年运行）；⑨专用工具要求；⑩安装和预投料试车阶段供应商代表的最低要求，以及执行订单的最低要求；⑪担保和保证要求；⑫设备操作指南和设备维护手册的具体要求；⑬供应商供货范围内其他具体要求。

每一设计中心应将GEP中规定的询价请购书检查清单附在询价请购书中。应采用以下模板：①空冷器询价请购书检查清单；②加热炉询价请购书检查清单；③管壳式换热器询价请购书检查清单。应按照材料管理系统中规定的要求编制这些检查清单。

有关其他具体信息，见"RFI、TBE & RFP管理程序"。

## 10.11 相关规定与程序

### 10.11.1 业主规定和程序

业主相关的规定与程序主要包括：①管壳式换热器数据表模板；②空冷器数据表模板；③加热炉数据表模板；④空冷器询价请购书检查清单；⑤加热炉询价请购书检查清单；⑥管壳式换热器询价请购书检查清单。

### 10.11.2 项目程序

相关的项目程序主要包括：①项目执行计划；②RFI、TBE & RFP管理程序。

# 第 11 章 设计变更管理程序

## 11.1 目的

本程序的目的是说明设计变更管理需要遵守的方法。

在 EPCC 项目实施期间需要对设计变更进行管理，以便：①防止发生不受控制的设计变更导致质量或安全受到影响，导致最终产品不符合 EPCC 合同及法律的要求。②根据 EPCC 合同及法律要求，利用设计变更的机会改进项目的质量、安全、计划、成本、功能、可施工性或其他参数。③将设计变更信息提供给受影响的专业，确保设计文件及数据库中的信息正确，防止出现不协调，因而在工作的后续阶段导致连续变更，即正确的设计变更管理可以减少目前及以后出现的设计变更总数。④控制并理解在项目实施期间发生了什么设计变更，以及如何发生及为什么会发生设计变更，如何批准这些设计变更，如需要包括业主或第三方批准；以及设计变更如何影响项目执行或受项目执行的影响。这些记录对于未来项目汲取潜在的经验教训及改进也非常有用。⑤对总体信息保密（文件、计算、数据库等）。⑥按时完成项目。

## 11.2 范围

本程序包括应由承包商根据 EPCC 合同为总承包项目进行的全部设计工作。

## 11.3 设计变更管理总体原则及规则

依据下列原则及规则管理设计变更：①设计变更需要获得批准。根据设计变更的性质及相关性，设计变更的批准应限于批准设计文件的同级机构，或者可能需要由更高级别的机构批准。②必须通知受到设计变更影响的专业/人员，以便及时采取正确的措施。③设计文件变更通常不会修改其他设计文件的发布计划。因此，在项目设计阶段，其他设计文件的变化不会立即用于更新相关的设计文件，设计文件之间通常会存在不一致的地方。然而，当接近项目设计阶段的尾声时，或者由于施工计划需要，一旦发生设计文件变更可能需要立即审核其他相关的设计文件。④设计文件做任何变更时，需要进行正确标识，以便所有人能够注意到，防止阅读新版设计文件的人员忽略这些内容。⑤可以在项目实施期间跟踪设计变更。⑥随着项目实施的进展，可以实施设计变更的机会越来越少，即使是为了实现项目的进度目标而做出的设计改进，往往也不会获得设计变更的批准。

## 11.4 大多数设计变更管理所需主要的辅助程序

根据设计变更的特性及其与项目的关系,可以采用不同的方式管理设计变更。设计变更管理程序规定了管理所有设计变更应采用方法的原则,但在某些特定情况下也同样适用其他项目程序;可以根据情况依次执行或同时执行这些程序,某些情况可以适用一种程序或多种程序。表 1-11-1 列出的是管理某些设计变更时需要考虑的主要辅助程序。

表 1-11-1 管理设计变更的辅助程序

| 变更的性质/起因 | 程序 |
| --- | --- |
| 业主对前一版设计文件审核/批准后提出的文件变更 | 业主审批意见控制程序<br>文件管理计划 |
| 任何人提出的作为项目规定例外的变更(又称技术豁免) | 技术澄清及豁免申请管理程序 |
| 项目设计依据变更 | 关键文件变更通知程序 |
| 专利商设计和/或图纸变更 | 项目第三方协调程序 |
| 变更对合同的影响 | 关键文件变更通知程序<br>变更管理程序 |
| 变更对采购订单的影响 | 关键文件变更通知程序 |
| 通过正式审核对业主批准文件/设计的变更,比如 3D 审核或文件批准程序(见所述程序的例外) | 关键文件变更通知程序 |
| 已经"批准用于设计"的文件变更(见所述程序的例外) | 关键文件变更通知程序 |
| 下列关键文件的任何主要或次要变更:①PFS(IFD 后);②平面布置图(IFD 后);③管道名称表(IFC 后);④PEFs(IFD 后);⑤单线图(IFC 后);⑥材料选择图(IFD 后);⑦因果图(IFC 后或 HAZOP 后) | 关键文件变更通知程序 |
| 数据库中数据变更 | 数据管理计划 |
| 在正式审核会、内部审核座谈会、第三方正式审核报告确定的措施或建议引发的变更 | 参考与审核会议/报告相关的平面图、程序及 RFP(如有)。例如:①危险及可操作性(HAZOP)审核程序;②HAZID & ENVID 审核程序 |

## 11.5 设计变更管理方法

### 11.5.1 设计变更的起因、记录

可以在项目实施期间跟踪变更。

设计文件变更的起因可以是:①业主对前几版文件签发的修订意见。这些修订意见记录在修订意见记录表中。②业主通过信函、会议纪要或其他正式发生的通知要求的修订意见。③承包商的替代变更建议。这些建议通常采用技术澄清、豁免请求、价值工程建议的形式记录。④作为正式审核及报告建议措施的结果。这些措施记录在正式审核报告中。⑤承包商通过跨专业审核提出的专业意见。这些修订意见在电子版文件或纸质文件中标明。⑥供货商信息。从供货商文件中摘录该信息,并在控制版(Master)文件中注明。⑦其他项目文件变更,指其他文件的变更。在此情况下,必须在专业控制版文件中记录。

专业保持控制版文件的纸质文件和/或电子文件,将在控制版文件上注明何时做出这些变更、谁做出变更,以及做出何种变更。

### 11.5.2 批准设计变更

设计变更需要获得批准。

如果适用程序并未以其他方式提出要求，接受、实施、审核及批准设计文件变更的程序与适用于设计文件审核及批准的程序相同，见"文件的设计、审核与批准"。设计文件变更的审批指相对上一版本所做设计变更的审核及批准。

如果需要审核的设计变更比审核的设计文件具有更高的等级，请参考"关键文件变更通知程序"。在此情况下，审批设计文件将检查这些设计变更是否已经在批准新版本设计文件之前获得批准。未批准的设计变更不会体现在设计文件中；然而，在例外情况下，如果遗漏有关潜在设计变更的信息，可能导致相关后果，则需要注明这些设计变更，但应该明确注明"待定、等待批准"。

对项目规定的例外设计变更需要标明事先批准豁免请求，可参考"技术澄清及豁免请求管理程序"。

如果业主对一个文件提出修订意见，在开始实施这些文件变更之前，需要承包商及业主同意这些意见，可参考"文件管理计划"及"业主审批意见控制程序"。

审核、报告等提出的行动措施引发的设计变更，如 HAZOP 建议的措施，将视为例外批准，但需要履行其他批准，如需要其他主管部门在其记录表中确认变更已经满足例外要求。

在所有这些情况下，设计文件的审批将检查确认在新版文件发布之前，已满足所有这些设计变更条件并获得批准。在设计文件中不会体现未批准的变更，在例外情况下，如果遗漏有关潜在设计变更的信息，可能导致相关后果，则需要注明这些设计变更，但应该明确注明"待定、等待批准"。

#### 11.5.3 设计变更标识

需要正确标识设计文件中的所有变更。

设计变更标识应该执行"文件管理计划"的规定。只有当设计变更是对文件进行大量修订时，方可以作为例外情况（例如，当全部改写程序的文字时）在文件中注明"整体修改"。通常应在设计文件中逐一标识出设计变更。

#### 11.5.4 在某些具体设计文件中记录变更内容

由于下列设计文件注明设计状态，所有设计更正及任何修订（即使修订设计文件的设计及更正错误）将具体登记在文件中：①PFS（IFD 后）；②总平面布置图（IFD 后）；③管线表（IFC 后）；④PEFS（IFD 后）；⑤单线图（IFC 后）；⑥材料选择图（IFD 后）；⑦因果图（IFC 后）。

#### 11.5.5 施工及竣工文件变更

设计变更将在设计文件中确定，即使项目将工作重心转移到现场。现场设计组负责现场设计工作，并可以根据需要签发设计文件，如实施业主的"最终"变更，或提供对此前信息的可以接受的设计变更，其他设计中心编制的设计文件同样适用于本程序中的原则。如果现场设计组发布更适用于项目施工阶段的其他文件，如现场设计指令，更便于项目的实施，现场设计组也可以采用这样的实施方式。

实际建设的设施与设计文件中标明的设施之间存在的差别，将由分包商及施工组在现场的相关设计文件中注明。将在施工阶段收集这些标识的设计文件版本，编制 EPCC 合同中所列"竣工文件"。

施工阶段发现的 IFC 设计图纸变更应该控制、记录并通报现场设计组，现场设计组将与 PDO 及承包商的设计中心合作，评估/接受这些设计变更。

#### 11.5.6 供货商/分包商/第三方文件变更

应该按照与承包商设计中心编制设计文件相同的规则标识供货商、分包商或任何第三方所发布的设计文件变更。

#### 11.5.7 变更信息发放

修订后的设计文件至少应该发放给与此前版本相同的收件人。将通过文件分发矩阵统一发放设计文件。

根据设计变更及项目进展情况，需要在正式发布设计文件之前通知一些设计变更情况。当施工已经超前设计变更范围很多，或者当将要发布新版关键文件时，即属于这种情况。这些情况属于例外，专业负责人、项目工程师及区域经理将尽可能减少这些情况。

当在正式发布通知变更的信函文件之前，同一设计中心内部专业间可以通过未编号的电子收件沟通，但接收变更通知的专业将正确标识其自己的控制版文件，标明谁提出的修订意见，何时提出，以及便于标识沟通的编号。如果通过口头方式进行沟通，发件人将签字确认其他方原设计文件版本的设计变更。

所有由一个设计中心发出并对其他设计中心产生影响的设计中心之间设计变更的沟通，将执行正式的沟通协调程序。

### 11.6 数据库

2D的CADD项目文件在DMDS中存档（原件及pdf文件），并保护其访问权限。只有获得授权的人员具有写入原始文件的权限，并提供访问主文件的合理权限。

从EDMS中提取出来的数据库及文件具有另一个问题，因为数据库中的数据很容易未经通知即进行修改。为了尽可能降低这些风险，在正式发布从数据库中提取的设计文件之前，将根据已经发布的其他设计文件的最新版本文件检查待发布设计文件中的相关参数及数据，确保设计文件的参数与数据保持一致。例如，在抽取单线图之前，根据管段表中的数据检查管线数据。当发布设计文件时，应在S3D中锁定这些数据，防止发生未经通知的设计变更。只能通过协调达成一致同意变更时，才能解锁数据库中的这些数据。

### 11.7 职责

设计变更管理的主要职责包括：①专业负责人。是所有设计变更技术方面的主要负责人，同时还是专业设计团队的领导者，将主动与专业设计团队合作，尽早确定设计变更，努力减少设计变更数量，推进项目顺利执行。②区域经理/项目工程师。负责尽可能减少项目的设计变更数量，也是仅影响一个设计中心的设计变更批准人，对于影响项目成本及计划的设计变更应按照其他程序执行。③其他。见其他程序中为其他情况所做的规定。

### 11.8 相关规定与程序

#### 11.8.1 业主规定及程序

业主的规定及程序主要包括：①合同通用条款；②质量管理要求；③设计工作实施。

#### 11.8.2 项目程序

项目的程序主要包括：①项目执行计划；②技术澄清及豁免申请管理程序；③业主审批意见控制程序；④信息管理计划；⑤数据管理计划；⑥变更管理程序；⑦项目第三方协调程序；⑧工程设计执行计划；⑨文件的设计、审核与批准；⑩关键文件变更通知程序（CD-CN）；⑪CADD实施计划；⑫文件管理计划；⑬设计及采购质量计划。

# 第 12 章 文件的设计、审核与批准

## 12.1 目的

旨在说明设计文件的设计、审核与批准过程中应遵守的惯例、例行程序和步骤。

## 12.2 范围

根据 EPCC 合同,本程序适用由各设计中心(EC:Engineering Center)生成的所有工程设计文件。

供应商生成的工程设计文件的审核与批准,应按照"文件管理计划"执行。

## 12.3 承包商文件的编制、审核与发布

承包商应生成能满足 EPCC 合同规定要求的全部工程设计交付资料,比如用于询价、设计、施工、竣工等。所有交付的设计资料都应执行审核与批准流程,因此工程设计团队应执行一切必要的审核与批准,并在正式发布交付的设计资料之前获得批准,以保证交付的设计资料满足项目所有的规定和要求。承包商承诺,按照 EPCC 合同中规定的业主要求完成工程设计交付资料,以保证项目能利用质量合格的设计交付资料成功实施项目。

下面说明工程设计交付资料的文件设计、审核与批准流程的执行方法。

### 12.3.1 工程设计交付资料的设计

**(1) 综合管理要求**

工程设计交付资料的设计应符合表 1-12-1 中指出的项目程序的要求。

表 1-12-1 项目程序的要求

| 项目程序 | 涉及的具体要求 |
| --- | --- |
| 文件与资产标签编号程序 | 文件编号 |
| 文件管理计划 | ①文件电子格式;②电子文档命名;③版本索引规则;④发布目的和相关发布代码;⑤直观识别文件中变更的规则 |
| CADD 实施计划以及 CADD 实施计划中指出的若干个承包商和业主的技术规定以及数据库种子文档 | ①标题栏;②文件格式模板;③从数据库中提取的文件(Smart Plant® 软件) |

PDO 应自定义业主提供的通用标题栏,并添加承包商实体的标识。在 EDMS 中存档的

文件应采用最终文件模板和标题栏，目录路径为"文件柜/项目/PDO/02-工程设计和管理/总则/项目工程设计/模板"，应用于整个项目执行阶段的标准化。对于打算从智能工厂软件中提取的文件，"CADD 实施计划"和相关的项目程序中明确了业主和承包商之间的责任划分。

(2) 技术内容

设计文件是为了满足 EPCC 项目的技术目标，应按照法律、合同、项目规定、程序、FEED 的要求，以及项目执行过程中出现的更加准确的新条件，比如供应商信息、计算结果、业主批准的意见和/或设计变更等。在 EPCC 合同中规定了优先顺序，并记录在"工程设计执行计划"中。

对于整个 EPCC 项目的设计工作，也将执行承包商联合体成员的每个工程设计中心采用的标准设计惯例和程序，前提是没有可用的具有更高层级的合同规定/技术规定以及由 PDO 发布的规定/技术规定。

设计工作可能包括后面 12.3.2 节"工程设计交付资料的审核"中说明的部分活动。

### 12.3.2 工程设计交付资料的审核

审核流程既包括专业审查，也包括专业间审查。一旦工程设计交付资料在项目中获得足够的成熟度，则将在审核验证和批准周期内确定该交付资料的相关审核日期，以防止设计变更失控。

(1) 专业审查

在完成工程设计交付资料的设计后，将要对它进行检查，以检查其准确性和正确性以及是否符合项目统一规定和要求。

工程设计交付资料审核一般应考虑（但不限于）下列方面：①正确选择设计数据并确保数据的一致性；②按照适用的作业技术规定、规范、法规和 EPCC 合同要求，设计符合 EPCC 合同确定的产品属性；③交叉参考文件的准确性。

专业审核应执行如下：①EC 的专业负责人应执行设计文件的检查活动；②对于设计交付资料的检查，审查人将使用对应 EC 中可供利用的检查表；③一旦业主的审批意见已经解决且整合到设计文件中，发起人和 EC 的专业负责人将通过在"设计和审核"控制框中签字来明确已经按照审批意见执行，并提交给负责批准的人签字。

(2) 专业间审查

如果工程设计交付资料涉及多个专业的知识，则其他专业负责人需要参与对该设计交付资料的审查。

专业间审查应执行如下：①负责该工程设计交付资料的专业负责人应协调与受影响的其他专业负责人之间的专业审查，并编写审查意见。②实施专业间审查流程，存在两种可能性：a.借助于原版拷贝的设计文件。发起审查的专业负责人将通知受影响专业负责人待审核的文件。发起审查的专业负责人将负责在原版拷贝设计文件上编写来自受影响专业的意见，保证完成专业间审查流程，档案中保存和维护原版的设计文件。可以通过电子邮件、会议或任何其他方式收集受影响专业的意见，但前提是能够保持跟踪收到的意见。b.借助于 EDMS。发起审查的专业负责人应填写"发布工程设计图纸的命令"表，标出审核过程中涉及的专业，并标明选项"ID 检查"。将此表格移交给文件管理团队，使得他们能通过 EDMS 分发电子文件。涉及的专业应在位于 EDMS 中的控制版文件上标注意见。EDMS 保留审核过的控制版文件，以及审核过程中涉及的人员和专业的记录。另外，一旦所有相关专业已经提交了审核意见，发起审查的专业负责人就必须关闭 EDMS 上的专业间审查流程。③一旦审核完毕，发起审查的专业负责人应立即与受影响的设计中心（EC）专业负责人讨论并解决提出的意见。如果有任何不能解决的矛盾，则应该将矛盾移交给更高级的权威机构去处理。④一旦已经解决审核意见且已整合到设计文件中，发起人和设计中心（EC）专业负责人将通过在审核控制框中签字来明确已经按照审核意见执行，并提交给有批准权的机构去审核。

**(3) 专业间会审和研讨会、班组检查**

在发布用于特定目的（取决于设计交付资料的性质）的某些关键设计交付资料之前，应提交给专业间会审的会议和研讨会审核。这通常在执行设计工作的较早阶段，以促进理性的、协同的设计，列出的会审旨在补充正式审核会和第三方报告中列出的与业主或者由第三方主持的设计审核。

至少将在 EC 和/或 PDO 举办下列专业间会审和研讨会：①PEFD（P&ID）专业间检查审核；②平面布置图审核；③设计、可维护性和可操作性的 3D 审核（内部审核）；④可施工性研讨会（早期）；⑤可施工性审核（后期）；⑥地下设计协调开工会（早期）；⑦HSE 审核与研讨会。

项目工程师/区域经理负责执行所有会审会议；另外，项目工程师/区域经理可以将会议的协调和详细准备分派给最具代表性的专业负责人。

### 12.3.3 工程设计交付资料的批准和正式发布

工程设计交付资料的批准流程验证工程设计交付资料是否符合为相关事项确定的要求。因此，能用于其预定的比如设计、制造、施工等用途。

工程设计交付资料的批准分为以下三级：①由专业批准：代表本专业的批准将由 EC 专业负责人执行。此批准将保证已经完成专业内和专业间检查。EC 专业负责人应通过在设计交付资料封面页上的控制标题栏相应框中签字来明确表示其批准。EC 专业负责人将在标题框的"Checker（校核人）"签字格中签字。②由设计中心（EC）有批准权的机构批准：部分特定的文件有必要通过项目工程师、区域项目经理或工程设计经理的批准。此批准授权工程设计交付资料可以用于预定目的。有批准权的机构应通过在交付资料封面页上批准控制标题栏的相应框中签字来明确表示其批准。③由 PDO 批准：一旦文件已经由 EC 专业和 EC 的有批准权的机构签字，将送到 PDO 用于正式发布。文件控制经理获得 PDO 专业负责人的确认后，则可以正式发布此设计文件交付资料。通过"发布命令"登记此授权。参见"文件管理计划"，了解一旦文件已经由 EC 的专业负责人和 EC 有批准权的机构批准之后，文件管理的详细说明。对于那些在 PDO 直接生成的文件，比如项目规定和技术规定，由 PDO 充当 EC。在设计/审核/批准周期之后，任何设计文件都将具有至少 3 个签字：设计或编制、审核与批准。

## 12.4 其他方对设计文件的审核与批准

### 12.4.1 业主对文件的审核与批准

业主将接收项目文件的副本。业主至少将接收 EPCC 合同中明确列出的设计交付资料，同时该要求的设计交付资料将引入控制版文件登记表中，以便参考。

就业主的审核与批准而言，所有发布的设计交付资料应具有下列原因之一：①供批准。供批准的设计文件意味着相关的设计工作执行过程中的停检点。在得到业主的明确批准之前，不能继续开展该设计文件相关的工作。②供审核。一旦超过规定的审核时间，即使业主未提出任何意见，也可以继续进行设计文件相关的工作。③供参考。一旦发布设计文件，则与该设计文件相关的工作即可继续进行。对于发布供参考的图纸，如果业主认为有必要，例如发现错误，那么业主可以就此提出意见。④"竣工"。为了匹配装置、设备等的最终安装情况而发布的设计文件。

业主对任何一部分设计工作的审核、提出意见或批准并不能让承包商免除应符合 EPCC

合同与技术条件的责任。审核与审批意见并不意味着提出 EPCC 合同与技术条件中未考虑的要求,所有认为是 EPCC 合同中未考虑的要求只能通过"设计变更管理程序"来处理。

业主对承包商文件的意见将遵照"业主审批意见控制程序"中的规定执行。

### 12.4.2 专利商对设计文件的审核与批准

专利商对承包商文件的意见将遵照"项目第三方协调程序"中的规定执行。

## 12.5 正式审核会和第三方报告

对于下列设计交付资料,承包商将计划和安排与业主的正式设计审核会:①工艺流程方案(PFS)/工艺流程图(PFD);②工艺设计流程方案(PEFS)/P&ID;③材料选择图(MSD);④消防设计文件;⑤总平面布置图;⑥3D 审核;⑦危险区域划分图;⑧建筑厂房布局,包括厂房材料规格书;⑨建筑规范审核;⑩厂房消防。

承包商也将安排和组织需要业主参加的下列研究:①工艺过程危害分析(PHA),比如 HAZOP;②安全完整性等级(SIL)/保护层分析(LOPA);③人机工程。

上面列出的研究由 HSE 负责协调,需要工程设计团队参与。但 SIL 研究是例外,由工程设计部门协调。如果有助于项目和/或设计工作的开展,审核会和研究将按操作单元分开。

一旦设计文件通过业主的正式审核,对该设计文件的变更将通过"变更控制管理程序"来管理。不论设计文件是否具有特定规程中要求的成熟度水平,都应这样做。

正确编制与设计工程设计交付资料应考虑相关的具体项目程序的适用性,项目的质量部门按照"工程和采购质量计划"针对此项工作安排内部稽查和监督期间检查的专项工作。

## 12.6 相关规定与程序

### 12.6.1 业主规定和程序

业主相关的规定与程序主要包括:①项目管理和协调程序;②质量管理要求;③工程设计工作的执行;④工程设计/竣工期间的业主审核矩阵;⑤承包商的交付资料。

### 12.6.2 项目程序

相关的项目程序主要有:①项目执行计划;②技术澄清和豁免请求管理程序;③文件与资产标签编号程序;④业主审批意见控制程序;⑤信息管理计划;⑥数据管理计划;⑦变更管理程序;⑧界面管理计划;⑨项目第三方协调程序;⑩工程设计执行计划;⑪设计变更管理程序;⑫关键文件变更通知规程(CDCN);⑬资产标签编制程序;⑭CADD 实施计划;⑮资产关键程度评级程序;⑯SIL 分配程序;⑰SIL 验证程序;⑱文件管理计划;⑲供应商图纸和数据要求通用说明;⑳最终交付资料移交计划;㉑工程设计和采购质量计划;㉒可施工性计划;㉓HAZID & ENVID 审核计划;㉔SPI 实施计划;㉕SPPID 实施计划;㉖SPEL 实施计划;㉗S3D 建模程序;㉘S3D 实施计划;㉙S3D 绘图实用程序。

### 12.6.3 承包商内部程序

承包商的内部程序主要有:①文件分发矩阵程序;②RFI、TBE 与 RFP 管理程序;③承包商内部界面管理计划;④承包商内部 3D 模型沟通程序;⑤工艺设计执行计划;⑥管道设计执行计划;⑦土建设计执行计划;⑧静设备设计执行计划;⑨机械设计执行计划;⑩电气设计执行计划;⑪仪表设计执行计划;⑫传热设计执行计划;⑬设备表统一指南;⑭HSE 协调和沟通程序;⑮工程设计的 HSE 要求;⑯材料统计程序。

# 第 13 章
# 相同单元设计文件复制程序

## 13.1 目的

承包商的 EPCC 项目工作范围可能包括由多个设计相同单元组成的多条生产线。项目执行策略（见"工程设计执行计划"）要求仅对一条生产线其中一个相同单元进行设计，然后审查设计文件，并为该生产线中的其他相同单元发出"供参考"和"供设计"文件。当完成第一个相同单元供施工用设计文件后，其他生产线的相同单元就可以复制设计文件，同时，还需对复制的设计文件进行必要修改，以反映出其所在生产线的特性，然后批准用于施工。

本策略旨在确保业主和承包商优化资源，以高效进行设计工作并有效控制工程设计，避免出现相同单元的设计不一致。

本程序详细规定了相同单元工程设计的执行策略。同时，本程序还规定了不同设施相同单元之间的设计管理。

## 13.2 范围

本程序涵盖承包商为 EPCC 项目开展的全部设计工作。本程序介绍的方法仅适用于后面 13.5.2 节中明确的相同单元。承包商范围内的其他工作内容属于独立工作，应单独进行。

特别说明："相同单元"不一定是指完整的工艺单元和/或单元界区内的地理区域。有关"相同单元"的准确定义及其延伸，见后面 13.5.2 节。

## 13.3 介绍

考虑到项目中设施的设计特点，即项目包括多条生产线且生产线包括设计相同的多个单元，因此，承包商在项目开始时将设计其中一个单元。在完成该单元设计后，将设计文件用于后面 13.4 节中列出的所有其他相同单元。

故此，承包商将仅编写一套设计文件，包括但并不限于 3D 模型、基础、钢结构、工业建筑物、仪表布置和电气布置等设计文件，并仅将这些设计文件提交给业主审查并提出意见，然后用于所有其他相同单元。

与相同单元有关的设计文件包括 3 种类型，详细说明见后面 13.5.3 节：①为所有相同单元独立设计的文件；②从项目开始时并行编写和发出的"双胞胎"设计文件；③在项目不同阶段编写和发出的"双胞胎"设计文件。

对于上述介绍的第三类设计文件，由于"双胞胎"设计文件主要用于施工，因此，"双胞胎"设计文件的发出时间主要取决于施工要求。然而，在某些情况下，"双胞胎"设计文件的发出时间还可能取决于项目其他要求。还将同时开展与所有单元设备和大宗材料采购有关的设计工作。

## 13.4 识别相同单元

在承包商工作范围内所有工艺单元中，除单元06外，均有相同单元，相同单元介绍如下：①相同原料处理单元：单元01、11和21，不包括备用尾气压缩机（11-K-001 B）及其入口罐（11-V-005 B），它们属于安装在单元11中的单独备用设备，由单元01、11和21共用。②相同加工处理单元：单元02、12和22。

对于互联单元（单元74），承包商范围内单元之间的综合主管廊和系统、道路、管沟和CSW排水系统以及消防水总管不能视为内部"相同单元"。

## 13.5 设计文件

### 13.5.1 相同单元设计文件

对于相同单元，仅需为其中一个单元编写并发布一套设计文件，不为其他相同单元重复编写"双胞胎"设计文件。

**(1) 与采购工作有关的设计文件**

将编制与所有相同单元设备和大宗材料采购有关的设计文件。仅为一个相同单元编制设计文件，由于这些文件涵盖了相同单元，因此，不为其他相同单元重复编写"双胞胎"采购工作有关的设计文件。例如：①技术询价书；②技术评标；③请购书技术要求；④材料表（MTO）。

**(2) 具体专业的设计文件**

除编制上述与采购有关的设计文件外，各设计专业（配管、土建、电气和仪表）将仅为一个相同单元编制设计文件，而无须为其他相同单元重复编写"双胞胎"设计文件。例如：①计算书（例外情况见后面13.7.6节）；②典型安装详图；③设计原则；④设计规定；⑤流程模拟；⑥数据验证；⑦初步设计；⑧报告（有关HAZOP/SIL、可施工性设计审查和3D模型审查，见后面13.7.1节、13.7.2节）。

说明：对于相同单元内差别很小的设施，将编制支持计算书并建模。

### 13.5.2 从项目开始时平行编写和发出的"双胞胎"设计文件

对于已明确的相同单元，在项目开始时将为每一单元编制并发布专门的设计文件，包括：①设备表；②ETAP模型和计算书。

说明：在详细设计过程中，因为各种原因，承包商可能认为有必要在某一时间点为每一单元同时发出专门的设计文件。

### 13.5.3 在项目不同阶段编写和发出的"双胞胎"设计文件

**(1) 设备数据表**

在详细设计阶段，将为相同单元中的所有相关设备发出单独的设备数据表，用于编制设备规格书和用于采购的设计文件，并修改和确认相关设备数据。

项目最终文件以及操作和安全手册将包括每一单元的专门设备数据表。

将与第一个单元设计文件一起发出初步操作和安全手册，供业主审查，以重点检查与第二个单元和第三个单元可能存在的差异。另外，还应将专门设备数据表（包括业主意见）纳入正式操作和安全手册中。

**（2）设计文件**

一般来说，除前面介绍的"双胞胎"设计文件外，配管、电气、土建和仪表专业应为每一单元编制专门的设计文件，以便用于施工。

从项目开始时，承包商应着手对整个设施进行设计，并考虑相同单元中的不同部分，确保设计完全满足 EPCC 合同的项目要求，并将设计及时纳入整个项目中。

说明：在详细设计过程中，因为各种原因，承包商可能认为有必要在某一时间点为每一单元发出专门设计文件。

## 13.6 供应商文件

在供应商文件审查环节，供应商/供货商将仅为项目中相同单元中的相同设备提供共用图纸和文件。

当供应商采纳了业主/承包商所有意见且其修订文件得到最终批准后，供应商/供货商则应为每一单元提供最终的专门图纸和文件。

说明 1：应按照设备制造进度计划为每一相同设备提供专门的加工文件、检查报告、加工记录以及与设备制造有关的所有相关文件。承包商将负责与每一具体设备相关的所有工作，如制造控制、检查、运输和清关等。

说明 2（见钢结构设计交付文件）：钢结构供货商应为每种情况编制专门的工厂加工图和安装图，对钢结构进行编码并标识每一结构件，以对每种情况的材料识别（材料证书）、制造（加工工艺）和安装图纸进行专门控制。如果承包商需要在项目结束时编制竣工图，钢结构供货商则应提供每一钢结构的专门设计文件。

## 13.7 承包商对关键设计文件和关键工作采取的方法

### 13.7.1 HAZOP、SIL 和可施工性设计审查

在项目实施过程中，应对第一个单元进行设计审查（包括 3D 模型设计审查、HAZOP 和 SIL 审查以及可施工性审查），审查会确认的行动项、建议或变更将全部适用于所有相同单元。

对于所有审查，应特别注意相同单元中的不同设施。应同时审查这些不同的设施。

必须注意的是，只能简化工艺单元内部的审查，当对联合装置中单元互联或区域互联进行审查时，承包商应单独考虑每一相同单元，并单独审查每一单元与整体的互联。

### 13.7.2 3D 模型（SP3D）

应为所有单元创建完整的 3D 模型，进行编号后提交给业主。然而，在项目实施过程中，承包商应首先为多个相同单元其中的一个单元创建完整的 3D 模型，纳入所有设计要求。同时，根据项目要求将此 3D 模型用于其他相同单元。

特别说明：①如同前面 13.5.2 节中的介绍，本程序仅适用于单元中的相同区域，单元中不同区域应从项目开始时就建模。不同区域包括：道路、地下消防水主环网、冷却水主分配总管以及连接至单元界区总管的支管中的共用部分、维修车间、互联管廊、从上游变电站到单元变电站的电气电缆沟、电气装置以及去互联区域和共用区域的电缆沟、从现场机柜间（FAR）到控制室的仪表电缆沟等。②当为后续相同单元复制设计文件时，为了确保单元 3D 模型的准确性，必须特别注意相同区域与其余区域之间的内部"界区"。

在 3D 模型中复制单元前，为复制单元发出设计文件采取以下策略：①由于 SP3D 数据库很复杂，无法连续复制，否则会导致文件出现错误；②在完成整个单元设计以及可以复制 3D 模型前，仍需要发出用于施工的"双胞胎"设计文件。如果属于这种情况，则需要从第一个单元（即建模单元）的 SP3D 系统中提取文件，然后由设计人员确定复制单元的文件编号、设备位号和坐标。由于仅修改单元识别符，因此，可以方便地更改设备位号和文件编号。由于仅需要对不同单元的坐标进行转换，也就是说，为每一单元增加固定坐标值，因此，也很容易修改坐标。其出现错误的概率很小，且很容易检查和修正出现的错误，而不会引起什么后果。

对于单线图的具体情况，由于在图纸中多个部分都注明了坐标，出错的概率会更高一些，可以通过 SP3D 软件在坐标点更改坐标。

### 13.7.3 单线图

从 3D 模型中提取的主要文件为单线图，供管道预制和安装使用。

在详细设计过程中，承包商将对其中的一个相同单元开展设计工作，完成配管设计，并确保符合工艺和项目要求。

将检查第一个单元的单线图，以核实相同单元的信息和材料表（MTO）是否正确。然后，应为每一单元提供专门的单线图，注明采用的坐标，以便于管道预制和安装。

说明：承包商应与其现场施工团队（仓库和材料管理）和机械设备施工分包商进行内部协调，并采取必要措施，确保将单线图中的材料以及材料跟踪记录、焊缝和 NDT 记录、短管记录（当完成预制并入库后）、需要提交给业主的预制文件（焊接图、NDT 记录等）移交给施工分包商。

### 13.7.4 SPI（智能工厂仪表）和 SPEL（智能工厂电气）软件

应采用 SPI 和 SPEL 软件来开展仪表和电气专业的设计。

对于相同单元，应采用 SPI 和 SPEL 软件首先完成其中一个单元的设计工作。当需要发出用于施工的设计文件时，则将为其他相同单元复制设计文件。SPI 和 SPEL 的数据可根据需要多次复制，因此，即使在完成了首次复制后，仍可以细化第一个单元的设计，当完成细化设计后，则可根据需要进行复制并发出新版 IFC 设计文件（发布用于施工的文件），这将最大限度地避免相同单元之间出现偏差。

在每次复制后，承包商将调整第一个单元和复用单元之间可能存在的偏差。

采用同样的方法编制过程控制系统（PCS）的设计文件并提交给 PCS 供货商。承包商将仅提供一套 PCS 设计文件，并补充必要的说明，附上详图和/或简图，以说明相同单元之间存在的差异。PCS 供应商也仅为所有相同单元提供一套文件，同时，只能在 IFC 阶段复制文件和数据库。

对于其他供应商，也采用类似策略管理数据库。

### 13.7.5 材料表（MTO）

大宗材料表由承包商专门控制。将为其中一个单元编制材料表（MTO），并为所有其他相同单元复制该材料表，同时，根据需要为不同设施补充单独的材料表。

对于设备、仪表、电气设备和其他类似的带标签（位号）的物资，尽管可以共享询价用数据表，但仍需将其数据表纳入请购单中。

### 13.7.6 计算书

对于相同单元，原则上需为相同设施/系统编制单独的计算书，如土建计算书、钢结构计算书、水力学计算书、泄压系统计算书、单线图应力计算书和仪表计算书等。同时，还必须注意具体差异。

应考虑编制以下计算书：①单线图应力计算书：如果相同单元中的同等管线存在差异以及按照项目应力程序要求需对相关管线进行专门的应力计算时，则应提供不同计算书。②工艺水力学计算书：a. 相同单元界区工艺的设计均相同，见每一单元 FEED 工艺设计基础和公用工程工艺设计基础。如果将来界区工艺条件发生重大变化需要通知承包商时，应与业主共同确认采用的通知程序。b. 应考虑在单元界区内因具体差异而导致的不同压降。c. 说明：互联单元是一个独立的单元。在分析互联系统时，应考虑因单元位置不同而导致的不同运行参数。③电气计算书：a. 对于整个 EPCC 工程项目，采用相同的计算原则和项目规定。b. 在项目开始时，为承包商整个供货范围内设施创建 ETAP 模型，并为所有单元创建模型。c. 随着本文件和/或 PDO 设计指南的不断修订和深化，将为电气计算书补充更加详细的要求。④仪表计算书适用于相同单元中的所有仪表。如果两个相同单元之间的仪表回路存在差异，则应编写不同计算书。

## 13.8 差异管理

尽管相同单元的设计几乎相同，但仍存在细微差异，这就需要在详细设计阶段认真对待，以确保每一单元设计的完整性和正确性。

控制相同单元之间存在的差异采用的主要方式是：在项目开始时，识别单元差异并登记单元的差异。在项目实施过程中，由项目工程师及时更新差异的记录表。

该记录表将用作检查表，用于控制第二个相同单元的以下设计文件：①设计文件/图纸；②3D 模型；③大宗材料统计表（MTO）。

当为第二个相同单元复制了 3D 模型或发出了用于施工（IFC）的设计文件和图纸后，应同时修改第一个单元和第二个单元的 3D 模型、设计文件和设计图纸，并发出新版文件，确保两个单元的设计保持一致。

## 13.9 文件管理

对于在项目不同阶段发出的设计文件，应在第一个单元设计文件中清晰注明相同单元的不同部分，并对其进行监控（应将设计文件提前提交给业主审查/提出意见）。

为了便于内部控制设计文件，承包商应编制设计交付文件清单，明确哪些设计文件在项目开始时发出，哪些设计文件在项目不同阶段发出。

当可能需要修改"相同单元"设计文件时，应遵守以下要求：①如果在项目开始时单独发出单元的专门设计文件，一旦需要修改第二个文件，应同时修改第一个文件；②如果在项目不同阶段发出设计文件，在发出"双胞胎"设计文件后，一旦需要修改第二个文件，应同时修改第一个文件。

## 13.10 相关规定与程序

### 13.10.1 业主规定和程序

业主的规定与程序主要包括：①EPCC 合同通用条款；②设计工作执行。

### 13.10.2 项目程序

项目的程序主要包括：①项目执行计划；②设计执行计划；③文件的设计、审查与批准；④文件管理计划。

# 第 14 章
# 关键文件变更通知程序

## 14.1 目的

旨在说明控制关键设计文件变更应遵守的方法。本方法适用于从发现或提出潜在设计变更的那一刻起到实施变更的那一刻。

本方法的目的是应该让项目相关的负责人了解和批准项目可能发生的关键设计文件的变更，而且按照 EPCC 合同的规定确定应该适用于业主了解和批准的项目可能发生的关键设计文件的变更。

## 14.2 范围

涵盖 EPCC 项目中至少满足下列准则之一的设计变更：①改变项目设计依据的设计变更。②可能意味着改变业主和承包商之间合同价格或合同进度的设计变更。③可能意味着改变承包商和供货商或分包商之间合同价格或合同进度的设计变更。④属于设计变更，针对的设计已经在正式审核中或通过文件修订/批准系统而获得了业主或第三方的"最终批准/审核"，比如 HAZOP、环境报告等。以下事项不能认为是设计变更：a.纠正拼写错误；b.取消待定；c.正常补充的项目信息（即引入供货商的新信息）。⑤已经"批准供设计"的文件中的设计变更。以下事项不能认为是设计变更：a.纠正拼写错误；b.取消待定；c.正常补充的项目信息（即引入供货商的新信息）。⑥对于下列文件，自从获得作为设计参考的状态以来的任何修改（即使是执行设计和纠正错误）都应作为设计变更：a.PFS（IFD 之后）；b.平面布置图（IFD 之后）；c.管线命名表（IFC 之后）；d.PEFS（IFD 之后）；e.单线图（IFC 之后）；f.材料选择图（IFD 之后）；g.因果图（IFC 之后）。

## 14.3 职责

### 14.3.1 发起人

指在属于本程序范围内的情况下，通过通知潜在的设计变更，启动设计变更过程的人或专业。其关键责任是识别变更，并予以说明。采取程序第一阶段的行动：启动变更通知（CN）。

### 14.3.2 EC 和 PDO 的专业负责人

指在"项目执行计划""组织机构程序"以及"工程设计执行计划"中详细描述的专业负责人职位。

其主要责任是：①程序的第一阶段（启动 CN）：a. 确保能识别出与专业相关的 CDCN，并按照"关键文件变更通知程序（CDCN）"进行处理；b. 识别变更的派生后果，如受影响的其他专业和潜在影响；c. 作为第一道过滤器，防止对项目没有增值的变更。②程序的第二阶段（评估 CN）：组织评估 CNs 对本专业的影响，这里包括两类设计变更，即由本专业发起的 CNs 和由其他专业发起的 CNs。③实施 CN。

### 14.3.3　区域经理

指在"项目执行计划""组织机构程序"以及"工程设计执行计划"中详细描述的区域经理。

其主要责任是：①在其管理的项目范围内，保证和监督能够正确地实施和执行识别与控制变更。②在程序的第二阶段（评估 CN）：a. 针对需要进一步考虑的 CNs 和应该拒绝的 CNs，充当主要过滤器。b. 在 CN 会影响若干个单元的情况下，通知并与其他项目单元、区域和 ECs 协调。c. 识别变更是否可能需要业主的批准，是否与潜在的变更有关。在后一种情况下，区域经理将与 EPCC 合同管理人员取得联系，以激活"变更管理程序"。d. 在责任范围内，领导并协助专业间评估 CN 的整体影响，也包括对成本和工作进度的影响。当 CN 影响若干个区域经理/PDO 工程设计经理的范围时，其中一名区域经理/PDO 工程设计经理将担任领导，其他人则是所在工程设计中心和负责区域的协调员。e. 将完整的 CN 提供给高级项目管理人员，以便做出决策。f. 给合同管理人员提供 CO 管理的技术信息（COP 或 COR）。③在程序的第三阶段（批准 CN）：批准满足后面 14.4 节中第三阶段"证实/批准 CN"中指出的特定条件的 CNs。④在程序的第四和第五阶段（发布供实施的 CN 和实施 CN）：a. 确认一切都准备就绪，可以继续实施 CN；b. 如果需要的话，获得业主或其他方对 CN 的批准；c. 协调实施 CN。

区域经理可以将变更管理工作委托给项目工程师。

### 14.3.4　PDO 工程设计经理

指在"项目执行计划""组织机构程序"以及"工程设计执行计划"中详细描述的 PDO 工程设计经理。

PDO 工程设计经理的职责与区域经理相同，但适用于和 PDO 管理的通用项目设计主题相关的 CNs，或者由 PDO 专业负责人直接发起的 CNs。

PDO 工程设计经理可以将变更管理工作委托给项目工程师或 PDO 专业负责人。

### 14.3.5　项目经理

指在"项目执行计划"与"组织机构程序"中详细描述的项目经理。

对于和 EPCC 合同有牵连或者影响 EPCC 合同成本或进度的 CNs，项目经理是最终批准的负责人。采取"关键文件变更通知程序的第三阶段：证实/批准 CN"中的措施。

项目经理可以将变更管理的责任委托给项目副经理或 PDO 的高级工程师。

### 14.3.6　项目副经理

指在"项目执行计划"与"组织机构程序"中详细描述的项目副经理。

在受项目经理委托时，项目副经理能够担当项目经理的职责。

### 14.3.7　EC 项目协调员

指在"项目执行计划""组织机构程序"以及"工程设计执行计划"中详细描述的 EC 项目协调员。

EC 项目协调员的职责是在把 CNs 送交 PDO 批准之前，修改和同意影响其协调的 EC 以及与其所在 EC 承担的工作相关并影响合同成本和/或进度的那些 CNs。采取"关键文件变更通知程序的第二阶段：评估 CN"中的措施。

### 14.3.8 PDO 高级项目工程师

指在"项目执行计划""组织机构程序"中详细描述的 PDO 高级项目工程师。

其主要的职责是将设计变更送给项目经理批准之前，审核已经送给 PDO 批准的 CNs。也是 EPCC 项目承包商的最后一个审核步骤，以识别应该考虑的对其他单元/区域或 COs（COR 或 COP）潜在的交叉影响。采取"关键文件变更通知程序的第三阶段：证实/批准 CN"中的措施。

PDO 高级项目工程师可以将变更管理工作委托给项目工程师。

### 14.3.9 合同经理

指在"项目执行计划""组织机构程序"以及"变更管理程序"中详细描述的合同经理。

只有在 CN 管理的任何阶段和步骤中识别出 CO（COR 或 COP）的情况下，合同经理才起作用，此时，激活变更管理程序，合同管理部门接管领导职责，同时，继续进行变更通知（CN）程序，以生成变更（CO）管理所需的技术信息。

### 14.3.10 其他

评估 CN 将需要不同部门中许多岗位的参与，主要在第二阶段（评估 CN）。表 1-14-1 列出一些对评估 CN 而言最重要的职位。相关岗位在"项目执行计划""组织机构程序"以及"工程设计执行计划"中说明。

表 1-14-1 评估 CN 的重要岗位及其作用

| 作用 | 评估的岗位 | 作用 | 评估的岗位 |
| --- | --- | --- | --- |
| HSE 影响 | EC/PDO HSE 领导 | EC 成本 | EC 成本负责人 |
| 大宗材料采购中的成本影响 | 成本控制经理 | 项目总体进度 | 进度负责人 |
| 采购设备或标签物资的成本影响 | 高级采购协调员 | EC 工程设计进度 | EC 进度负责人 |
| 施工成本 | 分包经理 | | |

## 14.4 变更通知执行阶段和步骤

本程序适用的变更将按照下列步骤进行评估、实施和登记。

第一阶段：启动。

发起人在 CN 模板中填写必要的数据，以便恰当地说明提出的变更：①影响的单元/多个单元；②专业；③变更的起源/变更原因；④受影响的文件（编号、标题和版本）；⑤提议变更的说明，可以在任何 EC、PDO 或现场发起 CNs；⑥涉及的专业（作为变更的结果，将要牵涉的其他专业）（根据发起人的经验和提议变更的复杂性来确定，可以与专业工程师共同分析）；⑦影响（将标注是否有对 HSE、成本、进度、采购、施工的潜在影响）（根据发起人的经验和提议变更的复杂性来确定，可以与专业工程师共同分析）。

发起人将附上关于提议的相关文件（如果有的话），将把"变更提议"提交给位于所在工程设计中心（或 PDO）的发起人所属专业的负责人。专业负责人将审核、确认和完成填写的数据，并将充当拒绝或批准此变更的第一道过滤器，并指出此 CN 是否需要业主批准或豁免申请批准。

如果认为提议有效，可以继续履行变更通知程序，则专业负责人应给"变更提议"安排一个标题，并按照后面 14.5.1 节分配 CN 的标签，然后将 CN 记录在 EC 的 CN 登记表中。

专业负责人将把 CN 送交评估/证实的下一阶段。如果 CN 只关系到特定的项目单元，则评估的下一阶段是对应的区域经理（如果这些单元处在不同的区域但都在同一个 EC 内，那么将由 EC 项目协调员指定的区域经理负责；如果这些单元处在不同的 ECs，那么每个 ECs 将有一个负责的区域经理，发起人所在 EC 的区域经理将承担领导责任）。如果 CN 关系到通用主题（即与标准化设计有关的 CN），则评估的下一阶段是 PDO 的工程设计经理。

一份 CN 和所附文件的副本送给受影响的专业和已经发起变更专业的 PDO 专业负责人，供他们参考。

第二阶段：评估。

PDO 专业负责人接收由任何 EC 中其专业所发起的 CNs 副本，并负责评估：①如果认为 CN 对专业的总体方面有影响，而该专业又需要 PDO 协调，那么，将通知给 PDO 工程设计经理，以便与 EC 的区域经理讨论，并重新分配潜在的 CN 管理；②如果 CN 和 EPCC 合同相关，那么，将把此事通知给领导此 CN 的区域经理。

区域经理（如果 CN 只影响特定的单元）或者 PDO 工程设计经理（如果 CNs 关系到通用工程设计的主题）接收（并过滤）由 ECs 和 PDOs 的专业负责人发起的 CN。

第一步：确认在本阶段，是否是 CN 中涉及的唯一经理，或者还有其他区域经理或 PDO 工程设计经理也可能受影响；在后一种情况下，将把 CN 送交其他区域经理/PDO 工程设计经理，以便通知他们，并为此阶段协商一名 CN 的领导。

第二步：确认 CN 中描述的变更是否满足让 CDCNs 遵守本程序的要求。必须注意，设计变更可能在某些单元中属于 CDCN 的范畴，而在其他单元中则没有，原因是文件状态与主题相关。因此，在所有受影响的单元中，都需要检查该主题。

第三步：将审核 CN 涉及的专业和对项目的影响。

第四步：评估 CN 是否具有要求管理人员准备 CO 的合同后果。如果情况是这样，将通知合同经理。合同经理将分派合同管理团队中的一个人协同领导 CN，并按照规定激活"变更管理程序"。

第五步：协调对 CN 影响的评估，评估造成的 HSE 后果、进度、成本等方面的影响。对于这些活动，将根据需要联系对应的 ECs/PDO 工程设计经理、项目控制经理（进度和成本）、高级采购协调员（采购）以及分包经理（HO 施工），还有其他专业的领导，以获得综合信息，用于评估 CN 的优点和缺点。

如果 CN 和 CO（COR 或 COP）有关，则第五步将及时协调激活"变更管理程序"。

第六步：区域经理/PDO 工程设计经理将整理 CN 文件中这个阶段的结果。在把 CN 送到 PDO 实施后面的步骤之前，区域经理将获得来自对应 EC 项目协调员的批准，EC 项目协调员将和区域经理们共同签字。

如果 CN 涉及的单元由若干个 ECs 执行工程设计，那么 CN 领导将获得来自区域经理和所有受影响 ECs 的 EC 项目协调员的签字。

第七步：区域经理/PDO 工程设计经理把 CN 送到第三阶段"证实/批准"。

EC 项目协调员：在区域经理把 CN 送到第三阶段之前，与 EC 区域经理一起审核 CN，或者是 CN 中与其设计中心的范围相关的部分。EC 项目协调员通过他的签字来确认同意。

注意：①区域经理/PDO 工程设计经理可以将除 CN 的最终签字和证实以外的变更通知管理工作委托给项目工程师。②在此阶段的任何步骤，都能拒绝 CN。只有在继续考虑提议的变更有意义时，才实施后续步骤和阶段。拒绝的原因将汇总在 CN 中，然后将 CN 送回到发起人和发起人的专业负责人，并抄送已经收到 CN 副本的所有人和 PDO（PDO 高级工程师），供其存档。原件和附件将在每个 EC 集中管理的专用文件中存档。虽然拒绝 CN 只需要由区域经理/PDO 工程设计经理签字，但如果 CN 与 CO（COP 或 COR）有关，则做出拒绝 CN 必须要与合同管理团队协商，以便能恰当地协调。③PDO 专业负责人接收由各自专业生成的所有 CNs 的副本。

第三阶段：证实/批准。

区域经理将是承包商一方 CN 的最终批准，前提是 CN 应满足所有下列条件：①CN 不牵连 EPCC 合同的相关事项，对承包商的成本和进度都没有影响；②CN 只与一个 EC 有关；③与 CN 有关的设计文件还确认为"IFC"状态；或者，如果与 CN 相关的设计文件处在"IFC"状态，并且修改只涉及微小的错误或项目的执行，而不是改变设计。

如果情况是这样，一旦发布了"发布供实施"的通知书，然后，就可以开始实施 CN。区域经理将把发布的 CN 提交给 PDO 和设计中心存档。

在任何其他情况下，都需要项目经理（或其代表）签字批准 CN，而且将考虑执行下列步骤：①PDO 高级工程师接收由 ECs 区域经理（具有 EC 项目协调员的身份）和 PDO 工程设计经理发送的 CNs。②PDO 高级工程师或者由他指定的项目工程师：a. 审核 CN 是否已经遵守了程序中规定的步骤，并具有需要的信息和签字；b. 审核是否存在可以激活"变更管理程序"上规定的合同相关的事项；c. 确认 CN 是否会影响其他单元；d. 获得来自项目控制经理、界面经理、PDO 工程设计经理、采购经理、HO 施工经理、HSE 经理、项目合同经理的"反对"或"不反对"意见；e. 如果上述要点中出现任何矛盾，将与领导 CN 的区域经理澄清相关要点，以完成文件；f. PDO 高级工程师已经确认了所有这些要点，将把 CN 送给项目经理，进行最终批准。③项目经理：a. 如果 CNs 与 COs 有关，则应遵守"变更管理程序"的规定。项目经理将通过签字来指示何时与如何实施此变更，或者拒绝 CN。b. 如果 CNs 与 COs 无关，则可以委托给项目副经理或 PDO 高级项目工程师最终批准 CN。c. 如果 CN 实施需要获得其他方的批准（业主、专利商、项目所在地政府管理机构等），则批准 CN 理解成是对以前由他们批准的设计文件的调整。

第四阶段：CN 发布供实施。

一旦 CN 已经获得项目经理或其代表的批准，则：①项目经理把 CN 返回给 PDO 高级项目工程师，以便存档并采取进一步行动。②PDO 高级项目工程师把签字后的 CNs 副本送给在 CN 的准备过程中曾担任过领导的区域经理/PDO 工程设计经理，以便采取进一步行动；还抄送其他相关的区域经理/PDO 工程设计经理和 EC 的项目协调员。③如果需要业主、专利商或任何其他方的批准，那么在开始实施 CN 之前，区域经理/PDO 工程设计经理应获得相应的批准。CN 的负领导责任的区域经理/PDO 工程设计经理将寻找并同意具体的执行方式，以便根据变更的性质和条件获得批准。④一旦获得所有需要的批准，CN 的负领导责任的区域经理/PDO 工程设计经理将向所有相关的区域经理、PDO 工程设计经理、ECs 的协调员和 PDO 高级项目工程师发布"发布供实施"通知书，然后，就可以开始实施 CN。

对于与 COs 有关的 CNs，在合同管理部门做出相应指示之前，将不发布"发布供实施"的通知书。

每个 EC 内部分发批准的 CNs 由相关区域经理与"发布供实施"通知书一起分发一次。尽管如此，如果需要获得缺少的、来自业主和其他方的批准，则可以将副本送给某些专业；在此情况下，将在以后分发"发布供实施"通知书。

第五阶段：实施 CN。

一旦区域经理和专业负责人收到正式签字的 CN 和"发布供实施"通知书，将继续实施 CN。一旦实施完成 CN，则 CN 登记表上 CN 的状态将成为"已实施"。

## 14.5 CN 文件

为实现 CN 登记的标准化，也为了使登记更加容易，将遵照下面的特定模板和规则，标签、登记和记载 CNs：①所有 CNs 都将加标签和登记，以便比较容易控制 CNs，但只有在专业负责人已经认为可以接受 CN 的评估时才对 CN 增加标签并登记。为防止虚假 CNs 带来的不必要的沟通工作量，由发起人提议/发现但专业负责人拒绝的那些设计变更将不会登记也不会加标签。②量化的成本和进度影响将单独保存在来自整体技术说明和评估的表格上。其目的是更加容易地将文件分发给具有不同授权等级的人员，方便他们查询信息。③当 CN 影响不同类型的单元时，每类单元将有单独的评估表（例如单元 01 和 02 具有分开的表格，但单元 01、11 和 21 只有一张表格）。④每个表格都将由评估单元的负责人签字。⑤所有表格都将包括 CN 识别标签，以方便参考。

### 14.5.1 CN 的标签

CNs 将按照如下规定确定标签：已经规定了编制标签系统，以允许 ECs 能运用自己的 CN 软件工具，同时又保持足够的标准化。为此 CN 标签规定包括了几个字段（图 1-14-1），允许在实施的系统中有一定的灵活性。

| 发起人 EC | - | 受影响 EC | - | 项目代码 | - | 文件类型 | - | 自由标识符 | 顺序号 | 版本 |
|---|---|---|---|---|---|---|---|---|---|---|
| XXX | - | (YYY) | - | PDO | - | CN | - | DD | NNNNNN | R |

图 1-14-2　CN 标签规定字段

图 1-14-1 中：①XXX 与 YYY 为缩写，表示识别和登记 CN 的中心。适用的代码是 AEC、BEC、CEC、HOC 和 SOC。②YYY：如果 CN 影响若干个中心（即由设计中心 XXX 发现，但影响 XXX 和 YYY），在这个字段中，专门针对每个中心的 CN 文件将标上这个中心的缩写词；而公用表格将标为 OOO。例如 CN 是在工程设计中心 AEC 发现的，但影响 AEC 和 BEC；与 AEC 范围相关的 CN 部分标为 AEC-（AEC），与 BEC 的范围相关部分标为 AEC-（BEC），而公用文件则标为 AEC-（OOO）；所有其他字段全部保持相同的字母数字标识。③PDO：表示本 CN 与 EPCC 合同有关；也就是与本项目有关。④CN：这个代码表示，此文件是 CN。请注意，作为豁免、技术澄清和往来信函的其他文件以非常类似的方式编号，只是文件类型标识符不同。⑤DD：字母数字代码，目的是让 EC 中原有的 NC 编号系统能够容易地适应本程序的编号系统。不需要时将是 OO。⑥NNNNNN：6 位数的顺序号。每个 EC 将保持自己的编号顺序。另外，顺序可以按照 ECs 中的专业划分；CNs 标准编号系统就是按照专业划分顺序编号的。例如，在 AEC，前三位数与发起人专业有关，后三位数是每个专业的顺序号。在按顺序的系列中，第一个 CN 开始于 XXXXX1，而不是 XXXXX0。⑦R：从 0 开始的版本号，后面接着是 1、2 等。

注意：一旦给 CN 加标签，将作为一个不变量保持 CN 的标签；但辅助 EC 字段不同，这可能会随着 CN 的不同专业而变。尽管如此，可能建议编制 CN 时分成两个或若干个独立的 CNs。例如，如果最初考虑的变更的一部分能够较快地获得批准，而变更的另一部分的批准需要花更长的时间。在这种情况下，可以合建新的 CNs，以取代前一个变更；并不从登记表上删除前一个变更，而是将前一个变更标注为在新的 CNs 中继续；程序从已经实现的里程碑继续进行，无须重新开始。新的 CNs 要提到其前一个变更；可以利用如下的句子"本 CN 是 CN-XXX 的继续，针对与……相关的范围"这样，CN 已经从 CN-XXX 中分离……"或类似的内容。这些句子将清楚、明显地插入两个 CNs 中,以方便理解。上述内容也会插入 CN 登记表"通知书"中。

#### 14.5.2 CN 登记表

每个 EC 中心将保存一个 CN 登记表,内容是由 EC 专业负责人发起的所有 CNs。登记表将按照后面 14.7.2 节中的模板或等同的模板。

CN 登记表的副本将按照项目状态,至少每月一次发送到 PDO,或者以更高频率(如果可行的话)发送。

登记表将在"意见"栏或等同的栏中清楚地记录以下内容:①CN 和以前的/前身或以后的 CN 之间的任何关系;②任何 CN 与 COR 或潜在 CO 的相关性;③任何 CN 与豁免或技术澄清的相关性。

参见前面 14.5.1 节"CN 的标签"中的其他相关要点。

## 14.6 相关规定与程序

#### 14.6.1 业主规定和程序

业主的相关规定与程序主要包括:①EPCC 合同通用条件;②质量管理要求;③工程设计工作的执行。

#### 14.6.2 项目程序

相关的项目程序主要包括:①项目执行计划;②技术澄清和豁免请求程序;③业主审批意见控制程序;④信息管理计划;⑤数据管理计划;⑥变更管理程序;⑦项目第三方协调程序;⑧工程设计执行计划;⑨文件的设计、审核与批准;⑩设计变更管理程序;⑪关键文件变更通知规程(CDCN);⑫CADD 实施计划;⑬文件管理计划;⑭设计和采购质量计划。

## 14.7 样表与模板

#### 14.7.1 关键文件变更通知工作流程

关键文件变更通知工作流程综述如表 1-14-2 所示。

表 1-14-2 关键文件变更通知工作流程综述

| 执行人 | 批准人 | 表格/模板 |
| --- | --- | --- |
| 发起人/专业负责人 | 启动 | CN 启动表 |
| | 区域经理 | |
| 区域经理 | 评估(非"复杂"的 CN 直接走到"发布供实施"阶段) | 初始范围评估表 |
| | EC 项目协调员 | |
| PDO 高级项目工程师 | 证实/批准 | CN 项目管理表 |
| | 项目经理 | |
| 区域经理 | 发布供实施 | 发布供实施表 |
| | 区域经理 | |
| 实施 | | |

第一阶段：启动，如图 1-14-2 所示。

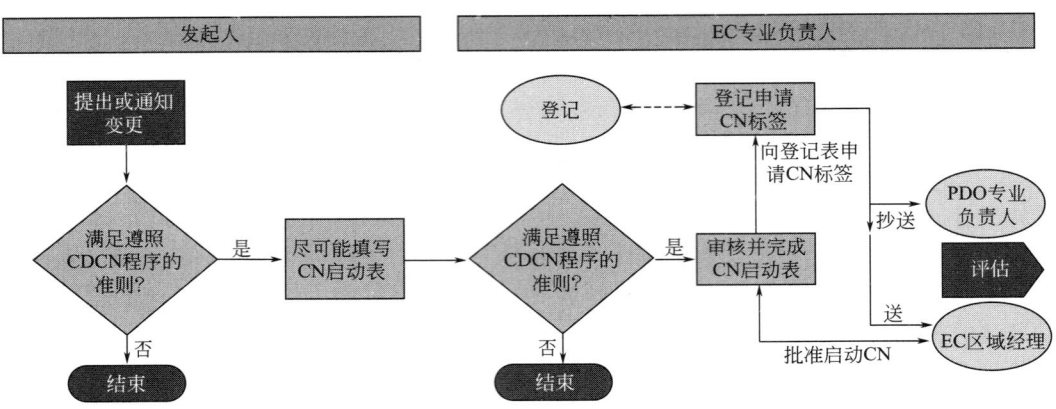

图 1-14-2　启动

第二阶段：第一步评估如图 1-14-3 所示，第二步评估如图 1-14-4 所示。

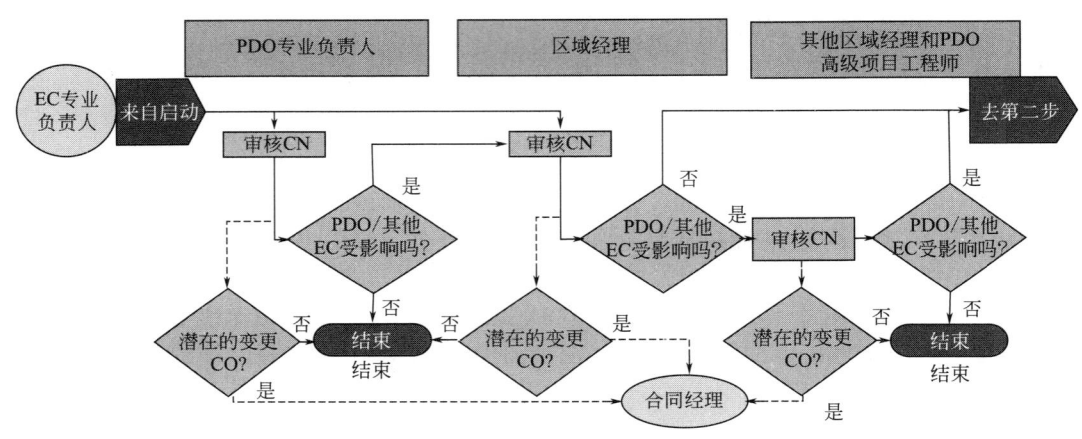

图 1-14-3　第一步评估

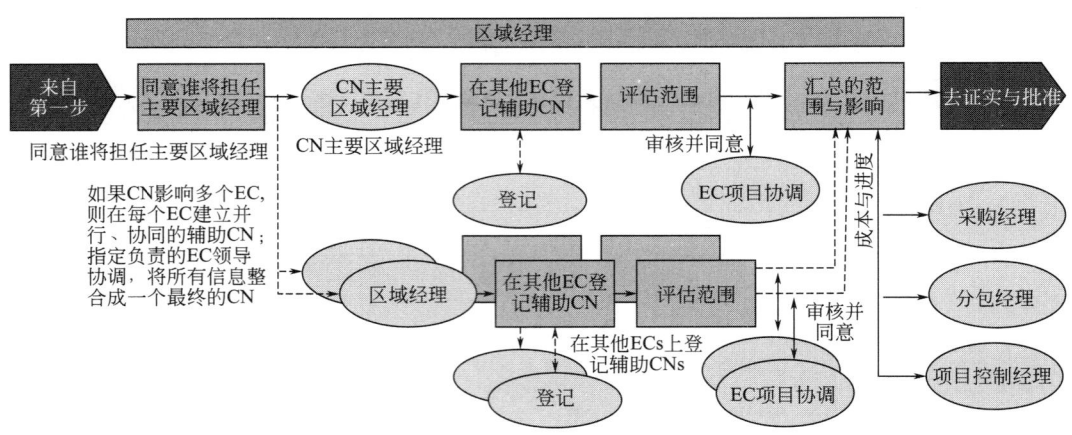

图 1-14-4　第二步评估

第三和第四阶段：证实，批准与发布供实施，如图 1-14-5 所示。

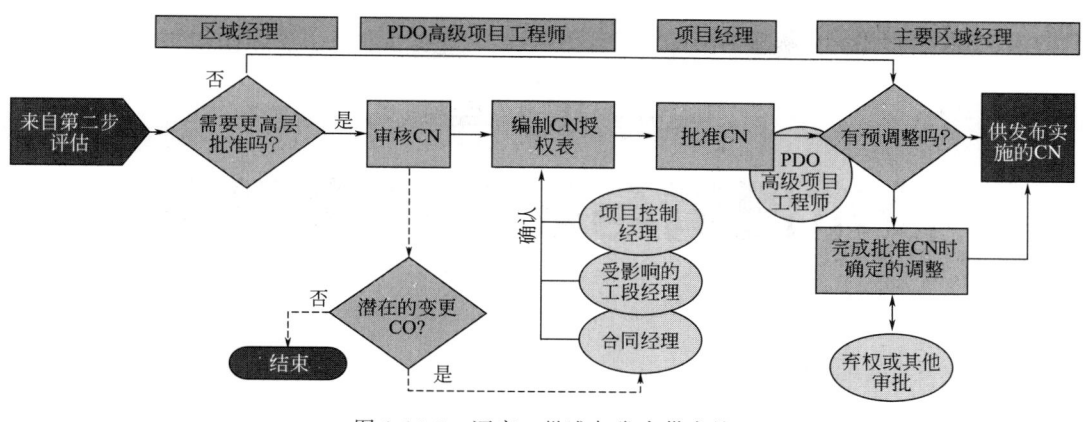

图 1-14-5 证实，批准与发布供实施

**14.7.2** 变更通知登记表

**14.7.3** 变更通知（CN）启动表

**14.7.4** 变更通知（CN）初始范围评估

**14.7.5** 变更通知（CN）项目管理审批

14.7.2 节～14.7.5 节的表格见电子版，下载地址见前言中的说明。

# 第15章 技术澄清与豁免请求程序

## 15.1 目的

目的是说明如何管理技术澄清（TQ）和豁免请求（WR）文档。

## 15.2 范围

本程序适用于承包商签发的 EPCC 项目执行期间生成的所有 TQ 和 WR 文件。

## 15.3 定义

技术澄清（TQ）：包括承包商对业主的技术和执行程序澄清的文件，随着项目执行有必要得到业主对存在执行空间事项的响应。

豁免请求（WR）：承包商要求按照有偏差执行业主规定的项目程序与规定（通常为技术规定）获得业主的响应。

## 15.4 技术澄清（TQ）与豁免请求（WR）的周期

发起人将在 TQ 或 WR 中注明必须附上的附件，并将其加入硬拷贝。项目秘书应将这些文件扫描，并包含在文件中。

业主应在 14 个日历日内将 TQ 和 WR 的答复返回承包商。至少每周将 TQ 和 WR 日志发送给业主，以加快解决未决的问题。

当 TQ/WR 对成本和/或进度具有影响时，应在 TQ/WR 模板中明确确定，并将 TQ/WR 的副本发给合同经理，以便按照变更管理程序激活变更流程。

### 15.4.1 技术澄清（TQ）

TQ 的目的是获得业主澄清在项目执行期间可能出现的任何问题或冲突。

根据要澄清的问题和相应的答复，部分 TQ 可能会对项目执行（即设计、进度、成本等）产生影响/变更，可能需要生成补充的正式文件（即 WR、信函、变更单）。

TQ 可以根据需要有多个版本，直到发起人认为获得业主恰当的回答。后面 15.7 节给出了完整的 TQ 流程。

### 15.4.2 豁免请求（WR）

WR 的目的是获得业主［和专利商（如果适用）］允许按照偏差执行，通常是对技术规定的偏差。如果业主对 WR 的回应不符合承包商的期望（因为没有妥善编制 WR，造成业主误解），承包商将会发出新的 WR。

后面 15.8 节给出了完整的 WR 流程。

承包商应根据 EPCC 合同在收到业主批准的豁免请求后，取得技术供应商（专利商）的批准（如适用）。技术供应商（专利商）的批准将构成接受对原始工艺包（PDP）和/或技术规定的变更。如果所要求的变更未获得技术供应商（专利商）的批准，或者技术供应商（专利商）不能给该变更提供解决方案，承包商将告知业主存在的僵局。如果业主指示承包商按照技术供应商（专利商）的设计规定执行，或者如果技术供应商（专利商）认可所提出的变更，则该事宜得到解决。如果业主同意承包商提出的变更，承包商将按照业主的书面指示实施豁免请求。

## 15.5 TQ 和 WR 编号

TQ/WR 编号将具有图 1-15-1 所示格式，由项目秘书分配。

| 项目编码 | - | 发起人 | - | 接收人 | - | 文档类型 | - | 顺序号 |
|---|---|---|---|---|---|---|---|---|
| PDO | - | CT | - | CY | - | Y | - | NNNNN |

图 1-15-1　TQ/WR 编号

图 1-15-1 中：①CT：发起人识别码（承包商简称）。②CY：接收者识别码（业主简称）。③Y：文档类型标识符。其可以是 TQ（技术澄清）和 WR（豁免请求）。④NNNNN：从 00001 开始的顺序号。

例如：①从承包商到业主的 TQ：PDO-CT-CY-TQ-00001。②从承包商到业主的 WR：PDO-CT-CY-WR-00001。TQ 的第一个版本将为 0，修改后将是 1、2 等。WR 的第一个和唯一的版本将是 0。

## 15.6 相关规定与程序

### 15.6.1 业主规定与程序

相关的业主规定与程序主要包括：①性能保证；②通用管理要求；③设计工作的执行。

### 15.6.2 项目程序

相关的项目程序主要包括：①变更管理程序；②设计变更管理程序。

## 15.7 技术澄清（TQ）流程图

如图 1-15-2 所示。

## 15.8 技术豁免请求（WR）流程

如图 1-15-3 所示。

## 15.9 样表与模板

样表与模板见电子版，下载地址见前言中的说明。

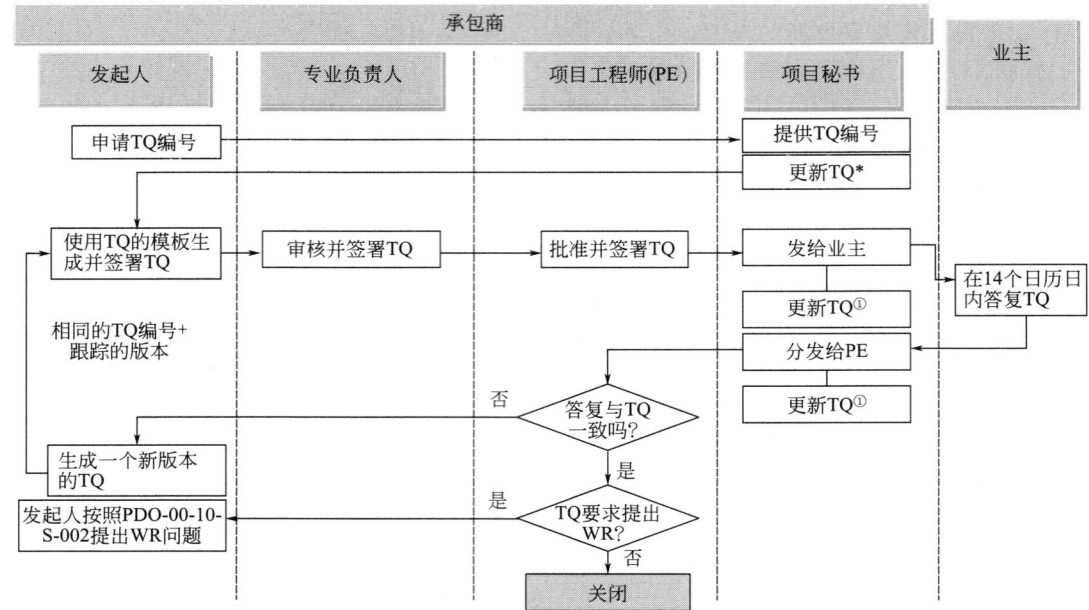

图 1-15-2 技术澄清（TQ）流程图

① "更新 TQ" 就是更新 TQ 日志以及在 Documentum 中的 TQ 文件以及资料文件夹中的硬拷贝文件。

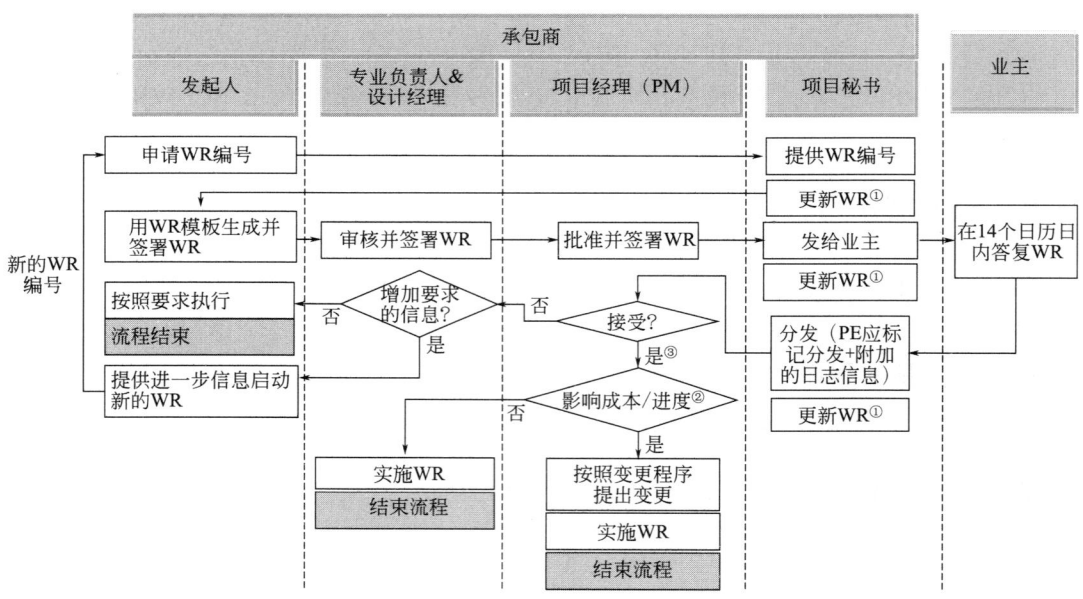

图 1-15-3 技术豁免请求（WR）流程

① "更新 WR" 是指更新 WR 日志以及在 Documentum 中的 WR 文件、资料文件夹中的硬拷贝文件。
② 如果对成本与进度有影响，抄送给合同经理，按照合同变更程序落实合同变更。
③ 如果在业主批准的基础上要求获得专利商的进一步批准，参见前面 15.4.2 节。

# 第 16 章
# 资产标签编制程序

## 16.1 目的

说明承包商如何组织管理和控制项目编制资产标签。

## 16.2 范围

本程序适用于 EPCC 项目为编制项目特定的设备对象的唯一资产标签。

实际上大宗材料不在本程序的范围内,因为大宗材料不属于特定设备对象,而是用来建设或安装设备所用的材料。尽管如此,仍然要通过识别码来识别大宗材料,从而保证跟踪从工程设计阶段到拆除的生命周期过程。虽然许多工程设计文件中大宗材料的识别码也称为标签,但对于本程序的目的,应该把这些标签理解为只是用于特定的设备对象的唯一资产标签。预先给每个实体综合系统分配标签码,并在项目规格书或数据库种子文件中定义,因为在多数情况下,会针对任何资产仅输入一次关联数据(即:每个对象的重量或长度、尺寸等);为此,大宗材料不属于本资产标签编制程序的范围。

## 16.3 编制标签的要求

项目中任何独立的特定设备对象都要编制标签,以便通过数据库控制资产。不得将同一标签编号分配给两个特定设备对象。

按照"文件与资产标签编号程序"创建标签,并且应该保留项目的 FEED 阶段已经分配的资产标签;如果 FEED 期间分配的资产标签不符合资产标签编制程序的规定,则应该与业主讨论,考虑是否可以重新给特定设备对象编制资产标签。

承包商应该为项目中所有特定设备对象编制标签简历,并保存一份标签登记表。除了组件和标签之间的直接对应以外,在给一个新的对象编制标签时,标签登记表也能容易地控制打算给后续资产分配标签的顺序号。标签登记表也能提供设备对象的关键信息,比如关键参数(即设备清单、管段表、仪表清单)或设备对象的状态或要求(即主文件存储位置、询价和采购订单状态报告等)。业主可通过所提供的技术规定、标准和/或用于不同 SmartPlant® 数据库的种子文档,提供每类标签登记表的模板;这些模板适用于设备清单、仪表清单、电气设备清单、管段表、电缆清单。

一旦标签分配给一个对象,就不能将这个标签再次分配给任何其他对象。在取消对象的编制标签时,将在登记表内保存该标签,并指明所用于取消的对象,以防止将来把这个标签分配给新的对象。这样做的目的是防止跟踪资产时发生关联到已经取消对象的文件和报告的错误,因为物理对象的标签通常是相关文件和报告不可分割的一部分。

另外,也可能改变一个对象的标签,虽然不希望这样做。对于改变标签的情况,必须在该对象的原标签上保留注释,以方便参考,因为可能部分设计文件所采用的标签是参考的旧标签。

## 16.4 编制标签的责任

分配标签的责任人也负责协调发布标签登记表(表1-16-1)。关于如何在记录标签的数据库中填写数据,参见"数据管理计划""CADD实施计划"以及与上述两个计划中参考的特定数据库相关的若干个附加计划和程序。

表 1-16-1 编制标签的责任

| 编制标签的对象 | 分配标签的责任人 | 记录标签的数据库 | 相关标签登记表 | 业主职责 |
|---|---|---|---|---|
| 业主职责:I;告知;R;审核;A;批准(停止点) | | | | |
| 总则 | | | | |
| 界面点 | 参见界面管理计划 | | | |
| 机械设备 | 区域经理/单元项目工程师 | Excel+SPM+SPPID | 设备清单 | A |
| 管道 | | | | |
| 管线 | 单元工艺专业负责人 | SPPID | 管线表 | I |
| 特殊管道对象 | 单元配管专业负责人 | Excel+SPPID | 特殊管道对象清单 | R |
| 编制管道蒸汽疏水器标签。用于工艺操作的蒸汽疏水器(如果有的话)将按照特殊管道对象规则编制标签;这适用于换热器(如果有的话)上的蒸汽疏水器 | 单元配管专业负责人 | 蒸汽伴热数据库 | 蒸汽伴热工程设计文件 | |
| 编制管道集管标签 | 单元配管专业负责人 | 蒸汽伴热数据库 | 蒸汽伴热工程设计文件 | |
| 电气 | | | | |
| 电气设备 | 工程设计中心电气专业负责人 | SPEL | 电气设备清单 | R |
| 作为电气设备一部分的电气柜 | 供货商 | — | 设备总体布置图 | 由承包商审核 |
| 电气电缆 | 工程设计中心电气专业负责人 | SPEL | 电气电缆清单 | R |
| 仪表和控制 | | | | |
| 仪表 | 工程设计中心仪表专业负责人 | SPI | 仪表清单 | R |
| 控制回路 | 工程设计中心仪表专业负责人 | SPI | 仪表清单 | R |
| 自动化系统的机柜 | 供货商 | SPI | FAR布置图 | 由承包商审核 |
| 仪表电缆 | 工程设计中心仪表专业负责人 | SPI | 仪表电缆清单 | R |

续表

| 编制标签的对象 | 分配标签的责任人 | 记录标签的数据库 | 相关标签登记表 | 业主职责 |
|---|---|---|---|---|
| 其他仪表对象 | 工程设计中心仪表专业负责人 | SPI | — | I |
| 土建 | | | | |
| 建筑物 | 每个单元的土建和结构专业负责人 | Excel | 建筑物清单 | R |
| 房间和建筑物区域 | 每个单元的土建和结构专业负责人 | — | 建筑物图纸 | R |
| 建筑物组件和服务 | 每个单元的土建和结构专业负责人 | Excel | 若干 | I |

## 16.5 相关规定与程序

### 16.5.1 业主规定和程序

业主相关的规定和程序有：项目管理和协调程序。

### 16.5.2 项目程序

相关的项目程序有：①文件与资产标签编号程序；②数据管理计划；③界面管理计划；④CADD实施计划。

# 第 17 章 资产关键程度评级程序

## 17.1 目的

确定项目组成部分供货并安装的设备与材料资产（如机械、设备、电气、控制及仪表等）的关键程度的方法及责任方。

## 17.2 范围

适用于在承包商实施项目详细设计期间全部供货范围的所有单独设备与组件。

## 17.3 关键程度

### 17.3.1 定义

单台设备的关键程度等级是指该设备的设计复杂性及成熟度，生产及制造工艺的复杂性，操作条件的严格程度，操作过程中违反这些要求对安全、环境、生产连续性及项目投资的影响。

关键程度将作为确定设备可靠性及维护需求的检验要求。检验任务至少应该符合后面 17.4 节中注明的检验等级。对于 17.4 节中未列出的设备/材料，或者需要更严格的检验要求，承包商应该在关键程度评级报告中明确确认：①关键程度Ⅰ = 检验等级 1；②关键程度Ⅱ = 检验等级 2；③关键程度Ⅲ = 检验等级 3；④关键程度Ⅳ、Ⅴ = 检验等级 4。

项目检验等级说明：①检验等级 1：包括预检验会议、定期巡检，根据预检验会议、批准的 ITP 确定的关键点，以及见证/停检点要求，通常采用定期巡检方式，见证主要试验、审核所需的文件及签发检验放行证书。根据 ITP，需要常驻检验员继续监督设备的设计与制造工作。②检验等级 2：至少包括一次预检验会议，根据需要进行一次或多次监督巡检；见证该类型设备数据中规定试验的主要试验；审核所需的文件；签发检验放行证书。③检验等级 3：装运前的最终检验；签发检验放行证书，以及包括见证主要试验的检验工作。④检验等级 4：承包商或业主不需要进行额外的检验。

可以根据选择的设备供货商在关键程度评级报告审核及批准之前调整检验等级。提升或降低检验等级必须有合理的理由，只有在获得业主批准之后，方可改变检验等级。

### 17.3.2 说明

设备及材料的关键程度等级根据有关违反 GEP 的可能性及后果等因素，及其对产品及工艺流程相关因素的影响来确定。

确定设备及材料关键程度等级的目的是确定适用于每台设备或组件质量的保证范围。根据包括未达到要求的可能性及后果等问题，以及其对项目生产的产品及工艺因素的影响来确定设备及材料关键程度的等级。

评估资产时应该系统考虑下列因素：
① 设计工艺复杂性 ⎫
② 设计成熟度及稳定性 ⎬ 设备特点
③ 制造复杂程度 ⎭
④ 操作特点 ⎫
⑤ 人身安全 ⎬ 服务特点
⑥ 造成的经济损失及生产损失的后果 ⎭

### 17.3.3 职责

**(1) 专业工程师**

如果需要根据后面 17.4 节中规定的参考评分在 17.4 节中的关键程度表填写及记录设备，在请购任何材料之前需要确定相关设备的关键程度等级。同时，还应填写关键程度表，对设备的关键程度做出总体说明。

**(2) 项目经理**

召集审核团队召开设备关键程度等级审核会，最终确定设备的关键程度等级。

**(3) 审核团队**

审核并评估专业工程师提出的设备关键程度等级。审核团队主要包括工艺代表、质量控制、采购及专业工程师。

### 17.3.4 评估关键程度等级

在评估关键程度等级的过程中，应该参考的文件包括：①设备清单；②适用的项目规定及数据表；③PEFS/PFS；④请购文件及附件；⑤项目进度计划。

这些文件中包括的因素应该构成评估每台设备关键程度等级的依据（见后面 17.4 节中的关键程度表-参考评分），同时需要考虑违反这些规定可能引发的严重后果。汇总评分结果，以确定设备的关键程度等级。

### 17.3.5 关键程度分级

关键程度应该划分为五个等级，如表 1-17-1 所示。

表 1-17-1　每台设备的关键程度等级

| 总分值 | 等级 | 说明 |
| --- | --- | --- |
| 6～10 | Ⅰ | 极高 |
| 11～15 | Ⅱ | 高 |
| 16～20 | Ⅲ | 中 |
| 21～28 | Ⅳ、Ⅴ | 低 |

## 17.4　样表与模板

样表与模板见电子版，下载地址见前言中的说明。

# 第 18 章
# 设备表统一指南

## 18.1 目的

旨在为 EPCC 项目承包商联合体的设计中心编制的设备表中数据明确统一的要求。

## 18.2 范围

本程序用于统一设备表中的数据，以便将数据上传到材料管理系统（如 Marian），每一设计中心设备表的负责人应遵守本程序中规定的要求，为不同设备提供正确数据，做到数据统一，防止在项目正式发布的数据表中出现错误。

程序应配合以下两个设备表文件一起使用：

①设备表（见后面 18.6.1 节）：应每月更新该文件。②主设备清单（见后面 18.6.2 节）：必须填写 SPPID 系统中的信息，并按照项目要求正式提交。

## 18.3 通用指南

通常应按照下面的原则准备设备表：①如果没有提供需要确认的数据，在该栏目中应注明"待定"。②如果数据不适用于某一设备，则必须注明"--"（注意：采用两条分割线加双引号，不能采用"---"三条分割线形式）。③如果已删除某一设备，除填写位号外，所有其他栏目均不应填写，而是在"备注"栏中注明"已删除"。④所有已知数据必须填写在其相应的栏目中，不能填写在"备注"栏中（注意："备注"栏仅用于填写具体栏目中不包括的其他信息）。⑤所有数量的单位应采用后面 18.6.1 节设备表标题栏中规定的单位。⑥设备表中设备标签和设备位号编制原则：单元、区域、设备类型和以字母或数字排序的位号。⑦对于空冷器，应注明每组空冷器中与空冷器有关的所有数据。

还应注明以下一般说明：①蒸汽吹扫口条件，如 FV@ 160℃（LS）。②最低设计金属温度（MDMT）为 $-3$℃，除非因工艺原因规定了更低温度。如果采用 Cr-Mo 材料，MDMT = $-29$℃。③刷漆要求见项目相关程序文件。④注明总值和超裕度设计值。⑤保温要求，并在每一"备注"栏中注明相关说明。

另外还应关注了解在材料管理软件系统的相关规定与具体的要求，比如：①系统中的说明只允许使用 200 个字符；②系统中不允许使用引号；③系统中不允许使用删除线。对于已删除设备，必须将其数量注明为零（0）。

## 18.4 具体规定

### 18.4.1 版次
必须在设备表中注明设备资料的最新版次。

### 18.4.2 标签
必须按照文件与资产标签编号程序按照字母顺序注明设备标签。应按照字母顺序注明泵和风机等的电机位号，不能直接列在泵和风机下方。内件应直接列在塔或容器下方。在"备注"栏应至少列出塔盘和内件等的数量/类型。

### 18.4.3 设备名称
应采用工艺设计表中采用的设备名称。当需要更改设备名称时，在更改前必须通知PDO设备表协调员。

### 18.4.4 壳体材料
设备的壳体材料必须从表1-18-1中选取。

表 1-18-1 设备壳体材料

| 材料名称(英文缩写) | 短描述 | 材料名称(英文缩写) | 短描述 |
| --- | --- | --- | --- |
| CS | 碳钢 | ALLOY STEEL | 合金钢（Ni-Cr/Cr-Mo） |
| SS | 不锈钢 | CI | 铸铁 |
| DUPLEX | 双相不锈钢 | SUPER DUPLEX | 超级双相不锈钢 |
| EXOTIC MATERIAL | 特殊材料 | CERAMIC | 陶瓷 |
| PLASTIC | 塑料 | COMP. POLYAMIDE | 复合聚酰胺 |
| CS+CLADDING | 碳钢+覆层 | | |

对表1-18-1中未列的其他材料、材料名称或缩写必须由项目PDO设备表协调员确认。如果需要提供多种材料信息（如SS316L），可在"备注"栏中注明，但是，必须按照表1-18-1的格式来填写材料。当采用多于一种材料时，必须用斜线表示两种材料（例如：CS/CS）。对于待定材料或不适用材料，必须分别用"待定"或"--"表示（见前面18.3节，例如："CS/待定"或"--/ SS"）。

### 18.4.5 换热管/夹套管材料
换热管/夹套管的材料必须从表1-18-2中选择。

表 1-18-2 换热管/夹套管的材料

| 材料名称(英文缩写) | 短描述 | 材料名称(英文缩写) | 短描述 |
| --- | --- | --- | --- |
| CS | 碳钢 | ALLOY STEEL | 合金钢（Ni-Cr/Cr-Mo） |
| SS | 不锈钢 | CI | 铸铁 |
| DUPLEX | 双相不锈钢 | SUPER DUPLEX | 超级双相不锈钢 |
| EXOTIC MATERIAL | 特殊材料 | CERAMIC | 陶瓷 |
| PLASTIC | 塑料 | COMP. POLYAMIDE | 复合聚酰胺 |
| CS+CLADDING | 碳钢+覆层 | | |

对表 1-18-2 中未列出的其他材料、材料名称或缩写必须由项目 PDO 设备表协调员确认。特殊类型材料（如 SS316L）应在"备注"栏中注明。但是，必须按照表 1-18-2 的要求来填写材料。当不仅采用一种材料时，即使两种材料为相同材质，这两种材料必须用斜线表示（例如：CS/CS）。对于待定材料或不适用材料，必须分别用"待定"或"--"表示（见前面 18.3 节，例如："CS/待定"或"--/ SS"）。

### 18.4.6　操作温度

必须采用设备表模板（见后面 18.6.1 节）中规定的单位，仅需注明数值。对于不同操作温度情况，必须用斜线分别标出温度值（如 353/－15）。所有其他信息只能在"备注"栏中标出（如顶部温度、底部温度等）。

### 18.4.7　操作压力

必须采用设备表模板（见后面 18.6.1 节）中规定的单位，仅需注明数值。对于不同操作压力情况，必须用斜线分别标出压力值（如 23.7/16）。所有其他信息只能在"备注"栏中标出（如顶部压力、底部压力等）。对于待定数据或不适用数据，必须分别用"待定"或"--"表示（见前面 18.3 节，例如："70/待定"或"--/ 70"）。

### 18.4.8　壳体设计温度

必须采用设备表模板（见后面 18.6.1 节）中规定的单位，仅需注明数值。对于不同设计温度情况，必须用斜线分别标出设计温度值（如 353/－15）。所有其他信息只能在"备注"栏中标出（如顶部温度、底部温度等）。对于待定数据或不适用数据，必须分别用"待定"或"--"表示（见前面 18.3 节，例如："25.3/待定"或"--/16"）。

### 18.4.9　换热管/夹套管设计温度

必须采用设备表模板（见后面 18.6.1 节）中规定的单位，仅需注明数值。对于不同设计温度情况，必须用斜线分别标出设计温度值（如 353/－15）。所有其他信息只能在"备注"栏中标出（如顶部设计温度、底部设计温度等）。对于待定数据或不适用数据，必须分别用"待定"或"--"表示（见前面 18.3 节，例如："70/待定"或"--/ 70"）。

### 18.4.10　壳体设计压力

必须采用设备表模板（见后面 18.6.1 节）中规定的单位，仅需注明数值。对于不同设计压力情况，必须用斜线分别标出压力值（如 23.7/16）。所有其他信息只能在"备注"栏中标出（如顶部设计压力、底部设计压力等）。对于待定数据或不适用数据，必须分别用"待定"或"--"表示（见前面 18.3 节，例如："70/待定"或"--/ 70"）。仅当注明全真空（FV）时，是指蒸汽吹扫口条件（FV @ 160℃）。其他条件用"*"标示，详细内容应在"备注"栏中注明［如 416/*，在"备注"栏中应注明：(*) HV @ 232℃］。

### 18.4.11　换热管/夹套管设计压力

必须采用设备表模板（见后面 18.6.1 节）中规定的单位，仅需注明数值。对于不同设计压力情况，必须用斜线分别标出压力值（如 23.7/16）。所有其他信息只能在"备注"栏中标出（如顶部设计压力、底部设计压力等）。对于待定数据或不适用数据，必须分别用"待定"或"--"表示（见前面 18.3 节，例如："70/待定"或"--/ 70"）。仅当注明全真空（FV）时，是指蒸汽吹扫口条件（FV @ 160℃）。其他条件用"*"标示，详细内容应在"备注"栏中注明［如 416/*，在"备注"栏中应注明：(*) HV @ 232℃］。

### 18.4.12　设计流量

该参数必须为数据表中的设计流量，如果无设计流量，则必须注明最大流量，且该情况必须在"备注"栏中加以说明。如果该参数采用质量流量为单位,则必须注明数值及其单位(如 100kg/h)。如果某一栏中的数据未知,该栏则必须注明为"待定"(见前面 18.3 节)。如果某一栏中的数据不适用于设备,该栏则必须注明为"--"(见前面 18.3 节)。

### 18.4.13 扬程

扬程是指泵提供的液压高度,单位为米,不允许采用其他单位。该数据只适用于泵,其他情况必须填写"--"。

### 18.4.14 面积

面积仅用于换热设备,指换热器的表面积。必须为总面积,单位为平方米。不允许采用"超裕度设计值或总值+%"的形式表示。在"备注"栏注明设备表模板(见后面 18.6.1 节)注 4 中的要求。不允许采用其他面积单位。

### 18.4.15 负荷

必须为总负荷,采用设备表模板(见后面 18.6.1 节)中规定的单位。不允许采用"超裕度设计值或总值+%"的形式表示。在"备注"栏注明设备表模板(见后面 18.6.1 节)注 4 中的要求。

### 18.4.16 直径

必须采用设备表模板(见后面 18.6.1 节)中规定的单位,仅需注明数值。对于不同直径情况,必须用斜线分别标出直径值(如 2100/3300)。所有其他信息只能在"备注"栏中标出(如顶部直径、底部直径等)。对于待定数据或不适用数据,必须分别用"待定"或"--"表示。(见前面 18.3 节,例如:"2100/待定"或"--/3300")。该条适用于塔釜和换热器,不适用于带液包的卧式/立式容器。对于带液包的卧式/立式容器,详细信息应在"备注"栏中注明。"直径"栏不适用于其他形状设备,对于其他形状设备,该栏必须填写"--"。

### 18.4.17 切线间(T-T)距离(容器)/换热管长度(换热器)

对容器,T-T 距离为从切线到切线的总距离,单位为 mm。对于换热器,换热管长度指换热管的最大长度,单位为 mm。仅需注明数据,无须注明单位或类型。

### 18.4.18 体积

为了便于运输和安装,必须考虑最大体积(长、宽、高)。只能采用立方米为单位。

### 18.4.19 电机功率

仅需单独注明电机的功率(kW),不能在与电机有关的设备栏目中注明电机功率。在设备中,"电机"栏必须填写"--"。电机功率必须为额定功率。

### 18.4.20 保温类型

保温类型只能采用表 1-18-3 所示代码。

表 1-18-3 保温类型代码

| 代码 | 目的 | 代码 | 目的 |
| --- | --- | --- | --- |
| A | 隔音 | KJ | 低温流体夹套管保温 |
| C | 保冷 | HT | 低温流体伴热管保温 |
| CJ | 低温流体夹套管保温 | N | 无保温 |
| CT | 低温流体伴热管保温 | P | 操作时表面温度等于或高于 65℃(150°F)时人员防烫伤保护 |
| Eir | 维持管道和设备工艺温度的电伴热管保温 | PS | 工艺稳定性保温 |
| F | 防火 | SI | 低温蒸汽夹套管保温 |
| H | 保热 | StTr | 低温蒸汽伴热管保温 |

#### 18.4.21 保温厚度

保温厚度必须采用 mm 为单位表示。对于管壳式换热器，仅需注明数值，并用斜线分开。不允许采用文字（例如，正确填写方式为"40/40"，不正确填写方式为"壳程：40mm；管程：40mm"）。

#### 18.4.22 刷漆

如果设备需要刷漆，则必须按照项目相关的程序明确注明。如果设备无须刷漆，则必须注明为"--"。如果需要提供更多详细信息（如漆代码），则必须在"备注"栏中注明。

#### 18.4.23 撬装质量

成套设备质量应为整个撬装设备的质量，应在撬装设备主设备质量栏中填写。对于安装在撬装设备中的其他设备，应在其质量栏中注明"包括在XXXX撬装设备中"。如果该质量未知，则必须注明为"待定"。质量必须以 kg 为单位。

#### 18.4.24 制造重量

制造重量用于在施工时选择能力合适的起重设备。

#### 18.4.25 P&ID 图号

指明设备所在的 P&ID 图号。如果在两张 P&ID 图中包含同一设备，则必须用斜线分别标出设备所在的 P&ID 图号。应注明项目正式的完整图号，不得采用缩写或简写。

#### 18.4.26 备注

如果有多项备注内容，则必须用斜线分开。对材料进行的其他澄清也应填写在备注栏中。

#### 18.4.27 请购书编号

每台设备的请购书采用 9 位数字编号。

#### 18.4.28 由第三方提供

仅当设备不属于供货范围时，才应在"备注"栏中注明"由第三方提供"。

#### 18.4.29 关键程度等级

关键程度等级按照关键程度等级确定程序中的"关键程度评级模板"填写。应按照由设计和采购部门提供的相关信息来最终确定关键程度等级。

### 18.5 相关规定与程序

#### 18.5.1 业主规定和程序

相关的业主规定和程序包括：①设施防腐；②保温手册；③项目机械设备边界划分；④基础设计数据（BEDD）修改规定。

#### 18.5.2 项目程序

相关的项目程序包括：①文件与设备标签编号程序；②资产关键程度评级程序。

### 18.6 样表与模板

#### 18.6.1 设备表

如表 1-18-4 所示。

表 1-18-4 设备表

| 版次 | 设备标签 | 设备名称 | 结构材料 | | | | 操作条件 | | 设计条件 | | | | 能力和/或尺寸 | | | | | | | 电机标准能力/kW | 保温数据 | | 刷漆 | 静水压试验质量/kg | 制造质量/kg | 成套设备标签 | P&ID图号 | 关键程度等级 | 请购书 | 备注 |
|---|---|---|---|---|---|---|---|---|---|---|---|---|---|---|---|---|---|---|---|---|---|---|---|---|---|---|---|---|---|---|
| | | | 换热管/壳体 | 壳体/夹套 | 夹套管 | 叶轮 | 温度/℃ | 压力①/bar | 温度/℃ | | | 压力/bar | | | 设计流量/(m³/h) | 扬程/m | 换热器 | | | 容器/换热器壳体直径 | | | | 类型 | 厚度/mm | | | | | | | | |
| | | | | | | | | | 壳体 | 夹套 | 管 | 壳体 | 夹套 | 管 | | | 面积/m² | 负荷/kW | 直径/mm | T-T距离(容器)/换热管长度(换热器)/mm | 体积(容器)/m³ | | | | | | | | | | | |

① 1bar=10⁵Pa。

注：1. FV 是指蒸汽吹扫条件，如 FV @ 160℃。对于其他设计压力条件，见"备注"栏。
2. 最低设计金属温度（MDMT）为－3℃。除非因工艺原因规定了更低温度。如果采用 Cr-Mo 材料，MDMT＝－29℃。
3. 刷漆要求见项目相关程序文件。
4. 注明总值和超裕度设计值。
5. 保温数据见项目相关程序文件。

| 版次 | 发布日期 | 发布说明 | 编制 | 校核 | 批准 |
|---|---|---|---|---|---|
| | | | | | |

## 18.6.2 主设备清单

如表 1-18-5 所示。

表 1-18-5 主设备清单

| 承包商标识 LOGO | | | | | | | | | | | | 主设备清单 | | 业主的标识 LOGO | |
|---|---|---|---|---|---|---|---|---|---|---|---|---|---|---|---|
| 业主文件号 | | | | | | | | | | | | | | 页号 | |
| 项目名称 | | | | | | | | | | | | | | 承包商文件号 | |
| 业主 | | | | | | | | | | | | | | 版次 | |
| 业主批准 | | | | | | | | | | | | | | 日期 | |
| EPC # 号 | 系统 单元 | 模块 | 设备 位号 | 用途 | 设备 类型 | 成套 设备 部件 | 机械 数据 表 | PEFS 号 | 结构 材料 | 设计负荷-能力/ 压力/热负荷 | 设计 压力 /bar | 设计 温度 /℃ | 尺寸 (长×宽×高) | 质量 /kg | 驱动 设备 类型 | 驱动 设备 功率 (额定 功率) /kW | 备注 | 版次 |
| | | | | | | | | | | | | | | | | | | |
| | | | | | | | | | | | | | | | | | | |
| | | | | | | | | | | | | | | | | | | |
| | | | | | | | | | | | | | | | | | | |
| 发布日期 | | | | 发布说明 | | | | | | | | | 编制 | | 校核 | | 批准 | |
| 版次 | | | | | | | | | | | | | | | | | | |

# 第19章
# 危险源辨识和环境因素辨识程序

## 19.1 目的

提出项目详细设计阶段的危险源辨识（HAZID）研究和环境因素辨识（ENVID）研究的目标和范围，其中包括编制、执行、报告 HAZID 和 ENVID 研究的定义、职责、方法，以及提出跟进建议所采取的步骤。

HAZID 研究的目标是识别 EPCC 项目施工安装或操作运行中存在的危险、风险和需要采取的控制措施，使用定性法评估此类危险的可接受程度，确定从源头消除危险（如果可行）、控制和/或缓解所有不可接受的风险所必须采取的措施。

ENVID 的目的是检查项目对设计的影响以及对环境的长期影响。ENVID 研究侧重于项目设施的设计、施工、投料试车和运行阶段，以便及早识别与 EPCC 项目有关的环境危险、环境问题或风险和威胁，能够快速而可靠地形成成文的环境保护和合规监管的措施。ENVID 研究可确保项目设计达到获得监管机构批准所需的标准，并使 EPCC 项目及时落实所有提出的建议。

## 19.2 范围

明确说明需要进行 HAZID 和 ENVID 研究的工艺装置等。根据 HAZID 和 ENVID 的研究结果，如果需要在承包商界区内实施相应的行动/建议，相关承包商也应通过项目界面管理程序实施相同的行动/建议。

## 19.3 定义与缩写

### 19.3.1 定义

HAZID & ENVID 研究程序中，应适用以下定义：①事故。不希望发生导致死亡、疾病、伤害、破坏环境或其他损失的事件。②措施/建议。HAZID 研究小组制定的具体措施，要求给出接受、接受但有不同解决方案或拒绝接受的正式回应。可能包括设计变更、完善程序或开展更详细的研究。③ALARP。最低合理可行（ALARP）原则。在该程度下继续投入时间、努力，减小风险的难度和成本将会递增，造成降低风险会带来比例失调的更高成本，导致下降效应。④原因。单独或与其他情形共同触发危险的因素，是发生偏差的前提。⑤后果。发生偏差导致的结果。事故序列的直接不良结果通常涉及火灾、爆炸、释放有毒物质。后果可以从包括影响健康、实际损坏和破坏环境方面估计一起事故造成的影响。⑥咨询。承包商向其发出询价单或下订单要求其提供咨询服务，为 EPCC 项目顺利结束进行必要的 HSE 研究的任何个人、实体、公司或组合。⑦设计意图。在没有偏差的情况下，预计 EPCC 项目的系统运行的方式以及工作的执行方式。⑧偏差。偏离设计和操作意图。⑨逸出和排放。逸出和排放包括烃类和其他化学物质。⑩环境。项目运行的周围事物，包括空气、水、土地、自然资源、植物群、动物群、人类以及他们的相互作用。⑪环境影响。项目的所有或部分工作、产品和服务使环境发生的无论有害还是有益的任何变化。⑫故障。导致系统/设备失去执行预期功能的能力或能力下降的异常条件。⑬引导词。头脑风暴会议需要发现一种 HAZID 场景的原因和后果的提示主题。⑭危险。可能会导致不希望发生的事件并有可能导致人员受伤或疾病、财产损坏、工作环境破坏或上述各项后果组合的任何事情。⑮有害物质。有毒、反应性、易燃或易爆的材料。⑯危险源辨识（HAZID）审核。按照引导词检查表系统地检查 EPCC 项目各个区域是否存在危险。当识别出在某个区域有危险源并确定其后果时，应在 HAZID 工作表中注明消除危险或控制相关风险的所有可能的措施。必要时，HAZID 工作组应提出降低相关风险应采取的行动。⑰事件。可能升级为事故或有能导致事故发生的事件。⑱可能性。事件发生的概率。⑲职业健康、安全和环境。影响员工、临时工和承包商、业主等利益相关者福祉的条件和因素。⑳缓解。减轻后果的严重性或避免后果的行动。㉑预防污染。通过使用程序、实践、材料或产品避免、减少或控制污染或废物，包括回收、处理、改变工艺流程、控制机制、有效利用资源和材料置换。㉒预防控制。降低风险的威胁，采取防止发生"大事件"的隔离措施。㉓概率。在一段时间内将要发生的一个事件或事件序列的可能性。㉔风险。具体危险事件的可能性和严重性的组合。㉕风险分析/评估。为识别危险事件及其发生的概率和严重性，定性或定量审核一项任务、一个工艺或一个装置的风险。㉖安保/控制。减少偏差的频率或其后果严重性的措施。㉗场景。与导致一系列后果并受一个或多个保护措施保护的一个引导词相关的一个或多个原因引起的一系列事件。一个场景就是 HAZID 工作表中的一个记录。㉘工段。将设施分成适当大小的装置区域，以便工作团队能够清楚地识别所有设计和操作运行的问题。㉙可容忍的风险。已经降至项目在其法律义务、健康安全环境（HSE）政策能接受水平的风险。㉚TRIP 触发。使最终执行元件达到安全状态的仪表保护功能。

### 19.3.2　缩写

①EIA（Environmental Impact Assessment）：环境影响评价。② ENVID（Environmental Aspects Identification）：环境因素辨识。③FEED（Front End Engineering and Design）：前端工程设计。④FIE（Free Issue Equipment）：业主供应设备。⑤HAZID（Hazard Identification）：危险源辨识。⑥HEMP（Hazard and Effect Management Process）：危险和影响管理过程。⑦HER（Hazard and Effect Register）：危险和影响登记。⑧HMB（Heat and Material Balance）：热量和物料平衡。⑨HSE（Health，Safety and Environmental）：健康、安全和环境。⑩IPF（Instrumented Protective Function）：仪表保护功能。⑪IPL（Independent Protection Layer）：独立保护层。⑫MSD（Material Selection Diagram）：材料选择图。⑬MSDS（Material Safety Data Sheet）：材料安全数据表。⑭PDO（Project Directorate Organization）：合同实体的联合项目管理部。⑮PDR（Project Deviation Request）：项目偏差请求。⑯PFD（Process Flow Diagram）：工艺流程图。⑰QRA（Quantitative Risk Assessment）：定量风险评估。⑱SHEARS（Safety，Health and Environmental Actions Record System）：安全、健康和环境行动记录系统。⑲SIF（Safety Instrumented Function）：安全仪表功能。⑳SIL（Safety Integrity Level）：安全完整性等级。㉑SOC（Site Operating Centre）：现场运营中心。

## 19.4 HAZID & ENVID 研究

### 19.4.1 概述

HAZID & ENVID 研究旨在尽早识别 EPCC 项目装置中存在的潜在危险，识别并记录可从源头消除（如可能）、控制和/或缓解并降低至 ALARP 水平的潜在危险。研究包括以下四个步骤：①识别主要危险；②评估与各危险相关的风险；③确定在当前设计中如何解决风险；④必要时，提出采取额外保护措施的行动。

承包商应确保设计的 ENVID 包含项目 EIA 报告中的所有场景，以及所有开口和关闭的行动。承包商应委托第三方进行 HAZID & ENVID 研究，并应在承包商与业主的 HAZID & ENVID 研讨会上讨论确定，研讨会结束后，承包商应提交相应的 HAZID & ENVID 研究报告。

然后，承包商应向负责实施的责任人通报采取的行动（如果行动超出承包商的工作范围，应向业主通报实施情况）。责任人应响应行动，并在相应的项目文件中落实。在行动表中应包含回复和文件的编号。

应在安全健康环境行动记录系统中（SHEARS）（由业主提供模板）记录所有识别的行动。承包商的 HSE 工作团队应确认落实所有在所述文件中的行动，并提交供业主批准和签字确认的响应行动表。

### 19.4.2 职责

本节说明承包商开展 HAZID & ENVID 研究的责任和由业主提供的支持。

承包商应提供独立的（第三方）、有适当资质和经验的 HAZID & ENVID 咨询商（主席）和秘书来领导、管理和记录会议。选择的第三方服务商应经业主批准。

HAZID & ENVID 咨询商应派了解工艺、风险、安全和环保技术的专业人员参加 HAZID & ENVID 研究。人员应具有所需的专业技术，能识别所有安全相关的问题，回答审核中提出的所有问题。业主、承包商和专利商/设备供应商（如需要）应派熟悉设计的代表参加 HAZID & ENVID 研究。根据需要，业主和承包商也可安排对工艺、维护、仪表/电气、项目、施工等有经验的其他专业参加。

**(1) HAZID & ENVID 研究工作组**

HAZID & ENVID 研究工作组负责协助汇编 HAZID & ENVID 研究的相关文件，根据需要参加 HAZID & ENVID 会议、积极出谋献策，审核初步 HAZID & ENVID 报告并提出意见，对 HAZID & ENVID 的建议做出答复和响应。HAZID & ENVID 研究工作组的每名成员在会议期间应全身心投入，提出可能引发他人提出宝贵意见的任何见解。为获得有质量的 HAZID & ENVID 研究结果，工作组成员应：①对于其他成员的贡献采取积极的态度；②参与头脑风暴；③分享对项目的经验或其他类似的经验；④遵守 HAZID & ENVID 工作表记录的成果；⑤严格遵守 HAZID & ENVID 研究方法，不提不必要的与安全问题无关的评论或设计变更（HAZID & ENVID 研讨会不是设计评审）；⑥在 ENVID 审核之前研究相关文件，以便了解设计。

HAZID & ENVID 研究工作组应由以下成员组成：①咨询商（第三方）：a. HAZID 主席；b. ENVID 主席；c. HAZID & ENVID 秘书（可以是主席之一）。②业主：a. HSE（防损/安全）工程师（全职 HAZID 人员）；b. 工艺工程师；c. 操作运维工程师；d. 环保工程师（仅参加 ENVID 会议，应要求参加 HAZID 会议）；e. 其他工程人员（视情况，如仪控、电气、动设备、传热等）；f. 项目经理/工程师［了解项目范围和策略（第一次研究会议）］。

③承包商：a. HSE（防损/安全）工程师（全职 HAZID 人员）；b. 工艺工程师；c. 项目工程师；d. 环保工程师（仅参加 ENVID 会议，并应要求参加 HAZID 会议）；e. 其他工程设计人员（视情况，如仪控、电气、动设备、传热、土建、管道、消防和气体等）；f. 项目经理/工程师［了解项目范围和策略（第一次研究会议）］；g. 土建工程师（地下工程，仅兼职或待命）。④专利商和设备供应商（应要求）：a. 工艺工程师；b. 仪表/控制系统工程师。

（2）咨询商（第三方）

① HAZID ＆ ENVID 主席　HAZID ＆ ENVID 主席应负责确保 HAZID ＆ ENVID 按照现行程序执行。HAZID ＆ ENVID 主席应向研究工作组提供对于与研究工艺相关的潜在问题/危险类型的了解和经验。HAZID ＆ ENVID 负责人应领导团队，推动头脑风暴，按照计划保证进度，不影响研究过程的创造力，确保秘书准确、完整地记录各项研究活动，并编制和发布 HAZID ＆ ENVID 研究的初步报告。

HAZID ＆ ENVID 会议之前由第三方完成的工作包括：a. 获得研究所需的数据；b. 审核图纸、项目标准和规范；c. 识别和列出节点；d. 规划研究顺序；e. 用专用的 HAZID ＆ ENVID 软件制定 HAZID ＆ ENVID 会议模板。

② HAZID ＆ ENVID 秘书　HAZID ＆ ENVID 秘书应熟悉软件、HAZID ＆ ENVID 程序/方法和所研究的行业，清楚、全面、正确地记录会议内容。因此，秘书应根据主席的指示，使用专用的 HAZID ＆ ENVID 软件实时记录研究会议的讨论内容。秘书在会议和编制 HAZID ＆ ENVID 报告期间应为主席提供支持。

（3）承包商

①HSE 委员会　为顺利进行 HAZID ＆ ENVID 研究，承包商的 HSE 委员会负责：a. 将 HAZID ＆ ENVID 研究作为设计项目进度计划中的一个里程碑。b. 提前通知项目、HSE、工艺工程设计和工程设计中心其他受影响专业 HAZID ＆ ENVID 研究会议的初步日期。将 HAZID ＆ ENVID 研究包含在承包商的 EPCC 项目进度中。尽管如此，应提前通知业主 HAZID ＆ ENVID 研究会议的最终日期，以确保会议期间获得支持和参考文件。c. 提名能胜任的主席，并获得业主批准。d. 制定执行 HAZID ＆ ENVID 研究的目标和范围。e. 提供后面 19.4.4 节规定的与 HAZID 研究有关的所有可用文件和信息，通过与工程设计中心 HSE 协调员沟通，使 HAZID 研究顺利实施。f. 组织和协调后勤支持的安排。g. 向业主发布 HAZID 研究报告。h. 通过实施行动跟进 SHEARS，与各工程设计中心 HSE 协调员协调关闭 HAZID 的活动。i. 发布 HAZID ＆ ENVID 活动周状态报告。j. 汇编和归档（硬拷贝和电子版）关闭的 HAZID ＆ ENVID 活动表，每月向业主发送电子版文件。应由在 HAZID ＆ ENVID 研究期间指定的行动方（各工程设计中心、业主 HSE 专业等）在指定工程设计专业的全力支持下跟进和关闭这些活动表。

承包商的 HSE 专业负责跟进 HAZID ＆ ENVID 研究活动。项目工程设计部应在一开始，特别是在 HAZID ＆ ENVID 评审后，与整个项目密切合作，并在各专业负责人的参与下，加快发布行动清单。

② 工程设计中心 HSE 协调员　各工程设计中心 HSE 负责协调完成以下活动：a. 汇编后面 19.4.4 节中规定的与 HAZID ＆ ENVID 研究有关的所有文件和信息，并按要求发送给 HSE 委员会；b. 保证各工程设计中心的承包商专业技术团队出席 HAZID ＆ ENVID 研究会议；c. 审核 HAZID ＆ ENVID 报告，在 HSE 委员会（如需要）的支持下跟进在其工作范围内各单元的 HAZID ＆ ENVID 行动；d. 每周将约定的行动发给指定的 HSE 委员会环保工程师，供其审核；e. 根据需要参加与业主 HSE 代表和承包商 HSE 委员会代表的 HAZID ＆ ENVID 活动审核会议（视频会议、电话会议或面对面的会议）；f. 参加 HAZID ＆ ENVID 会议；g. 制定各工程设计中心专业技术团队潜在参加 HAZID ＆ ENVID 研究的人员名单，

确保工作组成员了解本程序中所述的 HAZID & ENVID 方法。

**(4) 业主**

业主代表应：①审核和批准咨询商提出的 HAZID & ENVID 执行计划和提名的主席。②至少在召开 HAZID & ENVID 研究会议前一周，通过正式发文渠道，向相关的项目管理团队发送确认将于计划日期参加 HAZID & ENVID 研究的函。③提名和安排参加研究所需的人员。至少应包括：a. 工艺工程师；b. 运维代表；c. HSE 工程师；d. 仪控系统工程师；e. 环保工程师（仅参加 ENVID 会议）。业主必须在 HAZID & ENVID 研究会议前一周向相应的项目管理团队提供一份参加人员名单（姓名、岗位和职务）。④确保提名的代表有 HAZID & ENVID 研究会议程序和方法方面的经验。⑤回复和响应分配给业主的 HAZID & ENVID 行动。⑥定期审核承包商发布的 HAZID & ENVID 行动报告，并提供适当的指导。⑦审核"SENT"行动，在约定的时间内签字和关闭。

**(5) ENVID 职责**

① 承包商环保工程师　审核之前，应要求环保工程师向主席汇报与全面识别敏感的环保内容和潜在的环境影响（正面或负面）有关的审核细节。承包商环保工程师可以要求业主环保工程师提供协助，以获得所需的信息。这些细节可包括（但不限于）：a. 项目影响区域内的空气质量敏感性；b. 淡水资源可用性和敏感性；c. 是否有地下水及敏感性；d. 是否有环保相关区域（保护区、植物群、动物群、风景区、考古遗迹、社会有关自然资源）；e. 附近人口数量和敏感性；f. 海洋环境敏感性；g. 废物处理/处置设施可用性及备选方案；h. 监管机构的相关信息，特别是排放限制和允许的活动；i. 业主环境政策和标准；j. 相邻社区的环境问题（噪声、气味、交通）；k. 可用的所有环境基准信息。

② 承包商工艺工程师　工艺工程师应：a. 评审之前：协助 ENVID 主席正确选择、定义、划定范围和描述需要分析的活动和设备；制定工艺废水清单，帮助识别环境因素，评估对应潜在影响的重要性。b. 评审期间：分享其对相关工艺的专业知识和理解，以及对计划用于减少项目环境影响的控制措施的知识和理解；参与头脑风暴；当评审组正在研究的补救行动涉及工艺定义时，工艺工程师应协助识别相关的事项。

工艺工程师应对系统有充分的专业知识，在各节点前，向评审组解释各部分的设计意图，以及设计依据和保护原则。

③ 承包商土建工程师　土建工程师应：a. 评审之前：向 ENVID 主席提供有关项目排水系统以及原则、铺设等信息。b. 评审期间：分享其对排水系统的知识和理解，以及对计划用于减少项目环境影响的控制措施的知识和理解；参与头脑风暴；当评审组正在研究补救行动时，土建工程师应协助识别相关的事项。

④ 承包商其他相关专业　承包商其他相关专业应：a. 根据需要参加 ENVID 会议；b. 实施 ENVID 的所有新行动，并提交相应的文件进行验证；c. 确保设计未对行动问题做出其他重大修改；d. 答复并向业主提交可采取措施表；e. 对于业主提出的任何其他意见做出响应。

⑤ 咨询商　安排具有专业经验的技术人员以及研讨会秘书参加会议。

⑥ ENVID 主席　ENVID 研究工作应由合适的主席领导，但不能是待研究装置的责任环保工程师。ENVID 主席的职责对于评审至关重要：需要有较高水平的技术和管理能力，熟悉项目技术、环境或监管细节，才能够决定风险等级。ENVID 主席和秘书候选人应经承包商和业主的同意。

ENVID 主席应至少拥有以下资质：a. 至少有从事所研究行业八（8）年的工作经验；b. 有环境/工艺/化学工程背景；c. 至少有担任秘书或联席负责人/主席两（2）年相关的经验。

ENVID 主席负责：a. 评审之前：认真阅读本程序，向与其合作的承包商环保工程师讨论所有可能不清楚的内容；研究详细设计中关于环境问题的 HAZID 开口项；用不同的颜色在PFD和P&ID上标记可能的环境因素，如产生的固废、排放的气体污染物和液体排放源等；在评审会前提前两周向业主和参加人员提供有标记的PFD和P&ID；确定排放环境合规的成分；在ENVID登记模板（工作表）上提前填写可能的环境因素来源，一直到"环境合规说明"栏；识别设备及不同的运行模式。b.研究期间：ENVID主席负责正确实施本程序提出的方法；向工作组介绍ENVID技术；领导工作组，推动头脑风暴；管理讨论过程，不影响讨论过程的创造力；识别工作组提出的关键问题；促进影响评估，确保等级的一致性；管理ENVID秘书对结果的记录；确保会议纪要完全反映识别的要点；遵守ENVID会议计划和议程，如果预计有任何延期或其他困难，应通知项目。c.评审后：编制并向承包商提交研究报告。

⑦业主　业主应：a.向承包商提供关于环境问题的任何其他要求/建议；b.参加ENVID会议，根据需要参与评估；c.检查ENVID行动的执行情况，并在行动表上签字确认。

### 19.4.3　HAZID & ENVID方法

应按照本程序进行HAZID & ENVID研究。

**(1) 计划和准备**

HAZID/ENVID主席检查后面19.4.4节所述的相关文件和规范的可获得性。开始HAZID研究之前，HAZID主席识别存在相同危险特性的各个区域（称为"工段"），可在项目工艺工程师的配合下开展此项活动。如果是ENVID，ENVID主席应在工艺工程师的帮助下识别需要分析的活动和设备。在研究之前，应向ENVID研究工作组提供关于活动和设备的说明，使工作组的每名成员基于相同的理解进行研究。应使用突出的颜色标注PFS和PFE，以便工作组更好地了解，在研究结束时，范围应是清晰的（覆盖、排除和复制的部分）。应在报告后附上研究所用的主图及PFS和PEF，并随研究报告存档。

同时，ENVID主席从EIA收集基准研究报告和适用监管框架规定的关于周边/受体环境的信息。

应针对各工段/设备进行专项分析（见下文）并制定对应的报告工作表。应根据明确的设计意图定义相应的各工段，然后记录在HAZID & ENVID工作表中。分析前或评审前，由工艺工程师配合，在HAZID & ENVID工作表（见后面19.6.3节）中说明和记录工段界区以及整个操作范围和设计条件。

开始研究时，HAZID & ENVID主席介绍研究的目的、范围和方法。承包商的工艺组长简要介绍装置的整个工艺和不同的运行模式，使HAZID/ENVID工作组清楚地了解装置的基本操作。在此阶段还应介绍工艺性质和特定危险。此后，在开始研究每个工段时，在研究之前向HAZID工作组介绍工段，使每名工作组成员基于相同的理解进行研究。

HAZID/ENVID主席应当引导研究过程，确保充分运用研究方法。研究过程如下：①选择一个工段、节点、区域或设备（如果是ENVID研究）。②介绍工段的设计意图和工艺条件。③从HAZID & ENVID引导词表（见后面19.6.1节）中选择应在此工段中使用的相应的引导词。④从选择的引导词中选择第一个/下一个引导词。⑤通过头脑风暴确定与引导词相关的潜在原因，并确定每个原因的可信度。⑥识别与每个原因相关的潜在后果，按不实施保护措施考虑。检验每个场景，识别最坏的可信后果。⑦针对已经识别的每个场景，识别已有或预见的保护措施。⑧评估相关风险。⑨必要时，提出行动计划。⑩确认实施提议的行动可充分解决问题。⑪评估实施行动后的最终风险。⑫使用下一个引导词，直到讨论完所有引导词。⑬开始下一工段，直到整个评审覆盖EPCC项目的全部范围。

在ENVID会议期间及上述过程中，还应注意以下几点：①从HAZID & ENVID引导词表（见后面19.6.1节）选择适当的引导词，识别在项目设计和操作运行阶段（包括正常运行、事故工况、开车、停车、维护、工艺干扰和小修）、施工、投料试车、开车和操作运行中的各种环境因素；②定义操作条件；③参考 HMB/MSDS（包括 CAS 编码）定义的排放成分；④确定排放成分是否符合环境的法律法规；⑤采用适当的设计、运行或组织措施控制影响；⑥检查与项目所在地法规、项目规定以及适用的项目所在国和国际规范和标准的合规性。

（2）原因

HAZID & ENVID 研究工作组应识别与适用于工段或设备的引导词相关的所有可能原因。可能原因对于所选择的工艺装置、工段或设备应是可信的和特有的。识别原因只考虑单一事件，避免危险场景重叠。当没有任何共同的失效模式时，以及当第一个事件的需求不是由于第二个事件失效引起的，则两个初始事件是相互独立的。

无论是否需要采取措施，应将所有原因记录在案。应对每个原因进行单独评审和记录。

（3）后果

当 HAZID & ENVID 研究工作组再也识别不出其他原因时，应从安全、环境、资产方面评估每个原因的直接和间接后果。对于每个有意义的偏离，工作组必须从安全、环境、资产方面评估每个原因的直接和间接后果。应在假设没有保护措施（应在发生事件前）的情况下评估后果。但是，事件发生后用于防止场景升级的保护措施（如火灾和气体检测、自动灭火系统、围堰区等）应视为可正常投入使用。

HAZID & ENVID 研究的作用是确定潜在后果的净影响，以及保护措施的缓解作用。可以通过可能性和严重性来确定风险后果的排序。

在这种情况下，应按照时间顺序记录偏差最终对人员、资产和环境产生的物理/化学影响，以便制定对应的方法和继续评估风险（如 IPF 评审）。后果也可以在评审节点的上游或下游，但不要在节点内详述。

当需要进一步的信息评估后果时，应提出做进一步调查的行动，并继续研究。在研究过程中，应尽量多地解决问题。

（4）危险类别

危险类别用于识别所有潜在危险，并适用于所有识别的危险源。HAZID & ENVID 引导词表（见后面 19.6.1 节）包括以下危险类别。该表并未列出全部类别，仅作为参考：①第 1 类：外部和环境危险（适用于 HAZID 和 ENVID）。a. 自然和环境危险；b. 人为制造的危险；c. 设施对周边环境的影响；d. 基础设施；e. 环境破坏。②第 2 类：设施危险（适用于 HAZID）。a. 控制方法/原则；b. 火灾和爆炸危险；c. 工艺危险；d. 公用工程系统；e. 维护危险；f. 施工/现有设施。③第 3 类：健康危险（适用于 HAZID）。

（5）风险评估

风险评估的目的是帮助 HAZID 工作组确定现有的保护措施是否能充分防止发生危险的场景。应评估发生每种场景的潜在严重性（后果）和可能性。具有不可接受风险的场景需要采取行动（建议）将风险降至可以容忍的水平。可以按照以下方法确定后果和风险：①可能性。经验丰富的工作组应能通过判断评估大多数事件可能发生的频率，以及发生所考虑偏差的可能性［自从未听说过（范围A）到每年发生几次（范围E）］；②严重性（后果）。与可能性一样，也可以从大致的严重程度评估严重性或后果。另外，使用从无伤害/无破坏（0）到多起死亡、大范围破坏或影响巨大（5）五级系统进行评估。如果同时会引起几个后果，应选择"最坏情况"。③风险。根据可能性和严重性的组合确定每种危险的风险等级。

场景的严重性是指事故发生前所有有效的保护措施都失效的情况下所产生的后果。可能性是指触发事件发生的可能性与保护措施失效的概率组合。

根据表 1-19-1 的风险矩阵中的严重性和可能性确定每种场景的风险。根据场景的危急程度确定是否需要采取进一步行动。

表 1-19-1　风险矩阵

| 严重性 | 后果 | | | | 增加的概率 | | | | |
|---|---|---|---|---|---|---|---|---|---|
| | | | | | A | B | C | D | E |
| | 人员 | 资产 | 环境 | 声誉 | EPCC行业从未听说 | EPCC行业曾经发生过 | 业主运营中曾经发生过事件 | 业主运营中每年发生几次 | 当地每年发生几次 |
| 0 | 无伤害 | 无损坏 | 无影响 | 不影响 | | | | | |
| 1 | 轻微伤害 | 轻微损坏 | 轻微影响 | 轻微影响 | 持续改进管理 | | | | |
| 2 | 轻度伤害 | 轻度损坏 | 轻度影响 | 影响有限 | | | | | |
| 3 | 严重伤害 | 局部损坏 | 局部影响 | 重大影响 | | | | | |
| 4 | 一人死亡 | 严重损坏 | 严重影响 | 国内影响 | 综合风险减轻措施 | | | 不能容忍 | |
| 5 | 多人死亡 | 大范围损坏 | 巨大影响 | 国际影响 | | | | | |

当工作组无法评估风险，并且对于后果的严重性有顾虑时，推荐做进一步的定量或半定量分析。

**（6）预防和恢复控制保护措施**

工作组应识别保护措施，包括可以预防、检测、防止或控制某一场景的任何技术、运营和组织措施。

已经包括在设计中的可以预防发生危险或减轻后果的所有保护措施，应视为并记录为有保护措施，即使在 HAZID & ENVID 研究时尚未实施也应如此。工作组应确认保护措施的动作是安全的，不会产生其他意外危险。如果保护措施不合适，或可能引发新危险，工作组应予以重视，制定相应的行动。

**（7）行动和责任人**

当现有的保护措施不足以保护系统，或有关危险和相关保护措施的信息不充分时，工作组应提出和记录行动，以便解决问题。HAZID & ENVID 行动的措辞应能提供清晰、明确的行动需求，以实现充分控制识别的危险事件。首选明确的 HAZID & ENVID 行动（按照原意就能实施的建议）。但是，如果工作组不能达成一致意见，或需要大量时间考虑，可以提出倡议行动（需要进一步澄清的行动建议）。行动可以是关闭类型（即需要回答"是/否"）或开放类型（如"调查后果……"）。在这两种情况下，应特别注意予以明确。工作组应明确采取每个 HAZID & ENVID 行动的责任人，如承包商（专业）、业主、专利商、供应商等。

**（8）HAZID & ENVID 研究记录**

秘书应使用适当的软件按照 HAZID & ENVID 工作表模板记录原因、后果、保护措施、风险评估和行动。模板见后面 19.6.3 节。

HAZID & ENVID 工作组应在评审会议上约定行动，并指定责任人。

随着 HAZID & ENVID 的研究进展，应使用投影仪向工作组展现工作表，让工作组确认记录。会议期间，应向 HAZID & ENVID 工作组成员提供这些工作表供其审核。会议期间做出的以及反映在 HAZID & ENVID 工作表上的所有决定和结论应保持不变。

### 19.4.4　HAZID & ENVID 所需信息

HAZID & ENVID 研究需要以下文件：①业主信息：业主环境政策和标准；项目环境影响评价。②承包商信息：关于项目环境因素的 FEED 可用文件；环境设计原则（FEED 文件）；HSE 原则（EPCC）；工艺设计基础；项目和工艺描述；工艺流程图（PFD）；工艺保护流程图；管道仪表图（P&ID）设备清单；热量和物料平衡表，工艺废水清单；公用工程和用量汇总表；废气、废液和固废台账；可用的安全数据表（SDS）；总平面图和装置平面图；现场条件（地震、地面基本条件）（当可用时）；与评审装置相关的事件表；关于环境控制设备的供应商文件；当地法规/指南/国际指南。

#### 19.4.5 HAZID & ENVID 报告

HAZID & ENVID 会议结束后，承包商应发布 HAZID & ENVID 报告，包括所有工作表和行动表（等待实施）。报告应至少包括以下内容：①封面。主席、项目经理、HSE 经理签名，表示正式接受研究结果。②执行摘要。③目标。④简介：a. 简介和工作范围；b. 项目详情/工艺说明；c. 研究方法/假设；d. 会议时间和计划；e. 工作组组成和关系（包括出席每次会议的兼职人员）；f. 由于超出研究范围，或没有文件或主要人员而未覆盖的区域。⑤主席致词。研究的质量。必须从工作组的组成和经验及绩效评估研究质量。主席对项目负责，对研究质量以及研究结果的信赖度做出客观评价。应包括一份出席会议人员的名单和履历简介。⑥适用于全厂的意见。应列出并说明发生的一般问题，以及对项目进展的意义。⑦重大和优先结论。列出从研究中发现具有最高风险的前十个主要场景（每个单元），以便加快与协调解决这些问题。⑧强调可能影响项目其他 EPCC 承包商的问题。⑨附录。附录应包括以下内容：a. 出席人员名单（HAZID & ENVID 会议签到表扫描件）；b. 使用的引导词表（如适用）工作表；c. HAZID & ENVID 活动响应表；d. 背景参考文件表；e. HAZID & ENVID 行动表。

#### 19.4.6 跟进活动

行动表是发布 HAZID & ENVID 报告后响应 HAZID & ENVID 行动的手段。HAZID & ENVID 行动响应表由所有行动方提供（业主、承包商工艺工程师、仪控工程师等），使用 HAZID & ENVID 报告后附的 HAZID & ENVID 行动表。每个行动应清楚地说明已经实施的行动，避免模棱两可的回答。填写完毕并签字确认行动表后，发起方应发送给承包商 HSE 组，由其审核和确认受影响的文件，确保正确实施并保持一致。然后再将行动表发给承包商项目工程师审核和签字。

行动表中的所有行动一开始是"开口"的，在将修改纳入相关文件之前不视为"关闭"。承包商应将已经关闭的行动表发给业主审批。所有各方都在行动表上签字后，可形成 HAZID & ENVID 最终报告（行动关闭）。业主负责管理分配给业主的行动表。应通过项目安全健康环境行动记录系统（SHEARS）监督 HAZID & ENVID 和其他安全评审活动/交付成果期间识别的所有安全、环境相关的行动。

#### 19.4.7 会议/后勤支持

HAZID & ENVID 会议应在承包商的总部召开。应在靠近信息源并且工作组成员参加研究时不受打扰的地方召开会议。会议室应足够舒适，能够容纳研究文件和工作组成员。应提供一台投影仪，展示 HAZID & ENVID 的进展情况。还应提供一个活页夹和一部电话。应在会议开始时确定研究计划。

### 19.5 相关规定与程序

#### 19.5.1 业主规定和程序

业主的规定与程序主要包括：① EIA 要求；② 安全健康环境行动记录系统（SHEARS）；③环境设计原则；④技术安全原则。

#### 19.5.2 项目程序

相关的项目程序：项目 HSE 执行计划。

## 19.6 模板与样表

### 19.6.1 危险源、环境因素辨识引导词表

如表 1-19-2 所示。

表 1-19-2 危险源、环境因素辨识引导词表

| 类型 | 类别 | 引导词 |
| --- | --- | --- |
| 第1类:外部和环境危险 | 自然和环境危险 | 极端气候 |
| | | 雷电 |
| | | 地震 |
| | | 侵蚀 |
| | 人为造成的危险 | 安保危险 |
| | | 恐怖活动 |
| | 设施对周边环境的影响 | 地理 |
| | | 基础设施 |
| | | 附近的人群 |
| | | 附近的运输走廊 |
| | | 环境问题 |
| | | 社会问题 |
| | 基础设施 | 正常联络 |
| | | 应急计划联络 |
| | | 提供支持 |
| | 环境破坏 | 连续向大气排放 |
| | | 连续向水体排放 |
| | | 连续向土壤排放 |
| | | 紧急/工况波动排放 |
| | | 污染地面 |
| | | 设施影响 |
| | | 废物处置方案 |
| | | 施工时间 |
| 第2类:设施危险 | 控制方法/原则 | 操作运行原理 |
| | | 维护原则 |
| | | 控制原则 |
| | | 人员配备 |
| | | 紧急事件处理原则和响应 |
| | | 交叉作业 |
| | | 开车/停车 |

续表

| 类型 | 类别 | 引导词 |
|---|---|---|
| 第2类：设施危险 | 火灾和爆炸危险 | 易燃物品存放 |
| | | 点火源 |
| | | 设备布置 |
| | | 消防和响应 |
| | | 操作运行保护 |
| | 工艺过程危险 | 库存 |
| | | 库存释放 |
| | | 操作/维护错误 |
| | | 材料问题 |
| | | 泄漏 |
| | | 设备和仪表故障 |
| | | 分析或抽样错误 |
| | | 异常运行 |
| | | 紧急运行 |
| | | 环境泄放 |
| | 公用工程系统 | 消防水系统 |
| | | 电力供应 |
| | | 排水 |
| | | 化学品/燃料存储 |
| | | 废物存放和处置/污水 |
| | | 制冷故障 |
| | | HVAC故障 |
| | | 通信系统故障 |
| | 维护危险 | 执行、未执行、伤害 |
| 第3类：健康危险 | 健康危险 | 疾病危险 |
| | | 窒息危险 |
| | | 致癌 |
| | | 毒性 |
| | | 身体 |
| | | 精神 |
| | | 工作危险 |
| | | 交通运输 |
| | | 外部标准 |
| | | 外部环境约束 |

### 19.6.2 危险源、环境因素辨识行动响应表

如表1-19-3所示。

表 1-19-3 危险源、环境因素辨识行动响应表

| 项目: | | 工程设计中心: | | 装置: | |
|---|---|---|---|---|---|
| 行动责任人[①]: | | | | 行动截止日期: | |
| 行动跟踪编号: | | | | 会议日期: | |
| 参考文件: | | | | | |
| 节点: | | | | | |
| 偏差: | | | | | |
| 原因: | | | | | |
| 后果: | | | | 类别: | |
| 现有控制(保护措施): | | | | | |
| 风险评估 | | | 严重性 | 频率 | 风险 |
| 行动详情: | | | | | |
| 响应: | | | | | |
| 附录: | | | | | |
| 制表(姓名/专业负责人): | | | 签名: | | 日期: |
| 审核(项目工程师): | | | 签名: | | 日期: |
| HSE 检验: | | | 签名: | | 日期: |
| 业主批准: | | | 签名: | | 日期: |
| 结论: | | | | | |

① 应尽量将行动分配给一个行动方,经验表明如果将一个行动分配给多方执行,将无人对行动负责。

### 19.6.3 HAZID & ENVID 工作表

如表 1-19-4 所示。

表 1-19-4 HAZID & ENVID 工作表

工段/设备:
设计条件:
参考文件:

| 项目 | 危险类别 | 引导词 | 原因 | 后果(潜在影响) | 保护措施/缓解措施 | S | P | R | 行动编号 | 行动 | 责任方 | 备注 |
|---|---|---|---|---|---|---|---|---|---|---|---|---|
| | | | | | | | | | | | | |
| | | | | | | | | | | | | |

# 第20章
# 电气系统安全与可操作研究（SAFOP）

## 20.1 目的

安全和可操作性研究（SAFOP）的目的是确定详细设计安全和可操作性评估的日期、地点、范围、参与者、议程、采用的格式、方法和报告程序。为了确定可能出现的潜在危险的状态以及可能出现的后果是什么，SAFOP研究将确定与正常电气条件的偏差。

## 20.2 SAFOP范围

SAFOP研究的工作范围将限于项目的合同工作范围，其中包括：①评估电气系统和设备安全运行的完整性和可操作性；②评估人的活动和错误引起的潜在电气危害；③为了给重要修改提供由于完整性、可操作性和安全性问题而带来的系统、布置、设计、安装、操作和维护建议。

SAFOP研究不包括详细分析设计的计算和承包商使用的设计数据，也不包括对制造商设计能力的任何初步审查。

明确指出开展SAFOP研究应涵盖的工艺单元的范围。

安全与可操作性研究设计的主要定义包括：①安全分析（SAFAN）；②系统安保与可操作性研究（SYSOP）；③操作员任务分析（OPTAN）；④职权范围（TOR）。

## 20.3 SAFOP进度计划

SAFOP将在承包商的办公室举行。所有与会者将在SAFOP会议之前10个工作日告知具体的地点与会议日程。

主席将在会议前5个工作日内向SAFOP会议的所有有关人员发放工作表，以便提出建议。

SAFOP会议结束后三周内发布包括会议讨论内容以及确定的所有要点的报告。

## 20.4 SAFOP参会者

第三方咨询商的SAFOP主席、SAFOP秘书、承包商的电气设计工程师、电气协调工程师、业主的电气工程师、操作人员应全职参加SAFOP会议。其他专业可能部分协同参加相关的会议。

业主应在会议前 5 个工作日确认参会名单。

## 20.5 SAFOP 方法

### 20.5.1 概述

SAFOP 的策略是在设计阶段评估电气系统和设备，以验证设计并确定由于设计和人为错误而导致的安装和运行过程中的潜在故障。

SAFOP 包括一个导致电气相关系统和设备的设计参数、理念以及安装、操作和维护方面的任何差异和/或不足的系统评估方法。

报告应包括由于重大修改对系统、布置、设计、安装、操作、维护和程序的可操作性、完整性和安全性问题的建议。

在 SAFOP 期间，将评估电气系统和设备安全运行的可靠性和可操作性。另外，还应评估人为活动和错误引起的潜在电气危害。

SAFOP 审查期间的讨论可能会揭示确定问题的解决方案，但意图是确保会议后报告针对所有问题所采取的措施。

将分析每个危害的后果和结果。应在 SAFOP 研讨会期间记录提出应采取的措施，并与负责人确定达成一致的措施。

需要三种类型的研究会议来实现完整的 SAFOP 研究目标：①安全分析（SAFAN）；②系统安全和可操作性（SYSOP）；③操作员任务分析（OPTAN）。

SAFOP 旨在通过从操作运行的角度对最终设计进行总体评估来完善工程设计。

图 1-20-1 所示为 SAFOP 研讨会的原理图。

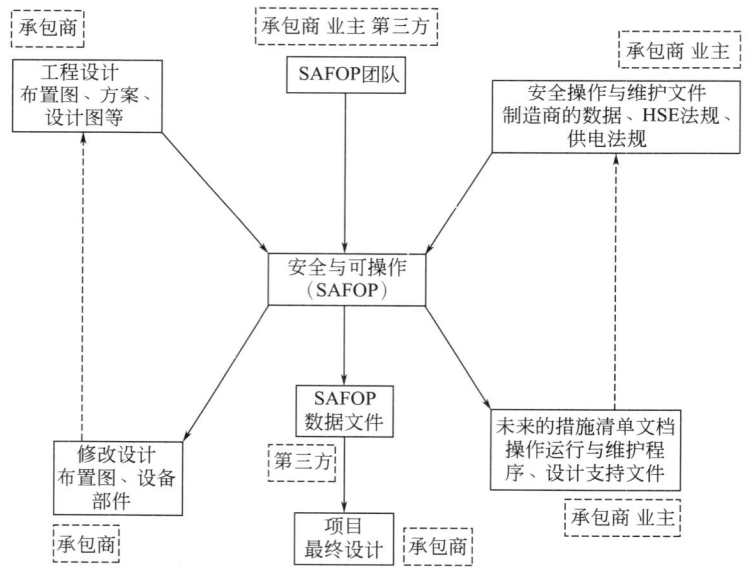

图 1-20-1 SAFOP 研讨会的原理图

### 20.5.2 安全分析（SAFAN）

SAFAN 检查电气设备施工、调试和运行中存在的危险。研讨会议考虑与项目正在设计的电气设备操作人员、工作人员甚至附近的人员安全相关的事项。

在安全分析中，应评估人们面临危险的所有可能情况。确定可能出现对每个人员造成危险的所有可能情况，并提出补救措施。

电气安装后作为完整系统运行，一个位置发生故障可能会导致系统其他地方的严重后果。应对此类情况进行分析，并提出补救措施。

该分析的关键词包括但不限于：电腐蚀（直接和间接接触、临时电源、接触电压、测试、工作等）；打火（变压器、电缆接头等）；爆炸（危险区域、变压器、开关设备、电池等）；身体危险、有毒、辐射。

#### 20.5.3　系统安保和可操作性分析（SYSOP）

SYSOP 审查整体设计，并评估从高压和低压系统供电的安全性。评估每个关键词的保障制度。主要关注对系统的影响，以保持供电的连续性和可用性。

将介绍正在研究的电气系统的单线图，并从安全和操作的角度解释其意图。定义系统的基本部件，并确定相同的部件，这些部件再分解成组件。选择每个要素进行系统评价，定义其功能说明和组件/评估点。

主席将选择单个组件/部件以及应用的关键词。团队将讨论应用关键词引起的偏差，并将其分配给组件。

此分析的关键词可以但不限于识别（无法识别）：①操作（不会操作、不会打开、不会跳闸、不会敲击、不会隔离等）；②控制（无法控制、控制不正确、断路器、分接开关等）；③显示（无指示、无报警、无信息）；④维护（不能维护、隔离、接地、测试）；⑤保护（短路、闪电、开路、接地故障、过载、欠压/过压、欠频率/过频率、联锁机械/电气、自动传输系统）；⑥环境（温度、灰尘、雨、湿度、振动、噪声、电磁干扰、紫外线）。

#### 20.5.4　操作员任务分析（OPTAN）

由于日常工作人员可能会使用错误的工作方法，在电源故障或失电的情况下可能会导致严重的问题。需要采用正确的方法和操作顺序来抑制任何操作的复杂性，并确保操作员胜任。

OPTAN 为控制室和现场的操作员提供指导。评估提供设备的可用性，并在经济合理和可行的范围内，审查防止误操作所必需的内容和顺序。

除了以前的分析，研讨会还要使用关键词来检查设备操作和维护手册。

此分析的关键词可以是但不限于：①培训；②理解；③授权；④说明；⑤信息。

#### 20.5.5　SAFOP 文件

应在 SAFOP 开始前 5 个工作日提供以下文件：①电气设计原理；②电气总单线图；③典型的 11kV、6.6kV 和 400V 配电盘；④变电站主要进线口的布置；⑤电网监控系统；⑥卸载结构；⑦总平面布置图；⑧电气负荷清单。

#### 20.5.6　SAFOP 报告

SAFOP 秘书应在每个审查会议期间持续准备工作表。工作表将分发给 SAFOP 与会者，以确保内容一致和完整。所有议定的意见和行动将包括在临时的工作表中，并作为 SAFOP 审查报告的附件发布。

安全小组和项目工程师审查 SAFOP 审查报告，以考虑对项目成本或进度的影响。

作为 SAFOP 研究的一部分，SAFOP 的详细实施计划将以关闭报告（指出优先事项）的形式发布。

业主和承包商将评估 SAFOP 报告中提到的措施，以确定是否采取具体的措施，以及实施该措施的成本效益。此外，每当采取措施时，应根据 EPCC 合同考虑对业主或承包商的成本影响。

## 20.6 说明

SAFOP 程序侧重考虑在 SAFOP 会议期间开展的主要活动。更为深入与详细的文件将由第三方的专业咨询商编制，按照前面 20.4 节的规定召开会议。

## 20.7 样表与模板

SAFOP 工作表模板如表 1-20-1 所示。

表 1-20-1　SAFOP 工作表模板

| 承包商的标识(LOGO) | | | | 场景或设备 | | | | | |
|---|---|---|---|---|---|---|---|---|---|
| 项目 | 参数 | 关键词 | 设计图或设备 | 原因 | 后果 | 推荐 | 备注 | 状态 关闭/开口 | |
| SYS-01 | 电压 | | | 由于电气故障导致母线跳闸 | 其中一路母线失电,因此影响到工厂 | 变电站采用双路供电,以免中断对工厂的供电 | 良好的实践 | 关闭 | |
| | | | | | | | | | |
| | | | | | | | | | |

注：此模板将用于 SAFAN、SYSOP 和 OPTAN。每个报告将在"项目"所在列指明"研究类型"（SAF、SYS 或 OPT）及连续编号，例如"SYS-01"。

# 第 21 章
# SIL 分配程序

## 21.1 目的

本程序的目的是说明项目仪表保护功能（IPF）安全完整性水平（SIL）评估中使用的文件、方法、资源及计划。

SIL 评估是确保实施充分的保护措施，缓解已识别的风险。对于在主要 HAZOP 过程中识别的 IPF 应该进行 SIL 评估。

研究结果将记录在表格中，同时应该报告引发的事件及安全措施失败的可能性。

如果 IPF 审核组认为需要，将会提出建议。这些建议应该予以说明、跟踪和/或实施。建议内容应该纳入措施跟踪系统。

本程序根据项目 GEP 的规定"仪表保护功能（IPF）"，项目变更的仪表、控制与安全系统（ICSS）原则确定，如果可能，还应完全遵守 IEC 61511 的原则以及 IEC 61508。

## 21.2 范围

本程序包括 EPCC 承包商的全部工作范围内的工艺及公用工程设施。对于成套设备，应该在项目后期对一定数量的主要成套设备进行详细分析（当有供货商信息可供使用时）。

根据项目 EPCC 合同明确的 HAZOP 审核结构确定的成套设备清单，包括在危险及可操作性审核程序中，在所用的 PEFS 中标出初次 HAZOP 审核中未包括的成套设备。如果 HAZOP 研究得出新的 IPF，应在审核新 IPF 时将成套设备包括在其中。

在进行 IPF 审核时，应该要求设备供货商的技术代表参加，特别是设备采用唯一和/或专有设计时。

## 21.3 定义

SIL 相关的定义主要包括：①安全顾问：确定 SIL 分配的顾问。②安全完整性等级（SIL）：说明将在安全仪表系统上分配的安全仪表功能的安全完整性要求的离散水平（四选一）。安全完整性等级 4 具有最高等级的安全完整性；安全完整性 1 具有最低等级的安全完整性。③仪表保护功能：由一个或多个触发器、一个逻辑器及一个或多个最终元件，其目的是防止或缓解危险情况。IPF 的目的是使工艺在发生特定危险事件时达到或保持安全状态。根据 IEC 61508/61511，IPF 是一个安全仪表功能（SIF）。④安全仪表系统（SIS）：IPF 的机电、电子和/或可编程电子逻辑部件并配备输入及输出设备。⑤许可条件：检查条件组合是否健康、是否允许逻辑解算器进行下一步程序的结果。⑥指令失效概率：IPF 未能对指令做出响应的概率（无量纲）。⑦工艺安全时间：工艺可以在没有保护的情况下运行，且不出现危险情况指令的时间段。应依据工艺安全时间确定 IPF 的动态响应要求。⑧指令：需要 IPF 采取措施防止发生危险情况的工艺或设备条件或事件。⑨指令率：指令发出的频率，即单位时间内发出指令的数量。⑩最终元件：处理工艺变量或吸引操作人员注意降低风险的一台设备或设备组合。例如阀门、开关柜（动设备停车回路）及报警。最终元件还包括输出卡或输出继电器、电磁阀或电缆。⑪危险或危险情况：可能触发报警的情形，包括人员生病或伤害、财产、产品或环境损失、生产损失或债务增加。⑫风险：发生危险情形的频率乘以发生危险造成的后果。⑬逻辑解算器：履行应用逻辑功能的仪表保护功能部分。例如，可编程电子系统的机电继电器、固态/磁芯逻辑及中央处理器（CPU）部分。逻辑解算器不包括跳闸放大器、输入卡及输出卡。⑭缓解：缓解后果的严重程度或消除后果的措施。⑮ALARP：尽可能合理地低。⑯ESD（Emergency Shut Down）：紧急停车。⑰FEED（Front End Engineering and Design）：前期工程设计。⑱HAZOP（Hazard and Operability Study）：危险及可操作性研究。⑲HSE（Health，Safety and Environment）：健康、安全及环境。⑳IEC（International Electrotechnical Commission）：国际电工协会。㉑IPF（Instrumented Protective Function）：仪表保护功能。㉒LOPA（Layer of Protection Analysis）：保护分析的层数。㉓PFD（Probability of Failure on Demand）：指令失效概率。㉔RRF（Risk Reduction Factor）：降低风险的因数。㉕PEFS：工艺设计流程方案（又称 P&ID 管道及仪表图）。㉖PFS：工艺流程方案。㉗TBD（To be Decided）：待定。

## 21.4 IPF 审核的目的

IPF 审核的目的是：①根据国际安全标准 IEC 61508/61511 及项目规定"仪表保护功能（IPF）"以及 ICSS 原则，将 SIL 要求纳入仪表保护功能中；②如果在详细设计阶段引入新的回路，则应该对这些新回路重新进行 IPF 审核；③确保设计根据适用的技术标准进行，而不采用超裕度设计。

## 21.5 团队组成

IPF 审核组应该包括了解工艺技术及仪表系统，并且具有工艺操作经验的人员组成。团队应该具有回答审核期间提出的大多数问题所必需的技术知识。

除安全顾问外，IPF 组的组成应该与所研究单元的 HAZOP 审核组一致。IPF 审核应包括多个专业组参加：①业主：a. 了解项目所用工艺的工艺工程师；b. 仪表/控制系统工程师；c. 操作人员/生产及维护工程师；d. 所需的其他设计专家包括电气、转动设备、热传递等。②EPCC 承包商：a. 了解项目所用工艺的工艺工程师；b. 仪表/控制工程师；c. 项目工程师；d. 所需的其他设计专家包括电气、转动设备、热传递、土建、管道、火灾及气体等。③专利商/设备供货商：a. 了解项目所用工艺的工艺工程师；b. 仪表/控制工程师。④第三方咨询商：a. 安全顾问，具有丰富 HSE 及 IPF 工艺专业知识的风险分析专家；b. 第三方咨询商的专家将作为安全顾问；c. IPF 秘书，了解 IPF 工艺及相关的商业化专业软件（如 ExSILentia 软件）。

根据 GEP 的规定，应该向工艺安全专家咨询所有严重程度为 4 级或 5 级的健康、安全或环境的后果。

## 21.6 团队的职责

### 21.6.1 安全顾问

IPF 审核应该由项目以外胜任的安全顾问领导。安全顾问的观点与视角对于顺利推进

SIL 分配审核会议的议程非常关键：需要很高的技术及管理技巧，并充分了解具体项目的技术、环境或法规的细节。

安全顾问的工作职责包括但不限于如下几点。

① 在举行 SIL 分配审核会议之前：a.仔细阅读本程序，并与仪表安全工程师讨论所有潜在的不明确事宜；b.审核 HAZOP 报告，并了解与 HAZOP 相关的主要事宜及关键点；c.与仪表及工艺工程师一起编制 IPF 说明。

② 在 SIL 分配审核会议期间：a.安全顾问负责正确实施本程序中规定的方法；b.介绍审核技巧及目标，包括提供相应的电子表格，向团队成员介绍并解释审核的每个引导词的含义；c.领导团队，并推动集思广益活动；d.在不影响 SIL 分配研讨流程的创造力的前提下，管理好所讨论的内容；e.保持在项目之外，即不参加项目/设计决策；f.确认团队提出的关键事件；g.便于进行 SIL 评估，确保正确实施风险矩阵（见表 1-21-1～表 1-21-3）以及 LOPA（见后面 21.8.2 节）；h.确保审核期间的等级及假定等级保持一致；通过技术人员管理所发现问题的记录；i.确保会议纪要完全体现已确认的问题；j.如果可能出现任何延迟，及时通知项目管理人员。

③ 在 SIL 分配审核会后：编制 IPF 报告。

在开始 IPF 审核时，安全顾问至少还应确保提供下列内容：a.工艺说明；b.需要详细介绍并解释说明待分析的系统；c.安全专家应该具有向团队人员解释 IPF 的设计意见、指令情形、触发器及最终元件所需的丰富知识。

#### 21.6.2　IPF 秘书

IPF 秘书的工作职责包括但不限于：①在召开 SIL 分配审核会议之前熟悉记录审核结果所用的计算机软件；②在召开 SIL 分配审核会议之前将 IPF 说明输入到软件中；③根据安全专家的要求记录团队发现的问题；④管理并保存 SIL 分配审核会议期间的考勤表；⑤在 SIL 分配审核会后，协助团队负责人编制报告。

#### 21.6.3　仪表工程师

仪表专业负责人将是安全专家及 IPF 秘书的联系人。仪表工程师应该：①在举行 SIL 分配审核会议之前：与工艺工程师及安全顾问一起审核每个 IPF 的说明。该工作包括 IPF 设计意图的规定、指令情况、启动程序、最终元件以及顺利实施的标准（启动程序及最终元件）。HAZOP 可以用作编制本文件的依据。②在举行 SIL 分配审核会议期间：a.审核工艺控制及安全仪表系统的知识及说明；b.继续讨论工艺控制及安全仪表系统。③在举行 SIL 分配审核会议后：发布由安全专家准备的 IPF 报告。

#### 21.6.4　工艺工程师

对于含有专利技术的工艺单元，本段内容适用于专利商的工艺工程师代表。对于不含专利技术的工艺单元，本段内容适用于承包商工艺工程师。

工艺工程师应该：①在举行 SIL 分配审核会议之前：与仪表工程师及安全顾问一起编制每个 IPF 的说明。此项工作包括 IPF 设计意图的规定、指令情况、启动程序、最终元件以及顺利实施的标准（启动程序及最终元件）。②在举行 SIL 分配审核会议期间：a.了解工艺控制系统的知识及说明，操作及设计条件；b.继续讨论工艺控制系统。

#### 21.6.5　团队成员

SIL 团队将负责协助提供研究所需的输入，审核并研究本程序，IPF 团队应该了解设计情况，参与 SIL 审核会议，主动参与讨论 IPF 方法的会议。SIL 团队还将审核初步报告，并提出意见，实施 HAZOP 建议，并做出响应。

## 21.7 所需信息

IPF 审核内容将包括下列文件：①项目/工艺说明；②工艺流程方案；③根据 GEP 提出的工艺安全流程图及工艺安全备忘录；④已经完成 HAZOP 审核并选择通过 IPF 的工艺工程设计流程方案；⑤现场布置/平面布置图；⑥ESD 因果图；⑦根据 ESD 的等级（全面/装置/区域/单元停车）计算生产力及产品对经济效益的影响（如有）；⑧控制及停车系统设计原理；⑨紧急停车及泄压原理；⑩过压、火炬及放空原理；⑪HAZOP 报告及响应速度（工艺安全时间）。

EPCC 承包商将编制上述文件，以便进行 SIL 分配工作。

## 21.8 IPF 分级方法（SIL 分配）

IEC 61511 标准是流程行业安全仪表系统的国际安全标准，其中规定了安全仪表系统的生命周期（见图 1-21-1）。

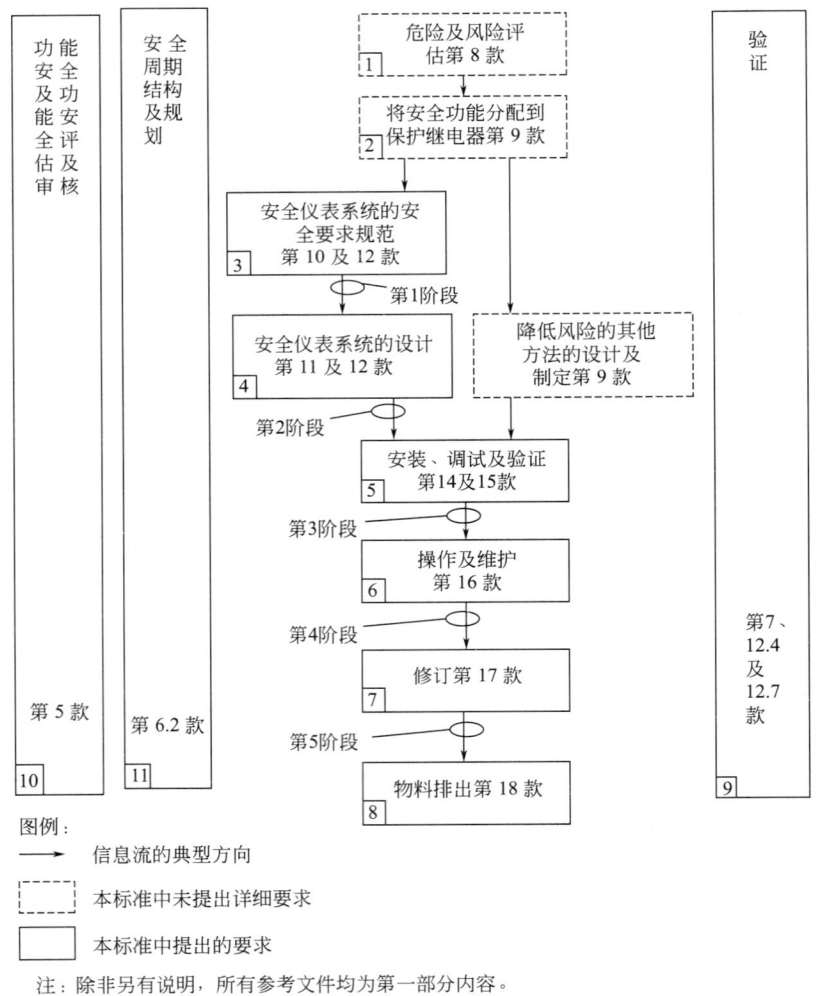

图 1-21-1 安全仪表系统的生命周期

IPF 分级及实现详见下节说明：在 SIL 分配期间，将使用触发器及最终元件对每个 IPF 进行标识，以达到安全状态。

### 21.8.1 SIL 分配：风险矩阵

本程序应该用于严格程度低于 S3、E3 或 P3 及更高等级。将用 SIL 风险矩阵工作表揭示 IPF 试图保护的每种后果。

通过确定安全完整性等级（SIL）实现对 IPF 的分级。SIL 表明应该通过安全功能实现的降低风险的水平。安全专家应该根据本节说明采用 EPCC 合同规定的风险矩阵方法，对 SIL 进行分级。

分级工作从 HAZOP 开始，确定潜在的危险工况。随后，在 SIL 分级过程中，对指令安全功能失效的后果进行分级，更精确地说，是对与安全功能正常工作情况相关的指令失效后果进行分级。分级结果越高，或者安全完整性等级越高，通过安全功能实现降低风险的程度也越大。

已确定下列安全完整性等级：①SIL 1、SIL 2、SIL 3：安全功能应该实现风险分别降低 10、100、1000。②SIL X：风险太高，达到无法接受的程度，需要重新设计。

SIL 分配应该达到下列目标：①分配保护层，防止发生危险；②确定所需的 IPF；③确定与每个 IPF 相关的安全完整性等级（目标 SIL）。

在确定 SIL 时，应该考虑表 1-21-1～表 1-21-3 中的决策矩阵；根据 GEP 的规定，当潜在健康、安全、环境或经济后果达到 3 级或更高时，应该使用 LOPA。

表 1-21-1 个人安全风险 SIL 决策矩阵

| IPF 的逆向虚拟指令率（每个指令的年数） | 健康/安全（需求的 SIL） | | | | | | 指令率选择说明 |
|---|---|---|---|---|---|---|---|
| <1 | — | SIL 1 | SIL 2 | SIL 3 | SIL 4 | × | 连续模式 |
| 1～10 | — | SIL 1 | SIL 2 | SIL 3 | SIL 4 | SIL 4 | 停车之间发生的困难/复杂控制<br>无备用的设备（泵、压缩机） |
| 10～100 | — | — | SIL1 | SIL 2 | SIL 3 | SIL 3 | 控制回路失效，通过操作人员干预作为安全措施<br>有备用的设备（泵、压缩机） |
| 100～1000 | — | — | — | SIL1 | SIL 2 | SIL 2 | 单效势垒（忽略已统计的 IPF 或操作人员干预） |
| >1000 | — | — | — | — | SIL 1 | SIL 1 | 存在两或多效势垒（忽略已统计的 IPF 或操作人员干预） |
| 人员安全 | 无伤害或健康影响 | 轻微伤害或健康影响 | 较轻伤害或健康影响 | 严重伤害或健康影响 | PDT 或 1～3 人伤亡 | 伤亡人数超过 3 人 | 当严重程度为 3 或更高时，所有独立保护层、有条件的改进、接受、转移的可能等，需要分别考虑、记录，并在 LOPA 中考虑 |
| 严重程度（数字） | 0 | 1 | 2 | 3 | 4 | 5 | |

表 1-21-2　环境风险 SIL 决策矩阵

| IPF 逆向虚拟指令率（年/指令） | 环境风险（要求的 SIL） | | | | | | 指令率选择的说明 |
|---|---|---|---|---|---|---|---|
| <1 | — | — | SIL1 | SIL 2 | SIL 3 | × | 连续模式 |
| 1~10 | — | — | SIL1 | SIL 2 | SIL 3 | SIL 4 | 停车之间发生的困难/复杂控制<br>无备用的机械(泵、压缩机) |
| 10~100 | — | — | — | SIL1 | SIL 2 | SIL 3 | 控制回路失效,通过操作人员干预作为安全措施<br>有备用的机械(泵、压缩机) |
| 100~1000 | — | — | — | — | SIL 1 | SIL 2 | 单效(忽略已统计的 IPF 或操作人员干预) |
| >1000 | — | — | — | — | — | SIL 1 | 两或多效(忽略已统计的 IPF 或操作人员干预) |
| 环境 | 无影响 | 轻微影响 | 较轻影响 | 中等影响 | 严重影响 | 巨大影响 | |
| 严重程度（数字） | 0 | 1 | 2 | 3 | 4 | 5 | |

表 1-21-3　生产损失及设备损坏风险 SIL 决策矩阵

| IPF 逆向虚拟指令率（年/指令） | 生产损失/设备损坏风险（允许的或广泛接受的 SIL） | | | | | | 指令率选择说明 |
|---|---|---|---|---|---|---|---|
| <1 | — | — | — | —/SIL 1 | —/SIL 2 | SIL 1/SIL 3 | 连续模式 |
| 1~10 | — | — | — | —/SIL 1 | —/SIL 2 | SIL 1/SIL 3 | 停车之间困难/复杂控制<br>无备用的机械(泵、压缩机) |
| 10~100 | — | — | — | — | —/SIL 1 | —/SIL 2 | 控制回路生效,通过操作人员干预作为安全措施<br>有备用的机械(泵、压缩机) |
| 100~1000 | — | — | — | — | — | —/SIL 1 | 单个有效的壁垒(忽略已统计的 IPF 或操作人员干预) |
| >1000 | — | — | — | — | — | — | 两或多个有效的壁垒(忽略已统计的 IPF 或操作人员干预) |
| 经济损失 | <1 万元 | 1 万~10 万元 | 10 万~100 万元 | 100 万~1000 万元 | 1000 万~1 亿元 | >1 亿元 | |
| 严重程度（数字） | 0 | 1 | 2 | 3 | 4 | 5 | |

注：短横线"—"表示不需要 IPF，"×"表示重新设计。

**（1）后果**

IPF 指令失效的后果应该作为总体说明进行记录。指令失效后果描述结构的建议方法为：①描述 IPF 的目的（或设计意图）；②说明 IPF 指令的因果图，即所谓的指令工况，如控制阀故障、操作人员失误、失去进料等；③说明指令失效的后果。

应该把后果作为"潜在可能"后果，而不是平均或最终可能后果。应该始终采用后果来区别指令"成功"及指令"失效"。

除潜在 IPF 外，后果的分级还应该考虑已识别的保护层。

例如：如果一个功能的指令失效导致另一功能指令失效，进而造成停车，不应该考虑第二个功能的停车成本（假定由第一次停车造成的生产损失与第二次停车造成的损失相同）。如果二次功能指令失效可能导致二次停车后果扩大，仅需要考虑所带来的其他后果（如有）。

再例如，带有火灾检测及保护功能，仅需要考虑 IPF 指令失效增加的后果，即并不是火灾的全部后果。在进行分级时，假定已经发生火灾，并且已安装 IPF 以缓解相应的后果，如 ESD 自动触发水喷淋系统或设施。同时，研究仅限背离工艺工况的安全措施，不应视为 HAZOP 审核期间最终确认的主要意外事件。因此，被动缓解措施不应视为安全措施（如检测、主动消防措施、消防等），避免过低估计所需的 SIL。

如果 IPF 指令失效具有多种后果，如健康、安全、环境及经济方面的后果，应该对所有后果进行分级，并选择相应后果环节措施最严格的 SIL。如果指令失效具有不同的原因，指令失效的后果通常也会不同，需要针对每种原因进行分级。

对用于批量或顺序控制过程的容许条件，存在两种相关的失效类型：①容许条件表明工况安全可以继续，而实际工况条件不能满足继续进行的安全要求。对于分类来说，这种失效是一种危险的失效。应该按照要求说明指令失效的后果。②容许条件表明工况不安全，无法继续进行，而实际条件是安全的，且可以继续进行。对于分类来说，这种失效是一种安全的失效。

IPF 危险失效分类应该考虑：①与人员健康及安全相关的后果；②与环境影响相关的后果；③与生产及设备损失相关的后果。

分类方法的依据是基于风险评估矩阵的 LOPA。当潜在健康、安全、环境或经济后果严重程度达到 3 级或更高时，应该使用 LOPA。

IPF 风险矩阵同时考虑 IPF 指令率及指令失效的后果，以达到该功能的安全完整性等级（SIL）。

**（2）IPF 指令率**

确定 IPF 指令率的第一步是确定 IPF 指令的原因。可能由于一系列原因中的任何一项激活 IPF 指令，如控制仪表故障、操作人员错误、失去进料等。应该在 IPF 分类文件中明确记录每种原因。

第二步是确定向 IPF 发出指令的比率。采用参数 D 表示安全功能预期指令率，共分为五个等级：①D0：忽略 IFP 指令率。在业内尚未听说存在这种情况。存在两种或更多有效壁垒（忽略已统计的 IPF 或操作人员干预）。指令间的间隔超过 1000 年。②D1：在装置的使用寿命内不可能出现这种情况，但在业内曾经听到单效壁垒（忽略已统计的 IPF 或操作人员干预）发生过这种情况。指令间的间隔为 100~1000 年。③D2：在装置的使用寿命内可能发生这种情况，或者在装置运行中曾经发生过。如控制回路失效，可采用启动备用设备（泵、压缩机等）或操作人员干预作为安全措施。指令间的间隔为 10~100 年。④D3：可能在装置的两次主要停车之间的时间段内发生这种情况。在停车期间或无备用的机械设备（泵、压缩机）时出现的复杂控制或难于控制的工况。指令之间的间隔为 1~10 年。⑤D4：每年在自己的装置中发生几次这种情况。连续模式，IPF 是装置控制系统的一部分。指令间的间隔少于一年。

确定 IPF 指令率适用下列原则：①当指令率为 D1 时，可能发生 IPF 指令，但在典型单元的使用寿命中不可能发生。选择 IPF 指令率为 D1 的情况，需要特别说明为什么指令率这么低。②在批量处理程序中，批量控制器频繁关闭再打开阀门。在某些情况下，特定阀门的位置是进行下一步的容许条件，因为当阀门在另一位置时启动该操作步骤可能发生危险。IPF 指令率不是关闭阀门指令的频率，因为只有在批量控制器未发出信号将阀门切换到安全位置的指令，或者阀门实际未切换到安全位置时，才会出现实际的 IPF 指令。因此，IPF 指令率应该为 D2。③对于回流保护系统，止回阀（NRV）将通过止回阀保证的 PFD 降低确定的 IPF 指令率数量。通常假定可以容许止回阀有少量泄漏。必须在确定 IPF 指令率之前确认止回阀的泄漏等级。④当计划停车之间的预期 IPF 指令为一次，或者停车间隔为 5 年或 6 年时，IPF 指令率应该选择 D3。⑤如果变量受控，如压力受控的容器发生高压停车，在大多数情况下应该选择 D4 作为默认的 IPF 指令率。⑥当在已知的特定情况下指令率高于（根据经验）上述指南得出的数值时，应该选择较高的 IPF 指令率。

（3）严重程度

下一步是确定后果的严重程度。严重程度的表示方法：①安全用 S 表示；②环境用 E 表示；③经济用 P 表示。严重程度共分为以下六个等级。

人身安全：①S0：无伤害或健康影响。②S1：轻微伤害或健康影响。③S2：较轻伤害或健康影响。④S3：严重伤害或健康影响。⑤S4：永久伤害或 1~3 人死亡。⑥S5：死亡人数超过 3 人。

环境：①E0：无影响。②E1：轻微影响。③E2：较轻影响。④E3：中度影响。⑤E4：严重影响。⑥E5：重大影响。

经济：①P0：＜1 万元。②P1：1 万~10 万元。③P2：10 万~100 万元。④P3：100 万~1000 万元。⑤P4：1000 万~1 亿元；⑥P5：＞1 亿元。

如果严重程度等级低于 S3、E3 及 P3，严重程度等级（校正后）及指令率的组合将得到表 1-21-1~表 1-21-3 中所示的目标安全完整性等级，要求采用相应的安全功能来实现。

应该通过表 1-21-1~表 1-21-3 中标明的频率（逆向虚拟指令率）、后果以及所分配的保护层（不包括潜在的 IPF）来确定 SIL。

为了确定人员健康及安全后果，应该回答下列三个问题：①如果 IPF 指令失效对人员伤害的潜在范围是什么，即什么时候发生危险情况？②在危险情况下，人员留在受影响区域（"暴露"）的时间是多长？这种情况可能连续存在，例如，如果在局部手动开车期间发出 IPF 指令，或者在人员到达现场后发生危险情况，应调查当时存在的异常情况。③可能受到伤害的人员避免危险情形的可能性（"避免危险的可能性"）有多大？除非确信个人保护设备（PPE）将会有效并且可以穿戴，否则不应考虑个人保护设备。

对于 S3、E3、P3 及更高的严重等级，应该采用 LOPA。

（4）修正因数

严重程度等级应该根据人员暴露在危险中的时间以及避免危险的可能性进行校正。在确定修正因数时，应根据下列说明选用相应的修正因数：①暴露因数：预计暴露因数采用参数 F 表示。其可分为两个等级：a. F1——偶尔。每天少于 4h，按 0.1 考虑。b. F2——经常。每天超过 4h，按 1 考虑。c. 暴露因数通常将 F1 作为默认值。该因数仅适用于分配安全的 SIL。经济及环境因数的数值总是为 1。d. 在开车或维护或特殊工作期间，如装填，当操作人员可能靠近危险源时，将采用 F2 作为暴露因数。②避免危险的可能性：预期避免危险的可能性将采用参数 A 表示。其可分为两种类型：a. A1——在 25% 以上的工况中，数值按 0.1 考虑；b. A2——更少或没有，数值按 1 考虑。本因数适用于分配安全、环境及经济的 SIL；A1 将作为 A 的默认值。③说明：a. A1 指严重程度降低一级，例如，从 S2 降低至 S1；b. F1 表示严重程度降低一级，例如，从 S2 降低到 S1；c. 同时使用 A1 与 F1 表示严重程度降低两级，例如，从 S2 降低到 S0。

（5）保护层

有效保护层应该具有以下三个属性：①独立于触发事件、危险或威胁的起因及其他保护层之外；②措施的有效性，措施可有效防止或缓解危险；③可靠性，即保护层的可靠性，例如，操作人员有时间识别危险并采取纠正措施。应该正确维护、测试或检验保护层，确保其可靠性。

独立保护层设定规则：①泄压阀，$RRF=100$；②IPF 采用 SIL1 时，$RRF=10$；③IPF 采用 SIL2 时，$RRF=100$；④IPF 采用 SIL3 时，$RRF=1000$；⑤基本过程控制系统（BPCS）联锁带有独立触发器（传感器）及最终控制元件时，$RRF=10$；⑥操作人员响应，$RRF=10$；⑦单个止回阀，$RRF=10$；⑧当堤围能够缓解危险事件时，$RRF=100$；⑨当消防设施能够缓解危险事件时，$RRF=10$；⑩当有多个DCS报警时，可以采用的最高风险降低值为10（如同只有一个报警）。

### 21.8.2 SIL 分配 LOPA

本程序应该用于严重程度为 S3、E3 或 P3 及更高等级时。将用 LOPA 工作表确定 IPF 试图保护的每种后果。

应根据下列因素选择并确定 LOPA：①$L$ [(IPF 指令率（$y_r-1$）]：将根据前面21.8.1节确定 $L(y_r-1)=1/$IPF 指令率。②$F$（暴露因数）：将根据前面21.8.1节确定。③$A$（避免危险的可能性）：将根据前面21.8.1节确定。④$W$ [（未缓冲事件可能性（$y_r-1$）]：可以根据下列公式计算 $W=L$[指令率（$y_r-1$）]$FA$。⑤后果类别：后果可以划分为 S—安全，E—环境，P—经济。每种后果（S、E、P）将具有不同的风险目标，因此必须确定三种后果的 SIL 等级。⑥$RRF$（风险降低因数）：将根据前面21.8.1节中的保护层确定。⑦缓解后的计算可能性（$y_r-1$）：是未缓解事件可能性（$y_r-1$）除以赋予 IPL 的所有风险降低因数，即缓解后的计算可能性（$y_r-1$）$=W/RRF$。⑧风险目标值频率：将根据 ALARP 区确定。⑨人员安全：a. 对于 S3（严重伤害或健康影响），目标值频率为 $10^3$ 年；b. 对于 S4（永久伤害或1~3人死亡），目标值频率为 $10^4$ 年；c. 对于 S5（死亡人数超过3人），目标值频率为 $10^5$ 年。⑩环境：a. 对于 E3（中等影响），目标值频率为 $10^3$ 年；b. 对于 E4（严重影响），目标值频率为 $10^4$ 年；c. 对于 E5（重大影响），目标值频率为 $10^5$ 年。⑪经济：a. 对于 P3（100万~1000万元），目标值频率为 $10^2$ 年；b. 对于 P4(1000万~1亿元），目标值频率为 $10^3$ 年；c. 对于 P5（>1亿元），目标值频率为 $10^4$ 年。⑫目标 SIL：应该根据下列公式计算，目标 $RRF=$缓解后的计算可能性（$y_r-1$）/风险目标值频率（$y_r-1$）。

计算出该数值后，应该使用 IEC 61511-1 中的表 1-21-4 确定 SIL。

表 1-21-4 确定 SIL

| 操作指令模式 | | |
|---|---|---|
| 安全完整性等级(SIL) | 指令失效目标平均值概率 | 风险降低目标 |
| 4 | $\geqslant 10^{-5}, <10^{-4}$ | $>10000, \leqslant 100000$ |
| 3 | $\geqslant 10^{-4}, <10^{-3}$ | $>1000, \leqslant 10000$ |
| 2 | $\geqslant 10^{-3}, <10^{-2}$ | $>100, \leqslant 1000$ |
| 1 | $\geqslant 10^{-2}, <10^{-1}$ | $>10, \leqslant 100$ |

## 21.9 相关规定与程序

### 21.9.1 业主规定及程序

业主的规定与程序主要包括：①仪表保护功能（IPF）；②安全防卫备忘录编制；③工艺安全防护流程图；④项目好的工程实践（GEP）及变更；⑤项目规定，一体化控制及安全系统原则。

### 21.9.2 项目程序

项目的程序包括：①项目执行计划；②危险及可操作性（HAZOP）审核程序。

### 21.9.3 国际规范、标准及规定

国际规范、标准及规定包括：①IEC 61508：电气/电子/可编程电子安全系统的功能安全。②IEC 61511：功能安全-流程行业领域安全仪表系统。

# 第22章

# SIL 验证程序

## 22.1 目的

本程序的目的是说明项目仪表保护功能（IPF）的安全完整性等级（SIL）验证过程中所用的文件、方法、资源及计划；本程序不包括使用期限验证问题。

SIL 验证工作的目的是确保已达到安全完整性等级的要求。

## 22.2 范围

本程序包括 EPCC 合同工作范围内工艺及公用工程 SIL 分配过程中确定的所有 SIL 等级为 1、2 或 3 的 IPF。

对于成套单元，验证工作将在完成 SIL 分配之后进行。在项目后期（当获得设备供应商信息以后）将对项目的一系列主要成套设备进行分析。

## 22.3 定义

SIL 验证涉及的定义与缩写主要包括：①安全顾问：进行 SIL 分配工作的顾问。②仪表保护功能：由一个或多个触发器，一个逻辑解算器以及一个或多个最终元件组成，用于防止或缓解危险情况的一项功能。IPF 的目的是在发生特定危险事件时，达到或保持工艺的安全状态。在 IEC 61508/61511 中，IPF 系指安全仪表功能（SIF）。③安全仪表系统：指 IPF 的机电、电子和/或可编程电子逻辑解算器部件，包含输入及输出设备。④容许条件：确认条件组合是否健康，允许逻辑解算器进行程序下一步骤的检查结果。⑤要求时失效概率（PFD）：IPF 未对要求做出响应的概率（无量纲）。⑥工艺安全时间：工艺在没有保护，带有指令，未进入危险状态的情况下运行的时间段。工艺安全时间确定了 IPF 的动态响应要求。⑦要求：需要 IPF 采取措施防止发生危险情况的工艺或设备条件或事件。⑧要求率：发生 IPF 要求的频率，即单位时间内的 IPF 要求数量。⑨最终元件：控制工艺变量或引起操作人员注意，以达到降低风险目的的设备或设备组合。最终元件包括输出卡或输出继电器、电磁阀及电缆。例如，阀门、开关柜（转动设备停车回路）及报警。⑩危险或危险状态：可能造成伤害的情况，包括疾病及伤害，财产、产品或环境损害，生产损失或债务增加。⑪风险：危险状态发生的频率乘以危险状态的后果。⑫逻辑解算器：仪表保护功能中实现应用逻辑功能的部分。逻辑解算器不包括跳闸放大器、输入卡及输出卡。例如，机电继电器、固态/磁芯逻辑及可编程电子系统的中央处理器（CPU）部分。⑬缓解：降低后果的严重程度或减轻后果的措施。⑭ALARP：在合理范围内尽可能低。⑮ESD：紧急停车。⑯FEED：前期工程设计。⑰HAZOP：危险及可操作性研究。⑱HSE：健康、安全及环境保护。⑲IEC：国际电工技术委员会。⑳IPF：仪表保护功能。㉑LOPA：保护层分析。㉒PE：可编程电子设备（参考IEC 61511第1部分）。㉓RRF：风险降低因数。㉔SIL：安全完整性等级。㉕SIS：安全仪表系统。

## 22.4 概述

EPCC承包商应该根据IEC 61511及GEP的规定编制安全要求规定。在文件编制过程中应使用ExSILentia软件。

IPF验证的目的是计算：①有关发生危险时硬件故障的概率要求；②有关安全功能冗余等级的结构要求。

概率要求规定了要求提供安全功能时失效概率（PFD）。应该通过可靠性设计技术证明PFD符合下列要求：①对于SIL 1：$0.01 \leqslant PFD < 0.1$。②对于SIL 2：$0.001 \leqslant PFD < 0.01$。③对于SIL 3：$0.0001 \leqslant PFD < 0.001$。④对于SIL 4：$0.00001 \leqslant PFD < 0.0001$。

应该注意，SIL 1要求PFD<0.1，也就是说，如果发生潜在危险状况，安全功能的失效概率应该低于0.10。因此，最多十分之一的状况会导致危险情形。所以，风险降低因数为10（RRF=10）。

同样，SIL 2、SIL 3及SIL 4要求对应的风险降低因数分别为100、1000及10000。

有关术语、定义及概率要求的更详细说明，请参考IEC 61511全文及IEC 61508-2中相应部分。

## 22.5 SIL PFD 要求

IPF满足要求时失效概率（要求模式下的PFD：IPF）或未检测到危险的失效率（$\lambda du$：连续模式下的IPF）的最低要求。

符合目标SIL的SIF中使用的设备应该带有SIL证书。

## 22.6 容错要求

### 22.6.1 综述

硬件结构（传感器、逻辑解算器及最终元件）满足最低容错要求。

IPF的SIL、所需的PFD以及所需最低危险容错值之间的关系如表1-22-1所示。

表1-22-1　SIL、所需的PFD以及所需最低危险容错值之间的关系

| 安全完整性等级(SIL) | 所需的PFD(需求模式) | 所需的$\lambda du$[①]（连续模式）/$y^{-1}$ | 基准危险容错率 |
| --- | --- | --- | --- |
| SIL<1 | 无要求 | 无要求 | 0 |
| 1 | $\geqslant 10^{-2}, < 10^{-1}$ | $\geqslant 8.76 \times 10^{-3}, < 8.76 \times 10^{-2}$ | 0 |
| 2 | $\geqslant 10^{-3}, < 10^{-2}$ | $\geqslant 8.76 \times 10^{-4}, < 8.76 \times 10^{-3}$ | 1 |
| 3 | $\geqslant 10^{-4}, < 10^{-3}$ | $\geqslant 8.76 \times 10^{-5}, < 8.76 \times 10^{-4}$ | 2 |
| 4 | $< 10^{-4}$ | $< 8.76 \times 10^{-5}$ | 3 |
| × | 不容许 | 不容许 | |

① 根据IEC 61511-1确定IPF未检测危险失效率（$\lambda du$）目标，其中频率采用每小时失效次数表示。

传感器及最终元件子系统应该容许 $X$（危险容错等级）次危险失效，其中 $X$ 值见表 1-22-2。

表 1-22-2　传感器与最终元件的危险容错等级

| SIL | 危险容错等级（$X$） | 使用前 | | 故障安全 | |
| --- | --- | --- | --- | --- | --- |
| | | 是 | 否 | 是 | 否 |
| SIL 1 | 0 | −1 | 0 | 0 | +1 |
| SIL 2 | 1 | −1 | 0 | 0 | +1 |
| SIL 3 | 2 | −1 | 0 | 0 | +1 |
| SIL 4 | 适用 IEC 61508 | | | | |

危险容错等级（$X$）定义为传感器及最终元件子系统仍能够执行其安全任务的同时可能存在的危险故障次数。子系统（传感器或最终元件）所需的实际容错值应该能够实现下列功能：①SIL；②子系统组成部分的标签为"使用前"；③子系统组成部分的标签为"故障安全"。

容错要求仅适用于 ≥SIL 1 的仪表系统。危险容错等级（DFT）应该根据下列规定确定：DFT = 危险容错等级 + 修饰成分"使用前" + 修饰成分"故障安全"。注：DFT 不应为负值。

在使用修饰成分"使用前"时，必须满足下列所有条件：①设备满足 IEC 61508/511 中有关"使用前"的规定。②设备仅允许对与工艺相关的参数进行调整，如量程、故障的上限、故障的下限。③通过跨接线（硬开关）调整可组态现场设备与工艺相关参数，或者采用设备中设置的密码进行写保护。如果使用密码，密码控制应该是维护管理系统的组成部分，并且应该可以检查。④功能的 SIL 要求低于 4。

如果所有子系统［例如传感器、最终元件及非可编程电子（PE）逻辑解算器］的最主要故障模式为故障安全，则应根据 IEC 61511 规定将容错等级要求增加 1。

为了确定主要故障模式是否是故障安全状态，应该考虑下列情况：①设备的工艺连接；②使用设备的诊断信息验证工艺信号；③使用设备的内在故障安全行为（如动态零信号、电源故障安全）。

对于应视为故障安全的最终元件，应该满足下列条件：①失去电源时回到安全状态；②失去气动/液压动力源时回到安全状态；③对于正常状态下为非励磁（NDE）模式的阀门，故障安全状态应为"否"。

对于应视为故障安全的传感器元件，信号要求应该根据 NAMUR NE 43 处理（图 1-22-1）。

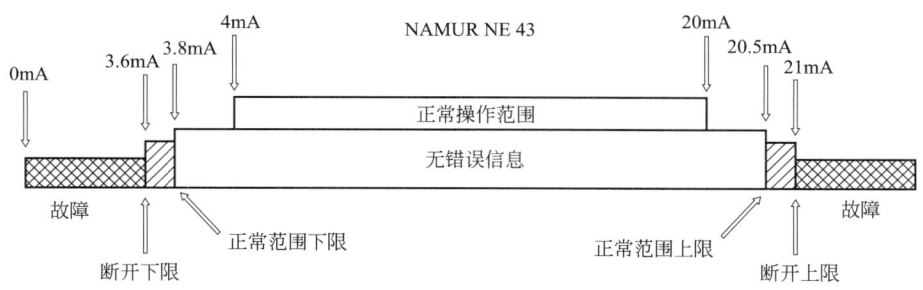

图 1-22-1　容错等级与故障安全的相关要求

另外，主要工艺/机械故障模式不应为未检测到的故障危险型。

硬件最低容错率见 IEC 61508-2 规定。

如果元件达到下列安全功能，则可以视为 A 型元件：①已详细规定元件的所有故障模式；②可以完全确定元件故障状态下的动作；③有足够可靠的故障数据证明已经达到声称的检测到的及未检测到的危险故障率的要求。

如果元件达到下列安全功能，则应该视为 B 型元件：①尚未明确规定元件的最终故障模式；②无法完全确定故障状态下元件的动作；③没有足够的可靠故障数据支持声称的检测到的及未检测到的危险故障率的要求。

表 1-22-3 所列为根据 IEC 61508-2 确定的 A 类安全相关元件或子系统安全功能的最大允许安全完整性等级。

表 1-22-3  A 类安全相关元件或子系统安全功能的最大允许安全完整性等级

| 元件安全故障因数 | 硬件容错等级 | | |
|---|---|---|---|
| | 0 | 1 | 2 |
| <60% | SIL 1 | SIL 2 | SIL 3 |
| ≥60%,<90% | SIL 2 | SIL 3 | SIL 4 |
| ≥90%,<99% | SIL 3 | SIL 4 | SIL 4 |
| ≥99% | SIL 3 | SIL 4 | SIL 4 |

表 1-22-4 所列为根据 IEC 61508-2 确定的 B 类安全相关元件或子系统安全功能的最大允许安全完整性等级。

表 1-22-4  B 类安全相关元件或子系统安全功能的最大允许安全完整性等级

| 元件安全故障因数 | 硬件容错等级 | | |
|---|---|---|---|
| | 不允许 | 1 | 2 |
| <60% | SIL 1 | SIL 1 | SIL 3 |
| ≥60%,<90% | SIL 1 | SIL 2 | SIL 4 |
| ≥90%,<99% | SIL 2 | SIL 3 | SIL 4 |
| ≥99% | SIL 3 | SIL 4 | SIL 4 |

### 22.6.2 共享传感器的具体要求

如果存在高高限（HH）及低低限（LL）跳车共享传感器，并且符合下列两项条件：①一个 IPF 发生虚假故障，如 LL 会导致对另一个 IPF 发出要求，例如 HH；②HH 与 LL 输出动作不同，则最低结构应该满足表 1-22-5 所示要求。

表 1-22-5  共享传感器的最低结构要求

| 人员后果 | | 环境后果 | | 经济后果 | |
|---|---|---|---|---|---|
| 后果严重程度 | 结构 | 后果严重性 | 结构 | 后果严重性 | 结构 |
| 0 或 1 | 无特殊要求 | 0 或 1 | 无特殊要求 | 0、1 或 2 | 无特殊要求 |
| 2 | 2 选 2 或 3 选 2 | 2 | 无特殊要求 | 3 | 无特殊要求 |
| 3 | 3 选 2 | 3 | 2 选 2 或 3 选 2 | 4 | 2 选 2 或 3 选 2 |
| 4 | 单独的传感器 | 4 | 3 选 2 | 5 | 2 选 2 或 3 选 2 |
| 5 | 单独的传感器 | 5 | 单独的传感器 | | |

如果共享 HH 或 LL 跳车的传感器虚假故障的后果可能造成人员安全后果和/或环境和/或经济后果，应该选择最严格的结构。

## 22.7 性能要求

**(1) IPF 响应时间＜工艺安全时间**
IPF 响应时间＝传感器响应时间(包括滤波器)＋IPF 响应时间(输入到输出)＋编程时间延迟＋最终元件响应时间＋裕量
如果最终元件是阀门，应该将所需阀门响应时间增加 10%～30% 裕量，因为阀门的冲程时间可能随着时间的推移而延长。

**(2) 开始动作的瞬间**
确定应该开始动作的瞬间时，应该考虑工艺安全时间及传感器精度。

**(3) 最终元件泄漏率要求**
如果 IPF 最终元件为一个或多个阀门，每个阀门均应该符合泄漏率要求。

## 22.8 PFD/ADU 计算

应该通过下列方法计算 IPF 的 PFD：①IEC 61508 第 6 部分附录 B；②ISA TR 84.0.02 第 1～4 部分。
计算 PFD 时应该考虑以下规定的最低要求。

### 22.8.1 假定条件

概率计算应该考虑 IPF 运行期间可能发生的所有故障。不需要考虑在 IPF 运行期间之外可能发生的前期及后期故障。
计算方法中使用的所有故障率应该假定在一段时间内为恒定值。
应该将采用每百万次操作故障的次数、基于操作时间的故障、系统故障及人为错误表示的故障转化为一段时间内恒定的故障率。测试不会改变故障率。对于正常状态下非励磁（NDE）的输出回路，电缆及连接、电源、仪表风源等故障率应该包括在最终元件的危险故障率中。
对于正常状态下励磁（NE）输出，整个输出回路，包括输出卡、接线及最终元件，应该包括在安全故障率中。

### 22.8.2 计算 PFD/ADU 的输入

应该体现传感器、逻辑解算器及最终元件的结构（结构限制标准见第 22.6.2 节）。

**(1) 可靠性数据**
计算 PFD/$\lambda du$ 应该考虑下列部件的危险及安全故障率。EPCC 承包商应该通过正式文件（如证书或分析报告）从供应商获得所有需要的数据。
数据应该包括：①传感器，不包括 IPS 输入。②IPS 输入。对于 PLC 型 IPS，这是一个（固态继电型）输入卡。对于其他 IPS，这是跳车放大器及固态模式或磁芯继电器。③逻辑解算器共用部件，不包括 IPS 输入及 IPS 输出，但包括支架及电源。④IPS 输出。对于 PLC 型 IPS，这是（固态继电型）输出卡。对于其他 IPS，这是一个继电器或固态继电型输出模块。⑤最终元件，包括插入式继电器、电磁阀等，但不包括 IPS 输出。⑥应该加上传感器及 IPS 输入的故障率，以获得总传感器故障率，因为假定传感器及 IPS 输入均在定期手动或自动验证试验期间进行测试。⑦出于类似原因，应该加上 IPS 输出及最终元件的故障率，以获得最终元件总故障率。

**(2) 诊断范围因数**
计算 PFD/$\lambda du$ 时还应考虑传感器及最终元件的诊断范围。

可以通过仪表本身或通过 IPS 或 DCS 检测故障。当检测到故障时，只有当工艺进入安全状态，或者如果通过不同方法保持安全，如启动 MOS，实施高优先级校正，并实施缓解措施，方可记录诊断值。

计算 PFD/$\lambda du$ 时，应该根据图 1-22-2 所示诊断决策树确定假定的允许范围因数。

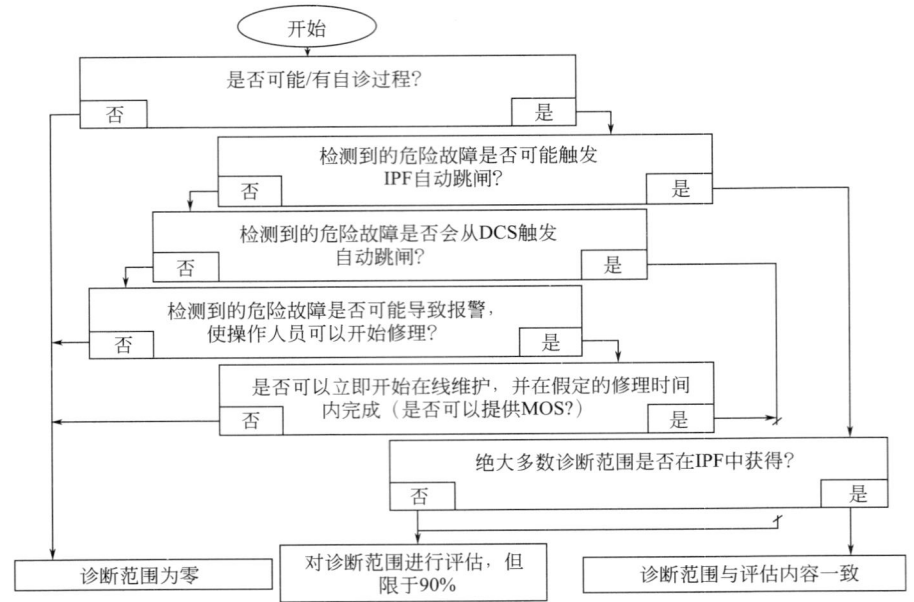

图 1-22-2　诊断决策树

采用 DCS 诊断范围要求应该限于 90%，因为 DCS 系统的最大要求风险降低水平不符合 IEC 61508 及 IEC 61511 的要求，该因数为 10。

对于基于两种或多种测量方式比较的传感器诊断，只有当比较法则符合下列要求时，诊断范围方符合要求：①验证比较将触发报警，由经过培训的全职操作人员监测需要的校正工作。②在正常操作条件下，两个变送器在最大量程的 10%～90% 之间运行。③调整比较法则，以便检测任何不可接受的背离。也就是说，当与安全相关的测量值可能偏离满足其安全功能所需的精确范围之外时，可能检测到不可接受的背离要求。④调整比较法则，以便假报率达到可以接受的低水平（假报低于 10 选 1 的水平）。

如果危险及安全故障率已经适用并纳入诊断范围中，则可以忽略诊断范围。

(3) $\beta$ 因数

计算 PFD/$\lambda du$ 时，应该考虑影响容错/冗余结构的共同原因。应该根据 IEC 61508 第 6 D.6 部分确定 $\beta$ 因数：①相同设备之间 $\beta=5\%$（像相同管线及相同品牌与类型间的两个压力变送器）；②不同设备之间 $\beta=2\%$（像不同品牌及类型的压力变送器或在不同管线上的两台压力变送器）。

(4) 试验

作为 IPF 设计的一项先决条件，应该确定试验的最低频率限制。这将作为计算 PFD 的依据。试验间隔应该等于计划停车时间，以避免影响正常工作；但如果无法做到这一点，应该安装验证试验设施，以便对元件进行性能考核。在任何情况下，试验/检验间隔不得超过 6 年。

在选择设备类型时，应该考虑考核诊断范围因数及达到保证值的可行性，因为某些技术，如涡街流量计及导波雷达（GWR）液位计，通过高诊断范围因数进行测试更为困难。

业主应该按计算传感器元件、逻辑解算器及最终元件 PFD 的测试类型批准考核的诊断范围因数。计算 PFD 使用的试验类型及后续范围应该体现所制定的验证试验程序。如果仅制定一种验证试验程序，不应考虑不同范围不同类型的试验，如安全功能及检修测试。

计算 $PFD/\lambda du$ 应该考虑下列相关的测试数据：①传感器及 IPS 输入组合，以及 IPS 输出及最终元件组合的测试间隔。这两组试验间隔不必相同。②进行这些试验的诊断范围因数。③修理时间。修理期间传感器或最终元件处于危险故障状态的平均时间。计算 PFD 时，该数值应为 24h。

### 22.8.3 计算结果输出

计算 PFD 应该提供下列输出：①传感器及 IPS 输入组合的 PFD；②逻辑解算器的 PFD；③IPS 输出及最终元件组合的 PFD。

IPF 达到的要求模式：$PFD_{IPF}$ = PFD 传感器 + PFD 逻辑解算器 + PFD 最终元件，应该低于 IPF 的 SIL 所需 PFD 上限的 70%。否则，应该改变试验间隔、结构或功能部件，以便充分降低 PFD。

计算应该提供安全故障簇的安全故障率，仅供参考。

## 22.9 相关规定与程序

### 22.9.1 业主规定及程序

业主的相关规定与程序包括：①仪表保护功能（IPF）；②GEP 及其项目的具体变更；③项目规定，一体化控制及安全系统原则。

### 22.9.2 项目程序

相关的项目程序包括：①项目执行计划；②危险及可操作性（HAZOP）审核程序；③SIL 分配程序。

### 22.9.3 国际规范、标准及规定

相关的国际规范、标准及规定包括：①IEC 61508：电气/电子/可编程电子安全系统功能安全。②IEC 61511：功能安全-流程工业安全仪表系统。

# 第23章 管道单线图发布程序

## 23.1 目的

本程序适用于项目每个工程设计中心（EC）执行的工程设计工作，说明 EC 如何发布正式的管道单线图，如何递交给 PDO，从而满足现场和材料管理要求。

总结如下：①SP3D 用于提取单线图和文件，满足现场和材料要求；②Marian 用于更新 BOM，来加载 SP3D 生成的".b"文件。

## 23.2 范围

本程序适用于 EPCC 合同确定的工作范围中项目全部工程设计中心配管的管道单线图工作。

## 23.3 单线图工作流程

管道单线图工作流程如图 1-23-1 所示。

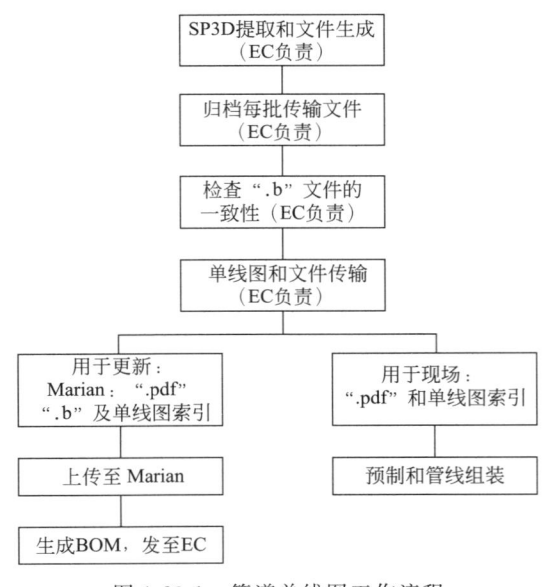

图 1-23-1 管道单线图工作流程

### 23.3.1 SP3D 提取和文件生成

SP3D 软件用于提取单线图和文件，满足现场要求和材料表（BOM）的升级要求。

提取单线图时会生成四个文件：①".sha"文件：图纸源。②".b"文件：包含每个单线图的材料。③".pcf"文件；④".pdf"文件（应和".sha"文件一致）。并会自动归档在预先定义好的各个工程设计中心的相应文件夹中。

### 23.3.2 检查".b"文件和管道材料规格的一致性

每个 EC 都需要检查".b"文件和管道材料规格数据库之间是否一致。应在将".b"文件上传到 Marian 系统之前进行检查，并且在 Marian 之外制定检查步骤。每个 EC 应先解决单线图管理系统（IsoManager）检测出来的事件，然后才能发布。

### 23.3.3 选择需要编辑的单线图

每个工程设计中心在 IsoManager 中签名，在版本检查框中做标记，指出需要编辑的单线图。初次编辑的单线图必须符合前面 23.3.1 节的要求。

为避免 Marian 中出现数量短缺或重复，EC 应遵照如下指示要求：①每个装置包括一个名称为 A、R 或 U 的子文件夹区域；②每个子文件夹只含有该区域的管线材料；③每个单线图表应保存在相应区域的相同文件夹内。

结构（图 1-23-2）应遵照下列模板：①装置；②区域 A、R 或 U；③管线 1、2、…；④表 01、表 02、表 21、表 22 等。

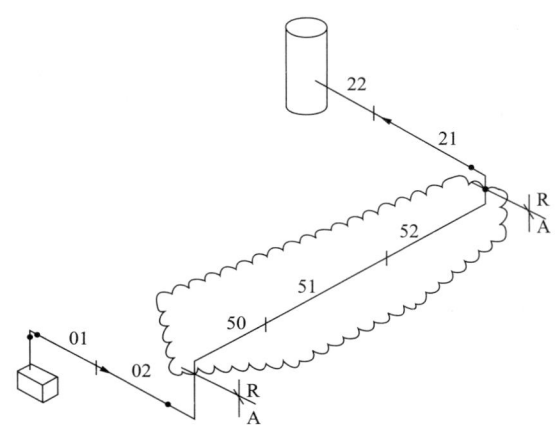

图 1-23-2 管道单线图结构示意图

在第一版中，应发布所有属于同一区域的单线图表。例如：对于下列管线的第一版，表 01、表 02、表 21 及表 22 应发布在区域 A 中 [图 1-23-3(a)]。此时，表 01、表 02、表 21 及表 22 的材料将替换文件夹 A 的 MTO 中已经给出的材料。

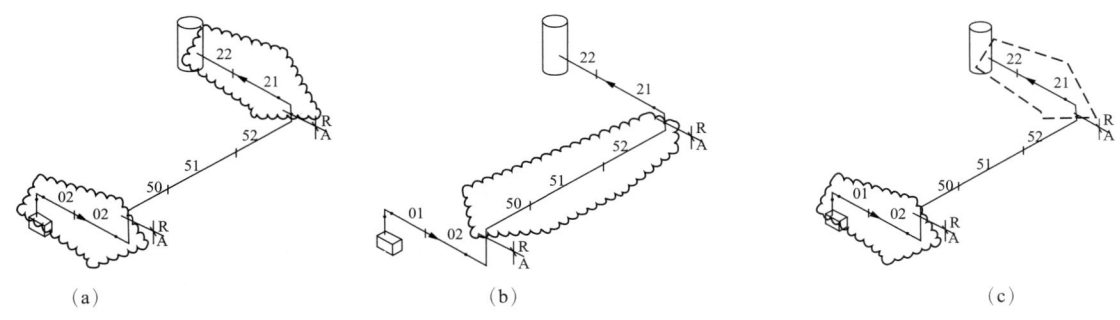

图 1-23-3 管道单线图示例

同样，在第一版中，应发布区域 R 的表 50、表 51 及表 52 [图 1-23-3(b)]。此时，表中材料将替换文件夹 R 下 MTO 中已经给出的材料。

允许只发布相同区域内部分管线 [图 1-23-3(c)]。

### 23.3.4 完成准备编辑版并上传材料管理系统（Marian）

PDO 将做最终检查，整合需要编辑的最终单线图清单。PDO 将把所有 *.b 文件上传到材料管理系统（Marian）中。如果在此过程中发生任何错误，会适时通过邮件通知 EC。

一旦完成最终编辑单线图清单，将从材料管理系统（Marian）中提取一个 BOM 文件（每个装置一个 BOM）。在这个 BOM 中，可以过滤传送文件，获悉每个传送文件的材料。

### 23.3.5 编制单线图索引

单线图索引由以下各表组成：①首页。②发布的单线图索引。包括不同版本的总体信息：a. 版次；b. 日期；c. 本次传送所发布单线图数量；d. 单线图累计发布数量。③单线图标识。包括每张单线图的下列各种具体信息。在每张单线图版本中均应编制：装置；介质编号；初始 PEFS；顺序号；表号；材料规格；直径；发布目的［CS——供施工（带支撑）；R——审核；M——材料；V——空］。④版次（0、1、2 等）。⑤备注。如果单线图仍有一些待解决的问题，必须标明 PH（"部分问题待定"）。

#### （1）正式单线图索引

对于每个单线图版本的正式单线图索引，每个装置应在工程设计文件管理系统（如 Documentum）中上传两份文件：①Excel 文件。在 Excel 格式中，应在不同页码中（包括之前到当前的所有版次）提供首页、单线图发布索引页及所有单线图标识页。②PDF 文件。在 PDF 格式中，应在一份 PDF 文件中提供首页、单线图发布索引页及最新单线图标识页（不包括之前版本）及本次（当前）版本的所有单线图页（不是指之前单线图版本中已经发布的所有单线图）。

单线图索引文件的名称（包括 Excel 和 PDF 两种格式）应与 EPCC 项目的文件编号相同。

PDO 将原格式的单线图索引模板寄给所有 EC。

#### （2）工程设计文件

完成设计文件的版本后，文档编制部门将单线图逐个上传到工程设计文件管理系统（如 Documentum）中（这样可以减少对 Documentum 中某个具体单线图的搜索和追踪难度）。为了有效帮助文档编制部门完成该项任务，必须和设计文件一起提交项目施工规定。

### 23.3.6 待定问题管理

如果任何单线图有待定问题，每个 EC 应在单线图上用云图圈注（".sha"和".pdf"文件）。

同样，如果单线图中只有一部分问题尚未解决的话，每个 EC 在单线图索引的备注栏中应加入"PH"（"部分问题待定"），或如果整个问题都尚未解决，则每个 EC 应在单线图索引的备注栏中加入"H"（"待定"）。应尽量减少发布带"待定问题"的单线图数量。

### 23.3.7 单线图修订

单线图修订的程序与第一次发布单线图的流程完全一样。应将修订版单线图纳入单线图索引中，并上传文件，用于升级 BOM。

只有在完成初版单线图后才允许修订单个表格。此时，该单表的修订材料将逐个取代之前版本中的材料。

如果修订表格修改了限制，则也应修订相邻表格。

修订任何单线图设计，应在 IsoManager 中备注变更原因，详细的修订原因见表 1-23-1。

表 1-23-1　单线图设计修订原因

| 修订原因 | | 修订原因 | |
|---|---|---|---|
| 原因编号 | 原因说明 | 原因编号 | 原因说明 |
| 0 | | 10 | 电气部门变更 |
| 1 | 设计变更 | 11 | 客户变更 |
| 2 | 干扰解决 | 12 | EPCC 承包商的 PDO 项目团队要求变更 |
| 3 | 应力变更 | | |
| 4 | 支撑变更 | 10000 | 施工错误 |
| 5 | 材料变更 | 10001 | 工程设计错误 |
| 6 | P&ID 变更 | 10002 | 承包商错误 |
| 7 | 土建变更 | 10003 | 客户请求 |
| 8 | 设备变更 | 10004 | 调试请求 |
| 9 | 仪表变更 | 10005 | 调整 |

(1) 设计变更

这组原因中，只针对单线图经过设计和编辑之后，经检测发现错误，并且不符合任何一个当前工艺的备注或不匹配任何一个已收货设备时做出的变更。

(2) 解决碰撞

每个单线图针对碰撞进行的修改，归属于本组。

(3) 应力变更

当编辑后的单线图因应力计算要求做出修改而不得不进行修改，则归属于本组修改范围。对于因管线设计温度发生变化而导致之前所做应力分析已经无效的管线，应注意不属于本组范围，应为第（6）组。

(4) 支撑变更

该组包括所有发布时未加支撑、现在支撑已建模的单线图，同时包括当时带支撑发布，但后来发现支撑不正确的单线图。应注意，这要么是管道部门的失误，要么可能和情况 3 类似（设计条件发生变化，导致支撑变化）。如果是这种情况，应考虑纳入第（6）组（PEFS 变更）。

(5) 材料变更

如果管线之前按照某个材料规格建模，现在 PEFS 发生变化，则变更原因不属于本组，而是属于第（6）组（PEFS 变更）。本组只包括建模和发布的单线图中存在的错误导致的变更，这些错误可能是材料规格错误、阀门错误等。

(6) PEFS 和/或管段表变更

由于 PEFS 变更而导致需要修改的单线图，都属于本组范围。也就是说，如果 PEFS 变更了直径、材料规格；如果 PEFS 加入了新的阀门或更改了阀门类型，加入了新的管线，等等，都属于本组。

(7) 土建变更

单线图编辑完毕后，如果结构发生变化，并需要修改单线图，那么审核原因就归于本组。

(8) 设备变更

单线图编辑完毕后，设备发生任何变化（设备尺寸、管口尺寸和/或方位发生变化等），并需要修改的单线图划为本组。如果到货设备数据大于原来预期，导致不仅其输入和/输出管线需要修改，连周围管线也需要重新考虑，那么周围管线的变更也必须归于本组。

(9) 仪表变更

单线图编辑完毕后，如果加入、修改和/或拆除了一台仪表，或者修改了仪表尺寸等，修订单线图的原因归于本组。

(10) 电气变更

和第（9）组相同，只不过变更的是电气。

(11) 业主变更

业主在"模型审核"或"变更单"中以回复意见给出的所有变更要求必须归于本组。

(12) 项目变更

和第（11）组相同，但是由 EPCC 承包商的项目设计团队提出要求。

### 23.3.8 无效单线图

如果在一个单线图版本中，应删除某些单线图，则删除过程如下：①在单线图文件中，在图纸上盖"VOID"（无效）印章；②在单线图索引的"发布目的"一栏中，这些单线图应标明"VOID"；③无效单线图材质应由 PDO 从材料管理系统（Marian）中删除。

### 23.3.9 内部发布

在项目初期，所有单线图的编辑和修订版本均为 0 版，直至其变成正式版本（将包含所有内部编辑的单线图正式版本）。自单线图做出修订起，按数字顺序提高其版次（1 版、2 版等）。

## 23.4 单线图发布的索引和图纸

如表 1-23-2 所示。

表 1-23-2 单线图发布的索引和图纸

| 版本 | | 单线图发布 | | | | | | 累计发布单线图 | | | | | | 总估计 | |
|---|---|---|---|---|---|---|---|---|---|---|---|---|---|---|---|
| 编号 | 日期 | 发布主要目的 | | | | | | 发布主要目的 | | | | | | 主要目的 | |
| | | C | M | CS | RD | RS | R | C | M | CS | RD | RS | R | V | C | M |
| | | | | | | | | 0 | 0 | 0 | 0 | 0 | 0 | 0 | 100 | 100 |
| | | | | | | | | 0 | 0 | 0 | 0 | 0 | 0 | 0 | 100 | 100 |
| | | | | | | | | 0 | 0 | 0 | 0 | 0 | 0 | 0 | 100 | 100 |
| | | | | | | | | 0 | 0 | 0 | 0 | 0 | 0 | 0 | 100 | 100 |
| | | | | | | | | 0 | 0 | 0 | 0 | 0 | 0 | 0 | 100 | 100 |
| | | | | | | | | 0 | 0 | 0 | 0 | 0 | 0 | 0 | 100 | 100 |
| | | | | | | | | 0 | 0 | 0 | 0 | 0 | 0 | 0 | 100 | 100 |
| | | | | | | | | 0 | 0 | 0 | 0 | 0 | 0 | 0 | 100 | 100 |
| 进展 | | | | | | | | | | | | | | | 0.00% | 0.00% |

发布目的图例
C = 批准用于施工(不包括支撑)
CS = 批准用于施工(包括支撑)
R = 修改了支撑和设计
RD = 修改了设计
RS = 修改了支撑
V = VOID（无效）

## 23.5 实际单线图版本（版本 01）

如表 1-23-3 所示。

表 1-23-3　实际单线图版本（版本 01）

| 单线图名称 | | | | | | | 历史发布的单线图 | | | | 实际单线图版本<br>（版本 01）<br>2018.6.03 | | |
|---|---|---|---|---|---|---|---|---|---|---|---|---|---|
| | | | | | | | 发布目的 | 版本 | 索引版本 | 索引修订日期 | 发布目的 | 版本 | 备注 |
| 装置编号 | 流体编号 | 管线编号 | 机组/生产线编号 | 供应商图纸 | 材料规格 | 直径 | | | | | | | |
| | | | | | | | | | | | | | |
| | | | | | | | | | | | | | |
| | | | | | | | | | | | | | |
| | | | | | | | | | | | | | |
| | | | | | | | | | | | | | |
| | | | | | | | | | | | | | |

# 第24章 土建单线图发布程序

## 24.1 目的

本程序适用于项目每个工程设计中心（EC）进行的作业，说明了 EC 如何发布正式土建单线图，如何递交给 PDO，从而满足现场和材料管理要求。

总结如下：①SP3D 用于提取单线图和文件，满足现场和材料要求；②Marian 用于更新 BOM，SP3D 加载生成".b"文件。

## 24.2 范围

本文件的目的是规定如何发布土建单线图设计。本程序适用于项目的各工程设计中心。

## 24.3 单线图工作流程

单线图工作流程详见图 1-24-1。

图 1-24-1 单线图工作流程

## 24.4 单线图清单生成

EC 应将整套需发布的土建单线图清单提交给 PDO。

### 24.4.1 单线图生成和注册控制

用 SP3D 软件来提取单线图、现场所需和 BOM 升级所需的文件。

提取单线图需要四个文件：①".sha"文件：图纸源；②".b"文件：包含每个单线图的材料；③".pcf"文件；④".pdf"文件（应和".sha"文件一致）。

在"单线图管理员数据库"中注册单线图数据，然后执行单线图工作流程。

### 24.4.2 单线图文件交付

每个 EC 将生成文件从本地服务器发送到 EPCC 承包商服务器的相应文件夹中。

### 24.4.3 检查分析一致性并采用 IsoManager 确认

每个 EC 负责检查".b"文件信息和材料的材质规格之间是否一致。

应在将".b"文件上传到 Marian 系统之前进行该检查，并且在 Marian 外围制定检查步骤。

每个 EC 应先解决单线图管理系统（IsoManager）检测出来的事件，然后才能发布。

### 24.4.4 升级 Marian 前的发布准备

每个 EC 在 IsoManager 中进行备注，标出需要编辑的单线图，附签名和检查框。

### 24.4.5 Marian 上传和完成的版本

为避免 Marian 中出现数量短缺或重复，EC 应遵照以下指示：①每个装置包括一个名称为 A、R 或 U 的子文件夹区域；②每个子文件夹只含有该区域中的土建负责管道材料；③每个单线图表应保存在相应区域中的相同文件夹内。

结构（表 1-24-2）（请遵照下列模板）：①装置；②区域 A、R 或 U；③土建负责管道 1、2、…；④表 01、表 02、表 21、表 22 等。

在第一版中，应发布属于同一区域的所有单线图表。例如：对于图 1-24-3 所示单线图的第一次编辑，表 01、表 02、表 21 及表 22 应发布在区域 A 中。此时，表 01、表 02、表 21 及表 22 的材料将替换文件夹 A 的手册 MTO 中已给出材料。

同样地，在第一版中，应发布区域 R 的表 50、表 51 及表 52。此时，表中材料将替换文件夹 R 下 MTO 中已经给出的材料。不允许只发布相同区域内的部分材料。

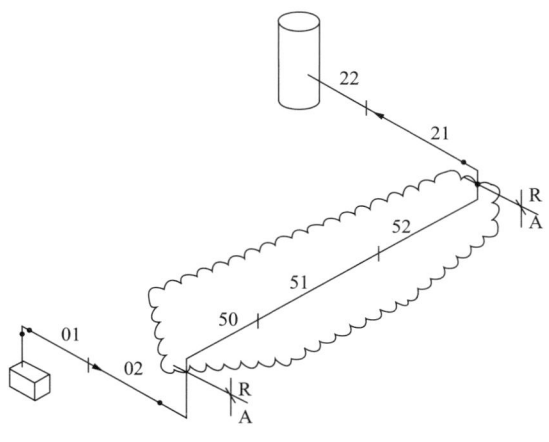

图 1-24-2 单线图结构示意图

PDO 将做最终检查，整合一个需要编辑的最终单线图清单。

PDO 将把所有".b"文件上传到 Marian 中。如果在此过程中发生任何错误，会通过邮件适时通知 EC。

接着，最终编辑单线图清单完成后，将从 Marian 中提取一个 BOM 文件（每单元一个）。在这个 BOM 中，可以过滤传送文件，获悉每个传送文件的材料。

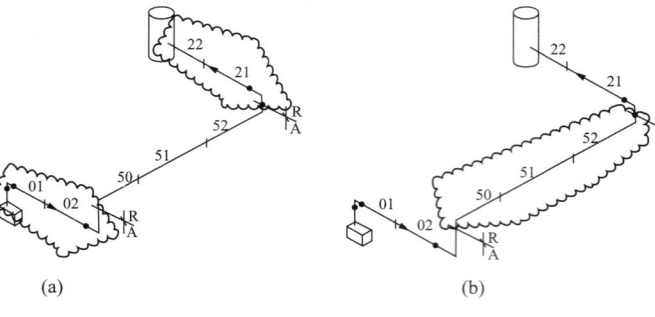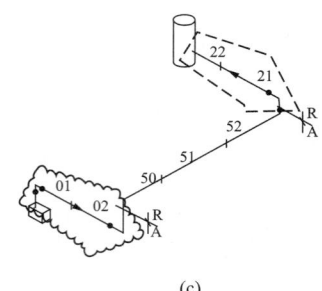

图 1-24-3 土建负责管道单线图示例

#### 24.4.6 传送文件说明

单线图索引由以下各表组成：①首页。②单线图发布索引。包括不同版本的总体信息：a. 版本索引号；b. 版本日期；c. 说明；d. 编制人、审核人、批准人。③汇总表：a. 版本索引号；b. 版本日期；c. 本次传送文件所发布单线图数量；d. 单线图累计发布数量。④单线图标识。包括每个单线图的下列各种具体信息，在每个单线图版本均应给出：装置；介质编号；初始 PEFS；顺序号；表号；材料规格；直径；发布目的［CS：供施工（带支撑）；R：审核；M：材料；V：空］。⑤版次（0、1、2 等）。⑥备注。如果单线图仍有一些待解决的问题，必须标明 PH（"部分问题待定"）。

**(1) 正式单线图索引**

对于每个单线图版本的正式单线图索引，每个单元应在工程设计文件管理系统（如 Documentum）中上传两份文件。

① Excel 文件　在 Excel 格式中，应在不同页中提供首页、单线图发布索引页及所有单线图说明页（包括之前到当前的所有版次）。

② PDF 文件　在 PDF 格式中，应在一份 PDF 文件中提供首页、单线图发布索引页及最新单线图说明页（不包括之前版本）及本次（当前）版本的所有单线图页（不是指之前单线图版本中已经发布的所有单线图）。

单线图索引文件的名称（包括 Excel 和 PDF 两种格式）应和 EPCC 项目文件编号相同。

PDO 将原格式的单线图索引模板寄发给所有 EC。

**(2) 工程设计文件**

完成工程设计文件的版本后，文档编制部门将单线图逐个上传到工程设计文件管理系统（如 Documentum）中（这样可以减少对 Documentum 某个具体单线图的搜索和追踪难度）。为了有效帮助档案编制部门完成该项任务，工程设计程序文件必须和工程设计文件一起提交。

#### 24.4.7 待定问题管理

如果任何单线图有待定问题，每个 EC 应在单线图上用云图圈注（".sha"和".pdf"文件）。

同样，每个 EC 在单线图索引的备注栏中应加入"PH"（"部分问题待定"，如果只有一部分问题尚未解决）或"H"（"待定"，如果整个问题都尚未解决）。

应尽量减少发布带"问题待定"的单线图数量。

#### 24.4.8 修订单线图

修订单线图时的程序与设计单线图的程序完全一样。修订版本的单线图应纳入单线图索引中，并应上传文件，用于升级 BOM。

只有在完成初版单线图之后才允许修订单线图表。此时,该单线图表的修订材料将逐个取代之前版本单线图中的材料。

如修订单线图表修改了限制,则也应修订相邻的单线图表。

### 24.4.9 修订控制

所有单线图设计的修订都应在 IsoManager 中备注变更原因,详细的修订原因见表 1-24-1。

表 1-24-1　单线图设计的修订原因

| 修订原因 | | 修订原因 | |
| --- | --- | --- | --- |
| 原因编号 | 原因说明 | 原因编号 | 原因说明 |
| 0 | | 10 | 电气变更 |
| 1 | 设计变更 | 11 | 客户变更 |
| 2 | 解决碰撞 | 12 | 项目团队要求变更 |
| 3 | 应力变更 | 10000 | 施工错误 |
| 4 | 支撑变更 | 10001 | 工程设计错误 |
| 5 | 材料变更 | 10002 | 承包商错误 |
| 6 | P&ID 变更 | 10003 | 客户请求 |
| 7 | 土建变更 | 10004 | 调试请求 |
| 8 | 设备变更 | 10005 | 调整 |
| 9 | 仪表变更 | | |

**(1) 设计变更**

在这组原因中,只针对已经完成设计的单线图,经检测发现错误而进行的修订,以及不符合当前的工艺说明或不匹配任何一个已收货的设备时做出的变更。

**(2) 解决碰撞**

每个针对碰撞进行修改的单线图,归属于本组。

**(3) 应力变更**

因应力计算要求必须修改的已有的单线图,则归属于本组修改范围。应注意,对于管线设计温度发生变化因而之前所做应力分析已经无效的管线,不属于本组范围,应为第(6)组。

**(4) 支撑变更**

该组包括所有发布时未加支撑、现在支撑已建模的单线图,同时包括发布时带支撑,但后来发现支撑不正确的单线图。应注意,这要么是管道部门的失误,要么可能和上述情况 3 类似(设计条件发生变化,导致支撑变化)。如果是这种情况,应考虑纳入第(6)组(PEFS 变更)。

**(5) 材料变更**

和上述类似,如果按照某个材料规格建模,现在 PEFS 发生变化,则变更原因不属于本组,而是第(6)组(PEFS 变更)。本组只包括单线图建模和发布单线图中的错误导致的变更,这些错误可能是规格错误、阀门错误等。

**(6) PEFS 和/或管段表变更**

由于 PEFS 变更而导致需要修改的单线图,都属于本组范围。也就是说,如果 PEFS 变更了直径、规格;如果加入了新的阀门或更改了阀门类型,加入了新的线路等,都属于本组。

(7) 土建变更

完成单线图的设计后，如果结构发生变化，需要修改单线图，那么审核原因归于本组。

(8) 设备变更

完成单线图的设计后，设备上发生任何变化（设备尺寸、管口尺寸和/或方位发生变化等），修改的单线图划为本组。如果到货设备数据大于原来预期，导致其不仅输入和/输出管线需要修改，连周围管线也需要重新考虑，那么周围管线的变更也必须归于本组。

(9) 仪表变更

完成单线图的设计后，如果加入、修改和/或拆除了一个仪表，或者修改了仪表尺寸等，修订原因归于本组。

(10) 电气变更

和第（9）组相同，只不过变更的是电气。

(11) 业主变更

业主在"模型审核"或"变更单"中以回复意见给出的所有变更要求修订的单线图，必须归于本组。

(12) 项目变更

和第（11）组相同，但是由 EPCC 承包商的项目设计团队提出修订要求。

### 24.4.10 无效单线图

如果在一个单线图版本中，应删除某些单线图，则删除的流程如下：①在单线图文件中，在图纸上盖"VOID"（无效）印章；②在单线图索引的"发布目的"一栏中，这些单线图应标明"VOID"（无效）；③无效单线图材料应由 PDO 从 Marian 中删除。

### 24.4.11 内部发布

在项目初期，所有单线图均编辑和修订为版本 0。

## 24.5 相关的项目程序

相关的项目程序包括：①内部 MTO 程序；②发布管道单线图程序。

# 第25章 材料统计程序

## 25.1 目的

旨在以 Marian 电子格式给出在 EPCC 项目过程中执行材料统计（MTO）（大宗材料）的指导。工程设计中心应根据承包商联合体协议定义的工作分工执行统计材料。PDO 应使用材料管理系统"Marian"整合和控制全部的管道材料。

## 25.2 范围

本程序适用于 EPCC 项目各工程设计中心，并且涵盖 EPCC 合同的全部工作范围。

## 25.3 材料统计程序

在项目期间，需要制定以下材料统计程序：①第一次材料统计程序。在项目的早期阶段制定第一次材料统计程序，并使用 P&ID IFR 作为参考。所有的材料统计均采用人工计数，无须将空视图导入 Marian。后面 25.3.1 节描述了进行第一次材料统计的程序。②第二次材料统计程序。在项目的中期阶段进行第二次材料统计程序，并使用 P&ID IFD 作为参考。由于此阶段的模型进展，第二次材料统计将包含人工估计的信息（包括统计及人工估计的材料）和使用单线图获取的信息。后面 25.3.2 节描述了进行第二次材料统计的程序。③持续材料统计程序。在第二次材料统计之后，持续进行材料统计程序直到项目结束。这些材料统计程序的主要目的是保存更新的材料统计和 RFI。

### 25.3.1 第一次材料统计程序

第一次材料统计将给出无特定偶然性（即无剩余）的管道材料总量。第一次材料统计应基于以下文件：①P&ID 和管线列表；②平面布置图；③管道工艺路线和草图。

**(1) 管道范围**

对于 P&ID 中包含的所有地上和地下管线，必须考虑以下：①手动阀门（闸阀、截止阀、止回阀、蝶阀、球阀和旋塞阀等）；②管道；③接头；④法兰；⑤垫片和螺栓（螺栓组仅用于材料统计）；⑥其他［盲板、隔板、蒸汽疏水阀、过滤器（Y 形和 T 形）和排液环等］；⑦装配件（排水管、通风管和温度及压力管接头等）。

第一次材料统计中的典型管道材料（参见表 1-25-1）必须使用其自己的特定短代码（P01、V01 和 D01 等）进行计数。然后，应在 Marian 软件中细分其组件（法兰、阀门、垫圈和支管等）。由于这些组件已包含在短代码（P01、V01 和 D01 等）中，不考虑每个组件。

表 1-25-1 管线相关信息（典型管道材料）

| 序号 | P&ID图编号 | 单元 | 区域 | 管线用途 | 管线编号 | 特定材料 | 短代码 | 选择码 | 数量 | 直径1 | 直径2 | 标签 | 待定 | 注释 | 保温 |
|---|---|---|---|---|---|---|---|---|---|---|---|---|---|---|---|
| 1 |  | 0100 | A | P | 100015 | BA58P | P01 | 1 | 2 | .75 |  |  |  |  |  |

对于地下材料统计，必须包括所有管线：压力、重力和排水管线。

如果管线没有 P&ID 中指定的尺寸，则应按照估计的直径和待定指示进行计数。

不得按照逐条管线统计特殊管道物料（标记物料）。在材料统计结束时，应提供有关每个标记物料的主要信息列表。

必须将所有数据输入 Marian 输入表，后面 25.5.2 节介绍了其格式以及如何填写输入表。对于特殊管道物料，应使用后面 25.5.3 节给出的特殊物料模板。

应注意以下物料：①在管道工作范围内考虑取样系统、安全淋浴和视镜，这类物料应视为特殊管道物料；②电动阀门和孔板法兰属于仪表的工作范围。

材料统计不包括用于联动试车和投料试车的备件数量。一旦执行材料统计并确定裕量，应向执行第一次材料统计的所有工程设计中心发送应执行的裕量百分比表。

(2) 管道/设备之间的接口和工作包

应由管道部门统计连接设备的垫片和螺栓。P&ID 中显示的工作包内的材料将不包括在管道材料统计中。在管道材料统计中不包括人孔设备的盲法兰。

(3) 管道/仪表接口

管道材料统计中应不包括以下编位号的阀门和仪表设备：① 控制阀；② 安全阀；③ 液位仪表；④ 压力仪表；⑤ 温度仪表；⑥ 差压变送器；⑦ 转子流量计；⑧ 流量仪表；⑨ 对于孔板法兰，不统计任何管道用物料。所有物料均包含在仪表的供货范围内。

管道材料统计应仅包括与编位号阀门连接的法兰、垫圈和螺栓（如果有）。

对于管道安装的仪表，使用后面 25.5.1 节中列出的标准装配件。

(4) 管道/土建部门接口

应在输入表中包括重力和排水管线的统计，并导入 Marian。土建部门应当遵循此程序统计其范围内的 UG 管段材料。

(5) 管道等级细分

管道等级中将包括法兰（螺栓和垫圈）和该法兰（螺栓和垫圈）的两个相邻额定值。

示例：管道等级 150 中将包括额定值为 150、300 和 600 的法兰。对于具有相同标准的额定值法兰和具有相邻额定值的法兰，其短代码不同。

如果 A 类和 B 类管道的压力等级和/或端面不同，则应使用后面 25.5.1 节中定义的特定"短代码"。

(6) 管接头

必须根据 P&ID 使用以下短代码在 Marian 输入表上统计具有两种直径（直径1和直径2）的各种类型的管接头：①90°管接头使用短代码 BR90；②45°管接头使用短代码 BR45；③60°管接头（活接头连接）使用短代码 BR60。

管道材料规定中应该包含管接头表。不需要在统计中定义管接头的类型。使用指定短代码 BR90/BR45/BR60 和根据管接头表标识管接头类型的系统，足以进行统计。

(7) 异径管

在材料统计中，仅允许包括偏心异径管。仅在 P&ID 或设计的任何特殊要求需要时使用同心异径管。

材料统计中包括的异径管应符合 ASME-B16.9 规定的尺寸，第一次材料统计中采用的异径管应用于 3D 模型活动和下列材料统计。

**(8) 装配件**

对于标准装配件和螺栓组，应使用后面 25.5.1 节中列出的短代码。

**(9) 不确定材料**

当 P&ID 上的信息（旁路直径、泵吸入或排放管和控制阀等）缺失时，必须使用估计信息，以考虑到不确定的相关材料。

在 Marian 输入表中使用字母"H"标识不确定的待定材料。这表示该材料尚未确定，不得采购。

**(10) 容器附件**

应根据容器附件数量统计与容器设备连接的管道材料，例如水平的截止阀。

**(11) 地上（A）/地下（U）和支架（R）之间的材料划分**

应根据管线的位置统计材料。按照地上（A）管段、管道支架（R）上的管段和地下（U）管段划分。

地上（A）管段和地下（U）管段之间的界限是第一个地上法兰。

管道支架（R）上的管段是位于管道支架（包括主要和辅助管道支架）上的所有管段（包括伸缩弯管）。

当管段的部分材料位于支架和地上时，应划分材料，确定属于支架区段的材料和属于地上区段的材料。

**(12) 小口径和螺纹管接头**

据估计，管道和管道之间的管接头布置间隔为每 6m 一个，但其不应该包括在材料统计中，因为各工程设计中心的所有材料统计和分析结果的材料统计中将包括此项。

**(13) 螺纹镀锌管线**

对于螺纹镀锌管线，必须添加一对法兰，以避免出现泄漏时难以修复。

法兰之间的间隔应为 50m，并为每个接头提供法兰。

### 25.3.2 第二次材料统计程序

在项目的中期阶段进行第二次材料统计程序，并使用 P&ID 的 IFH 版作为参考。由于此阶段的模型进展，第二次材料统计将包含人工估计的信息（包括统计及人工估计的材料）和使用单线图获取的信息。

第二次材料统计将显示对第一次材料统计中估计管线的修订、P&ID 新版本上出现的新管线以及建模管线（单线图）。

对于 P&ID 的 IFH 版中包含的所有地上和地下管段，必须考虑以下管道材料：①手动阀门（闸阀、截止阀、止回阀、蝶阀、球阀和旋塞阀等）；②管道；③接头；④法兰；⑤垫片和螺栓（螺栓组仅用于材料统计）；⑥其他［盲板、隔板、蒸汽疏水阀、过滤器（Y 形和 T 形）和排液环等］；⑦装配件（排水管、通风管和温度及压力管接头等）。

第二次材料统计中的典型装配件（见表 1-25-2）必须使用其自己的特定短代码（P01、V01 和 D01 等）进行计数。然后，将在 Marian 软件中细分其组件（法兰、阀门、垫圈和支管等）。由于这些组件已包含在短代码（P01、V01 和 D01 等）中，不考虑每个组件。

表 1-25-2 管线相关信息（典型装配件）

| 序号 | P&ID | 单位 | 区域 | 管段用途 | 管段编号 | 特定材料 | 短代码 | 选择码 | 数量 | 直径 1 | 直径 2 | 标签 | 待定 | 注释 | 保温 |
|---|---|---|---|---|---|---|---|---|---|---|---|---|---|---|---|
| 1 | | 0100 | A | P | 100015 | BA58P | P01 | 1 | 2 | .75 | | | | | |

对于地下材料统计，必须包括所有管段：压力、重力和排水管段。

如果管段没有 P&ID 中指定的尺寸，则应按照估计的直径和待定指示进行计数。

不得按照逐条管段统计特殊管道物料（标记物料）。在材料统计结束时，应提供有关每个标记物料的主要信息列表。

必须将所有数据输入 Marian 输入表，后面 25.5.2 节介绍了其格式以及如何填写输入表。对于特殊管道物料，应使用后面 25.5.3 节给出的特殊物料模板。

应注意以下物料：①在管道工作范围内考虑取样系统、安全淋浴和视镜，均应视为特殊管道物料；②电动阀门和孔板法兰属于仪表的工作范围。

材料统计不包括用于联动试车和投料试车的备件数量。

工程设计中心（EC）必须遵循下列说明：①修改管段和新管段。a. EC 应像之前一样发送一个 Excel 文件，显示还没有建模的修改管段；b. EC 必须重新发送包含完整管段统计的输入表；c. 如果管段包含位于几个区域内的材料，请按照以下说明：当一个区域中的所有材料不复存在时，EC 必须发送显示已删除管段和区域的输入表。考虑到这一点，应根据修改管段更新其余的材料。②删除管段。a. 如果 EC 需要删除一条完整的管段，必须指明需删除管段的名称，在输入表中删去该管段并指明其所在的区域；b. 如果需要删除一条管段中的一个项目，则必须重新发送包含完整管段统计的输入表。③单线图（仅完整管段）。a. 如果 EC 已设计完整的管段，则必须将".b file"发送到 PDO 以更新 Marian；b. 如果建模管线没有完成，不得将".b file"导入 Marian，除非 EC 已发送包含完整管段材料的估计；c. EC 必须发送所有".b file"和包括所有单线图的清单；d. ".b file"包含扩展文件（点、字母 b 和序号）；e. 当设计工程师批量处理单线图时，SP3D 由单线图生成一些文件，".b file"包含由单线图获得的所有资料。④删除单线图。如果 EC 需要删除完整的单线图，必须指明需删除单线图的名称，在输入表中删去该管段并指明其所在的区域。

### 25.3.3 材料管理（如 Marian：智能工厂材料）

智能工厂材料是用于管理材料统计数量的软件，通常称为 Marian。可将 Marian 输入表直接导入系统。这意味着应按照后面 25.5.1 节给出的指示并使用后面 25.5.2 节提供的模板正确填写输入表。

当向 Marian 中导入材料统计时，可以提取一些包含以下信息的报告：①管段号；②项目描述（短代码、选项码、商品代码、标识和描述）；③规格；④数量；⑤单位重量；⑥总重量。

PDO 将发送完整的材料统计 Excel 文件，以便 EC 修订和管理。

一旦第一个 Excel 导入 Marian，EC 必须遵循以下说明：①如何修改一行。如果 EC 需要修改一行的统计，则 EC 必须重新发送包含该行完整统计的输入表。②如何删除一行。如果 EC 需要删除一个完整的行，则必须指明需删除行的名称，并在输入表中删去该行。③如何只删除一个物料。如果需要删除一行中的一个物料，则必须重新发送包含该行完整统计的输入表。④如何删除待定物料。如果需要删除一个或多个待定物料，则必须重新发送包含该行完整统计的输入表。

### 25.3.4 管道材料人工手动统计

Marian 输入表是包含在后面 25.5.2 节所提供的模板中的 Excel 格式，用于人工手动统计管道材料。

表 1-25-3 给出了一个 Marian 输入表示例。

表 1-25-3  Marian 输入表示例

| P&ID | 单元 | 区域 | 管段号 | 短代码 | 选择码 | 直径1 | 直径2 | 规格 | 数量 | H |
|---|---|---|---|---|---|---|---|---|---|---|
|  | 100 | A | P100001-01 | PIP | 1 | 1.5 |  | AA28P | 15.0 |  |
|  | 100 | A | P100001-01 | 90E | 1 | 1.5 |  | AA28P | 4 |  |
|  | 100 | A | P100001-01 | BAL | 1 | 1.5 |  | AA28P | 2 |  |
|  | 100 | A | P100001-01 | BR90 | 1 | 1.5 | .75 | AA28P | 1 |  |
|  | 100 | A | P100001-01 | V09 | 1 | 1.5 |  | AA28P | 1 |  |
|  | 100 | A | P100001-01 | FL3 | 773 | 1.5 |  | AA28P | 2 |  |
|  | 100 | A | P100001-01 | GA3 | 1 | 1.5 |  | AA28P | 2 |  |
|  | 100 | A | P100001-01 | X3FA1 | 1 | 1.5 |  | AA28P | 1 |  |
|  | 100 | A | P100001-01 | BR90 | 1 | .75 | .75 | AA28P | 1 |  |

必须填写所有"强制性"的字段：①单元：管段列表中指示的单元。②区域：区域应对应于单线图中使用的相同区域划分。A——地上；R——支架；U——地下。③管段号：在 P&ID 和工艺管段列表中定义的管段号。不包含点和空格。使用短划线分隔序号。④短代码。⑤选择码：选择码参见管道材料规定（通常为 1，但部分物料除外，如法兰、全内径阀、过滤器和接头等。必须按照管道材料规定指定的特殊选择码）。⑥直径 1：以英寸（in）为单位的尺寸，使用点而非逗号。只包含数字。对于标准装配件，直径 1 表示装配件的尺寸和法兰接头的螺栓组直径。对于直径 1/2in（1in＝0.0254m）、3/4in 和 3/2in，应使用".5"".75"和 1.5 等正确格式。⑦直径 2：以英寸为单位的尺寸，使用点而非逗号。只包含数字。应使用两个尺寸即直径 1 和直径 2 定义所有异径管和管接头。对于直径 1/2in、3/4in 和 3/2in，应使用".5"".75"和 1.5 等正确格式。⑧规格：分类号应符合管道材料规定。⑨数量：输入的数量应以段或米为单位，仅适用于管道长度。对于 PIP，保留一个小数位。⑩待定：对于不确定的材料，应在本栏中填写大写字母 H，表示材料处于尚未确定的状态。采购订单中不得包含所有带 H 的材料。

## 25.4  相关的项目程序

与项目相关的程序包括：管道材料规定。

## 25.5  样表与模板

### 25.5.1  短代码列表

本部分内容参见电子版，下载地址见前言中的说明。

### 25.5.2  数据输入表

如表 1-25-4 所示。

表 1-25-4 数据输入表

| 承包商 LOGO | | | 项目名称： | | | | | | | | | | |
|---|---|---|---|---|---|---|---|---|---|---|---|---|---|
| | | | 日期 | | | | | | 姓名 | | | | |
| P&ID | 单位 | 区域 | 管段 | | 特定材料 | 短代码 | 选择码 | 数量(见注释) | 直径1 | 直径2 | 标签 | 待定 | 注释 | 保温 |
| | | | 用途 | 编号 | | | | | | | | | | |
| 1 | | | | | | | | | | | | | | |
| 2 | | | | | | | | | | | | | | |
| 3 | | | | | | | | | | | | | | |

注：管道计量单位应为米。

### 25.5.3 特殊物料列表

如表 1-25-5 所示。

表 1-25-5 特殊物料列表

| PID 编号 | 管线编号 | SP 编号 | 直径 | | 厚度 | | 等级 | END | 数量 | 管道等级 | 说明 |
|---|---|---|---|---|---|---|---|---|---|---|---|
| | | | 1 | 2 | 1 | 2 | | | | | |
| | | | | | | | | | | | |
| | | | | | | | | | | | |
| | | | | | | | | | | | |

# 第 26 章
# 文件分发矩阵程序

## 26.1 目的

旨在规定 EPCC 项目内部以及与业主之间如何分发项目文件。

## 26.2 范围

本程序适用于在 EPCC 项目内部以及向业主分发正式文件。每个 EC 都应建立一个内部文件分发矩阵,并据此分发项目的内部文件。

## 26.3 工作内容

定期将一份注明送交业主正式文件的清单分发给所列名单的人员,以供参考。每个 EC 应负责在其组织内部的文件分发。

## 26.4 相关规定与程序

相关的项目规定与程序包括:①项目执行计划;②文件管理计划;③承包商联合体内部协调程序;④承包商联合体协议。

## 26.5 文件分发矩阵

① 项目管理文件分发矩阵
② 工艺文件分发矩阵(DDM)
③ 管道文件分发矩阵(DDM)
④ 土建和结构文件分发矩阵(DDM)
⑤ 容器、机械(动设备和成套设备)和传热工程文件分发矩阵(DDM)
⑥ 仪表文件分发矩阵(DDM)
⑦ 项目控制(计划和成本控制)文件分发矩阵(DDM)
⑧ 项目管理、项目设计、项目实施和质量文件分发矩阵(DDM)
⑨ 采购文件分发矩阵(DDM)
⑩ 施工和试车文件分发矩阵(DDM)

①~⑩中内容见电子版,下载方法见前言中的说明。

# 第27章 RFI、TBE和RFP管理程序

## 27.1 目的

旨在制定询价请购文件（RFI）、采购请购文件（RFP）和技术评标（TBE）的编写制度和工作流程，以及承包商项目管理部（PDO）与工程设计中心之间的内部协调程序。

## 27.2 范围

本程序适用于 PDO 或各工程设计中心发布的所有 RFI、RFP 和 TBE。

RFI、TBE 以及 RFP 的最终文件包将存储在 Marian 中，另外，还采用 pdf 格式存储在 EDMS（Documentum）中。

请购文件/TBE 发起人团队负责在执行签字流程前，应对请购文件/TBE 以及相关技术文件（如适用）进行相应验证。

本程序不包括现场领料单。

## 27.3 定义

① 供应商。指从 EPCC 合同中"批准的供应商名单"中选定的任何制造商、供应商或企业，或者业主针对 EPCC 合同而批准的任何其他供应商。

② 询价请购文件（RFI）。该技术文件说明了招标/询价文件中包含的供应范围。

③ 采购请购文件（RFP）。该技术文件说明了采购订单中要求的供应范围，包括在技术评审期间的技术谈判中可能发生的修改。

④ 技术评标（TBE）。该技术文件说明了应该验证分析投标中报价的所有供应是否符合询价请购文件（RFI）中包含的所有技术和范围要求，并明确指出哪些是在技术上可接受的投标。

## 27.4 请购文件结构

### 27.4.1 询价请购文件（RFI）

询价请购文件（RFI）是说明招标/询价文件（RFI）中所含供应范围的技术文件。

投标人须遵守涉及供货的询价请购文件，其中包括多个项目技术文件，例如：规范、法规、标准、图纸、数据表、供应商图纸和资料要求（VDDR）、检验活动计划（IAP）、质量

和健康、安全与环境（HSE）要求等。

RFI 应采用压缩文件，编号规则如下：①内部编号：PDOXYYYY，根据"文件与资产标签编号程序"编写。②正式编号：PDO.00.10.BB.EEE，根据"文件与资产标签编号程序"编写。

对于内部沟通和分发，压缩文件的名称将采用内部编号，对于正式发布给业主和上传到 EDMS（Documentum）的 RFI，压缩文件名称应采用正式编号。

RFI 应包含内容详见表 1-27-1。

表 1-27-1　询价请购文件（RFI）应包括的内容

| 序号 | 名称 | 编号[①] | 说明 | 模板 |
|---|---|---|---|---|
| 1 | 首页 | PDOXYYYY First | 按照询价请购文件列表的规定来给 RFI 的首页编号 | 适用 |
| 2 | 封面 | PDOXYYYY revNN | 文件索引，包括：①供应范围；②数据表和清单；③规范；④图纸、图表和标准；⑤具体供应条件；⑥VDDR；⑦IAP；⑧其他 | 适用 |
| 3 | 供应范围 | SOS-PDOXYYYY revNN | 这是一份项目清单，包括项目名称和总量。包括以下信息：项目、描述、数量、单位 | 适用 |
| 4 | 具体供应条件 | CP-PDOXYYYY | 请购文件的主体定义了供应范围的最低技术数据和要求 | 适用 |
| 5 | VDDR | VDDR-PDO-VVV-YYY-ZZ | 供应商图纸和资料要求 | 不适用[②] |
| 6 | IAP | IAP-PDO-VVYYY-FF-ZZ | 检验活动计划 | 不适用[②] |
| 7 | 偏差表 | LIS-DEV-PDOXYYYY-NN | 偏差表 | 适用 |
| 8 | 技术澄清表 | LIS-CLA-PDOXYYYY-NN | 技术澄清表 | 适用 |
| 9 | 公用工程消耗清单 | LIS-UTI-PDOXYYYY-NN | 公用工程消耗（如适用） | 适用 |
| 10 | 润滑剂清单 | LIS-LUB-PDOXYYYY-NN | 润滑剂清单（如适用） | 适用 |

① 根据"文件编号程序"进行编号。
② 每个 RFI 均由 PDO 提供文件。

提交业主之前，发起人应先将询价请购文件提交给质量保证和检验团队进行审查。

### 27.4.2　采购请购文件（RFP）

采购请购文件（RFP）是描述采购订单中所含供应范围的技术文件。

投标人须遵守涉及供货的采购请购文件，其中包括多个项目技术文件，例如：规范、法规、标准、图纸、数据表、供应商图纸和资料要求（VDDR）、检验活动计划（IAP）、质量和健康、安全与环境（HSE）要求等。

RFP 应为压缩文件，编号规则如下。①内部编号：PDOXYYYY/ZZZ，根据"文件与资产标签编号程序"编号。②正式编号：PDO.00.10.BB.EEE，根据"文件与资产标签编号程序"编号。

对于内部沟通和分发，压缩文件的名称将采用内部编号，对于正式发布给业主和上传到 EDMS（Documentum）的 RFP，应采用正式编号。

RFP 应包含内容详见表 1-27-2。

表 1-27-2 采购请购文件（RFP）应包括的内容

| 序号 | 名称 | 编号① | 说明 | 模板 |
|---|---|---|---|---|
| 1 | 首页 | PDOXYYYY First | 按照请购文件列表的规定来编号 RFP 的首页 | 适用 |
| 2 | 封面 | PDOXYYYY/ZZZZ revNN | 详见 RFI | 适用 |
| 3 | 供应范围 | SOS-PDOXYYYY/ZZZZ revNN | 详见 RFI | 适用 |
| 4 | 具体供应条件 | CP-PDOXYYYY/ZZZZ | 详见 RFI | 适用 |
| 5 | VDDR | VDDR-PDO-VVV-YYY-ZZ | 供应商图纸和资料要求 | 不适用② |
| 6 | IAP | IAP-PDO-VVYYY-FF-ZZ | 检验活动计划 | 不适用② |
| 7 | 偏差表 | LIS-DEV-PDOXYYYY-NN | 偏差表 | 适用 |
| 8 | 公用工程消耗清单 | LIS-UTI-PDOXYYYY-NN | 公用工程消耗（如适用） | 适用 |
| 9 | 润滑剂清单 | LIS-LUB-PDOXYYYY-NN | 润滑剂清单（如适用） | 适用 |

① 根据"文件与资产标签编号程序"进行编号。
② 每个 RFP 均由 PDO 提供文件。

更新 RFP 中具体供应条件的注意事项：对于 RFP（采购请购文件），发起人应在具体供应条件中明确指出是否存在经过确认的偏差表（应附于 RFP），如果供应商确认完全符合所有要求，则供应商确认 RFI 及其他所附/所述的适用文件（如数据表、规范、标准等）中的具体要求无偏差。因此，应更新如下。①完整的供货应符合本采购请购文件及其所附文件。对于采购请购文件及其包含的适用技术规定、数据表或任何其他文件的任何偏差项和/或除外项，供应商应以"偏差表"（LIS-DEV- PDOXYYYY-NN）的形式进行声明。②除非"偏差表"中特别声明，报价单中的注释不构成除外项或偏差项。如果确认"无偏差"且"偏差表"（LIS-DEV-PDOXYYYY-NN）中无任何偏差声明，或者仅仅"偏差表"（LIS-DEV-PDOXYYYY-NN）中的事项存在除外项，承包商应视为供应商已完全接受采购请购文件及其所附文件中规定的所有要求。

## 27.5 技术评标和预筛选结构

经设计部门评标后，如果标书完整且技术上合格或者可能合格，则将进行包括分析预选标书概述在内的技术预筛选。技术预筛选报告是一封电子邮件或一份按照预先确定模板的报告。EC 在收到投标文件后两日内应完成技术预筛选。

技术评标（TBE）是一份研究供应商投标的详细文件，应与投标人澄清所有必要的问题，并编制最终报告。技术评标（TBE）应遵守表 1-27-3 所示的结构。

表 1-27-3 技术评标（TBE）的文件结构

| 编号 | 名称 | 编号① | 模板 |
|---|---|---|---|
| 1 | 技术报价分析 | 正式编号 PDO-XXXX-R-YYYYrevN/内部编号 TBE-PDOXYYYYrevNN | 适用 |
| 2 | 技术评审表 | TBE-PDOXYYYY-att01 | 适用 |
| 3 | 偏差表 | LIS-DEV-PDOXYYYY-NN | 适用 |

续表

| 编号 | 名称 | 编号① | 模板 |
|---|---|---|---|
| 4 | 技术澄清表 | LIS-CLA-1003XYYYY-NN | 适用 |
| 5 | 技术的具体条件 | — | 不适用 |
| 6 | 公用工程消耗清单（如适用） | LIS-UTI-1003XYYYY-NN | 适用 |
| 7 | 润滑剂清单（如适用） | LIS-LUB-1003XYYYY-NN | 适用 |

① 根据"文件与资产标签编号程序"进行编号。

#### 27.5.1 技术报价分析

技术报价分析编号如下：①内部编号：TBE-PDOXYYYY，根据"文件与资产标签编号程序"编号。②正式编号：PDO-XXXX-R-YYYY，根据"文件与资产标签编号程序"中的报告名称编号。

技术报价分析应包括以下内容：①概述：对报价分析目的进行一般性解释，包括任何需要解释的具体主题，例如，在询价请购文件签发后发生的范围变更。②分析投标文件。a.投标文件的技术分析：分析标书清单，包括分析文件以及作为参考文件的与每位投标人的沟通信函。b.未进行分析的投标文件（如适用）：包括对未进行分析的原因进行清晰简短说明。③总体意见：总体意见适用于所有投标（如果认为方便的话）。④每个投标的具体意见。应考虑到每个投标人的以下事项。a.偏差：包括技术、文件范围（VD-DR）以及检验范围（IAP）。b.如果标书完整且包括询价请购文件供应范围内的所有物料［设备、材料、备件（按要求）、附件（按要求）、要求的任何类型的服务、文件等］：设计要求以及适用规范。⑤必要时，澄清哪些额外价格、备选方案等应包括在商务评标的基本价格中，哪些仍应是可选项。⑥任何其他适用的意见。⑦突出重点：本部分应包含不同投标人应进行澄清/回答/同意的待定点［仅当PDO决定承担发布技术报价分析的风险（包括本段落）时才适用］。⑧可选的要求。⑨技术推荐：最终技术推荐，明确指出认为哪个投标技术合格（或不合格）。

#### 27.5.2 技术评审表

评标的技术评审表包括参照具体的技术规定根据预定的模板提供每个投标人的具体数据。对于某些具体情况下（加热炉、冷却器、泵……），PDO的设计部将提供具体的模板。

#### 27.5.3 偏差表

偏差表应由每个供应商按照给定的模板填写，如果与任何项目规定或合同规定之间存在任何偏差，则应由承包商批准或拒绝，并且应附在TBE上供业主批准。

#### 27.5.4 技术澄清表

技术评标过程中，如果在技术澄清期间出现对技术的具体条件或RFI的任何澄清，则每个供应商应根据给定的模板填写澄清表并附在TBE上。

#### 27.5.5 技术的具体条件

技术合格供应商的技术具体条件，以及上述澄清表中不包含的任何会议记录或其他澄清。

#### 27.5.6 公用工程消耗清单

如适用，供应商应填写公用工程消耗清单。

#### 27.5.7 润滑剂清单

如适用，供应商应填写润滑剂清单。

## 27.6 内部协调和工作流程

下面将详细阐述请购和技术评标的工作流程,以及PDO与工程设计中心之间的内部协调程序。

关于工作流程,请购划分为以下两个大组:①设备请购。请购涉及具有单独资产标签的物料,以及为每台独立机组采购的物料。每个工程设计中心将根据从PDO收到的信息来生成自己的请购文件,而PDO负责修订和协调。②大宗材料请购。所有工程设计中心负责具有相同特点的大宗材料请购。PDO将使用各工程设计中心的材料统计表/工程量清单来生成唯一的一份请购文件。在这种情况下,工程设计中心应及时提供材料统计表/工程量清单供PDO编辑。

当规定采用传送单时,应适用以下情况:①工程设计中心与PDO之间的沟通,按照承包商的内部协调程序沟通协调;②PDO与业主的沟通,按照"文件管理计划"执行。

如果规定通过电子邮件传送,则应在PDO的设计专业负责人和工程设计中心之间进行沟通,并抄送PDO的设计经理、PDO材料经理和EC的设计经理。

在将完整的请购文件提交给业主之前,应先分发给质量保证(QA)和检验团队进行审查。PDO的负责人应确保遵守该要求。

生成的每个文件(RFI/RFP/TBE)应由PDO上传到EDMS(Documentum)中,RFI/RFP的正式修订也应上传到Marian中。

如果收到业主对RFI、TBE或RFP的意见,应根据"业主审批意见控制程序"来管理。

## 27.7 设备RFI、TBE和RFP工作流程

在设备请购过程中,将遵守表1-27-4所示工作流程。

表1-27-4 设备RFI、TBE和RFP工作流程

| 步骤 | 行动 | PDO | EC | 文件号 | TMT |
|---|---|---|---|---|---|
| RFI | | | | | |
| 1 | 按照前面27.4.1节编制RFI格式(压缩文件) | X | | PDOXYYYY rev0P | TT |
| 2 | 收到RFI后10天,按照前面27.4节编制RFI(压缩文件),可定制以下内容:①封面(模板);②RFI的相关供应范围;③具体供应条件 | | X | PDOXYYYY rev 0T/0S/0H | TT |
| 3 | ① 修订和协调各EC的RFI<br>② 将EC的RFI上传到Marian & Documentum中<br>③ 填写首页(模板)将各EC的RFI正式发布至:业主和EC | X | | PDO.00.10.XX.YYY rev0 | TT |
| 4 | ① 如果收到业主的审批意见,则由EC答复PDO<br>② 如果要求修订RFI,应由EC发布修订 | | X | PDO.00.10.XX.YYY rev0 -COM<br>PDOXYYYY rev1T/1S/1H | TT |
| 5 | 将业主审批意见和/或EC的RFI补充正式发布至:业主和EC | X | | PDO.00.10.XX.YYY rev0-COM<br>PDO.00.10.XX.YYY revA | TT |

| 步骤 | 行动 | PDO | EC | 文件号 | TMT |
|---|---|---|---|---|---|
| TBE | | | | | |
| 1 | 分发每个 RFI 的标书进行分析 | X | | 不适用 | 邮寄 |
| 2 | 对分发的标书 2 天内进行技术预筛选 | | X | TECH-PRE-PDOXYYYY | 邮寄 |
| 3 | 分析入围名单及最终选择的标书 | X | | 不适用 | 邮寄 |
| 4 | 根据项目要求,在收到入围名单后 3/4 周内,按照前面 27.5 节的要求发布 TBE | | X | TBE-PDOXYYYY rev0T/S/H | TT |
| 5 | ① 修订和协调各 EC 的 TBE<br>② 正式将各 EC 的 TBE 发布至:业主和 EC | X | | PDO-XXXX-R-YYYY rev0 | TT |
| 6 | ① 如果收到业主的审批意见,则由 EC 答复 PDO<br>② 如果要求修订 TBE,应由 EC 发布修订 | | X | PDO-XXXX-R-YYYY rev0-COM<br>TBE-1003XYYYY rev1T/1S/1H | TT |
| 7 | 将业主审批意见和/或 各 EC 的 TBE 补充正式发布至:业主和 EC | X | | PDO-XXXX-R-YYYY rev0-COM<br>PDO-XXXX-R-YYYY revA | TT |
| RFP | | | | | |
| 1 | 通知中标供应商 | X | | 不适用 | 邮寄 |
| 2 | 在通知中标供应商 2 周后,按照前面 27.4.2 节生成 RFP(压缩文件) | | X | PDOXYYYY/ZZZZ rev0T/0S/0H | TT |
| 3 | ① 修订和协调各 EC 的 RFP<br>② 将各 EC 的 RFP 上传到 Marian & Documentum 中<br>③ 填写首页(模板)将各 EC 的 RFP 正式发布至:业主和 EC | X | | PDO. 00. 10. XX. YYY rev0 | TT |
| 4 | ① 如果收到业主的审批意见,则由 EC 答复 PDO<br>② 如果要求修订 RFP,应由 EC 发布修订 | | X | PDO. 00. 10. XX. YYY rev0 COM<br>PDOXYYYY/ZZZZ rev1T/1S/1H | TT |
| 5 | 将意见和/或 各 EC 的 RFP 补充正式发布至:业主和 EC | X | | PDOXYYYY/ZZZZ rev00- COM<br>PDOXYYYY/ZZZZ rev01/02… | TT |

注:1.TMT——传送方式;TT——传送单;X——负责完成(下同)。

2.版本 O、A、B…是正式版本。版本 0T/0S/0H/0P、1T/1S/1H…是 AEC/BEC/CEC/PDO 先前的内部版本。

## 27.8 大宗材料 RFI、TBE 和 RFP 工作流程

在大宗材料的 RFI 发布过程中,将遵守表 1-27-5 所示工作流程。

表 1-27-5 大宗材料 RFI、TBE 和 RFP 工作流程

| 步骤 | 行动 | PDO | EC | 文件号 | TMT |
|---|---|---|---|---|---|
| RFI | | | | | |
| 1 | 发布其所负责的 MTO/BOQ | | X | 不适用 | 邮寄 |

续表

| 步骤 | 行动 | PDO | EC | 文件号 | TMT |
|---|---|---|---|---|---|
| 2 | ① 根据前面 27.4.1 节发布 RFI 文件<br>② 将 RFI 上传到 Marian & Documentum 中<br>③ 将 RFI 正式发布至：业主和 EC | X | | PDOXYYY REV0/<br>PDO. 00. 10. XX. YYY rev0 | TT |
| 3 | ① 如果收到业主的审批意见,则由 PDO 答复<br>② 如果要求修订 RFI,应由 PDO 发布修订<br>③ 将业主审批意见和/或 RFI 补充正式发布至：业主和 EC | X | | PDO. 00. 10. XX. YYY rev0 -COM<br>PDO. 00. 10. XX. YYY revA,B,C… | 不适用 |
| TBE | | | | | |
| 1 | 分发每个 RFI 的标书进行分析 | X | | 不适用 | 邮寄 |
| 2 | 在 2 天内,对分发的初始标书进行技术预筛选 | X | | TECH-PRE-1003XYYYY | 邮寄 |
| 3 | 对入围名单及最终选择的标书进行分析 | X | | 不适用 | 邮寄 |
| 4 | ① 根据项目要求,在收到入围名单后 3/4 周内,按照前面 27.5 节发布 TBE(带附件)<br>② 将各 EC 的 TBE 正式发布至：业主和 EC | X | | TBEPDOXYYYY rev00<br>PDO-XXXX-R- YYYY rev0 | TT |
| 5 | ① 如果收到业主的审批意见,由 PDO 答复<br>② 如果要求修订 TBE,应由 PDO 发布修订<br>③ 将业主审批意见和/或 TBE 修改正式发布至：业主和 EC | X | | PDO-XXXX-R-YYYY rev0 -COM<br>PDO-XXXX-R-YYYY revA,B,C… | 不适用 |
| RFP | | | | | |
| 1 | 通知中标供应商,并要求按照 MTO/BOQ 采买 | X | | 不适用 | 邮寄 |
| 2 | 按照项目计划要求,发布所负责工作范围的供采购的 MTO/BOQ | | X | 不适用 | 邮寄 |
| 3 | ① 按照前面 27.4.2 节发布 RFP<br>② 将各 EC 的 RFP 上传到 Marian & Documentum 中<br>③ 将各 EC 的 RFP 正式发布至：业主和 EC | X | | PDOXYYY/ZZZ REV0/<br>PDO. 00. 10. X X. YYY rev0 | TT |
| 4 | ① 如果收到业主的审批意见,由 PDO 答复<br>② 如果要求修订 RFP,应由 PDO 发布修订<br>③ 将业主审批意见和/或 RFP 补充正式发布至：业主和 EC | X | | PDO. 00. 10. XX. YYY rev0-COM<br>PDO. 00. 10. XX. YYY revA,B,C… | TT |

注：TMT 为传送方式；TT 为传送单。

## 27.9 相关规定与程序

相关的规定与程序主要包括：①项目执行计划；②文件与资产标签编号程序；③文件管理计划；④承包商内部协调程序；⑤业主审批意见控制程序。

## 27.10 询价规定/采购规定

### 27.10.1 询价文件（RFI）/请购文件（RFP）封面模板

如表 1-27-6 所示。

表 1-27-6　询价文件（RFI）/请购文件（RFP）封面模板

| 项目:代号 | | XXXXX 项目 | |
|---|---|---|---|
| | | 询价文件（RFI）/请购文件（RFP） | |
| | | 封面(模板) | |
| 编号:PDOXYYYY | 附录:00 | 客户请购文件号： | |
| 主题： | | | |
| | | | |
| | | | |
| 1.供应范围 | | | |
| 见"供应范围" | | | |
| 2.数据表和清单 | | | |
| 附录:00 | | | |
| 文件名称 | | 文件描述 | 版本 |
| | | | |
| 3.技术规范 | | | |
| 附录:00 | | | |
| 文件名称 | | 文件描述 | 版本 |
| | | | |
| 4.初步图纸和标准 | | | |
| 附录:00 | | | |
| 文件名称 | | 文件描述 | 版本 |
| | | | |
| 5.具体供应条件 | | | |
| 附录:00 | | | |
| 文件名称 | | 文件描述 | 版本 |
| PDOXYYYY-CP | | 具体供应条件-进料过滤器 | 00 |
| | | | |
| 6.供应商图纸和资料要求 | | | |
| 附录:00 | | | |

续表

| 文件名称 | 文件描述 | 版本 |
|---|---|---|
| PDO-136-601-01 | 供应商图纸和资料要求-进料过滤器 | 00 |

**7. 检查活动计划**

| 附录:00 | | |
|---|---|---|
| 文件名称 | 文件描述 | 版本 |
| | | |

**8. 其他**

| 附录:00 | | |
|---|---|---|
| 文件名称 | 文件描述 | 版本 |
| | | |

## 27.10.2 供应范围模板

如表 1-27-7 所示。

表 1-27-7 供应范围模板

| 承包商 LOGO | | 供应范围(RFI/RFP) | | 项目 | 请购文件 | | 附录 | |
|---|---|---|---|---|---|---|---|---|
| | | 模板 | | PDO | PDOXYYYY | | 0 | |
| 供应范围 | | | | | | | | |
| | 商品代码 | 由 PDO 提供 | | | | | | |
| | 描述 | 由 EC 提供:设备类型 | | | | | | |
| | | | | | | | | |
| | 编号 | 子编号 | 位号 | 位号描述 | 实际数量 | 初步数量 | 变更数量 | 单位 |
| | 1 | 1 | | | 1 | 0 | 1 | 个 |
| | 2 | 1 | | | 1 | 0 | 1 | 个 |
| | 3 | 1 | | | 1 | 0 | 1 | 个 |
| | 4 | 1 | | | 1 | 0 | 1 | 个 |
| | 5 | 1 | | | 1 | 0 | 1 | 个 |
| | 6 | 1 | | | 1 | 0 | 1 | 个 |
| | | | | | | | | |
| | 商品代码 | 由 PDO 提供 | | | | | | |
| | 描述 | 由 EC 提供:设备类型 | | | | | | |
| | | | | | | | | |
| | 编号 | 子编号 | 位号 | 位号描述 | 实际数量 | 初步数量 | 变更数量 | 单位 |
| | 7 | 1 | | | 1 | 0 | 1 | 套 |
| | | | | | | | | |
| | 商品代码 | 由 PDO 提供 | | | | | | |
| | 描述 | 由 EC 提供:设备类型 | | | | | | |
| | | | | | | | | |

续表

| 编号 | 子编号 | 位号 | 位号描述 | 实际数量 | 初步数量 | 变更数量 | 单位 |
|---|---|---|---|---|---|---|---|
| 8 | 1 | | | 1 | 0 | 1 | 套 |
| 商品代码 | | | 由 PDO 提供 | | | | |
| 描述 | | | 由 EC 提供:设备类型 | | | | |

| 编号 | 子编号 | 位号 | 位号描述 | 实际数量 | 初步数量 | 变更数量 | 单位 |
|---|---|---|---|---|---|---|---|
| 9 | 1 | | | 0 | 0 | 0 | 套 |
| 商品代码 | | | 由 PDO 提供 | | | | |
| 描述 | | | 由 EC 提供:设备类型 | | | | |

| 编号 | 子编号 | 位号 | 位号描述 | 实际数量 | 初步数量 | 变更数量 | 单位 |
|---|---|---|---|---|---|---|---|
| 10 | 1 | | | 1 | 0 | 1 | 套 |
| 商品代码 | | | YA2000 | | | | |
| 描述 | | | 资产备件 | | | | |

| 编号 | 子编号 | 位号 | 位号描述 | 实际数量 | 初步数量 | 变更数量 | 单位 |
|---|---|---|---|---|---|---|---|
| 11 | 1 | | | 1 | 0 | 1 | 套 |
| 商品代码 | | | YB0000 | | | | |
| 描述 | | | 正常运行备件 | | | | |

| 编号 | 子编号 | 位号 | 位号描述 | 实际数量 | 初步数量 | 变更数量 | 单位 |
|---|---|---|---|---|---|---|---|
| 12 | 1 | | | 1 | 0 | 1 | 套 |
| 商品代码 | | | YC1000 | | | | |
| 描述 | | | 投料试车备件 | | | | |

| 编号 | 子编号 | 位号 | 位号描述 | 实际数量 | 初步数量 | 变更数量 | 单位 |
|---|---|---|---|---|---|---|---|
| 13 | 1 | | | 1 | 0 | 1 | 套 |
| 商品代码 | | | YA1000 | | | | |
| 描述 | | | 专用工具 | | | | |

| 编号 | 子编号 | 位号 | 位号描述 | 实际数量 | 初步数量 | 变更数量 | 单位 |
|---|---|---|---|---|---|---|---|
| 14 | 1 | | | 1 | 0 | 1 | 套 |

### 27.10.3 具体供应条件模板

参见采购与材料管理"具体供应条件程序"。

## 27.11 模板与样表

### 27.11.1 偏差表

如表 1-27-8 所示。

**表 1-27-8 偏差表**

文件编号 LIS-DEV-PDOXYYYY-NN

| 供应商 | |
|---|---|
| 承包商请购单参考号(编号/版本) | |
| 供应商报价单参考号(编号、版本、日期) | |

| 偏差项编号 | 文件 | 版本 | 参考/段落 | 供应商偏差/除外项 | 理由/意见 | 承包商验收 |
|---|---|---|---|---|---|---|
| | | | | | | |
| | | | | | | |

供应商确认除本偏差所列项目之外完全符合请购单及其参考文件要求。

日期:　　　　　　　　　　　　　　签字:

### 27.11.2 技术澄清表

如表 1-27-9 所示。

**表 1-27-9 技术澄清表**

文件编号 LIS-CLA-PDOXYYYY-NN

| 投标人 | | 报价书参考号 | | 报价日期 | |
|---|---|---|---|---|---|
| 编号 | 条款项目/主题 | 澄清 | 供应商答复 | | 承包商批准/意见 |
| | | | | | |
| | | | | | |
| | | | | | |
| | | | | | |
| | | | | | |
| | | | | | |

### 27.11.3 公用工程消耗清单

如表 1-27-10 所示。

表 1-27-10 公用工程消耗清单

| 业主 | | 装置能力 | | | | | | | | | 变更 | 版本 | 备注 | 页码 |
|---|---|---|---|---|---|---|---|---|---|---|---|---|---|---|
| 地点 | | | | | | | | | | | | | | 1/2 |
| 项目编号 | PPPPP/XXXXXXX | 单元编号/代码 | | | | | | | | | 日期 | | | |
| 单元类型 | | 工况 | | | | | | | | | 编制 | | | |
| 文件编号 | LIS-UTI-PD0XYYY-NN | | | | | | | | | | 批准 | | | |
| 单元-设备编号 | 用途 | 电力/kW | | | 蒸汽 /(kg/h) | | | | 冷凝水 /(kg/h) | | | 锅炉给水 /(kg/h) | 脱盐水 /(kg/h) | 版本 |
| | | 电动机负荷/额定值 | 机械运行负荷 | 电气操作负荷 | 高高压蒸汽 | 高压蒸汽 | 中压蒸汽 | 低压蒸汽 | 中压冷凝水 | 低压冷凝水 | 冷凝/真空冷凝水 | 损耗 | | |
| | | | | | | | | | | | | | | |
| | | | | | | | | | | | | | | |
| | | | | | | | | | | | | | | |
| 总计 | | | | | | | | | | | | | | |

注：( )同歇式生产设备/消耗设备—指示消耗的数量

电动机负荷额定值：电动机或负荷的铭牌额定值
机械运行负荷：电动机轴功率
电气操作负荷：电动机吸收的功率（设计条件下的机械负荷/效率）

续表

| 业主 | | | | | | | | 页码 |
|---|---|---|---|---|---|---|---|---|
| 地点 | | | | | | | | 2/2 |
| 项目编号 | PPPPP/XXXXXXX | | 装置能力 | | | | 变更 | |
| 单元类型 | | | 单元编号/代码 | | | | 日期 | |
| 文件编号 | LIS-UTI-PDOXYYYY-NN | | 工况 | | | | 编制 | 版本 |
| | | | | | | | 批准 | |

| 单元-设备编号 | 用途 | 冷却水 | | | 公用 | | 仪表风 /(N·m³/h) | 工厂风 /(N·m³/h) | | 氮气 /(N·m³/h) | | 备注 |
|---|---|---|---|---|---|---|---|---|---|---|---|---|
| | | 温升 /℃ | 流量 /(m³/h) | | 工程水 /(m³/h) | 脱盐水 /(m³/h) | | 连续 | 间歇 | 连续 | 间歇 | 燃料 |
| | 总计 | | | | | | | | | | | |

注：( ) 间歇式生产设备/消耗设备 — 指示消耗的数量

## 27.11.4 润滑油清单模板

如表 1-27-11 所示。

表 1-27-11 润滑油清单模板

业主名称：
项目名称：
工作号： PDO
文件号： LIS-LUB-PDOXYYYY-NN    版本：0

润滑油清单模板

| 设备位号 | 用途 | 润滑部件 | 要求数量 | 数量/个 | | 润滑规范 | 再填充 | | 润滑剂品牌 | | 供应商 | 推荐的润滑油 | | | | 润滑脂主要特点 | | | |
|---|---|---|---|---|---|---|---|---|---|---|---|---|---|---|---|---|---|---|---|
| | | | | 首次填充量 | 年消耗量 | | 间隔时间 | 数量 | 推荐品牌 | 同等品牌 | | 类型 | 润滑油 | | | 润滑脂 | | | |
| | | | | | | | | | | | | | 黏度 | 倾点/℃ | 闪点/℃ | 密度/(kg/dm³) | 滴点/℃ | 在25℃下工作时的渗透性 | |
| | | | | | | | | | | | | 润滑油 | | | | | | | |
| | | | | | | | | | | | | 润滑脂 | | | | | | | |

## 27.11.5 技术评审表

如表 1-27-12 所示。

表 1-27-12　技术评审表

| 文件号 | TECH-PRE-PDOXYYYY | 版本 N | | |
|---|---|---|---|---|
| 询价请购文件号 | PDOXYYYY | 版本 N | | |
| 供应商 | 供应商 1 | 供应商 2 | 供应商 3 | 供应商 N |
| 包括供应范围内的所有项目 | 是/否① | 是/否① | 是/否① | 是/否① |
| 技术可行性 | 是/是(带备注)/可接受/否② | 是/是(带备注)/可接受/否② | 是/是(带备注)/可接受/否② | 是/是(带备注)/可接受/否② |
| 偏差表 | 是/否 | 是/否 | 是/否 | 是/否 |
| 分供商名单 | 是/否 | 是/否 | 是/否 | 是/否 |
| 提供设计的快速审核③ | 是/否/不适用 | 是/否/不适用 | 是/否/不适用 | 是/否/不适用 |
| 保证④ | 是/否/不适用 | 是/否/不适用 | 是/否/不适用 | 是/否/不适用 |
| 参考文件(经验) | 是/否 | 是/否 | 是/否 | 是/否 |
| 需要澄清的报价 | 是/否 | 是/否 | 是/否 | 是/否 |
| 可能影响价格的注释/备注 | | | | |

① 在"否"的情况下，应指定缺少的项目（设备、材料、服务范围、仪器仪表、选项……）。
② 在"否"的情况下，应给出技术原因。
③ 仅适用于管壳式换热器和空气冷却器：如果供应商依据询价文件所附的机械数据表和/或工程图纸进行报价，则应指出这一点（例如，提交完整的可替代设计进行评估，或由供应商提供小幅修改，或报价中包括的供应商设计与承包商包括的相同）。
④ 仅适用于壳管式换热器和空气冷却器：如果供应商的报价包括热设计保证和机械设计保证，则应指出这一点。

# 第28章
# 设计支持采购的工作与接口流程

工程设计专业应负责支持采购团队实施设备、材料和/或其他物料的第三方服务。

## 28.1 设计支持采购的工作

### 28.1.1 编制包含采购技术规格书与要求的询价请购文件

工程设计的相关专业应提供包括技术规格书与要求的询价请购文件,以供采购经理/采买人员编制相应的招标文件。

### 28.1.2 分包商/供应商/制造商文件的技术审查

可能要求工程设计专业对寻源过程获得的分包商/供应商/制造商的文件进行技术评审。为了验证采购的设备、材料或其他物料是否符合项目的设计要求,工程设计专业可能需要验证分包商/供应商/制造商文件提供需专业审查所有的文档,并在审查后签署确认文档。一旦完成文档的审查后,项目工程师可以将分包商/供应商/制造商的文档传送回采购经理,以确保能够继续进行招标过程。应通过及时重发招标文件包(包括更改的规格和/或图纸),告知分包商/供应商/制造商所有工程设计专业的变更。

分包商/供应商/制造商文件的技术审查应确认:①承包商完成由分包商/供应商/制造商提供项目工作范围所需的信息;②分包商/供应商/制造商的设计适合其目的,符合承包商招标的要求,并与招标要求中包含的承包商文件相符;③安装、调试、操作和维护说明符合招标文件的要求;④明确指出对招标文件要求的偏差(并附有适用的意见),以帮助确保承包商能够继续执行采购流程;⑤有关分包商/供应商/制造商文件的所有意见都应能够通过签名或不同颜色进行评注,如有必要,可以在单独的工作表上提供其他意见,可以主要依据供应商的相关文件确定同等的产品。

根据分包商/供应商/制造商文件的技术审查,应合并错误和遗漏并传送给分包商/供应商/制造商。采购经理和工程设计专业的技术人员负责协同工作,以确保提供的设备、材料和/或服务能够满足项目的需求。有关分包商/供应商/制造商文件的质量控制审核的更多信息应按照项目质量管理程序的要求执行。

## 28.2 工程设计支持采购的工作流程

### 28.2.1 电气/仪表/配管的大宗材料工作流程

工程设计支持电气/仪表/配管的大宗材料采购工作的流程详见图 1-28-1。

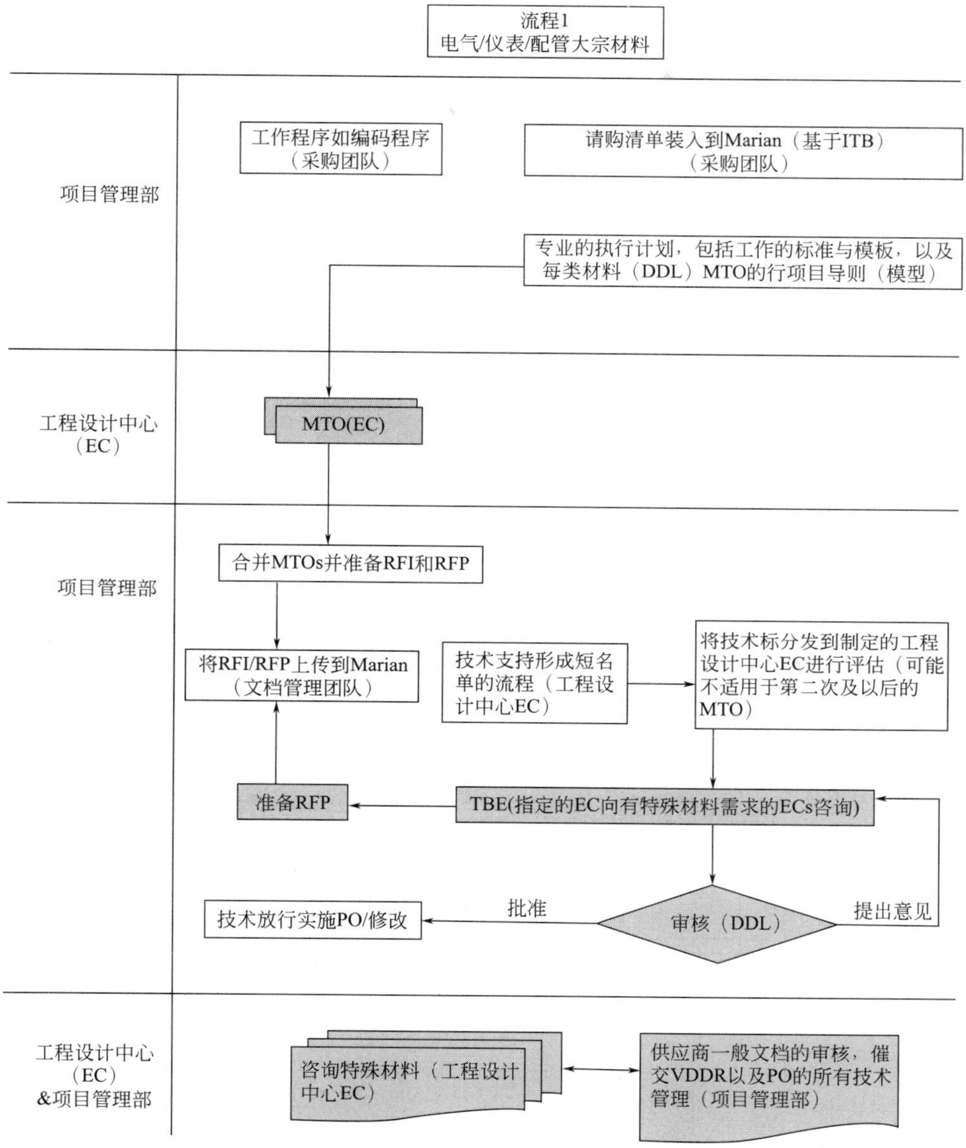

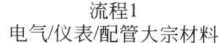

图 1-28-1　电气/仪表/配管的大宗材料采购工作流程图

### 28.2.2　带位号的仪表材料工作流程

工程设计支持带位号的仪表材料采购工作的流程详见图 1-28-2。

### 28.2.3　带位号的设备物资（不包括仪表）与钢结构工作流程

工程设计支持带位号的设备物资（不包括仪表）与钢结构采购工作的流程详见图 1-28-3。

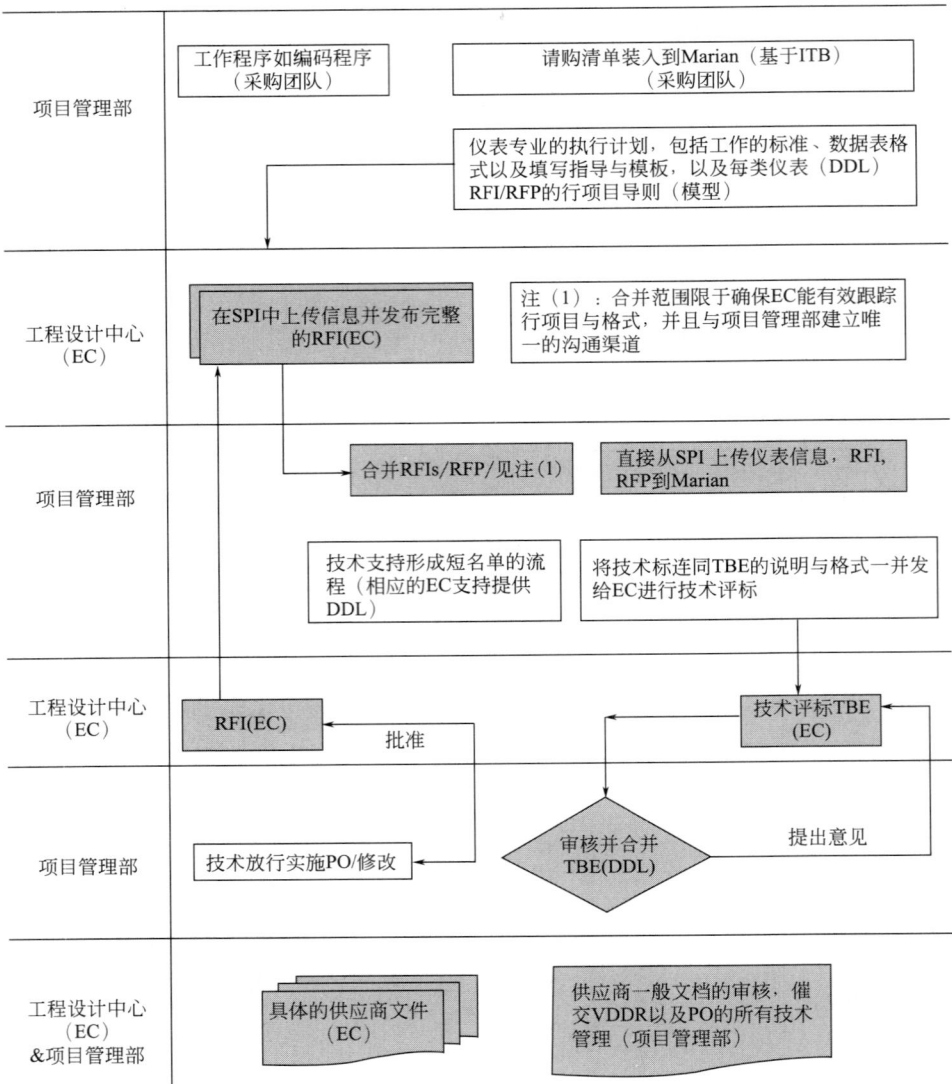

图 1-28-2　带位号的仪表材料工作流程图

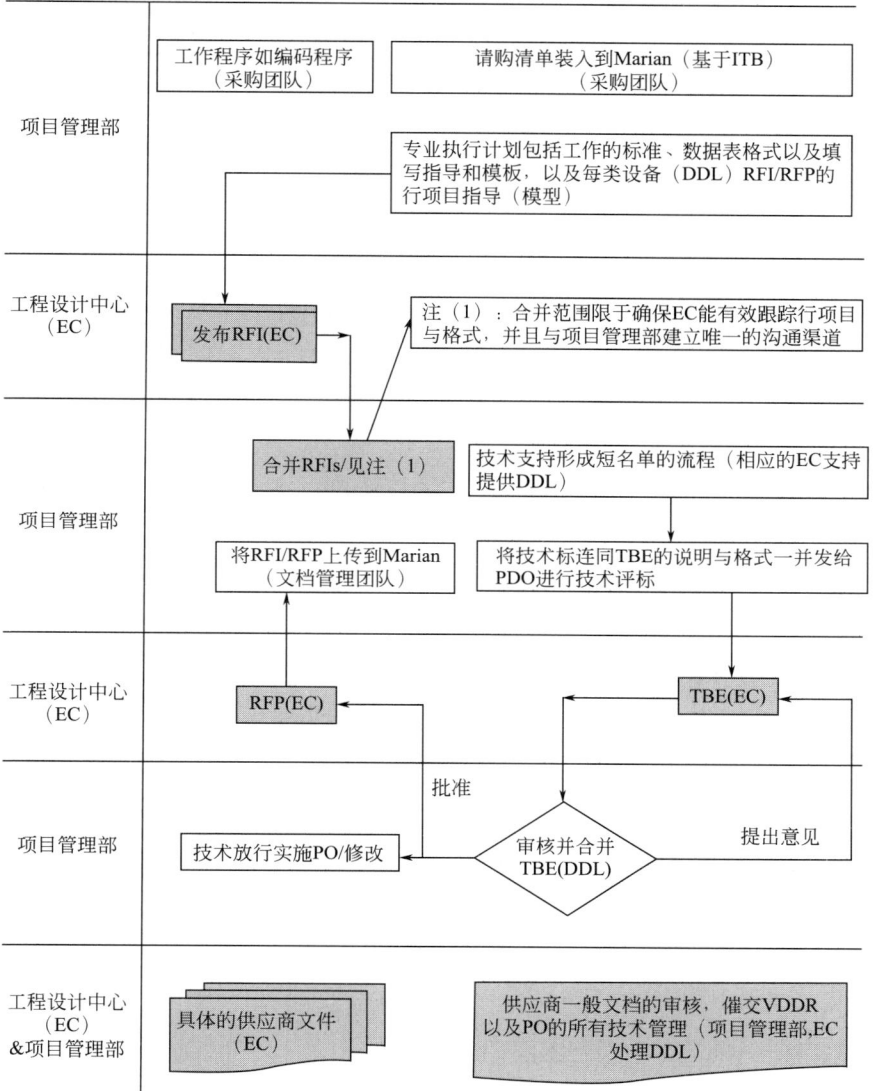

图 1-28-3　带位号的设备物资（不包括仪表）与钢结构工作流程

## 28.3 请购流程图

设计的询价请购与采购请购的流程见图1-28-4。

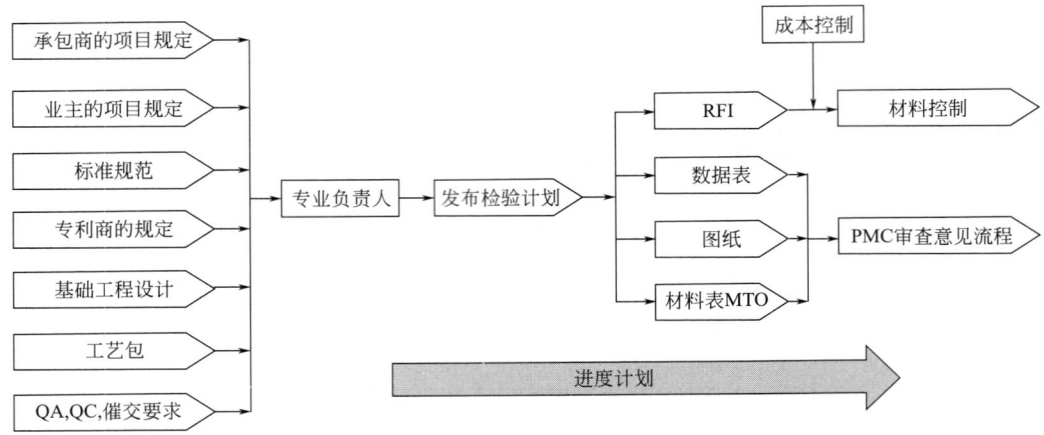

图1-28-4 请购流程图

## 28.4 请购工作流程与周期

设计的询价请购与采购请购工作的流程与周期详见图1-28-5。

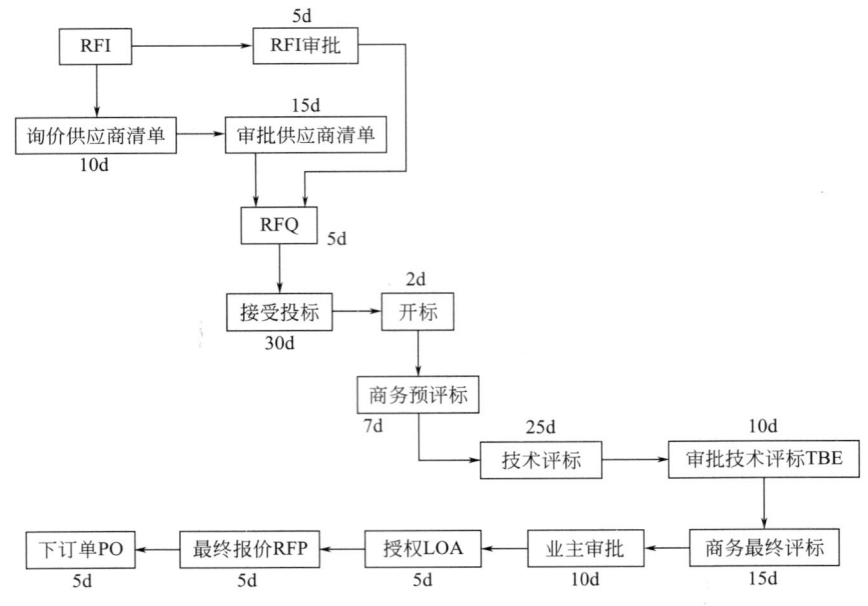

图1-28-5 请购工作流程与周期

## 28.5 供应商文件沟通流程

### 28.5.1 供应商第一版文件的流程图

供应商第一版文件的工作流程见图 1-28-6。

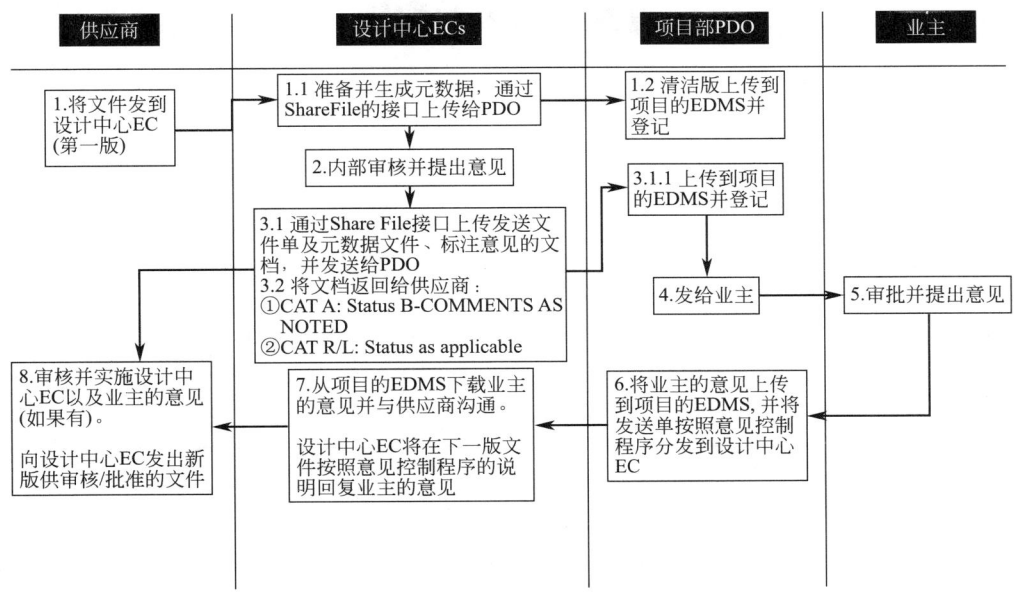

图 1-28-6 供应商第一版文件的流程图

### 28.5.2 供应商第二版文件的流程图

供应商第二版文件的工作流程见图 1-28-7。

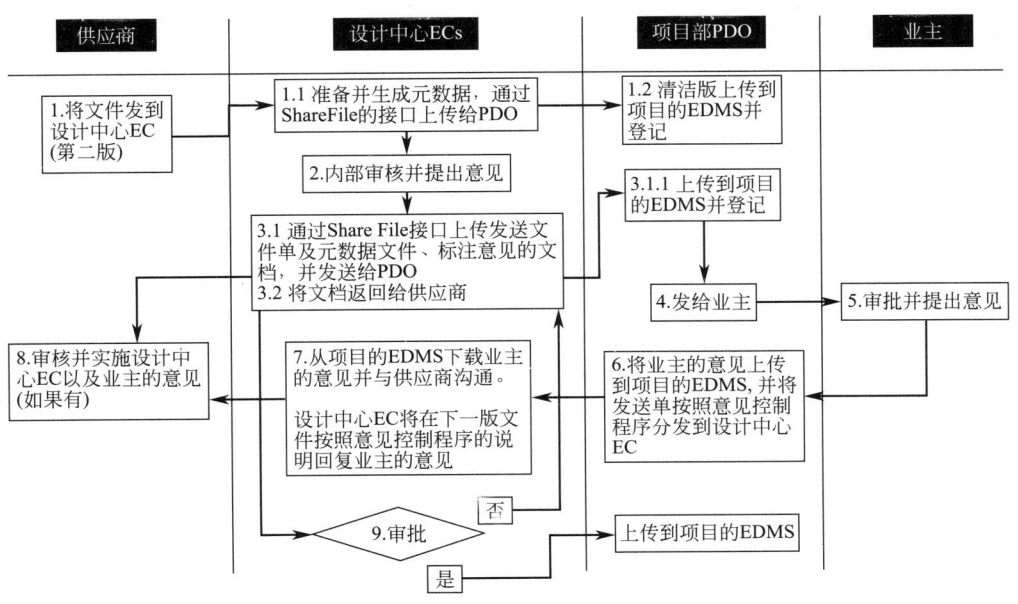

图 1-28-7 供应商第二版文件的流程图

# 第29章 技术评标

## 29.1 综述

本技术评标的目的是对按照询价请购文件（业主编号/承包商编号）所述的要求进行评审的投标书进行技术汇总，并就表 1-29-1 所列设备的采购提出建议。

表 1-29-1　设备表

| 设备号 | 位号 | 设备名称 |
|---|---|---|
|  |  |  |
|  |  |  |

## 29.2 技术评审的投标书和相关文件

### 29.2.1 技术评审的投标书和相关文件

技术评审的投标书清单见表 1-29-2。

表 1-29-2　投标书清单

| 序号 | 出价 | 供应商 | 参考编号 | 版次 | 日期 |
|---|---|---|---|---|---|
| 1 |  |  |  |  |  |
| 2 |  |  |  |  |  |

技术评审需要输入的相关文件应包括：①招标采购文件；②承包商关于问题和澄清的电子邮件；③供货商关于问题和澄清的电子邮件；④会议纪要。

### 29.2.2 不评审的投标书和相关文件

仅针对适用的情况，如果不适用，则注明"不适用"。如适用，请简明扼要地说明不予评审此类投标书的理由。

## 29.3 总体意见

仅针对适用的情况，如果不适用，则注明"不适用"。

## 29.4 针对每份投标书的具体意见

### 29.4.1 供应商 1

对于每家供应商进行技术评标时应考虑下列方面的内容,至少要注明:①偏离:a.技术偏离;b.供应商文件范围(VDDR)的偏离;c.检验范围(IAP)的偏离。②投标书内容是否完整,并且包括了询价请购文件供货范围(设备以及数据表或图纸)规定的所有内容:a.配件;b.设计要求;c.适用的规范。③是否有必要澄清哪些额外的价格、备选方案等应包括在商务评价的基准价格中,哪些为可选。④任何其他相关的意见。

### 29.4.2 供应商 2

对于每家供应商进行技术评标时应考虑下列方面的内容,至少要注明:①偏离:a.技术偏离;b.供应商文件范围(VDDR)的偏离;c.检验范围(IAP)的偏离。②投标书内容是否完整,并且包括了询价请购文件供货范围(设备以及数据表或图纸)规定的所有内容:a.配件;b.设计要求;c.适用的规范。③是否有必要澄清哪些额外的价格、备选方案等应包括在商务评价的基准价格中,哪些为可选。④任何其他相关的意见。

### 29.4.3 供应商 N

对于每家供应商进行技术评标时应考虑下列方面的内容,至少要注明:①偏离:a.技术偏离;b.供应商文件范围(VDDR)的偏离;c.检验范围(IAP)的偏离。②投标书内容是否完整,并且包括了询价请购文件供货范围(设备以及数据表或图纸)规定的所有内容:a.配件;b.设计要求;c.适用的规范。③是否有必要澄清哪些额外的价格、备选方案等应包括在商务评价的基准价格中,哪些为可选。④任何其他相关的意见。

## 29.5 选项要求

选项的要求见表 1-29-3。

表 1-29-3 选项要求清单

| 选项 | 包括在 RFP 中 | 供应商 1 | 供应商 2 | 供应商 3 | 供应商 N |
|---|---|---|---|---|---|
| 选项 1 | 是/可选 | INC/OPT/NOT | INC/OPT/NOT | INC/OPT/NOT | INC/OPT/NOT |
| 选项 2 | 是/可选 | INC/OPT/NOT | INC/OPT/NOT | INC/OPT/NOT | INC/OPT/NOT |
| 选项 3 | 是/可选 | INC/OPT/NOT | INC/OPT/NOT | INC/OPT/NOT | INC/OPT/NOT |
| 选项 N | 是/可选 | INC/OPT/NOT | INC/OPT/NOT | INC/OPT/NOT | INC/OPT/NOT |

注:INC—包括在基础报价内;OPT—作为选项报价;NOT—未报价。

## 29.6 技术推荐

最终的技术推荐,说明认为技术上哪些投标书可以接受。

### 29.6.1 技术可接受的投标书

列明投标书可接受的供应商清单。

### 29.6.2 技术不可接受的投标书

列明投标书不可接受的供应商清单。

## 29.7 模板与样表

技术评审表如表 1-29-4 所示。

表 1-29-4 技术评审表

| 业主： | | | | | | | | 版本 | 日期 | 描述 | 编制 | 审核 | 批准 |
|---|---|---|---|---|---|---|---|---|---|---|---|---|---|
| 项目： | | | 技术评审表 TBE-PDOXYYYY- 请购文件名称 | | | | | ×× | | 为××××而发布 | | | |
| 项目号： | | | | | | | | | | | | | |
| 设备标签： | | | | | | | | | | | | | |
| 技术评估结果： | | | 合格/不合格 | 合格/不合格 | 合格/不合格 | 合格/不合格 | 合格/不合格 | | | | | | |
| 序号 | 描述 | 单元 | 要求日期 | 供应商 | | | | 备注/注释 | | | | | |
| | | | | 供应商1 | 供应商2 | 供应商3 | 供应商N | | | | | | |
| 1 | 报价信息 | | | | | | | | | | | | |
| 2 | 报价书编号 | | | | | | | | | | | | |
| 3 | 版本/日期 | | | | | | | | | | | | |
| 4 | | | | | | | | | | | | | |
| 5 | 注释 | | | | | | | | | | | | |

# 第 30 章
# 设计与采购支持施工

## 30.1 目的

设计的各专业应通过项目实施阶段的各项活动来支持施工。这些活动主要包括：①编制施工工作包；②响应并澄清施工分包过程中提出的问题；③编制红线图；④编制竣工图。

施工准备就绪（也称为施工能力）用于说明在施工前集中进行的活动，其中工程设计应由其他非工程设计且熟悉施工技术的人员审阅，并评估设计的材料是否为施工可行的材料。施工准备就绪评审用于确认工程设计是否符合可施工性、可操作性、可靠性和可维护性，涉及在整个工程设计实施阶段指定的里程碑处审查项目模型和项目相关的设计文档。

施工准备就绪的目的是在项目建成之前积极识别项目的潜在障碍，并帮助减少或防止由于无法实现的工程设计、采购和施工方法而导致的设计错误、进度延误和成本超支。

施工准备就绪的工作要求主要内容包括：①以零事故、事件或伤害为目标执行项目；②提供符合或超过项目要求的高质量工作；③采用经过验证的方法和技术实施施工，以提高生产率，并记录节省；④能够制定施工驱动的进度，并缩短进度；⑤实现最大限度地提高安全性、可施工性、可维护性和可操作性的场景计划；⑥确保早期项目利益相关者参与解决健康安全和环境问题、可施工性、可维护性和可操作性；⑦考虑优化场外建设和模块化（尽可能）以加快现场施工进度并提升成本效益；⑧持续评估涵盖上述内容的选项，以最大限度地降低项目成本并实现项目目标。

通常应在施工开始之前（在执行生命周期阶段）进行施工准备评审，以便激励项目利益相关方参与必要的设计审查，以全面识别和捕获任何调查结果/观察结果，并就发现的结果进行沟通以实现改进，以便可以在施工开始之前解决相关的设计与采购可能出现的问题。

## 30.2 范围

适用于工程设计、采购、施工和试车（EPCC）项目的设计与采购对施工的支持，以及施工准备就绪评审期间进行的各种活动的定义和说明。

## 30.3 编制施工工作包

施工工作包（CWP）描述了工作包工作范围的组成部分，包括完成施工工作的步骤。CWP还提供了成本估算、现场工作、安全、项目控制和材料管理之间所需的必要整合。可执行的 CWP 应包含施工执行计划、施工计划、包含施工开始和结束日期的发布计划、生产组织或计划的图表，以及整个工作包的详细预算。CPW 可能会包含额外的细节，例如工程设计图纸、采购交付的设备与材料的规格以及分包商/供应商/支持商支持等形式的交付成果，这些支持可按照与 CWP 相关的进度达成一致的顺序发布。CWP 的工作范围通常按照区域、单元以及专业来组织。

## 30.4 响应并澄清施工分包问题

通常分包商/供应商/制造商会在现场提出并通过项目文档管理提交需要承包商澄清的问题。分包商/供应商/制造商澄清的目的是获取：①澄清项目的设计图纸和/或技术规格引起的问题；②确认项目范围的变更。通常会启动问题澄清以捕获为正式决策做出的记录。

施工期间，现场工程师通常会按以下顺序寻求解决澄清问题：①分包商/供应商/制造商向承包商的团队［例如项目经理、项目工程师、施工经理或施工团队（现场工程师）］提出问题。②告知澄清问题的个人在项目技术系统中创建了澄清问题（除非分包商/供应商/制造商可以访问承包商正在利用该项目捕获澄清问题并可以自行创建澄清问题的技术系统）。然后，将根据需要以电子方式将澄清问题发送给相关专业的设计负责人或业主以进行澄清。③回应方向承包商提交回复。④承包商确保获取澄清问题的响应，然后将信息反馈给提出澄清问题的分包商/供应商/制造商。

## 30.5 编制红线图与竣工图

红线图是指示在施工期间对 IFC 版的设计图纸进行任何更改的设计图纸。承包商应在文档管理系统上维护一套手动标记的红线图。

由于在现场进行了更改并且已完成所有部件的安装，因此应要求所有分包商/供应商/制造商确认已根据原始设计图纸完成了其工作范围，或直接在原始设计图纸上记录对 IFC 版的设计图纸的所有更改。在项目结束时，可以由设计团队或分包商/供应商/制造商整理红线图并编制成竣工图。

## 30.6 施工准备就绪评审

成功的施工准备就绪评审应有助于确保项目和施工按预期完成作业，并符合适用的设计和安全的规定与要求。

### 30.6.1 施工准备就绪评审计划

施工准备就绪评审是为了增强设计的可施工性，允许评估设计的准确性和完整性。施工准备就绪评审应该尽可能做到彻底，以确保：①工程设计图纸、技术规格和投标评审明确清晰，并相互兼容；②恰当考虑施工现场施加的潜在施工限制或存在的任何不寻常的现场条件；③考虑材料的可用性以及由于长周期供货设备引起的采购计划延误的可能性；④准确说明设计和现有场地条件，如通道、存储和相关的程序；⑤关键工作程序的充分性或设计图纸的详细说明；⑥考虑可能影响项目的季节性限制（例如天气、宗教节日）；⑦施工期间的操作安全；⑧资产运行时的安全性。

此外，为了准备每次施工准备就绪的评审，应该采用精益管理（吸取经验教训）的技术管理系统（数据库/存储库），并评审可能适用于 EPCC 项目的精益管理主题。

通常在工程设计的以下里程碑开展施工准备就绪评审：①完成或收到前端工程设计（FEED）（30%评审）；②详细设计的中点（60%评审）；③设计工程的实质性完成（90%评审）。

施工准备就绪评审旨在成为每次评审进行中的设计工作的会议，包括评审比以前更详细的可交付的设计成果。

确定何时进行施工准备就绪评审应与项目主计划控制人员商定，并纳入项目进度计划中。

施工准备就绪评审期间评审的设计文件分为两大类：设计图纸（例如土建、配管、电气等）和技术规定（如施工活动）。设计图纸是指导现场施工活动的主要依据，说明设施或结构的物理参数，并显示建设项目所需的布置、尺寸、细节、材料和其他信息。施工专业小组和/或施工技术支持小组必须依靠自己的技术经验来评估设计图纸的明确清晰度以及完整性，与技术规定的兼容性以及现场人员能够理解的能力。评估技术规定时，评估人员应评估是否足以有效地表达了工程设计信息、质量控制、执行工期、交付要求以及与其他工作的关系。

应制定施工准备就绪评审计划，以便能实现将设计图纸评审和技术规定与项目施工方法相结合。施工准备就绪评审计划不仅应该提供施工范围的说明，还应该包括以下详细内容：①施工工序及其实施方法；②现场条件和限制；③建议的分承包工作包（按工作范围）；④确定采购计划中所包含的关键或长周期物资；⑤施工里程碑进度；⑥建议的劳动力需求；⑦所需的施工设备和专用工具；⑧施工 HSSE 要求；⑨试车、移交和开车支持要求。后面30.7.1 节中列出了一个施工准备就绪计划的模板。

### 30.6.2 施工准备就绪评审

只要有可能，应该采用3D模型作为施工准备就绪评审的基础。3D模型是一个数字化可交付成果，由工程设计的专业团队（管道、工艺、动设备和静态设备、仪表与控制系统、土建、结构、电气、建筑和消防工程师）共同开发。3D模型对EPCC实施阶段的施工作业至关重要，因为该模型能够实现和促进以下内容：①碰撞检查；②抽取单线图；③统计材料（MTO）；④3D可视化；⑤确定施工顺序；⑥专业化的施工计划（例如模块化、起重吊装等）；⑦工作包划分；⑧劳动力计划。

施工准备就绪评审通过会议进行。项目工程师负责确定需要参会的利益相关者，并组织所需的供评审的工程设计可交付成果和3D模型。3D模型的所有者或其他指定的专业负责人负责协助审查3D模型的设计。在施工准备就绪审查会议期间，施工的专业团队和/或技术支持小组负责提出问题（通常根据适用的会议审查清单，例如后面30.7.2节~30.7.4节中包括的那些清单，但也包括其他问题的内容和理解可施工性、施工顺序以及后续维护和可靠性任务的相关内容）。

每次施工准备就绪审查讨论的事项和确定的行动结果通常以会议纪要的形式发布。会议纪要应该传达给项目利益相关者，期望在开始下一次施工准备就绪审查之前，应实现一些确定的行动结果。

**（1）30%施工准备就绪评审**

30%的施工准备就绪评审是三次全面评审施工准备就绪的第一次评审，旨在评估项目主要的工程设计进度、施工准备就绪情况和对施工能力的要求。

① 30%施工准备就绪评审小组　30%施工准备就绪评审应由最熟悉该项目的施工专业团队和/或技术支持小组人员执行，包括那些以前曾参与过编制或审查工程设计过程中FEED包的人员。参加评审的每个人都应该能够并有权立即就所评审和讨论的事项提出建议和/或获得决定。

② 30％施工准备就绪评审参考文件　按照工程设计专业组织的典型30％参考模型文件，通常在30％施工准备就绪评审期间使用如下文件：a.施工组织设计：进场/撤场计划、施工可实施计划、重型起重和起重机位置计划。b.安全工程：安全理念。c.工艺工程设计：管道和仪表图（P&ID）(IFA)（建设和拆除）、工艺流程图（PFD）-IFA、热量和物质平衡（HMB）、材料选择图（MSD）、危险识别（HAZID）报告。d.管道工程设计：总平面布置图-IFA、一般管道布置-大口径管道。e.动设备和静设备工程设计：设备清单、设备供应商总布置图/供应商切割单。f.控制系统工程设计：初步仪表索引表。g.电气工程设计：区域分类图-IFA。h.土木工程设计：初步土建工程设计图纸、初步土方设计图纸、岩土工程勘察。i.结构工程设计：结构图。j.建筑工程设计：建筑的初步位置、施工细节。k.消防工程：初步的消防布置图。

后面30.7.2节中提供的评审检查表提供了与30％评审设计相关的指导。项目工程师负责在会议前为执行评审的人员留有足够的时间，以便其完成其负责的评审检查表中指定部分的工作并审阅相关文件。执行评审的每个人都应评估与与待评事项相关的清单，并确定该事项是否会对项目进度、成本、工作范围、可操作性、可靠性和/或可维护性产生负面影响。执行评审的每个人都有责任对项目施工现场进行独立的现场考察，将完成的清单带到施工准备就绪审查会议，并讨论任何相关的关切事项。

③ 30％施工准备就绪评审结果　应在施工准备审核期间做好会议纪要，并将相应的行动分配给适当的项目利益相关方。此外，会议纪要和行动事项应正式分发给与会者和项目利益相关者（包括任何未参加评审会议的人员）。随着工程设计从30％的评审进展到后续的评审，预计每周更新会议期间所讨论确定的最终行动的进展，并且记录在项目周报的状态报告中。任何在评审过程中学到的经验教训都应该记录在精益管理技术系统（数据库/知识库）中。

**(2) 60％施工准备就绪评审**

60％施工准备就绪评审是一次中间评审，通常在已经完成最终钢结构、最终设备和大部分主要管道、管道工作以及仪表和电气桥架的建模时进行。60％施工准备就绪评审的主要目的是检查工艺路线，以确保工艺的完整性没有受到影响，管道和电缆桥架走向按照项目建设的最低标准进行设计，并观察任何由管道和电缆桥架的路由产生的可操作性、可靠性或可维护性的潜在碰撞。

① 60％施工准备就绪评审小组　60％施工准备就绪评审应由最熟悉该项目的施工专业团队和/或技术支持小组人员执行，包括那些参与编制项目详细设计的人员。执行评审的每个人都应该能够并授权立即提出建议和/或就审查的事项取得决定，并进行讨论。执行审查的人员可能与进行30％施工准备就绪评审的人员相似，评审团队应扩大到包括特定工程设计专业的代表，这些专业越来越多地涉及项目工程设计的进展。

② 60％施工准备就绪评审参考文件　按照工程设计专业组织的典型60％参考模型文件，通常在60％施工准备就绪评审期间使用如下文件：a.施工组织设计：进场/撤场计划、施工通道计划、重型升降机和设备出入口计划。b.安全工程、安全理念。c.工艺工程设计：管道和仪表图（P&ID）-IFD（建设和拆除）、工艺流程图（PFD）-IFD、效用平衡、物料与能量平衡（HMB）、材料选择图（MSD）、危险和可操作性研究（HAZOP）、火炬研究。d.管道工程设计：总平面图-IFD、管道敷设图-大口径和小口径管道、管道支撑设计图、焊接工艺规程（WPS）。e.动设备和静设备工程设计：更新设备清单、设备规格书-供应商详细设计图纸、焊接工艺规程（WPS）。f.控制系统工程设计：仪表索引表。g.电气工程设计：区域分类图-IFD、初步电缆敷设图。h.土木工程设计：土木工程设计图纸、设备基础模板、排水、岩土工程勘察。i.结构工程设计：结构图。j.建筑工程设

计：基础图纸。k.消防工程设计：消防网络设计图。

后面30.7.3节中提供的评审检查表提供了与60%评审设计相关的指导。与30%的施工准备就绪评审类似，项目工程师负责为执行评审的人员留有足够的时间，以便他们完成评审检查表的相关内容，并在出席会议前审查相关文件。执行审查的每个人都应评估与待评事项相关的清单，并确定该事项是否会对项目进度、成本、工作范围、可操作性、可靠性和/或可维护性产生负面影响。执行审查的每个人都有责任对项目施工现场进行独立的现场考察，将完成的清单带到施工准备就绪审查会议，并讨论任何相关的关切事项。

③ 60%的施工准备就绪评审结果　应在施工准备审核期间做好会议纪要，并将相应的行动分配给适当的项目利益相关方。此外，会议纪要和行动事项应正式分发给与会者和项目利益相关者（包括任何未参加评审会议的人员）。随着工程设计从60%的评审进展到后续的评审，预计每周更新会议期间所讨论确定的最终行动的进展，并且记录在项目周报的状态报告中。任何在评审过程中学到的经验教训都应该记录在精益管理技术系统（数据库/知识库）中。

**（3）90%施工准备就绪评审**

90%的施工准备就绪评审通常是最终的施工准备就绪评审。当项目的3D模型基本完成时，应该进行90%的施工准备就绪评审。当所有设备、管道、阀门、仪表、电气、结构和其他相关内容都已完成在3D环境中建模时，就可以启动90%的施工准备就绪评审。在90%的施工准备就绪评审期间，要评审的事项将包括但不限于那些指示阀门手轮的可操作性的位置和方向，以及现场仪表的可操作性和可维护性的位置。

① 90%的施工准备就绪评审小组　90%施工准备就绪评审应由最熟悉该项目的施工专业团队和/或技术支持小组人员执行，包括那些参与编制项目详细设计的人员。执行评审的每个人都应能够并有权对评审期间评审和讨论的事项提出即时建议和/或获得决定。虽然进行评审的人可能与进行30%和/或60%施工准备就绪评审的人相似，但应该加强评审团队，以包含来自指定工程设计专业的代表，这些工程设计专业越来越多地涉及项目工程设计的进展。

② 90%施工准备就绪评审参考文件　按照工程设计专业组织的典型60%参考模型文件，通常在60%施工准备就绪评审期间使用如下文件：a.施工组织设计：进场/撤场计划、施工通道计划、重型吊车和设备出入口计划。b.安全工程：安全理念。c.工艺工程设计：管道和仪表图（P&ID）-IFC（建设和拆除）、工艺流程图（PFD）-IFC、危险和可操作性研究（HAZOP）。d.管道工程设计：平面布置图-IFD、管道敷设图-大口径和小口径管道，管道支撑设计图，蒸汽伴热、保温和防腐材料，剖面图。e.动设备和静设备工程设计：已更新的设备清单、设备规格书-供应商详细设计图纸。f.控制系统工程设计：仪表索引表、材料统计（MTO）。g.电气工程设计：区域分类图-IFC、电缆敷设图、电伴热。h.土木工程设计：更新土木工程设计图纸；基础设计图纸（含排水等）、岩土工程勘察。i.结构工程设计：结构图。j.建筑工程设计：施工图详细设计。k.消防工程设计：消防网络设计图。

后面30.7.4节中提供的评审检查表提供了与90%评审设计相关的指导。与30%和60%的施工准备就绪评审类似，项目工程师负责为进行评审的人员预留足够的时间，以便他们能完成评审检查表中相应的内容，并在出席会议前审查相关文件。执行审查的每个人都应评估与待评事项相关的清单，并确定该事项是否会对项目进度、成本、工作范围、可操作性、可靠性和/或可维护性产生负面影响。执行审查的每个人都有责任对项目施工现场进行独立现场考察，并将完成的清单带到施工准备就绪评审会议，并讨论任何

③ 90%施工准备情况审核结果　应在施工准备审核期间做好会议纪要，并将相应的行动分配给适当的项目利益相关方。此外，会议纪要和行动事项应正式分发给与会者和项目利益相关者（包括任何未参加评审会议的人员）。随着工程设计从90%的评审进展到后续的评审，预计每周更新会议期间所讨论确定的最终行动的进展，并且记录在项目周报的状态报告中。任何在评审过程中学到的经验教训都应该记录在精益管理技术系统（数据库/知识库）中。

## 30.7 样表与模板

### 30.7.1 施工准备就绪评审计划模板

施工准备就绪评审计划应明确阐述表1-30-1所示内容。

表1-30-1　施工准备就绪评审计划模板

| 序号 | 施工准备就绪评审内容 |
|---|---|
| 1 | 施工顺序与执行 |
| | 定义、编制、验证和管理施工 |
| | 说明所采取的步骤，承包商、业主以及分包商/供应商（如适用）之间所需的互动，以确定如何对施工工作包进行排序，以实现最高的施工效率和最佳安全性 |
| 2 | 场地条件和限制 |
| | 说明场地条件（例如，新建项目/改造项目、预期天气等）以及任何预期的施工限制或风险（例如，物理限制、资源限制、资源或材料的可用性等） |
| 3 | 拟议的合同和分包（按工作范围） |
| | 谁将负责执行施工的工作包，确定的范围是什么？ |
| | 说明施工范围内的工作包是由单个分包商/供应商执行还是由多个（例如，基于专业、地理区域或可用性）分包商/供应商执行 |
| 4 | 采购和材料计划 |
| | 项目中购买关键和长周期设备的方法是什么？ |
| | 说明项目的具体执行计划，以获得项目的长周期设备。包括对运输和催交的考虑，以及报告属性和要求 |
| 5 | 施工里程碑进度 |
| | 施工的关键里程碑是什么？ |
| | 逐项列出将影响业主要求的试车、监管期限或任何业务要求的施工关键里程碑 |
| 6 | 拟议的劳工要求 |
| | 施工生命周期中的劳动力需求是多少？ |
| | 为了支持施工准备，该方面应侧重于确保项目成功执行所必需的劳动力管理。通过权衡项目生命周期内确定所需劳动力数量，以确保施工的及时性与竞争力。总结拟议的分包策略，特别需要关注所有单一来源、长周期或关键的设备或服务 |

### 30.7.2 30%施工准备评审检查表

表1-30-2所示示例可用于准备30%的施工准备就绪评审会议，以便于讨论。

表 1-30-2    30%施工准备评审检查表示例

| 类别 | | 措施/风险 | 影响 | | |
|---|---|---|---|---|---|
| | | | 范围 | 进度 | 成本 |
| 通用 | | | | | |
| 1 | 对主要的地下管道系统(包括加压和重力管线)进行建模和检查 | | | | |
| 2 | 确定和检查确定设备位置的主要大孔和关键工艺管道 | | | | |
| 3 | 对装置区域内的管道进行建模和检查 | | | | |
| 4 | 对管廊、轨道和轨枕进行建模和检查 | | | | |
| 5 | 所有技术结构复杂的平台都建模为简单轮廓并进行检查 | | | | |
| 6 | 设备清单上的所有工艺设备均按照数据表/供应商的初步设计图纸建模并进行检查。包设备的模型为盒子(Box) | | | | |
| 7 | 静设备的喷嘴、检修孔和相关平台已建模,并检查方向和位置 | | | | |
| 8 | 道路、主要通道已建模并检查 | | | | |
| 9 | 卸货/堆场区域和吊架已建模并检查 | | | | |
| 10 | 展示并检查管束抽出区域 | | | | |
| 11 | 移动和永久维护设备通道区域已建模并检查 | | | | |
| 12 | 建筑和安装通道的空间展示为半透明盒子(Box) | | | | |
| 13 | 展示和检查逃生路线的等级和平台 | | | | |
| 14 | 所有梯子和楼梯都已建模并检查 | | | | |
| 15 | 静设备上所需的喷水环的数量和位置已建模并检查 | | | | |
| 16 | 混凝土板和铺砌道路已建模并检查 | | | | |
| 17 | 所有建筑物的轮廓已建模并检查 | | | | |
| 18 | 主要设备结构、基础已建模并检查 | | | | |
| 19 | 所有掩体已建模并检查 | | | | |
| 20 | 主要的地下排水/污水系统已建模并检查 | | | | |
| 21 | 防火墙已建模并检查 | | | | |
| 22 | 展示并检查管廊上主要电气、仪表和电信电缆桥架的预留空间 | | | | |
| 23 | 主要的电气、仪表和电信电缆沟、走廊已建模并检查 | | | | |
| 24 | 围栏门、紧急出口已建模并检查 | | | | |
| 25 | 集合点已建模并检查 | | | | |
| 26 | ESDV 可行的位置已建模并检查 | | | | |
| 27 | 预留装置的空间已建模并检查 | | | | |
| 28 | 适当展示与其他界区的接口并检查 | | | | |

续表

| | 类别 | 措施/风险 | 影响 | | |
|---|---|---|---|---|---|
| | | | 范围 | 进度 | 成本 |
| 29 | 检查设备/结构之间的间距/距离 | | | | |
| 30 | 根据工艺要求检查所有需要斜坡且没有口袋的关键管道 | | | | |
| 31 | 确定硬质停车坪区域并正确定位和检查 | | | | |
| 32 | 已检查主要设备结构的可施工性 | | | | |
| 33 | 已经检查了对设备、结构、掩体和建筑物的操作、维护和通道的要求 | | | | |
| 34 | 提供和检查催化剂、填料、塔/反应器内部构件的装载/卸载空间 | | | | |
| 35 | 检查模块化设计事项的安装路径、模块拆封和模块放样点 | | | | |
| 36 | 检查抽取高度的高程 | | | | |
| 37 | 对于改造项目,已有装置的信息已建模并检查 | | | | |
| 38 | 进行跨专业的模型评审,并解决所有的评审意见 | | | | |
| 安全操作与维护 | | | | | |
| 39 | 所有逃生路径都没有障碍物,没有步行路径有头部保险杠或绊倒的危险 | | | | |
| 40 | 逃生路线的所有出口都远离主要的工艺过程区域 | | | | |
| 41 | 有适当的开口/空间可供起重机进入和操纵 | | | | |
| 42 | 所有人行通道都可以到达起重机/起重设备,特别是对于垂直容器和塔 | | | | |
| 43 | 平台上有适当的可用于转动人行通道盖并进入设备的空间 | | | | |
| 44 | 应检查带双圈的盲板的维护和操作通道,特别是在与设备相关的情况 | | | | |
| 45 | 为换热器保留足够的空间用于抽出管束和运输管束 | | | | |
| 46 | 连接管道的配置,不会妨碍拆卸移除泵 | | | | |
| 47 | 侧吸、排放以及双吸泵对吸入管直管长度有要求。还要确保可拆卸泵的预制管、阀门和连接仪表的通道 | | | | |
| 48 | 远程关闭装置(紧急关闭阀)位于安全的地方 | | | | |
| 机械设备维护 | | | | | |
| 49 | 检查是否有足够的空间可用于维护和拆卸转子/轴/内部构件(包括安装临时索具梁、起重机、坠落链条) | | | | |

续表

| 类别 | | 措施/风险 | 影响 | | |
|---|---|---|---|---|---|
| | | | 范围 | 进度 | 成本 |
| 50 | 已经确定并展示了设备拆除舱口和建筑的地板、墙壁和屋顶的空间要求 | | | | |
| 51 | 用于维护设备的移动式起重机的通道（例如新锅炉、空冷器、技术结构复杂的换热器） | | | | |
| 52 | 确定了适当的铺设区域，并将其定位用于起重机、龙门架和单轨铁路 | | | | |
| 53 | 已经确定了放置设备/重物的区域，专门用于塔、垂直容器和类似的复杂技术结构 | | | | |
| 54 | 检查本地压缩机面板的位置，以确定操作和维护的点 | | | | |
| 55 | 已根据分包商/供应商的要求（如果有）检查压缩机润滑油系统和密封油箱的位置 | | | | |
| 安全 | | | | | |
| 56 | 展示并审查消防栓的位置、消防设备的监视器 | | | | |
| 57 | 由升降设备和所有平台提供适当的逃生路线 | | | | |
| 58 | 已根据适用的设计指南、规范和标准识别并定位消防系统雨淋阀、软管架 | | | | |
| 59 | 如果堵塞一条道路，所有地点的消防车都可以到达 | | | | |
| 60 | 根据项目规定设置位于户外包括遮阳板（如果适用）的燃料系统日罐 | | | | |
| 61 | 应按照项目规定（如适用），燃料卸载设施和储罐用应带有溢出物收集槽的溢油集油池、堤坝和/或边石 | | | | |
| 62 | 在卡车卸载设施中，已经验证了所使用的车辆的尺寸，以确保考虑了适当的垂直空间、宽度和转弯半径 | | | | |
| 63 | 根据安全要求定期使用的平台上至少有两个出口（特别是技术结构复杂的平台和空冷器下方） | | | | |
| 64 | 确定了卸货区和吊架 | | | | |
| 65 | 所有消防水雨淋歧管都安全地位于其所保护的设备上 | | | | |
| 66 | 审核现有装置的运输设备（仅限改造项目） | | | | |

### 30.7.3 60%施工准备评审检查表

表1-30-3所示示例可用于准备60%的施工准备就绪评审会议，以便于讨论。

表 1-30-3　60％施工准备评审检查表示例

| 类别 | | 措施/风险 | 影响 | | |
|---|---|---|---|---|---|
| | | | 范围 | 进度 | 成本 |
| 通用 | | | | | |
| 1 | 30％模型评审的意见已经都关闭 | | | | |
| 2 | 所有地下管道系统已建模并检查 | | | | |
| 3 | 2in及以上尺寸的管道已建模并检查 | | | | |
| 4 | 管道支撑位置和类型是正确的。基于应力分析计算设置应力临界系统的支撑 | | | | |
| 5 | 公用工程站的位置以卷角框展示，并检查位置 | | | | |
| 6 | 泡沫粉末和喷水系统已建模并检查 | | | | |
| 7 | 洗眼和安全淋浴位置已建模并检查 | | | | |
| 8 | 检查阀门和仪表的通道、操作和维护 | | | | |
| 9 | 模型根据包设备的分包商/供应商设计图纸进行更新 | | | | |
| 10 | 所有设备均按照最新的分包商/供应商设计图纸进行建模并检查 | | | | |
| 11 | 所有机械处理设备(例如起重机、单轨行车、吊架等)已建模并检查 | | | | |
| 12 | 所有设计的结构钢(例如管架庇护所、平台、楼梯/梯子、管廊)都已建模，并用于土建设计，已检查 | | | | |
| 13 | 所有铺砌道路和边石已建模并检查 | | | | |
| 14 | 所有基础都已建模并检查 | | | | |
| 15 | 所有建筑物都已建模并检查 | | | | |
| 16 | 所有仪表的物料[例如接线箱、面板、机柜(包括支架)]都已建模并检查 | | | | |
| 17 | 所有电气设备[例如接线箱、面板、机柜、灯杆、泛光灯、桅杆等(包括支架)]都已建模并检查 | | | | |
| 18 | 所有电信物料[例如接线箱、面板、机柜、闭路电视(CCTV)、扬声器、电信塔等]都已建模并检查 | | | | |
| 19 | 所有地上电缆桥架敷设已建模并检查。模型中显示了分支到设备/所有用户的初步敷设路径 | | | | |
| 20 | 所有地下电缆沟都已建模并检查 | | | | |
| 21 | 分析器小屋已建模并检查 | | | | |
| 22 | 消防已结合到模型中(如适用) | | | | |
| 23 | 检查施工通道 | | | | |
| 24 | 30％模型评审的意见已关闭的标签已设置 | | | | |
| 25 | 进行跨专业的模型审查，并且所有评审意见已解决 | | | | |

续表

| 类别 | | 措施/风险 | 影响 | | |
|---|---|---|---|---|---|
| | | | 范围 | 进度 | 成本 |
| 管道 | | | | | |
| 26 | 根据P&ID检查所有管道编号、管道直径、管道类别和流向 | | | | |
| 27 | 根据P&ID检查设备、阀门、超高压物料和仪表的所有标签 | | | | |
| 28 | 根据P&ID检查所有管道内安装和管道上安装的组件都已定位,确定了分支连接的顺序 | | | | |
| 29 | 认真检查所有的特殊要求(例如斜坡、无口袋、可拆卸卷轴等)和设计相关的P&ID注意事项 | | | | |
| 30 | 确保在必要时提供水压试验的通风口和排水管(对于所有将进行水压试验的管道) | | | | |
| 31 | 已正确指定保温类型和限制/范围 | | | | |
| 32 | 如果适用,展示电伴热和限制/范围 | | | | |
| 33 | 根据工艺要求(如适用)适当地处理对称管道和最小管道的要求 | | | | |
| 34 | 根据工艺/动设备和静设备要求,对塔入口处的入口、气液分离罐/容器和旋风分离器的直管段的长度要求进行处理 | | | | |
| 35 | 检查泵/压缩机(如果有的话)的吸入和排出的直管长度要求 | | | | |
| 36 | 压缩机的吸入管以朝向气液分离罐坡面敷设 | | | | |
| 37 | 储罐/容器与泵之间的吸入管上的弯头长度/数量应最小。如果可能,应避免形成口袋。高点应低于储罐的LL液位(即完全淹没管线) | | | | |
| 38 | 从蒸汽主管的顶部分支抽出所有蒸汽管线 | | | | |
| 39 | 紧急操作所需的所有阀门均应满足相应等级的操作 | | | | |
| 40 | 两个阀门之间的管线设有排放连接,特别是当第二个阀门是止回阀时 | | | | |
| 41 | 靠近操作平台或人员触及范围的热管线应采用隔热保温以保护人员。检查保温极限的建模 | | | | |
| 42 | 火炬头的敷设应没有任何口袋,并且根据工艺要求保持朝向气液分离罐连续倾斜 | | | | |
| 43 | 所有管道都绘制了单线图,包括高程变化和膨胀节 | | | | |
| 44 | 仔细检查保温管道的结构和维护空间是否合适 | | | | |
| 45 | 管道已配置好,可以组合开展水压试验,并通过系统来减少设置和见证测试的时间 | | | | |

续表

| 类别 | | 措施/风险 | 影响 | | |
|---|---|---|---|---|---|
| | | | 范围 | 进度 | 成本 |
| 布置 | | | | | |
| 46 | 确保从管廊到单元的上升或下降的所有垂直管线可以从管道后面的管廊进行维护 | | | | |
| 47 | 进入和离开装置的管道布置在界区处合理组合在一起 | | | | |
| 48 | PSV出口管线自动排放至火炬头,应确保PSV进口管路中没有口袋 | | | | |
| 49 | 人员操作/进入路径不暴露在爆裂板、爆破膜和安全阀排放堆叠造成的危险 | | | | |
| 50 | 可拆卸线轴应具有最小长度,并且没有任何仪表、通风孔、排水管和其他管道开口/连接 | | | | |
| 51 | 大型过滤器和过滤器的区域位于弯曲区域内,以在更换滤芯/元件操作期间容纳溢出物 | | | | |
| 52 | 审查了处理和拆卸所有阀门和维护盲板的布置和操作空间 | | | | |
| 53 | 确保已经有效地完成设计,以减少内衬管道和镀锌管道所需的超过2in的法兰数量 | | | | |
| 54 | 提供所有阀门、仪表、带双圈的盲板/垫片和相应工具的操作与维护通道 | | | | |
| 55 | 通过适当选择梯子和/或楼梯提供相应的通道,可操作性和操作与维护(O&M)的平台要求得到了解决 | | | | |
| 56 | 用于管道的平台/地板开口上已提供大小合适的切口 | | | | |
| 57 | 检查所有在垂直容器/塔上侧边的梯子 | | | | |
| 58 | 确保在高温条件下不会由于管道膨胀而干扰相邻的管道/结构 | | | | |
| 59 | 避免在热油/介质泵附近设置下水道坑口 | | | | |
| 60 | 平面朝上(FSU)偏心减速器用于泵吸入管,以避免形成可能形成导致泵气蚀的袋 | | | | |
| 61 | 通常,偏心减速机在垂直管道上运行时应按照平面朝下(FSD)使用 | | | | |
| 62 | 已经避免了在管廊上放置阀门。如果不可避免,将设置可操作的通道 | | | | |
| 63 | 对于夹套的管道敷设,在设想改变方向的地方使用交叉。还要确保两个方向管道通道的空间适当 | | | | |
| 64 | 确保位于坑上的阀门和仪表在发生火灾时可以安全进入 | | | | |
| 65 | 提供从开放式排水系统收集排水管的中间罐 | | | | |
| 66 | 确保工艺管道和烃管线的排放不应直接对大气排放,应该连接到封闭排放系统 | | | | |

续表

| 类别 | | 措施/风险 | 影响 | | |
|---|---|---|---|---|---|
| | | | 范围 | 进度 | 成本 |
| 67 | 在排放到封闭系统中时,应确保安全阀的管道尽可能短 | | | | |
| 68 | 阀门凹坑、集水坑、集水池和沟渠、涵洞及其他坑都已正确定位和检查 | | | | |
| 69 | 确保正确定位和检查侧墙、隔墙和防火隔离墙 | | | | |
| 70 | 已正确展示和检查地下含油污水/排污水管道 | | | | |
| 71 | 检查并联泵和翅片风扇冷却器的管道是否对称,以便具有相同的性能 | | | | |
| 72 | 检查与泵的 NPSH 要求有关的设备标高 | | | | |
| 73 | 检查吸气过滤器的位置,使空气质量清洁,没有障碍物 | | | | |
| 74 | 检查柱塞阀/球阀的手轮/杠杆位置/方向是否干扰操作通道、平台和结构 | | | | |
| 75 | 检查用于加热炉的消防蒸汽的隔离阀的距离(应位于距离任何加热炉至少 15m 的位置) | | | | |
| 76 | 已经审查了地下排水罐的高度和坑深 | | | | |
| 动设备与静设备布置 | | | | | |
| 77 | 已经确定并检查了设备拆除舱口和地板、墙壁和屋顶的建筑空间的要求 | | | | |
| 78 | 已检查有足够的空间可用于维护和拆卸转子/轴/内部构件(包括安装临时索具梁、起重机和坠落的链条) | | | | |
| 79 | 单轨/升降机/EOT/HOT 吊钩高度的底部不应低于卷帘门或叉车通道可用的空间 | | | | |
| 80 | 在设置起重机/单轨高度时,已考虑起重机/起重机吊钩的限制(根据可用的运行和维护空间检查压缩机/鼓风机/泵的尺寸) | | | | |
| 81 | 如果单轨设置在庇护所外面,至少应在庇护所/建筑物外 1m 处设置装卸/拆卸区域 | | | | |
| 82 | 确定了适当的敷设区域,并将其定位用于起重机、龙门架和单轨轨道 | | | | |
| 83 | 对于在设备上运行的管道(尤其是压缩机、化学注入包设备、鼓风机),应检查拆解法兰的要求 | | | | |
| 84 | 根据 HSSE 要求检查消防。应对消防(如果需要)进行建模并检查空间和干扰 | | | | |
| 85 | 带有垂直吸入管的泵和高架过滤器的位置正确。确保这些过滤器的开口不会导致易燃液体溢出 | | | | |

续表

| | 类别 | 措施/风险 | 影响 | | |
|---|---|---|---|---|---|
| | | | 范围 | 进度 | 成本 |
| 86 | 检查泵周围的通道是否由于连接管线（例如密封油管、排放到封闭排水管网的管线等）而产生阻塞 | | | | |
| 87 | 检查所有低温维修阀杆的垂直位置或与垂直方向的夹角小于45° | | | | |
| 88 | 用于火炬的闸阀的阀杆应为水平 | | | | |
| 仪表、动设备和静设备物料（包括分包商/供应商） | | | | | |
| 89 | 使用分包商/供应商的设计图纸（喷嘴编号、尺寸、等级、高度和方向）检查设备/包设备 | | | | |
| 90 | 根据分包商/供应商的设计图纸以及执行器的正确尺寸和方向对控制阀、ESDV和PSV进行建模并检查。检查控制阀、ESDV、PSV和阀门执行器的维护通道 | | | | |
| 91 | 根据安装连接图检查所有管道内与管道上安装仪表的连接 | | | | |
| 92 | 根据仪表标准检查仪表孔板取压口方向，包括介质类型（例如气体和液体） | | | | |
| 93 | 根据仪表分包商/供应商要求检查孔板的上游/下游直管段的长度要求 | | | | |
| 94 | 建筑物的鼓风机和HVAC抽吸入口来自非危险区域 | | | | |
| 95 | 检查是否可以拆除泵吸入和排出口周围的伴热，以便拆除泵 | | | | |
| 96 | 检查拆除过滤器的空间。如果过滤器有排水管的话，还要检查过滤器法兰的要求 | | | | |
| 97 | 检查立柱的仪表和电动按钮，以防止妨碍泵的操作通道 | | | | |
| 98 | 正确定位带有仪器连接的管道，以便于操作。如果需要进入操作，则提供必要的平台和走道 | | | | |
| 99 | 在使用超声波流量计的情况下，检查流量计周围的可用空间是否足以安装流量计的传感器，使其不接触相邻的管线 | | | | |
| 100 | 电气、仪表和电信的接线箱（JB）位置已经过检查，因此不会阻碍人行道的通行 | | | | |
| 101 | 如适用，已正确定位和检查取样柜和冷却器 | | | | |
| 102 | 在适用的情况下，阴极保护（CP）矫正器以适当地定位在一个区块 | | | | |
| 103 | 在适用的情况下，发电组件展示为一个区块 | | | | |
| 104 | 已正确展示并检查电气的主电缆桥架 | | | | |
| 105 | 正确展示和检查地下电气/仪表电缆沟 | | | | |

续表

| 类别 | | 措施/风险 | 影响 | | |
|---|---|---|---|---|---|
| | | | 范围 | 进度 | 成本 |
| 106 | 正确展示和检查地下电气管线（特别是在预期交叉的地方） | | | | |
| 107 | 作为区块展示出了电力变压器。展示了发电机和配电盘之间的总线通道 | | | | |
| 108 | 展示并检查电气面板、接线箱和按钮站 | | | | |
| 109 | 安装150mm及以上的仪表的主电缆和分支电缆桥架以及电缆沟、接线箱和变送器保护箱 | | | | |
| 110 | 确保接线箱中有足够的空间来连接现场电缆，并可以维护可能位于同一机柜中的交换机和其他设备 | | | | |
| 111 | 考虑分包商/供应商的预先接线，将气动阀上的电磁阀或限位开关连接到位于阀门上的接线盒 | | | | |
| 112 | 确保反应器上安装的热电偶引线长到足以到达接线盒，而不需要拼接 | | | | |
| 应力与支撑 | | | | | |
| 113 | 提供适当的辅助支撑，并根据支持规范检查跨度 | | | | |
| 114 | 纳入应力团队对压力临界线的评审意见并检查 | | | | |
| 115 | 应尽可能确保两相流管线的敷设没有口袋。还要确保正确支撑这些管线 | | | | |
| 116 | 确保土建基础已对标准辅助支持建模 | | | | |
| 117 | 确保结构基础已对非标准辅助支持（土建）建模 | | | | |
| 118 | 确保主要支撑选择了正确的类型，如夹式卡应用于不锈钢、合金钢和镀锌管。夹钳式卡应用于需要PWHT的碳钢管 | | | | |
| 119 | 展示了所有的基础包括适用的基础/打桩位置（用于设备、管道支撑和平台） | | | | |
| 120 | 为所有控制阀提供了足够的支持 | | | | |
| 121 | 弹簧支持已建模并检查完毕 | | | | |
| 122 | 检查长距离的小管径的分支管是否有适当的支撑，并且分支位置的加强筋符合要求 | | | | |
| 土建 | | | | | |
| 123 | 通过绘图搜索和选择"罐装"或物理测试来进行地下验证 | | | | |
| 124 | 最大限度地使用现场材料进行回填，而不是外部材料 | | | | |
| 125 | 指定预浇筑的检修孔、水池和电动拉箱 | | | | |
| 126 | 在预制人孔上设置/提供吊耳 | | | | |

续表

| 类别 | | 措施/风险 | 影响 | | |
|---|---|---|---|---|---|
| | | | 范围 | 进度 | 成本 |
| 127 | 考虑机器进行混凝土磨面（相对于手工磨面） | | | | |
| 128 | 在设计允许的情况下，使用金属丝网代替平板 | | | | |
| 129 | 在可行的情况下，应采用地下敷设电气和管道，以便通过单次挖掘可以实现多个安装 | | | | |
| 130 | 所有地下电气和管道的设计图都需要参考土建设计图纸，所有地下电气和管道的设计图都需要在土建设计图纸上标明 | | | | |
| 131 | 确定应该使用锚栓模板的位置 | | | | |
| 132 | 合并基础或锚固螺栓的尺寸，最大限度地使用模板，并最大限度地减少锚固螺栓的模板 | | | | |
| 133 | 设计有一端弯曲时考虑使用更大的钢筋，钢筋笼可能难以在两端弯曲 | | | | |
| 134 | 确保所有容器的基础都经过全水压试验 | | | | |
| 施工 | | | | | |
| 135 | 确定试车和移交所需的系统和排序程序 | | | | |
| 136 | 最大化预制的设计 | | | | |
| 137 | 施工应该通过工程设计检查现场焊接布置理念 | | | | |
| 138 | 评估使用电伴热代替蒸汽伴热的适用性 | | | | |
| 139 | 考虑规划装置的布置，以便制定位置的单个起重机可以执行大部分的重型吊装任务 | | | | |
| 140 | 确认没有土壤污染，以及可能会使工人暴露在施工挖掘中的危险土壤或水 | | | | |
| 141 | 在进行大件吊装分析时，建立确定可以移除哪些物料的应急计划，以减少重量并降低成本 | | | | |

### 30.7.4　90%施工准备评审检查表

表1-30-4所示示例可用于准备90%的施工准备就绪评审会议，以便于讨论。

表1-30-4　90%施工准备评审检查表

| 类别 | | 措施/风险 | 影响 | | |
|---|---|---|---|---|---|
| | | | 范围 | 进度 | 成本 |
| 通用 | | | | | |
| 1 | 60%模型评审意见已经关闭 | | | | |
| 2 | 评审了专业间模型，并包括了相同的评审意见 | | | | |
| 3 | 已检查了所有设备包商/供应商的IFC信息 | | | | |
| 4 | 所有管道都建模，包括直径小于2in管道也已建模 | | | | |

续表

| 类别 | | 措施/风险 | 影响 | | |
|---|---|---|---|---|---|
| | | | 范围 | 进度 | 成本 |
| 5 | 完成所有管道支撑建模和检查完毕 | | | | |
| 6 | 所有压力评论都纳入并检查完毕 | | | | |
| 7 | 所有钢结构均根据 IFC 设计图纸完成并进行检查 | | | | |
| 8 | 所有建筑物均已完成并检查 IFC 的设计图纸 | | | | |
| 9 | 所有基础都已完成并检查了 IFC 的设计图纸 | | | | |
| 10 | 所有在线、离线和设备安装的仪表均已完成，并检查了经过批准的供应商的设计图纸 | | | | |
| 11 | 显示和检查所有电信的事项，包括 CCTV、对讲系统、扬声器 | | | | |
| 12 | 完成并检查所有照明灯具 | | | | |
| 13 | 完成并检查所有电气面板/配电板 | | | | |
| 14 | 已完成所有的消防和燃气设备并检查完毕 | | | | |
| 15 | 已完成所有地下设施并检查完毕 | | | | |
| 16 | 纳入了 60% 模型评审中的所有例外意见并检查完毕 | | | | |
| 17 | 识别、定位并检查了所有公用设施站，以确保最大长度的软管具有适当的通道 | | | | |
| 18 | 识别、定位并检查了所有安全淋浴和洗眼器，都留有适当的操作通道 | | | | |
| 19 | 展示并检查移动和便携/手动消防设备的位置 | | | | |
| 20 | 识别并建模所有采样连接，并检查其是否留有正确的操作通道 | | | | |
| 21 | 找到次要操作平台（如果有），并检查其是否留有正确的操作通道 | | | | |
| 22 | 包括分析仪外壳/面板在内的离线仪表在适当的位置建模，并检查完毕 | | | | |
| 23 | 展示火灾和气体探测器，HSSE 检查每个火灾和气体探测器的位置，以确定功能，并检查管道阻塞情况 | | | | |
| 24 | 已完成建筑物内部的电缆布线并检查完毕，因此不会妨碍起重机的操作或人行道的正常使用 | | | | |
| 25 | 检查所有仪表的支架和托架，以便不会妨碍平台上的走道，特别是在平台位于垂直容器和立柱上的情况下 | | | | |
| 26 | 检查接线箱的位置，以便不会妨碍人行道 | | | | |

续表

| 类别 | | 措施/风险 | 影响 | | |
|---|---|---|---|---|---|
| | | | 范围 | 进度 | 成本 |
| 27 | 接线箱/保温箱的模型具有用于开门的空间,并且不会进入位于起重机或人行道的通道/移动区域 | | | | |
| 28 | 检查电缆桥架,使其不会敷设在道路或人行道中间 | | | | |
| 29 | 确保已经完成小直径管道的布置,以便提供管道支撑,以防止由于振动而破损 | | | | |
| 30 | 确保在火炬头的死角处提供吹扫连接 | | | | |
| 31 | 确保冷却水管线从顶部的集管分支出来 | | | | |
| 32 | 确保安装阀门的阀杆没有指向水平向下的方向 | | | | |
| 33 | 确保分析仪室/机柜的通风口位于高度符合安全等级的大气中 | | | | |
| 34 | 当地引导和支撑往复式压缩机密封腔的通风口 | | | | |
| 35 | 审查化学品和添加剂的卸载和储存是否存在对环境的影响 | | | | |
| 36 | 分包商/供应商的设备周围交叉的管道已建入模型,并检查完毕 | | | | |
| 37 | 确保在平台开口处正确设置脚踏板并建模 | | | | |
| 38 | 检查报警器/安全报警系统是否安装在最高建筑物的顶部和工厂区域的中心 | | | | |
| 39 | 展示并检查适当的灯杆和灯具 | | | | |
| 40 | 已根据逃生和安全设备布局策略性地定位安全设备(例如风向袋和呼吸装置) | | | | |
| 41 | 正确展示并检查分支电缆托架到仪表的敷设以及对仪表的支撑 | | | | |
| 42 | 已经对停车区、交通障碍和护柱(如适用)进行建模,并检查完毕 | | | | |
| 43 | 在模型中已经详细展示了蒸汽伴热支管和蒸汽保温,并检查完毕 | | | | |
| 44 | 所有与工程设计相关的潜在变更单,都要注意其完整性 | | | | |

# 第 2 篇
# 采购与材料管理

工程项目的材料管理是涉及人员、技术、组织、流程的综合管理过程，涵盖项目生命周期材料采购与管理的寻源策划、采购计划、需求量化、选择合格供应商、采买、供应商 QA/QC、催交、运输与物流、清关和仓库的全过程控制。材料和相关服务的成本占 EPCC 工程项目总安装成本（TIC）的一半以上。在施工现场需要材料时所供应的材料不能及时到场可能会导致昂贵的施工延误。考虑到对成本和进度的影响，很容易看到有效的采购与材料管理对 EPCC 工程项目成本会产生积极的影响。

研究表明，充分的计划可能是有效管理项目采购与材料最重要的决定因素。制定项目采购与材料管理计划旨在通过业主和承包商的工程设计和施工过程中其他参与者的协同支持下，优化项目的采购与材料管理流程与程序，确保及时与安全供应。

在开始项目的采购与材料计划之前，理解采购与材料管理的基本理念很重要。EPCC 项目的采购与材料管理应视为一个过程。实际上，采购与材料管理活动跨越了 EPCC 项目组织的多个部门，如图 2-0-1 所示，从工程设计工程师负责的材料规格开始，到施工的安装、检验以及试车直至开车。为此有必要制定一份详细的采购与材料管理的责任表，通过增加任务的数量并根据需要增加子任务来确定所有参与者的责任，以满足 EPCC 项目进度、成本以及质量的具体要求。对于需要实现采购与材料一体化协同管理的 EPCC 项目，认识到这

| | 基础工程设计 | 费用估算 | 确定采购条件 | 详细工程设计 | 设备材料质量 | 设备材料数量 | 设备材料采买 | 检验 | 催交 | 运输 | 收货 | 仓库 | 安装 | 试车/开车 | 性能保证 |
|---|---|---|---|---|---|---|---|---|---|---|---|---|---|---|---|
| 业主 | A | A | A | A | A |  |  |  |  |  |  |  |  |  |  |
| 工程设计 | P | P | P | P | S | S |  | S |  |  |  |  |  | S |  |
| 采购与材料管理 |  | S | S |  | P | P | P | P | P | P | P | P |  |  | P |
| 施工 |  |  | S | S | P | S | S |  |  |  | S | S | P | P | S |

图 2-0-1 采购与材料管理职责图
A—批准；P—负主要责任；S—负次要责任/参与

一过程至关重要。

近年来全球采购、物流功能外包和供应商全面参与已经成为影响 EPCC 项目采购与材料管理流程的新兴实践和程序。供应链流程或供应商集成等技术已更多地融入 EPCC 项目采购与材料管理流程的功能中。全球化采购现在已经很成熟并且更为复杂，既带来了机遇，也带来了挑战。虽然专为材料管理而设计的 IT 系统可以持续改进项目的实时协调并纠偏，但系统需要更好地与设计和项目控制集成。鉴于 EPCC 项目的规模、种类和复杂性不断增加，在项目的早期阶段就应规划采购与材料管理，并在后续的执行过程中维护并扩大其作用。

EPCC 项目的采购与材料管理过程非常复杂，通常涉及全球采购的数千种材料，并使用各种运输方式运送到国内和国际不同的地点。必须仔细协调以维护 EPCC 项目进度的关键路径。实施全面的采购与材料管理计划有助于实现更可预测的 EPCC 项目成果，降低成本，提高生产力和质量，并在项目实施期间提供更安全的工作环境。在项目规划和实施阶段正确执行采购与材料管理将有助于项目试车、移交与开车更加顺利，也可以保证所建装置平稳投入运行。

协同的采购与材料管理的实践与程序对于 EPCC 项目的成功至关重要，主要包括：①采购与材料管理执行计划；②采购执行计划；③项目所在地设备/材料采购执行计划；④具体供应条件；⑤招标采购及商务条款与说明；⑥招标采购过程管理；⑦标准化程序；⑧检验程序；⑨催交计划；⑩检验员与工厂催交员工作指派程序；⑪供应商技术专家计划；⑫现场材料管理计划，以及与工程设计管理和文档管理共享的 3 项程序，详见图 2-0-2。

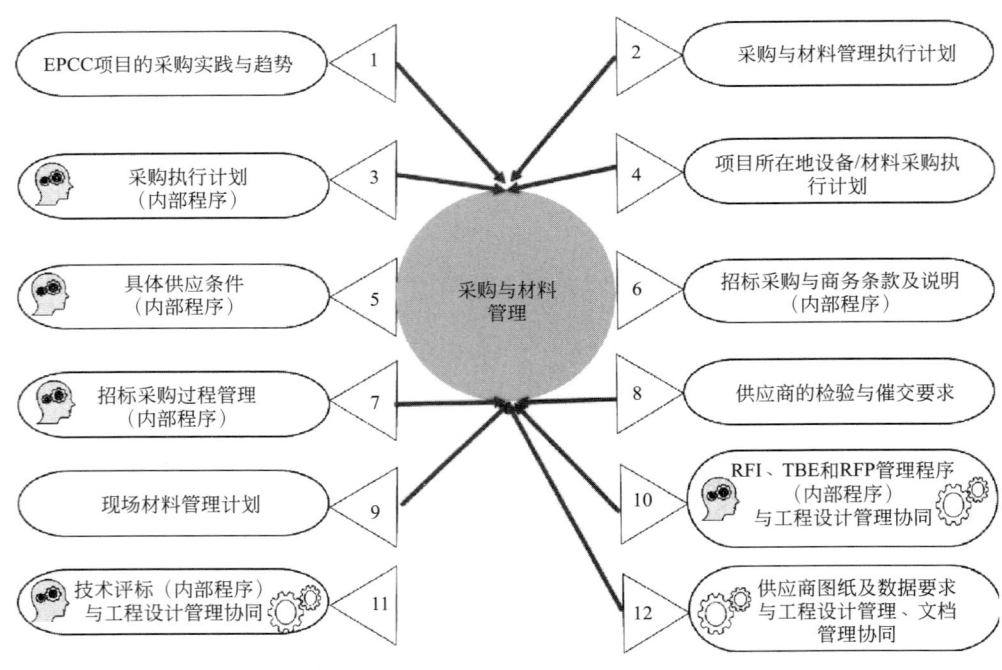

图 2-0-2　采购与材料管理程序架构

# 第 1 章
# EPCC项目的采购实践与趋势

工程项目采购管理是一个由人员、组织、技术和程序组成的综合过程，用于有效识别EPCC项目的供应资源、量化需求、招标采购、催交、检查、运输、收货、存储和保存物料与设备以及相关信息的全过程控制。目标是确保以有效的方式、合理的成本获得并在项目需要时及时提供质量和数量符合EPCC项目要求的材料和设备。为此找到工程建筑行业当前和新兴的采购实践以及材料管理技术，对于提高EPCC项目的采购管理的成熟度和系统性非常重要。

对于国际EPCC项目，业主和承包商往往都会在项目所在地采购。项目所在国政府不仅可以鼓励甚至需要这种做法，而且通过当地采购还可以大大减少运输和物流的成本，产生改善当地经济的积极的社会影响。全球化的工程建筑行业，特别是面临能源与材料成本上涨时，优化运输和物流成本会降低某些供应来源的成本，提高采购的效益。因此，在选择采购与材料管理的最佳策略时，规划从哪里获取和接收材料以及如何运输材料，对于工程建筑行业十分重要。部分工程承包商会将运输和物流业务外包，并与货运代理商建立长期的框架协议，以获得更好的定价和服务。但是，其他承包商却选择对过境货物的控制权。

在许多国家，大型项目也越来越普遍，项目规模的大型化增加了采购与材料管理系统处理各类需求的复杂性。另外，大多数EPCC项目的进度计划经常处于赶工的状态，项目进度不断变化，需要动态更新。对于特别大型的EPCC项目，业主往往会通过雇用更多的专业化承包商分享工作的方式加速实现EPCC项目，并通过将专业化的工作分散给不同的参与者来降低风险。众多参与者参加的工程项目，必须加强协调才能实现协同工作。在EPCC项目中，由于项目工期较长，设备材料价格上涨的风险增加，并且业主会更深入地参与项目管理，这就是工程建筑行业固定总价加补充工作实报实销的承包合同变得比以前更常见的主要原因。

经过多个总承包项目的实证调查和案例分析以及与许多业主和承包商的调研，可以确定最重要的采购与材料管理职能和最佳实践如下：①物料需求计划；②项目采购策略；③采买；④分包与订单管理；⑤催交检验；⑥供应商质量管理；⑦运输和物流；⑧现场物料管理；⑨运营和维护的物料管理。

## 1.1 物料需求计划

物料需求计划（MRP）包括识别、量化和安排项目物料和设备的采购，该功能是项目成功的关键因素。采用物料需求计划可以确定EPCC项目所需材料和设备，以及这些材料和设备的采购与交货时间对EPCC项目其他任务的影响，并据此协调整个EPCC项目的进度以及工程设计任务的顺序、施工工作包的安排。因此，MRP是一项涉及业主、工程设计、施工、制造商和供应商等 EPCC 项目相关各方协同的工作。

## 1.2 项目采购策略

项目采购策略涉及确定能够提供所需材料、设备和服务的供应商，需要知道行业标准、业主程序、询价的设备材料以及这些设备材料的现有供应商。

项目采购策略还涉及供应资源寻源并访问潜在供应商所在的作业现场和车间，以根据需要进行资格预审，实际调查供应市场与供应资源的背景。

## 1.3 采买

采买职能通常指授权控制与管理 EPCC 项目实施过程中所需设备和材料的资金支出。采买是采购与材料管理中确定物料需求与货物采购订单和服务分包合同之间的桥梁。采买必须在达成一致的授权框架下，通过寻源与询价确定符合 EPCC 项目技术与质量要求的高性能的供应来源，并且要以具有竞争力的价格，满足既定的供货技术规格和可靠性标准。维护供应商关系并评估监控供应商绩效也是 EPCC 项目采买工作的关键活动。

## 1.4 分包与订单管理

分包通常是指对设备供应商和分包商承诺的供货与服务按照预定资金实施相应的 EPCC 项目工作内容的授权，并确定相应的责任。分包的职责是评估 EPCC 项目和承包商的要求，制定适当的分包策略和计划来满足这些要求，识别和验证潜在的供应商或分包商，发出招标文件，接受投标，准备技术评估与商务评估，真诚地进行谈判，承诺按照 EPCC 项目确定的货物和服务预算实施项目，并管理相应的采购订单或分包合同。

## 1.5 催交检验

催交检验流程应保证供应商能按照采购订单的条款、项目的技术与质量要求、进度及时向 EPCC 项目交付设备与材料，以及项目所需提交的工程设计资料和技术资料。高效的项目执行计划应将催交检验作为重要组成部分。催交与检验需求是需要计划的有序和系统的过程，确保及时向 EPCC 项目提供设备与材料的技术、质量、进度等信息，详细规划与供应商和分包商绩效相关的要素，并定期审查，避免设备与材料制造和 EPCC 项目实施过程中可能出现的问题，主动监测设备与材料在制造和运输过程中可能出现的问题与质量缺陷，及时纠正缺陷，以确保设备与材料符合 EPCC 项目的需要。

## 1.6 供应商质量管理

建筑原材料、制造和现场服务的质量对于 EPCC 项目的成功至关重要。质量差所带来的额外增加的成本以及相应的施工计划延误将会直接影响到承包商的盈利能力、信誉、滚动开发业务的前景、客户关系，最重要的是应避免对公众和建设的工厂设施带来安全的隐患。此外，由于存在的设备与材料质量缺陷以及劣质的工程设计服务和施工，将会极大地增加建设项目未来运营的风险，同时可能会大大增加业主在维护和运营方面的成本。在极端的情况下，使用劣质材料和未经证实的技术、不恰当的设计以及不良的工艺，都可能会造成人员伤亡。

## 1.7 运输和物流

运输和物流的主要目标是规划、控制和执行将采买的设备与物料运送到 EPCC 项目的现场。

这个目标必须与工程设计、采购和施工进度的要求一致,并且必须在规划时考虑。对于全球寻源的 EPCC 项目而言,运输成本通常占设备与材料成本的很大一部分。然而,EPCC 项目进度的拖延可能会对财务的影响更大,因此高效的运输和物流对于成功实施 EPCC 项目至关重要。

## 1.8 现场设备与材料管理

施工现场对设备与材料的有效管理可以为 EPCC 项目的成功做出重要贡献,并且必须成为整个采购与材料管理计划的组成部分。现场设备与材料管理是在 EPCC 项目最初阶段启动的采购与材料管理流程、程序和系统的延伸,并且是 EPCC 项目材料计划的必要组成部分。现场设备与材料管理明确的目标是确保在合适的时间向 EPCC 项目施工人员提供适量的正确材料和设备。通过适当的计划和一体化的系统,可以在需要设备与材料之前确定所短缺的物资,以便有足够的时间纠正存在的问题和潜在的供应风险,为支持施工团队按照项目进度实施项目及时提供所需的设备与材料。

## 1.9 运营和维护的物料管理

运营和维护(O&M)包括所有运行的资产。对于一个 EPCC 项目,O&M 通常从开车时开始。通常 EPCC 承包商会在机械竣工后或者预试车与试车阶段移交部分(或全部)资产,开车后交给业主团队,因此项目资产在移交给业主之前可能会长时间处于承包商的控制之下。业主或承包商是否拥有运营和维护的管理责任并不重要,重要的是在项目开车后所有设备的备件以及相应的运营和维护能力都要到位,以确保设备始终处于良好与可用的状态,并按照原始设备制造商的操作手册进行维护。在项目的工程设计和采购阶段,业主和承包商应共同考虑预试车及试车的备件并计划运营维护的备品备件需求。

## 1.10 实施设备与材料管理计划

为实施设备与材料管理计划,有必要采用有效支持 EPCC 项目执行的全球采购和材料管理的电子工具,为 EPCC 项目的设备与材料管理提供具体的指导方针、程序和建议,并找到对设备与材料管理有影响的有利技术、管理的组织结构以及新兴的实践和流程。此外,还可以参考"物料管理计划指南"(CII 2011c)提供的主要应考虑的事项,以便为编制 EPCC 项目执行计划中具体的采购与材料管理计划提供指导。

## 1.11 发展趋势

设备与材料管理已经成为成功执行 EPCC 承包项目的关键组成部分,同时已摆脱纯粹的战术角色,赢得了战略价值。大多数工程承包商已经意识到有效的采购与材料管理实践可以带来许多好处，包括降低成本、提高生产效率、保证质量、提高物资供应的可靠性并实现增值。大量的调查和案例研究揭示了现代有效的采购与材料管理实践以及行业的新兴趋势和关注点：①采购与材料管理正在扩大其在 EPCC 项目早期策划阶段的作用。已经确立 EPCC 项目应在全球范围内寻找合适的资源，但是很复杂。②在 EPCC 项目执行过程中存在的设备与材料质量问题正在导致在选择设备与材料供应商方面出现一些额外的措施，同时 IT 系统已经普遍用于持续改进并实时协调和纠正存在的问题，消除潜在的供应风险。在制定 MRP 计划和项目采购策略的早期阶段，供应商的质量管控体系、绩效和业绩仍然是选择供应商的重要因素。

　　研究明确地表明，工程承包商采购与材料管理办法的成熟程度、形式和系统化程度都在急剧提高。有必要充分关注下面的发展趋势：①EPCC 项目早期的规划应包括研究全球市场，其中不仅包括确定可核查质量价格最具竞争力的设备和材料供应资源，而且还要比通常的 EPCC 项目早期规划阶段更详细地考虑全球物流的成本和复杂性。②EPCC 项目执行计划应包括新兴的可持续发展的议题，承包商应开发响应业主要求的能力。信息技术系统之间接口的细化和标准化为采购与材料管理系统提供了巨大的改进潜力。采购经理应该在 EPCC 项目的前期策划中影响选择的 IT 系统，以便实现一体化，提高管理的效率。应该在项目的进度计划中更好地融入采购与材料管理系统的培训，以便改进并提高材料管理 IT 系统应用水平与效率。③管理者应在全球采购中主动处理设备与材料的质量问题，采购与材料管理计划应明确合格的供应商资源，或在项目开始之前编制当地供应资源库，以达到 EPCC 项目所需的质量标准。④二十一世纪头十年市场的波动使采购与材料管理专业人员能够跟上市场的变化，迅速适应供应交货时间和价格的变化以及其他因素的影响。承包商应该充分关注并重视采购与材料管理与供应链规划、建设与优化的重要性。像市场繁荣一样，市场放缓是暂时的，并为 EPCC 项目的采购团队提供了改善采购与材料管理程序、调试并优化采购与材料管理系统的机会，为下一波 EPCC 项目做好准备。

# 第 2 章
# 采购与材料管理执行计划

## 2.1 目的

采购和材料管理执行计划的目的是建立项目采购目标和策略、指导原则、组织机构、职能,制定具体单元或区域的工作计划、工作流程、程序及做法、文件格式、沟通及报告要求,以便实现业主确定的采购目标并确保各方面都满足 EPCC 合同规定的要求和责任。

## 2.2 范围

本文件适用于采购过程涉及的所有各方及 EPCC 合同明确的工作。项目所有参与方应认识到并遵从下述共同的项目采购目标:①最佳价值(采购费用和总运营成本)。②所有质量、安全、环境标准应符合项目要求。③货物的交付及相关文件完全符合项目要求。④按时交货至现场、货物无损坏并且文件齐全。⑤按计划完成项目。⑥项目完工时,货物及服务在以下两方面符合预算要求:a. 人工时;b. 采购费用。⑦返工和返工费用最小化。⑧剩余材料最小化。

为完成采购团队的上述目标,采购及材料管理执行计划对项目策略、组织机构、职能、工作流程、程序和做法作出了说明。

以下内容不在本程序范围内,并已为其制定了专用程序:①分包计划;②现场材料管理。

## 2.3 采购管理及组织机构

### 2.3.1 采购组织机构

承包商将任命一名经验丰富的项目采购经理。从职能上来说,该项目采购经理将向项目运营经理汇报工作,以确保有效管理所有的采购职能和项目的工作。在整个项目寿命期内,所委派的项目采购经理将在项目管理组织机构内工作,尽管该职务会随着给定时间内的工作情况和类别以及在收到业主的批准后会发生变化。项目采购经理(PPM)负责所有采购工作(采购、催交、检验及物流)、建立项目采购团队并就项目采购工作包括 EPCC 合同/业主的具体要求提供详细的指导。

采购工作将在两个不同的中心即承包商总部(HOC)和项目现场(SOC)组织实施。所有订单将通过 HOC/SOC 签署。

项目采购团队(PPT)组织机构图在组织机构程序中说明。PPT 由 PPM、PM、POM

及相应的专业协调员及经验丰富的委派人员组成，负责实施日常采购工作，沟通协调包括 EPCC 项目团队内、供应商及其他第三方的所有界面。

根据 EPCC 合同的要求经业主批准后，检验和供应商车间催交工作由质量控制协调员/检验协调员（QCC）利用 EPCC 项目内部人员及/或检验机构的人员管理。

PPT 将执行以下工作：①设备采购；②大宗材料采购；③签订服务合同；④备件采购；⑤催交；⑥检验；⑦运输/物流；⑧现场收货（确认已完成订货）。

上文所述的责任在表 2-2-1 中指明。

表 2-2-1　采购与材料管理责任矩阵

| 标题 | 责任 | 人员 |
| --- | --- | --- |
| 项目采购管理 | ①管理 PPT 及所有采购工作；②编制采购计划、策略、说明、程序及标准文件格式；③管理与项目团队的界面；④与业主的协调并向业主汇报；⑤向项目主任汇报 | PPM |
| 采买 | 负责采购材料、设备、备件及服务的所有阶段，包括采购供应商清单(PVL)、询价、投标、谈判、商务标表格及评标、授标推荐、订单签署及商务管理、变更和关闭等 | 采购经理 |
| 订货后执行 | ①管理与 PPM、PPT 及业主之间的必要界面；②协助催交、检验及物流人员监控进度、采购质量并负责与业主进行工作协调；③控制供应商的变更单申请；④审查、组织并验证与项目计划和 PPM 的协同性 | 订货后执行经理 |
| 催交 | ①在自订货到交货的过程中积极督促执行所订购材料、货物及服务交付的计划；②与检验人员协调制造车间访问和报告内容，并与施工人员协调材料接收及溢短损报告中相关问题的解决 | 订货后执行经理<br>催交协调员<br>催交员（总部）<br>制造厂催交员（通过人才库选聘或外聘） |
| 检验 | ①协调/负责预检会(PIM)；②订货到发布放行证书阶段的车间检验；③按要求到主要的子供应商进行检验；④按要求与委派到子供应商的其他检验员协调工作；⑤为业主供货的设备制定检验工作计划(IAP) | 订货后执行经理<br>检验员（通过人才库选聘或外聘） |
| 物流 | ①组织国内外货物自交货地点到项目现场的装运和运输；②国外货物-协调保险、装运、进口、清关及当地运输和许可证的办理；③业主供货设备的运输 | 订货后执行经理<br>物流协调员<br>承运商<br>清关经纪人 |
| 备件 | ①根据 EPCC 合同条件采购备件；②协调所有供应商按要求的格式按时提供备件清单与互换性记录(SPIR) | 订货后执行经理<br>备件协调员 |

项目采购团队（PPT）将根据 EPCC 合同开展工作。PPT 的主要目标是采购、交付设备和材料以及相关服务，以满足 EPCC 项目的商务、技术、质量及计划要求。分包合同计划和相关策略将由施工部在单独的文件中说明。

### 2.3.2　材料管理系统

材料综合管理系统（如 SPM-Marian）用于管理采购工作，包括采买、催交、检验、运输与物流及施工现场的材料收货控制（包括综合管理）。

材料综合管理系统（如 SPM-Marian）应支持与 PDO、所有 EC 的设计专业间的采购工作界面，是连接设计专业输出或交付成果与施工团队要求的项目总体管理控制系统的枢纽。

作为一个独特的数据库，材料综合管理系统（如 SPM-Marian）用于说明材料编码与项目所有专业的材料量，并整合了实际施工地点和计划的要求。材料综合管理系统（如SPM-Marian）通过整合采购数据，向施工管理团队提供材料状态和数量分析。任何项目用户可在任何地点使用材料综合管理系统（如SPM-Marian）。现场材料管理计划将在本篇第13章详细说明。

### 2.3.3　IT工具

采购组织使用的主要IT工具如下：①FTP服务器：主要用于投标阶段的招标文件管理和澄清。②Documentum：用作项目所有最终文件的归档和查询系统。③SPM-Marian：材料综合管理工具。④SAP：采购管理、费用控制、发票控制、人力资源管理。

### 2.3.4　报告

PPM通过审查以下报告，将识别并监控采购工作和货物供应的状态、进展及偏差，以确保按时完成询价请购、采购请购、下达采购订单和交货工作，并满足项目规定的要求：①询价请购控制报告（RCR），周报；②设备控制报告（ECR/MD），周报；③检验状态报告，月报；④供应商提交的进度状态报告，月报；⑤物流/装运状态报告，月报。

这些报告应发给项目团队和承包商相关的负责人与管理层（部门）。

### 2.3.5　保密

承包商应根据EPCC合同明确的保密规定和要求以及签署的保密协议，采用最高的保密标准对项目的所有图纸、文件及信息进行保密。上述标准还进一步适用于有关采购和与供应商之间沟通的信息。

根据EPCC合同的规定，在签发招标文件（RFQ）前，承包商将要求投标人签署保密协议。投标人将意识到业主不允许投标人充当信息掮客。

## 2.4　采购执行策略

承包商将在执行采购工作的过程中充分利用其在供货方面取得的丰富经验，包括在全球范围内通过类似重大项目获得的全面的材料管理经验。

承包商将按照总估算成本最经济的原则选用货源采购设备与材料，并综合考虑HSE、技术规定、质量、交货、可靠性、服务等项目要求。将在EPCC项目执行过程中贯彻执行这一方法。

承包商将遵从EPCC合同规定的行为规范。

### 2.4.1　采购策略的关键成功因素

采购策略的关键成功因素主要包括：①严格监督业主提供设备自移交到安装阶段的管理；②澄清其他EPCC承包商提供的其他设备在保证和保修方面的责任和义务；③在业主支持下尽早安排长周期设备和关键设备的采购；④在业主支持下缩短采购周期；⑤按时召开项目采购工作协调会；⑥改进采购工作的总流程（协同各专业的界面）；⑦最大限度地发挥EPCC项目所在地供应商的物流工作职能；⑧通过委派必要的驻厂检验员，降低设备制造期间发生缺陷的可能性。

承包商将制定具体的策略，以应对因当前市场不景气对采购提出的挑战。这些内容包括投标人（供应商）名录、谈判目标、催交或督促供应商按时交付文件和设备及材料、物流计划和进度计划安排等。

确保项目成功的一个主要因素是，根据项目HSE、技术、计划及质量要求，有效控制供货和运抵现场或建设设施的材料。

采购策略的其他关键要素包括：①尽早就采购和材料管理执行计划和程序取得一致意见；②尽早就招标文件中的供应商名录取得一致意见；③尽早就拟用供应商和分包商（如有）名录取得一致意见；④为了优化解决方案，应尽早整合供应商和分包商；⑤在全球范围内采购设备和材料；⑥与供应商和分包商密切合作，并协助其改进总体的执行绩效；⑦确保供应商能满足 EPCC 项目的要求；⑧承包商除了在所有装运、进口及清关方面与业主密切合作外，还应优化项目的运输服务；⑨在全球范围内进行驻厂催交时，采用著名监造公司的内部专有技术和协调手段；⑩全面确保所有设备、构件和材料的可追溯性；⑪订货时充分考虑（优化）各种不可预见性因素，以确保现场交货的及时性，且不会造成过剩库存；⑫确保按最高质量标准向项目管理人员和业主上报相关情况，以及所有采购工作范围内数据和信息的及时性。

### 2.4.2 供应商名录

承包商将根据 EPCC 合同中关于设备、材料和服务的相关规定招标，经业主或专利商批准后，投标人将在此后并入批准的供应商名录（AVL）中。

在向供应商发布招标文件时，承包商应可通过业主的项目经理获得适用于该 EPCC 项目/日期的最新版批准的供应商名录。

承包商将采用批准的分包商和供应商名录中所述的供应商和分包商。承包商将根据业主的供应商名录就供应商提出建议，因此，投标人只能为拥有与承包商具有实际工作经验业绩的合格供应商。

承包商推荐的供应商/制造商应符合 EPCC 合同的要求。在选择业主批准的供应商和分包商名录以外的任何供应商时，承包商将按 EPCC 合同的业主要求执行，应由业主批准最终的项目供应商名录。

### 2.4.3 专利/专有设备的采购

对于 EPCC 合同中明确为专利/专有设备或材料，该类供应商已由专利商批准为合格的采购供应商，已在 EPCC 合同中列入专利商的供应商名录，并对此作出相应的说明。

承包商应尽力向专利商的供应商名录所述的首选供应商采购设备与材料。

### 2.4.4 采购策略

制定采购策略的目的是尽早采购关键设备和项目设备表中所述的所有主要设备。应尽早确定这些设备，并将以下方面作为采购工作的重点内容来抓。

在 EPCC 项目的初始阶段，在执行设计工作和编制询价书时，项目采购团队将根据业主确定的供应商名录以及名录以外的渠道选定投标人，并根据 EPCC 合同的规定编制具体的供应商名录，该供应商名录将按照 EPCC 合同中投标人名录的形式和格式提交业主审查。

在制定采购计划时，会考虑确认在 EPCC 项目执行周期内供应商的兴趣、技术能力、资信和工作负荷情况。

承包商调查确认投标人的质量和交货记录（包括产品和服务、设备制造、工作负荷、关键图纸和文件、报告、备件支持、现场的技术配合等所有方面）的目的是尽最大限度简化和优化各关键设备投标人的基础资料，以免将时间和精力花费在无法按 EPCC 项目/计划要求提供产品和服务的投标人身上。

如果可行的话，将采取所有可行的措施确保供应商尽早参与 EPCC 项目，并将其整合到项目团队中。通过相应的步骤与潜在的关键供应商建立密切的工作联系，并在最终订单的执行过程中作出有利于各方的改进。

无论如何应尽早发布询价书（RFI/RFQ），并通过采购系统和程序加快实施。应特别注意确保从一开始即应向投标人提供最新版的文件，以确保投标人提交的标书质量优异。

对于需要采购的所有设备而言，其他关键要素将包括：①尽量压缩采购周期内节点之间的工作时间、要求采购过程中所有各方，尤其是项目管理人员、项目设计人员、区域管理人员、QA/QC人员、技术负责人、项目控制人员、采购人员及业主（如适用）的及时和有效协作。②为确保及时收到供应商资料，在对订单（部分情况下称为授标函）作出承诺后，即应开始着手实施催交工作。将在所有适用的订单中加入要求尽早收到供应商的关键图纸和资料的要求。承包商将进一步确保在RFI和RFQ中对安装、维护、运输要求和储存须知，并在此后的RFP和订单文件中进一步作出阐述。③在标前会议、开工会议及预检验会议上监控所有商务澄清内容，以确保已阐明所有技术和商务资料和要求，并指明沟通过程中因误解造成的隔阂，以防在EPCC项目实施过程中出现问题。④必要时加大催交力度，以确保交货的及时性，尤其应避免已明确为关键设备的长周期设备或为便于跟踪已纳入关键性/长周期设备表设备延迟交货。⑤加强与采购周期内所涉及各方（如项目管理团队、设计人员、施工人员、业主及供应商）的协调和协作。⑥遵从适用的项目要求，包括规定、程序等，以确保所购设备和材料的质量、安全和技术合格性。⑦采购工作应符合EPCC合同要求和项目质量计划安排。将根据EPCC合同规定的文件要求进行定期审查、评估（考核）。⑧密切监控设计变更。及时实施向采购部门发布的设计变更通知，并充实到供应商及/或分包商的工作内容中。⑨承包商/供应商应及时发布技术资料和图纸，并按要求向工程设计及设备交付计划提供必要的支持。⑩货运合同应涵盖自产地到EPCC项目现场交货的所有服务内容，包括装运、运输、清关及当地运输等。

采购策略的基本要素包括：①尽早就采购计划和程序达成一致意见。②尽早编制和审批招标文件的供应商名录。③提高催交工作效率并管理好保密协议。④督促供应商尽快作出有效的投标响应并及时接收投标书。⑤实现供应商及承运商的HSE目标。⑥有效管理采购工作以确保按项目计划提供设备和材料，尤其是确保及时提供进行详细设计和开始制造所需的供应商数据和图纸。⑦及时有效地控制供至现场、设备制造或预制现场的材料以及设备供货和运输情况，以满足项目HSE、技术、计划和质量要求及施工工作、预投料试车/投料试车和移交要求。⑧为了优化解决方案，应尽早在设计阶段整合关键供应商。⑨与供应商及分包商建立密切的工作关系，并协助其改进总体执行绩效。⑩确保供应商符合业主要求。⑪除了在装运、进口及清关方面加强与业主联系外，还应优化利用承运商提供的项目运输服务。⑫在见证检验/测试时，确保业主/第三方同样拥有的访问权。⑬充分确保所有设备、构件和材料的可追溯性。⑭确保以最高的质量标准及时向项目管理部门和业主上报所有采购工作范围内可靠的数据和信息。⑮最大限度地降低供应商数量，以减少需要编制的纸质文件，便于沟通并降低培训成本。⑯最大限度地降低询价和订单数量，以减少需要编制的纸质文件、便于沟通、优化采购工作、催交和检验成本以及业主的审批流程。⑰确保进入现场的供应商完全遵从HSE和进场条件（须就此与供应商及其人员签署协议）。⑱项目所在国生产设备和材料：如果可行的话，承包商将尽力遵从EPCC合同中有关当地成分的要求。该等采购工作应有利于及时、经济及有效地实施项目，并满足EPCC合同规定的质量要求。⑲业主提供的设备（FIE）：专门制定业主提供的设备实施计划，该实施计划应包括以下文件。a.检验计划；b.施工计划。

以上为通用采购策略的内容。

### 2.4.5 关键设备与长周期设备/材料

关键设备系指认为对EPCC项目顺利和及时实施具有重要影响的设备。总体而言，关键设备系指按时交货对EPCC项目进度计划至为关键，并且需尽早收到供应商/制造商/分包商的设计资料，对项目的设计工作计划非常关键，以及需予以专门关注以便于尽早开始实施制造工作的设备。因此，为了实现关键节点，及时（尽早）签订关键设备的订单非常关键。

这些问题应在承包商的 EPCC 项目执行的初期策划以及 EPCC 投标文件中作出说明，且应在 EPCC 项目执行的采购周期中对关键设备或长周期设备（以及需适时归并到该类别的任何其他设备）的各方面情况应予以特别关注。

关键设备或长周期设备通常具有如下特征：①需要供应商提供详细设计和设计资料，以便支持承包商的设计计划；②为确保供应商及时交付长周期设备及/或关键设备，需要执行部分额外的工作以便尽早采购，具体来讲需要通过有效管理订单，以确保设备交货时间与 EPCC 项目和施工计划保持一致。

通常需要在 EPCC 的合同中明确承包商以及业主认为可能对项目顺利执行会产生积极或负面影响的主要设备或材料清单。

## 2.5 采购

根据本计划实施采购工作且计划的修改应满足 EPCC 项目规定的目标要求。EPCC 项目的性质决定了必须加快实施所有请购询价的招投标、评标和授标工作。

### 2.5.1 采购周期

采购部门应根据符合 EPCC 项目主进度计划（3级）要求的采购周期采购，设计人员应依据项目主进度计划（3级）编制项目所有设备和材料的询价请购文件：①承包商可增加投标的候选供应商并将其提交业主审批。考虑到当前及未来的市场限制条件依据可能拒绝大量供应商的投标带来的风险，增加投标的候选供应商可使业主在更广泛的范围内选定潜在和可行的供应商。增加投标的候选供应商一般为与承包商有实际业务合作背景并有良好业绩的供应商。②承包商应根据 EPCC 合同规定的期限内（如 21 天，但应尽可能在此之前）取得业主的批准。③督促并办理投标供应商的保密协议。④编制并发布设备材料及服务招标文件（RFQ）。⑤督促供应商的投标工作，包括进行所有必要的澄清。⑥应为以下设备（但不限于以下设备）举行标前会议：a. 压缩机；b. 泵；c. DCS；d. 反应器；e. 厚壁塔器；f. 加热炉；g. 换热器；h. 空冷器。⑦管理接收和分发投标书。⑧确定投标人短名单。⑨评标（由设计部门技术评标）。⑩编制商务标清单（排名不分先后）。⑪在 EPCC 合同规定的响应时间内，取得业主对技术标的批准。⑫提出订单授标建议。⑬编制发布订单并跟踪管理。⑭订单关闭。

### 2.5.2 对所增加候选供应商的资格预审

按要求编制资格预审文件并将其提交业主批准。资格预审文件至少应包含以下内容：①制造能力和装备；②制造经验；③外观设计、工程设计及技术能力；④资信状况；⑤QA/QC 组织及能力；⑥现场监督能力和售后服务质量；⑦HSE 记录。

### 2.5.3 招标文件（RFQ）

收到 RFI（请购询价文件）和相应的附录后，采购团队将向业主已批准的供应商中已正确响应保密协议要求的供应商发出招标文件。

招标文件由以下各部分组成，并涵盖 EPCC 合同中业主提出的所有条款和条件：①投标须知（ITB）；②询价文件夹及技术数据表、规范和图纸等；③确认表。

投标须知（ITB）应包括以下内容：①投标说明；②商务条件检查表；③报价汇总表；④子供应商名录；⑤商务条件和说明（CCI）；⑥通用采购条件；⑦专用采购条件（包括签订合同流程）；⑧包装、唛头及装运说明。

根据最新版国际商会国际贸易术语解释通则（Incoterms）2010，要求所有报价满足下述条件：①发布招标文件的目的是选定供应商，应分开提交技术标和商务标（即分为两部分）。②应按以下方式发布招标文件：a.FTP 服务器；b.通过快递服务发送的电子版；c.通过快递服务提交纸质版；d.承包商应选定投标人并尽力确保收到不少于 3 家的投标书。

应根据以下主要因素确定投标截止日期：①交货；②投标人地理位置；③项目计划安排等。应为投标人提交响应招标文件要求并完整的投标书留出合理的时间。应正确评估延长投标截止日期的申请。如果批准延长投标截止日期，应立即通知所有投标人，并按申请中相同的时间延长。

### 2.5.4 接收投标书并确定投标人短名单

在进行初步的商务评标后，根据商务内容将标书排序并确定投标人短名单。根据项目文件分发矩阵下发投标书，所有各方应对投标书内容保密。应在通过技术标评审后，根据技术复杂性、商务条件、所收到的标书价格等因素，选定进行后续技术和商务评标的投标人数量。

承包商将始终确保入选短名单的供应商/投标人至少为 2~3 家。

### 2.5.5 技术和商务内容澄清

采购人员应对列入短名单的标书进行商务评估，并考虑所有商务相关的事宜。

由设计部门召集所有与供应商的沟通和初步的技术标澄清会议（如有要求），并始终应及时向采购部门说明所有技术澄清内容，以及与供应商之间的沟通。设计专业负责人应安排项目团队其他专业成员（包括 QA/QC、施工、安全及开车人员）与会。

必要时将安排投标澄清会议，以便对投标书的技术/商务内容作出说明。会议由负责商务事务的采购代表召集，并由负责技术事务的设计代表和所需的其他专业（如 QA/QC、项目控制等）参与。

设计部门应根据所收到的技术澄清内容，编制一份供应商的短名单、技术评标汇总，并确认供应商的技术标是否合乎相关要求。

可对技术标合格的投标人的商务标进行修改、补充，并确认对工作范围和价格等方面的影响。应将此部分信息充实到投标人档案的最终版中。

所有相关工作的书面内容均应存入安全区域内的采购控制档案中，并确保其机密性。

在完成技术标评审/建议后，专业工程师/设计专业人员方可接收标有价格的标书副本。为了便于进行技术/商务标评审，采购人员可共享某些价格信息。

商务评标报告为具有机密性的采购文件，其日期和签字应符合要求且不得擅自分发商务标评标报告。

在商务澄清会议期间，投标人应说明其在 EPCC 项目所在地的工作能力和机构设置情况。

### 2.5.6 授标建议文件包

在完成技术标和商务标评审、澄清/谈判并确认投标人的技术标合格后，应发布最终的商务标评审报告，并由采买工程师编制授标建议。所提交的交货计划应为选定投标人的标准组成部分。

订单授标建议或技术评审和技术，尤其是商务偏离表（如有）均应提交承包商的 PDO 或决策层批准。

业主将在 EPCC 合同规定的恰当期限内，确认并批复技术标评审。

### 2.5.7 采购询价书（RFP）

在作出最终批准后，询价书编制人应立即编制并发布采购询价书（RFP）。采购询价书包括适用的技术说明、VDDR（供应商文件、交付文件）、交货计划、发货方式及包装要求等。

采购询价书应对订货情况作出详细说明，并反映与所选定投标人进行澄清过程中已修改的技术要求。另外，采购询价书（RFP）还应反映所选定投标人投标书的最终情况。

为确保符合上述要求，应在完成RFP后尽快提交业主审查。

### 2.5.8 采购订单（PO）

采购部门应编制并发布采购订单及相关附录，并发给供应商确认和验收。

采购订单应包括具体的商务条款、最终的商务条款及条件，包括任何认可的偏离等。

应将未标价的订单提交给业主审查。

### 2.5.9 备件

根据EPCC合同中的有关规定管理并采购备件。

### 2.5.10 供应商在现场提供的技术协助

将自发布招标文件起至投标截止前说明在安装、预投料试车和试车期间需要在现场提供的技术协助。这些内容将在招标文件和采购询价书中说明，并确保报价的投标书和采购订单已含有并已明确指明相关要求和承诺。将根据要求就业主使用的单价/价格等与供应商签署协议。

### 2.5.11 货物的现场采购

在项目建设过程中，有可能要求现场团队组织现场短缺材料的采购，有可能因设计错误或变更、所采购的材料迟交或交货错误、现场库房失窃或丢失等造成这种情况。项目开工后，现场人员将针对当地采购情况制定一份可利用的供应商名录。

发生上述情况时，通常物料需求源自现场，因此应按EPCC项目执行后期制定的现场采购程序执行。现场采购应当遵循的主要原则是：应按相同的方式实施和控制所有采购工作，并将根据采购量及供应商等确定和管理采购地点和方法，部分采购将安排在现场进行。部分要求将直接在现场实施和控制，如紧急采购或临时材料或服务等，现场采购工作则由现场采购协调员负责管理，并具体向PPM汇报工作情况。

即使产地为现场/预制场，执行的现场采购程序也应符合适用于EPCC项目采购的各项策略、原则和做法。项目采购程序与现场采购程序之间存在抵触的，应以项目采购程序为准。

## 2.6 催交

催交内容涵盖自授予采购订单到现场最终交货期间的所有工作。这些工作内容涉及控制订货供应商的文件（尤其是关键图纸和文件）、采购和制造/预制的监控以及设备和材料的交货进度。隶属项目设计部的设计文件控制部门在检验和供应商文件控制人员（催交人员应对此提供支持，以确保不会发生进度延迟的情况）的支持下，实施质量控制管理。

应与项目团队其他成员，尤其是检验和物流人员进行密切协作。应确保检验和设计文件控制部门之间关系的连续性。催交人员主要负责监控、催交并及时提供预检会与投标文件确定的供应商关键图纸和文件。

将由采购质量控制经理与催交协调员和项目其他成员依据长周期设备和关键设备确定采购订单的具体催交等级。

将以积极的态度开展催交工作。催交工作的目标是：确保及时提供文件、设备、材料及备件，并支持施工计划。催交人员还将进行项目内部（承包商）的催交工作，并支持承包商项目团队人员，以防对供应商订单执行计划造成不必要的延误。

催交人员负责自采购订单发布到制造现场、装配货预制现场或项目现场收到所有材料/设备之间的所有催交工作。

催交人员将与选定的供应商协调开工预检会议的内容。如果需要，可提出要求催交协调员参与开工预检会议。催交人员将密切监控订单的制造计划安排，以确保遵从对子订单、储存、制造和装配计划。催交人员将初步审批供应商提出的制造计划，并通过在承包商总部的催交和供应商的制造现场访问催交方式监控制造工作和进度情况。催交人员将根据关键程度等级要求，提出增加项目团队人员和承包商管理部门人员访问制造厂的建议，以确保符合既定的进度要求。

催交人员将与项目现场人员一道确保及时完成收货、关闭订单，并支持解决溢短损问题。

### 2.6.1 开工会议

催交人员将参加项目团队召集的主要设备、关键设备、长周期设备及/或任何其他具体设备或材料开工会议。

### 2.6.2 启动催交工作

收到采购订单或承诺函/授标函后，催交人员便开始实施催交工作。催交人员收到采购订单后，将先审查采购订单，以确保按照 EPCC 项目要求在项目现场完成所有交货工作之前，确定订单整个生命周期内的订货条件和交货日期符合 EPCC 项目的要求。

承诺函应包括与此后发布的采购订单中对相同采购设备与材料引述的内容，以确保其可追溯性。

催交人员初期应通过电话和电子邮件与供应商进行联系，并说明所需的关键信息和文件情况，如：①联系人姓名和详细的联系方式；②供应商子订单计划；③生产/制造计划。

催交人员应确保供应商采用正确的格式与说明，并已了解进度报告的要求。

### 2.6.3 子订单

在获得供应商未标价的子订单副本后，催交人员将与相关工程师和检验人员一同对其进行审查，以确保子订单符合主订单要求。

另外，催交人员还应确保子订单交货的适时性，并有权进入子供应商的工作现场检查工作。

### 2.6.4 预装箱单

催交人员应要求供应商提供预装箱单。供应商的运输图纸将由运输专家审查，并确保施工现场或预制现场基于已了解的特殊交货内容做好运输、收货和卸货准备。随着供应商制造工作的进展，催交人员应确认供应商已做好相应的交货安排。

### 2.6.5 供应商文件

在采购订单后执行管理过程中，应按供应商图纸和数据要求的具体说明执行。

应确保检验与设计文件控制部门之间保持连续的沟通关系。设计文件控制部门主要负责及时催交和发布所有供应商的图纸及文件，而催交人员主要负责监控、催交并及时提供采购订单与预检会确定的供应商关键图纸和文件。催交人员在 EPCC 项目组织机构内将执行设计文件催交的职能，以支持并加强设计文件控制，并确保不会因供应商图纸和文件沟通过程的问题造成制造工作和交货的延迟。催交人员将及时督促解决设计、技术澄清以及不合格项等问题，控制制造工作的进度。催交人员的工作目标是避免或最大限度地降低对交货造成不利影响，同时确保按时提交装运文件。

#### 2.6.6 进度及状态报告

催交团队通过与供应商的正常接触、审查供应商进度报告以及访问供应商工厂，确保所有工作及交货均按订单要求实施。为验证关键交货情况，承包商的供应商现场催交人员可联系、访问子供应商。

如果发现任何计划偏差，催交人员将立即与项目团队、专业工程师和采购团队确定并采取相应的解决方案和措施，这可能需要供应商制定恢复进度计划。

催交团队应提交采购总进度周报和月报，该等报告为项目管理报告的组成部分。

#### 2.6.7 与检验人员的联系

催交人员将与委派的检验协调员联系催交工作，并召集检验前会议。在采购订单期限内，尤其是在制造和检验过程中，催交人员将按要求与委派的质量控制/检验协调员以及业主进行工作联络。应通过制定检验和催交访问计划确保供应商符合采购订单实施计划要求，且出现的问题不会导致工期索赔。

#### 2.6.8 访问供应商催交

根据订货时的订货关键等级制定催交访问计划。

催交协调员和 QA/QC 确定制造厂催交内容要求。QA/QC 将配备适当的资源执行制造厂催交工作。

如同所有催交工作一样，以下为通用的催交工作内容，并可用于确定供应商的制造厂催交访问要求。这需要催交协调员与 QA/QC 之间密切协调。

在审查和确定催交访问计划安排时，至少应考虑以下几点：①订单的合同交货日期；②根据项目计划确定的货物抵达现场要求（ROS）日期；③是否已确定设备的关键程度等级，或为执行订单计划目的或其他原因已要求将其纳入关键设备清单中；④承包商与具体供应商的合作经历及交付同一货物方面的业绩；⑤在开工会或预检会及订单货物制造过程中确定的供应商总体工作负荷（实际负荷和预测负荷）情况；⑥制造地点至现场的运输时间、清关时间、运输难度或挑战等；⑦委派驻厂催交人员的总要求或不考虑委派的原因；⑧所有这些内容及其他可能性均应由催交协调员、QA/QC 部门和项目相关人员共同进行审查并重新评估，以便及时按要求调整催交内容和访问情况。

如果因不可避免的制造或装运延迟或施工计划变更，导致现场交货将出现潜在或实际的订单执行计划问题，则应考虑按要求采取以下措施：①将该货物纳入关键设备清单（一览表）；②增加催交访问频次；③考虑委派驻厂催交人员；④要求供应商重新制定制造工作计划；⑤如果可行的话，应直接与供应商的主要子供应商一起行动，以确保提供所需的预制材料和构件；⑥确保不会因承包商的行为或不作为（图纸审批、不合格项的关闭、技术澄清等）导致预制或制造工作暂停，如果出现上述情况，应立即通过项目团队采取紧急措施；⑦考虑赴供应商的制造工厂进行专项催交访问，包括向供应商委派高级催交或采购人员、技术专家（完成图纸审批）、项目设计或管理人员及承包商公司的采购协调员等；⑧催交访问供应商制造工厂一周后，应发布制造厂催交报告，并将其提交业主供其了解相关情况；⑨在进行工作联系和安排访问时，应考虑将业主包括在内；⑩应考虑逐步将供应商、承包商及业主的高级人员包括在内。

#### 2.6.9 交货和放行

根据关键等级顺利完成材料/设备的最终检验后，检验部门将签发检验放行证书（IRC）放行货物进行包装。在签署 IRC 之前，检验员将验证供应商在订单执行过程中关闭的所有不合格项，并将 IRC 提交业主。

收到 IRC 后，催交团队将获得供应商的一份装箱单和必要的交货文件。物流工作按订单实施，催交人员将监控交货文件的编制情况，以确保符合交货条件的要求。

### 2.6.10 完成订单

催交人员将获得项目现场或预制现场的收货确认书。如发生损失、不足或损坏情况，现场将发布材料收货报告（MRR）或溢短损（OS&D）报告。催交人员将协助处理溢短损方面的索赔。

作为订单完成和商务内容关闭的一部分，在供应商顺利完成所需的所有文件，并提交操作手册、维护手册以及制造记录簿后，催交人员将会收到 EPCC 项目文件控制部门为此签发的确认书。

在确认已提交订单要求的所有设备、材料和交付文件，并且不存在任何遗留的工作内容（如溢短损或不合格项）后，催交人员将关闭订单，并将订单纳入材料状态报告中已完成的订单内容中。催交协调员将继续支持完成订单的临时商务内容或最终关闭所需的项目采购团队（PPT）工作。

## 2.7 检验程序

检验工作将根据本篇第 9 章的检验程序执行。

## 2.8 物流

项目采购经理（PPM）和装运及物流协调员应在物流人员的支持下，依照项目要求管理所有运输工作。

### 2.8.1 装运文件

催交部门向物流负责人提供的用于确认货物已做好物流和运输准备的文件应包括：①装箱单；②托收地点、联系人及供应商资料。

物流负责人向承运商（FFW）提供用于开始办理物流和运输手续的如下文件：①装箱单；②用于说明和列明装运材料情况，并指明托收地点、联系人及供应商资料的装货单。

发货后，承运商应向其当地合伙人通报以下信息：①发货港及日期；②提单编号和船舶名称/空运则提供航空单（AWB）号；③每一提单的总包装箱数；④每一提单的总毛重；⑤到货港口；⑥预计的到货时间；⑦目的地国家的货船代理。

物流负责人向承运商/海关代理提供的目的地清关文件如下：①商业发票正本；②产地证明正本；③主装箱单；④详细装箱单；⑤装箱单或空运提单正本；⑥保险凭证；⑦进口许可证（如有要求）。

要求提供的其他文件：①军民双用途材料（MDU）授权书；②材料安全数据表；③化学分析报告；④质量证书。

同时，物流负责人应提前将以下文件的副本用电子邮件发送给承运商：①商业发票；②主装箱单；③详细装箱单；④保险凭证。

承运商应通过电子邮件向涉及的各方，尤其是承运商的当地合伙人发送所有上述文件的副本。

收到上述文件的所有正本后，应立即通过快递服务将其送交承运商在目的港的当地合伙人。

上述所有文件应含有以下引述内容：①项目名称和地点；②采购订单编号；③设备位号（如有）；④相应的业主编号（如有）。

运输文件中的完整货物说明应与发票中所述的内容保持一致。

### 2.8.2 清关

物流负责人应根据项目要求实施所有清关、进口和检验工作及程序。

物流负责人将与催交、检验、施工和承运商密切配合，以确保所收到的装运、清关和检验文件的完整性和准确性。另外，还应将该等文件的副本提交给业主。

**(1) 清关的标准流程**

清关的标准流程为：①用"XXX制造"形式指明货物生产国，应避免采用类属（如涉及欧洲国家时采用C.E.E）及/或区域名称（如用俄克拉荷马代替美国），也不得用"在XXX装配"等短语；②涉及受管制产品的所有进口货物的运输必须附有技术检验报告（TIR）及技术评估报告（TER）；③选择一家经批准的为出口商提供上述服务的主要认证/检验机构［CIB，比如天祥集团（Intertek）］；④应按要求提供 TIR 及 TER 以确保装运货物在项目所在国顺利清关；⑤TER 应确认产品符合项目所在国相关的技术条例和认可的国际/地区/国家标准，TIR 应确认货物符合项目所在国的进口条例规定；⑥项目所在国的管理机构可抽检进口货物，以验证其符合性。

**(2) 办理进口货物清关所需的文件**

① 空运/海运：a.年度要求：有效的进口许可证副本、授权人身份证副本。b.单项货物：发票、原产地证明、装箱单、航空公司及海关授权书。c.每批装运货物的合法性。d.当地机构的批文。

② 适用于空运/海运货物：a.发票不得含有零价值的物资；b.发票应指明适用的货币；c.发票应指明单价；d.不得提及报关价值；e.不得在发票中说明折扣值；f.发票中不得含有免费事项；g.应在原产地使发票合法/生效。

③ 需要当地机构批准的商品，如：a.压缩机、制冷机须办理气体批文：订货前，业主须提供气体编号和部件编号。b.空调单元。c.有国际海上危险品运输规则号码（IMCO）的货物需提供化学品批文。d.电气和电子设备：通常需提供工业和商务部批文。e.电话机、计算机、电信设备：需提供电信部批文（由业主办理）。f.消防设备：需要提供消防队批文（由业主办理）。

④ 关税免除/缴纳：a.根据 EPCC 合同，一般业主将根据具体的项目情况，尽力对拟用于 EPCC 项目的材料和设备向项目所在地国家办理免税。为避免疑义，该等材料、设备及备件等应为加入或构成设施组成部分的材料、设备及备件。b.承包商应按要求凭业主向项目所在国的港口部门提供的证明文件，办理清关及关税免除事宜。c.如果业主不能办理上述免税，业主将就向承包商征收的并由承包商缴纳的任何上述关税给承包商相应的偿付。

### 2.8.3 物流及运输工作

将根据 EPCC 合同要求编制相应的关键货物规定。

**(1) 重型货物**

重型货物及超限设备完成制造、准备运往现场到交付安装的过程中，承包商的物流承包商及其分包商均需单独考虑运输与装卸方案。运输和装卸作业应直接由物流承包商协同承运商进行监督：对于 12 m×2.4. m×2.5m（长×宽×高）或 25000kg 以上的货物单元，承包商应尽早向承运商提交运输图纸（最迟在采购订单规定的交货日期前 30 天）。可利用最终版图纸优化运输效能，并及时办理所有相关证件。

**(2) 传统及集装箱运输的货物**

EPCC 项目的货物可由承运商拆装运输，也可根据货物性质装入 20ft（1ft＝0.3048m）

或 40ft 不等的集装箱中运输。

**(3) 空运或陆运**

如果未提供预装箱单，还应提供有关数量、重量及/或材料产地方面的详细内容，以便于根据不同的方案以最适合的运输方式将货物运输并交付至项目现场。

物流人员将审查文件内容，尤其是：①度量单位；②超限货物；③空运/陆运与海运的便利性；④危险货物；⑤进口许可证要求；⑥特殊包装要求。

**(4) 项目所在地的物流人员**

承包商应委派必要的人员协调项目所在地的当地港口/机场的作业情况，并与承包商的总部、通关经纪人及项目所在地的运输公司和有关项目所在国的相关机构保持密切联系。

为满足项目计划要求，物流人员将与现场施工人员协调供货。

### 2.8.4 现场材料管理

确保机械完工顺利完成的重要因素之一是按要求及时完成现场的交货，并确保向现场交付的材料及其数量的正确性。承包商应通过施工团队制定有效的仓储、材料控制和搬运程序，并将其内容纳入现场材料管理程序。这些内容涉及设备及材料的接收、保管、储存及材料控制。上述程序还包括已在上述 2.5.11 节中作出详细说明的现场货物采购内容。

## 2.9 相关规定与模板

### 2.9.1 项目采购管理系统

如图 2-2-1 所示。

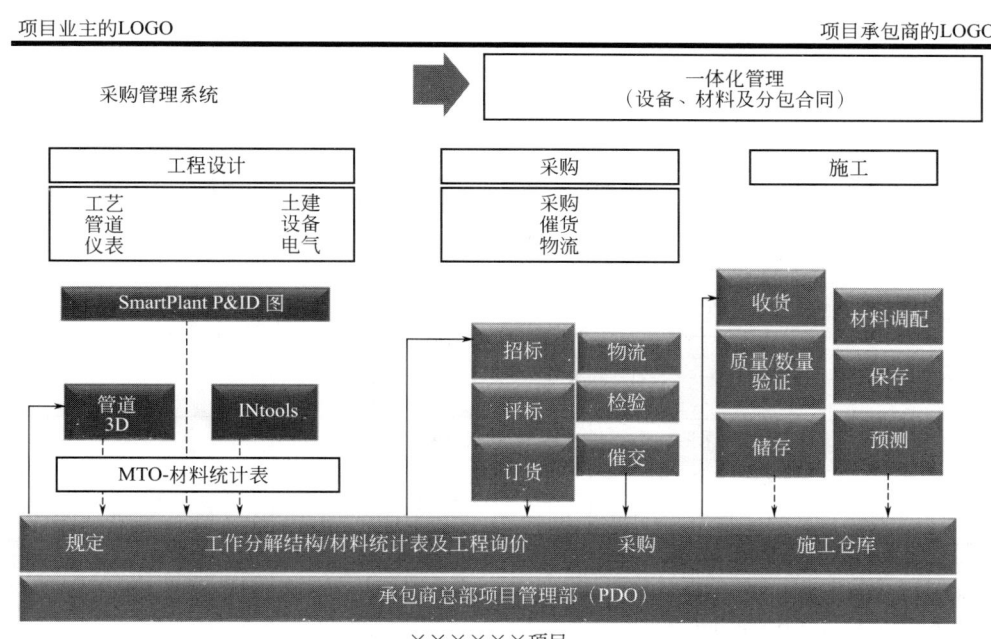

图 2-2-1 项目采购管理系统

### 2.9.2 拟用投标人表

如表 2-2-2 所示。

表 2-2-2　拟用投标人表

| 项目业主的 LOGO | | 拟用投标人表 | | 项目承包商的 LOGO | |
|---|---|---|---|---|---|
| 项目名称 | | | | | |
| | X | 采购 | 关键性 | 日期 | |
| | | 分包合同 | 非关键性 | | |
| 招标（RFI） | | | | 业主认可的供应商名录（供参考） | |
| 拟用投标人表（PBF） | | | 版次.00 | | |
| 设备/材料名称 | | | | | |
| AVL＝业主批准的供应商名录 | | | 日期 | | |
| LVL＝专利商的供应商名录 | | | | | |
| 投标人名称 | 公司标识 | 所在国 | | 是/否 AVL/LVL | 备注 |
| | | | | | |
| | | | | | |
| | | | | | |
| 承包商建议采用的其他供应商① | | | | | LVL |
| 未包括在 AVL 中 | | | | | 是/否 |
| 投标人名称 | 投标人标识 | 所在国 | | 备注 | |
| | | | | | |
| | | | | | |
| | | | | | |
| 由业主填写 | | | | | |
| 已审查且未提出意见 | | | 已审查并提出意见 | | |
| | | | | | |
| 业主意见 | | | | | |
| | | | | | |

| 签字 | 承包商采购员 | | 承包商采购经理 | | 业主 | |
|---|---|---|---|---|---|---|
| | 姓名 | 姓名 | 姓名 | 日期 | 日期 | 日期 |
| | | | | | | |

① 承包商根据 EPCC 合同规定增加的供应商。如果投标人已通过技术评审并接受后续评审的话，承包商将在其后就未加入到业主认可的供应商名录（AVL）网中的供应商，向业主提交该等供应商的资格文件。上述工作将根据 EPCC 合同实施。业主将尽可能在 10 个工作日内作出答复。

# 第3章
# 采购执行计划

## 3.1 目的

旨在为项目制定和规范采购方面的工作流程、程序、做法、文件格式、沟通和报告,从而完成 EPCC 合同中列出的项目采购目标和义务。

所有采购工作流程和任务均应结合综合材料管理工具(如 SPM-Marian)开展。在项目的各个阶段和各个级别均应遵守综合材料管理工具的标准程序。

在 EPCC 项目执行过程中,应坚持良好的采购实践,以诚实、诚信、专业的态度平等对待所有供应商。任何怀疑承包商内外存在不可接受的做法,均应向项目采购经理报告,并予以相应处理。一般来讲,EPCC 合同中也会就腐败行为做出相应的规定,采购执行更需要重点强调这一问题。

## 3.2 范围

采购执行计划涉及从投标人选择、发布招标文件(RFQ)到发布采购订单的工作流程,适用于"采购与材料管理执行计划"中列出的所有 PDO 采购代表。本程序包括以下主要阶段:①准备投标人清单;②保密协议(NDA);③询价请购文件(RFI);④招标文件;⑤接受投标和开标;⑥为确定候选供应商名单进行的商务及技术标初步评审;⑦确定候选供应商名单;⑧评标及技术标概要;⑨澄清、谈判与商务标最终评审;⑩授标建议;⑪授标函(LOA);⑫签发与签署采购订单。

## 3.3 准备投标人清单

### 3.3.1 建议投标人清单

采买人员应在收到询价请购文件(RFI)后提前准备投标人清单,准备过程中采买人员应考虑以下事项:①业主批准的合格供应商清单;②业主补充的供应商清单;③专利商的供应商清单;④EPCC 承包商联合体成员的战略供应商;⑤EPCC 项目投标阶段选择的供应商。

虽然按照 EPCC 合同的要求,一般应提前 2 个月向业主明确建议投标人的意向,但是仍然应于收到询价请购文件(RFI)后两天内,用预定的建议投标人清单以正式函件的形式呈给业主进行审查。每份询价请购文件（RFI）均应备有一份建议投标人清单。

由于 EPCC 项目执行过程中业主可能会更改合格的供应商，必须定期审核业主的在线合格供应商清单。

#### 3.3.2 资格预审过程

如果某个建议供应商未列入业主的合格供应商清单，则 EPCC 承包商应请求业主批准将该供应商增加为投标人，为此 EPCC 承包商的联合体成员应编制以下文件，明确说明应将建议供应商列入的原因：①生产能力和设施；②生产经验；③工程设计和技术能力；④财务状况；⑤QA/QC 组织能力；⑥现场管理能力和售后服务的质量；⑦HSE 记录。

采买人员负责按照建议投标人清单准备申请增加建议供应商文件，准备过程中可以咨询 PDO 的其他采购代表。采买人员要填写申请增加建议供应商的文件并签名，并先将申请增加建议供应商文件提交给采购经理进行审批，再将文件提交给业主进行审查。业主应尽量在 21 天内给出答复。

#### 3.3.3 项目当地采购成分

如果经济上可行，业主要求优先选择来自 EPCC 项目所在地的供应商。经济上可行时，还必须根据 EPCC 合同的相关规定，并考虑业主对设备/材料标准化的要求。

### 3.4 保密协议

对于需要签订保密协议（NDA）的采购订单，由指定的采购协调员通过电子邮件向建议投标人表格中的投标人发送 EPCC 项目批准的保密协议（或保密和限制使用协议书）。保密和限制使用协议书的格式见下述 3.14.2 节。保密协议必须经供应商授权代表签字、注明日期并盖章，在 5 个工作日内用电子邮件返回。原始文件将通过快递返回，并做好相应存档。采购协调员要将本过程记录在一份 Excel 电子表格中。正常情况下，不允许偏离保密协议。特殊情况下，关键设备和主要供应商仅可出现微小偏差。未约定并签署保密协议的情况下，不得发布招标文件。

如果项目决定，任何具体的招标文件（RFQ）不需要 NDA，则可以忽略本流程。

### 3.5 询价请购文件

询价请购文件应由相关工程设计中心（EC）编制，并发送给 PDO 的工程设计代表进行整合，然后附在招标文件（RFQ）包中一并发送给业主进行审核及批准。准备招标文件的流程详见图 2-3-1。

除了询价请购文件（RFI）外，招标文件（RFQ）包还应包括：①投标人须知；②商务条款清单；③报价汇总；④主要子供应商清单（适用时）；⑤商务条款与说明（CC&I），包括通用采购条款（GPC），专用采购条款（SPC），包装、标记与装运说明。

如果供应商在建议投标人表格之内，且已经收到或者不需要 NDA，则可以将 RFQ 分发给该供应商。采购协调员应将商务文件与 RFI 附在一起。

将询价请购文件（RFI）分发给投标供应商的同时，要将其提交给业主进行审查。评标过程中，要在技术或商务说明中对业主给出的所有审查意见做出回应。

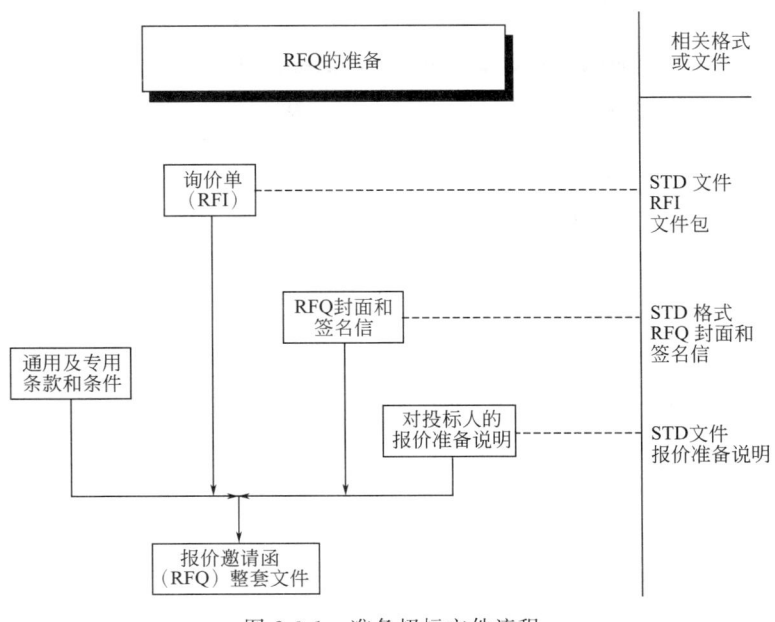

图 2-3-1　准备招标文件流程

## 3.6　招标期

### 3.6.1　招标流程

招标流程如图 2-3-2 所示。

### 3.6.2　发布招标文件

采购协调员要在采购综合管理系统（如 SPM-Marian）中用正确且已证实的代码指定每个投标人。采购综合管理系统（如 SPM-Marian）将自动生成一份附信，由采购经理签名，并附在招标文件（RFQ）包中。通过电子邮件将该签名信的扫描件发送给每个投标供应商。同时将所有文件的硬拷贝存档。

采购协调员应在发送给投标供应商的正式电子邮件中，授权其使用在线门户（或"文件共享"）。供应商会收到一个用户名和密码，在规定的有效期内使用。

所有招标文件（RFQ）均要用采购综合管理系统（如 SPM-Marian）的标准程序发布，不得以任何其他方式发布。

采买工程师应督促投标过程，并在采购综合管理系统（如 SPM-Marian）进行相应更新，以便在 3 个工作日内得到投标供应商承诺投标或拒绝投标的原因。

### 3.6.3　投标人澄清

招标期间，投标人可能会提出问题或疑问。其中商务问题必须通过电子邮件直接提交给采买工程师，技术问题应以副本形式通过采买工程师一同提交给负责的设计工程师。

采买工程师应通过电子邮件将其他投标人可能感兴趣的所有回答发送给所有投标人。此类正式沟通可能涉及商务说明、图纸更新、供货范围变更或投标截止日期变更（以及其他事宜）。

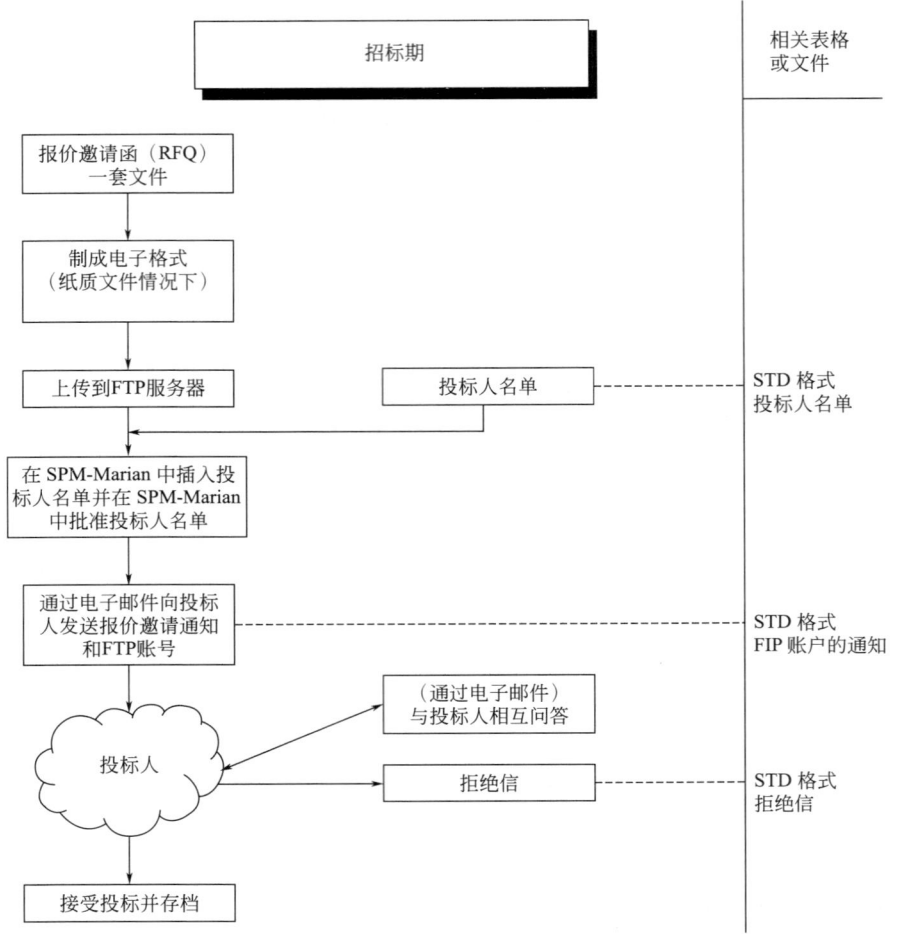

图 2-3-2 招标流程

### 3.6.4 投标截止期日的延期

如果一名或多名投标人请求将投标截止日期延长不到1周，采买工程师可视预期投标数量和供货类型的情况，自行决定批准或拒绝请求。

对于超过1周的延期请求，采购经理可以咨询项目控制经理之后做出最终决定。

如果批准了1个投标人的延期请求，则同一延期必须适用所有投标人。采买工程师应通过电子邮件将延期决定通知相关投标人。采买工程师要将修改的投标截止日期添加到采购综合管理系统（如 SPM-Marian）中。

要将招标期间沟通中相应产生的硬拷贝文件保存到相关的文件夹中。

## 3.7 接受投标与开标

### 3.7.1 接受投标与开标流程

接收投标与开标的流程如图 2-3-3 所示。

### 3.7.2 密封投标程序

遵守严格的密封投标流程。要按照投标人须知中的详细说明通过快递方式邀请供应商投标。收到投标后,采买工程师要更新采购综合管理系统(如 SPM-Marian),并将投标原件锁起来,妥善保管。采买工程师只能将钥匙位置告知获授权的人员,钥匙位置必须保密。投标函外面要明确写明或加盖接收日期,接收投标时由采买工程师签字。不得打开正式(或延期)投标截止日期后收到的投标。最好在采买工程师通知投标人不考虑该投标之后,以适当方式销毁此类投标。

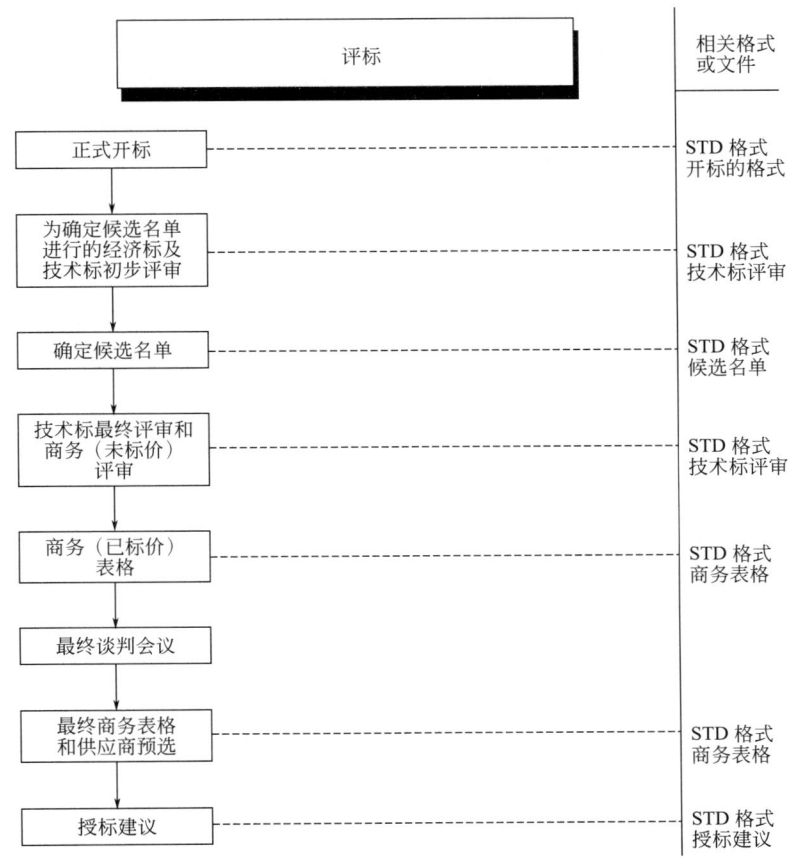

图 2-3-3　接收投标与开标的流程

### 3.7.3　开标会议

只能在采买工程师组织的正式开标会议上,尽量在承包商联合体各方的项目代表均在场的情况下打开供应商的投标书。对于关键的采购包,要向项目经理发送参会邀请,项目经理可以选择参加或不参加。应在投标截止日期或收到最后一份可接受投标后 2 个工作日内召开开标会议。

采买工程师必须参加开标会议,如果采买工程师缺席,必须有人代表采买工程师出席。

开标会议期间,采买工程师要填写正式开标表格的所有适用部分,并由与会各方签字。开标表格旨在确定将哪些投标提交给设计工程师进行初步技术评审。作为参考,可以选择 3~8 名供应商,因供货类型而异。

要采用技术报价分发表将选定供应商提交的供初步技术评审的投标发给设计工程师。

### 3.7.4 准备中标候选名单

设计工程师应尽量在 3 日内完成初步技术评审，并通过电子邮件向采买工程师提供汇总的初步技术评审结果，明确说明初步技术评审中可以接受和不可接受的投标。之后采买工程师要利用初步技术评审汇总结果准备中标候选名单表。不论用作何种用途，中标候选名单表均应小签。中标候选名单表旨在准确确定应当对哪些投标进行更为详细的技术和商务评审。将由采买工程师和采购经理讨论该问题。必要时可以咨询 PDO 中的其他高级成员。选定需进行详细技术和商务评审的中标候选名单文件需要设计工程师（或专业负责人）、采买工程师和采购经理签字。

## 3.8 商务说明与投标评审

### 3.8.1 发布商务说明

为了让投标方接受 EPCC 项目的采购商务条款与说明（CC&I），采买工程师应发布商务说明。允许出现与 CC&I 的细微偏差，所有法律问题均应列入 CC&I 偏差表中。法律偏差需要 EPCC 项目合同经理批准。应以 EPCC 项目利益为出发点，以适当方式完成所有采购谈判。所有的 CC&I 偏差将作为附录 I 附在后续的 LOA 或 PO 中。

### 3.8.2 发送商务谈判表

采买工程师应将商务谈判表发送给中标候选名单中所列的投标人。商务谈判表中包含约定商务条款和供货范围汇总，供投标人确认，其格式与 LOA 和/或 PO 的格式相同，以便避免授标后出现不必要的意见或变更。

### 3.8.3 备件

商务说明必须解释清楚整个供货范围，包括列入供货范围或作为任选项的备件与专用工具。投标人应提交供应商建议的备件分项列表，之后将其作为附录附到采购订单上。要求供应商在授标后 45 天内以 EPCC 项目规定的格式完成 SPIR。

应列入供货范围内的备件包括：①投料试车和开车备件；②保运备件。

### 3.8.4 任选项备件

一年期运行（初始）备件应作为供货范围的任选项备件。一年期运行备件的有效期为提交 SPIR（授标后 45 天）后 1 年。此外，允许在另外 5 年的时间内，每年调整一次价格。要求供应商提交一份单独的当地港口 FOB 配送成本。只有业主发出特殊请求时，才会购买一年期运行备件。如果业主选择直接从供应商处购买这些备件，业主与供应商可以参考 EPCC 合同的规定直接商议价格。

必要时，可以按照下述 3.14.10 节的"技术支持协议及费用"中的格式，列出供应商技术指导工作每日的现场费用。

### 3.8.5 价格

对于供应商技术支持要求采用如下价格：①最好采用美元（EPCC 项目当地供应商最好采用当地货币报价）；②2017 年每日费用＝\$$A$；③2018 年每日费用＝\$$B$；④2019 年每日费用＝\$$C$；⑤每年增长 $E\%$，直到 2021 年。

以上费用按每周 6 个工作日（周一至周六）每天 10 个小时计。额外超出的时间按照每小时 \$$D$ 计费。不包括差旅、住宿和生活费用。这些费用应具有适当理由，照原价每月开发票实报实销，只报销经济舱机票。

对于价格还需要关注的事项包括：①适用时，以总包价格提供在 EPCC 项目现场的培训；②适用时，将安装、操作和维护用专用工具列入采购订单范围内；③适用时，将仪表校准列入采购订单范围。

### 3.8.6 授标前说明与谈判会

对于关键设备，在发布商务评审表和授标建议之前，应于评审的最后阶段在项目办公室召开授标前说明会议。会议将由采买工程师组织。将邀请项目工程师、采买工程师和检验协调员解释所有未决事宜。一般情况下，会在要求提出最后价格之前，利用这些会议解释所有技术和商务问题。采买工程师要做好会议记录，并由所有与会人员签字。

收到技术投标评审后，采买工程师要关闭所有商务问题，并要求投标供应商提出最终价格，或者（如需要）要求召开一次最终谈判会议。最终谈判会议可以采取以下形式：①在承包商办公室举行面对面会议；②视频会议；③在其他地点召开面对面会议；④电话会议。

采买工程师要做好会议记录，并由所有与会人员签字。这些会议期间可以要求提出最终折扣。

### 3.8.7 最终报价

要求投标供应商采用预先确定的基本格式以电子邮件的方式提出最终价格。请注意，采买工程师必须在与设计工程师核对范围的完整性和可选价格后，针对每个采购包修改格式。投标人要通过带密码和附件的电子邮件提交最终价格以及最新报价。在要求提出最终报价的电子邮件中，采买工程师会要求给出在指定日期的指定时间打开附件的密码。然后，只有在收到密码之后，才能打开包含价格的附件。

### 3.8.8 商务评标

收到最终价格之后，采买工程师要准备商务评审汇总表以及相关文件。这些文件（也包括技术评审）将作为授标建议的一部分，提交 PDO 批准。供应商应明确指出给出的所有折扣。与商务条款和条件发生的任何偏差都要制成表格，列在同一文件中。商务评审汇总表必须明确给出每台设备的交付周期。应在授标前提交业主批准。

### 3.8.9 选择供应商的优先次序

还要关注，如果经济上可行，业主要求优先选择来自 EPCC 项目所在地域的供应商，经济上可行时，还必须根据 EPCC 合同的规定，考虑业主对设备/材料标准化的要求。

### 3.8.10 确认交货期

采买工程师要联系项目控制部门，了解要求到达现场（ROS）的日期，并联系物流部门，了解预计现场交货的时间。如果不允许在 ROS 日期前提前交货到现场，必须在授标建议中标出。

### 3.8.11 EPCC 承包商的审批

承包商授权批准的事项如下：①承包商授权的主管经理，采购订单价值＞1 亿元；②PDO 项目主任，采购订单价值＞3000 万元至 1 亿元；③采购经理，采购订单价值≤3000 万元。该授权事项的采购订单价值的大小应密切与项目规模、风险和审批流程的效率相结合，既要确保风险可控，又要充分考虑可以高效执行采购工作。

## 3.9 采购订单

### 3.9.1 采购订单签署流程

采购订单签署的流程详见图 2-3-4。

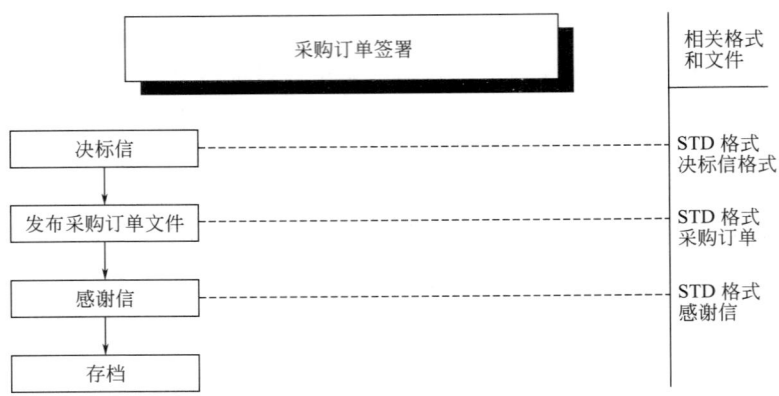

图 2-3-4 采购订单签署流程

### 3.9.2 采购订单

尽量采用采购订单而不是授标函的形式。如果要求采用授标函，将由采买人员按照下述 3.14.10 节的说明起草授标函，然后发送给 PDO 签字，再由采购协调员发布给供应商。

要想使用 3.14.10 节中所示的采购订单，首先需要从设计工程师处收到采购请购文件（RFP），并输入采购综合管理系统（如 SPM-Marian）。采购协调员会在收到并审核 RFP 之后，通知采买工程师编制采购订单。然后会将 RFP 提交业主进行批准。

采购订单必须包括所有备件的分项列表，无论其属于供货范围内或作为选项部分，适用时还要包括每日现场技术支持的费用。还必须包括业主专门的要求，例如，采购订单的注意事项。

要在采购综合管理系统（如 SPM-Marian）中编制采购订单。发布提出技术变更或采购数量变更的补充采购订单，需要设计工程师提供一份修订 RFP。发布更改商务条款、价格和日期的补充采购订单不需要 RFP。在给供应商发布任何修订的 RFP 之前，均需要获得业主批准。

### 3.9.3 补充采购订单

采买工程师有责任确保采购订单及后续补充采购订单在 7 天内由供应商签字、盖章并返还，以便收到没有意见"干净"的签名。如果收到了意见，则采买工程师要通过向供应商解释既有采购订单或者发布做出变更的补充采购订单进行处理。

### 3.9.4 感谢信

供应商无条件地签署采购订单（而不是授标函）后，采买工程师或采购协调员要向未中标者发送"感谢信"，通知他们此次招标未中标，并对他们的参与表示感谢。由于发送感谢信可能会影响到尚未授标的其他采购包，只有经采购经理同意后才能发送感谢的电子信件。

## 3.10 订单变更请求

### 3.10.1 订单变更请求

在既有采购订单覆盖的范围外,采购范围发生改变时,供应商应提交订单变更请求(OVR)。OVR 格式见下述 3.14.10 节。OVR 应包含对供货变更的详细说明,并参考关于该问题的所有适用沟通说明原因。明确指出对成本或交货的影响,同时均必须具有正当理由。

供应商必须清楚了解,其应当按照采购订单的条款和条件继续开展工作。

收到供应商的 OVR 之后,联系供应商之前,采买工程师要通知采购协调员和采购经理,以便为了项目的利益消除或降低对成本和交货的影响。所有的技术问题均要与负责的设计工程师讨论和澄清。如果各方之间最终达成协议,要发布一份补充采购订单,必要时附上相关修订的 RFP。

尽量将技术和商务变更综合到一份补充采购订单中,从而最大限度地降低管理成本。

### 3.10.2 修订询价请购文件

在发生重大变更的极端情况下,可能必须搁置当前的采购订单,重新向所有候选投标人发送一份修订的询价请购文件(RFI)。如需这样做,项目采购经理在搁置既有采购订单之后,要予以批准。

### 3.10.3 订单变更请求状态记录

采购协调员要以下述 3.14.10 节中所示的格式保存一份 OVR 状态的记录。

## 3.11 豁免书

为方便最终付款,必须按照下述 3.14.10 节的说明发布、约定和签署豁免书。只有各方之间签署协议并发布豁免书文件之后,才能进行最终付款。

采购协调员必须用下述 3.14.10 节中给出的"采购订单结算建议表"恰当结算采购订单。开展采购订单结算工作前,要咨询项目管理人员的建议,采购订单结算表须经供应商适当授权的人员确认并签署。

## 3.12 报告编制

要按照"采购和材料管理执行计划"的要求编制报告。

## 3.13 授标后

采买工程师在订单执行期间仍要积极主动跟踪订单,需要时支持催交、检验、物流和项目管理开展相关的工作。

## 3.14 样表与模板

### 3.14.1 建议投标人清单

如表 2-3-1 所示。

表 2-3-1　建议投标人清单

| 业主 LOGO | 建议投标人清单 ××××××××项目 | | 承包商 LOGO | |
|---|---|---|---|---|
| ☒ 采购<br>☐ 分包 | | ☐ 关键<br>☐ 非关键 | 日期 | |
| 请购文件（RFI）<br>建议投标人表格（PBF）<br>设备/材料说明：<br><br>AVL＝业主的在线合格供应商清单<br>LVL＝许可方供应商清单 | 版本 00<br><br>网址 ____ | 业主合格供应商清单参考： | | |
| AVL 中的建议供应商表—项目所在地本地 | | | LVL | |
| | | | Y/N/— | |
| 投标人名称 | 公司标识码 | 国家 | 备注 | |
| | | | | |
| | | | | |
| AVL 中的建议供应商表-其他国家 | | | LVL | |
| | | | Y/N/— | |
| 投标人名称 | 公司标识码 | 国家 | 备注 | |
| | | | | |
| | | | | |
| 承包商推荐的其他供应商 | | | LVL | |
| 未列入 AVL | | | Y/N/— | |
| 投标人名称 | 国家 | 备注 | | |
| | | | | |
| | | | | |
| | | | | |
| 由业主填写 | | | | |
| 已审核,无意见 | | 已审核,有意见 | | |
| 业主意见 | | | | |
| | 承包商采买工程师 | 承包商采购经理 | 业主 | |
| | 姓名　　日期 | 姓名　　日期 | 姓名　　日期 | |
| 签名 | | | | |
| 注意事项：对于未列入业主在线合格供应商清单（AVL）的投标人，如果技术上可以接受且要进一步评估投标人，承包商后期要向业主提交供应商资格预审文件，以便符合 EPCC 合同的相关要求。业主应尽量在 10 个工作日内回复。 | | | | |

### 3.14.2 保密和限制使用协议书

**保密和限制使用协议书**

2017 年

先生们,

根据你我双方之前就业主(以下简称"客户")或其任何附属公司的 EPCC 项目(简称"项目")投标进行的联系和沟通,除本协议书(简称"本协议")另有规定外,由承包商联合体(简称"PDO")准备直接或通过 PDO 的成员或其成员的附属公司向贵方,即〔              〕(简称"公司"),披露包括但不限于技术文件的特定信息。PDO 以此方式向贵方披露的信息统称为"机密信息"。

签署本协议,即表示贵方同意以下内容:

1. 我方披露、贵方接收任何机密信息仅为准备项目设备和/或分包投标文件提交给 PDO,在公司得到 PDO 授标后,仅为准备相关采购订单(以下简称"规定用途")。

2. 贵方要对所有机密信息严格保密,未经 PDO 事先书面同意,不得向任何第三方披露任何下述机密信息。机密信息包括但不限于 PDO 或其任何附属公司传递或传达给贵方的并非众所周知或第三方难以获得的任何信息或数据(无论是口头、书面、电子或其他信息)。机密信息包括商务和技术性质的口头或以任何形式或媒介记录的任何信息,无论是否受版权保护,包括但不限于数据、技术、方法、流程、专门技能、设计、照片、图纸、方案、规定、报告、研究、技术和程序手册、电脑硬件和软件、数据文件和文档。但是,机密信息不包括以下信息:

■ 披露时处于公共领域中的信息;
■ 披露给贵方之后,发布或并非由于贵方的原因进入公共领域的信息(但仅限于披露之后信息发布或另外进入公共领域的情况);
■ 披露时属贵方所有或披露时间过后由贵方根据守信义务取得而非直接或间接从 PDO、其附属公司或股东或第三方接收的信息;

3. 本协议中的任何内容均不得解释为授予贵方 PDO 有权许可的某项许可、某个许可选项或者按照任何专利、技术或专门技能进行操作的任何权利。

4. 贵方只能将下述机密信息披露给需要将其用作规定用途的贵方专业/技术员工和/或执行主管,且贵方同意告知每位员工或执行主管本协议中的规定义务,并与其签订书面协议,使其履行贵方在所述机密信息方面担负的同等义务。

尽管本协议中规定了披露的限制条件,但在规定用途需要时,贵方仅可向贵方的供应商、分包商或附属公司披露次要或非关键的机密信息,并在披露前与其签订协议书,协议书内要给出至少与本协议中限制条件同等的信息使用和披露限制条件。对于相关第三方违反相关保密协议中的保密义务的情况,贵方应承担责任、赔偿并保护 PDO 免受损害。

5. 根据本协议,除非用作规定用途,贵方不得复印、复制或以其他方式重制任何文件,贵方要在收到 PDO 书面通知三十(30)天内,返回所有机密信息,销毁源自机密信息的任何笔记或其他信息,提供由获授权人员出具的证实遵守上述条款的证明。

6. 如果因规定用途或接触或使用机密信息,贵方单独或与他人合作完成一项发明或发现,无论其是否可取得专利权,贵方均应立即将相关发明或发现披露给 PDO。贵方要将相关发明和/或发现附属的所有权利转让给 PDO 或其提名人，并据此完成转让。除非用作规定用途，贵方不得用于相关发明和/或发现，不得向其他人披露相关发明和/或发现的情况。如有需要，贵方要帮助 PDO 或其提名人就相关发明和/或发现编制专利申请文件。

7. 贵方理解并承认本协议提供的机密信息及其直接产物受到美国出口管理条例和美国贸易制裁的制约。贵方进一步承认，严禁违反美国出口管制和贸易制裁，出口和/或再出口上述信息和其他技术信息或其直接产物。

8. 自本协议签署之日起二十五（25）年内，本协议中列出的承诺将持续有效，无论贵方是否完成参与项目的相关谈判或者本协议是否终止。

9. 未经 PDO 事先书面同意，不得将本协议转让给任何第三方。

10. 本协议的有效性、解读、解释和履行以及从中产生的各个方面均受瑞士法律管辖。

11. 凡因履行本协议所发生的或与本协议有关的所有争议、分歧或争论均应由公司和 PDO 通过友好协商解决。

如经协商仍不能友好解决，贵方明确同意，因本协议及其中任何条款或部分的形成、有效性、存在、解释、应用、实施、履行、违反或终止或其后采取的任何活动而直接或间接产生的、引发的、有关的或相关的任何性质的任何争议、争论、事项或索赔，均应按照国际商会仲裁规则和章程得到最终解决，特此委托国际商会根据上述规则和章程进行仲裁管理和任命仲裁人。

仲裁法庭位于日内瓦（瑞士），仲裁程序将以英语进行。

贵方明确声明，贵方保证信守并遵守仲裁裁决，仲裁裁决为最终裁决，且对各方均有约束力。

请获授权人员在随附副本的以下空白处签字并返还给我方，表示贵方同意上述条款。

承包商　　　　　　　　　　　　　　　接受人
姓名　　　　　　　　　　　　　　　　姓名
日期　　　　　　　　　　　　　　　　日期

### 3.14.3 询价请购文件

注意：以下文件中的日期视具体情况修改。

| 承包商的 LOGO | 询价请购文件 |
| --- | --- |
| 供应商的详细信息与地址 | 请购文件参考编号：　　　附录:00<br>在所有沟通中都要提及<br>投标截止日期:2018 年 01 月 07 日 |
|  | 联系人：<br>日期:2017 年 11 月 27 日 |

主题：XXXXXXX 项目
XXXX 加热炉询价请购单
敬启者，
PDO（以下简称买方）参与了业主的 EPCC 项目。
买方特此邀请贵公司按照以下说明和文件提交上述设备/材料的供货投标：
—请购文件：　　　　　　　　附录：00　　　　日期：2017 年 11 月 26 日
—投标人须知　版本 00（附件"A"），商务条款检查表（附件"B"），报价汇总表（附件"C"）
—商务条款和说明　版本 00，日期 2017 年 11 月
投标人最迟应在上述截止日期提交标书。
技术和商务标的单独副本应按如下要求提交：
商务标：1 份已标价原件。1 份未标价电子邮件预发原件。
技术标：1 份电子邮件预发原件。
标书应提交至：
PDO 项目管理部
EPCC 项目
地址　　　　　　　　　　，邮编
转交：采购部（标记："密封投标-机密"）
请在所有沟通中标明请购文件参考编号。如对本次投标存有任何疑问，请联系以下人员：

| 商务问题： | 技术问题： |
| --- | --- |
| 姓名 | 姓名 |
| 电话 | 电话 |
| 邮件 | 邮件 |

请在 3 个工作日内填写并提交本函所附"投标人确认书"，确定贵公司是否愿意报价。
请认真阅读"投标人须知"，确保贵公司的投标符合本文件的要求，以及请购文件中提及的所有其他说明和文件。
贵公司的商务报价应按照"投标人须知"中的"报价汇总表"列出分项细目表。

　　　　　　　　　　　　　　　　　　　　　　　　　　　　敬上
　　　　　　　　　　　　　　　　　　　　　　　　　　　采购经理

请购文件编号：　　　　　　附录：00　　　　　　　　2017 年 11 月 27 日

### 3.14.4　投标人确认书

承包商的 LOGO

投标人确认书

发送日期：　　　　　　　发送时间：　　　　　　　　　　　页数：

| 收件人： | 发件人： |
| --- | --- |
| 电话： | 电话： |
| 电子邮箱： | 电子邮箱： |

| 请购文件编号： | 附录:00 |
| --- | --- |

确认收到询价单
  ☐ 我方将在 2018 年 01 月 07 日前提交投标。
  ☐ 我方因以下原因拒绝投标：
_____
_____
_____
_____

对本询价单的修改版发送至：

| 公司： | |
|---|---|
| 收件人： | |
| 地址： | |
| 电话： | |
| 传真： | |

| 日期： | 公司印章 | 受权代表签名 |
|---|---|---|

| 请购文件编号： | 附录：00 | 第 1/1 页 |
|---|---|---|

### 3.14.5 报价汇总表

本部分内容见电子版，下载地址见前言中的说明。

### 3.14.6 合格供应商标准

PDOX-XXXX［设备类型］

  本附件旨在明确投标人选择子供应商时必须遵守的指示。本标准为强制性要求。不考虑不符合本标准的报价。

  指定部件的子供应商必须从以下名单中选择。

  ［1］［设备类型］
  ［供应商名单］
  ［2］［设备类型］
  ［供应商名单］
  ［3］［设备类型］
  ［供应商名单］
  ……

### 3.14.7 合格分供应商批准与正式开标

  投标方报价中必须明确突出并合理解释与上文 3.14.6 节中名单出现的任何偏差。在整个过程中，所有子供应商都需要买方批准。正式开标样表见表 2-3-2。

表 2-3-2 正式开标样表

| 业主的 LOGO | | | | 正式开标 | | | | 承包商的 LOGO | |
|---|---|---|---|---|---|---|---|---|---|
| 项目编号：PDOX | | 项目：EPCC 项目 | | | | | 业主：<br>承包商： | | |
| 请购文件/RFQ 编号：PDOX-XXXX | | | 版本＿＿＿＿ | | | | 日期： | 第 1/1 页 | |
| RFI 发布日期： | ＿＿年＿月＿日 | | | 采购请购文件/RFQ：材料/设备说明 | | | | 截止日期：<br>(最初) | ＿＿年＿月＿日 |
| 预算 | | | | | | | | 截止日期：<br>(最终) | ＿＿年＿月＿日 |
| ROS 日期 | | | | | | | | | |
| 投标人<br>代码 | 投标人<br>名称 | 国家 | 业主的 VL<br>(是/否) | 专利商 VL<br>(是/否/一) | 是/否/D<br>投标 | 日期<br>+投标参考 | 投标<br>货币 | 投标<br>货币<br>价格 | 对 USD<br>的汇率 | USD<br>价格 | INCOTERM<br>投标 | 交付<br>日期<br>(周数) | 投标<br>有效期 | 排名 | 备注 |
|  |  |  |  |  |  |  |  |  |  |  |  |  |  |  |  |
|  |  |  |  |  |  |  |  |  |  |  |  |  |  |  |  |
|  |  |  |  |  |  |  |  |  |  |  |  |  |  |  |  |
|  |  |  |  |  |  |  |  |  |  |  |  |  |  |  |  |

仅适用密封信封中的投标文件：
本文件特此证明，上述投标文件在所示日期打开，所有投标均符合投标处理方面的必要项目要求。
投标文件（包括超出截止日期的投标文件）的开启和处理符合项目说明。

| 姓名＿＿＿＿ | 签名＿＿＿＿ | 日期＿＿＿＿ | 职位＿＿＿＿ | 买方 |
| 姓名＿＿＿＿ | 签名＿＿＿＿ | 日期＿＿＿＿ | 职位＿＿＿＿ | 技术代表 |
| 姓名＿＿＿＿ | 签名＿＿＿＿ | 日期＿＿＿＿ | 职位＿＿＿＿ | 采购经理 |
| 姓名＿＿＿＿ | 签名＿＿＿＿ | 日期＿＿＿＿ | 职位＿＿＿＿ | |

## 3.14.8 候选供应商名单

如表 2-3-3 所示。

表 2-3-3 候选供应商名单

| 业主的 LOGO | | | | | | | | | 承包商的 LOGO | |
|---|---|---|---|---|---|---|---|---|---|---|
| 项目编号:PDOX | | 项目:XXXXXX 项目 | | | | | | 业主:<br>承包商: | | |
| 请购文件/RFQ 编号:PDOX-XXXX | | | 版本___ | | | | | 日期: | 第1/1页 | |
| RFI 发布日期:___年___月___日 | | | | | | | | 截止日期:<br>(最初) | ___年___月___日 | |
| 预算 | | | | | | | | 截止日期:<br>(最终) | ___年___月___日 | |
| ROS 日期 | | | | | | | | | | |
| 投标人代码 | 投标人名称 | 业主 VL<br>(是/否) | 专利商 VL<br>(是/否/-) | 国家 | 是/否/D<br>投标 | 日期<br>+投标参考 | 投标货币 | 投标货币价格 | 对 USD 的汇率 | USD 价格 | INCOTERM<br>投标 | 交付日期<br>(周数) | 技术上可以接受(初步) | 入围<br>是/否 | 备注 |

请购文件/RFQ:材料/设备说明

| | 签名 | | | | | 日期 | | | |
|---|---|---|---|---|---|---|---|---|---|
| 姓名___ | 签名___ | | | | | 日期___ | | | |
| 姓名___ | 签名___ | | | | | 日期___ | | | |
| 姓名___ | 签名___ | | | | | 日期___ | | | |
| 姓名___ | 签名___ | | | | | 日期___ | | | |

| 职位 | 买方 |
|---|---|
| 职位 | 技术代表 |
| 职位 | 采购经理 |
| 职位 | |

候选名单
本文件特此证明候选名单于所示日期完成。
符合采购程序相关的必要项目要求。

### 3.14.9 技术报价书的分发

项目： PDOX：EPCC 项目
RFQ 编号： PDOX-XXXX
日期：
设备/材料说明：

请附上以下报价进行技术评审。

| 序号 | 供应商 | 报价日期 | 备注 |
|---|---|---|---|
| 1 | | | |
| 2 | | | |
| 3 | | | |
| 4 | | | |
| 5 | | | |
| 其他： | | | |

意见：

| |
|---|
| |

分发：（根据项目的分发表格制定）

| 类别 | 技术报价 | 商务报价（未标价） | 商务报价（未标价） | 原件 | 传输件 |
|---|---|---|---|---|---|
| 编写人/专业负责人 | | | | | |
| 工程经理/项目工程师 | | | | | |
| 项目控制 | | | | | |
| 特定人员1 | | | | | |
| 特定人员2 | | | | | |
| 客户 | | | | | |
| 采购部门 | | | | | |

发布者：

### 3.14.10 相关表格和模板

包括最终最佳价格、通用采购条款（GPC）版本（日期）与专用采购条款（SPC）版本（日期）、商务谈判表、采购团队的建议、授标函（LOA）、采购订单（PO）、订单变更请求、订单变更请求控制记录、豁免书模板、采购订单结算建议表、技术支持协议及费用，内容见电子版，下载地址见前言中的说明。

# 第4章
# 项目所在地设备/材料采购执行计划

## 4.1 目的

项目所在地设备/材料采购执行计划的目的是让承包商在执行 EPCC 项目的过程中，根据 EPCC 合同的规定向 EPCC 项目所在地供应商采购材料和设备。

承包商计划在 EPCC 项目的各个阶段主动地使项目本地采购最大化。

## 4.2 范围

项目所在地设备/材料采购执行计划包含了供应商名录以及承包商已确定可能会在项目所在地采购的询价请购单。

## 4.3 策略

### 4.3.1 当地供应商询价请购单

"当地供应商询价请购单"给出了当地供应商在业主网上供应商名录里的位置，并将该信息与承包商的相关询价请购单号联系起来，这是当地设备/材料采购计划的基础。

### 4.3.2 当地供应商月报

"当地供应商月报"按业主规定的格式填写。该报告将由项目控制部每月提交给业主。

### 4.3.3 建议的投标人清单

在执行采购工作时，承包商应针对每一询价请购单准备一份建议的投标人清单，该清单应包括出现在业主已批准供应商名录相关栏目的当地供应商。如果当地供应商能及时提交没有修改意见的保密协议，并提供将供应商设置到采购综合管理系统所需的信息，则该供应商将收到报价邀请函。

### 4.3.4 候选中标名单阶段

在及时收到所有报价书后，将举行开标会议，以最终确定中标候选人，供招标方进行技术和商务评标。如果有一两份报价来自于当地的供应商，则应优先考虑这些报价，当然这取决于其技术和价格是否可以接受。

在整个采购过程中，当地供应商的报价书均应得到慎重的处理和评标。

### 4.3.5 授标建议

如果最后评标中有当地供应商的报价书，并且此类供应商提交了最具有竞争力的最终报价且技术方面可以接受,则承包商应将采购订单授予此类供应商。但在此之前应对相关的供应商进行调研,确保该供应商有满足项目采购需求的技术知识、经验、生产能力和财务能力。

根据 EPCC 合同规定"采购和材料管理程序"及"采购应满足及时、经济、高效执行工程项目的要求,并符合 EPCC 合同规定的质量要求"确定授标。

### 4.3.6 汇报

应根据上述 4.3.2 节每月汇报。

## 4.4 样表与模板

### 4.4.1 项目所在地当地成分供应商采购询价计划与清单

如表 2-4-1 所示。

表 2-4-1 项目所在地当地成分供应商采购询价计划与清单

| 设备标签 | 物资类别 | 采购请购单说明 | 采购请购单编号 | | | | 大致金额(当地币) | 供应商信息 | |
|---|---|---|---|---|---|---|---|---|---|
| | | | HOC | AEC | BEC | CEC | | 名称 | 编号 |
| | | | | | | | | | |
| | | | | | | | | | |
| | | | | | | | | | |
| | | | | | | | | | |
| | | | | | | | | | |
| | | | | | | | | | |

### 4.4.2 当地成分设备/材料采购月报

如表 2-4-2 所示。

表 2-4-2 当地成分设备/材料采购月报

| 当地产设备/材料采购月报-概要 | | | | | | | |
|---|---|---|---|---|---|---|---|
| 项目: | | | | | 截止日期:31/05/2017 | | |
| 合同价格 | | | | | | | |
| 当地产设备/材料采购询价单 | | | | | | | |
| | 当地产设备/材料采购预测 | | 授予当地产设备/材料采购订单 | | 备注 | | |
| | 价值(当地币) | CP 占比/% | 价值(当地币) | CP 占比/% | | | |
| 分包合同 | | | | | | | |
| 供应商 | | | | | | | |
| 总计 | - | | - | | | | |
| | 当地产设备/材料价值(当地币) | | | | | | |
| | 总计 | 2016 | 2017 | 2018 | 2019 | 2020 | 2021 |
| 分包合同 | | | | | | | |
| 计划/预计价值 | — | — | — | — | — | — | — |
| 实际/合同价值 | — | — | — | — | — | — | — |

续表

| 当地产设备/材料采购月报-概要 | | | | | | | |
|---|---|---|---|---|---|---|---|
| 供应商 | | | | | | | |
| 计划/预计价值 | — | — | — | — | — | — | — |
| 实际/合同价值 | — | — | — | — | — | — | — |
| 计划/预计总计 | — | — | — | — | — | — | — |
| 合同总价值 | — | — | — | — | — | — | — |

注"—"表示该处必须填写数据。

# 第5章 具体供应条件

## 5.1 目标

旨在为EPCC项目提供和安装的设备进行招标拟定供应范围内的具体供应条件。

具体供应条件规定了供应范围内的设备在设计、材料、制造、试验、检验和包装、装运准备、供应和文件编制方面的最低技术数据和要求：①检查供应范围内是否有缺失或不需要的事项；②如果EPCC合同或请购文件有约定的服务或专项要求，可相应修改具体供应条件。

## 5.2 定义

请购文件中使用的以下词语和词组具有下列含义：①IAP：检验活动计划。该文件确定"供应商"至少要执行的检验和试验，以及"承包商"检验人员至少应参加的检验范围。②ITP：检验和试验计划。③RFI：询价请购文件。④RFP：采购请购文件。⑤SIL：安全完整性等级。⑥VDDR：供应商图纸和资料要求。⑦VDDL：供应商文件和资料清单（供应商文件索引）；⑧适用于该请购文件的其他定义。

## 5.3 要求

### 5.3.1 概述

设备与材料供应的基本要求：①供应商应按照请购文件以及附件中所有参考文件，提供要求的所有服务、文档、设备和材料。②供货应按照所附及所列的全部文件，以及其所参考的规范、标准、当地法规和技术规格进行设计、制造、组装、检验、试验、保存和供应，但这不应解除供应商提供安全、可靠及适用设备的责任。③请购文件不以任何方式解除供应商对于所供设备及服务在材料、设备、工艺和性能方面的最终保证。④承包商没有义务考虑、接受或查找与请购文件要求之间的任何偏差。供应商应遵守下述5.9节中所包含的偏差说明。⑤如果行业标准或适用的规范和/或标准允许采用替代的设计方案，应采用更加严格的解释。⑥如果所附及所列文件以及其他业主文件、行业标准、规范或图纸之间或内部存在任何矛盾或冲突，供应商应负责以书面形式提醒承包商注意。在承包商正式作出决议之前，除非业主/承包商事先商定并提供书面豁免，应采用最严格的规定。⑦规范、标准和程序中可能包含某些标准、规范和惯例可酌情决定的语言。如果业主标准、程序或业主提供的基础设计中出现"将""可能"或"应"等词语，则这些词语应表示并由供应商解释为"应"。⑧所有供应商文件（包括说明书、手册和函件）均应采用英语。所有正式沟通均应采用英语。电子邮件也将按照承包商的说明进行编号。⑨保密。项目所有相关信息必须严格保密。供应商有义务对请购文件的所有相关信息和文档保密。因此，不得将信息或文档披露给任何第三方或另作他用，并且未经承包商授权不得使用。⑩测量单位和项目设计数据。参见项目规定"设计变更通知"——基础工程设计数据（BEDD）修订规定。

### 5.3.2 供应范围

供应范围由请购文件发起人填写，必须包含设备、材料、服务等的详细说明：①供应商应按照请购文件设计和供应所有设备。②供应商的供应范围和责任应包括（但不限于）供应范围所列事项的全部设计、工程、预装、检验、试验并适当包装。如适用，可列出供应范围内通常未列出的其他次要事项、附件、部件等。③所有需要的事项均应按照所附或所参考的技术规格（如下述5.3.3节和本节要求中所列的技术规格）进行设计和供应，以确保现场正确制造和装配设备。④所有提供的材料均应为新型及当前（非停产）设计。⑤供应商应在报价单中标识报价材料的原产地。⑥供应商须在报价单中明确定义界区内的所有设备及辅助设备。

### 5.3.3 具体要求

**(1) 请购文件的通用具体要求**

由请购文件发起人填写。由请购文件发起人决定段落编号和适用性。下面列出的内容仅供参考：①其他专业输入信息（应特别注意请购文件中其他专业所需要的信息，以及请购文件在其他专业/项目任务中的影响）。尤其要关注可能影响工程设计（总平面布置图、P&ID、设备基础设计所需信息、DCS所需信息）和制造进度（焊接程序等）的主要供应商图纸，以及必须在规定的CADD平台上生成的文件等。②设计原则/标准。③系统说明。④地震条件（如适用）。⑤风荷载状况。⑥性能保证。⑦行业规范/标准参考/地方法规。⑧单位。⑨替代方案。⑩选项。⑪报价中应包含的具体要求（特别注意业主所规定的专用设备规格的相关要求）。⑫化学品。《供应商HSE要求》中所要求的《材料安全数据表（MSDS）》。⑬备件。⑭振动。⑮保温（除请购文件发起人要求之外，EPCC合同文件中也包含适用要求，同样需要予以考虑。如适用，应包含EPCC项目相关的项目规定、标准）。⑯包装和运输（《商务条件和说明》中未包含的具体要求）。⑰冶金（有关换热器、加热炉和压力容器的请购文件）。⑱润滑剂（如适用）。⑲3D模型和模型审查、HAZOP和SIL研究。⑳预防性维护和大修（如适用）。㉑仪器仪表（如适用）。㉒电气危险区域分类的具体要求。㉓防火区的具体要求。㉔基础模板。㉕地脚螺栓。

**(2) 请购文件索引已经包含的其他主题的具体要求**

有关请购文件索引已经包含的其他主题的任何具体要求，最好编入报价文件的相应章节，同时在此进行参考（噪声、焊接要求、检验和试验、涂层、表面处理和防护、专用工具等）。例如"噪声要求包含在第5.7（HSE）中"。

**(3) 换热器、加热炉和压力容器请购文件**

"冶金要求"段落应编入的内容："下单后，制造商应按照EPCC项目适用文件中规定的要求提交技术规格书。该要求适用于压力容器承压部件、换热器等，以及承包商认为合适之处所要求的全部材料。"

**(4) 润滑剂（如果适用）的具体说明**

"润滑要求"段落应编入的内容："供应商应按照请购文件规定的格式提供有关润滑要求的所有必要信息。"但凡可能，应使用项目所在地品牌的润滑剂。供应商应尽量采用项目所在地润滑剂制造商。否则，应提供项目所在地品牌的同等润滑剂。

**(5) 预防性维护和大修的具体说明**

"预防性维护和大修"段落应编入的内容:"供应商应提供所供货物的预防性维护、大修程序和进度表,并建议是否需要特定的大修备件。"

**(6) 法兰(如果包括在供应范围)的具体说明**

如果供应范围包括法兰,应包括下面段落:"按照 ASME B16.20,应使用 ASME B16.5/ASME B16.47 型法兰,法兰 RTJ 应适应八角形垫片的横截面形状(类型 R)。不得使用椭圆环形垫片。法兰最小硬度切勿超过其具体 ASTM 标准的规定值。另外,法兰硬度应超过垫片硬度(ASME B16.20,仅 RTJ 垫片)至少 20 HB 单位。对于优质材料 304、316、321 和 347,最小硬度将为 180 HB。对于其他材料,最小硬度应由制造商规定和确认。此外,每个法兰还应进行硬度试验,并正确标识试验结果。所有法兰无一例外均应标记硬度值。每个法兰的材料试验证书也应包括硬度数据。如果法兰接头与法兰材料硬度不同,所选垫片应适合于韧性更高的法兰材料。"

**(7) 垫片(如果包括在供应范围)的具体说明**

如果供应范围包括垫片,应包括下面段落:"按照 ASME B16.20,应使用 ASME B16.5/ASME B16.47 型法兰,金属环接垫片应是八角形横截面垫片(类型 R)。不得使用椭圆环形垫片。RTJ 垫片的最大硬度切勿超过 ASME B16.20 所规定的范围。对于其他材料,最大硬度应由制造商规定和确认。此外,每个金属垫片(RTJ)还应进行硬度试验并正确标识结果。所有法兰无一例外均应标记硬度值。如果法兰接头与法兰材料硬度不同,所选垫片应适合于韧性更高的法兰材料。"

**(8) 现场安装的 API 罐或容器(如果包括在供应范围)的具体说明**

如果供应范围包括现场安装的 API 罐或容器,应包括下面段落:"施工期间风的稳定性和完整性。现场开始施工之前,供应商应在安装程序中包含采取的措施。"

**(9) AISI 300 不锈钢(实心或包层)压力容器和换热器的具体说明**

AISI 300 不锈钢(实心或包层)压力容器和换热器应包括下面段落:"稳定不锈钢(AISI 321 和 347)(包括法兰面、覆层和堆焊层)的任何类型焊接操作,均严禁使用氧化钛药皮焊条(E-3XX-17 或 E-3XX-16)。对于其他 AISI 300 不锈钢,若焊接厚度大于 20 mm,同样严禁使用氧化钛药皮焊条。无论覆层厚度如何,法兰面均严禁使用这种焊条。"

**(10) 压力部件(如果包含)的具体说明**

如果供应范围包含压力部件的话,则应包括下面段落:"对压力部件而言,需要提供材料试验证书,并应符合 EN 10204 证书类型 3.1,可选证书 3.2。"

**(11) 机械、传热、管道请购文件的风和地震条件的具体说明**

对机械、传热、管道请购文件的风和地震条件,请购文件发起人应审查 EPCC 合同工程设计规定中关于"风和地震条件"的要求,如适用,本节中还应包括必要的供应商信息。

### 5.3.4 除外项

由请购文件发起人填写,指明供应范围不包含的任何事项和/或服务。

### 5.3.5 焊接要求的具体说明

**(1) 压力容器和换热器之外的焊接要求**

除压力容器和换热器之外的焊接要求中应包括下面段落:"每份 WPS 和 PQR 必须采用唯一编号标识。这些编号应显示在焊接图上。除 EPCC 项目要求之外,WPS 和 PQR 还应分别符合最新版 ASME 规范第Ⅸ卷表 QW-482 和 QW-483,或者同等标准。对于分段检测要求,'每批'应定义为特定焊工对于特定管线类别进行的所有先前焊接,以及自最后的合格焊缝以后的所有焊缝,但不包括'处罚'检测。分段检测应仅限于有缺陷焊缝的特定焊工。最终合格焊缝定义为通过 RT（和 UT）以及所有其他规定 NDT 方法（目视、PT、MT）检测合格的焊缝。分段检测要求所执行的任何检验均不计入所需要的总体检测频率（百分比）。"

(2) 压力容器和换热器的焊接要求具体说明

压力容器和换热器的焊接要求应包括下面段落："承压设备包括换热器和锅炉应按照 ASME 规范要求和 EPCC 项目规定制造。每份 WPS 和 PQR 必须采用唯一编号标识。这些编号应显示在焊接图上。除项目要求之外，WPS 和 PQR 还应分别符合最新版 ASME 规范第Ⅸ卷表 QW-482 和 QW-483，或者同等标准。"

(3) 上述焊接的补充要求具体说明

焊接补充要求应包括下面段落：

"焊接文件，至少包括焊接图（一份标注所有接头位置和 WPS 参考点的压力容器简图）、焊接工艺规程和焊接工艺评定记录，应提请承包商审查。

所有承压焊缝（包括点焊、临焊和补焊）的焊接工艺规程和焊接工艺评定记录均应包括在焊接文件中。

每张焊接图中所包含的信息均应包括（但不限于）WPS/PQR（评定每张焊缝草图）、实际焊接厚度和材料（最好注明 ASTM 同等标准）。在无适用 WPS 和 PQR 情况下不得审查焊接图，反之亦然。

焊接图应注明焊缝的实际位置、执行的焊接类型、母材的实际厚度以及焊接的材料类型。作为焊接图的一部分，应包括一份焊缝清单/汇总表，其中至少指出以下信息：焊缝编号、材料、调整厚度、焊接方法、WPS、PQR、PWHT、MDMT 以及冲击试验要求。

所有焊工和焊接操作人员均应按照适用法律、规程和规范进行资格评定（包括点焊、临焊接和补焊）。上述焊工和焊接操作人员的试验条件应按照相关法律、法规、标准和 EN 规程执行。凡需第三方和/或主管部门见证的评定，均应相应执行，包括所有需要的证书、报告等。在工作地点应始终留存所有焊工和焊接操作人员的试验记录，以备承包商检验部门审查。不得使用给承包商实际供货的生产接头进行焊工技能评定试验。

如果预期进行补焊或任何大修，应提前通知承包商，获得批准之后才能执行。

按照 ASME 第Ⅴ卷制定无损检测（NDT）检验程序，应以书面形式提请承包商批准所采用的每种检验方法和技术（包括验收准则）。如果适用的规程、标准和规范有规定，承包商可能需要评定程序。经承包商和业主批准后，也可采用其他标准规定的检验程序。

在开始工程设计时，将按照适用的规定、标准和规范制定各种应用下无损检测（NDT）的最小范围。根据承包商授权代表的意见，如果焊缝存在工艺问题或者 NDT 表明存在过多缺陷，可增加采用 NDT 方法的最小覆盖率（任何水平直至 100%）。"

对于所有压力容器而言，供应商应提供一份汇总表（作为 ITP 附件），列出所有承压焊接接头、承压部件与非承压部件的焊接接头，以及每个焊缝在执行焊接后的热处理（如适用）前后所进行的全部 NDT，例如 PMI、硬度试验等，包括每种 NDT 的百分比（%）。

汇总表应根据取样接头标明上述每个接头进行 PWHT 的适用性。

(4) 焊接和 NDT 规范具体说明

冶金专业应列出适用的焊接和 NDT 规范。

### 5.3.6 涂层、表面处理和防护

所有设备和材料在运输期间、存储期间、安装后以及操作期间均应采取适当的防锈措施。

如果设备和材料交付后需要长期储藏，供应商应推荐防锈要求。供应商应提供设备在运输和安装前现场存储期间进行防锈和防护的所有必要材料。

(1) 涂漆、表面处理和/或涂层（如果适用）的具体说明

有关涂漆、表面处理和涂层，除请购文件要求之外，还应参考 EPCC 项目适用的相关规范和标准。

(2) 钢制管段/管件（如果供应范围包含）的具体说明

应包括下面的段落："关于钢制管段和特殊管件的防锈，供应商不得使用任何沥青防锈剂。"

(3) 散装阀门（如果供应范围包含）的具体说明

应包括下面段落："供应商的阀门需要底漆涂层。现场交付后，阀门应按照适用的系统和技术规范涂漆。应特别注意碳钢保温的阀门，应遵'NACE SP0198—2010'中的建议。"

(4) 压力容器和换热器（如果供应范围包含）的具体说明

应包括下面段落："制造商必须在供应范围中包含进行工厂保温（预装）的可选价格"。

(5) 不锈钢管道或设备（如果供应范围包含）的具体说明

应包括下面段落："所有不锈钢管道和设备均应涂漆。该通用规则适用于保温部件和不保温的部件。不得采用其他可确保外部防腐的替代措施，包括采用冶金升级替代不锈钢表面的涂层。"

### 5.3.7 备件

(1) 备件范围

① 保运备件　指正常使用不会发生性能退化，但发生故障会需要更换对设备或装置连续安全运行至关重要的设备零件、设备组件或完整设备。这些高价值的保运备件只能在异常情况（重大损坏或故障）下使用。

② 投料试车备件　指主要设备在安装施工和开车准备期间可能使用到，或者在运输期间可能损坏的备件。

③ 一年期运行备件（初始备件）　指设备开车后连续正常运行一年需要的备件。下列零件应提供备件：a.正常运行期间发生磨损、腐蚀或侵蚀的零件；b.发生故障可能造成设备停车的零件；c.设备日常维护或检修期间发生损坏或破损的零件。

④ 大修备件　指初始运行一年后进行计划大修和纠正性维护所需要的备件。

⑤ 消耗备件　指设备连续运行所需要的，以及正常运行期间发生消耗需要定期补充的消耗材料。

(2) 备件要求

备件的要求主要包括：①供应商应在供应范围内包括投料试车备件并进行报价。②供应商应按照 EPCC 项目规定要求在供应范围内包括保运备件并进行报价。建议的保运备件应包括长周期零件、加工零件、模制零件或铸制零件，这些零件最好包含在主设备制造计划中，并附上其材料报价以及任何其他证明信息。③供应商应在其供应范围内对一年期运行备件和大修备件，以及所有其他潜在设备备件进行报价，当提交主要设备和材料的报价单时，应分别在投料试车备件清单、保运备件清单和开车备件清单中附上其各自单价。供应商应根据自身经验在相应栏目中注明建议承包商作为备件以及备件数量，如果有的话。④投料试车备件和保运备件将随主设备一起下单采购，并应随主设备一起交付。⑤一年期运行备件、大修备件和消耗备件的清单/汇总表必须按照 EPCC 合同的要求，并采用备件清单和互换性记录（SPIR）的表格形式发送给承包商，其中价格和交付日期的有效期为自承包商收到 SPIR 清单起 36 个月，如果时间更长，需要更新价格。⑥供应商应提供材料清单样表。⑦供应商中标主要设备和材料后，应在主要设备和材料签约日后 60 个日历日内，按照承包商的建议格式和说明，最终商定完整的备件清单，包括可互换性、交付条款以及可反映实际详细设计的其他所需信息。⑧备件应与主要设备和材料的相应零件相同，并可互换使用。中标供应商

还应提供第三方制造的零件标识，包括辅机所需要的备件。在提交建议备件清单之后，如果主要设备设计有任何增加或更改，中标供应商应立即对各自备件以及价格和供应条件进行相应增加或更改。⑨承包商可酌情提供建议附加的零件，以备进一步考量并纳入供应商建议的备件中。⑩承包商将根据主订单采用单独采购订单订购选定的一年期运行备件、大修备件和消耗备件。承包商保留调整供应商建议备件数量的权利，以及按供应商报出的固定单价对备件汇总清单中的全部或部分备件直接向供应商下订单的权利。⑪供应商将提供必要的人力资源来管理和实现正确互换备件。⑫供货中的所有备件均应是全新未用过的。⑬供应商应确保自采购之日起全部设备备件至少可供应 10 年。⑭所有备件均应妥善记录。⑮所有备件均应妥善包装（装箱），以确保其交付状态良好，并且即使同时发货，也务必与主设备分开包装。⑯供应商应标记备件的采购订单号和/或设备位号。

**（3）备件数据要求**

供应商应对所有必要备件，包括承包商确定的备件（如有）以及其供应范围内设备的所有其他潜在备件，定义备件和材料的数据，并按照要求采用 SPIR 表格形式附上其各自的单价。

## 5.4 服务范围

### 5.4.1 概述

供应商应为设备设计、制造、检查和试验提供所有必要服务，包括提供信息以帮助承包商设计安装和验证所提供设备的设计。

供应商应提供一份生产计划。供应商的生产计划应尽量详细，以确保承包商了解设计顺序、分包订购、文件审批、制造、检验、试验、认证和发货。

### 5.4.2 项目协调人

签订采购订单后，供应商应指定项目协调人负责下列活动：①作为承包商与供应商之间一切沟通的单一联系人；②督促供应商和子供应商的一切活动，以确保遵守商定的进度以及请购文件及其参考文件中规定的要求；③参加在承包商项目部举行的订单开工会；④参加在供应商工作地点举行的预检会；⑤参加在承包商项目部举行的技术和进度会议，这些可能包括 HAZOP/SIL 研究、平面布置、可施工性、可操作性、维护和安全审查等；⑥督促承包商响应与供应商的沟通。

### 5.4.3 检验和试验

所有试验和检验至少应符合适用的业主检验要求、适用规程、规范、"供应商 QA、QC/检验和催交要求"，以及请购文件中包含的其他检验要求和说明。

供应商应特别注意以确保遵守请购文件中包含的 IAP 要求。如果相应的 ITP 中有规定，供应商应向承包商提交每项活动的制造和试验报告。

承包商应在供应商工厂和/或现场对材料和工艺进行检验。承包商检验员应参考核准的图纸、规格书和采购订单文件，至少对设备部件、尺寸、公差、连接尺寸、位置以及工艺质量进行检查。承包商应审查所有直接分包的订单，以确定是否需要检验。供应商应通知承包商所有部件的制造地点和联系方式。

如果该询价请购文件达成交易，双方应理解并同意，所有原材料、在制品和成品，供应商或子供应商提供的零件和供货均应由业主或承包商或其指定代表进行检验和试验。但是，检验不应解除供应商对于设备、材料、仪表、工艺和性能的保证。

按照"重要等级评估程序"和"供应商 QA、QC/检验和催交要求"，分别设立了重要等级评估分数以及分配给 RFI 工作范围内设备材料的检验等级。对询价请购文件中包括的设备材料而言，最终检验等级如表 2-5-1 所示。

表 2-5-1 设备材料检验等级

| IAP 号 | 项目编号/材料描述 | 检验等级 |
|---|---|---|
|  |  |  |
|  |  |  |

基于上述检验等级委派检验任务。检验等级可根据所选子供应商进行调整：①等级 1。包括预检会，根据里程碑可加大定期视察频率，以及预检会上确定的见证/停止点、批准的 ITP、见证重点试验、审查所需文件和发布检验放行证书。可能需要驻厂检验员根据 ITP 持续监督工作。②等级 2。至少包括一次预检会，必要时，进行一次或多次过程监督视察。见证重点试验和特定类型设备数据表中规定的试验、审查所需文件、发布检验放行证书。③等级 3。临近装运前进行最终检验、发布检验放行证书，以及包括重点试验在内的检验。④等级 4。不需要额外的承包商或业主检验。

对于供应商提供底板的设备应安装排水管的具体说明应包括下面段落：①供应商应在"检验和试验计划"中包含底板的斜率试验。该斜率试验将包括对底板浇水，并检查底板排水管的排水情况；②最大浇水量应为每平方米底板 4L，最小浇水量应为每平方米底板 2L；③验收标准为底板上最少 85% 的浇水量应从排水管排出。

### 5.4.4 现场服务

由请购文件发起人填写，按照要求指定现场服务的范围。

现场服务（如果需要）的具体说明应包括以下的内容：

①供应商应对提供具有资格和经验的合适人员监督现场服务进行报价。并且应该报出提供下列现场服务所需要的费率、人员要求以及持续时间：a. 安装和联动试车；b. 投料试车和开车；c. 操作员培训。②所有供应商的代表必须能够以英语进行书面和口头交流。所有供应商代表均应配备所有工具、个人防护装备（包括逃生面罩）以及与其工作范围有关的专业设备进入现场。所有供应商代表均应按照请购文件的说明接受预期的 HSE 培训。③供应商应提供足够的专业人员，以满足承包商的项目进度要求。关键开车活动需要全天候执勤。

### 5.4.5 培训

由请购文件发起人填写，按照项目要求指定提供的培训范围。

培训（如果需要）的具体说明应包括下面的内容：①供应商应对提供具有资格和经验的合适人员培训进行报价。并且应该报出提供下列培训服务所需要的费率、人员要求以及持续时间：a. 供应商工厂培训；b. EPCC 项目现场培训。②具体说明供应商的 EPCC 项目现场 HSE 培训（如果需要）。

如果需要供应商接收现场 HSE 培训，应包括的段落："所有进入现场的工作人员均应执行承包商规定，遵守每项培训课程，包括业主的强制性培训（如适用）。"

## 5.5 合格子供应商

### 5.5.1 总体说明

供应商应与所有子供应商一起控制、协调、催交并解决所有问题，以满足请购文件要求。任何选定的子供应商应先经承包商批准才能下分包订单。在不影响价格或交货的情况下，承包商保留拒绝供应商提议的任何子供应商的权利。对于批准项目供应商名单中未包含的事项，在不影响进度和价格的情况下，承包商保留拒绝供应商所选子供应商的权利。

供应商报价单中应包含供应设备和材料的所有提议的子供应商名单。供应商应在所有分包订单附上"供应商的 QA/QC 检验和催交要求"，并确保所有子供应商完全遵守本文件，并包括主订单中的所有适用技术规定和检验要求。

如果承包商确认任何所选子供应商未遵守"供应商的 QA/QC 检验和催交要求"中的规定，承包商保留拒绝任何供应商所选子供应商的权利。

供应商应向承包商提供详细设计文件的部分信息，如果下了采购订单，应提供所有子供应商未标价的采购订单。

#### 5.5.2 成套设备的具体说明

成套设备的所有材料/设备均应由项目批准的供应商名单提供。

#### 5.5.3 供应商名单的具体说明

请购文件上不得附 EPCC 项目供应商名单。如有必要，仅包含适用主要部件的供应商清单。

### 5.6 质量要求

#### 5.6.1 总体要求

质量要求详见请购文件中"供应商的 QA/QC、检验和催交要求"。供应商应按照最新版 ISO 9001（质量管理体系-要求）以及请购文件和参考文件中规定的质量要求执行质量管理体系。

#### 5.6.2 承包商的质量管理要求

承包商或其指定代表保留在选择项目供应商之前对其进行资格预审的权利。该资格预审将包括下列一项或多项活动：承包商完成供应商评估问卷、审核供应商质量系统、供应商工厂的质量监督以及技术评估。承包商或其指定代表保留要求供应商提供适用于供应商/子供应商活动的供应商质量审核进度，以及要求供应商提供此类审核报告的权利。承包商或其指定代表保留在供应商/子供应商工作场所和制造工厂进行质量审核，以验证满足质量体系的权利。

### 5.7 健康、安全与环境要求

#### 5.7.1 总体要求

HSE 要求详见请购文件中项目程序"供应商的 HSE 要求"。供应商应遵守 HSE 法规、条例、标准、项目规定，以及上述文件中包含的所有要求。供应商应提交（如适用）一份其 HS 方针和/或 HSE 管理体系（ISO 14001、OHSAS 18001）。

供应商应在图纸中标明并确认正常操作或维护期间需要搬运的质量超过 20 kg 的零部件，并配备辅助吊装设备。如果是成套设备，确保符合适用的电气规范，以保证零件与接地片之间接地的连续性。

如果承包商数据表中包括排放物/流出物限值，供应商应确认承诺该限值，或者其报价设备在正常操作条件下的预期值，供承包商进一步评估。供货中严禁使用下列材料或物质：氯氟烃（CFC）或卤化烃、多氯联苯（PCB）或石棉。

供应商应确认设备本身、设备零件、备件或设备制造过程中不使用对生物或臭氧层有害的禁用物质。

### 5.7.2 噪声数据表（如果需要）的具体说明

应包含以下内容：供应商应审查并遵守"供应商的 HSE 要求"中包含的噪声和振动要求，并且供应商应提交一份填写完整的噪声数据表，以及所需要的任何其他信息。

### 5.7.3 执行现场任务（如果供应商范围内包括）的具体说明

应包括以下内容：如果供应商或其分包商作为安装方，当供应范围包括执行任何现场活动时，供应商应遵守"施工 HSE 计划"。

## 5.8 文件编制要求

### 5.8.1 总体要求

有关文件编制要求，详见请购文件中包含的项目程序"VDDR 总体要求"。供应商的图纸需要更新到"竣工"状态。这些图纸应按照 CAD 规定并采用 AutoCad/Microstation 平台绘制。

VDDR 是请购文件不可分割的一部分，因此，尽管采购条件中带有支付条款规定，但是在承包商验收所有供应商图纸和资料要求之前，可能会扣留采购订单付款，扣留最多可达采购订单的价格。

供应商应将设备操作说明书和设备维护手册的电子版和硬拷贝发送/交付给承包商，并经由承包商确认收悉及批准之后，才视为完成资料交付。

### 5.8.2 P&ID（成套设备、压缩机、加热炉等）(如果需要供应商提供) 的具体说明

应包括以下段落："选定供应商后，承包商将提供编制与设计 P&ID 的所有要求（符号、编号、制图要求、种子文件等）。"

### 5.8.3 如果应执行 HAZOP/SIL 分析的具体说明

请购文件发起人应特别注意 VDDR 数据。VDDR 信息应遵守项目 HAZOP/SIL 的进度要求（须经项目控制组确认）(应由承包商提议列表，并由业主批准)。

### 5.8.4 火炬请购文件的具体说明

应包括以下段落："供应商应提供下列环境与安全研究，确保遵守最大允许辐射暴露水平和最大有害物质（如 H2S）地面浓度：①有害物质地面浓度空气扩散模型和排放源的监管限值；②火焰辐射等值线模型。"

### 5.8.5 仪器仪表和成套设备（包括所带仪器仪表）请购文件的具体说明

应包括以下段落：①供应商应在 VDDL 中以独立事项形式包含校准证书，并且应在仪表交付前以单独文件形式提供所有仪器仪表的校准证书；②参考"供应商 QA/QC、检验和催交要求"中的附加说明；③仪器仪表和成套设备（包括仪器仪表）请购文件的 VDDR 中应包括以下要素（区别于最终质量文件的单独文件）：a. CER-0006 校准证书；b. HDD-0006 仪表数据表；c. CUR-0001 校准曲线。

### 5.8.6 仪表（如果供应范围包括）的具体说明

应包括编制数据表所用格式的相关段落，此格式应与承包商使用的应用软件兼容："供应商应使用指定的应用软件［Infomaker（INtools）］创建仪表数据表、仪表清单和 I/O 清单。"

## 5.9 偏差表

### 5.9.1 总体说明

完整的供货应符合本请购文件及其所附文件的要求。对于请购文件及其包含的适用规格书、数据表或任何其他文件的任何偏差项和/或除外项，供应商必须以"偏差表"的形式进行声明，并采用请购文件提供的偏差表的格式（参见下述 5.12 节）附于报价单上。如果没有除外项，供应商应在此表中注明"无偏差"。

除非"偏差表"中特别声明，报价单中的注释不构成除外项或偏差项。如果供应商报价书上未附有"偏差表"，承包商应视为供应商已完全接受请购文件及其所附文件中的所有要求。

未填写此偏差表的报价将作为废标。

### 5.9.2 偏差表的具体说明

对于采购请购文件（RFP），发起人应明确指示是否有确认的偏差表（应附于 RFP 上），或者，如果供应商确认完全遵守所有要求，供应商确认与询价请购文件（RFI）及其他所附/所述适用文件（如数据表、技术规定、标准等）中的规定要求无偏差。

对于 RFP，应作更新如下：①完整的供货应符合请购文件及其所附文件。对于请购文件及其包含的适用规格书、数据表或任何其他文件的任何偏差项和/或除外项，供应商以"偏差表"的形式进行声明。②除非"偏差表"中特别声明，报价单中的注释不构成除外项或偏差项。如果：a.确认"无偏差"且"偏差表"中无任何偏差声明；b.仅"偏差表"中的项目存在除外项，承包商应视为供应商已完全接受请购文件及其所附文件中规定的所有要求。

## 5.10 澄清表

对于请购文件及其包含的适用规格书、数据表或任何其他文件的任何相关澄清，供应商必须与承包商协定以"技术澄清表"（参见下述 5.12 节）的格式进行声明，并采用请购文件提供的格式附于报价单上。

## 5.11 报价单所需信息

### 5.11.1 总体说明

供应商应提供如下的信息：①完成上述 5.9 节所规定的偏差表。②完成上述 5.10 节所规定的澄清表。③在报价单中确认并详细说明供应范围。④随标书一起发送所附"VDDR 文件"。将拒绝所有不包含 VDDR 文件的标书。⑤确认请购文件中的所有 VDDR（包括规定的提交进度），以及适用的发布文件并附于报价单中一并发送给承包商。将拒绝所有不包含 VDDR 文件的标书。⑥在报价单中确认所有供应商文件和图纸（包括设备操作和维护手册），并将以要求的电子格式进行交付，业主/承包商可不受版权保护，通过电子或纸质形式进行复制。⑦关于报价所需要的 QA/QC 文件，供应商应遵守项目程序"供应商的 QA/QC、检验和催交要求"中规定的要求，采用适当格式作为附件包含在该报价中。⑧应遵守项目程序"供应商的 HSE 要求"的规定，在报价中提供所需要的 HSE 文件。⑨有关供应商随报价单提供的备件信息，参见上述 5.3.7 节的要求。⑩应在报价中随附一份其他项目类似供货的参考清单。⑪应在报价中随附一份拟定供应设备和材料的所有子供应商名单（如适用），并遵守上述 5.5 节中规定的具体要求。⑫应在标书中指明供货的原产地。⑬应按照上述 5.4.4 节和 5.4.5 节规定对"现场服务"和"培训"进行报价。

### 5.11.2　噪声数据表（如果需要，参考上述 5.7.2 节的具体说明）具体说明

HSE 要求的清单中应包含以下事项：①供应商应在标书中声明对其所供设备进行噪声保证。如果需要噪声控制措施，投标人应予以说明。因此，投标人应在其标书中附上关于噪声等级的特殊设计和降噪方法的说明。设备的噪声控制措施不得干扰设备的运行、效率、安全或运行维护。②供应商应提供"供应商的 HSE 要求"所要求的信息。

### 5.11.3　HAZOP/SIL 分析（如果应执行，参见上述 5.8.3 节的具体说明）的具体说明

应包括以下段落："供应商应报出委派代表出席业主在承包商工作地点召开 HAZOP/SIL 会议的日常费率及估计的专家人数。对于供应商 HAZOP/SIL 的相关要求应包含在项目的程序中。"（应由承包商提出列表，并由业主批准）

### 5.11.4　物料安全数据表（MSDS）（如果应包括）的具体说明

供应商应提供一份项目所用的化学品清单。

供应商应提供化学品的物料安全数据表（MSDS）（化学物质、催化剂、润滑剂、保温材料等）。

### 5.11.5　成套设备、压缩机、加热炉等请购文件的具体说明

应包括以下规定：

供应商应对下列选项进行报价：①成套设备、装置应采用专用的指定的 3D 模型平台（如 Smart Plant 3D 模型），以便承包商将其整合进 EPCC 项目工程设计的 3D 模型；②供应商参加业主/承包商组织的成套设备（压缩机、加热炉等）的 3D 模型审查会；③承包商和业主共同制定对成套设备的 HAZOP 专门审查会议计划，并组织审查。

### 5.11.6　承包商与供应商之间划定界面（如果需要）的具体说明

承包商与供应商之间有关界面的明确界定，参见上述 5.3.3 节，如果需要应包括以下段落："供应商应确认理解并完全遵守上述 5.3.3 节规定的供应商与承包商之间的界面。"

### 5.11.7　安装重量过大或需要其他专业进行专项工程设计的具体说明

应包括以下段落："供应商应在报价中提供设备安装的大约重量。"

## 5.12　相关的模板

包括偏差表、技术澄清表、公用工程消耗清单、润滑油清单模板、技术评价，内容见电子版，下载地址见前言中的说明。

# 第6章 招标采购与商务条款及说明

招标采购需要告知投标人如何获得招标的询价请购文件以及需要关注的事项。包括：①招标采购首封函以及投标人须知；②通用采购条款；③专用采购条款；④采购商务条款检查表；⑤包装、标记和运输要求。

## 6.1 招标人须知

### 6.1.1 招标首封函

2017 年 11 月 27 日

尊敬的先生 & 女士，

承包商与项目业主签订了一份 EPCC 的总承包合同，其中包括为该承包项目提供设备和材料，现邀请您参加。

请参阅附件中有关××××设备材料的报价请购文件（RFQ）PDO-1282。

所有与此 RFQ 相关的文档都可以通过以下链接从我们的 FTP 端口（如 https://pdo.sharefile.com/）下载。

如果这是您第一次访问服务器，或者您不记得您的登录信息，请使用重置选项（如 https://pdo.sharefile.com/f/9682-543bcc79d）重新设置您的密码。

我们只为此电子邮件的收件人提供访问权限。如果您的公司内部需要有其他人可以访问问，经请求也可以允许访问。

如果您有任何进一步的说明或需要更多信息，请联系：

商务联系人：
姓名：
电话：
电子邮件：

技术联系人：
姓名：
电话：
电子邮件：

XXXXXX 项目

承包商

商务条款及说明，版次：00，日期：2017 年 11 月

本商务条款及说明由如下文件构成：①XXXXXX 项目专用采购条款，版次：00，日期：2017 年 11 月；②通用采购条款，版次：03，日期 2017 年 4 月；③包装、标记和运输说明，版次：05，日期：2018 年 4 月。

### 6.1.2 投标人须知

投标人须知（ITB）主要包括单不限于以下内容。

**(1) 综述**

承包商联合体（以下简称 PDO 或买方）与业主签订了合同，合同内容包括 EPCC 项目设备的供货。

① 本投标邀请书（询价请购文件）由买方发布，目的是为了寻求提供以下设备和服务。由此产生的任何采购订单均以买方之名提交，由买方承担风险。"保密和限制使用协议书"是强制性要求，投标人代表必须在参与本项目前签署、盖章并注明日期。

② 投标人应确认无条件接受对订购设备和材料的要求，从而遵守业主和许可方合格供应商清单。

**(2) 投标准备和截止日期**

自始至终，所有招标文件均将以英语编制。投标应严格按照以下规定提交。PDO 必须在询价请购文件所示日期之前收到贵方报价，以便接受报价。不符合这些要求以及文件包标记的具体说明，可能导致将贵方投标排除在外。

投标人应将填好的表格"商务条款检查表"（附件 B）和"报价汇总表"（附件 C）与报价一同提交。

投标人选择不提交报价的，应立即将所有招标文件返还买方，并书面确认所有电子或纸质副本均以销毁。

本询价请购采用密封开标程序。所有投标均应按图 2-6-1 所示方式做好标记。

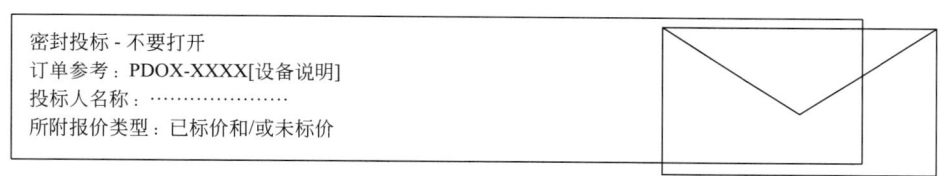

图 2-6-1 密封投标标记

① 应按以下方式提交已标价和未标价投标的单独副本：

已标价：　　　1 份原件
未标价：　　　1 份原件＋电子邮件预备稿
技术标：　　　1 份原件＋电子邮件预备稿

② 所有投标均应在询价请购文件规定的截止时间和日期前收到。

③ 投标截止日期一般不准延期。如果有必要延期（由买方全权决定），会将新的投标截止日期告知所有投标人。

④ 投标人如果认为对准备报价有利或有必要，可以请求召开投标说明会。买方可以自行决定同意或不同意该请求。

⑤ 要求对最终范围提供修改后的报价,最终范围包括所有(无一例外)技术和商务说明。

(3) 遗漏/差异

如果发现任何遗漏或差异,或者所附文件的含义或意图不明确,投标人应立即通知买方。

(4) 语言/联系方式

所有报价文件均应采用英语。与报价相关的所有信函、沟通和说明均应采用英语。上述信函的收件人为询价请购单中指定的人员,副本中应给出指定买方。

(5) 定价依据和分解

① 投标人要填写并返还每份投标文件副本中的以下文件:报价汇总表(本 RFI 的附件 C);商务条款检查表(本 RFI 的附件 B)。

② 投标有效期必须在正式投标截止日期后至少 90 天内。任何相关采购订单或合同的有效期内,所有价格均应固定不变。

(6) 货币和付款条件

① 投标货币最好采用美元,但经请求也可以考虑其他货币。

② 投标人可以提议适合此类设备的支付条款,但应考虑以下指导方针。

接受订单之后,买方收到以下文件之前,不会进行首次付款:

a. 格式正确的规定预付款保函;

b. 格式正确的规定履约保证书;

c. 精确的关键图纸与数据(在每份请购文件中确定);

d. 卖方订单的书面无条件接受函。

③ 投标人可以提出与建造或制造周期相关的其他里程碑付款供买方考虑。各预付款保函应覆盖交货前的所有预付里程碑付款,格式正确,价值与付款金额相等,有效期至交付供货后 3 个月。

最终付款节点(不低于 10%)视投标人提交、买方批准最终文件的情况而定,最终文件包括符合供应商资料和文件要求(VDDR)的最终质量档案。

④ 本询价单涉及的商品和服务均将通过出口采购到 EPCC 项目所在国。

(7) 偏差和异常

① 投标人报价应符合相关商务条款与说明(CC&I)。

② 与 CC&I 的任何轻微偏差/异常均应按买方经请求规定的格式制成单独的 Excel 表格。该偏差/异常表格应仅包括一些重要偏差,且必须提出实际的替代方案,由买方进行研究。过度偏差可能导致贵方投标遭到拒绝,恕不另行通知。

(8) 备件要求

投标人要争取成为以下备件的推荐供应商。

① 开车和投料试车备件。

投标人必须提交一份本部分建议备件的分项标价明细表,或者明确表示"不需要"。买方要对这些备件进行评估,并将其列入相关采购订单中。

② 保运备件。

投标人必须提交一份本部分建议备件的分项标价明细表,或者明确表示"不需要"。买方要对这些备件进行评估,并将其列入相关采购订单中。

③ 一年期运行(初始)备件。

投标人必须提交一份本部分建议备件的分项标价明细表,或者明确表示"不需要"。买方要对这些备件进行评估,并将其列入相关采购订单中。

一年期运行（初始）备件价格的有效期将在完成交货后确定，但是不少于自采购订单接受日期起 12 个月。同时需要在连续 5 年的延长有效期进行年度价格调整。

如果中标，投标人应于 45 天内提供与项目 SPIR 表格中备件相关的所有必要信息和数据。

**（9）现场服务**

投标人应在报价中详细说明对装置安装、投料试车和开车过程中提供专家的数量、期限和条件方面的建议，以及建议费用。

按照以下格式提交开车和投料试车监管工作的每日现场费用：①2017 年每日费用＝＄ $A$；②2018 年每日费用＝＄ $B$；③2019 年每日费用＝＄ $C$。

以上费用按每周 6 个工作日（周一周六）每天 10 个小时计。

每周额外时间（＞60h）按照每小时＄ $D$ 预先批准和计费。

差旅、住宿和生活费用应具有适当理由，照原价开发票或者由买方提供。只报销经济舱机票。

投标人应提供开车和投料试车监管所需人力和期限的估计情况，供审查和讨论，以便取得确定的一致性估计结果。在本 RFI 所附的"报价汇总表"中应详细说明。

**（10）条款和条件的接受**

投标以及后续所有订单均要符合《2010 年国际贸易术语解释通则》。

本询价单产生的任何采购订单均应以卖方接受"商务条款与说明"及投标人须知为准，排除其他所有情况，并受制于询价单提及和附上的所有其他文件和/或要求。

**（11）付款条件**

如商务条款与说明。

**（12）说明**

所有投标均必须严格遵守请购文件以及其中提到的所有图纸、规格、标准和规范。如果投标人无法遵守任何一项要求，必须在报价中以例外/偏差列表的形式明确说明。不遵守本说明或者提交过度偏差可能导致贵方标书遭拒，恕不提前警告。

**（13）辅助文档/图纸和技术资料**

最后中标者应按照 RFI 及后续订单的要求免费提供所有图纸、技术资料、维护说明、配件清单、测试报告等的副本，副本格式和数量要符合 RFI 所附供应商文件和资料要求（VDDR）表的规定。

VDDR 详细列出了必须与投标文件一同提交以及下单后必须提交的图纸、技术文献、备用件清单和其他数据与文档，给出了数量与格式。还要求投标人填好并返还数据表。关于卖方文件的其他要求参见供应商文件说明。

**（14）检查**

将来提供的材料和/或设备应接受我方检查服务部门、第三方和/或客户指定检查员/代表的检查。全部细节参见请购文件。

**（15）装运**

设备/材料将运送到 EPCC 项目现场。交货方式采用在卖方工厂用卡车或集装箱装运的货交承运人（FCA）(《2010 年国际贸易术语解释通则》)。

标书中应单独提供一种船上交货（FOB）的可选价格，明确说明指定的出口港。其他方（代表买方）可以按照货运代理合同采取海上运输。

**（16）信息的保密**

投标人应将本询价单视为机密资料，除了次级供应商或直接参与投标准备的其他方，不得向任何第三方透露关于本询价单或本次投标的任何信息。根据前面"综述"中的要求，需要签订一份保密和限制使用协议书。如果贵方尚未签名、盖章、注明日期并返还原件,请立刻安排此事。

#### (17) 确认

投标商必须在 3 天内确认收到询价单,通过签订并用电子邮件返回所附的询价确认书,确认可以在投标截止日期当天或之前提交标书。

#### (18) 准备成本

投标准备不需要买方耗费成本。

#### (19) 其他人的投标提交

本询价单仅对收件人有效,希望与第三方一起或者通过第三方提交投标的投标人必须取得买方的事先书面同意。

## 6.2 通用采购条款

### 6.2.1 目的

通用采购条款用于界定和管理采购订单的执行原则,并构成采购订单的一个有效组成部分。

卖方视为已毫无保留地接受了通用采购条款。卖方对采购订单的接受即意味着卖方对通用销售条款的接受。在采购订单之后所形成的任何卖方文件中,如有任何规定对现有的通用采购条款作出修改,则该等规定应视为无效。

通用采购条款仅可通过采购订单中的专用条款予以修改或补充。如通用采购条款和专用采购条款之间存在任何矛盾,则专用采购条款的效力应高于通用采购条款的效力。

### 6.2.2 定义

在本文件中,将适用以下定义:①现场:其应具有专用采购条款中所赋予的含义。②业主:其应具有专用采购条款中所赋予的含义。③买方:系指签发采购订单的公司或实体或其授权代表。④卖方:系指采购订单首页所显示的被授予采购订单的公司。⑤供货:系指在采购订单项下提供的材料、设备和服务。⑥采购订单:系指买方用于购买设备、材料、用品和/或服务的并经双方共同签署的正式合同文件。⑦计划:系指采购订单中所指定的作为卖方拟提供的交付项的所有中间交付日期和最终交付日期。⑧技术文件:系指工程文件、运输单据以及构成供货组成部分的其他文件。⑨验收:系指买方根据专用采购条款接受供货的行为。⑩双方:系指买方和卖方。

### 6.2.3 合同文件

采购订单中包括但不限于按优先顺序列出的如下文件:①采购订单的正文及其附件;②专用采购条款(如有);③包装、标记和运输说明;④现行通用采购条款;⑤材料请购技术资料和附件(技术规定、工程设计标准、施工规范和标准、检验计划、图纸、技术数据表、计算机记录、验收程序等);⑥作为采购订单的有效组成部分而包括在内的所有说明。

上述文件互为补充,且必须在采购订单框架下作为一个整体互为解释,从而使其中一份文件中同意和规定的事项,成为所有文件中得到考虑和规定的事项。如果发现不同文件之间存在模糊、差异或矛盾之处,且无法通过参照上述优先顺序或在特定文件或文件类型中得到解决,卖方须立即通知买方,由买方指示哪些要素有效。

卖方报价中所包含或所附加的所有条款和条件,在此明确地排除在本采购订单之外,除非采购订单中特别明确包含在内并列出。另外,卖方的通用销售条款和条件视为无效。采购订单或附件中对任何报价或与报价相关的任何引用的信件,并不能构成对本条款的修改。

### 6.2.4 采购订单的接受与生效

① 在买方收到经卖方签字确认的本采购订单的一份副本时，本采购订单即成为具有约束力的合同，但不得对进度计划产生任何影响。该等进度计划应在采购订单所规定的日期开始执行。

② 卖方必须在采购订单发出日期之后的 10 天内，通过正式签字并返还到采购订单首页所显示的地址，来确认收到并接受采购订单。采购订单的首页必须盖有卖方的印章，并由卖方正式授权的人员签署姓名及日期。采购订单首页上的签名，应表示毫无保留地接受整个采购订单。

③ 卖方同意：以该等方式所接受的采购订单中，包含了买方与卖方之间所达成的完整和最终的协议，并取消、取代和替代买方和卖方之间先前或当前所达成的未在采购订单中予以明确的任何协议、口头或书面沟通、声明或合同。另外，除非书面作出并征得买方和卖方的一致同意，否则旨在对采购订单中的任何条款、条件或规定作出修改或变更的其他任何协议或谅解，均不具备任何约束力。

④ 在本项规定尚未得到满足的情况下即开始执行采购订单，则表示卖方对采购订单中的每一项规定均毫无保留地接受。本文件确定采购订单开始生效的日期。

上述对采购订单的接受，即意味着卖方确认其具有提供符合采购订单要求的供货，并配置一切相关必要资源的能力。

如卖方未能在上述期限内返还回执并确认接受采购订单，买方有权取消采购订单，且无须向卖方提供任何赔偿。

⑤ 如果卖方以书面形式特别是在所返回的回执确认书中提出保留意见或更改原规定，则买方保留取消采购订单的权利，且无须向卖方作出任何赔偿。

### 6.2.5 变更、修改与修订

在采购订单执行期间，买方应有权在任何时间对供货范围作出整体或部分变更或修改。

① 卖方无权拒绝接受该等变更，如无正当理由，也无权拒绝执行任何该等变更。买方应有权，在其认为必要时，要求卖方在双方就任何该等修改的影响达成一致之前执行该等修改。在此情况下，或在出现意见分歧的情况下，该等变更对价格、计划、担保和其他任何方面的影响，应由卖方与买方之后所达成的协议来约束。

② 未征得买方事先书面同意，卖方应无权对供货进行任何变动。

③ 如卖方要求任何变更或修改，或买方建议任何变更或修改，卖方应依据采购订单中的条款规定，评估该等变更或修改所产生的影响，并向买方提交一份方案，其中需指出：a.修改的目的；b.修改对价格产生的影响；c.修改对进度计划所产生的影响；d.其他任何影响（例如性能、担保等）。

在变更或修改方案中，应提供对变更或修改所涉及的每一个供货子项的详细说明和原因。如无该等内容，则将会拒绝该等方案。在考虑任何变更时，卖方应立即通知买方，并尽快提交变更方案。

在买方计划进行任何修改时，将及时通知卖方，并要求卖方审查所建议的变更，卖方应尽快提交修改方案。对于买方所建议的变更，卖方最迟应在买方提出书面要求之日后的 8 天内提交变更方案。如失于满足此期限要求，将视为卖方已接受买方所建议的修改，并纳入到采购订单范围当中，且不对采购订单产生任何影响。

④ 买方应审查和评估卖方的变更要求，或卖方就买方所要求的任何变更所提出的方案及其影响范围（如有）。在买方签署对采购订单的修订书之前，或买方事先发出明确的书面批准之前，卖方不得执行任何变更或修改。卖方应在收到该等批准后，立即执行必要的

修改。

⑤ 在任何情况下，买方出于使供货符合采购订单要求之目的而向卖方要求的修正和调整，在任何情况下均不得视为变更或修改。

#### 6.2.6 采购订单的范围界定与执行

在采购订单中定义供货。上述 6.2.3 节中所提及的合同文件互为补充，并作为采购订单的有效组成部分互为解释。卖方所完成的供货应完全符合采购订单的规定，并且适用于预定目的。供货中应包括满足买方和业主要求所必要的任何服务，或采购订单中所暗示或由卖方的任何义务所产生的任何服务，包括采购订单中未提及但可推断出是完成供货所必要的任何服务。

① 如果买方在签发采购订单时，忽略了在现行的专业标准或法律下完成供货和/或获得所要求的结果所必要的特定细节或附件，卖方有义务执行或提供该等细节或附件，且无权就此提出额外价格或计划延期的补偿。有鉴于此，卖方认识到其应充分了解供货的用途和使用条件，并在任何情况下均不得以未意识到存在特殊安排或要求及相关困难为由而提出索赔。卖方应根据实际需要，从买方处获得完成采购订单所必要的一切信息。

在所有情况下，卖方应负责毫无保留地根据采购订单中的条款规定，现行的法规、法律、标准和规范以及最佳商业惯例，圆满执行供货，直至完成采购订单。在所有时间内，卖方必须始终能够提供关于该等符合性的证据，且不得因提供该等证据而解除或减少其任何责任。

② 卖方应满足采购订单中关于供货所含物料的性质、来源和原产地等方面的规定，并提供任何和所有必要的证明。在任何情况下，即使未提供该等规定，卖方也必须始终能够证实该等物品的性质、来源和原产地，并保证其可靠性。另外，卖方还须遵照对供货具有管辖权的政府机构或有资质的组织所指定的程序，并提供遵照该等程序的证据。同样地，卖方有义务执行采购订单所适用的法规中所指定的控制、试验和活动，并形成相关管辖部门所要求的档案。

③ 卖方应提供合格的人员，足够的设计、制造和检验设备，以及制造和存储供货所必要的区域。在整个采购订单的执行过程中，卖方同意使用正式、合格的雇员，并提供能够满足执行采购订单需要的设施。

在采购订单的有效期内，未经买方事先书面批准，卖方不得更换采购订单中所指定的卖方代表。卖方应采取必要措施，确保雇员的罢工、休假、缺勤等状况不对采购订单中所给出的进度计划产生不良影响。

④ 采购订单中给出供货进度计划。关于该计划的详细说明，参见下述 6.2.11 节。

在整个采购订单执行过程中，卖方应通过执行方案、制造进度计划、进度报告、卖方代理或子供应商和分包商场地检查报告等形式，向买方提供所有必要的信息，以便评估工作进度。同时，卖方还应每月向买方提交进度报告。

在买方要求时，卖方应提交一份关于采购订单项下相关分采购订单和/或分包合同的最新、完整和详细说明，其中需特别提及交付日期及进度状态。

⑤ 在了解到可能对执行采购订单产生影响的任何事件或状况（特别是延误、次级采购或分包方面的困难、劳工纠纷、对卖方自身及其股东或组织机构产生影响的变化）时，卖方应尽快通知买方。另外，卖方还应通知买方其在必要时所采取的任何纠偏措施以及其所建议的补救措施，并考虑买方所建议的任何措施，该等建议并不能解除卖方根据采购订单要求执行供货的义务，也不意味着买方接受该等事件所产生的后果。

⑥ 买方在执行采购订单过程中所提供的建议、信息、意见和/或批准，或失于提供该等建议、信息、意见和/或批准，并不能解除卖方的任何责任。

⑦ 如果采购订单中要求卖方前往供货所在现场提供服务和/或干预时，卖方必须确保其完全并充分了解现场的限制条件，其中包括但不限于：a.现场内同期工作的其他供应商和承包商；b.当地的气候条件；c.业主和买方在健康和安全方面的规章制度；d.现场道路条件。

### 6.2.7 设计、材料与执行方案

① 设计。卖方应依据买方提供的规定和/或图纸，根据卖方的设计执行供货。卖方应全权负责遵照本项规定，并满足采购订单中所提出的要求（质量、性能等）。

如果原则上由买方提供供货设计，卖方应负责验证该等设计，并在必要时完善该等设计。

买方在采购订单下所提供的或所签署的规定、说明和图纸，并不能解除卖方在遵照现行专业标准、法律、法令、法规、规范和标准方面的义务，无论采购订单中是否具体规定。

② 材料。供货中选择使用的材料，应由买方在采购订单中界定。然而，卖方应有义务基于自身的专有技术以及目前的技术水平，检查该等选择的正确性，并向买方通报其检查结果。

如果买方未在采购订单中具体界定材料，卖方应根据采购订单中的要求（质量、性能、腐蚀等）、自身的专有技术以及目前的技术水平，全权负责独自完成材料界定工作。

卖方负责根据适用于采购订单的关于供货物料来源和原产地的现行法规要求，执行材料（原产地、符合性等）采购工作。卖方应负责证书的真实性和内容的准确性。

③ 卖方应负责选择执行方案，除非买方另有规定。

④ 在签发采购订单之后，卖方应就设计、选择材料并确定制造技术，至少提出与采购订单中所规定相当的解决方案或替代方案。然而，卖方同意：该等解决方案或替代方案应在开工之前事先征得买方的书面批准。买方同意上述解决方案或替代方案，并不能解除卖方所负有的任何责任和义务，也不得造成采购订单的其他条件变动。

⑤ 供货必须满足最佳质量标准，并达到所要求的技术水平。卖方保证每项供货部件均是崭新的，且不存在任何缺陷。同样的保证也适用于备品备件。

### 6.2.8 备品备件、特殊消耗部件与材料

卖方须根据采购订单中的要求，提供必要和/或推荐备品备件、特殊消耗部件和材料的详细清单和价格，并说明该等备件、部件和材料的交货条件。

卖方同意按照采购订单中的要求，在适当的进度计划内，提供备品备件、特殊消耗部件和材料以及用于开车和运行所需要的任何相关文件。

备品备件应满足与供货相同的技术条件和商业条件。

在推迟采购特定备品备件的情况下，卖方同意按照采购订单中所给出的相同条件，延长对业主的有效期和业主直接采购的权利。

### 6.2.9 价格与额外收费

① 除采购订单中另有规定外，所有价格均应理解为符合《2010年国际贸易术语解释通则》中的规定，并应进一步视为包括采购订单所要求的所有出口包装和适航包装，以及与采购订单中所提及的具体交付条件相关的任何内陆运输、仓储、倒运和装货费用。价格应进一步视为包括卖方在原产国和/或过境国应缴纳的任何及所有税费。

② 除非另有明确说明，采购订单中的价格应保持固定不变。价格应视为包括卖方因执行供货而引起的或与之相关的所有直接和间接费用、开支及取费。

除采购订单中另有规定外，应视为卖方已获得关于可能对供货产生影响的风险、意外情况和其他情况的一切必要信息。通过签署采购订单，卖方承担对所有困难作出预判的全部责任。不得基于任何不可预见的困难或费用对价格作出任何调整。

③ 对价格的支付，并不构成买方放弃其在采购订单项下所享有的权利。

④ 除非以采购订单增补或修订的形式书面批准，否则不允许超过采购订单中所显示的价格。

⑤ 除非采购订单中另有规定，否则不得就包装、卷筒、木箱、板条箱或搬运等收取任何额外的费用。

⑥ 卖方应负责承担因其失于遵照采购订单中所给出的运输说明而产生的任何额外的运费、快递费或其他收费。

### 6.2.10 转让/分包/子采购订单

**(1) 转让**

未经买方事先书面同意，卖方不得将本采购订单及其项下的任何权益或索赔作出全部或部分转让。同样，卖方通过接受采购订单承诺：不向任何第三方质押本采购订单，或转让本采购订单项下的任何索赔。

在买方批准转让的情况下，卖方可作为采购订单的初始收货人，除非卖方与买方事先签订书面减损协议，卖方依然应对履行采购订单向买方承担连带责任。

**(2) 分包**

即使在分包的情况下，卖方依然需要对执行采购订单承担全部责任。

① 未经买方事先书面同意，卖方不得分包供货的全部或其中的任何部分。

如拟分包，卖方应在采购订单生效之前，向买方提供其所建议的分包商的清单，并指明制造地点。买方保留拒绝卖方所建议分包商的权利。在买方要求时，卖方应向买方提供任何或所有分包合同的无价格副本。

如果买方要求卖方提供无价格的分包合同副本，则仅在买方未予拒绝的情况下该等分包合同方可最终确定。

② 在任何分包合同中，必须包括卖方在采购订单中已同意的义务，但前提是该等义务适用于所述分包合同。卖方应确保该等分包合同与采购订单保持一致。

卖方应采取一切措施，进行必要的协调。另外，卖方在任何情况下均需对采购订单承担全部责任。

③ 买方保留增加分包商的权利。相关条件（如有）将由卖方与买方共同商定。同时卖方应对采购订单的执行承担全部责任。

**(3) 子采购订单**

即使在转购的情况下，卖方仍需对执行采购订单承担全部责任。

① 卖方购买供货所需原材料、标准设备或商售设备，不得视为本条款意义上的分包合同，而应作为子采购订单。对于所有子采购订单，卖方应向买方提供4份无价格副本。该子采购订单仅在买方未予拒绝的情况下方可最终确定。

② 上述"(2) 分包"中的②和③的规定也适用于子采购订单。

### 6.2.11 交付日期与交货期限-进度计划

① 进度计划由采购订单中所有事项的中间和最终交货日期以及工作进度中的各个里程碑构成。

② 每个事项或每个约定供货批次的交货日期，视为采购订单中的日期。在采购订单如此指示的情况下，技术文件的交付日期也应视作一个单独的交货日期，因技术文件也是供货的有效组成部分。

每个项目或每个约定供货批次的交货期限，系指授标文件日期与交付日期之间的时间段，或者采购订单中另外约定的里程碑与交货日期之间的时间段。

③ 交货期限视为是不可延长的，除非发生下述 6.2.33 节中所界定的不可抗力事件，或出于买方原因所导致延误。在任何其他情况下，卖方均不得免除按照进度计划完成供货的义务。

④ 接受采购订单，意味着卖方不可撤销地、无条件地承诺满足采购订单基本条件之一的计划。

⑤ 如果卖方失于满足任何中间和/或最终计划，包括在某些情况下的特定进度里程碑日期，则应适用采购订单中所定义的针对延迟交货的罚款/违约赔偿金。

除双方就计划延期达成一致并通过增补或修订采购订单形式予以正式化外，均应合法适用该等罚款/违约赔偿金。

⑥ 适用罚款/违约赔偿金，不得解除卖方在采购订单项下应承担的义务，也不得损害下述 6.2.30 节中的规定。

### 6.2.12　技术文件

① 采购订单中应明确卖方需提供的图纸和文件及其份数。卖方应提供采购订单所包含的图纸和沟通说明中所指定的技术文件。该等文件应按照采购订单中所列出的日期和其他详细要求，特别是请购单中所包含的供应商数据和文件要求（VDDR）予以提交。其中包括采购订单所给出的关于备品备件文件方面的详细要求。

② 另外，卖方还应根据要求，进一步提供必要的文件，如形式发票、申请装运指令、包装清单、发票、原产地证明和装运通知等，具体要求参见采购订单及采购订单中所包含的"包装、标记和运输说明"。

③ 买方有权要求施工期间使用的技术图纸和其他文件以英文和/或中文或其他语言编制，具体语种根据 EPCC 项目现场所在位置（如需要）。操作和维修手册或可能用于设备操作的其他文件应采用英文和/或中文或其他语言编制，具体根据 EPCC 项目现场所在位置和买方要求。供货的原始试验证书或原产地证书可使用供货原产国的语言。

### 6.2.13　质量保证-控制与检验试验

① 应按照专业标准和惯例执行供货。卖方应建立一个质量体系，来保证其本身及其代理、代表、分销商、分包商以及卖方所指定的其他任何第三方均能够遵照采购订单的要求。该等质量体系至少应符合 ISO 9001.2015 的要求。作为制造计划的一部分，卖方应提交一份详细的检验计划。该等检验计划应与卖方的质量体系保持一致，满足采购订单的相关要求，并将买方的检验点包括在内。

② 无论买方何时要求，卖方均有义务证明其所雇佣人员的资质和适用程序的评定，包括拟使用的控制和测量设备的检定、对比和校验。

③ 如果与采购订单所给出的任何技术要求存在偏差，则卖方应签发不合格报告，并征得买方的批准。本项要求也适用于与卖方所编制并经过买方审查和批准的文件之间存在的偏差。

④ 卖方应对供货实施必要的质量控制和数量控制，以确保满足采购订单的要求。

应由卖方负责实施用于验证供货一致性的所有控制和试验，或在必要时由其分包商和/或分销商实施。特别是，卖方应确保在供货移交买方验收前完成所有必要的控制和试验。

买方的验收，仅在卖方证明供货在试验期间达到采购订单所指定的性能等级或标准之后方会发布。

⑤ 买方可在业主的陪同下，对卖方及其分包商进行审计。

⑥ 为了确保圆满执行和完成采购订单，买方保留其自身或通过其授权代表在制造、组装或装运的任何阶段，在车间、仓库、卖方的其他任何场地或其分包商的场地内，对供货实

施检查的权利。业主及其代理或指定人员也可执行检查和检验。在此方面：a. 卖方应向买方及其代表或业主提供随时进入与采购订单相关的任何任务的执行地点进行检查的权利。卖方同意确保该等权利适用于卖方的场地和/或其分包商的场地。对卖方供货和/或分包商的检查，应与卖方事先协调。b. 卖方应根据采购订单的规定，免费向买方提供检查供货所需要的所有文件和/或资源。c. 买方或其授权代表进一步保留在装运前检查供货的权利。此类检查并不能解除卖方的担保和/或严格按照规范要求提供供货的责任。另外，买方有权放弃在制造点的检验，而不放弃在目的地检查供货的权利。如果供货在目的地被拒，则将供货退还给卖方作退货或更换处理，且卖方将负责支付该等处理方式下所发生的一切倒运和运输费用。买方可自行决定选择由其选定的其他卖方修复该等存在缺陷的供货，由此所发生的费用则应由卖方来承担。d. 未经买方检验，卖方不得装运，除非买方以书面形式放弃该等检验。在规定装运日期之前装运的任何材料，其所发生的仓储费用将由卖方承担。e. 买方的检查人员应在验收供货之后准备相应的放行单。该等放行单将移交给卖方，以便在货物运输过程中将其副本附于货物上。该等放行单是强制性要求，即使在免除检验的情况下也需出具。f. 在任何情况下，放行单均不得视为装运授权。因此，如果未事先通知买方催交办公室并征得其书面同意，则不得发运任何货物。

⑦ 根据检验计划，特别是买方的检验点，卖方应至少提前 10 天的时间，书面通知买方在其车间或其分包商车间进行中间试验或最终车间验收的具体地点和日期。

⑧ 卖方应承担以下费用：a. 形成采购订单所要求的档案文件（制造商档案、正式批准文件档案等）；b. 执行采购订单所要求的任何试验，包括所有实体资源；c. 如果由于卖方的原因，必须在与指定车间分开的其他位置执行全部或部分试验，则应由卖方承担买方和/或业主由此所招致的与该等试验相关的费用。

⑨ 在以下情况下，买方和/或业主所发生的所有费用（差旅费和生活费、差旅时间、工作时间）应由卖方承担：a. 如因存在不符合项而有必要执行采购订单规定外的附加验证和/或补充验证；b. 如卖方在预定控制检查、检验或验收日期之前，提前不足 8 天的时间通知推迟或取消该等检查、检验或验收；c. 如出于卖方原因，无法在预定日期执行检验或验收，或无法完成且有必要进行新的检验或附加验收。

⑩ 买方代表前往车间检查，以及买方就供货所作出的任何书面验证、意见和/或批准，不得解除卖方所负有的任何责任。卖方在任何情况下均不得援用买方与现场检验相关的责任。

⑪ 买方所编制的检验报告应为买方的财产，且不得在任何情况下转交给卖方。

### 6.2.14 供货验收

① 应按照专用采购条款所给定的条件发布供货验收。

② 在任何情况下，最终车间检验或放行均不得视为验收。除非采购订单另有规定，否则应执行检验和验收试验，且该等检验和验收试验：a. 应按照采购订单所给定的技术条件，或在采购订单中未提供该等技术条件时按照行业普遍接受的惯例，以及采购订单所给出的适用条件予以执行；b. 应由卖方交付采购订单中所指定的所有文件；c. 应由卖方负责并承担相关的风险，并在买方和/或业主的代表到场的情况下予以执行；d. 最终检验和验收试验的目的是：证明供货在各个方面均满足和达到采购订单的要求和设计目标。

③ 在完成最终车间检验或试验之后，买方应签发放行单，但须满足上述 6.2.13 节中的规定。该等放行单并不构成装运授权。

### 6.2.15 包装、标记、交付/运输

① 详细的包装、标记和交付/运输说明，参见《包装、标志和运输要求》。卖方将负责

全面遵照其中所包含的一切相关要求。

② 初步信息：a. 卖方应在采购订单所指定的期限内，按照采购订单所给出的格式，向买方提供初步装箱清单；b. 卖方应承担其所导致的错误、遗漏或变更所产生的后果，包括可能对初步装箱清单中所包含信息产生的影响，导致包装超出标准尺寸，或造成修改超标包装数据；c. 在不对卖方的责任产生影响的前提下，卖方应在采购订单实施期间随时并及时通知买方其所发现的任何上述错误、遗漏或变更。

③ 开始制造　如果设备的尺寸或重量与普通标准不一致，卖方应在开始制造之前负责：a. 在需要时，事先从相关管辖部门获得必要的批准，以便可将设备运输到指定交货地点；b. 向买方提供相关图纸，其中指明所涉及设备或设备部件的总体尺寸以及预估总重；c. 征得买方对开始制造的最终同意；d. 如果卖方失于遵照该等先决条件，或向买方提供的在此方面的信息有误，则卖方应承担由此所产生的一切后果。

④ 包装与标记

a. 即使装运不在卖方的责任范围内，在进行供货包装之前，卖方应采取一切必要措施，防范供货可能遭受的一切风险（如恶劣天气、湿气、腐蚀、对机加工和抛光或易损部件的冲击、装载事故或存储限制）。该等措施包括清理、油漆、润滑、使用保护膜、拆卸易损部件、锚固或固定以保护内部零件免受振动或冲击，以及所约定运输方式所带来的任何附加要求。

b. 如果卖方负责包装，则应遵照采购订单所包含的相应说明。作为最低要求，包装的设计和处理方式应适当，以便能够在搬运操作和存储期间始终保持供货处于良好的状态下。如果在交货时发现供货的包装不合格，则买方可能拒收并将供货退回给卖方，卖方将不可撤销地承担纠正不合格包装的费用以及退货的运输费用。

c. 卖方应特别标识需要满足特殊搬运和/或运输和/或存储条件的设备，以及对天气变化比较敏感的设备，并指明所需采取的防护措施。

d. 卖方应严格遵照采购订单所给出的标记说明。在每个包装或包装物品的四个立面上，至少应非常醒目地标示如下内容：托运人的名称、收件人的名称以及完整的交货地址、采购订单的编号和名称、包裹的编号/数量（与包装清单相对应）、总重量和尺寸、吊点和搬运说明。

⑤ 交付与运输

a. 供货应交付或提供到采购订单所指定的交货地点。

如果未在所指定位置和/或所规定期限内交货，卖方应负责承担与空舱、滞期、仓储、保险、运送到另一装货点和/或为确保交货而发生的其他任何必要的费用，以及由此招致买方相关的间接费用。

b. 应在采购订单中详细规定交货方式，以及卖方和买方各自所需承担的义务。

供货应按照国际商会（ICC）最新版的《国际贸易术语解释通则》（Incoterms）规定，交付或供货到采购订单所指定的交货现场。

除非采购订单另有规定，卖方应承担将所供货物运输到交货地点以及所有相关操作（装货、固定、紧固、保护、捆绑）的风险和费用。卖方应自担费用，按照重置价来办理运输和运输设备保险。

c. 卖方应按照采购订单的规定，准备运输和清关（如适用）所需的所有文件，并应根据实际需要，从相关管辖部门获得必要的批准或许可。

如适用，买方将在卖方提交最终装箱单之后签发装运指令和授权。

d. 在买方根据上述 6.2.13 节中的规定签发书面同意和指示之前，卖方不得将供货交付运输或直接装运。如卖方失于遵照本项规定，则买方保留将供货退还给卖方，以完成必要的验收程序的权利。由此所发生的费用应由卖方承担。

e. 买方有权要求卖方暂停设备装运。在此情况下，卖方同意在自验收和供货在车间具备发货条件日期后的三个月内，自行承担存放供货的费用。在该等期限内，卖方应负责照管供货，并承担相关的保险费用。

在该等期限过后，卖方和买方应共同商定供货仓储条款，并由卖方承担该等仓储所固有的风险。

### 6.2.16 所有权和风险的转移与留置

① 供货的所有权，应在专用采购条款所规定的条件下转移给买方。为达成这一目的，卖方应保证供货未设置专用采购条款中进一步规定的任何留置权、产权负担或质押。

② 无论是否转让所有权，在供货交付前，卖方依然需负责供货的所有损失或损坏风险。

③ 如果是分包合同或子采购订单，要求卖方出于自身的利益作出相同的所有权转让条款规定。

### 6.2.17 法律与合法合规

① 卖方了解并应全面遵照任何政府、地方或其他相关管辖部门所颁布的法律、法令和法规，以及与其在采购订单框架下所执行活动相关的私人或公共组织所制定的任何规则或规定。特别是在健康、安全和环境方面，卖方确认：其了解所适用的规则，且遵照该等规则是其义务的重要组成部分。

② 如果适用于采购订单的任何地方或国际法规或规范，在采购订单生效日期之后发生任何变更，卖方应遵照该等变更。

③ 另外，如果卖方或其代理在采购订单执行期间需要在 EPCC 项目现场工作或服务，其应全面遵照适用于现场的规则和/或规定。

④ 如果买方因卖方或其雇员、分包商和分销商失于遵照上述法律、法令、法规或其他规则或规定而招致任何财务和/或行政后果，卖方应负责承担所有该等财务和/或行政后果。

⑤ 卖方承诺不以未充分了解上述法律、法规和法令为由，提出任何价格调整和/或延期索赔。

### 6.2.18 工资税与法律义务

卖方同意接受，并在此承担如下方面的独家责任：支付基于卖方向其雇员已支付或应支付的工资、薪金或其他报酬所征收或所计算的、在现在或将来应予缴纳的任何及所有工资税和/或失业保险、老年福利金、养老金和/或年金等缴款。卖方进一步同意：在买方要求时，向买方提供法律或行政机构所要求的任何及所有证书或声明，以证明卖方履行上述责任。

买方仅需负责根据现行适用法律在现在或将来向买方所征收的税款。卖方同意履行并责成其分包商履行现行适用法律下与其相关的环境、劳工和财税义务。

### 6.2.19 保证与质保

① 卖方保证供货不存在设计、施工、材料和操作等方面的缺陷。此外，卖方保证并声明供货：a. 是全新的，具有一流的品质与设计；b. 不存在材料、工艺或制造方面的任何缺陷；c. 与适用规范、图纸、模型或所提供的其他说明保持一致；d. 适用于预期目的；e. 另外，卖方还对适当履行服务（如适用）提供保证。

卖方对供货所提供的所有担保或保证，应在采购订单所界定的期限内保持有效。担保应适用于买方及其继承人或受让人和供货的最终用户。

② 在质保期届满之前，卖方应自担费用，修改或更换供货中存在缺陷的部分，或进行必要的完善，以确保供货符合采购订单的所有条款规定和要求。

③ 性能保证　卖方保证供货达到采购订单所描述的性能。如果未能全部或部分达到上

述性能，卖方应自担费用，立即执行任何更换、维修、更改或修改工作，以确保满足采购订单的要求。更换部件可能涉及提供新的符合采购订单要求的完整设备。

应在 3 个工作日内完成该等更换。如果对工厂的可用性产生影响，则应在更短期限内完成该等更换。如果卖方失于按照此项要求更正或更换供货，买方可自行更正或更换供货，并向卖方收取由此所发生的全部费用。

任何检查人员的批准，不得对卖方在本保证下的义务产生任何影响。

卖方进一步保证：其所提供的供货未设置有利于第三方的未公开的或不为买方所知的任何留置权、收费或产权负担。如因卖方失于履行对其供应商、分包商、雇员、服务人员、代理的合同义务或对个人所作出任何性质的承诺而导致任何留置权、收费、索赔、保留权、扣押、质押或判决，卖方应向买方提供赔偿，并保护买方免受其害。

如在质保期内发生任何部件的维修和/或更换，则应重新开始计算接受更换或维修的部件的质保期。

如果要求卖方在 EPCC 项目现场工作或提供服务，卖方应指派必要的合格的雇员前往现场执行该等工作或服务。卖方应与买方共同商定在此方面的工作范围。卖方应承担与该等操作相关的所有费用，包括在卖方车间与供货目的地之间运输供货的费用，以及拆卸和重新组装供货的费用，前提是缺陷或故障的原因归属于卖方。如果卖方能够向买方充分证明供货的缺陷或故障非由卖方原因所导致，则应由买方依据相关证明性文件给卖方偿还上述费用。

④ 机械质保

a. 期限。应在专用采购条款中明确供货的机械质保期，但在任何情况下不得短于验收日期之后的 24 个月。

对于经过修改、维修或更换的任何供货元件或部件，在完成该等修改、维修或更换之后，则应开始新的为期 24 个月且质保范围和条件均与原始担保相同的质保期。新的质保期应自得到满意修复或维修的当天开始起计。如果质保期内的维修或更换涉及关键部件，则新的质保期的适用范围将扩大到整个设备。

b. 质保的性质和范围。质保的范围应涵盖供货的任何设计、材料、制造或操作缺陷以及任何异常磨损，但前提是供货按照采购订单所给出的要求使用。

在质保期内，要求卖方及时纠正对整体或部分供货产生影响的缺陷或故障。为实现这一目的，卖方应自担费用，及时执行任何必要的更换、维修、变更或修改，以确保满足采购订单的要求。更换部件可能涉及供应新的符合采购订单要求的完整设备。

应在 3 个工作日内完成该等更换。如果对工厂的可用性产生影响，则应在更短期限内完成该等更换。如果卖方失于按照要求更正或更换供货，买方可自行更正或更换该等供货，并向卖方收取买方由此所发生的全部费用。

任何检查人员的批准，均不得对卖方在本保证下的义务产生任何影响。

如果要求卖方在现场工作或提供服务，卖方应指派必要的合格的雇员前往现场执行该等工作或服务。卖方应与买方共同商定在此方面的工作范围。卖方应承担与该等操作相关的所有费用，包括在卖方车间与供货目的地之间运输供货的费用，以及拆卸和重新组装供货的费用，前提是缺陷或故障的原因归属于卖方。如果卖方能够向买方充分证明供货的缺陷或故障非由卖方原因所导致，则买方应依据相关证明性文件给卖方偿还上述费用。

### 6.2.20 违约赔偿金与罚金

卖方的供货制造和交付义务，以及卖方在上述 6.2.19 节中所提供的质保或保证，可能与罚款或违约赔偿金相关联。该等罚款或违约赔偿金的计算和应用方法，参见采购订单中的具体规定。

① 买方和卖方均承认，卖方在如下方面的过失可能导致买方遭受损害或损失：a. 没有

按照采购订单规定日期发运/交付供货；b. 没有按照采购订单规定日期提供规定的文件；c. 失于满足采购订单或任何相关规范中所规定的性能保证或机械质保。

对任何违约赔偿金的支付或扣减，不得对买方所享有的任何其他权利产生影响，也不得免除卖方应负有的任何义务。

如果采购订单交货日期方面的延误非由不可抗力所造成，则买方应适用以下的违约赔偿金。

② 与延迟提供相关供货文件相关的违约赔偿金（例如关键数据和图纸、最终文件等）。将按照采购订单的规定予以评估和适用任何该等违约赔偿金。

如果采购订单所规定的工程设计图纸/文件交付视为在违约赔偿金的适用范围内，卖方应就此支付或罚没采购订单中所规定的金额。需要注意的是：采购订单所指定的关键工程设计文件，应包含视为符合要求的有效数据。卖方不得明确出于解除违约赔偿金之目的递交任何文件，除非买方专门确认递交该等文件符合要求。

③ 与供货设备延迟交付相关的违约赔偿金。

如果根据采购订单中的规定，供货（设备和/或材料）交付视为在违约赔偿金的适用范围内，卖方应就此支付或承担罚没采购订单中所规定的金额。应依据采购订单的进度计划以及质量保证/控制与检试验要求来确定供货交付方面的过失。

④ 与设备性能/不符合所担保或所保证技术要求相关的违约赔偿金。

卖方失于满足所保证的供货技术或性能要求，或失于满足采购订单中所给出的机械担保或性能保证条款规定，可能会导致买方应用相关违约赔偿金和/或执行相关银行保函。

特别是，买方可能就超出何等性能保证标准（如设备性能/产能，或能源/公用工程的用量或损失）作出了明确适用的违约赔偿金规定。卖方失于按照采购订单的规定达成该等标准，将会导致业主罚没买方的违约赔偿金。

将按照采购订单的规定进行评估并罚没任何该等违约赔偿金。

如果买方书面同意并允许卖方偏离特定的性能保证标准，且卖方就该等偏离向买方提供补偿，则买方应保留指定低于何等性能保证标准将不适用违约金的权利。与排放（噪声、空气、水等）相关的性能保证应是明确的，卖方不得选择以支付违约赔偿金的方式来代替满足该等保证。

⑤ 无论出于何种原因所导致的违约赔偿金均可累加，且不得排除买方在采购订单或现行法律下就卖方在采购订单下的违约行为造成的损害所享有的权利。

⑥ 应按照买方在采购订单中所确定的标准支付违约赔偿金。支付方式可选择从应支付给卖方的任何付款中扣除，或选择按照下述 6.2.21 节中的规定全部或部分执行相关银行保函。如有任何出于如上原因执行银行保函，则卖方应有义务将该等银行保函恢复到原有金额，并在相同的有效期内保持该等金额。

### 6.2.21 银行保函

**(1) 履约保函**

除了按照上述 6.2.4 节中的规定签字确认接受采购订单并返还外，卖方应自担费用，按照采购订单所给定的格式，向买方提供一份银行保函。该等保函的有效期应在完成采购订单所规定的供货验收后截止。

银行保函是对卖方履行采购订单项下所有义务和责任提供的保证，特别是对履行与交货日期以及质量和技术要求相关的义务和责任的保证。

买方从执行银行保函（基于卖方失于遵照相关规定）中获得的资金将用于：支付买方为解决问题而不得不执行的任何维修或更换工作，补偿可能对买方的自身活动造成影响的任何经济损害，以及补偿所涉及的任何第三方。

### （2）预付款保函

在采购订单执行之前或执行期间，不得支付任何预付款。原则上，每笔付款必须对应一笔交易。如果作出任何免除，卖方应自担费用，按照采购订单所给定的格式，向买方提供一份银行保函。该等保函的金额应与预付款金额相同。该等保函的有效期应在返还预付款后或记入发票后截止。

### （3）采购订单保证的完成

根据采购订单的条款以及下述 6.2.22 节中⑥的规定，买方将从采购订单总额中保留一定的百分比（具体参见采购订单的规定）。该等保留的金额将用于保证卖方履行其在上述 6.2.19 节中所述的义务。买方可自行决定该等保留金可否由银行保函来替代。在征得买方同意后，卖方应自担费用，按照采购订单所给定的格式，向买方提供一份银行保函。该等保函的金额应与采购订单所规定的金额相同。该等保函用于保证完成采购订单，包括卖方履行其保证或担保的义务。该等保函的有效期应在采购订单所指定的质保期结束后截止。如果因卖方的过失而不得不延长质保期，则卖方应更新该等银行保函，以确保其有效期能够涵盖整个质保期。本银行保函应取代上述所规定的履约银行保函。

所有银行保函应由公认的一流商业银行来出具。取决于买方的决定，卖方应根据需要修改银行保函的金额，以反映采购订单的所有变动，其中包括但不限于增加或减少范围和价格、加快或减慢进度。

### 6.2.22 付款条件

① 应在采购订单中明确付款条件。采购订单中包含有详细的发票说明。卖方应严格遵照该等说明。在收到并批准履约保函、预付款保函和责任保险单之前，买方将不会支付任何金额。付款不应视作买方接受、批准、同意或满意等表示。

② 卖方应向买方递交所要求份数并采购订单中所规定的每笔分期付款相关的单独发票。所有发票中必须提及采购订单所指定的参考编号，并明确列出所征收的税款（如有）。

③ 如果采购订单上调价格，则此等上调价格应在约定的交付日期终止，除非采购订单修订中提出延期或发生不可抗力事件。在此情况下，应提交单独的发票及相关证明文件。

卖方递交用于索取采购订单余额的最终发票（包括上调价格和违约赔偿金/罚款），应解释为并隐含视为卖方已单方面确认全额结算。

④ 买方应按照采购订单中的规定，支付供货付款。在采购订单中，应指定每一笔付款的时间和金额。

⑤ 某些付款可能取决于卖方在上述 6.2.21 节中所提供的银行保函中的规定。

⑥ 买方将保留采购订单总价的一定百分比（具体参见采购订单的规定），通常是到期应付最终付款或从到期应付最终付款中扣除，在质保期结束且卖方的所有义务和保证履行完毕之前不予支付。买方可自行决定是否由卖方提供上述 6.2.21 节中所述的银行保函来替代该等保留金。

### 6.2.23 卖方的违约

① 出现如下情况，应视为卖方违约：a.存在明显的可能会对供货质量和符合性产生影响的过失；b.延迟执行采购订单，导致不可避免和不合理的推迟计划和/或性能考核和/或卖方履行义务；c.完全或部分不执行采购订单；d.卖方严重或长期失于履行其在采购订单项下的义务。

② 通常在买方以要求回执的挂号信方式，向卖方发送要求卖方在 10 天内履行其义务的正式书面通知之后，视为违约行为得到正式确认。除了收讫回执外，卖方还应立即向买方发送书面通知，说明该等违约行为所产生的影响，以及为尽快补救该等违约行为而拟采取的纠

偏措施。

③ 如果在收到买方的正式通知之后，卖方失于在通知中所规定的期限内完全纠正其违约行为，则应视为卖方已违约。在此情况下，且不对其在下述 6.2.26 节中所享有的终止采购订单的权利产生影响的前提下，买方可（视具体情况而定）：a. 向卖方强制提供技术支持但不解除卖方的义务或责任。b. 代替卖方提供全部或部分供货，并应由卖方承担由此所产生的费用和风险。在此情况下，采购订单将不再有效。届时，买方可使用自身的资源来完成该等供货，并/或通过分包的方式雇佣任何其他第三方来实现该等目的。c. 根据下述 6.2.24 节中的规定拒绝全部或部分供货。

④ 买方应向卖方全额收取因卖方违约而产生的所有费用，并可在此基础上增加百分之十五（15％），以涵盖由此所产生的行政管理费用。相关款项将由买方从其就卖方所完成的并符合采购订单要求的那部分供货应支付给卖方的付款中扣除。该等款项也可通过执行卖方在采购订单项下所提供的银行保函来收回。

### 6.2.24　拒收供货

① 如果供货与采购订单中的规定要求或约定性能不符，买方保留在向卖方发送正式通知之后拒绝全部或部分供货的权利。即使卖方提出任何反对意见，拒收供货的所有权将在买方发送简单书面拒收通知之后自动转回给卖方。

② 对于由此拒收的供货，买方可自行决定：a. 由卖方自担风险和费用进行更换；b. 由买方或买方指定的第三方来更换。在此情况下，卖方应向买方偿还买方由此所发生的一切费用，包括就拒收供货已支付的款项和相应的违约赔偿金（如果有）。

③ 尽管上述如此规定，卖方应将拒收的供货交由买方处置。买方将有权使用拒收的供货，直至其为合格的供货所替代，无论该等合格供货系由卖方提供，或系由买方或买方所选择的供应商来提供。

④ 另外，卖方应保护买方免受因拒收供货而产生的任何损害。

### 6.2.25　暂停采购订单

① 买方应有权在任何时间自行决定暂停执行全部或部分采购订单。在此情况下，卖方应暂时停止执行受到影响的供货。该等暂停应在卖方收到以要求回执挂号信方式所发送的书面通知之日并提供收讫回执时生效。在该等通知中，应指定暂停生效日期及预计持续时间。

② 在收到该等通知后，卖方应尽快停止所有工作活动，同时遵循在最大程度降低暂停的经济影响的同时，确保暂停结束后重新复工的技术可行性这一原则。

③ 在暂停期间，除了与保密、保险、专利和供货保护相关的义务外，将暂停采购订单项下与暂停供货部分相关的其他义务。

④ 在暂停期间，如果不存在不可抗力或卖方违约的情况，买方应向卖方补偿卖方为保护可能直接受到暂停影响的供货、部件等而发生的费用。买方应进一步承诺向卖方补偿卖方因暂停而直接招致的费用，如暂停所造成的退场和重新动迁进场的费用，以及因暂停可能招致卖方的分包商或供应商的费用。该等补偿应取决于买方和卖方之间就补偿权利所达成的协议，并基于对暂停所引起的任何额外异常情况的公允价格调整。在作出该等调整时，应将卖方最大限度地减少因暂停所造成延误的意愿考虑在内。将在买方收到证明性文件并予以认可后付款。

⑤ 供货的交货期，应根据暂停的时间相应顺延，甚或在买方认为有必要时顺延更长的时间，以便卖方及其分包商有时间调整并适应重新启动采购订单的状况。

⑥ 暂停期结束时，买方应以挂号信的方式，书面通知卖方，并指明暂停结束的生效日期。卖方应调动一切可用资源，尽快重新开始工作。卖方不得拒绝重新复工，除非出于正当

理由，且可提供买方能够接受的证明性文件。在此情况下，采购订单可能会依据下述 6.2.26 节中的规定而取消。如果卖方拒绝恢复执行采购订单，但无法提供正当理由，则将自动适用上述 6.2.23 节中的规定。

同样，由卖方主动提出暂停的采购订单，除非出于买方能够接受的正当事由及不可抗力，否则也应适用上述 6.2.23 节中的规定。

### 6.2.26 终止采购订单

① 如卖方存在上述 6.2.23 节中所提及的违约行为，则买方应有权合法终止采购订单。

特别是，买方应有权在如下情况下取消采购订单：a.卖方破产或清算，或卖方出于债权人的利益作出一般转让，或指定人接管卖方的任何财产；b.卖方失于遵照本采购订单中的任何条款，包括延误合同交货日期，失于满足质量要求，失于达到技术参数和所保证的性能。

根据本节所赋予的权利，买方可在其判定任何不同执行阶段采购订单所发生的延误，包括但不限于设计、材料采购、预制或安装阶段所发生的延误，可能以任何方式对既定的工期计划产生影响时，取消部分或全部采购订单。

采购订单的终止，应以要求收讫回执的挂号信的方式，书面通知给卖方。该等终止不得成为卖方获得任何赔偿的事由。

卖方应就该等终止所产生的一切结果性损害，以及买方由此所招致的全部损害，特别是买方所指定的其他任何供应商的活动所导致的额外费用以及相关延误，向买方作出赔偿。卖方应同样向任何第三方（如业主、供应商、承包商等）承担该等终止所产生的一切财务后果。

该等终止不得对如下方面产生任何影响：适用延迟交货或不合格供货方面的违约赔偿金，以及偿付卖方对其就未完成的采购订单部分所收到的任何预付款项或其他款项。

② 在收到该等书面通知后，卖方应立即中止采购订单项下的所有工作，停止继续签发与执行采购订单相关的任何材料采购订单，应尽一切合理的努力并在买方满意的条款下取消已签订的一切现有采购订单或分包合同，并在此之后仅执行保护已完成的工作和现有供货所必要的工作。

③ 在发送终止采购订单通知后，买方应有权采取一切措施，禁止卖方或其工作人员或代理进入现场。卖方不得移走任何材料、成品或设备。

④ 在收到终止通知信函之后的 15 天内，卖方应向买方或买方指定的第三方提供其在执行供货期间所使用的所有文件（专有文件除外），包括所有数据，特别是卖方在采购订单项下所编制的记录、手册、图纸、资料等。卖方应在终止之日进一步提供供货（根据实际情况），并将其为采购订单所订立的分包合同和/或分采购订单项下所享有的全部权利转让给买方。卖方应在同一期限内，将买方未明确表示接管的任何及所有装置、设备、材料和供货元件清除出场。

⑤ 在卖方没有违约的情况下，买方也有权随时取消全部或部分采购订单。

在该等情况下，买方应在卖方提交其可接受的证明文件之后，同意向卖方支付：a.在终止之日已完成并得到验收的工作所对应的金额，但需扣除已经支付的预付款或其他款项；b.由于终止而导致的卖方需向其分包商和/或供应商支付的任何终止费用，以及卖方自身的退场遣散费用。

对于在收到取消通知时已经完成或正在执行的工作，其付款应由卖方和买方以公平合理的方式进行协商。

### 6.2.27 责任与保险义务

① 根据法律规定，卖方应向买方承担如下方面的责任：卖方自身或其分包商和/或供应

商及其任何负责人与采购订单相关的任何疏忽、错误、遗漏或过失。

② 该等责任范围应适用于执行采购订单至供货交付期间以及在现场提供采购订单项下服务期间所产生的一切有形损害和无形损害，以及在交付后使用供货而导致的可归咎于卖方原因的损害。

③ 该等责任还应适用于卖方在执行或履行自身活动或义务时对工程、供货及其所包括设备以及买方和业主或第三方的其他财产所造成的损害。

④ 如果卖方或其任何雇员或代理出于本采购订单目的而有必要进入买方的场地，卖方保证并同意：其将采取一切必要的防护措施，避免该等入场可能发生导致任何事故、人身伤害或财产损坏。另外，卖方还同意就该等事故、人身伤害或财产损坏所导致的任何损失、责任、成本和费用（包括诉讼费用和律师费用）向买方承担责任，为买方作出赔偿，并保护买方免受其害。

⑤ 卖方还应就其自身或其雇员或代理在执行采购订单项下工作期间违背任何国家或地方政府要求而导致的所有损失、责任和罚款向买方作出赔偿，并保护买方免受其害。

卖方应办理并维持适用法律所规定的以及采购订单所要求的任何保险有效。卖方进一步同意自担费用和责任办理其他保险，以保护买方免受上述风险以及在任何适用的《劳工赔偿和职业病法》或卖方工作执行地的其他适用法律下所提出的任何索赔。卖方同意在买方要求时，向买方提交能够证明其所办理保险的保险证书。

卖方应保护买方免受以下方面的损害：与卖方雇员的死亡或受伤和卖方或卖方雇员的财产损失或损害相关的所有索赔，以及因违背上述 6.2.19 节下担保而引起的所有第三方索赔。

卖方应负责供货中所包括的货物出于任何原因所遭受的任何损害，直至交付并将损失风险转移给买方。

⑥ 在不对卖方在采购订单项下的义务和责任造成限制的前提下，卖方及其分包商和/或供应商在开始执行采购订单之前，必须办理必要的保险和/或在整个申请期内保持该等保险有效。卖方至少应办理如下保险：a. 涵盖交付给买方之前的执行期内的任何供货损失或损坏风险及其财务后果的保险。b. 涵盖供货在运往采购订单所规定目的地途中的任何供货损失或损坏风险的运输险，如果买方自身未办理该等保险。c. 如果卖方或其代理在采购订单执行期间需要在现场工作，则卖方应确保其满足现行法律下的保险义务（公众责任、机动车责任险、社会保险等）。买方在任何情况下均无须对卖方在此方面的违约行为承担责任。此外，卖方应办理和/或保持以下保险有效：机动车公众责任险，涵盖卖方所使用的车辆，其金额应达到现行法律和/或采购订单所规定的最低限额；涵盖其人员的职业事故、职业病、意外死亡或其他事故的一项或多项保险；涵盖卖方所使用的设备、配件、现场设备以及个人物品或不动产的保险。d. 综合一般责任险或第三方责任险，涵盖卖方在采购订单执行期间就可归咎于卖方或其代理的任何作为或不作为及其所造成的损害或伤害而对任何第三方（特别包括业主和买方在内）负有的轻罪或技术犯罪责任。

⑦ 上述保险必须在一流且财务状况良好的保险公司办理。

a. 卖方应根据要求，在执行采购订单之前，向买方提交保险公司所出具的保险证书。该等证书应证明保单所提供的保险范围，且所要求的保险金额与卖方所负有的义务相一致。此外，该等证书应提及保险的到期日，以及在采购订单有效期内不会取消保单或修改保险范围的承诺。否则，保险公司或卖方应在任何该等事项发生之前，向买方提供 60 天事先书面通知。

对于机动车公共责任险和综合一般责任险，卖方承诺确保将业主和买方明确追加为该等保险下的共同被保险人。

上述保险证书中应明确提及卖方的保险公司放弃就执行采购订单所产生的索赔对买方

和/或业主及其保险公司行使任何追索权。

买方保留在上述各项保险单中确定单起事故最低投保限额的权利。

如果买方要求，卖方应允许买方检验原始保单，或者向买方递交经保险公司认证的保单副本以及支付保费的最新证据。

b. 如果买方或业主业已办理了建设工程一切险，而卖方又必须在现场提供服务，则买方或业主应采取一切必要措施，将卖方追加为共同被保险人，但限于如下规定：如果保险公司拒绝承保或覆盖卖方，卖方放弃对买方和/或业主及相关保险公司的所有追索权；卖方应负责承担适用于各项损失的免赔额，保险单中规定的除外费用，保险公司不予赔偿的损失份额，如果卖方应对该等损失负责或在其发生时有参与份额；如果出于卖方原因而有必要延长保险期限，则卖方应承担由此所产生的额外保险费用。

c. 卖方不得援引其保险范围中的任何缺陷或其保险公司的任何过失，逃避履行其在采购订单项下的义务。

### 6.2.28 工业产权-专利-许可

① 买方和/或业主向卖方提供的任何形式的图纸、数据和信息，应归买方和/或业主所有。除非事先征得买方的书面同意，否则卖方不得披露或将该等图纸、数据或信息用于执行采购订单之外的任何目的。

另外，卖方进一步承诺其将在买方或业主或专利商要求时，签署任何特定的保密协议。

② 买方可出于履行其与业主所签订合同之目的，自由地使用为采购订单所编制的带有卖方标识或标志的图纸和文件，包括相关软件文件。卖方应向业主和买方授予对其就采购订单所提供任何文件或计算机程序的不可撤销的特许使用许可。该等许可自采购订单日期起生效。

③ 卖方声明其是设备和产品中所使用的专利、许可、工艺、商标、设计或模型和/或执行采购订单所用方法的合法所有人、受让人、持有人或授权用户。

如果任何人向买方提出与采购订单相关的任何专利、工艺、商标、设计、发明或模型等侵权诉讼，卖方同意自担费用，为买方提供抗辩，或代替买方或采购订单项下供货的销售方或用户在任何法律程序中进行抗辩，并就由此所招致的任何损失、责任、成本、损害或费用，向买方或采购订单项下供货的销售方或用户提供保护，使之免受其害，但不得对如下规定造成任何限制：买方应批准抗辩方式和所选择的律师，也有权参与该等诉讼的抗辩，或选择通过自己的律师在该等诉讼进行全部抗辩。

如果卖方无法在诉讼程序中替代买方，或买方不希望由其替代，则卖方同意在买方抗辩时为其提供必要的法律协助，并承担由此所产生的一切费用，包括法院针对买方所作出的判令所产生的金额，以及买方因该等法律诉讼程序所招致的费用。

④ 如果发生上述工业产权侵权，除了上诉之外，卖方应在作出判决之后立即自担费用：a. 为买方获得继续使用供货的权利；b. 经买方同意后，采用非侵权的供货替代原供货，或以适当的方式改造供货，以使侵权事由消失。

⑤ 签发采购订单将自动授予买方或业主在卖方违约的情况下，出于自身最佳利益，选择在执行采购订单期间甚至在质保期届满之后，自行或责成卖方修复供货的权利。

有鉴于此，买方应有权在其认为合适时，自行采购该等修复工作所需要的部件或更换部件，即使全部或部分供货在本节所述的工业产权的保护范围内。

### 6.2.29 保密

① 卖方自身并代表其雇员同意并承诺如下：不向任何第三方披露买方所传递的技术和/或商业性质的图纸、文件和信息，特别是与买方及其活动和方法相关的信息，但向直接参与

执行采购订单的雇员、分包商和/或供应商所作出的严格限于该等执行所需要程度的披露除外。该等义务应涵盖签发采购订单之前的协商期、采购订单的执行期以及采购订单质保期结束后的 20 年的期限。

卖方应负责向买方确保其雇员、分包商和/或供应商履行当前的保密义务。

即使采购订单终止，依然适用该等保密承诺。

② 另外，卖方承诺在买方或业主或专利商要求时，签署任何特定的保密协议。

③ 然而，当前的保密承诺并不适用于如下信息：a. 卖方可证明在买方向卖方披露之时已由卖方所持有的信息；b. 在买方向卖方披露之时已进入公共领域内的信息；c. 在买方向卖方披露之后，非因卖方披露原因而进入公共领域内的信息。

④ 与采购订单特别是供货相关的任何宣传或对媒体的任何书面或口头信息传递，均需征得买方事先的书面同意。未经买方书面批准，不得在任何形式的宣传中提及、描述或展示采购订单项下的供货。

⑤ 由买方提供的所有图纸、设计和规定，均属买方的专有财产，且应予保密。未经买方事先书面同意，不得外借、复制或以其他方式使用该等图纸、设计和规定。

### 6.2.30 完成采购订单

仅在提供并完成采购订单项下的所有文件和义务之后，包括所要求的全部供货、设备和服务以及图纸、试验数据、试验协议、程序、零件清单、质量档案、合格证、材质证、操作手册、说明书、带报价的推荐备品备件清单等，方可视为完成采购订单。

### 6.2.31 争议解决-解释与仲裁

采购订单所引起的或与采购订单相关的一切争议、分歧或争端，均应由双方通过友好协商的方式予以解决。

如果双方无法通过协商达成和解，除非采购订单中另有规定，买方和卖方明确同意：由采购订单的形成、有效性、存在、解释、应用、实施、执行、违约、终止、任何规定或部分，或与采购订单相关的任何活动直接或间接引起的任何及所有争议、争端、事项或任何性质的索赔，应通过仲裁予以最终解决。仲裁，包括仲裁管理程序和任命仲裁员，应根据 XXXXX（插入仲裁机构名称）仲裁庭（通常为买方熟悉的仲裁机构）的仲裁规则和章程予以执行。

仲裁庭应设在 XXXXX（通常为方便买方的仲裁庭）。仲裁程序应使用英语。

买方和卖方明确声明并承诺遵照和执行如上作出的仲裁裁决。在所有目的下仲裁裁决均是终局的，且对双方均具有约束力。

然而，在任何该等争议解决期间，卖方不得暂停履行其采购订单的义务。

### 6.2.32 适用法律

采购订单及其所有方面，应接受 XXXX（通常为买方所在国）法律的管辖，并按照×××× （通常为买方所在国）法律予以解释。

### 6.2.33 不可抗力

如果任何一方因不可抗力而无法履行其在本采购订单项下的义务，则应按照该等不可抗力的影响持续时间而相应顺延本采购订单的执行时间。

**(1) 定义**

不可抗力定义为受到影响的一方无法控制的，且无法通过自身努力全部或部分予以阻止、克服或补救的，对执行全部或部分采购订单造成妨碍的任何事件。

在任何情况下，以下状况不得视为不可抗力事件：①执行采购订单异常艰巨或繁重；

②不具备执行采购订单所必要的须由管辖部门签发的批准、执照、进入许可或居留许可；③增加卖方履行义务成本但未完全阻止卖方履行义务的任何事件；④合法和得到认可之外的其他罢工；⑤可归咎于供应商、分包商并取决于采购订单或采购订单中的任何人的事由；⑥存在缺陷的材料和/或采购订单执行方法所导致的任何供货缺陷。

（2）发生不可抗力事件的响应

受到不可抗力事件影响履行义务的一方，应在发生不可抗力事件之后的48h内，通过电传、传真、电子邮件等方式，向另一方发送不可抗力事件通知，并尽快以挂号信的形式，向另一方提交阻止其履行或继续履行全部或部分义务的事件具有不可预见、不可抗拒、不可控制和不可克服等性质的证据。如涉及任何政府部门，受影响妨碍履行的一方应附上相关政府主管部门所颁发的证书，供另一方进行审查和确认。该等通知还应包括如下内容：受影响的一方所预计的不可抗力事件的持续期限，以及其已采取的或拟采取的应对措施。

在所有情况下，卖方应尽一切努力，保护和维持执行采购订单所必要的资源和方法，并确保依然能够以完好的状态交付货物。

另外，卖方还应采取一切必要的补救措施，以减轻该等无法履行圆满完成采购订单所造成的影响。

（3）不可抗力事件的后果

如果不可抗力事件得到确认，则受到该等事件影响的一方可在不可抗力事件持续期间，出于不可抗力事件的直接后果，暂时停止履行相关义务，但保密、保险、专利和供货保护方面的义务除外。每一方应各自承担其自身由于不可抗力事件而产生的费用。

在上述不可抗力事件结束后的48h内，受到影响的一方应以书面形式通知另一方其已恢复执行采购订单。

卖方应获得与执行采购订单所延误时间相对应的工期计划延期，但前提是该等延误可直接归咎于不可抗力事件。

如果不可抗力状况在自本节所规定的通知日期起计的90天期限过后依然持续，且双方未能在此期间就所需采取的措施达成一致，则买方可终止全部或部分采购订单。在此情况下，买方应在卖方提交得到认可的证明性文件之后，向卖方支付与卖方在终止之日时已完成的并得到验收的工作相对应的金额，但不包括其他任何赔偿，且应适用上述6.2.26节的规定。

### 6.2.34 军民两用物资与技术

① 在接受买方所签发的采购订单之前，卖方应书面通知买方，采购订单项下拟提供的任何货物、产品、设备、材料或其中的任何组成部分是否在如下管辖范围内或以任何形式受到其影响：a.关于建立军民两用物资和技术出口管制共同体机制的第1334/2000号欧洲理事会（欧共体）规则，包括在2003年1月27日对第149/2003号欧洲理事会（欧共体）规则下所作出的修订和更新，以及在采购订单接受之日时有效的任何补充或后续规则、指示、法令、命令、规则或决定；b.卖方所在国家的任何政府部门所颁布的与任何军民两用物项和技术的出口限制相关的任何法律或法规［根据该等国家在上述第1334/2000号理事会（欧共体）规则下所享有的权利］；c.卖方自身或其任何关联公司或其所在的集团公司的内部政策，在军民两用物资和技术的出口或再出口方面所作出的任何限制。

在下文中，上述a～c项统称为"军民两用规则"。

② 如果卖方通知买方：其在采购订单项下拟提供的货物、产品、设备、材料或其中的任何组成部分，不在军民两用规则的管辖范围内，且不受军民两用规则的影响，则此类信息应全部解释为卖方在采购订单项下所作出的保证和声明。

③ 卖方承诺遵照可能适用于采购订单范围的所有军民两用规则要求。出于该等目的，

卖方应采取一切必要措施取得可能在其责任范围内的所有批准。

另外，卖方还应在买方根据军民两用规则要求向任何出口主管部门申请在其责任范围内的任何强制性出口许可时，向买方提供一切合理协助，并向买方提供其在此方面可能需要或要求的所有信息。

④ 如果因卖方失于履行或遵照上述 a～c 项中关于军民两用规则方面的规定，导致买方产生或遭受由此类失于履行或遵照而引起的或与之相关的任何损失、损害、费用、索赔、责任或延误，卖方应就任何及所有此类损失、损害、费用、索赔、责任或延误，向买方提供赔偿和抗辩，并保护买方免受其害。

## 6.3 专用采购条款

### 6.3.1 前言

① 鉴于业主已将工程设计、采购、施工、预试车和试车/开车/性能考核支持 EPCC 合同授予 PDO（以下称"买方"），委托买方提供装置所需要的一切设备、材料、工程和服务。

② 鉴于买方已与特定的潜在供应商和供应商完成了关于装置所需要的设备、材料或服务（以下简称为"供货"）的招投标流程，且买方已将采购订单授予卖方。

卖方已同意按照采购订单中的条款规定，向买方提供供货。买方也已同意按照采购订单中的条款规定，验收该等供货，并就该等供货在装置中的使用向卖方作出支付。

### 6.3.2 定义及解释

① 通用采购条款中所界定并使用的所有术语，在专用采购条款中使用时，应具有相同的定义和接受度。以下是附加术语的定义：a. 供货验收：将在验收证书签发之日发生。b. 缺陷责任期：参见下述 6.3.11 节所赋予的含义。c. 装置：系指拟设计、采购、施工、安装和连接的在业主现场（包括其他装置）之上、之下、之中或穿过业主现场的所有工艺单元、公用工程、场外设施、基础设施、装置单元或建筑物，包括其他装置。d. 主合同：系指业主直接向买方所授予的合同。e. 业主：系指 EPCC 合同的项目建设方及其任何授权代表或指定代表。f. 双方：系指买方和卖方。g. 卖方：系指_____（待定）。h. 现场：系指业主在_____（地点）所拥有的拟在其上、其下、其中或贯穿建设所需装置的土地。i. 验收证书：系指业主所签发的载明买方按照 EPCC 合同中的规定达成验收之日期的证书。

② 所有合同文件之间相互关联、相互补充和相互解释。

③ 合同文件中的标题和旁注仅出于方便参考之目的而提供，并不构成采购订单的有效组成部分，在解释时可予忽略。

④ 除非与采购订单中的任何规定相悖，否则任何运输术语的含义以及双方在该等术语下的权利和义务，均应与《国际贸易术语解释通则》中的描述保持一致。《国际贸易术语解释通则》系指国际商会所出版的用于贸易术语解释的国际规则（最新版本）。

⑤ 对采购订单的任何修正或其他变更，除非书面作出并具明日期及所涉及的采购订单，并由双方的正式授权代表签署，否则均属无效。

⑥ 买方对采购订单中的任何条款和条件的放宽、暂缓执行、延迟执行或宽限，不得对买方在采购订单下所享有的权利造成任何损害、影响或限制。买方放弃其就任何采购订单项下的违约行为所享有的任何权利，也不得视为买方放弃采购订单项下后续或持续违约行为的权利。

⑦ 买方放弃其在采购订单项下所享有的任何权利、权限或救济，必须以书面形式作出

并具明日期及所放弃的权利和范围，并由买方的授权代表签字。

### 6.3.3　目的

① 本专用采购条款的目的是：确立管辖买方和卖方之间购买协议的具体条款和条件。本专用采购条款将整体作为通用采购条款的补充。因此，卖方在专用采购条款项下的所有义务和责任，应与其在通用条款项下的义务和责任互为补充。

② 如专用采购条款和通用采购条款之间存在任何矛盾，则专用采购条款应优先于通用采购条款。在上述文件中，同一主题的条款编号可能有所不同。

### 6.3.4　卖方的责任

① 卖方应尽合理审慎和努力，执行并完成采购订单下的供货。另外，卖方还应按照与类似项目中所采用的标准相当的现代国际工程项目的原则和良好惯例来执行采购订单。

② 卖方确认其签署采购订单是基于合理审查供货相关数据和信息。同时，卖方确认在其失于了解全部该等数据和信息时，既不能解除其对圆满完成供货所需面对的困难或费用进行正确评估的责任，也不能解除其在采购订单项下的任何风险、责任或义务。

③ 卖方应遵照供货执行地与执行采购订单项下供货相关的所有现行法律中的规定，无论是国家的、省市的或是其他层面的法律。另外，卖方还需满足相关认证机构的要求和指令。如因卖方或卖方人员违背上述法律规定和/或认证机构的要求和指令而产生或导致任何性质的责任、损害、索赔、罚款、处罚和费用，卖方应保护买方免受其害。

④ 卖方应及时获得并维护执行供货所需要的批准、执照、授权和许可。

⑤ 在买方要求时，卖方应及时向买方递交与供货及其自身和其分包商相关的信息，以便买方和/或业主能够履行向任何管辖部门提交此类信息的义务。

### 6.3.5　价格及付款

① 买方有权按照相关法律规定，从到期应支付给卖方的任何款项中，扣留卖方应予缴纳的任何税款和/或关税。

② 买方可从其在采购订单项下应支付给卖方的任何款项中，扣除卖方在采购订单项下应支付给买方的任何款项。

③ 应根据采购订单中的付款条款付款，前提是收到与采购订单中所指定的里程碑相对应的合格发票。

### 6.3.6　税及关税

按照确定的贸易交货方式确定买卖双方的税及关税的责任。

### 6.3.7　保函及母公司担保

为确保卖方履行其在采购订单项下的义务和责任，卖方应按照采购订单中的规定，以及下述 6.3.21 节所给出的格式，向买方提交以买方作为受益人的履约保函和质量保证金保函。

卖方在采购订单项下所提供的所有保函，应由标准普尔或惠誉信用评级为 BBB-或以上或者穆迪信用评级在 Baa3 或以上的银行来出具。另外，虽然可由卖方提议开具保函的银行，但须征得买方的批准，且是如下银行之一：①主要国际银行在项目所在地的办事处/分行；②作为外国银行在项目所在地的保兑银行的当地银行；③作为外国银行在项目所在地的通知银行的当地银行。

如果增加采购订单项下的供货价格，卖方应相应地提高银行保函的金额，以反映修订后的价格。

卖方提交给买方的银行保函，应在采购订单所指定的时间退还给卖方，但前提条件是买方收到卖方所出具的正式证书，证明不存在与采购订单项下供货相关的尚未解除的任何留置或税务评估款项、判决或索赔。

卖方应向买方提交一份或多份母公司担保（如果母公司不止一家），为卖方履行采购订单项下的义务提供保证（"母公司担保"）。母公司担保的格式参见下述 6.3.21 节。

如果出具上述母公司担保的实体发生任何变化，卖方应及时通知买方，其中包括：①法律地位的变更；②解散；③合并；④兼并；⑤分拆；⑥接管；⑦清算；⑧清盘申请；⑨重大法律索赔和诉讼；⑩买方合理所关注的其他任何事项或状况。

### 6.3.8 技术信息的许可/使用

卖方在采购订单项下所生成的所有图纸、计划、规定以及其他信息，均应归买方所有。

### 6.3.9 卖方代表

① 在采购订单签署日期之后的 15 日内，卖方应指派一名卖方代表，并提请买方批准该等人选。

② 在买方书面要求时，卖方应自担费用，撤离在任何方面未达到买方满意的卖方代表，并以其他适当且合格的人选来替代。

③ 在采购订单有效期内的所有时间，卖方代表应代表卖方行事，并向买方提交卖方在采购订单项下所需作出的所有通知、指示、信息以及其他所有通信。

④ 未征得买方的事先书面同意，卖方不得撤销指派的卖方代表。如无正当理由，买方不得拒绝授予该等同意。

### 6.3.10 供货验收

在签发验收证书时应验收供货。

### 6.3.11 缺陷责任期

① 卖方保证其所提供的供货不存在任何缺陷。

② 各部分供货的缺陷责任期，应为自供货验收证书签发之日计起的 12 个月，除非缺陷责任期按照下述第 3 条中的规定，因存在卖方需要负责的缺陷而予以延长（所延长的时间应与装置因该等缺陷无法投用的时间相同，包括任何修复工作的时间）。在任何情况下，违约责任期所延长的时间均不得超过 12 个月。

③ 如在缺陷责任期内，发现供货中存在任何缺陷或损坏（无论原因如何），卖方应根据买方/业主的指示，进行调查，并执行维修、更换或修复工作。如果根据本条款中的规定，卖方应对此类缺陷或损坏负责，则卖方应就 EPCC 项目由此所遭受的任何损失或损害，向买方作出赔偿。同时，卖方还应自担费用（包括保险的免赔额或自负额），执行所有必要的维修、更换或修复工作。在本节（6.3.11 节）中，卖方应对以下原因所造成的任何缺陷或损坏负责：a.供货不能满足采购订单中所规定的保证；b.采购订单项下的其他任何违约行为，或卖方或其分包商的疏忽或过失；c.因卖方所提供的培训、竣工资料或操作维修手册中存在缺陷或遗漏而导致的不当操作或维护。

④ 在节下的卖方义务，并不适用于在操作中正常损耗的任何材料，或正常使用寿命短于本节中所规定缺陷责任期的任何材料（在前述两种情况下，如果实际损耗高于正常损耗，或实际使用寿命短于正常使用寿命，则应适用在本节下卖方的义务）。

⑤ 在买方发现任何缺陷或损坏时，应立即通知卖方，指出该等缺陷或损坏的性质，并提供一切现有的证据。买方应为卖方提供一切合理的机会来检查任何该等缺陷。

⑥ 买方应向卖方提供进出装置和现场的合理权限，以使卖方能够履行其在本节下的义务。卖方在进入装置或现场期间，应与操作运营部门协调、沟通和联络，并采取适当措施，最大程度地减少在计划停车期间执行少量修复工作所带来的影响。在征得买方同意之后，卖

方可将存在缺陷的任何供货或任何部分的供货移出现场,但前提是该等缺陷的性质和/或该等缺陷对供货所造成的损坏无法在现场得到迅速修复。

⑦ 如果卖方失于在合理期限内补救任何供货缺陷或损坏,买方可自身或责成第三方来执行该等补救工作,与此相关的风险则应由卖方承担。买方就此所产生的合理费用,如果不在保险赔偿范围内,则应作为到期债务,由卖方立即支付给买方,或以其他方式由买方从卖方处收回。

⑧ 如果根据本节中的规定,任何存在缺陷的供货得到纠正、修复或更换,则与该等得到纠正、修复或更换的供货相关的缺陷责任期,应为自该等纠正、修复或更换工作完成之日起计的12个月。尽管上述如此规定,本节下的任何延期,应限制在自验收证书签发之日计起的累计不超过2年的时间内。

### 6.3.12 所有权的转让

应按照 EPCC 合同的要求有针对性地设立该条款。

### 6.3.13 保险

卖方应自担费用,办理下述本节(6.3.13节)的第①~③条中所规定的保险,并在自采购订单签署之日计起至供货验收证书签发之日截止的所有时间内,保持该等保险始终有效。保险的赔付限额应不低于前述条款之规定。保险公司应为在项目所在地注册或批准从事保险业务的公司。保险的形式应满足买方和/或业主的要求。

① 工伤赔偿和雇主责任险,涵盖所有法律下的由卖方和/或其分包商雇员的工伤、疾病或死亡(包括地雷、炸弹或战争残留的其他武器所造成的被动战争伤害或死亡)所引起的一切成文法、民法或普通法责任,并需参照买方和业主之间所签订的 EPCC 合同的规定。雇主责任险的单起事故偿付限额,不得低于一百万美元。保单中应包括雇主受偿条款。

② 如果卖方需在装置内使用任何车辆,卖方应办理能够涵盖卖方或其分包商(如果有)的所有自有、非自有和租用车辆的机动车辆责任险。对于人身伤害和财产损失,其最低合并单一责任限额应与适用法律规定保持一致。对于在项目所在国驾驶的机动车辆,卖方及其分包商应确保其所提供的保险符合所有法律规定。买方和业主应作为该等保险的附加被保险人。

③ 施工机具险:a. 如果卖方需在现场执行任何工作,卖方应办理能够涵盖其所使用的所有施工机械和设备的保险,包括拟纳入到装置本体中的供货。b. 在一切险的基础上,涵盖向 EPCC 项目所在国运输途中的卖方和/或其分包商所拥有、所采购、所建造或所负责的一切施工机械、设备和临时设施,直至其抵达 EPCC 项目现场并卸车。c. 在一切险的基础上(包括被动战争风险),涵盖抵达项目所在国后的卖方和/或其分包商所拥有、所采购、所建造或所负责的为执行工程而带入装置内的一切施工机械、设备和临时工程,并扩大到卖方和/或其分包商的临时建筑物、现场住宿、现场办公室、工具、器具、机械和个人财产。该等保险的金额应为更换并恢复至损失或损坏发生之前相同状态的费用。该等保险将自上述施工机具抵达装置后卸车开始计起。d. 卖方应向买方提交其自身及其分包商根据本节前述的第①~③条中的规定所办理的各类保险的保险证书。应在采购订单执行前向买方提交所有保险证书。在进入业主场地和/或装置内执行和/或开始任何活动之前,卖方及其分包商必须将所有保险证书提交给买方进行审批。在所有该等保单中,均应包括保险公司放弃对买方和/或业主的任何代位求偿权的条款。卖方应支付根据本节中的规定所办理的保险的保费,并负责承担该等保险中所规定的任何免赔额。

④ 上述保险,对于买方和/或业主可能办理并维持有效的其他任何保险而言,应作为基础、无分摊保险。卖方的机动车辆责任险,应包括交叉责任或利益可分割性条款。买方办理

本节中规定保险这一事实，并不能减轻或影响卖方在合同项下所承担的其他义务或责任。

⑤卖方应确保其自身及其分包商遵照下述规定：a. 熟悉上述保险的条款和条件；b. 在所有时间全面遵照所述保险的条款和条件，包括向保险公司提供其合理要求的所有信息；c. 在相关保单所规定的期限内，通知保险公司所有的索赔；d. 不执行、不允许或不疏漏可能以任何方式导致上述保险或其项下的任何索赔无效或降低上述保险范围有效性的任何事情，并向买方和/或业主赔偿其本有权获得但因卖方或其分包商违背上述规定而未获得的任何保险理赔金额。

### 6.3.14 不可抗力

"不可抗力"系指在采购订单中所确定的日期之后所发生的，买方或卖方（视具体情况而定）无法合理控制，且受到影响的一方尽到合理努力也无法避免的任何事件（或其影响），其中包括但不限于（取决于本节中的其他规定）如下事件：①战争（无论是否宣布进入战争状态）、入侵、外敌行为、内战；②叛乱、革命、暴动、兵变、暴乱、内乱、恐怖主义行为；③任何政府或法律/事实上的管辖部门没收装置或供货、国有化、征用、强制收购或扣押；④罢工、停工、劳资纠纷（仅与卖方或分包商相关的产业纠纷除外，其不构成不可抗力事件）、破坏、海难、禁运、疫情、检疫、瘟疫；⑤地震、山体滑坡、火山活动、火灾、洪水、海啸、台风/旋风、飓风、风暴、雷电、核及压力波或其他自然灾害。

为免生疑义，以下事件不得包括在不可抗力事件内：①EPCC合同中明确指出的需由相关方承担相关风险的任何事项；②劳工、服务、物资或运输方面的短缺；③50年平均水平内的恶劣天气；④卖方或某一分包商或供应商的任何无力偿付、破产、清盘、被接管或其他类似情况，不得视为不可抗力事件。

如果卖方因受到不可抗力事件影响而无法履行或延迟履行其在采购订单项下的义务，则应在该等事件发生之后的5天内书面通知买方，说明不可抗力事件的发生及相关情况。

在相关不可抗力事件继续存在，并且依然对卖方履行义务造成阻碍或延迟的情况下，买方应免除卖方履行或按时履行其在采购订单项下的义务。

受到不可抗力事件影响的一方或双方，应尽合理努力（在不招致不合理费用的前提下），降低不可抗力事件对其履行采购订单及其项下义务的影响，但不得对买方在通用采购条款下所享有的终止采购订单的权利造成任何影响。

由于发生不可抗力事件而导致的任何一方的延迟履行或不履行，不得：①构成采购订单下的过失或违约行为；②成为就由此所引起的损害或额外费用提出索赔的事由，前提是系由发生不可抗力事件而导致该等延迟履行或不履行。

任何一方均无权，且双方在此明确放弃因发生不可抗力事件而导致的任何性质的费用补偿。延期将构成买方在不可抗力下所承担的唯一责任，以及卖方在不可抗力下所享有的唯一救济。

如果在采购订单的有效期内，由于发生一个或多个不可抗力事件而导致完全或实质性阻止供货或延迟的时间连续超过240天，或累计超过480天，卖方可通过向买方发送书面通知的方式，终止采购订单。

### 6.3.15 转让

买方可转让其在采购订单项下的全部或部分权利和义务，而无须征得卖方的同意。

未经买方事先书面同意，卖方不得转让或以其他方式转移其在采购订单项下的任何权利或义务或其中的任何部分，无论是依照现行法律或是以其他方式。

### 6.3.16 结果性损害

买方和卖方均无须对另一方在采购订单下可能招致的任何间接损害或结果性损害负责，

如利润损失、合同损失等，但前提是本款规定不得阻止、限制或排除：①与卖方在采购订单项下所承担的赔偿责任相关的责任；②构成出于计算采购订单项下违约赔偿金目的而预先估算损失的有效组成部分中应由卖方承担的损失或费用的责任；③存在欺诈、腐败行为、重大疏忽、故意不当行为、被禁止的行为或违反任何适用法律时应承担的责任；④保密义务；⑤卖方就其在采购订单项下所办理并保持有效的保险下所收到的或可收到的金额，或卖方在该等保险下所收到的付款所需承担的责任。

### 6.3.17 商业道德准则

尽管下述6.3.18节中另有关于诚信的规定，卖方也应尽一切合理的谨慎和努力，防止发生可能与买方/业主的最佳利益相冲突的任何行为或状况。该等义务适用于卖方雇员、代理、供应商和分包商与买方及其家属、供应商、代理商、分包商和第三方之间的活动。卖方应遵照本项要求，其中包括但不限于：采取适当的措施，防止卖方的雇员、代理、供应商或分包商作出、接受、提供或给予任何实质性的礼物、奢侈娱乐、款项、贷款或其他报酬。

卖方应确保其向买方/业主所提交的所有文件包括发票、凭证、财务结算单、账单和报告，能够真实地反映出该等文件所涉及的活动和交易的实际情况。卖方声明如下：在买方/业主出于任何目的所编制的任何进一步记录或报告中，业主/买方可依赖卖方所提交的所有该等文件及数据的完整性和准确性。

如果卖方发现或被告知其所开具的发票中存在任何错误或异常之处，卖方将和买方一起共同审查并确定该等错误或异常的性质。卖方应根据实际情况，采取相应的纠正措施，并调整相关发票金额，或退还任何超额支付的款项。

卖方同意在发现其失于遵照本节规定的任何情况下，及时通知买方。

### 6.3.18 诚信

卖方保证并声明如下：①卖方自身未直接或间接地，也未通过代理或其他第三方直接或间接地向（采购订单或部分采购订单的执行国、卖方所在国或任何国际金融机构）任何政府官员及其亲属或商业合作伙伴提供或给予任何不当的诱导或报酬，以期获得或保有本采购订单或其他不当优势；②卖方未曾也不会与他人串通，不当限制对本采购订单的竞争。卖方了解该等承诺对政府的重要性，以及政府对该等承诺的依赖。

### 6.3.19 弃权

卖方在此明确放弃并保证其将责成其供应商放弃：在相关法律法规下就采购订单的任何一部分向业主提出索赔的任何及所有权利。在采购订单生效日期之后的5天内，卖方应向买方提交经正式签署的符合下述6.3.21节所提供格式的弃权书。

### 6.3.20 出口信贷机构（ECA）的要求

如果适用本节的规定，买方将相应地通知卖方。

① 如果供货视作在业主和相关出口信贷机构所签署的出口信贷融资协议项下的合格供货，卖方应确保其供应商能够满足采购订单中所给出的原产地清单（包括但不限于其中所界定的来源、数量和/或价值）。

如果卖方失于履行本节中所规定的义务，则卖方应根据买方的选择，或者：a.从相关的出口信贷机构获得必要的豁免、条款修改或其他免除，以便业主至少能够根据出口信贷融资协议中的提款计划，使用符合条件的金额；b.获得替代性出口信贷机构或其他融资安排（同原出口信贷安排相比，其条款至少应同等有利于业主）；c.向买方和业主补偿其因卖方违约而产生的额外费用。买方有权从采购订单项下的应付款项中，扣除与所差金额相等的款项，直至卖方满足上述a～c项中的要求之一。卖方应负责承担由此所导致的任何延误或额外费用。

②作为获得货物（构成供货的有效组成部分）所对应付款的一项条件，卖方自身应遵照并确保其分包商、供应商和制造商遵照任何出口信贷融资协议中的与文件提交（包括ECA要求提供的任何合格证）和合格供货记录维护相关的适用要求。

### 6.3.21 样表与模板

① 银行保函及母公司担保格式。
② 现场技术服务协议。
③ 书面释放函格式。
④ 弃权书。
⑤ 通用采购条款的增补。

①～⑤中内容参见电子版，下载地址见前言中的说明。

## 6.4 采购商务条款检查表

作为带价格报价的一部分，投标人需要回复以下所有要点。一旦发现有不适用的要点应该明确指出"不适用"。未能正确完成本商务条款检查表的可能会妨碍报价得到充分评估。

### 6.4.1 通用

如表 2-6-1 所示。

表 2-6-1 通用检查表

| 序号 | 说明 | 是 | 否 |
| --- | --- | --- | --- |
| 1 | 采购订单将受到商务条款和说明(CC&I)的约束,确认无条件接受吗？<br>注意：对项目商务条款和说明(CC&I)的偏差可能会妨碍考虑您的报价。 | | |
| 2 | 缺陷/保修期限是否符合项目商务条款和说明CC&I中所述的要求？ | | |
| 3 | 是否（如适用）确认您持有有效的进口许可证/印章，以便按时完成供货？ | | |
| 4 | 您是否确认符合项目核准供应商名单？ | | |
| 5 | 对于超过100万美元的报价,投标人需要提交过去3年的经审计的财务报告。有没有包括这些？ | | |

### 6.4.2 价格

如表 2-6-2 所示。

表 2-6-2 价格检查表

| 序号 | 说明 | 是 | 否 |
| --- | --- | --- | --- |
| 1 | 您的价格是否涵盖全部的供应范围？ | | |
| 2 | 您是否为每件单品提供了详细的价格？ | | |
| 3 | 您的价格是否包括装载在卡车或集装箱上的 FCA 以及用于 FOB 或其他运输选项的附加选项？ | | |
| 4 | 您是否严格按照供应商数据和文档要求（VDDR）准备,提交和修订所有文档？ | | |
| 5 | 是否以美元（$）报价？（当地供应商采用当地币） | | |
| 6 | 如果价格以其他货币报价,请在此指明。 | | |
| 7 | 所有的价格都是固定的,在订单期间不会涨价？ | | |

### 6.4.3 装船运输

如表 2-6-3 所示。

表 2-6-3　装船运输检查表

| 序号 | 说明 | 是 | 否 |
|---|---|---|---|
| 1 | 投标是否考虑并完全遵守"包装,标记和运输说明"? | | |
| 2 | 你是否指出 FCA 的位置和离岸价格交付港口?(后者作为可选) | | |
| 3 | 你指出了制造地点和检查地点吗? | | |
| 4 | FCA 价格中包含适航包装的成本吗? | | |
| 5 | 报价汇总的表格是否包含用于装运目的的重量和立方体尺寸? | | |
| 6 | 该供应货物中是否有任何可视为"化学产品"的材料? | | |

### 6.4.4 备件/专用工具（如果适用）

如表 2-6-4 所示。

表 2-6-4　备件/专用工具检查表

| 序号 | 说明 | 是 | 否 |
|---|---|---|---|
| 1 | 您是否列出开车和调试备件并定价? | | |
| 2 | 您是否列出了保险备件并定价? | | |
| 3 | 您是否列出了一年运营(初始)备件并定价? | | |
| 4 | 是否列出安装、操作和维护的专用工具并包含在基本价格中? | | |
| 5 | 你是否包含了准备和提交项目的 SPIR 表格? | | |
| 6 | 基础价格中是否包含起重装置、鞍座或吊具横梁(如果需要)? | | |

### 6.4.5 项目现场的服务（如果适用）

如表 2-6-5 所示。

表 2-6-5　项目现场的服务检查表

| 序号 | 说明 | 是 | 否 |
|---|---|---|---|
| 1 | 你是否包含了现场安装,启动和调试监督所需的工时和天数?<br>以下列格式要求提供在现场提供支持服务和监督的费率。<br>每日利率 2017＝$A$,每日利率 2018＝$B$,每日利率 2019＝$C$,上述利率为每周 6 天工作(周一至周六)每天工作 10h。每周额外的工作时间(＞60h)将预先批准并收取费用,每小时$D$。<br>旅行、住宿和生活费用应当合理,并按成本开具发票或由买方提供。只报销经济舱机票。<br>上述格式的费率已包含在您的报价单(和报价摘要)中? | | |
| 2 | 是否需要/推荐任何课堂教学(培训),并包含在您的报价中? | | |
| 3 | 您的价格是否不包含税? | | |

### 6.4.6 进度

如表 2-6-6 所示。

表 2-6-6　进度检查表

| 序号 | 说明 | 是 | 否 |
|---|---|---|---|
| 1 | 工作(包括文件提交)应从最初的授权书或采购订单开始。请确认 | | |
| 2 | 文件应严格按照供应商数据和文件要求(VDDR)提交。请确认 | | |
| 3 | 您是否指出在获得授标书或采购订单提前开展供应商的工作,并按照日历周 FCA 交付? | | |
| 4 | 按照采购要求的规定,应每月(或更频繁)提供进度报告。确认接受对供应商的文件质量保证、质量控制/检验和催交的要求 | | |
| 5 | 您是否以里程碑条形图的形式提交了制造计划,突出显示了关键工程设计-订单-制造-装配-测试-刷漆-发货的活动? | | |

### 6.4.7　检验/QA

如表 2-6-7 所示。

表 2-6-7　检验/QA 检查表

| 序号 | 说明 | 是 | 否 |
|---|---|---|---|
| 1 | 贵方是否已按照买方、客户和/或第三方代表进行检查要求贵方的详细记录和进度,并在贵方报价单中注明了相关情况? | | |
| 2 | 您必须允许无限制地访问与此供应相关的任何制造车间,包括随时向买方、客户和/或第三方代表提供子供应商的催交/检查。请确认 | | |
| 3 | 您是否提交了您所报价的全部供应范围的典型质量保证计划? | | |
| 4 | 检验活动计划(IAP)的要求应符合供应商的 QA、QC/检验和催交要求中规定的检验和测试计划(ITP)。请确认 | | |

### 6.4.8　支付条款

如表 2-6-8 所示。

表 2-6-8　支付条款检查表

| 序号 | 说明 | 是 | 否 |
|---|---|---|---|
| 1 | 将遵循 CC&I(商务条款和说明)发出的发票指示 | | |
| 2 | 只有在可接受的银行担保支持下,才能进行阶段性或进度付款。确认您将遵守 CC&I 所要求的格式 | | |
| 3 | 付款条款应在符合每个里程碑 60 天内通过银行转账,请确认 | | |

### 6.4.9　重要事项

如表 2-6-9 所示。

表 2-6-9　重要事项

| 序号 | 说明 | 接收 |
|---|---|---|
| 1 | 如果报价中标,卖方必须同意应由承包商和/或业主的代表对所有原材料、在制品、已完工或由他人提供给您的部件的样品进行检查和测试。但是,这种检查决不会接触供应商对材料、设备、工艺和性能方面的保证。 | |
| 2 | 信息经纪是一个术语,适用于不正当地获取未决采购活动的机密信息并通过试图将这些信息出售给一个或多个其他相关方来干预商业交易的预期过程的组织/个人。业主在此通知所有潜在供应商,已经意识到称为"信息经纪人或 IB"的个人和组织的某些做法。信息经纪不是公认的做法 | |

## 6.5 包装、标记和运输要求

### 6.5.1 要求

**(1) 引言**

卖方应仔细阅读本包装、标记和运输要求文件，并负责遵守本文件的要求。如果因为卖方疏忽或未能遵守本文件要求，导致买方增加费用，则增加的费用由卖方承担。

如果因为卖方不遵守本文件要求引起任何结果，包括但不限于因为卖方延迟和（或）包装或标记不良引起的空舱费、滞留费或货物损失或损坏，则应由卖方承担所有责任。

尤其是对于造成货物损失或损坏的情况，卖方的责任扩大至现场赔偿货物的总值，包括但不限于货物的运输、拆卸、修复/更换和重新装配以及专门人员的费用。

包装清单和货物描述应采用英文写就，而且必须符合下文规定的所有要求。否则，货物将退回至卖方纠正，可能导致交货乃至支付发票处理延迟。

本文件的要求为总体强制要求。具体要求必须视实际项目而定。

**(2) 概述**

包装、标记和运输的基本要求：①以下指引将作为订单的组成部分。在收到买方的请求时，卖方应在7天之内采取合适的修复措施。如果7天之内仍未解决问题，则买方可以不经过任何进一步手续程序的情况下更换货物，并由卖方承担因此产生的任何费用。②本文件的规定仅为最低要求。遵守本文件要求并不代表限制卖方对包装本身的有效性所负有的完全责任。③在未收到买方的"检验放行证书"授权卖方进行包装，或者买方放弃检验之前，不得对货物进行包装。④应由买方直接执行或由其委托的第三方执行包装和标记的检验。必要时或为了获取"放行通知"（RN）时，卖方必须提交货物正确包装和标记后的相片。⑤如果在检验时发现包装或标记不符合本文件规定的要求，则必要时卖方应重新进行包装和（或）标记，并承担因此而产生的所有费用。⑥放行通知将由催交部专门提供，而且在收到放行通知之后才能开始货物集中和运输。⑦如果在发运点发现卖方提供的包装有缺陷或不恰当，则买方应有权采取必要的修复措施，并由卖方承担因此而产生的任何费用，或者要求卖方介入处理。

**(3) 包装的总体要求和运输前的准备工作**

包装的总体要求和运输前的准备工作主要包括：①除非另有规定，包装本身应能防止材料/设备受到震动和风雨影响，符合环境、海运代理和（或）空运方面的要求，并防止包装内装物受到损伤或腐蚀或在运输期间发生损失。此外，从货物发运至最终的交付目的地，包装和标记必须能耐受各种严苛的装卸作业。②在投标时，在买方签发采购订单之前，卖方应负责向买方提供必要的储存和维护说明。如果因为储存和维护说明不当或缺失造成货物有任何损伤，则应由卖方承担因此引起的所有费用。对于涂敷保护涂层的材料，卖方应指明保护涂层的有效期，并在货物需要延长保存时间的情况提供相关说明。③在经过最终检验之后，卖方应对所有未涂敷机械零部件和（或）表面涂敷合适的阻蚀剂。涂敷的阻蚀剂应方便清除且不对环境造成污染。所有经过机加工处理的表面应采用Tectyl 506或经正式认证的等同产品。④卖方应对所有未涂敷机械零部件的内外表面进行彻底清洁和干燥。应清除灰尘、油脂、氧化皮、焊接飞溅以及任何其他异物。⑤金属垫片、垫圈、螺栓和螺母应涂敷润滑脂。⑥一般情况下，所有连接口和孔洞均应采用合适的保护和封堵，以防止有水分进入到内部。经过机加工处理/未经过机加工处理的管口以及经过攻螺纹的孔洞应采取合适的保护措施。⑦所有必须在包装内正确捆扎并固定包装的货物，以防止货物在运输期间发生移动。在运输期间，设备内部的松散或运动部件（例如机柜内的抽屉、驱动器内的转子、空冷式换热器内的管箱等）可以进行临时固定。对于在设备启动之前需要拆除的所有固定物件，必须在其上提供清晰的警告。此类固定物件不得造成材料劣化或受损。⑧对于会受包装影响的高灵敏内装物（例如仪表、电气接线箱等），应使用合适的缓冲材料保护内装物，以防止包装结构损伤内装物。如果内装物的配件需要在存在损伤风险的区域中安装，则应拆解其配件并独立包装。⑨应提供厚度合适（至少0.2mm）的聚乙烯膜（经过抗紫外线和耐热处理），以防止雨水浸湿或溅湿材料。聚乙烯膜不应遮盖包装的底部以允许其通风。不得用聚乙烯膜防潮。⑩对于易受潮气影响的高灵敏设备，例如控制盘、分布式控制系统（DCS）、电子仪表、油压机械、泵机、压缩机等，必须通过热焊封的方式安装干燥剂袋（符合MIL B 131 F标准1级要求或同等的法规要求），并在其中装填干燥剂产品（约$15g/m^2$ 包装件），以确保至少一年期间湿度不低于可接受的水平，防止设备发生氧化、生锈或任何其他问题；a.干燥剂袋应悬挂在包裹内，而并非放置在底板上；b.干燥剂袋内应部分抽真空，以防止有潮气侵入包装内装物；c.对应于设备固定螺栓的干燥剂袋孔应使用耐潮橡胶垫圈密封；d.应对热焊封干燥剂袋使用湿度指示剂，并能通过包装壁上的窗口检查湿度；e.包装壁上应固定振动传感器（2个）。⑪对于尖角、突出物等，应采用软质材料衬垫，以避免撕裂保护裹包。⑫包装件的体积应尽可能小，但不应有碍包装本身的功能，同时应考虑到所采用的运输方式。为确保海运集装箱能尽量装满，包装件总体尺寸应尽量保持在以下数值之内。a.长度：5.8m（20ft集装箱）或11.8m（40ft集装箱）或其约数。b.宽度：2.25m或其约数。c.高度：2.2m或其约数。然而，为了尽量避免增加运输费用，除非尺寸或重量另有约束，包装应符合以下限制条件。a.最大长度：12.0m。b.最大宽度：2.5m。c.最大高度：2.5m。d.最大质量：20000kg。

对于超过以下其中一项数值（尺寸或重量）的货物或设备，应视为"超限货物"。a.长度：12.0m。b.宽度：2.5m。c.高度：2.5m。d.质量：20000kg。

超大件货物的尺寸极其重要。如果尺寸不准确，则会导致运输延误，并造成运费增加和（或）货物受损。

应尽量提早向买方提供货物的实际重量和尺寸，以确保必要时能改变运输方案，并尽可能避免延迟或货物受损。

对于超限设备，为了获取必要的许可文件，选择装卸和运输手段或为了安全的原因，应向买方提交以下信息并符合以下要求。a.总体布置图或设备图纸应清晰注明以下内容：ⅰ.设备的重量和尺寸；ⅱ.重心；ⅲ.吊耳和（或）起吊位置；ⅳ.吊耳的尺寸；ⅴ.采用的鞍座材料；ⅵ.鞍座位置；ⅶ.鞍座数量；ⅷ.鞍座宽度、高度和重量（单个鞍座）；ⅸ.任何具体的运输和起重要求和注意事项。此类图纸下文称为"运输图纸"（ShD）。b.在准备发运之前，卖方至少应提前60个工作日向买方提交运输图纸以供买方审批。

包装还应该进一步考虑：①除非买方另有许可，不得使用塑料或钢质包装箱。②不同采购订单的材料不得放置在同一个包装内。同一个包装件内只能放置相同类别或类型的材料，例如阀门与阀门、法兰与法兰等可以放置在同一个包装内。属于相同订单但目的地或交付地点不同的材料必须分开包装。③备品备件或专用工具应分开包装，并且应特别标记注明"备品备件"或"专用工具"字样，以方便在现场仓库进行分拣。除非买方另有协定，每种类型的备品备件均应与其所属采购订单的材料分开包装，并按照设备的类型包装。无论如何，备品备件必须与主设备同时发运。④化学品和危险品应独立包装，并应考虑到其与其他化学品/危险品之间的相容性。⑤使用的所有包装材料应为可生物降解的材料。严禁使用会危及或污染环境的包装材料。尤其是木质包装材料，必须符合粮农组织的规定。⑥本包装规定仅适用于多式联运（陆上和海上运输）的材料/设备。对于内陆运输（卡车/铁路货车）的包装，则无须适合海运。无论如何，包装必须采用可堆叠的结构，而且必须适合于使用起重机或叉车进行搬运和装卸。⑦使用集装箱并不代表无须使用海运包装。无论如何，材料/设备应采用适合于长期储存的包装。⑧如果卖方采用自己的货物海运集装箱，则使用的集装箱应附有最新的 CSC 和 ISO 证书。⑨卖方应符合国际贸易术语最新版本的要求。⑩卖方应在发运之前至少提前一个月向买方提供包装清单（PL）以供买方修订和审批。包装清单必须含有以下内容：a.卖方的参考编号和日期；b.订单编号；c.发运编号和包装件编号，包括重量、外形尺寸和体积（采用公制单位）；d.每个包装件内装物的清晰详细清单，内容包括订单编号并按照订单要求的范围（规定标签并包括每个零部件）；e.货物是部分发运还是最终发运；f.包装件上所用实际标签的副本。

有要求时，卖方应在每个包装件中提供包装清单的副本。包装清单（PL）应放置在防风雨罩内，防风雨罩采用金属板，固定在每个包装件的外面，且金属板上注明"包装清单"字样。在防风雨罩内或包装内不得含有任何其他文件。

包装清单应按照下述 6.5.2 节中第①项规定的格式填写。

**（4）标记的总体要求**

单个包装单元中的所有内装物项目均应有独立的标记。每个包装件均应按照以下要求进行清晰标记：

①运输标记应采用不可磨灭的油漆压印在包装上，而且不得对内装物的任何部分引起任何不良的影响。只有在买方同意的前提下才能使用木板/金属板标记。②封闭箱或板条箱上的标记应位于三个面（两块侧板和顶板）上。③所使用的颜色应与包装件表面有明显的对比（但字样切勿使用黄色或红色油漆）。其他标记颜色应按照以下要求使用：对于涉及多个总承包商的项目，或者为了在装卸点、免税区和不同的储存区域方便识别所运输的货物（出于海关和储存目的），卖方应按照下述 6.5.2 节中第③项提供的包装类型及附图所示的其他标记以及以下准则，使用不可磨灭的颜色标记所有包装件/设备。④如果某个包装件中没有足够的空间进行标记，则应在包装件上固定金属质地的标签，并采用成比例的尺寸，但是无论如何，主包装标签均应在包装件上压印（即收货人、订单编号和合同编号）。⑤字样的尺寸（应在距离 8m 的位置清晰看见）应按照包装件的尺寸确定并尽可能满足表 2-6-10 所示要求。

表 2-6-10　字样尺寸

| 包装件长度 | 字样尺寸 |
| --- | --- |
| 小于 1000mm | 25mm×20mm |
| 1000～3000mm | 40mm×30mm |
| 3000～5000mm | 50mm×40mm |
| 5000mm 或以上 | 60mm×50mm |

标记还应进一步考虑下列要求。

① 装卸符号　为识别需要采用特殊方法装卸的货物，应使用如图 2-6-2 所示的国际通用的符号，符号的含义具体说明见表 2-6-11，从而保证货物能以正确的方式装卸和仓储。

表 2-6-11　国际通用装卸标识符号说明

| 符号 | 说明 | 备注（标记符号的位置） | 符号 | 说明 | 备注（标记符号的位置） |
| --- | --- | --- | --- | --- | --- |
| 图 2-6-2(a) | 此面朝上！ | 所有顶面角部 | 图 2-6-2(e) | 不可用钩！ | 所有侧面 |
| 图 2-6-2(b) | 易碎！小心轻放！ | 所有顶面角部 | 图 2-6-2(f) | 重心位置 | 包装件两个侧面 |
| 图 2-6-2(c) | 保持干燥！ | 所有顶面角部 | 图 2-6-2(g) | 起吊位置 | 所有起吊位置 |
| 图 2-6-2(d) | 远离热源！ | 所有顶面角部 | | | |

注：符号的高度应为 15cm，在洁净的表面使用黑色油漆标记。

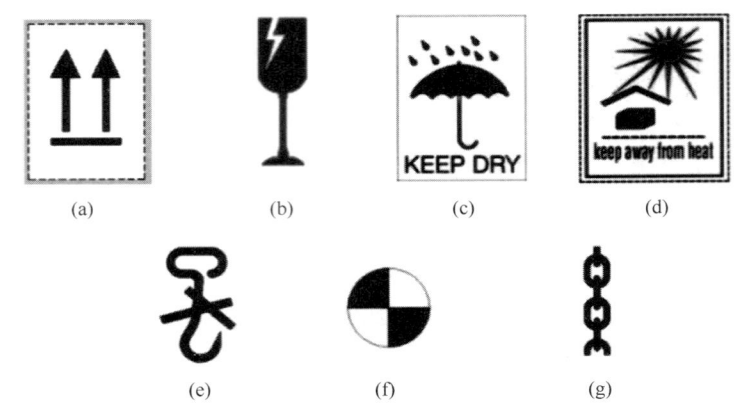

图 2-6-2 国际通用装卸标识符号

② 在运输标记中应注明以下数据（详见下述 6.5.2 节第②项中的格式）：a. 收货人。b. 装置名称。c. 装置地理位置。d. 目的港/目的国。e. 信用证编号（如有）。f. 合同编号（如有）。g. 订单编号。h. 托运人名称。i. 标签编号。j. 材料描述。k. 储存类型（详见下述的"③储存建议"）。l. 包装件编号：__号，共__个（包装件的总数）。m. 外形尺寸（单位为米，精确到小数点后两位）：（长×宽×高）。n. 质量（单位为千克，精确到个位）：（毛重）（净重）。o. 是否可堆叠：是/否。

项目具体的"包装、标记和运输要求"文件另有规定的情况除外。

③ 储存建议　卖方应在每个包装件上标记其储存建议。此外，也应在包装清单上注明储存建议。储存类型见图 2-6-3：a. 图 2-6-3（a）：货物应在有空调的仓库内储存，并且有特殊注意事项。b. 图 2-6-3（b）：货物应储存在封闭的仓库内。c. 图 2-6-3（c）：货物应储存在开放式仓棚内。d. 图 2-6-3（d）：货物应露天储存（采用防水油纸覆盖）。

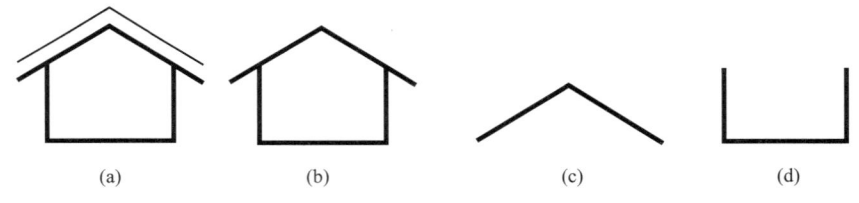

图 2-6-3 储存类型示意图

**（5）包装的类型**

应采用以下类型的包装：①包装箱-包装袋；②板条箱-托盘；③无包装-纸板箱；④底盘-卷轴；⑤捆扎-集装箱；⑥卷盘-特殊包装。有关说明，详见下述 6.5.2 节第③项。

**（6）各种材料类型的包装指引**

各种材料类型的包装指引包括："a"——车间装配或预制压力容器、储罐、换热器、各种橇装设备和空气冷却器的包装指引；"b"——泵机、压缩机、机械设备和相关配件的包装指引。"c"——以下各项的包装指引：ⅰ. 电动机、发电机、盘柜、其他电气设备、仪表；ⅱ. 电气/仪表电缆；ⅲ. 铜管；ⅳ. 电缆桥架。"d"——管材（管子、预制管、法兰、管件、阀门和螺栓等）、钢结构和金属板的包装指引。"e"——其他材料的包装指引：ⅰ. 车辆；ⅱ. 焊条；ⅲ. 耐火砖；ⅳ. 水泥；ⅴ. 矿棉和泡沫玻璃；ⅵ. 化学品和催化剂；ⅶ. 润滑剂；ⅷ. 危险材料；ⅸ. 放射性材料。

详见下述 6.5.2 节第④项说明。

### 6.5.2 模板与样表

① 包装清单表格。
② 运输标记表格。
③ 包装类型及附图。
④ 各种材料类型的包装指引。
①～④中内容参见电子版，下载地址见前言中的说明。

# 第7章
# 招标采购过程管理

## 7.1 RFI 状态跟踪表

依据第 1 篇工程设计管理的 28.3 节"请购流程图"与 28.4 节"请购工作流程与周期",及时跟踪 RFI 的状态。

RFI 状态跟踪主要跟踪的事项包括:①专业;②请购单号;③请购设备材料说明;④请购目标日期;⑤请购预估日期;⑥实际请购日期;⑦实际招标日期;⑧实际开标日期;⑨完成技术评标的目标日期;⑩完成技术评标的预估日期;⑪完成技术评标的实际日期;⑫发布短名单的实际日期;⑬发布 RFP 的目标日期;⑭发布 RFP 的实际日期。

## 7.2 开标

开标通常由采买员负责,相关的采买协调人员参加。开标需要关注的主要事项包括:①RFI 发布的日期;②招标编号;③招标最初的关闭日期;④招标最终关闭日期;⑤预算;⑥投标人名称;⑦投标人编码;⑧是否在业主的供应商名单中;⑨是否在专利商的供应商名单中;⑩投标人所在国家;⑪是否投标;⑫投标日期;⑬投标币种;⑭投标币种的价格;⑮投标人的投标编码;⑯对美元的汇率;⑰换算成美元的价格;⑱交货周期;⑲投标的货物交付状态(按照 Incoterms);⑳投标有效期;㉑是否是推荐的供应商;㉒初步的技术审批状态;㉓汇率的来源及日期、货物制造地点等相关的说明。

## 7.3 商务条件偏差评估

商务条件偏差主要关注投标人在投标过程中对招标的通用条款以及专用条款提出的偏差,采买人员需要记录投标人提出的具体偏差要求以及日期,并明确表明接受或者不接受所提出的偏差,以及必要的解释或者说明,记录答复的日期,并明确要求投标人针对所提出的答复进行回复或确认。采买员最终应结合上述信息更新形成对商务条件偏差评估的结论,形成对于报价价格的影响程度以及订单可执行性影响。如对于报价的真实性有微小的影响等。

## 7.4 技术预评标

技术预评标主要考察以下 5 个方面的内容。
① 包括供应范围内的所有事项;如果否,则应指定缺少的事项(设备、材料、服务范

围、仪表、选项等）。

② 可接受的技术：接受/接受但是有一些建议/可接受/不接受；如果不接受，则应包括技术原因。同时，应检查偏差列表以及子供应商名单。

③ 快速审查报价的设计：仅适用于管壳式换热器和空气冷却器，应表明供应商的报价是否基于机械数据表和/或附于询价请购文件的工程设计图纸（例如，提供供评估的完整的替代设计、由卖方提供的微小修改或报价中包含的供应商设计与承包商设计相同）。

④ 保证：仅适用于管壳式换热器和空气冷却器，如果供应商的报价包括传热和机械设计保证，则应标明。

⑤ 报价需要澄清的事项：主要包括业绩（经验）以及"可能影响价格的建议"。

## 7.5 生命周期成本计算报告

### (1) 定义与公式说明

如表 2-7-1 所示。

表 2-7-1　定义与公式说明

| 缩写 | 公式 | 说明 |
|---|---|---|
| CAPEX | DM＋IC | 资本支出 |
| DM |  | 交付的材料成本包括调试和保险备件 |
| IC |  | 仅在应承担不同的安装成本时才采用该安装成本 |
| OPEX | OC＋OCU＋MC＋SP | 业务支出 |
| OC | NPV×EC×AOH×FS | 15 年运营成本折现值（单位为美元） |
| OCU | NPV×EC×AOH×FU | 公用工程运营成本 15 年折现值（单位为美元） |
| NPV | 9.1 | 基于 15 年来 7% 的资本折现成本,净现值为 9.1 |
| EC | 0.0522 | 能源成本[单位为美元/(千瓦·时)] |
| AOH | 8000 | 年运营时间（单位为小时） |
| FS |  | 蒸汽用量@正常运行条件 |
| ECU | 0.2064 | 公用工程能源成本（单位为美元/米$^3$） |
| FU |  | 公用工程用量冷却水（@正常运行条件） |
| MC |  | 维护成本（仅当它不同时） |
| SP |  | 备件：一年运行,大修和消耗品备件 |
| LCC | CAPEX＋OPEX | 生命周期成本 |

### (2) 计算示例

如表 2-7-2 所示。

表 2-7-2　计算示例

| 计算事项 | 供应商 | 供应商 1 | 供应商 2 |
|---|---|---|---|
| 1.1 | DM(USD)＝ | 3326129.33 | 4006407.17 |
| 1.2 | IC(USD)＝ | NA | NA |
| 1 | CAPEX(USD)＝ | 3326129.33 | 4006407.17 |
| 2.1.4 | FS(kW)＝ | 5546.00 | 5642.00 |

续表

| 计算事项 | 供应商 | 供应商1 | 供应商2 |
| --- | --- | --- | --- |
| 2.1.3 | AOH(h)= | 7920.00 | 7920.00 |
| 2.1.2 | EC[USD/(kW·h)]= | 0.0522 | 0.0522 |
| 2.1.1 | NPV= | 9.10 | 9.10 |
| 2.1 | OC(USD)= | 20864930.49 | 21226097.69 |
| 2.2.4 | FU(m³/h)= | 116.00 | 151.00 |
| 2.2.3 | AOH(h)= | 7920.00 | 7920.00 |
| 2.2.2 | ECU(USD/m³)= | 0.21 | 0.21 |
| 2.2.1 | NPV= | 9.10 | 9.10 |
| 2.2 | OCU(USD)= | 1725576.65 | 2246224.78 |
| 2.3 | MC(USD)= | NA | NA |
| 2.4 | SP(USD)= | 39587.80 | 42700.00 |
| 2 | OPEX(USD)= | 22630094.94 | 23515022.47 |
| 3 | LCC(USD)= | 25956224.27 | 27521429.64 |

## 7.6 推荐的短名单

仅适用在密封信封中的投标。

本文件（表2-7-3）特此证明上述投标已在所示日期开标，并且所有投标均符合有关投标处理的必要项目要求。

这些投标的开标和处理，包括那些在截止日期之后到达的投标，都是按照项目的指导说明进行的。

推荐的短名单还应明确说明下列事项：①汇率：汇率的日期为XXXX年XX月XX日以及信息来源；②因超出范围而拒绝报价的供应商；③等待出价的供应商，等待截止至XX月XX日；④已添加的供应商，以获得更多报价，并注明添加供应商的响应情况。

表2-7-3 推荐的短名单

| 投标人 | 代码 | 投标名称 | 业主VL(Y/N) | 专利商VL(Y/N/-) | 国家 |
| --- | --- | --- | --- | --- | --- |
|  |  |  |  |  |  |
|  |  |  |  |  |  |

| 代码 | 投标 | 投标业绩 | 投标日期 | 投标价格 | 兑换美元汇率 | 价格以美元计算 | 交货日期（周） | Incoterm报价 | 报价有效的技术可接受(初步) | 简短列表Y/N | 注释 |
| --- | --- | --- | --- | --- | --- | --- | --- | --- | --- | --- | --- |
|  |  |  |  |  |  |  |  |  |  |  |  |
|  |  |  |  |  |  |  |  |  |  |  |  |
|  |  |  |  |  |  |  |  |  |  |  |  |

## 7.7 商务评标

### 7.7.1 商务评标汇总

(1) 商务评标应考虑的内容

商务评标汇总的内容主要包括：①投标编号。②投标日期。③有效期。④基础货币价格：小计。⑤开车和试车备件。⑥保运备件。⑦专用工具。⑧检验和测试（IAP）以满足项目需求。⑨表面处理和刷漆以满足项目需求。⑩符合 VDDR 的文件。⑪海运包装。⑫处理/吊装设备和运输设备。⑬FCA 的供应商工作（Incoterms 2010）。⑭保修期（如 2021 年 5 月 28 日）。⑮遵守预付款保证金。⑯折扣（%）。⑰项目基础货币：总计美元。⑱投标币种的价格：总价。⑲投标交付地点/地方（FCA）。⑳制造地点/检查地点。㉑交货时间（周）。㉒估计总交货时间（周）(包括运输到现场时间)。㉓报价或估计运输到现场成本（Q/E）。㉔报价或估计的海关责任/清关/增值税（Q/E）。㉕估计的现场检查/增加成本的因素。㉖估计交付到现场的成本：总计。㉗价格评分（%）。㉘选项：a. 1 年（初始）操作备件；b. 现场技术支持（可选）2016/2017/2018 年每日费率（10h/6 天）；c. 离岸价（FOB）交付。㉙接受通用与专项采购条款的程度。㉚保修期：最高 12 个月，预计验收证书日期（如 2021 年 5 月 28 日）。㉛付款条件：5%、10%、15%、60%、10%、60 天付款；大多数为 10%、80%、10%。㉜固定价格。㉝银行保函：性能和保修，预付款。㉞罚款赔偿。文件：0.2% 最大 2%；设备与材料：1% 最大 10%。㉟技术评估的状态。㊱保密协议。

(2) ECA 要求

对于出口信贷条件下的设备与材料的评标还需要考虑"ECA"要求/采购计划。

(3) 核实供应商的评估等级

分为 0~3 级。

(4) 说明

需要说明的事项包括：①如果供应商包含在 EPCC 合同批准的供应商名单中，将在供应商名称旁边出现"C"。②如果供应商是承包商正式授权的供应商，将在供应商名称旁边出现"A"。③如果报价不完整、缺项，则表示为关键偏差。④如果是估算价格将以"E"字母表示，如果是报价提供的价格将以"Q"字母表示。⑤如果不是无条件接受报价，则应指出关键的例外情况。⑥如果不是固定价，则应指明合同的调价条件和/或涨价通知的条件。⑦揭示其他方面风险：a. 工作负荷；b. 质量；c. 国家；d. 现金流量；e. 合同保证工期；f. 物流等。⑧指出当前供应商是否与承包商有在执行的 PO，或者存在索赔与反索赔的情况。⑨指明未报价或者正在等待报价的供应商，说明相关原因与具体的情况等。⑩有关详细价格和分析，可选价格和技术替代品的详细信息。⑪还可以对具体事项进行说明。示例：保密协议、E-SPIR（备品备件的互换性）、月度会议、预扣税等。⑫其他：任何其他需要说明的因素。

### 7.7.2 按照供应商具体的商务评标

按照供应商的具体商务评标应考虑：①按照总价的排名；②物料标签与识别号；③说明事项；④数量；⑤单价 EUR；⑥总价欧元；⑦总价格美元；⑧交货时间（周）。

## 7.8 授标推荐

授标推荐应该详细说明以下内容。

(1) 商务评标汇总

授标阶段需要重点考虑的主要因素包括：①预算；②以前的价格；③本次采购增加或减少的内容；④最终授标价格（现货）；⑤最终授标价格（项目费率）；⑥偏差（项目费率）；⑦计划进度；⑧预计实际交货的进度；⑨预计项目的实际进度；⑩偏差分析。

(2) 风险与机会评价

评价授标潜在供应商的机会与风险，如：①某供应商技术上可以接受，并提供最优惠的价格和最短的交货时间；②如果将电缆接头和接线盒联合授标给一家供应商，EPCC 项目可能会从质量控制/检验、催交、物流以及额外折扣等方面受益。

(3) 采购部门的授标推荐

采购部门建议授标的供应商并简要说明理由，如技术上可接受，并提供最优惠的价格和最短的交货时间。

(4) 其他说明事项

其他说明事项主要包括：①授标供应商是否为短名单供应商，其技术评标的状态是什么，如技术上是否可接受；②评标的价格范围占预算总数的 50%～90% 的供应商将包含在 RFP 中；③是否有额外折扣的情况，以及获得额外折扣的具体条件。

## 7.9 授标通知

请考虑承包商与供应商之间的授标，作为提供设备材料的承诺。参考上述 3.14.10 节准备授标通知。

## 7.10 签订采购订单

参照上述 3.14.10 节中的模板签订采购订单。

## 7.11 技术服务协议

(1) 价格和工作条件

必须确定 3 个月或更长时间不同的费率。

小时费率——出差工作时间每小时的费率。

周日休息，周一至周六为工作日：①300 美元/2016；②350 美元/2017 年；③400 美元/2018 年。

培训每工作日：①800 美元/2016；②900 美元/2017 年；③1000 美元/2018。

每小时工作的费率：①30 美元/2016 年；②35 美元/2017 年；③40 美元/2018 年。

星期日工作或项目所在地假日工作每天的费率：①300 美元/2016；②350 美元/2017 年；③400 美元/2018 年。

星期日或项目所在地假日培训每天的费率：①800 美元/2016；②900 美元/2017 年；③1000 美元/2018。

每天最多工作时间 10h，是否需要专用运送工具？（是或否），买方是否需要拥有任何特殊开箱或安装工具？（是或否）。

(2) 定义

旅行时间每天最多按照 8h 计算费用。往返于工作场所与项目所在地的最长旅行时间。例如往返旅行欧洲/美国按照 2 天计算。

项目现场的工作时间安排：

①标准项目工作时间每天上午 6:00 至下午 5:00（包括 1h 午休）。②项目每周工作标准 6 天。③假期周日和项目所在地的标准假日。明确指明项目所在地。

(3) 旅行计费基础

旅行时间将从卖方代表离开其通常营业地点（起点）的机场开始计算，直到他到达现场。返程旅行时间将从卖方代表离开现场开始计算，直到他到达离他通常的营业地点（起点）最近的机场。假期、周五、周六和周日旅行的费用与一周中任何其他日子的旅行费用相同。

(4) 差旅费

往返于离项目现场最近城市的航空旅行应为经济舱，并按实际费用计费。如果买方不提供与旅行到项目现场相关的地面交通（出租车、汽车租赁、公共汽车、过路费），则应在项目现场单独按照实际费用由买方报销。不报销当地的停车费用。出租车到机场的报销应限制在 50km。

(5) 生活费用

生活费用是指因远离家乡而产生的费用。如果买方不提供生活费用，则应据实报销膳食、住宿、洗衣和杂费等费用。所有住宿、洗衣和杂费均按实际费用报销。如果买方不报销这类费用，则应按每日 25.00 美元的津贴计费。不报销个人电话费用。除非买方事先批准，否则不会报销商务电话费用。

(6) 工作时间基准

卖方代表将获得所有实际工作时间的报酬。卖方代表不得单独提交未工作时间（周日或节假日）的费用，未工作时间开展工作应事先获得买方的批准。

(7) 卖方派员通知

卖方在此确认卖方承诺在收到买方通知后的 20 个日历日内，向项目现场派遣合格且经验丰富的人员，进行与卖方供货范围相关的设备和/或材料安装、调试和/或开车的监督与服务。

(8) 有效性

上述费率将自采购订单（PO）授标通知起 3 年后保持稳定。在上述日期之后，费率将根据以下调整公式或公布的指数进行调整：＿＿＿＿＿＿＿＿＿＿。无论上述调整公式或公布的指数如何，每年的利率不得超过＿＿＿＿＿＿＿＿＿＿％。

(9) 报告

按照控制报告模板（进度控制和关闭）要求编制技术服务报告。

## 7.12 订单状态控制

订单状态控制需要从跟踪询价请购单开始，应关注的主要内容包括：①询价请购单（RFI）：请购单编号、请购设备材料说明、专业负责人、采买员、采购确认请购单的日期。②询价：批准询价日期、投标结束日期、更新的投标结束日期、投标回价日期、商务预评估日期、完成技术评标日期、最终商务评标日期。③采购请购单（RFP）：RFP 的编号、采购确认 RFP 的日期。④订单（PO）：订单编号、创建日期、申请批准 PO 的日期（PO RFA）、批准订单的日期、发布订单的日期、确认订单的日期、供应商名称、总价、币种。

## 7.13 关键绩效指标（KPI）

应使用表 2-7-4 所示的指标测量整体采购管理过程的绩效，并应当按季度计算如下：

表 2-7-4 关键绩效指标

| KPI 代码编号 | 测量值 | (预先指定)值 | | (测量/计算)值 |
|---|---|---|---|---|
| | | 阈值 | 目标 | |
| KPI-PROCMP-01 | 全交货指数(DFI) | | | |
| KPI-PROCMP-02 | 按时交货(DTI) | | | |
| KPI-PROCMP-03 | 产品/服务合格指数(PSCI) | | | |
| DFI=订单数量与交货数量不匹配的采购订单数/采购订单总数 ||||| 
| DTI=交货延迟的采购订单数量/采购订单总数 |||||
| PSCI=技术上不合格的产品/服务的数量/产品/服务的总数 |||||

# 第8章 标准化程序

## 8.1 目的

标准化程序的目的是根据 EPCC 合同中的详细要求，实施设备和材料标准化程序，以确保实现项目的有效运行和维护。

承包商需将实施标准化程序作为其采购工作整体的一个有效组成部分。

根据本程序，承包商负责实现项目设施内最大程度标准化，并展示其实现设备和材料标准化的意愿和能力。

## 8.2 范围

本程序介绍 EPCC 项目中可实现设备和材料最大程度标准化的若干阶段。标准化应基于 EPCC 项目中标的供应商及其部件的可互换性。这将有利于优化使用相关的备品备件。

应尽可能并在能够保证成本效益前提下，实现设备和材料供应商的标准化。并应根据采购与材料管理计划来确定相关采购流程和活动。

承包商应具体说明表 2-8-1 所示设备在标准化方面的潜在可能性。

表 2-8-1　潜在可标准化的设备/部件清单

| 设备材料类型 | 设备/材料名称 | 设备材料类型 | 设备/材料名称 |
| --- | --- | --- | --- |
| 机械设备 | 压缩机<br>变速箱<br>机械密封<br>机泵<br>仪表风系统<br>液力回收透平<br>机泵/压缩机联轴器<br>耐火材料 | 电气 | 电机<br>马达控制中心<br>开关柜<br>不间断电源系统，包括直流蓄电池及蓄电池充电器<br>电缆接头<br>管配件<br>照明灯具 |
| 控制系统 | 集散控制系统（DCS）<br>开关阀<br>安全泄压阀<br>调节阀<br>调压阀（PCV）<br>可编程逻辑控制器（PLC）<br>仪表保护系统 | 电信 | 通信系统<br>扩音对讲系统 |

续表

| 设备材料类型 | 设备/材料名称 | 设备材料类型 | 设备/材料名称 |
| --- | --- | --- | --- |
| 控制系统 | 变送器<br>变压器<br>火灾及可燃气体探测器<br>压力计及温度计,机器监控系统及高压液位计 | 电信 | 通信系统<br>扩音对讲系统 |
| 暖通空调 | 所有相关设备 | 安全设备 | 与安全相关的所有设备及用品 |

## 8.3 可标准化的主要设备、材料和驱动

根据可标准化的设备，具有潜在标准化可能性的主要设备如下所列：①根据 API 标准所设计的关键动设备，包括离心式及往复式机泵和压缩机、离心风机、汽轮机等。②电机：a.根据 API 规范所设计的其他关键设备，包括安装在仪表风系统中的动设备以及液力回收透平（HPRT）；b.根据 API 规范所设计的关键设备的变速箱；c.EPCC 合同规定的其他设备/材料。

## 8.4 可标准化的主要子部件及其他部件

在相同标准下，有必要进一步确定哪些备品备件可以标准化：①动设备：轴承、轴封、联轴器。②电机：轴承。③设备上所安装的典型仪表：振动传感器、温度和压力传感器、液位计、安全阀和流量计。

## 8.5 可标准化的其他设备、材料和系统

EPCC 合同可能规定的其他可以标准化的设备与材料包括但不限于：控制系统、电气设备及附件、控制系统及附件、电信、安全设备和 HVAC 系统。

## 8.6 阶段

标准化采购的目标是有效管理设备标准化流程，以实现不同供应商之间的部件互换性最佳。通过以下所定义的四个阶段来实现上述目标。具体按照下述 8.8 节中的标准化模板格式，并将通过月报的形式上报 EPCC 项目的标准化状态。

### 8.6.1 第 1 阶段
首先界定需要标准化的设备，包括驱动、主要子部件以及仪表。
根据关键性从工艺和操作的角度界定设备清单。该清单需与 EPCC 合同规定的关键设备保持一致。

### 8.6.2 第 2 阶段
在明确定义需要标准化的关键设备后，则需要从业主所批准的设备供应商的汇总表中选择设备（包括驱动、主要子部件以及仪表）的供应商和制造商。第 2 阶段反映的是将规格书发布到可选用的设备、驱动和主要子部件的市场供应商和制造商。

### 8.6.3 第3阶段

在技术标评估之后预选设备、驱动和主要子部件的供应商和制造商。

### 8.6.4 第4阶段

授标后最终选定设备、驱动和主要子部件的供应商和制造商。

## 8.7 相关规定与程序

### 8.7.1 业主规定及程序

相关的业主规定与程序包括：①EPCC项目总体执行要求概述；②采购与材料管理程序。

### 8.7.2 项目程序

相关的项目程序包括：采购与材料管理计划。

## 8.8 标准化样表

如表2-8-2所示。

表2-8-2 标准化样表

| 序号 | 第1阶段 | | 信息 | 第2阶段:供应商意见书后的供应商清单 | | 第3阶段:技术标评估后的供应商清单 | | 第4阶段:授标后的供应商清单 | |
|---|---|---|---|---|---|---|---|---|---|
| | 设备/材料类型 | 设备/材料名称 | 批准供应商清单（AVL）中所包括的供应商 | 数量 | 供应商 | 数量 | 供应商 | 数量 | 供应商 |
| 1 | 机械设备 | 压缩机 | | | | | | | |
| 2 | | 变速箱 | | | | | | | |
| 3 | | 机械密封 | | | | | | | |
| 4 | | 机泵 | | | | | | | |
| 5 | | 仪表风系统 | | | | | | | |
| 6 | | 液力回收透平 | | | | | | | |
| 7 | | 机泵/压缩机联轴器 | | | | | | | |
| 8 | | 耐火材料 | | | | | | | |
| 9 | 控制系统 | 集散控制系统 | | | | | | | |
| 10 | | 开关阀 | | | | | | | |
| 11 | | 安全泄压阀 | | | | | | | |
| 12 | | 调节阀 | | | | | | | |
| 13 | | 调压阀（PCV） | | | | | | | |
| 14 | | 可编程逻辑控制器（PLC） | | | | | | | |
| 15 | | 仪表保护系统（IPS） | | | | | | | |

续表

| 序号 | 第1阶段 | | 信息 | 第2阶段:供应商意见书后的供应商清单 | | 第3阶段:技术标评估后的供应商清单 | | 第4阶段:授标后的供应商清单 | |
|---|---|---|---|---|---|---|---|---|---|
| | 设备/材料类型 | 设备/材料名称 | 批准供应商清单(AVL)中所包括的供应商 | 数量 | 供应商 | 数量 | 供应商 | 数量 | 供应商 |
| 16 | 控制系统 | 变送器 | | | | | | | |
| 17 | | 变压器 | | | | | | | |
| 18 | | 火灾及可燃气体探测器 | | | | | | | |
| 19 | | 压力计和温度计,机器监控系统 | | | | | | | |
| 20 | | 压力计和温度计,机器监控系统和高压液位计 | | | | | | | |
| 21 | 电气 | 电机 | | | | | | | |
| 22 | | 马达控制中心 | | | | | | | |
| 23 | | 开关柜 | | | | | | | |
| 24 | | 不间断电源系统,包括直流蓄电池及充电器 | | | | | | | |
| 25 | | 电缆接头 | | | | | | | |
| 26 | | 管配件 | | | | | | | |
| 27 | | 照明灯具 | | | | | | | |
| 28 | 电信 | 通信系统 | | | | | | | |
| 29 | | 扩音对讲系统 | | | | | | | |
| 30 | 安全设备 | 与安全相关的所有设备和用品 | | | | | | | |
| 31 | 暖通空调 | 所有相关设备 | | | | | | | |

# 第9章 检验程序

## 9.1 目的及目标

QC/检验组负责与 EPCC 项目所有设备和材料的检验和催交相关的、在供应商工厂进行的所有活动。

这些活动包括跟踪、催交及检验活动,以确保设备和材料的制造符合最佳的工程实践做法,材料具有最高品质且完全遵守适用于 EPCC 项目的标准、技术规定、规范等,尤其是遵照 EPCC 合同的条款和条件。

此外,QC/检验组的活动还包括与设计部门一起参与询价请购文件(RFI)/采购请购文件(RFP)、检验及试验计划以及最终质量文档的修订/升版工作,以确保这些程序文件符合适用的规范、标准和技术规定。

## 9.2 适用范围

本检验程序阐述了指派到 EPCC 项目 PDO 的承包商 QC/检验组的各项活动及责任,须符合承包商与业主所签 EPCC 合同中的规定要求。

承包商的质量控制经理(QCM)及委派的质量控制与检验人员将负责管理本检验程序所述的各项活动。

本检验程序规定了承包商的 QC/检验组的职责、工作程序以及为完成任务所要进行的各项活动及后续工作。本检验程序适用于检验代理机构、检验员以及赴厂催交员(代理机构、自由职业检验员与催交人员和承包商人员),且必须得到遵守。

## 9.3 定义及首字母缩写词

本程序所涉及的主要定义与缩写包括:①检验机构。指与承包商在一个或几个国家有年度合作协议的检验代理机构(按工作小时数和里程收费)。该代理机构将实施工厂检验和/或催交活动。②FQD。最终质量文档。③自由职业检验员。直接为承包商工作的独立检验员,且作为一个自雇专业人士或单一股东公司给客户开具发票,实施工厂检验和/或催交活动。④IAP。检验活动计划。由承包商制定该检验活动计划。该计划应详细规定供应商应至少应完成的检验和试验项目,以及应至少完成的审查点(R)、监控点(M)、见证点(W)和停工待检点(H)。⑤检验员。检验员可以是一名承包商职员、自由职业者或者通过检验代理机构雇用的专业人员。该检验员指派到供应商的工厂,代表承包商执行制造工艺及设备和/或材料试验的监督和质量控制任务。⑥IRC。检验放行证书。⑦ITP。检验及试验计划。也可称为质量控制计划，由供应商制定该计划。该计划按时间顺序列明基于检验活动计划（IAP）的所有制造活动、控制点和试验项、项目规定、规范、标准、具体做法以及供应商的专有技术。该计划还规定了承包商检验员和业主/CT-PIA检验员将参加的检验点（R点、M点、W点、H点）。⑧KOM。开工会，即承包商与中标供应商举行的执行采购订单（PO）的启动会议。⑨LOA。授标函。⑩Marian。工厂材料管理系统，这是承包商用于综合管理采购、施工和费控全过程的计算机软件系统。⑪不符合项报告（NCR）。由于一台设备、一件材料或部件或者工作团队不符合订单要求、技术规定、规范或程序要求，由承包商或供应商签发的不符合项报告。不符合项报告也意指存在一项不合格产品。⑫PIM。预检会。⑬PO。采购订单，即承包商向供应商发出的购买设备和/或材料的订单。⑭QCC。隶属于承包商PDO的采购质量控制协调员，也称为检验协调员。⑮QCM。隶属于承包商PDO的采购质量控制经理，也称为QC/检验组经理或检验协调员主管。⑯RFI。询价请购单，由承包商发出的设备和材料招标询价文件（包括适用的技术规定、图纸等）。⑰RFP。采购请购单。由承包商发布的用于采购设备和材料的技术要求（包括适用的技术规定、图纸等）。⑱TAG。分配给某一特定设备/材料的标记（编号）或名称。⑲VDDR。供应商图纸和资料要求（由承包商编制）。⑳供应商。系指自EPCC合同规定的批准供应商名录中选定的制造商、供应商或公司，或业主为EPCC合同批准的任何其他供应商。㉑赴厂催交员。指一名承包商职员、自由职业者或者来自一家代理机构的人员。该催交员指派到供应商的工厂车间，代表承包商执行催交任务。

## 9.4 组织、职责及资格

### 9.4.1 组织

承包商总部将控制所有工厂检验和催交活动，包括检验员和赴厂催交员所进行的活动。

QC/检验组的组织机构图应提供检验工作的运行图，展示在EPCC承包商PDO框架内QC/检验组的组织和结构。QC/检验组隶属于采购部，直接向承包商企业的检验经理汇报工作。QC/检验组在操作上从属于订单执行经理，且与采买、催交和物流部门以及不同的设计中心各专业有协调关系。

QC/检验组根据所从事各种工作内容，包含五个不同职位，说明如下。

(1) **采购质量控制经理（QCM）**

该职位主要负责管理EPCC项目的所有工厂检验和催交活动，从开始到所有设备和材料完成交货为止。QCM是QC/检验组的领导者，也称为检验协调员主管。

(2) **质量控制协调员（QCC）**

该职位负责协调完成EPCC项目涉及的所有工厂检验和催交活动的任务，从开始到所有设备和材料完成交货为止。QCC也称为检验协调员。

(3) **检验员**

检验员的大部分时间花费在供应商的工厂监督制造、检验和试验上，以确保充分满足对应采购订单规定的所有适用要求。

各检验员按照特定地区和/或专业分配检验工作。通常可以根据检验员的专业和/或设备类别，按表2-9-1对检验员进行分类。

表 2-9-1  检验员分类

| 代码 | 名称/专业 | 设备类别/范围 | 代码 | 名称/专业 | 设备类别/范围 |
|---|---|---|---|---|---|
| PV | 容器检验员 | 反应器及内件<br>压力容器<br>塔器及内件<br>储罐<br>过滤器及聚结器<br>钢结构<br>焊制管<br>固体物料输送设备<br>油漆 | PP | 管道检验员 | 管道<br>预制管道管件<br>垫片及管接头<br>管路阀门<br>软管及软管接头<br>膨胀节<br>特殊管件（Y形过滤器、8字盲板、顶板、法兰等）<br>电气及仪表大宗材料 |
| HE | 换热器检验员 | 锅炉<br>炉子<br>管壳式换热器<br>套管换热器<br>空冷器<br>冷凝器<br>计量站包设备<br>油漆 | VL | 阀门检验员 | 管路阀门<br>调节阀<br>泄压阀<br>低温阀<br>特殊仪表及控制阀<br>疏水器<br>其他阀门<br>油漆 |
| PM | 泵机械检验员 | 泵（离心泵、卧式泵、立式泵、替代泵、隔膜泵、真空泵等）<br>搅拌器<br>传动装置<br>起重机<br>装卸臂<br>其他旋转设备<br>其他机械设备<br>冷却塔<br>风机<br>油漆 | EL | 电气检验员 | 变压器<br>电缆<br>电加热器<br>电动机控制中心<br>高压/中压/低压开关<br>发电机及电动机<br>应急组<br>就地及辅助接线板和配电盘<br>通信系统<br>不间断电源系统<br>其他各种电气设备和材料 |
| CT | 压缩机检验员 | 离心式及往复式压缩机<br>汽轮机及燃气轮机<br>传动装置<br>柴油发动机及燃气发电机<br>润滑油站<br>冷却站<br>成套动设备<br>油漆 | IN | 仪表检验员 | 通用仪表（流量计、压力表、温度计、液位计、变送器等）<br>电缆<br>分析仪<br>调节阀及安全阀<br>PLC、远程控制及远程测量装置<br>分布式控制系统（DCS）<br>其他各种仪表材料 |

检验员可以归属于上述一个专业或者多个专业。至于上面清单里未列出的设备和材料，将其归类于上述最类似的设备和材料。

根据检验员与承包商的合同关系，按照以下优先级委派检验员：①第1级：承包商的检验员；②第2级：自由职业检验员；③第3级：检验机构的检验员。

按照 EPCC 合同中的质量管理要求，应将检验员的个人简历提交业主审批。如果业主认为必要，可对检验员进行面试和测试。

（4）赴厂催交员

赴厂催交员大部分的时间花费在供应商的工厂进行定期访问检查，以便控制和催促进度，并监督供应商在承包商所购设备和材料的设计、原材料采买和存放、制造、检验、试验和最终交货方面的所有活动，确保其符合对承包商的各项承诺。

一般规则是，赴厂催交员应在工厂执行催交活动。赴厂催交员一般不负责检验活动。

在某些情况下，为了最优化利用人力资源，且当检验员具备所需技能时，检验员可执行检验和赴厂催交两项任务。在这种情况下，应将其称为"工厂检验员/催交员"。

**(5) 综合管理及支持人员**

EPCC 项目部分综合管理人员，负责完成以下任务：①分发各种报告；②文档控制及归档；③人工时控制；④管理发票；⑤将文件转发给检验员；⑥差旅物流服务等。

### 9.4.2 职责

供应商负责设备和材料的检验和质量控制。

QC/检验组负责确保所采购的设备和材料符合采购请购文件（RFP）及相关文件里的技术和质量要求，其中，EPCC 项目的特殊技术规定尤为重要。QC/检验组还负责协调赴厂催交活动以及修订与制作工艺、试验和检验相关的供应商程序和文件的工作。

应全面精确界定 QC/检验组的职责和资格，从而确保能够独立实现质量控制和检验目标，不受参与 EPCC 项目的其他专业和部门的干扰。尤其是在鉴定质量问题和不符合项、提出、推荐和确认所要采取的纠正措施等方面，能够独立行事。

所有检验员必须具备必要的资格，以便能够执行检验工作。应基于各检验员的资格、专业知识以及以往与承包商合作共事时的表现，委派各检验员的工作。这些检验员代表承包商执行检验工作，因此，这也是承包商的职责。

本检验程序不涵盖承包商检验服务的全球分包。

**(1) 承包商采购质量控制经理（QCM）的职责**

质量控制经理（QCM）始终负责使 EPCC 项目保持工作质量好、选择合格人员为项目工作、控制进度、确定并提供项目执行中所需要的所有技术资料/信息。

QCM 也负责确保其质量控制人员的技术素质、知识更新以及相应的培训符合开展 EPCC 项目工作的要求，以满足承包商要求的评价准则以及项目的技术、安全和环境需要。

QCM 应具有足够且明确界定的职责、资格和组织上的独立性，能够鉴定供应商产品的质量问题和不符合项，并提出、推荐和认可纠正措施。

QCM 发布项目采购订单的具体检验计划，包括寻找和控制人力资源、管理与业主的关系、保存检验文件记录，并在需要时参与供应商文件的修订/升版。

下述 9.8 节具体规定了 QCM 的职责。

**(2) 承包商采购质量控制协调员（QCC）的职责**

指派给 EPCC 项目的质量控制协调员（QCC）负责管理、监督和协调所有与在供应商工厂进行的制造质量控制、检验、测试和试验有关的活动，以确保符合采购订单的所有要求。QCC 首先直接向 QCM 汇报工作，当需要时，向项目主任、订单执行经理、采购经理、负责采购请购文件的设计工程师、催交员以及项目参与采购订单执行的其他人员报告工作。

质量控制协调员（QCC）应具有足够且明确界定的职责、资格和组织上的独立性，能够鉴定供应商产品的质量问题和不符合项，并提出、推荐和认可纠正措施。必要时，QCC 应组织举行召开与供应商的电话会议，以及在承包商办公室或供应商办公室的面对面会议，以便讨论检验和制造工艺文件有关的修订等事宜。

下述 9.8 节具体规定了 QCC 的职责。

**(3) 检验员的职责**

检验员负责访问检查供应商工厂、控制所购设备/材料的制造、检验和试验，以确保满足对应采购订单规定的所有适用要求。

检验员应具有足够且明确界定的职责、资格和组织上的独立性，能够鉴定供应商产品的质量问题和不符合项，并提出、推荐和认可纠正措施。

本检验程序所涵盖的检验，无论如何都不能替代供应商自己的检验和质量控制义务，不能解除供应商满足采购订单规定要求的责任。

下述9.8节规定了检验员的具体职责。这适用于承包商自己的检验员以及与承包商签有检验服务协议的自由职业检验员和检验机构的检验员。

**（4）赴厂催交员的职责**

赴厂催交员负责到供应商工厂进行催交访问检查，就采购订单执行状态和进度做出报告。下述9.8节规定了催交员的具体职责。这适用于承包商自己的雇员以及与承包商签有赴厂催交服务协议的自由职业催交员和代理机构的人员。

**（5）综合管理支持人员的职责**

综合管理支持人员为QC/检验组提供差旅物流及控制、各种文件的分发和归档方面的支持。

下述9.8节规定了综合管理支持人员的一般职责。这也适用于与承包商签有为QC/检验组提供综合管理支持服务的自由职业人员和代理机构人员，他们也是本项目检验组织机构的成员。

### 9.4.3 检验员资格

根据承包商的检验程序文件，检验员应具有适当的检验资格。按照以下标准，评估检验员的资格：①其以前检验同类设备和材料的经验；②有相应工业标准、规范和项目规定方面的良好工作知识；③技术水平及相应等级；④无损检测NDT（EN、ANSI/ASNT等）、焊接检验（AWS、CSWIP等）、涂装检验（NACE等）以及其他适用的资质证书（API等）；⑤培训课程；⑥英语水平（写作及口语）。

## 9.5 操作规程

### 9.5.1 QC/检验组活动的启动和计划

收到EPCC项目的相关信息资料，QC/检验组开始起草QC/检验组执行文件等检验活动。

启动QC/检验组活动的初始信息资料主要包括：①EPCC合同与采购订单（尤其是涉及检验和赴厂催交的那些合同附件）；②关于检验和赴厂催交的信息资料、规定和指导说明；③要使用的具体文件格式；④采用的具体检验等级和赴厂催交等级；⑤检验及催交的专项要求；⑥设备表；⑦采购请购文件清单；⑧项目执行进度表；⑨与本项目相关的特定工作指导说明书；⑩检验的最初预算工时。

QCM应当依据以上信息启动开展下述工作：①发布EPCC项目检验程序或计划；②更新和定制对供应商的QA、QC/检验及催交要求；③更新和定制检验等级及催交等级；④编制检验及催交的工作量和所需人力资源的初次估算量。

QCM分派EPCC项目所需检验与催交的人力资源。

倘若EPCC项目有与承包商常规做法不一样或者是EPCC合同附加的具体专项要求，那么，QCM就应当提供所需信息资料，以便QCC和检验员正确完成各自的工作任务。为此，QCM应当：①举行全体QCC和检验员参加的会议，讨论EPCC项目的专项要求；②向QCC和检验员转交EPCC项目关于质量控制（QC）的专项要求；③发布EPCC项目QC的沟通程序和指导说明书，并分发给QCC和检验员。

自设备和材料的询价请购文件开始检验催交工作：①QC/检验组应参与RFI（询价请购文件）和RFP（采购请购文件）的修订工作，以确保将项目的特定QC/检验要求列入RFI

和 RFP 中；②要求 QC/检验组参加采购订单的开工会（KOM），且在特别情况下，QC/检验组还应参加与供应商的授标前会议；③协助工程设计部门起草 RFI 和 RFP，且当工程设计部门要求时，参加评估检验事项。

在采购订单（PO）生效后：①按照采购订单分派检验员和/或赴厂催交员执行相应的工作；②确认 RFP 指定的检验等级和赴厂催交等级；③将分派指示和相关的文件包发给所分派的检验代理机构的检验员、自由职业检验员或承包商自己的检验员；④修订制造工艺相关的文件；⑤检验员和赴厂催交员按照以下各段落说明的相关等级开展其活动。

### 9.5.2　活动清单及相关文件

表 2-9-2 列出了 QC/检验组所要进行的主要活动的清单。下述 9.5.3 节的检验流程图中列有各项活动。

表 2-9-2　QC/检验组的主要活动

| 流程图 | 活动说明 |
| --- | --- |
| 9.8 节⑨ | 检验流程 |
| 9.8 节⑩ | 委派检验员/赴厂催交员流程 |
| 9.8 节⑪ | 委派指导说明及相关文件包流程 |
| 9.8 节⑫ | 预检会/访问流程 |
| 9.8 节⑬ | 赴厂催交访问流程 |
| 9.8 节⑭ | 赴厂检验访问流程 |
| 9.8 节⑮ | 检验及赴厂催交访问计划流程 |
| 9.8 节⑯ | 检验放行证书（IRC）流程 |
| 9.8 节⑰ | 不符合项管理流程 |
| 9.8 节⑱ | 最终质量文档流程 |

下述 9.8 节包含有执行不同检验与催交活动的总流程图。

### 9.5.3　检验流程图

图 2-9-1 明确了检验的流程以及相应步骤的主要活动。

### 9.5.4　各项活动说明

**(1) 检验**

① 供应商的检验范围　负责发布每个采购请购单（RFP）的发起人或请购设计工程师在采购请购单里制定的设备和材料必须符合的标准、要求和规定，从而确定供应商必须执行的设备和材料的检验、控制和试验范围，以及需出具的各种合格证书，以便供应商满足采购请购单里的要求、规范、技术规定及其附件。

② 承包商的检验范围　负责采购请购单（RFP）的发起人或请购设计工程师在采购请购单里确定的承包商检验员的检验范围。包含在每一采购请购单里的检验活动计划（IAP）规定了承包商的检验要求。

承包商的检验范围应取决于：a. 设备和材料的复杂程度；b. 适用的技术规定；c. 设备和材料的重要程度；d. EPCC 合同中确定的业主的专项要求；e. 以往与供应商的合作经验。

③ 承包商检验的程度　承包商检验的程度主要应考虑：a. 当要求进行 100% 检验时，意味着承包商的检验员应当按照对应采购请购单里的检验活动计划（IAP）所指定的检验范围，检验全部设备和材料。b. 当要求进行 10% 检验时，意味着承包商的检验员应当按照对应采购请购单里的检验活动计划（IAP）所指定的检验范围，检验每一采购订单总量的

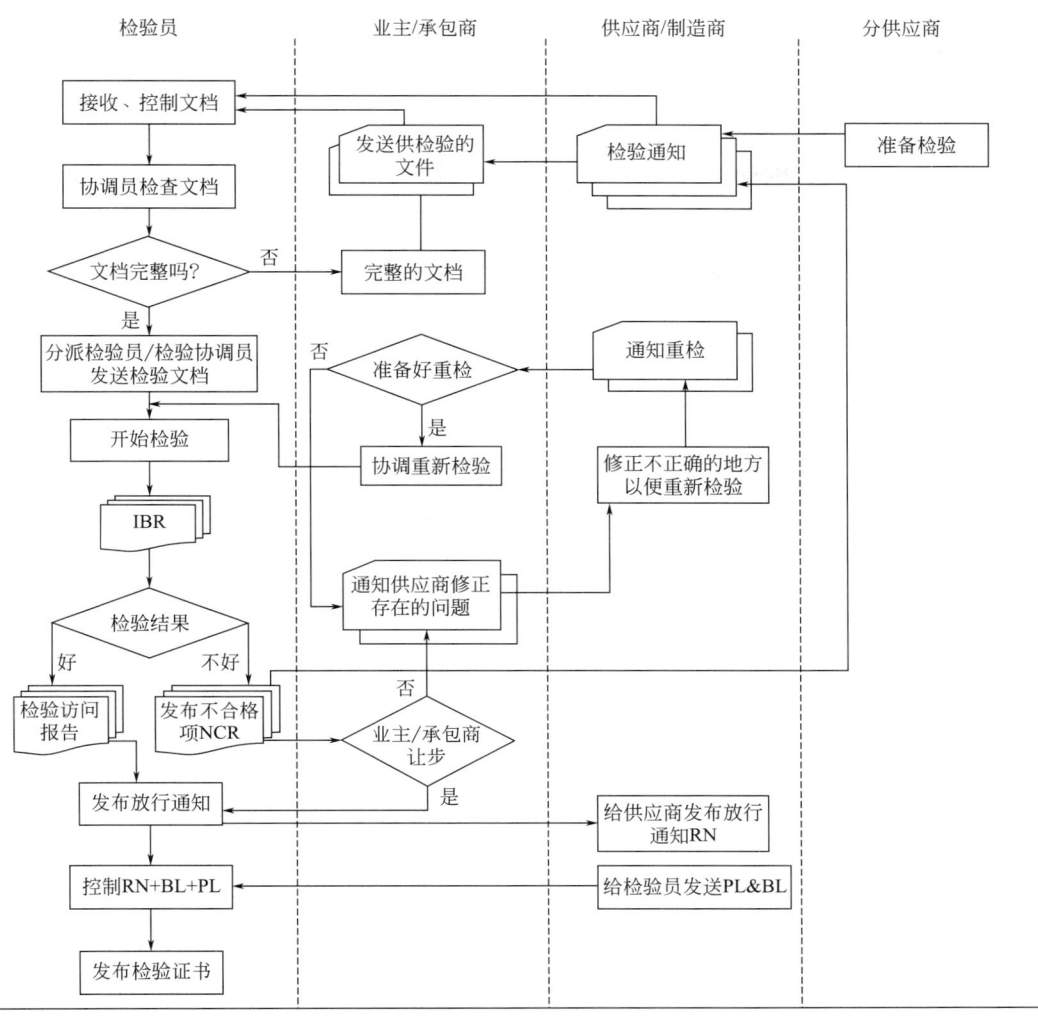

图 2-9-1　EPCC 项目设备/材料检验流程图

10%，每项最少检验一件、最多检验 15 件。如果检验结果令人满意，就不必追加检验。c. 倘若前述检验结果不令人满意，应当双倍增加检验百分比。一旦检验结果再次证明不符合要求，应整批拒收，且供应商必须通知进行新的检验。d. 当规定了其他检验百分比时，最大检验量应是 10% 的整倍数，例如，如果检验范围是 20%，那么每项最少检验量应是一件，最多检验 30 件。e. 对于大宗材料，应按照确定的检验百分比，对不同批次交货进行检验。不允许仅在一个批次的检验中，就完成该检验百分比。

如果本检验程序确定的检验百分比与采购请购单里指定的检验百分比发生矛盾时，以采购请购单指定的检验百分比为准。检验员必须在其检验报告里明确确定并反映所有已经检验的设备和材料的情况。如果仅检验一定百分比（对于管道、阀门等），检验员应当在其检验报告中明确并专门地指出已经检验过的材料，反映出材料编号、位号、供应商的材料编号等，这样就能随时准确地确定出已经检验和/或试验了需检验的所有材料中的哪些材料。

如果检验员有一枚钢印最为理想。当允许在材料上面打钢印时，在已经检验的那些材料或设备部件上打钢印，做出标记。

④ 供应商的检验及试验计划（ITP） 供应商必须发布其检验及试验计划（ITP）。供应商应根据其专有技术以及承包商采购请购单规定的所有技术要求，在该检验及试验计划中按时间顺序详细列出全部制造、控制和试验活动的清单。

在检验及试验计划（ITP）中必须明确指明每一项操作/活动的以下信息：a. 参考文件（图纸、程序等）；b. 验收标准（规范等）；c. 需提交的全部控制点和试验项的报告和文件；d. 供应商质量控制部门的参与；e. 承包商应依照采购请购单中的检验活动计划（IAP）所确定的检验活动参与检验；f. 第三方（例如 ASME 授权检验员）和/或检定机构的参与；g. 业主的参与。

当经审查并最终发布检验及试验计划后，应规定指定承包商检验员的到场点、监控点和文件修订点。

检验活动计划（IAP）和检验及试验计划（ITP）中的术语定义见表 2-9-3。

表 2-9-3　IAP 和 ITP 中的一系列关键字母及定义

| | | |
|---|---|---|
| M | 监控点 | 进行质量监控或观察，以验证材料、设备或服务是否满足规定的要求。这些活动可包括审核、检验、见证试验、审查质量文件及人员资格、评价供应商人员的工作表现。不需要预先通知 |
| W（Spot） | 抽查见证 | 抽查见证，是指承包商和/或业主的检验员在预定的检验点之间进行的随机检验。该抽查检验的频次和深度至少是大宗货物项的 10%，且每一类型和种类的设备或材料至少 1 台（件）。可根据设备/材料的复杂程度、在实际运行中的重要程度、数量、供应商的以往的性能，以及认为与设备/材料的质量有关的其他因素，调整抽查检验的频次和深度。根据实际进度和中间检验结果，可在制造过程中修改抽查数量或抽查频次的计划 |
| W | 见证点 | 该检验活动需要制造商/供应商提前通知承包商和业主见证活动的具体时间和地点。无论承包商和业主的检验员是否按时参加，该检验活动将如期开始 |
| H | 停工待检点（或称为停止点） | 该检验活动需要制造商/供应商将见证活动的具体时间和地点提前通知承包商和业主。没有承包商和业主的检验员的参加，不得开始该检验活动 |
| R | 审查 | 承包商委派其检验员审查、接受和确认供应商的文件，比如与特定试验和活动相关的各种证书、草案等。不需要正式的检验通知 |

（2）分派检验员/赴厂催交员

QCM 在与 QCC 协调后，为每一采购订单分派检验员。

授予采购订单后，采购部将通过 E-mail 将中标通知书（LOA）拷贝件分发给相关方。QCC/QCM 收到中标通知书（LOA）拷贝件后，将根据下列各方面情况，为每一采购订单分派检验员和赴厂催交员：a. 在 RFP 里确定的检验等级；b. 设备或材料的关键程度等级；c. 设备和/或材料的复杂程度；d. 适用规范；e. 业主的专项要求；f. 以往与供应商合作的经验；g. 制造和检验地点；h. 检验员的专业和资格；i. 检验员的经验；j. 检验员的工作负荷。

根据下面检验等级的定义，给每一个采购订单分配一个特定的检验员和赴厂催交员，并为供应商的制造厂的检验/催交制定一个具体的检验/催交等级。

（3）检验等级

表 2-9-4 所示的检验等级定义规定了承包商和业主认为必要的最低检验覆盖量，以确保在供应商和/或子供应商的工厂或制作现场的产品或服务符合规定要求。

表 2-9-4 检验等级定义

| 业主的检验等级<br>(在询价请购单/采购请购单里列出。业主、承包商和供应商应遵循该定义) | 承包商等同的检验等级 |
| --- | --- |
| 1：包括预检会、更频繁的定期访问检查（根据各里程碑）、在预检会时列出的见证点/停止点、经批准的ITP、重要试验的见证、所需文件的审查以及检验放行证书的签发。根据ITP，可能需要驻厂检验员持续监控供应商的工作 | 0：驻厂检验员<br>或<br>1：预检会、定期（每周、每两周或每月）进行监督检验、在商定的ITP里的所有"W"点和"H"点、最终检验、最终质量文档（FQD）审查以及检验放行证书签发 |
| 2：至少包括预检会、制造过程中一次或多次（必要时）监督检验访问、见证重要试验和数据表中规定的设备试验、审查所需的文件、签发检验放行证书 | 2：预检会、最终检验、最终质量文档（FQD）审查以及检验放行证书签发<br>或<br>3：一次或多次制造过程中监督检验访问、在商定的ITP中所有的"W"点和"H"点、最终检验、最终质量文档（FQD）审查以及检验放行证书签发 |
| 3：仅在发运前进行最终检验、签发检验放行证书、检验以及主要试验 | 4：最终检验、最终质量文档（FQD）审查以及签发检验放行证书 |
| 4：不需要额外的承包商或业主检验 | 5：审查最终质量文档（FQD）以及签发检验放行证书 |

在任一检验等级，可能需要一次以上的最终检验访问，这取决于采购订单规定的交货条件。

**（4）赴厂催交等级**

承包商应定义赴厂催交等级，表 2-9-5 给出了典型的赴厂催交等级。

表 2-9-5 承包商典型的赴厂催交等级

| 承包商的赴厂催交等级 | 访问检查频次 |
| --- | --- |
| A | 驻厂催交员 |
| B | 每两天赴厂催交访问一次 |
| C | 每周赴厂催交访问一次 |
| D | 每两周赴厂催交访问一次 |
| E | 每月赴厂催交访问一次 |
| H | 偶尔赴厂催交访问 |

**（5）委派包（AP）**

在确定了检验员/赴厂催交员和相应等级后，QCC应编制委派包，该委派包应包含采购订单规定的检验和赴厂催交活动的所有具体指导说明。委派包应包含：①工厂检验/催交服务委派单（SIESA），至少应包含以下信息：a.委派单编号及日期；b.检验员/赴厂催交员的姓名；c.代理机构名称（若适用）；d.采购订单编号及RFP编号；e.供应商名称、检验/催交地点；f.供应商联系人的详细信息；g.所需检验和/或催交服务的范围、频次和等级；h.适用的费用；i.采用的文件模板格式；j.承包商检验联系人的详细信息；k.发票和工时表要求；l.预算和预计访问次数。②检验委派单。③采购订单和供应商不带价格的外购订单拷贝件（如有）。④采购请购单（RFP）。⑤采购请购单（RFP）所列规定。⑥供应商文件（ITP、焊接规程文件、热处理程序、试验程序及任何认为必要的其他文件）和供应商文件状态。⑦技术澄清及偏差。⑧预检会进度表。⑨检验报告模板。

工厂检验/催交服务委派单（SIESA）视为承包商正式委托检验代理机构/自由职业检验

员的服务指示，必须由 QCC 编制、QCM 签发。至少应在预检会或检验前一周通过文件共享系统（如 Share file）发送给检验代理机构或自由职业检验员。

按以下格式给委派包编号：XXXXXRRRRP-PRO-AP-NNN。其中，XXXXXRRRRP 代表采购订单号（十位数）；PRO 这三个字母（由 QCC 给定）用于表示接受检查的供应商或制造商；NNN 是委派包的序号（如 001、002 等）。

(6) 预检会

如果赋予采购订单的检验等级和/或范围需要举行预检会，则在确定了需要供应商提供的技术文件后且不晚于制造前 30 天，应对供应商进行首次检验访问，称为"预检会"。

最好在已经确定了需要供应商提供的技术文件范围且已经收到并审查了以下文件之后，尽快举行预检会：①检验及试验计划；②供应商外购订单拷贝件；③设备材料采购技术规格书；④特殊制造工艺规程（焊接规程文件、热处理规程、试验规程等）。

必须保证承包商自授予采购订单之日起不迟于 45 天或者按照供应商图纸和资料要求（VDDR）的规定，收到上述文件。

预检会的目的是审查采购订单的全部要求，以确认供应商已经正确理解了这些要求，已没有偏差，制定了确切的 ITP 且在 ITP 里列明抽查见证点、见证者、停止点和验证点。

下述 9.8 节给出了预检会进度表的格式和预检会报告格式。

一般情况下，应由委派到该采购订单的检验员主持预检会。

无论是因为关键程度、复杂程度较高，执行时间较长，还是因为采购订单的供货量大，举行预检会都证明设备材料尤其重要。对于这类情况，需要 QCM 和/或 QCC 和/或相应的承包商工程设计中心的请购设计工程师参加预检会，QCC 可与分派的检验员共同主持预检会。

在任何情况下，举行预检会之前，供应商不得开始制造。

(7) 赴厂催交访问

一般情况下，自授予采购订单起不晚于一个月，赴厂催交员就应当按照给订单分配的催交等级所要求的频次，开始催交访问。可根据采购订单执行情况，修正催交访问开始时间。

催交访问的目的是获知采购订单的真实执行状况，并确保供应商在采购订单约定期限内交货。

赴厂催交员在完成催交访问后，应提交催交/进度报告。在报告中反映出采购订单当前在以下方面的执行状况：①文件编制；②供应商外购订单；③原材料验收；④制造进度；⑤交付情况；⑥发生的重大质量与安全事件、偏差及采取的纠正措施等。

催交员应在完成赴厂催交后 24h 内，通过 E-mail 将催交/进度报告发送提交给负责对应采购订单的 QCM 和 QCC。

催交员应按照下述 9.8 节给出的通用标准格式编制承包商催交/进度报告。

QCM/QCC 应根据订单的重要程度和复杂程度，指导赴厂催交员采用下述 9.8 节"进度/赴厂催交报告（设备）""进度/赴厂催交报告（大宗材料）"给出的格式，完成催交/进度报告，以代替下述 9.8 节"赴厂催交/进度报告"给出的格式。

催交/进度报告的编号如下：XXXXXRRRRP-PRO-IA-NNN。其中，XXXXXRRRRP 表示采购订单号（十位数）；PRO 这三个字母（由 QCC 给定）用于表示接受赴厂催交的供应商或制造商；NNN 是催交/进度报告的序号（如 001、002 等）。

(8) 到供应商工厂的检验访问

当分配给采购订单的检验等级包括部分和/或最终验证及检验活动时，这些活动涵盖从供应商在其车间收到主材直到成品交货的检验。下述 9.8 节分解了所要执行的主要检验活动。检验访问的类型如表 2-9-6 所示。

表 2-9-6　检验访问分类

| 检验访问类型 | 检验任务或活动说明 |
| --- | --- |
| 监控访问或调查访问 | √ 不需要供应商通知<br>√ 这通常是定期访问：每周、每两周等<br>√ 必须在特殊制作工艺开始前进行访问<br>√ 当存在其他需要检验的原因时，就必须进行检验访问<br>√ 要求提交过程检验报告 |
| 抽查见证及见证访问 | √ 需要供应商事先通知<br>√ 最好参加，而非谢绝参加<br>√ 要求提交过程检验报告 |
| 停止点检验访问 | √ 需要供应商事先通知<br>√ 必须参加这种检验<br>√ 要求提交过程检验报告 |
| 最终检验访问 | √ 需要供应商事先通知<br>√ 必须参加这种检验<br>√ 要求在材料管理软件 Smart Plant Material(Marian)里输入检验通知或 MCS<br>√ 这是对设备或材料的最后一次检验，若经检验合格，随后将签发检验放行证书(IRC)<br>√ 要求提交最终检验报告及相关的 IRC |

每次完成对供应商的检验访问后，检验员应按照要求并采用下述 9.8 节的"过程检验"或"最终检验"报告格式，提交对应的检验报告。

检验报告的编号如下：XXXXXRRRRP-PRO-YY-NNN。其中，XXXXXRRRRP 表示采购订单号（十位数）；PRO 这三个字母（由 QCC 给定）用于表示接受检验的供应商或制造商；YY 若是过程检验报告，就是"IP"，若是最终检验报告，就是"IF"；NNN 是检验报告的序号（如 001、002 等）。

（9）检验和赴厂催交访问计划

QCM 应当按照经批准的供应商 ITP，针对全部的供应商检验和试验计划，每周发布一份"催交及检验访问双周详细滚动计划"（详见下述 9.8 节）；每月发布一份"赴厂催交、检验及控制的制造计划"（详见下述 9.8 节），包含跟踪主要检验活动状况的所有信息。从材料控制软件系统（如 Marian）自动获取报告，这些报告基于材料控制软件系统中 QC/检验组和其他部门输入的数据。这些报告仅适用于设备订单。

如果业主有要求，承包商应在签发采购订单后 30 天内，向业主提交一份每台设备的检验和试验暂编计划。该计划应列出主要检验活动，包括 IAP 和 ITP 中指出的见证点、停检点。

承包商应在下列日期前至少 21 个日历天，通知业主下列日期：①将在工厂开始制作或装配设备（比如加热炉、压缩机）的实际日期；②大宗材料（比如管道、法兰和配件）的制造完工日期；③大宗材料已有足够数量并且具备检验访问和分批装运条件的日期；④板材、管子等开始出材的日期；⑤铸件或锻件维修前及维修后的检验日期。

只要有可能，至少应提前 21 天，把 ITP 里列为"W"点和"H"点的所有检验活动通知业主。

（10）检验放行证书（IRC）

一旦检验员认为已经检验和验收了设备和/或材料并具备交货条件，相关的最终质量文档已经完成审查、盖章和签字，检验员即可签发检验放行证书。一般情况下，检验员按照下述 9.8 节里给出的示例格式，填写检验放行证书。

对于已经验收的相同数量的设备和/或材料，检验员应签发检验放行证书并同时提交最终检验报告。

检验员应把检验放行证书（IRC）发送给QCC。QCC检查IRC后，再将其发给供应商。供应商把IRC放入已经检验放行的设备和/或材料的最终质量文档里。

若存在下列情况，则检验员不应签发IRC：①仍存在不符合项（NCR）；②所有图纸和文件仍未达到最终状态；③最终检验时，供应商没有把最终质量文档出示给检验员审阅，或者检验员认为最终质量文档不可接受。倘若检验员未批准最终质量文档，只有当项目主任书面批准时，检验员才能签发某一设备和/或材料的IRC。

检验放行证书的编号如下：XXXXXRRRRP-PRO-IRC-NNN。其中，XXXXXRRRRP表示采购订单号（十位数）；PRO这三个字母（由QCC给定）用于表示接受检验的供应商或制造商；NNN是检验放行证书的序号（如001、002等）。

**（11）管理不符合项**

在检验过程中，倘若检验员发现任一设备/材料或部件存在偏差或者不符合采购订单及其附件、规范、技术规定等要求，检验员就应按照下述9.8节给出的格式，签发不符合项报告。

供应商必须在检验员发出不符合项报告后48h内向承包商提出整改措施。

不符合项可能违反：①业主的技术规定或要求。在此情况下，如果承包商工程设计中心对应的请购设计工程师评估偏差后予以接受，就有必要取得业主的批准。②专利商的技术规定或要求。在此情况下，如果承包商工程设计中心对应的请购设计工程师评估偏差后予以接受，就有必要取得专利商的批准。③不是业主也不是专利商的技术规定或要求。对于这种情况，须取得承包商工程设计中心对应的请购设计工程师的批准。

如果在承包商工程设计中心对应的请购设计工程师接受整改措施后，供应商进行了整改、纠正了不符合情况，经重新检验，已接受设备、材料或部件，检验员就应签发一份过程检验报告并关闭不符合项。特殊情况下，也可由QCM或QCC关闭不符合项。

当某个不符合项违犯业主的技术规定时，在关闭该不符合项之前，承包商必须取得业主的批准。

不符合项报告（NCR）编号如下：XXXXXRRRRP-PRO-NCR-NNN。其中，XXXXXRRRRP表示采购订单号（十位数）；PRO这三个字母（由QCC给定）用于表示接受检验的供应商或制造商；NNN是NCR的序号（如001、002等）。

**（12）最终质量文档（FQD）审查**

对于所有供货，无论是设备还是材料，供应商必须提交其最终质量文档。该最终质量文档应满足对供应商的QA、QC/检验及催交程序的各项要求，包括FQD的通用格式、标准索引及其控制。

每一采购订单的供应商都应依照对供应商QA、QC/检验及催交程序中承包商的标准格式，向承包商提交一份为其供货定制的索引。经承包商的QCC审核和批准后，供应商应将该索引放入最终质量文档（FQD）。

检验员或者QCC（在某些特殊情况下）应当审查FQD的每一页（包括封面页）并签字和盖章。

在QC/检验组的各项活动中，FQD是一个十分重要的里程碑。因此，检验员必须在其检验报告里提及FQD并确认FQD的进度状态，且在上述每一报告里都应提及FQD并确认FQD的进度状态。

最后，QCC应当审查FQD，以确保FQD符合采购订单的要求，经过了检验员的修订、签字和盖章。QCC随后将这种情况通知给催交和文件控制团队，使其分发和归档FQD。

### (13) 替代检验程序

检查供应商所有外购订单所包括的材料或部件，通常不是承包商正常检验活动的一部分。然而，供应商用于成套设备（比如加热炉、蒸汽锅炉、压缩机等）制造的某些外购订单视为（无论从哪点看）重要的子供应采购订单，因此应按照上述控制程序控制这些外购订单。

在指定采用任何非上述正规检验程序的替代检验程序之前，须经 QCM 和项目主任的同意和批准。

在产地（子供应商）执行对原材料或设备部件（非成套设备）的检验之前，须经承包商的同意和批准。对于这种情况，本检验程序适用于这些材料或部件。

## 9.6 文件处理

### 9.6.1 生成文件说明

在上述 9.5 节所述大多数活动的最终结果都会发布相应的文件。起源于 QC/检验组的文件已在相应章节和下述 9.8 节相关流程图中进行了说明，主要有以下文件：①检验程序；②供应商 QA、QC/检验及催交要求；③业主供货设备的检验计划；④催交及检验访问双周详细滚动计划（参见下述 9.8 节）；⑤赴厂催交、检验及控制的制造计划（参见下述 9.8 节）；⑥委派包；⑦预检会报告；⑧赴厂催交访问报告；⑨部分检验访问报告；⑩最终检验访问报告；⑪检验放行证书（IRC）；⑫不符合项报告；⑬不符合项记录。

### 9.6.2 生成文件的修订

由 QCM 编制、承包商企业的检验经理审核本检验程序以及对供应商 QA、QC/检验及催交要求。然后由项目主任和/或项目质量经理代表进行修订和批准。

由项目的 QC/检验组修订 EPCC 项目的赴厂催交报告模板，然后发送给 PDO 的催交组进行相应的最终审核并分发。

由项目的 QC/检验组内部修订其余文件。

### 9.6.3 文件分发

应严格按照项目主任在本项目开始时发布的项目工作指导说明，分发 QC/检验组生成的各种文件。项目催交组应分发赴厂催交报告。

不管前述情况如何，甚至没有上述指导说明，至少应将检验报告分发给：①业主；②项目工程师/管理人员；③项目相关的专业主管；④项目催交组；⑤项目计划专业的主管；⑥采购部门；⑦施工部门。

## 9.7 相关规定与程序

### 9.7.1 业主规定与程序

业主的规定与程序主要是 EPCC 合同中明确规定的以下内容：①采购及材料管理程序；②工厂检验协调程序；③质量管理要求。

### 9.7.2 项目的程序

项目程序主要是：供应商的 QA、QC/检验及催交要求。

## 9.8 样表与模板

① QC/检验组组织机构图
② QCM 及 QCC 的职责
③ 典型的检验活动计划（以包设备为例）
④ 催交及检验访问详细计划-设备
⑤ 赴厂催交、检验及控制制造计划-设备检验计划/预检会
⑥ 检验员的职责
⑦ 赴厂催交员的职责
⑧ 检验综合管理支持人员的职责
⑨ 检验流程
⑩ 委派检验员/赴厂催交员流程
⑪ 委派指导说明及相关文件包流程
⑫ 预检会/访问流程
⑬ 赴厂催交访问流程
⑭ 赴厂检验访问流程
⑮ 检验及赴厂催交访问计划流程
⑯ 检验放行证书（IRC）流程
⑰ 不符合项管理流程
⑱ 最终质量文档流程
⑲ 检验活动中主要试验及检查项目清单
⑳ 预检会日程表
㉑ 预检会报告
㉒ 预检会报告书写指导说明
㉓ 赴厂催交/进度报告
㉔ 赴厂催交及进度报告书写指导说明
㉕ 过程检验报告
㉖ 过程检验报告书写指导说明
㉗ 最终检验报告
㉘ 最终检验报告书写指导说明
㉙ 检验放行证书
㉚ 不符合项报告
㉛ 检验委派单
㉜ 进度/赴厂催交报告（设备）
㉝ 进度/赴厂催交报告（大宗材料）
㉞ 大宗材料赴厂催交及进度报告编写指导说明

①～㉞中内容参见电子版，下载地址见前言中的说明。

# 第 10 章 催交计划

## 10.1 目的

旨在说明采购部门的项目催交团队开展的主要活动,详细说明了催交人员工作的作用、职责、程序以及业务活动和顺序。

催交活动自将订单授予供应商时开始,是承包商机构内部与外部供应商共同开展的活动,目的是为了确保在规定时间内交付设备和材料。现场接受设备和材料以及最终质量档案或证书后,活动结束。

## 10.2 范围

本程序中的指导方针适用于项目参与各方,适用于催交团队开展的所有活动。

在催交经理的监管下,催交团队的目标如下:①确保供应商在签订采购订单到规定设备、材料和文件交付至 EPCC 项目现场期间,利用各种必要资源顺利完成采购订单。②确保供应商满足采购订单中确定的合同交付日期。③在影响供应商交付日期的最初阶段提出建议。催交员应提出将要采取的改正措施。④与其他专业(如计划、检验、物流等)联络并协调催交活动。⑤内部催促活动涉及或影响采购订单规定合同交付日期的所有专业。⑥通过检查和研究材料、制造、分包订单和测试之间的可追溯性,追踪所有采购订单自签署到交付的全过程。

## 10.3 缩写

首字母缩写包括:①EL:催交经理。②EC:催交协调员。③IAP:检验活动计划。④IC:检验协调员。⑤IRC:检验发放证书。⑥ITP:检验和测试计划。⑦MCS:材料证书汇总。⑧MRR:材料接收报告。⑨LOA:授标函。⑩OS&D:过剩、短缺、损坏报告。⑪PL:装箱单。⑫PO:采购订单。买方和供应商之间的合同文件,包括就设备、材料和/或服务采购事宜发布的所有技术和商务文件。⑬PPM:项目采购经理,在项目组织程序文件中称为采购经理。⑭VPR:供应商进度报告。⑮RN:发货通知。⑯SPM(Marian):智能工厂材料管理,从确定将要采购的材料和设备到设备和材料现场交付期间用来监控订单的电脑应用程序。⑰VDDR:供应商图纸和数据要求。

## 10.4 组织机构和职责

催交团队内人员的组织和结构参见项目组织程序中的项目采购组织机构图。

### 10.4.1 催交经理（EL）

催交经理要在 EPCC 项目执行期间协调所有催交活动，特别是发布与分发适用的程序、催交协调员策略并传达优先事项，与 EC 一同整合催交员/供应商收到采购订单的状态信息。

应召开由 EL 和 EC 参会的进度会议，核对相关信息和采购订单状态。由 EL 向 EC 分配催交员要跟进的每个采购订单。

### 10.4.2 催交协调员（EC）

EC 应当：①将采购订单发给催交员；②参加进度会议并通告采购订单状态；③需要时，在开工会议上为催交员提供支持；④确保催交团队遵守程序；⑤协调和支持催交员；⑥保证做好对违约赔偿金和采购订单清算的初步研究；⑦催交经理要求时，与供应商一起直接服从优先事项指令；⑧确保催交员收到的信息是最新且一致的；⑨将相关信息提供给材料控制系统（如 Marian）团队，以便及时更新材料控制系统（如 Marian）中的信息。

### 10.4.3 催交员

指定催交员要开展以下活动：①阅读和遵守适用的程序。②通过电话或书面方式跟进采购订单，核实和分析供应商提供的所有信息，必要时采取适当行动。③确保供应商按照合同义务制定供货计划，计划涵盖制造周期的所有阶段（设计、采购、施工、检验和装运准备）。④检查并确保合同交货条款和活动频率符合采购订单指定的关键等级。⑤经催交经理和/或催交协调员下单要求后，参加关键/复杂采购订单的授标前会议。⑥协调和参加（指定采购订单的）开工会议，通知供应商按照规定频率发送进度报告、文件和表格。⑦要求供应商提供详细的月度进度报告［格式参见下述 10.6 节供应商进度报告（设备）］，以及最新的制造进度计划。分析相关信息，向供应商说明所有不一致的地方，信息整合完毕并确认可靠后，在这些报告的截止期限内，按照项目分发表格在内部分发，用规定的格式、整理方式和指导方针提供所有必要信息。⑧检查并确保供应商的进度符合采购订单约定条款。⑨内部其他专业的催交，可能需要处理技术偏差、不合格报告、工厂催交报告、质量计划、焊接档案等，或者可能影响生产进度的其他事件。⑩各工程设计中心的催交活动不只包括联系供应商，主要是上述的内部催交。特别是在订单初期，内部催交更是关键问题，以免对采购和供应商将来的制造活动产生进一步影响。⑪访问重要设备和材料（对于顺利完成 EPCC 项目非常关键）的供应商，确认在承包商总部催交期间已收到进度信息，此项活动应与项目检验团队协调完成。⑫评估已收到信息的可靠性，确定采购订单进展过程中可能出现偏差的影响。⑬核对供应商发送的未标价的子供应商订单，并要求提供子供应采购订单副本。跟进并核对主要的子供应采购订单。确认子供应采购订单及时有序交货，不会干扰生产进度。⑭确认子供应商是否已经采取或将要采取措施遵守进度，发布催交报告。⑮检查采购订单，采取必要措施，消除妨碍指定采购订单管理的任何潜在原因。⑯确定已准备好装运材料，已收到采购订单规定的所有文件，检查装运文件后续证书的完整性，发布发货通知。⑰通知项目物流团队现有材料的量，以及用于装运必要的 RN 和文件。之后，项目物流团队将分析这些文件，如需任何说明，会在催交团队的支持下联系供应商。⑱合作确保供货进展所有相关信息可用，延期交货时（如有），相关信息可能有助于正确确定违约赔偿金。⑲要求供应商按照采购订单规定副本的数量和格式提供之前经检验部门修订和批准的制造商数据记录（材料合格证、测试合格证、曲线等）。⑳分析从项目检验团队收到的催交报告，必要时采取适当行动。

### 10.4.4 材料控制系统团队

材料控制系统团队负责：①用从催交团队收到的信息更新材料控制系统；②用从催交团

队收到的所有相关电子邮件或信息持续更新文件。

## 10.5 操作规程

### 10.5.1 采购订单登记

采购订单一登入材料控制系统（如 Marian）或者催交员一收到授标函，催交员就要开始各项活动。

指定催交员之后，其必须立即向 EC 和材料控制系统（如 Marian）团队提供以下信息：采购订单的联系人和供应商参考编号。

### 10.5.2 开工会议

催交员必须与所有相关专业（技术、检验、文件控制等）协调召开"开工会议"。开工会议议程表的格式参见下述 10.6 节。

开工会上，催交员必须告知供应商应提交的文件及文件格式，以及要求提交的时间和形式。

如供应商对应提交文件中的信息存有任何疑虑，必须加以分析和解决。

### 10.5.3 采购订单状态

每月至少一次通过电话和书面方式要求供应商提供以下信息。催交员认为情况紧急时，可以两周甚至每周催交一次。催交频率取决于采购订单的紧急程度。

催交员收到关于采购订单状态的所有信息后，应立即将其发送给催交协调员（EC）。

### 10.5.4 供应商进度报告（VPR）

供应商进度报告仅适用于设备采购订单，且每套设备一份报告。大宗材料订单不需要本报告。对于大宗材料订单，供应商提供给催交员的报告应为采购订单中每个地点的交货进度，报告中要明确指出采购订单中每个地点的所有材料代码、参考和说明。

供应商进度报告要详细说明文件状态、子供应商订单状态、储存状态（车间收到的用来生产订购设备的材料）、制造情况、交付日期和生产主要活动的进展概况。

供应商对所购货物（材料或部件清单）的最新计划必须至少包括以下信息：①关于供货设备、种类、样式、材料或尺寸等方面的说明（如不可行，则按照供货设备、种类、样式、尺寸等发布分项列表）；②子供应采购订单编号；③子供应采购订单发布日期；④子供应商名称，指出国家和生产地点；⑤子供应采购订单和预计交付日期；⑥子供应采购订单状态概述。

供应商应按照 VDDR 规定的时间和形式发送未标价子供应采购订单的副本，副本中必须说明子供应采购订单采购材料所属设备或零件的主采购订单编号和参考编号。供应商要用下述 10.6 节的 VPR 设备表格，按照 10.6 节供应商进度报告填写说明中的说明准备进度报告。报告应指明开始日期，并 100% 符合上述活动要求。

### 10.5.5 生产进度

生产进度要列出履行、跟进和控制采购订单的主要活动。生产进度中的主要活动包括：
①设计、采购：预计提交子供应采购订单的日期、预计收到材料和部件的日期、制造活动、最终测试和交付日期（包括 Incoterm）。②生产进度要按照采购订单的交货要求列明开展上述活动的预期进度以及每项活动的实际进度。③生产进度中的任何活动出现任何偏差，供应商都必须立即向催交员报告，由催交员报告给催交协调员（EC），说明纠正措施，更新生产进度，按照采购订单规定的交付日期重新计划进度。④如果是设备订单，供应商要针对

即将供应的每项设备发布详细的生产进度。⑤如果是材料订单,供应商要按照种类、样式、材料、尺寸或子供应采购订单等发布详细的生产进度。

除了上述两种情况之外,还要发布整个采购订单完整的生产进度,包括以下信息:①发布设计文件和批准设计文件的日期;②发布材料和部件子供应采购订单;③材料和部件交付至供应商工厂的日期;④生产流程或活动;⑤中期和最终测试;⑥根据采购订单的商务条款完成交货。

列明每项设备的生产进度,或者按照供应材料的种类、样式、材料、尺寸或分包订单等列出生产进度,至少要包括以下信息:①每个部件的质量,以及占订单总重的比例(以 kg 和%表示)。②设计文件的状态,说明交付时间和批准状态。③供应商工厂采购和接收的材料。④制造周期。说明制造过程中的所有相关活动。⑤生产过程中规定的工厂测试和中期控制措施。要反映出 IAP 或 ITP 中指出的各点,尤其是标记为"W"或"H"的各点。⑥最终测试和检查。⑦无包装 EXW。⑧包装和标记。⑨已包装 EXW。⑩按照适用于采购订单的国际贸易术语解释通则完成运输(如适用)。

### 10.5.6　工厂的催交访问

如果采购订单情况紧急或者 EC 认为有必要,会要求项目检验与催交团队到供应商的工厂进行催交访问,或者提高采购订单的催交级别,修改访问的规律。

检验协调员(也称为质量控制协调员)要处理访问管理和协调事宜,在访问后两天内收取相应的催交访问报告,并分发到项目文件分发矩阵列出的专业。

如果催交员在分析催交访问报告之后,认为有其他项目内部需要采取行动的问题,要向负责解决相关行动或事件的部门(检验、采购、文件控制、项目工程设计、技术专业等)发送电子邮件,重点说明需要解决的具体问题。同样,催交员要继续催促解决问题的相关过程。

### 10.5.7　催交文件

项目催交团队必须催促和通知负责管理文件的文件控制人员提交未及时返还供应商且可能影响采购订单交付日期的所有文件。

紧急情况时,项目催交团队必须在文件控制人员旁边提供零星帮助。在此情况下,催交员应联系负责的设计工程师,催促返还供应商文件,同时将其行动通知文件控制人员,在催促和跟进关键文件时,必须继续保持采用同样的做法。

如果供应商未提交文件,而这可能干扰生产或交付日期,催交员应催促和通知文件控制人员。情况紧急时,为文件控制人员提供零星帮助。

### 10.5.8　最终检验通知

催交员应要求供应商及早提交最终检验的通知。供应商必须在检验日期前至少 21 个工作日提交本通知。供应商至少应将检验通知发送给检验协调员和催交员,说明:①适用的采购订单编号;②相应设备和材料的件数;③检验地点(完整地址);④计划检验时间;⑤联系人(姓名、电话、电子邮箱等);⑥产品、设备标签、数量等;⑦根据 ITP 将要开展的活动(测试、最终检验);⑧关于是否已与检验员预先约定日期的确认书。

如果最终检验通知属于 MCS,应由催交员发送给 EC。如果由于文件尚未完成无法进行检验,催交员必须通知文件控制人员,情况紧急时,要在文件控制人员旁边继续催交,并提供零星帮助。

### 10.5.9　设备和材料的交付

供应商应于收到订单后不迟于两个月(设备订单的情况),发送一份电子信息,给出预装箱单（尤其是加上包装总质量超过 20t 的重型设备，和/或外形尺寸长超过 12m、宽超过 2.50m 或高超过 3.50m 的设备），预装箱单至少要包括以下内容：①采购订单编号；②标签号和承包商标识号；③包装数量；④净重和总重（kg）；⑤每个包裹的尺寸（m）和体积（$m^3$）。

收到承包商检验释放证书、IRC 之后，催交员应根据采购订单所示的交货条件和国际商会国际贸易术语解释通则，立即要求供应商交付项目适用文件。装箱单、发票、原产地证书和其他文件上显示的所有信息都必须一致（说明、质量、尺寸等）。

如果采购订单的商务条款规定由供应商负责运输，则供应商必须向催交人提供以下交货资料：①按照采购订单各节内容详细说明批次的最终装箱单（必须包括材料的具体说明）。②包装标记。运输代理的名称。如果是海运，必须提供船名。③ETD（预计出发时间）、ETA（预计到达时间）和 ATA（实际到达时间）。④交付编号。AWB（空运单）/BL（提货单）/CMR（公路运单）。

收到 IRC 和上述文件后，催交人应按照分发矩阵发送 RN，包括供应商和物流。

必须强调一点，文件交付至物流部门后，承包商项目物流团队必须自己联系供应商，说明或退回交付的材料。正常情况下，催交团队不得作为两者之间的中间人。

项目催交团队的功能仅限于要求正确交付项目适用文件。以装箱单为例，如果该文件有误，催交员必须要求再次提交，但若商业发票有误，则不适用。后面一种情况下，将由物流部门直接联系供应商，如果出现任何错误，则供应商不视之为要求或者不履行各项要求。

无论由供应商或承包商物流团队负责运输，催交员均要向现场施工团队分发发货通知，通知他们准备接收发货通知中列出的材料。

特殊情况下，由于情况紧急或其他原因，项目采购经理或下达单后采购协调经理（在项目组织程序文件中称为高级采购协调员）可以通过内部通知指示催交员，让他们通知和指导供应商和物流部门在部分不符合规定条件的情况下，继续进行运输。

#### 10.5.10 过剩、短缺或损坏材料（OS&D）

现场接收设备和材料时或者项目物流团队在收集材料过程中，已接受设备和材料或者待收集材料与采购订单中要求的内容会存在一定差异，所以现场施工团队或物流团队要发布"过剩、短缺或损坏（OS&D）报告"。催交员要跟进 OS&D 情况，直到最终解决。

#### 10.5.11 最终质量档案（FQD）

催交员要求供应商按照采购订单规定的副本数量和格式提供之前经检验部门修订和批准的制造商数据记录（材料合格证、测试合格证、曲线等）。必须按照项目说明继续完成分发工作。

#### 10.5.12 材料接收报告（MRR）

催交员必须确认现场已经收到发出的所有材料。

#### 10.5.13 违约赔偿金和采购订单清算问题

催交团队应反馈采购订单的进度，分析采购订单交付日期、当前交付日期和延期（如有）原因。

#### 10.5.14 文件分发

外部分发（给业主、供应商等）催交文件要严格按照项目初期发布的项目程序进行。

## 10.6 样表与模板

本部分内容包括：开工会议议程表、供应商进度报告（设备）、供货商设备进度报告填写说明、供应商的制造进度计划示例、海关对 Made-in（产地）的指导说明、供应商进度报告（大宗材料）、设备检验通知、供应商最终质量文档、四周滚动计划、管材及大宗材料检验通知（材质证书汇总表 MCS）、检验及试验计划（ITP）、无损检测（NDT）清单、焊缝一览表。具体表格参见电子版，下载地址见前言中的说明。

# 第 11 章
# 检验员与工厂催交员工作指派程序

## 11.1 目的

本程序说明承包商指派赴供应商工厂的检验员和工厂催交员的工作,以及检验和/或工厂催交时应遵守的标准。本内部程序旨在:①确定将工作指派给内部检验员、外聘检验员或机构检验员/工厂催交员的标准;②介绍发布询价文件的流程;③介绍编制技术/商务评审表的流程;④规定指派工作之前 PDO 内部的批准等级;⑤介绍正式指派工厂检验/催交服务的内部检验员、外聘检验员或机构的发布流程;⑥介绍批准检验员工时表的流程;⑦介绍检验员工作时间(小时)和费用的开票流程。

## 11.2 范围

本程序适用于承包商采购部门采买的所有项目材料和设备的检验工作。本程序不包含施工现场的检验工作。

## 11.3 定义和首字母缩写

相关的定义与首字母缩写主要包括:①检验机构:指与承包商签订年度合作协议,按小时或里程计费在一个或多个国家开展工厂检验和/或催交工作的检验机构。②FQD:最终质量文件。③外聘检验员:指直接服务于承包商,并且按照个体经营者或单一股东公司开票,在工厂从事检验和/或催交工作的独立检验员。④IAP:检验活动计划。由承包商创建的规定供应商至少应开展的检验和试验,以及审查点(R)、监督点(M)、见证点(W)和停止点(H)的文件。⑤检验员:指派往供应商工厂从事制造工艺及设备和/或材料试验的监督和质量控制工作的承包商内部人员、外聘人员或由承包商代理机构雇用的第三方人员。⑥IRC:验收放行证书。⑦ITP:检验试验计划。也称质量控制计划。该文件由供应商创建,按时间顺序并基于 IAP、项目规范、法规、标准惯例和供应商专业知识列出了所有制造活动、控制和试验。另外,还规定了承包商检验员和业主/CTPIA 检验员应参加的检验工作(R、M、W、H 点)。⑧KOM:开工会。承包商与中标供应商之间召开的 PO 启动会议。⑨LOA:授标函。⑩材料控制系统(如 Marian):指承包商对采购、施工和成本控制进行一体化管理的计算机系统。⑪NCR:指由承包商或供应商因供应设备、材料、零部件或团队不符合采购订单要求、技术规范、法规或程序要求而发布的不合格报告。另外,也指不合格产品的不合规性。⑫PIM:预检会。⑬PO:采购订单。承包商向供应商发布的采购设备和/或材料的订单。⑭QCC:承包商采购质量控制协调员（隶属于 PDO）。也称为检验协调员。⑮QCM：承包商采购质量控制经理（隶属于 PDO）。也称为 QC/检验团队经理或主管检验协调员。⑯RFI：询价请购文件。承包商发布的进行设备和材料（包括适用规范和图纸等）招标的请购文件。⑰RFP：采购请购文件。承包商发布的进行设备和材料（包括适用规范和图纸等）采购的技术请购文件。⑱SIESA：工厂检验/催交服务指派程序。QC/检验团队用来帮助检验员进行指派流程的一款 利用数据库（如 Microsoft Access）编程实现的软件工具。⑲VDDR：供应商图纸和资料要求（由承包商编制）。⑳供应商：指从 EPCC 合同"批准的供应商名单"中选定的任何制造商、供应商或公司，或者业主针对本合同而批准的任何其他供应商。㉑工厂催交员：指派往供应商工厂从事催交工作的承包商内部人员、外聘人员或由承包商代理机构雇用的第三方人员。

## 11.4 指派标准

对供应商下达 PO 之后，QC/检验团队应将检验员派往每个确定的检验地点。检验地点要与供应范围内的主要部件相符，并符合 RFP 中规定的检验等级。

如果对同一供应商下达多份 PO，则同一检验员可跟踪所有 PO。可根据工作量和/或供应商绩效，将一名或多名驻厂检验员派往检验地点。

依据如下标准将检验员派往供应商工厂。

### 11.4.1 技术能力

检验员的技术能力包括：①以往检验相同类型设备或材料的经验；②丰富的相关行业标准、法规和项目规范工作知识；③技术水平及相应等级；④NDT（EN、ANSI/ASNT 等）、焊接检验（AWS、CSWIP 等）、涂层检验（NACE 等）以及其他适用认证（API 等）；⑤参加过的培训课程；⑥英文水平（书面和口语）。

通过审查个人简历（CV）和资格证书的副本，以及通过面试/考试（如需要）评估检验员的技术能力。

### 11.4.2 工作量

在给检验员指派任何额外工作之前，应考虑检验员从事其他工作的情况。对于内部检验员，承包商应指明拟派检验员每项工作的工作量。

### 11.4.3 商务评估

指派检验员的商务评估应考虑：①估算每项工作拟派检验员的成本。通过 QCC/QCM 并根据估计的访问次数估算成本，应包括每个工作日的小时数（包括旅行时间）、商定的小时费率以及估计费用（机票、酒店、餐饮、租车、燃料、停车、过路费和交通费）。②对于内部检验员，费率参考承包商规定的费率。③在满足最低技术能力要求的情况下，选择最经济的商务报价指派检验员开展工作。

### 11.4.4 业主批准

业主需批准指派的检验员：①按照 EPCC 合同中的"质量管理要求"，需要审查检验员的个人简历并提请业主批准。如有需要，可对检验员进行面试和测试。②对于业主正式拒绝的检验员，不得从事相关 RFP 中规定为检验等级 1、2 或 3 的设备/材料的检验工作。

在指派工厂催交员工作时，应遵守上述相同标准，但是，要按照每个 PO 的 QCC/QCM 规定的催交等级来估计访问频率。

## 11.5 发布询价文件

每次对于指派每个检验地点的工作，QCC 应负责填写下述 11.12 节中"指派工厂检验/

催交服务"相应询价表的第 1～8 部分以及第 10～13 部分。该表将填写在 SIESA 中。

询价表填妥后应以 pdf 格式打印出来，并通过电子邮件发送给检验地点所在区域的相应机构、外聘检验员和承包商相关各方。另外，QCC 填好黄色突出显示的单元格后，应将相应的成本估算表（参见下述 11.12 节）附于电子邮件上。

至少应将询价文件发送给五个机构。应从各方商定的项目名单（下述 11.12 节）中挑选检验机构和外聘检验员。根据指派工作的类型或项目（副）主任的要求，QCM 可要求 QCC 增加或减少拟向其发送询价文件的机构数目（包括或超出下述 11.12 节的候选名单）。

QCC 应在电子邮件中说明接受报价的截止期限。

检验机构、外聘检验员和承包商各方应填写询价表（下述 11.12 节"指派工厂检验/催交服务"）第 9 部分以及成本估算表（下述 11.12 节）中以蓝色突出显示的单元格，并将其通过电子邮件返回 QCC。此外，检验机构还应将提议检验员的个人简历（CV）和资格证书副本附于电子邮件上。

应从各方商定的项目内部检验员名单（下述 11.12 节）中挑选承包商各方提议的内部检验员。

## 11.6　技术-商务评审

QCC 应负责审查 CV，并评估每位拟派检验员是否拥有所需要的最低技术能力（即 1—合格），或验证是否认为检验员不适合指派的工作（即 3—不合格）。在某些情况下，拟派检验员可能缺乏所需技术能力中的某些能力，但仍可以指派进行某些监督工作（即 2——一般）。

QCC 要把填妥的询价表和成本估算表输入 SIESA，以自动获得相应的技术-商务评审表（下述 11.12 节）。

QCC 应根据上述 11.4.3 节中规定的标准，选择最合适的候选人，并且应在技术-商务评审表中予以注明。此后，QCC 应在 SIESA 中创建相应的工作指派表（下述 11.12 节），并打印出相应的成本估算表（下述 11.12 节）。

## 11.7　批准指派

QCC 应将技术-商务评审表（下述 11.12 节）、成本估算表（下述 11.12 节）和工作指派表（下述 11.12 节）的打印件发送给 QCM 进行批准。对于检验机构的检验员，QCC 还应发送选定候选人的 CV。

技术-商务评审表（下述 11.12 节）和工作指派表（下述 11.12 节）须经 QCM 签字。

另外，驻厂检验员/工厂催交员的工作指派须经项目采购经理/执行采购经理批准。

## 11.8　发布指派的工厂检验/催交服务

在 QCM 批准工作指派后，QCC 应通过电子邮件向检验机构、外聘检验员或承包商各方发送工作指派表（下述 11.12 节）的签字副本以及成本估算表（下述 11.12 节）的打印件。

如适用，QCC 应确认 PIM 日期，并将相应的工作指派包（AP）发送给检验机构、外聘检验员或承包商各方（参见上述检验程序 9.5.4 节）。

所有询价和指派记录都将保留在 SIESA 数据库以及项目文件服务器中。技术-商务评审表以及选定检验员 CV 的副本将保留在项目文件服务器中。工作指派包的副本将存档在电子文件管理系统中。

根据项目要求和/或供应商工厂制造期间出现意外的情况，项目采购经理/执行采购经理可要求提高催交等级和/或检验等级，从而增加访问次数。基于估算确定所有工作指派，但是执行工作期间可能发生变化。

根据检验员和/或检验机构的表现，承包商保留在必要时取消所指派工作的权利。

## 11.9 批准工时

每次检验之后，检验机构、外聘检验员或内部检验员应发送相应的检验报告（参见上述 9.8 节）以及相应的工时表（参见下述 11.12 节）。

对于驻厂检验员，应每月利用下述 11.12 节的工时表填写工时。工时表应由 QCC 或 QCM 责任人批准/签署，并返回给检验机构、外聘检验员或内部检验员。所有经过批准的工时表都要存档在电子文件管理系统中。

在未收到相应检验报告或 QCC/QCM 对上述报告所做意见答复/澄清的情况下，不得批准工时表。任何取消的访问至少应提前 48h 通知检验机构、外聘检验员或内部检验员，取消的访问承包商概不承担费用。

## 11.10 开发票

检验机构和外聘检验员应按照所附的开票说明（下述 11.12 节），每月将发票发送至承包商。发票必须随附费用票据的副本，以及相应的 QCC 或 QCM 签字（工时表）。

收到发票之后，承包商的开票部门将其发送至 QC/检验团队，并在相应的财务管理系统（如 SAP ERP）中批准工时数。

按照承包商内部的规定，内部检验员应向承包商开具工时数和费用的发票。

## 11.11 相关规定与程序

### 11.11.1 业主规定和程序

相关的业主规定与程序包括：①EPCC 合同通用条件；②采购和材料管理程序；③工厂检验协调程序；④质量管理要求。

### 11.11.2 项目程序

相关的项目程序包括：①检验程序；②QA、QC/供应商检验和催交要求。

## 11.12 样表与模板

① 指派工厂检验/催交服务　　　　　⑥ 内部检验员名单
② 指派工厂检验/催交服务成本估算表　⑦ 开票和银行担保指导说明
③ 技术-商务评审表　　　　　　　　⑧ 正常工时与费用表
④ 检验机构清单　　　　　　　　　　⑨ 增加工时和费用表
⑤ 外聘检验员名单

①~⑨中内容参见电子版，下载地址见前言中的说明。

# 第 12 章
# 供应商技术支持专家计划

## 12.1 目的

本计划旨在实现对材料和设备所需现场供应商技术支持服务的标准化管理。

本程序从以下角度说明了对该等供应商技术支持服务的管理：①承包商的内部管理，包括定义、评估和授予所涉及的服务；②承包商与供应商之间的管理，包括监控所提供的服务的效率等方面。

根据 EPCC 合同《采购与材料管理程序》的规定："承包商应在供应商动迁进场之前，至少提前三十（30）天的时间，向业主提交供应商技术支持专家计划，供业主审批。"

## 12.2 范围

对于由采购人员管理并由供应商和专利商（如适用）提供现场技术支持的所有采购订单，必须强制执行本计划。

在本计划框架内，供应商的技术支持服务可理解为与以下活动相关的服务：①对安装工作的监控；②预试车；③试车和开车支持。

此外，与现场安装和保修相关的活动以及与供应商所负责的设备和材料供应相关的其他任何活动，均应包括在本程序中所界定的控制措施范围内。应按照与其在当前文件中所界定的相同方式处理卖方所执行的培训活动。

需要有供应商代表到场的设备包括但不限于：①离心式压缩机；②往复式压缩机；③蒸汽轮机；④电气设备；⑤仪表；⑥高压泵等。

## 12.3 定义

供应商：系指自 EPCC 合同明确的批准供应商名录中选定的制造商、供应商，或业主为 EPCC 合同批准的任何其他供应商。

VAC：系指承包商负责供应商技术支持服务的协调专员。

## 12.4 编制依据

采购部门应为 EPCC 项目指定一名人员，负责从项目开始到结束整个周期内协调与供应商技术支持服务相关的活动［即：供应商技术支持服务协调专员（以下简称为"VAC"）］。本项规定并未对参与 EPCC 项目过程中的每名人员/部门所需承担的责任作出任何限制。对该等责任的具体说明见下文。

将按时间顺序逐一解释项目过程中的主要里程碑。

### 12.4.1 供应商技术支持服务清单

在项目开始阶段，最重要的一点是了解现场对供应商技术支持服务计划的具体需求，以便最大限度地管理该等服务，从而减少该等服务对最终工期和最终成本的任何不良影响（由于不当管理采购订单和谈判造成额外的工期与成本）。

按照下述 12.9 节的模板，提供项目中所有工艺单元设备对供应商活动/技术支持服务的初步需求清单（标准见表 2-12-1），应依据承包商的标准及其先前类似项目经验编制完成该等清单。

表 2-12-1　供应商技术支持服务需求的标准

| 活动 | 安装 | 总周数 | 人员数量 | 周期 | 预试车 | 总周数 | 人员数量 | 周期 |
|---|---|---|---|---|---|---|---|---|
| 塔及反应器（内件） | X | 可调整 | 1 | 2 | X | 1 | 1 | 1 |
| 空冷器 | X | 可调整 | 1 | 1 | X | 1 | 2 | 2 |
| 压缩机及透平 | X | 2 | 1 | 1 | X | 可调整 | 2 | 1 |
| 锅炉、加热炉及重整炉 | X | 3~4 | 1 | 2 | X | 1.7 | 1 | 1 |
| 火炬/焚烧炉/空滤器 | X | 2 | 1 | 1 | 不适用 | 不适用 | 不适用 | 不适用 |
| 深冷器 | X | 2 | 1 | 1 | X | 1.1 | 1 | 1 |
| 暖通空调 | 不适用 | 不适用 | 不适用 | 不适用 | X | 可调整 | 2 | 1 |
| 空滤器 | 不适用 | 不适用 | 不适用 | 不适用 | X | 0.2 | 1 | 1 |
| 变电站内电气设备 | X | 可调整 | 可调整 | 可调整 | X | 3.5 | 2 | 1 |
| 阴极保护（外加电流） | X | 1 | 1 | 1 | X | 0.6 | 1 | 1 |
| 电伴热 | X | 1 | 1 | 1 | X | 可调整 | 1 | 1 |
| 仪表 | X | 可调整 | 可调整 | 可调整 | X | 可调整 |  | 3 |
| 电信 | 不适用 | 不适用 | 不适用 | 不适用 | X | 可调整 | 2 | 1 |

注：X 表示适用。

### 12.4.2 询价、谈判和授予供应商技术支持服务（总部）采购订单

通过编制供应商技术支持服务清单确定服务需求后，专业/项目负责人需确保在所有采购请购单中包含该等服务需求及必要的详细信息。此外，采购协调专员，特别是采买协调专员/采购员，应确保按照采购请购单中所给定的范围和适用于该等技术支持服务的特定商务条件，将所要求的价格包括在询价文件以及后续的采购订单中。如果在现阶段已指定供应商技术支持服务协调专员，则该等人员应确保合理协调上述整个过程。

在设备采购订单的谈判过程中，进行技术支持服务条件方面的谈判应作为一项强制性要求，因此应始终确保在采购订单中包含以下服务：①适用于现场技术支持服务的通用条款。包括在下述 12.9 节中"供应商现场技术服务通用条款"。②适用于现场技术支持服务的专用条款。包括在下述 12.9 节中"供应商现场技术服务专用条款"。③技术支持服务范围及总包价，包括服务费用和其他费用（差旅等）。具体请参阅下述 12.9 节中"采购订单所需供应商现场技术支持的检查清单"。④供应商在开展工作时所需提交的进度报告的模板（包括考勤表）。具体请参阅下述 12.9 节中"供应商技术支持工作日常考勤表"。⑤临时关闭证书。具体参见下述 12.9 节中"临时关闭证书"。

基于项目合同计划，技术支持可能需要独立于设备采购订单而签署单独的采购订单。

在与供应商谈判期间（在尽可能早的阶段），需要考虑的关键概念如下：①检查专利商和业主之间是否有先前签署的合同，对业主和承包商合同下需提供的技术支持作出了商务条件和/或服务次数等方面的规定；②就所需完成任务的确切范围、持续时间和所需人员达成一致；③对人员简历和人员变动的审批要求；④就供应商必须提供的文件达成一致（需提交审批的监控报告和关闭报告，以及关于可补偿费用的证明性文件等）；⑤向供应商发送通知和要求供应商到场的条件；⑥对供应商技术支持服务商务条件和指导书（CC&I）的例外情况；⑦各类人员和各类工作时间下的小时费率（与历史/客观数据进行比较），包括最高封顶上限；⑧差旅、住宿和其他费用条件；⑨对供应商/承包商/业主的工具、资源等需求；⑩满足供应商担保所需履行的技术支持方面的义务；⑪其他。

### 12.4.3 项目执行期间活动计划（总部）

编制完成安装、预试车、试车和开车计划后，应提交给项目主任和项目采购经理，以便监督和检查采购订单的有效性，特别是相关专用条件的有效性（例如：需要考虑的潜在费率/价格调整比例）。

## 12.5 到场需求

### 12.5.1 识别对供应商的潜在需求

根据详细的作业活动计划以及先前的定义和授标情况，试车经理应向供应商技术支持服务协调专员或现场采购经理（如未指定供应商技术支持服务协调专员）提出申请，以便及时管理各项供应商技术支持服务需求。该等申请单应提前适当的时间提交（对于本地供应商，应提前2周时间；对于非本地供应商，应提前6周时间，具体需根据采购订单及其附件中的规定）。

该等申请应通过下述12.9节"供应商技术支持服务申请单"（VAR）提出，其中需要说明所需服务的具体日期/持续时间。每一份VAR后应附上一个附件，对所需完成的工作任务进行具体说明，特别是：①现场拟执行的工作类型；②工作地点；③执行工作时所需提供的工具和材料；④执行工作时所需接受的安全培训；⑤执行工作时所需遵守的程序；⑥可能存在的其他特殊要求。

在识别需求之后，必须检查以确定该等工作是否先前已作为现有采购订单的一部分内容而发包/招标，或是一项新识别出的任务。如果是一项最近识别出的任务，供应商技术支持服务协调专员应负责与施工部门和采购部门（现场采购协调专员或授权代表）协调必要的行动（修订已签订的采购订单，签发新协议或采购订单，发放已协商一致的采购订单通知等），并在供应商技术支持服务申请单中列明上述行动。如未指定任何供应商技术支持服务协调专员，则应由现场采购协调专员或授权代表完成。

### 12.5.2 供应商的通知

供应商技术支持服务协调专员或现场采购协调专员/项目采购经理或现场采购协调专员（如未指定供应商技术支持服务协调专员），应负责将供应商到场需求通知给供应商（根据采购订单、采购请购单和适用的商务条件）。

如果要求供应商在先前确定的期限内到场，或根据先前已商定的条件（人员/期限、费率、简历等）到场，则应通过正式通知的方式来实现。

此等通知中应包含如下信息：①所涉及的采购订单及其所附文件（询价请购文件、文件要求、商务条件等）。②关于所需要服务及现场具体需要日期的详细说明，包括人员要求以及与该等人员相关的其他任何特殊要求。③详细的工作计划。如需要，可在通知中提供照片，以便进一步明确所需完成的工作任务。④要求供应商提供其人员获得进场证可能需要的任何信息。⑤必须满足的任何特定法律或医疗要求的提示。

在收到供应商的正式答复及相关信息之后，供应商技术支持服务协调专员（如未指定供应商技术支持服务协调专员，由项目采购经理或授权代表负责）可要求项目管理人员提供必要的文件（如邀请函、住宿和交通申请单、人员进场证申请单、HSE/施工部门的安全培训、现场办公室管理、与施工部协调所需其他资源等）。

#### 12.5.3 技术支持服务的监督和记录

**（1）技术支持服务的管理**

供应商技术支持服务协调专员或现场采购经理（如未指定供应商技术支持服务协调专员）负责持续管理供应商执行的所有工作，并区分哪些工作是先前计划好的（包括在先前采购订单当中）以及哪些工作是新需要的。

**（2）进度报告（考勤表）**

在开始现场工作之后，供应商应每周提交一份进度报告（包括采用"供应商技术支持日常工作考勤表"模板的考勤表），并由供应商代表、施工主管和供应商技术支持服务协调专员（根据实际情况）出具意见、批准和签署。在该等进度报告中，应详细说明工作进展状况、生产效率、可能发生的事件、执行工作的人员类别等内容。

应为供应商指定一名施工主管，负责协调落实供应商代表履行技术支持服务任务及现场控制。

#### 12.5.4 工作关闭

在工作关闭之后，应根据下述12.9节中的"临时关闭证书"模板，管理关闭通知（包括尾项清单，如适用）。应由供应商签发工作关闭报告，并经施工主管、供应商技术支持服务协调专员、现场经理和项目经理审查之后提交给现场采购经理/项目采购经理，以监控相关采购订单的关闭工作。另外，该等报告应用作对业主的正式报告（仅在必要时）——临时关闭证书。

### 12.6 主要责任

与本程序相关的主要责任如下：①项目经理应全权负责项目所授予的全部订单，因此也应负责正确管理供应商技术支持服务。②供应商技术支持服务协调专员应负责整个采购过程的管理。如果未指定供应商技术支持服务协调专员，则项目采购协调专员（PPM）应负责管理该过程。③承包商的采购经理负责确保项目采购人员（尤其是采购员）遵照本程序。④承包商的现场经理应负责确保供应商技术支持服务协调专员、施工主管以及预试车、试车和项目控制责任人员遵照本程序。

### 12.7 记录

在本程序规定下编制的文件，应按照所涉及的专业分类归档。

### 12.8 相关规定与程序

#### 12.8.1 业主规定与程序

相关的业主规定与程序：采购与材料管理。

### 12.8.2 项目程序

相关的项目程序包括：①项目执行计划；②采购与材料管理执行计划；③施工执行计划。

## 12.9 样表与模板

① 供应商技术支持服务初步需求清单
② 供应商现场技术服务通用条款
③ 供应商现场技术服务专用条款
④ 供应商技术支持服务需求
⑤ 采购订单所需供应商现场技术支持检查清单
⑥ 供应商技术支持服务申请单
⑦ 供应商与技术专家计划
⑧ 供应商技术支持工作日常考勤表
⑨ 临时关闭证书

①～⑨中内容参见电子版，下载地址见前言中的说明。

# 第 13 章 现场材料管理计划

## 13.1 目的

阐述从材料到达项目现场到项目完工的过程中，对材料进行接收、储存、维护和发放的"现场材料管理计划"程序。

## 13.2 范围

本文件里的指导原则和说明适用于承包商采购、接收、搬运、储存和分发的所有材料。

## 13.3 定义

定义包括：①MRR：材料接收报告。②MIR：材料发放报告。③OS&D：超量、短缺及损坏报告。④CR：不符合项报告。业主、承包商或供应商签发的一个文件，强调指出在采购订单执行过程中所发现的任何不符合项。

## 13.4 职责

材料控制经理：指承包商指派负责执行本程序的人员。

保管主管：指承包商指派的负责核实和实施在下述 13.9 节"保管计划"要求的保管活动的个人（或试车组）。所任命的保管主管将整合到现场材料控制组，这取决于材料控制经理的安排，直至试车活动开始。保管主管还应维护和保存本节涉及的各种记录。

## 13.5 组织机构图

典型的现场材料控制管理组织机构如图 2-13-1 所示。

## 13.6 现场材料与文件处理流程

图 2-13-2 给出了典型的材料与文件处理流程图。

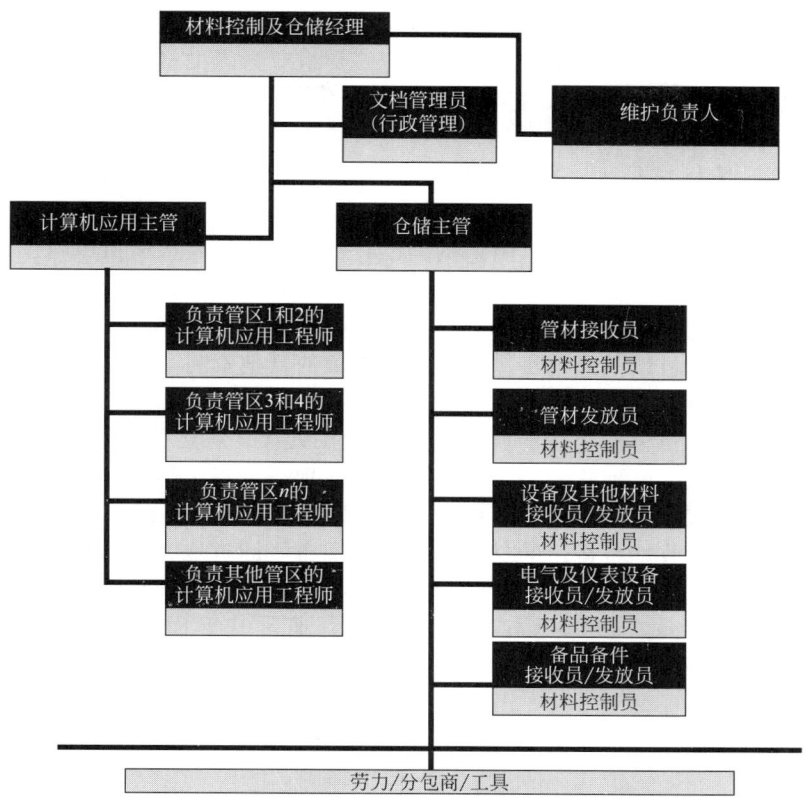

图 2-13-1　典型的现场材料控制管理组织机构

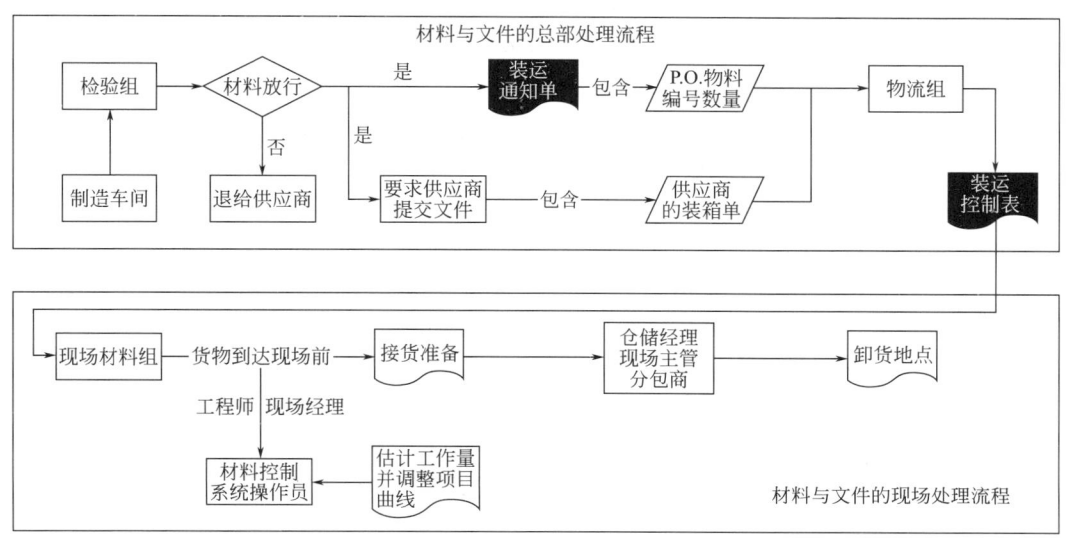

图 2-13-2　材料与文件处理流程

## 13.7 接收

每当承包商检验员放行一批材料后,承包商催交组应为该批材料签发一个发运准备就绪的放行单(参见下述13.14.4节),包含以下信息:①采购订单编号;②位号;③发运数量。供应商应编制并提供货物的装箱单,包含所有包装信息。催交组应把放行单和装箱单发给承包商的物流组和现场材料经理。同时,催交组还应更新材料"材料交货报告"(见下述13.14.4节)里的日期,并将预计到达日期通知所有相关专业。

应随货发出放行单的复印件,以确认货物已经被承包商指定检验员放行。

在货物到达现场之前,现场材料组还应收集相应的装运文件、请购文件、供应商图纸以及卸货、现场检验或储存所必需的任何资料。

为了收集到这些资料以及与项目采购的货物相关的其他资料,材料经理应当每天与总部的催交组和物流组联系。

承包商的物流组应当根据获得的所有信息编制和更新"装运控制表"(见下述13.14.4节),包含所有预计发货/已到货物信息,用于:①向现场计划工程师和现场经理报告,目的是估算对应的工程承包商的工作负荷并更正/修改相应的项目曲线;②通知承包商相应的主管和分包商代表准备接收即将运达的材料或设备、准备好卸货地方和通道、安排必需的人力和卸货机械。

在货物到达现场之前,必须确定好卸货地点。通常有下面四种选择:①室内仓库;②露天堆场;③分包商的预制施现场(直接交货);④直接运至安装地点或旁边(直接交货)。

当货轮或货机到达相应的港口或机场时,现场材料组应尽量帮助物流和货运公司进行清关。

### 13.7.1 卸货操作

图2-13-3给出了材料与文件卸货流程。

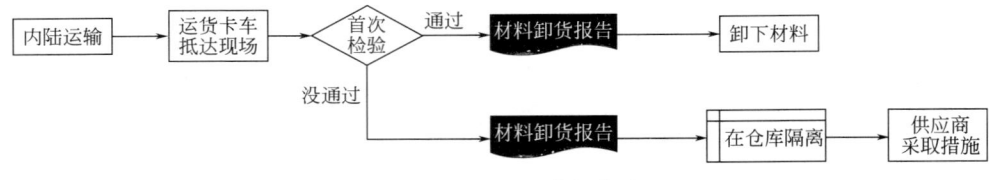

图2-13-3 材料与文件卸货流程

在载货卡车抵达现场卸货前,现场材料组应首先进行检验,以检查货物是否有损坏及其外包装状况。若有损坏,拍下损坏情况照片并在货运代理的收货文件上指出损坏情况。如果货物装在集装箱里运达,现场材料组应填写集装箱返还表格,阐明集装箱状况及返还日期,以免货运代理进一步索要。还应发布卸货材料报告,阐明已经完成的所有检验项目。

完成检验后,现场材料组或相应的分包商应在商定地点卸货,可以使用叉车、吊车或经批准的其他适当工具,不得造成货物损坏。应根据材料类型和存储等级,特别小心地运输和操作。对于管子,最好将其放置在框架箱里、敞顶集装箱里或散装进行运输。当装有管子的干储存容器运达现场时,应使用适当的吊车将干储存容器放在地面上,去掉端帽,然后用伸缩臂叉车或其他适当工具逐根抽出管子,抽出一定长度后,再使用吊车或其他叉车抽出,以加快卸货速度。

### 13.7.2 材料检验

图 2-13-4 给出了现场检验流程。

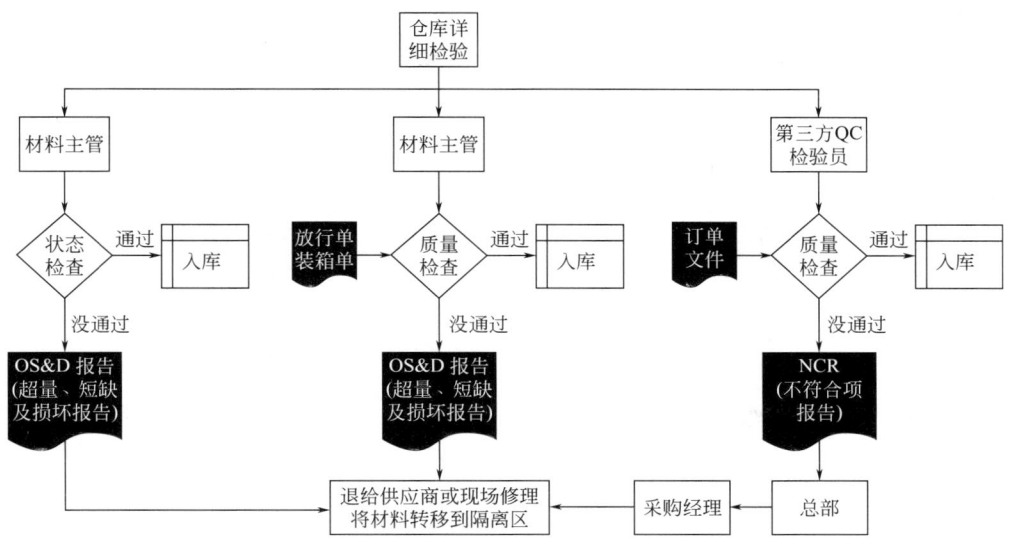

图 2-13-4 现场检验流程

到货后,将检查所有设备的装运保护盖、开口保护塞、机加工表面和螺纹表面上的防锈涂层。

一旦卸货,应进行以下三项检查:①物理状态检查。材料主管应检查所有到货材料没有明显损伤或质量劣化。②数量检查。材料主管应核实所收到的材料数量与相应装运通知单和/或装箱单上的数量一致。③质量检查。质量控制组应依照采购订单文件、图纸和 EPCC 项目的标准,检查每件货物的质量。若发现不符,应签发不符合项报告(NCR)。

若在检查过程中发现损坏、数量超出或短缺,材料控制经理应当发布 OS&D(超量、短缺及损坏报告,见下述 13.14.4 节),指出这些问题。倘若发现到货材料存在损坏或质量劣化,现场材料组应决定将货物退回供应商,还是在现场修复但由供应商承担费用。

承包商总部收到来自现场的 OS&D 或 NCR 报告时,应将报告通知供应商,敦促其采取纠正措施。现场材料组在材料控制系统(如 Marian 或 SPM)里输入将采取的纠正措施,且催交组应在该系统里督促执行。一旦完成该纠正措施,施工组也可在材料控制系统里关闭该纠正措施。

现场材料组应控制 OS&D 报告,直至最终解决所有问题。QC 组应按照项目的现场不符合项及纠正措施管理程序,监控所有发出的 NCR 以及所采取的纠正和预防措施。

应明确标示现场检验中不予认可的材料并转移到隔离区,以免在现场使用。如果所收到的材料不能再用于本项目,也应将其转移到该隔离区里一个分开标记的地点,并永久公示为"不再使用"。

### 13.7.3 关于材料检验的具体建议

(1) 管道材料

应对照供应商的装箱单和装运通知单,核查所收到的管道材料。验证管子的直径、壁厚、直线度、坡口、长度、材料类型及等级、标记及色码符合要求。

应检查阀门的直径、阀门类型（闸阀、球阀、止回阀等）、压力等级、代码、材料类型及等级。确保阀体和阀盖上没有裂纹。

检验员应检查法兰、管件和其他管材的直径、壁厚、压力等级、材料类型及等级、坡口状态，并验证这些材料上没有撞击痕迹、裂纹或其他缺陷。

此外，还应检查管材的保护涂层（主要是内部涂层）。查看在钢管段上尤其是管件是否有不符合项目要求的沥青基防腐涂料，比如内部环氧涂层或"黑亮漆""煤焦油""黑涂料""布仑司维克黑漆"等；如果发现，就应在材料卸货报告（见下述 13.14.4 节）和适当的质量记录里指出。

对于合金管材，应在材料接收检验时按照项目要求和材料试验证书进行材料可靠性鉴别（PMI），以验证所供材料正确。

在现场进行质量检验时，必须核实并确认标记正确，以建立材料的可追溯性。尤其强调的是，应在适当的记录里写明并鉴定材料批号和炉号，以便与相应的装运文件和采购订单比对。

（2）设备

对于塔器、容器、反应器、换热器、空冷器、过滤器等静设备，在将其卸到临时存放区或直接卸到现场安装位置的基础上之后，应检查设备上是否存在碰撞痕迹或划痕，这可能会损坏集合管、外壳或使封头变形。

现场收到的泵、汽轮机、压缩机、电动机、柴油发电机等动设备的底座应采用螺栓固定到其有内部防护的包装箱及框架的坚实底部。通常情况下，应按照供应商的使用说明书，对动设备进行定期盘车，并检查油位。

应特别注意检验成套设备，比如加热炉、蒸汽锅炉、冷却塔等大型设备。鉴于成套设备的体积和特性，通常分拆后运至现场，这需要对照供应商的装箱单、装配图、零部件图以及制造商的材料清单，进行严格核实。

成套设备的各组成部分，例如管道、阀门、仪表等，应当标记上其所属设备的设备标签（位号）。

对于所有设备和材料，检验员应确保其标识牌正确，并特别注意可能随设备一起运抵现场的松散附属件的标识，比如机械密封、螺栓螺母、压力表、阀门、恒温控制器等。

最好的做法是，要求供应商代表到现场核实和确认成套设备的每项组件。

（3）钢结构

通常由承包商在制造商工厂的检验员/协调员协调钢结构的交货事宜。

应对照供应商的装箱单或交货通知、供应商图纸及每件的标识，核实钢结构。如果现场附近有一台卡车地秤，就应验证钢结构的重量，作为一项附加验证项。

（4）电气及仪表材料

应目视检查电气及仪表材料，以检查出可能存在的折断或损坏。对照供应商装箱单和采购订单，验证材料的数量符合要求，且同时发运来了电气及仪表材料的配件。

（5）化学品、油漆、油品及易燃品

最好将化学品、油漆、油品及易燃品或其他性质的类似产品储存在一个专门的地方，人员很少经过，且必须进行遮盖、自然通风并配备灭火器。

应在每批这类材料的每项物料上设置标签，便于识别。标签上应有材料的完整描述、采购订单编号、批次等。

储存场地应有坚硬的地面和围护，以免由于储存期间发生意外而导致这种物品泄漏/溅出后污染地面/地表水和土地。

应定期检查存放这类物料容器的区域。应检查容器有无泄漏迹象、总体劣化以及标签是否正确。应记录下这些检查的结果并妥善保存。

**(6) 催化剂**

应按照供应商的指导说明书,存放好催化剂并正确标识。最好存放在遮蔽阳光风雨、通风良好的地方,以免受潮、受阳光照射或外部因素的影响。如果最终用户有适当的容器,则应使用最终用户的容器存放催化剂。

### 13.7.4 材料接收报告

材料接收报告流程如图 2-13-5 所示。

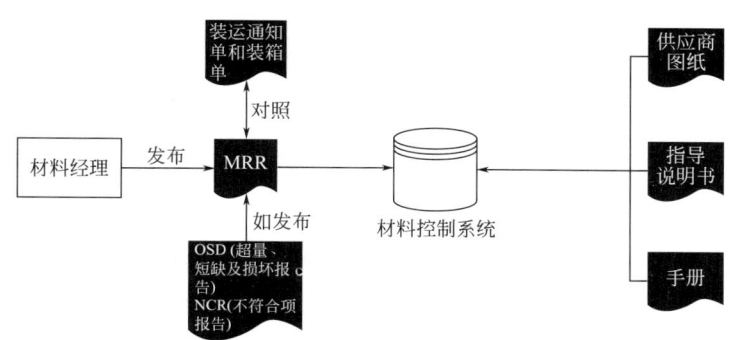

图 2-13-5 材料接收报告流程

完成对货物的检验后,材料控制经理应根据对应的装运通知单,编制"材料接收报告"(MRR)(见下述 13.14.4 节),指出所收到并认可的实际数量。

材料控制经理应把在检验过程中可能产生的 NCR 或 OS&D 报告(若有)附到"材料接收报告"里。

应用材料的用户应把"材料接收报告"输入材料控制系统(如 SPM),以便更新库存清单。

应把随货一起收到的文件(比如供应商图纸、指导说明书、手册等)保存在现场文件办公室。应把管材试验证书和质量文档转给 QA/QC 人员。应对照放行单,控制发布的材料接收报告(MRR)(下述 13.14.4 节)。

对于已收到的材料,如果需要材料接收报告作为付款依据,材料控制经理应向项目控制人员提交一份已签字的材料接收报告(MRR),并附上 QC 人员签字的检验记录、装箱单和放行单(见下述 13.14.4 节)。

## 13.8 仓库

### 13.8.1 仓库及存放区域设计

应按照下列条件,设计仓库及存放区域并设置空间位置:①本项目所有材料的体积;②货物性质;③材料循环(入库和出库);④现场的特殊条件(地点、气候等);⑤预计交货期(项目进度计划)。

上述仓库及存放区域(有遮盖和无遮盖仓库)将是本项目的部分临时设施,将包含所有公共服务设施和其他设施,以完成"现场材料管理计划"里述及的所有操作,例如:①数据链接通信;②公用设施(电、水供应等);③照明;④根据所需承载负荷压实的地面和道路;⑤24h 安保和周界围栏;⑥其他。

设备及车辆一览表（初步，示例）：①7台起吊能力50/65t的吊车；②一台起吊能力100t的吊车；③3台前提升能力2t的移动叉车；④1台提升能力15t的柴油叉车；⑤4台提升能力10t的柴油叉车；⑥4台提升能力4t的柴油/燃气叉车；⑦4台提升能力7t的柴油叉车；⑧2台提升能力4t的伸缩臂叉车；⑨2个卸货/装货码头；⑩1台12m长的平板货车；⑪1台地秤；⑫3台皮卡车。

### 13.8.2 标识、保护及储存

**(1) 标识**

将管材储存后，其系上/贴上标签，在标签上写明承包商采购订单编号、材料件号及材料名称。对于其余材料，应标记上采购订单编号、件号和材料名称。如果一件材料附属于另一件材料，应在前者的标签上指明后者名称。见下述13.14.4节给出的标签样本。应给每批每件材料加标签。应在标签上写明材料的完整名称、采购订单编号、批次等。为了安全起见和避免弄错，应将设备存放区域适当围护住，给每台设备标记上位号。

**(2) 材料代码识别**

为了正确标识材料并有助于追溯本文件涉及的所有材料，每件材料标签上的承包商材料代码必须与材料控制系统（如SPM）里的材料代码相匹配。这将有助于在设计、采购和施工整个过程中对所有材料进行控制和追溯。主要识别标志有：按设备、电气、仪表等所有材料的家族和子家族描述的智能商品编码。商品编码有一系列号码和字母，用于指示材料的规格、类型等。由设计部门根据一系列规格、属性和编码构成规则，制定商品编码。

识别码：这是一个数字代码，不用遵守任何规则，在每一要素的项目数据库里唯一。用几何尺寸、材料类型和规格来描述材料。通过材料控制系统（如SPM）对本项目所包含的材料做出的所有报告和操作均应显示出该识别码，用于正确追溯。

材料控制经理负责确保现场的材料控制和储存设施符合项目要求。应始终保持良好的整洁标准，以防材料受损，且便于存取和识别材料。

随着项目的进展，根据到货计划修改设备及车辆一览表（初步，示例）：①7台起吊能力50/65t的吊车；②一台起吊能力100t的吊车；③3台前提升能力2t的移动叉车；④1台提升能力15t的柴油叉车；⑤4台提升能力10t的柴油叉车；⑥4台提升能力4t的柴油/燃气叉车；⑦4台提升能力7t的柴油叉车；⑧2台提升能力4t的伸缩臂叉车；⑨2个卸货/装货码头；⑩1台12m长的平板货车；⑪1台地秤；⑫3台皮卡车。

**(3) 储存**

适当的堆存是必要的，便于维护材料、保持有效控制、降低储存费用、限定装卸操作。

应遵守以下储存方法/规则：①露天货场有围栏以及带锁的大门；②有带顶区域（封闭仓库）；③如有要求，设置空调仓库；④若在地面上储存，应使用托盘；⑤适当堆垛；⑥尽量把材料存放在其原包装箱里。

考虑到有些材料位于高腐蚀性区域，应特别小心地保护材料免受腐蚀。

在接收材料后和入库储存前，应把无腐蚀性的油脂涂在暴露在外的机加工表面，比如管子坡口、法兰及连接件、所有螺栓螺母的螺纹，进行防锈。

储存和保护详细指导说明：已根据其类型和质量，对设备和材料进行了如表2-13-1所示的分组。

表 2-13-1  设备和材料分组

| 组别 | 储存类型 | 储存类型说明 |
| --- | --- | --- |
| 钢结构 | 1 | 露天储存/放置在地面上,有保护或者无保护 |
| 主要设备 | 1 | 露天储存/放置在地面上,有保护或者无保护 |
| 管子 | 1 | 露天储存/放置在地面上,有保护或者无保护 |
| 管件、法兰和阀门 | 2 或 3 | 露天储存或根据设备/材料大小和类型进行储存<br>或通风良好的有遮盖仓库 |
| 电气设备和材料 | 3 或 4 | 通风良好的有遮盖仓库<br>或有温度控制的有遮盖仓库 |
| 仪表及配电盘 | 3 或 4 | 通风良好的有遮盖仓库<br>或有温度控制的有遮盖仓库 |
| 机械设备 | 2 或 3 | 露天储存或根据设备/材料大小和类型进行储存<br>或通风良好的有遮盖仓库 |

为了更好地维护和保管材料,将使用表 2-13-2 所示的储存类型的字母代码。

表 2-13-2  储存类型的字母代码

| 字母代码 | 储存类型 |
| --- | --- |
| I | 室内储存-无供热 |
| O | 室外储存/放到地面-无保护 |
| IH | 室内储存-有供热 |
| OC | 室外储存-有遮盖 |

应定期检查存放在室外以及堆存在遮盖物下的材料,确保这些材料状况良好。

尤其要注意每种材料的储存条件,说明如下:①应把耐热材料、砖、水泥、保温材料及易变质货物存放在"托盘"上,将其与地面隔离,并盖上帆布或塑料布。②应把泵、压缩机和透平等存放在原包装箱里,用厚木条将其垫离地面,用帆布或塑料布盖住。一定要保护好伸在外面的法兰、边缘和管口,并适当堵塞和保护。③将电动机放在木板上,适当垫离地面。把油脂涂在转轴上,连接加热电阻(若有)。必须密封住接线箱上的孔。④把随设备一起发运到现场的松散配件存放在封闭仓库里的专用货架上,并系上/贴上标签。在标签上写明其所属设备的位号、采购订单编号等。⑤应根据直径、压力等级、材料类型和材料等级,对管道材料进行分类。要特别小心,将碳钢、不锈钢和合金钢材料隔离开,以免彼此接触、发生污染。⑥应尽量把管子以及直径大于 3in 或 4in 的管件、阀门和法兰(取决于其数量和可用空间),存放在靠近封闭仓库的露天堆场。应把管子存放在枕木或厚木条上,垫离地面。堆放成梯形,在两侧固定好楔子,保证其牢靠性。为安全起见,堆放高度不应超过两米。⑦应把直径大于 3in 的法兰、管件和阀门存放在混凝土板、托盘或厚木板上。⑧应把直径小于 3in 的法兰、管件和阀门以及螺栓、垫片存放在封闭库房里的货架上。⑨应把仪表和小体积电气材料存放在封闭库房的货架上。由于这些货物容易损坏,需要特别小心。应把这些材料存放在仓库里的货架上,放在原包装箱里,并按用途分类:a.温度;b.流量;c.液位;d.压力;e.其他。应根据仪表的位号,使用标记或标签对仪表进行标识。⑩电气穿线管、弯头、支架、柱子、电缆盘、变压器和大的配电盘储存在仓库里留作堆放货物的露天场地。⑪应把电气设备及其配件存放在库房里,并根据其以下特性,放到货架上。a.接地材料:母线、铜线电缆、卡盒、接线端子、夹子等。b.安装材料:开关、填料密封箱、防火线、导线管配件、接线端子等。c. 指令及控制设备：按钮、开关、信号灯、测量设备、电源插座及对应插头。d. 照明设备：灯架、投影仪、白炽灯、日光灯等。e. 开关设备：配电盘、开关、熔断器、断路器、接触器等。⑫露天储存的任何材料均应采用厚木条或托盘垫离地面，电缆盘除外。⑬应按照标准 NEMA VE-2 的第 3 节规定，储存电缆桥架。⑭应使用帆布或塑料布覆盖住大型开关、变压器、配电盘等。⑮应使用绝缘胶布保护电缆支架与灯柱之间的电缆端头。⑯最好把化学品和易燃品，比如墨水、溶剂、油品、柴油、油漆材料等，存放在一个人们不常去的特殊地方。该地方必须有遮盖、自然通风、备有灭火器。⑰按照供应商的指导说明书，搬运和储存危险物资。⑱按照供应商的指导说明书，储存有期限的物品，并根据失效日期，编制合理的使用计划。⑲尽量把内件存放在其原包装箱里，进行防尘覆盖保护，支离地面，清楚地标记上其所属设备的位号。

### （4）涂层及遮盖物

运输及储存条件：应当根据给出的气候条件，妥善包装好货物，以防在运输、多次搬运和存放过程中生锈、损坏和被盗。

供应商应在货物发运前，向买方（承包商）提交以下文件：①供应商标准的货物保护和包装程序；②买方指定物品的装卸图或运输图；③总发货清单。

随货发运的文件：对于以前没有提交的文件或者后来附加的文件，应将其附在最大的包装箱适当位置，到现场后无须开箱就能取出。这些文件如下：①适用于卖方保证内容的指导说明书和资料。②关于包装及保护涂层在现场去除的指导说明书，包括位置说明。③设备零部件装配说明书。④在以下情况下，设备的保护措施和维护方法：a. 如果已经去除保护涂层或包装；b. 如果仍存放在船运集装箱里。

## 13.9 保管计划

在所推荐的项目现场工作方法文件里，必须指出在项目施工阶段对设备、管道和材料的保护和维护要求，比如临时仓库设施（供热、无供热）、存放场地、露天遮护仓库、分包商设施、设备及材料永久安装地点等。

应把所有损坏和/或锈蚀的材料与其他完好材料分开存放，直到实施完补救措施为止。

若适用，设备、管材和材料的现场保护和维护的工作程序总体上应与美国石油协会标准 API 686《机械设备安装和安装设计建议惯例》的推荐做法一致。

采用代号简称所有维护活动（见 13.14.1 节"维护活动编码"），并与下述 13.14.4 节中的设备维护及保养记录汇总表以及施工设备维护记录表一起使用。

承包商在收到供应商提供的设备制造商推荐的储存及维护程序后，应进行审查并编入本项目文件。一般而言，更为严格的设备制造商的推荐程序优先于本文件里的维护要求。二者若有差异，须经承包商批准并与供应商签订书面协议，以确保设备质保期不会失效。

在下述 13.14.4 节"设备维护及保养记录汇总表"里概述了对各设备的现场基本维护和储存地点要求。散装发运的辅助设备和仪表的维护和储存地点应遵循本文件里的要求，这取决于辅助设备和仪表的分类。

实施设备维护活动的证据将列入上述记录表。该记录表用于记录对需要维护的每台设备或包装的维护活动。将记录下（采用下述 13.14.4 节设备维护及保养记录汇总表）所完成维护的类型、每一维护活动的执行日期。保存好原始文件，最后与项目质量记录一起，移交给业主。

应遵守以下设备维护及保养的一般应用方法，除非根据专用方法或供应商指导说明进行了修改。

### 13.9.1 防锈措施

防锈措施包括：①应保护所有碳钢和低合金钢设备/材料，避免水分侵入。②已经油漆过的表面不需要再额外保护，但应定期检查，看有无生锈迹象。倘若发现表面油漆有损坏/脱落，应按照适用的涂装程序，进行补漆或重新油漆。③清洁、干燥全部内外表面，检查有无水分侵入。如果需要，应涂装防锈材料。如果发现有水分侵入，应彻底进行干燥处理并与大气环境隔离。若适用，应在涂装任何防锈化合物之前，使用矿物溶剂（比如 Varsol 溶剂和 Stoddard 溶剂）清洗干净外表面。不应使用煤油或汽油作为清洗剂。④应定期检查监控无法与大气环境隔离的未油漆表面。当发现过度锈蚀时，质量控制组应提出必要措施。⑤应给机加工表面涂上一层适当的防锈剂，无论储存在什么地方。应妥当存放有机加工表面的设备/材料，留出检查维护的操作通道，方便定期（每月最少一次）检查，看有无锈蚀迹象。⑥如果供应商在发运前，已经采取了特殊的存储措施，就应在现场把这样的设备清楚地贴上/系上标签。在储存期间，还应定期检查其状况。⑦在现场收到设备和材料之后，应把防锈剂涂在地脚螺栓和螺母的螺纹部分以及滑动钢板的接触表面。⑧对于轴承箱内表面，由供应商提供防锈剂产品的选择方法。在寒冷天气条件下和延期储存期间采用基于汽相腐蚀抑制剂（VPI）的产品维持润滑并保护表面。⑨应避免使用 API D 型沥青防锈剂，这是因为大部分沥青膜都特别难以去除。非沥青类腐蚀抑制剂，例如 Cortec 368，就能提供极好的长期储存保护效果。⑩根据所要求的用途，在表 2-13-3 防锈剂里确定应当使用的防锈剂。若经事先批准，也可使用效果等同的其他防锈剂。

表 2-13-3 防锈剂

| 防锈剂类型 | 活动编码（参见 13.14.1 节） | 用途 | 批准的产品 |
| --- | --- | --- | --- |
| 与润滑油相容型 | #8 & #14 | 用作轴承和内表面保护润滑剂的添加剂，与矿物油润滑剂相容 | Cortec VCI-326 |
| 外表面型 | #5 & #6 | 用于暴露在大气中的外表面 | Cortec VCI-368 |
| 储存型 | #5 & #6 | 用于储存在有屋顶和遮护的仓库内免受天气影响的设备/材料外表面 | Cortec VCI-368，VCI-369 或 Core-Pak 薄膜 |
| 液压系统 | 特殊 | 用作液压系统的添加剂，保护黑色金属和有色金属免受湿气腐蚀 | Cortec VCI-326 |
| 机械密封 | #2 | 用于注入双端面机械密封，防止内部密封件受到污染 | 咨询机械工程师 |
| 油脂 | #12 | 参看机械润滑表 | 咨询机械工程师 |
| 干燥剂 | #15 | 用在水分积累会造成腐蚀的铸铁、碳钢和铝制设备内：①不要和汽相防锈剂一起使用；②不要用于保护不锈钢或带有橡胶件的部件 | DRI-BOX① |
| 可焊接 | #6 | 用于黑色金属的焊接坡口 | Deoxaluminite |
| 溶于石油型 | #5 & #6 | 用在黑色金属机加工表面，比如法兰的垫片密封面 | Cortec VCI-368 |
| 气相防锈剂 | #15 | 用于防止设备内表面受腐蚀；不要和干燥剂一起使用 | Cortec 307 |
| 防卡 | #6 | 用于保护黑色金属和合金金属螺纹表面免受腐蚀 | Jet-Lube 550 |
| 蜡布带 | #19 | 用于保护转轴的外露表面 | Denso Densyl Tape |
| 除锈剂 | #20 | 用于去除碳钢和不锈钢表面的锈蚀 | Cortec VpCI 426 和 VpCI 426 Gel |

① DRI-BOX 是一种袋装的透明可再生脱水干燥剂，当不能再吸收水分时，硅胶会由蓝色变成粉红色。

通常,到货检验活动涉及维护并将补充或再次强调应实施的接收活动。货物到达现场后,应检查运输时带有开口保护盖或塞子、外部机加工和螺纹表面有防护涂层的所有设备:①拆开、检查并重新装回保护盖和垫片。②倘若保护盖、保护塞和防护涂层受损,就应更换(活动编码♯3、♯4,参见下述13.14.1节)。③倘若水和污物通过受损或固定不当的保护盖和保护塞进入了设备内部,就应清洁处理和维护设备内部,然后修复保护盖、保护塞和防护涂层(活动编码♯10,参见下述13.14.1节)。④如果使用了汽相防锈剂或干燥剂来保护机械设备内部,当在现场接收设备时,就应检查设备的汽封情况。如果汽封受损,应进行修理或更换,并更新充入防锈剂或干燥剂(如有必要)(活动编码♯15,参见下述13.14.1节)。⑤应继续保护汽封,直至设备投运。倘若在设备投运前密封受损,应立即修理好。

对于装运时装入板条箱并指定为露天覆盖(OC)储存的设备,除非制造商另有规定,否则,最多可使设备继续留在原板条箱内4个月。

### 13.9.2 加压惰性气体防锈剂

使用加压惰性气体防锈剂应落实下列事项:①对于在发运前供应商充入加压惰性气体防锈剂的设备,应贴上标签,清楚标明。②当使用加压惰性气体作为设备的防锈剂时,在设备运抵现场后,应立即并随后定期检查设备密封情况以及压力表读数,应更换所有受损密封。如果发现惰性气体失压,应按照供应商的指导说明书,使用相同的惰性气体给设备增压。③由于设备带压,需要将其放在安全储存区域。除了该设备维护人员以外,严格限制其他现场人员靠近。④如有要求,应按照供应商的指导说明,提供临时遮盖。

### 13.9.3 容器及换热器

应按照下述13.14.4节中的设备维护及保养记录汇总表对储存类别的要求,储存和维护容器及换热器。

应在下述13.14.4节中的施工设备维护记录表上保持设备保养及保护质量记录:①应遵循供应商资料册和指导手册里详细说明的专用储存要求。②应把汽相防锈剂袋和干燥剂袋放置在电加热器的加热元件旁边,以防加热元件吸潮(活动编码♯15,参见13.14.1节)。③应进行检查,以确保所有保护措施完好:a.每月一次,目视检查敞开式容器和换热器;b.除了里面有加压惰性气体的设备以外,应在安装后目视检查封闭式容器和换热器。

### 13.9.4 通用机械

通用机械的保管应关注以下事项:①检查油位,若有必要,进行补充。每两周检查一次油位,并根据需要,加满到制造商规定的油位(活动编码♯8、♯11、♯14,参见13.14.1节)。②按照设备维护要求,盘动所有动设备的转轴(活动编码♯1,参见13.14.1节)。③清理干净联轴器和外露机加工表面,并涂上外表面型防锈剂(活动编码♯5、♯6,参见下述13.14.1节)。④在离心风机、减速机、搅拌器、离心泵、鼓风机和离心式压缩机最终安装就位后,应使用规定的(制造商/品牌)防锈剂保护轴承箱和减速箱的所有内表面(活动编码♯8、♯11、♯14,参见下述13.14.1节)。⑤使用钢制配件将排气口和排液口堵塞、盖住或盲死。必须给盲板配上垫片(活动编码♯3,参见下述13.14.1节)。⑥检查液体冷却装置的冷却剂;若需要,重新装满。⑦将备用的转动部件储存在室内,并按照制造商的指导说明进行维护。⑧对于散装发运的设备密封罐、增压活塞组件及相关仪表,应进行维护、包裹好并储存在室内。⑨每两周用曲柄手工转动发动机轴一次,或按照供应商的指导说明盘动发动机,确保发动机轴能够自由转动。⑩盖住机器的所有入口和出口,以免进入湿气或异物。⑪拆开蓄电池,或按照供应商推荐的储存程序,进行维护。⑫为外露机加工表面涂上外表面型防锈剂。如果海关打开了(检查)密封盖,当适用时,应重新封装(活动编码♯3、♯4,参见下述13.14.1节)。

### 13.9.5 泵

保管泵应关注：①用不漏气的金属隔板（或盲板）盲死离心式压缩机、泵和鼓风机的吸入口和排出口。直到完成水压试验、连接管道冲洗后，才能拆掉（活动编码♯3、♯4，参见下述 13.14.1 节）。②对于安装在泵内的双机械密封，用机械密封型润滑剂充满整个密封腔（活动编码♯2，参见下述 13.14.1 节）。③所有轴承箱储油器（油杯）和油池应充满适用的润滑油（活动编码♯11，参见下述 13.14.1 节）。④清洁处理好联轴器和外露机加工表面，并涂上外表面型防锈剂（活动编码♯5、♯6，参见下述 13.14.1 节）。⑤应把所有透平和驱动装置完全装入一个防水密封套内，并放入干燥剂。每三周检查一次封套上是否有裂口，确保有效密封（活动编码♯15，参见下述 13.14.1 节）。⑥用手盘动所有泵的驱动轴两圈，然后再转动 30°。每两周盘动一次，可使用适当的工具，例如带式扳手。在盘动转轴时，还应检查开口的密封情况，确保密封良好（活动编码♯1，参见下述 13.14.1 节）。⑦应把防锈剂涂在所有裸露金属轴、联轴器、机加工件等的表面（活动编码♯6、♯19、♯20，参见下述 13.14.1 节）。⑧把防锈剂涂到所有轴承槽上。对于配有轴承储油器的情况，应根据需要，重新装满规定牌号的润滑油。⑨对于配比泵或计量泵的驱动机构（变速箱），应充满与润滑油相容型防锈剂。每两周检查一次这些设备，确保其驱动机构和液压机构充满了防锈剂（活动编码♯14，参见下述 13.14.1 节）。⑩应在外露机加工表面涂上外表面型防锈剂。如果海关打开了（检查）密封盖，当适用时，应重新封装（活动编码♯3、♯4、♯9，参见下述 13.14.1 节）。⑪按要求保护油表和液位仪表（活动编码♯7，参见下述 13.14.1 节）。

应拆开泵管口法兰盲板，检查防锈剂。然后使用临设垫片，重新盲死管口。

### 13.9.6 管材

**(1) 概述**

应适当储存和保护管子及管材，包括预制管段、装配件、不同长度的管子及散装件，以免受现场不利条件的影响。对于可能受海水喷溅、吹入沙尘、受冻或受高温不利影响的材料，需要采取特别的储存预防措施。

**(2) 损坏**

对于损坏的材料，应进行记录、拍照和报告。应在报告里指出材料损坏状况及原因。材料接收检验员应在材料接收记录表里记录下材料的状况，以便材料人员采取必要的补救措施。应把受损材料与未受损材料分开储存。

**(3) 防锈蚀**

检查所有材料有无锈蚀情况。应采用不损伤机加工表面的方法除锈（活动编码♯20，参见下述 13.14.1 节），然后在清理干净的表面涂上适当的防锈剂（活动编码♯5、♯6，参见下述 13.14.1 节）。例行检查防锈状况，如果发现防锈膜有裂纹或有锈蚀迹象，应重新涂刷防锈剂：①把防卡型防锈剂涂在螺纹表面；②把溶于石油型防锈剂涂在机加工表面；③把可焊接型防锈剂涂在黑色金属焊接坡口上。

**(4) 机械端部保护**

应检查防护密封件（例如盖板、塞子、端帽等）。如果发现失效情况，应恢复或更换（活动编码♯3、♯4，参见下述 13.14.1 节）：①应彻底罩住、塞住或盖住所有开口，以防损坏或进入湿气和异物；②可以在法兰上使用木制盖板，只要在木制盖板与涂有油脂的法兰面之间形成一层不透水的防护膜；③应使用高冲击强度塑料楔形保护物，保护螺纹连接端。

**(5) 内件**

内件上不得有杂物和异物。当更换防锈剂和最后检验时，应给干燥剂、汽相防锈剂或清洗进行保护的内件系上/贴上标签或标记，指出所使用的防锈剂类型。

不要使用干燥剂来保护不锈钢、高合金钢材料或带有橡胶内件的部件。所使用的硅胶干燥剂应是指定类型的硅胶干燥剂（蓝色活性），应能透过其包装袋看得到里面干燥剂的颜色。应使用的干燥剂量大约是 $2kg/m^3$。对于经过吹扫的设备，只有全部排出吹扫气体后，才能进入设备内部检查内件（活动编码♯9、♯15，参见下述 13.14.1 节）。

### （6）海运集装箱

只要集装箱没有破损且集装箱及其衬垫经确认适合现场储存条件，就可以将设备与材料仍然储存在其原集装箱内。经确认适合现场储存条件的集装箱应在其接收和检验后，重新密封。应定期检查储存在集装箱里的设备与材料有无锈蚀。

### （7）衬垫

应将所有材料储存在适当支起的衬垫上，以使材料垫离地面、材料周围通风、便于湿气蒸发。不应用纤维材料衬垫（比如压纸板、硬纸板、软木材等）支撑或分隔材料。应去除纤维材料衬垫，更换成适当材料的支撑。

### （8）可追溯性

应按照项目标准和采购订单的规定，检查材料标记是否正确。必须始终保持材料的可追溯性：①应始终把已验证合金成分的材料与其他材料隔离；②在储存时，应给经过冲击试验的材料标上色码，并与其他材料隔离；③主要应持续检查管子上的标记，以免今后放行后无法追踪（必须维护好炉号、批号和标记）。

### （9）不锈钢和高合金钢材料

应把没有防护涂层的不锈钢和高合金钢材料储存在覆盖物或油布下，并充分通风。覆盖物的作用是：防止空气中的污染物和吹来的沙尘造成污染，并防止附近的打磨、焊接和制作操作带来的铁污染。不锈钢和高合金钢材料不应：①在储存时，与任何铁质材料（碳钢）接触；②在储存时，与多孔渗水或潮湿的支撑物接触，或者垫离地面高度不够 25mm；③受盐水或海水喷溅；④使用非低氯记号笔书写标记；⑤使用任何类型的胶带或黏合剂进行密封；⑥使用干燥剂进行防潮。

### （10）非金属材料

应按照供应商的指导程序和以下规定，搬运、储存和保护非金属材料：①使用不透明的塑料布包住外露的橡胶零件，并用胶带绑牢或者密封好；②不应使用干燥剂来保护橡胶零件；③保护非金属材料，免受紫外线照射、高温影响和机械损伤；④给开口盖上端帽，免受机械损伤；⑤保护非金属材料，免遭硬物冲击。

### （11）特殊保护要求

应审查制造商的资料，确定是否需要特殊的储存或预防性保养措施，以维持供应商的质保期。

### （12）保护不足

储存和保护应当适合现场条件。有些材料，例如机加工黑色金属表面，对环境条件比较敏感，需要更频繁的预防性保养。倘若储存方法不当或保护水平不足，那么就会存在损坏，应对材料进行标记，采取补救措施：①所设计的储存和放置区域，应当排水良好；②应把露天储存的所有大宗材料垫离地面，且在最高地表径流水位之上；③大宗材料的储存方式，应当方便例行检查和预防性保养活动；④材料储存方法应当能够保护材料，避免渗入水，进入灰尘、污物、害虫、昆虫等；⑤不应把材料储存在会积水、不能排水的地方；⑥应适当储存并保护敏感材料，比如不锈钢和非金属材料；⑦对于可能被海水喷溅、吹入沙尘、受冻或受高温不利影响的材料，需要采取特别的保护措施。

(13) 阀门

阀门应按照下列要求保管：①储存旋塞阀和球阀时，阀位应处在开启位置；②储存带弹簧执行机构的阀门时，应使弹簧处于松弛位置（状态）；③所有其他阀门储存时，应处在关闭阀位；④阀门内部应涂有轻质油；⑤阀杆应涂有防卡型防锈剂；⑥应当把从阀门上卸下的手轮用带子牢靠地绑到阀门上；⑦储存安全泄压阀时，应当直立，用带子把升降杆绑到阀体上；⑧应保护电动阀上的执行机构，免受机械损伤。

(14) 预隔热管支架

采用预隔热管支架时应注意：①应把带保温的管支架储存在有遮盖的地方，并放在原密封箱或包装袋里；②应把冷管支架热封在聚乙烯薄膜里，放在防水包装箱；③应保护保温材料，免受紫外线退化和湿气影响。

(15) 螺母、螺栓和垫片

螺母、螺栓和垫片的保管：①应根据材料类型、等级、尺寸和长度，把螺母、螺栓和垫圈放在密封防水箱子里；②应把垫片热封在聚乙烯薄膜里或放在防水隔汽包装箱里。

(16) 管子

管子的保管：①应把储存在货场的管子放置在水平枕木或货盘上，以垫离地面；②在进行管子封闭焊接之前，应保护好管子两端开口，避免进入雨水和异物；③应固定好大直径薄壁管子内部的十字支架，以防管子失圆。

(17) 预制管及组合件

预制管及组合件的保管：①应把预制管放置在水平枕木或货盘上，以垫离地面；②在进行管子封闭焊接之前，应保护好管子两端开口，避免进入雨水和异物；③应把预制管放在运输包装箱里，以防机械损伤；④应把膨胀节绑在一个固定位置，以防在搬运、运输和储存过程中发生挠曲；⑤不应把预制零部件储存在室外不能排水的地方。

### 13.9.7 电气材料

(1) 变压器

需要把所有变压器储存在室内，以下情况除外：①可以把用于安装在室外的变压器储存在室外，不需要保护覆盖（见下述 13.14.4 节中的设备维护及保养记录汇总表）。②可把大型室内安装设备储存在室外，但需垫离地面，防止地表水浸入，且应提供单坡屋顶和油布围护（或效果等同的遮护）。见下述 13.14.4 节中的设备维护及保养记录汇总表里的储存类别。③应把储存在室外的绝缘液桶侧面放置，使大桶盖与底部中心位置成 45°，并垫离地面。④充装绝缘液的变压器。⑤如果变压器装运时，其主油箱充装了绝缘液（膨胀空间除外），在运抵现场后，应测量并记录液位及环境温度，且此后每三个月测量并记录一次。如果液位下降，应修补漏点，并补充绝缘液，保持液位在规定范围内。⑥加压气体。⑦如果变压器装运时，其主油箱充装了绝缘液且充有加压气体（或充装加压气体），在运抵现场后，应测量并记录气体压力和环境温度。此后每三个月测量并记录一次气体压力和环境温度。如果气体压力下降，应修补漏点，并补充气体，保持气体压力在规定范围内。⑧主断路开关。

应按照对开关设备、起动器和控制设备的要求，储存和维护主断路开关。

(2) 电动机及发电机

所有电动机需要室内储存，除了室外安装使用的电动机以外。如果室外储存的这些电动机的外露转轴和联轴器进行了稳妥保护，也可不用遮盖。

对于没有防护遮盖的室外储存的电动机和电动机驱动的阀门执行器，应遵循以下要求：①使用防水塞，堵住所有运行中不打开的所有外壳上的开口，比如接线盒上的导线管、电缆进出口。应把临时使用的装运塞子更换成永久储存塞子（活动编码#3，参见下述 13.14.1 节）。②所有电动机和阀门执行器储存时应处在其正常工作位置，例如立式电动机在直立位置，其转轴向下外伸。③如果电动机等内部配有空间加热器，应给加热器接通电压匹配的电源（活动编码♯17，参见下述13.14.1节）。④应测量电动机每一绕组的绝缘电阻值，并记录在承包商的维护保养记录表里。在电动机运抵项目现场后，应尽早测量并记录绝缘电阻（活动编码♯18，参见下述13.14.1节）。倘若绝缘电阻偏低，就应当采用经供应商/制造商认可的方法，使绕组绝缘层完全变干。此后也要定期测量。

把带有油润滑轴承的电动机安装到最终使用地点后，应按以下方法进行保护：①用规定的（制造商/品牌）防锈剂保养轴承箱的所有内表面。使用钢制配件将排气口和排液口堵塞、盖住或盲死。每月检查一次防锈油油位。②试车前六个星期，测量所有电动机每一绕组的绝缘电阻值，并记录在承包商的设备保养记录表里，并记录测量时的温度和天气条件。如果绝缘电阻值偏低，就应在电动机投入运行之前，对绕组绝缘进行干燥处理，使其完全干燥。③每四个月对轴承进行清洗和重新加油脂。必须小心，不要给轴承加过多油脂。如果设备从工厂发运起超过一年时间没有运行，应当检查其轴承油脂情况。如果发现油脂存在明显的润滑性能退化，应把原来的油脂清理出去，并按照制造商的指导说明重新装入油脂。④在开始测量和记录所有电动机的绕组绝缘电阻值之前，即刻断开电源。如果电阻读数偏低，应在启动前进行干燥处理。

**（3）电缆**

将纸绝缘铅护套电缆盘旋转90°。应在现场接收低压充气电缆时，测量气体的压力并记录下来。以后每月测量一次。

**（4）蓄电池存放**

应把所有蓄电池储存在室内干燥的地方。对于装运时进行干燥密封的蓄电池，当运抵现场时，应检查其密封情况。如果发现密封受损，应按照制造商的指导说明进行更新。

应按照下述方法，对装运时盛装电解液的铅酸蓄电池进行保养处理：①在现场接收蓄电池时，应检查电解液的液位。如果电解液有损失，应补充到适当液位。②从工厂发运后三个月，给蓄电池充电，使每块电池的电压恢复到2.15V、相对密度恢复到1.21（在25℃时），且此后每三个月，充电一次。充电速度不应超过制造商的推荐值。不得给蓄电池过度充电。③应按照制造商的指导说明，对装运时盛装电解液的其他类型蓄电池进行保养处理。

**（5）开关装置、起动器和控制设备**

应把开关装置、起动器和控制设备储存在室内的干燥温暖、水蒸气不会冷凝的地方：①仓库应通风良好。②如果曾经出现过很高的相对湿度或温度很大且快速变化，就应使用加热器，将温度保持在日最低温度以上大约6℃。③如果设备内配置有空间加热器，应在设备运抵现场后，将加热器连接到电压匹配的连续电源。④储存自立式金属外壳设备时，应使其处在直立位置。⑤对于油浸式起动器、断路器和类似油浸式设备，如果装运时未装绝缘液，应将其储存在室内，或在现场接收设备后，马上为其充装绝缘液。可把已充装绝缘液的设备储存在室外，但需垫离地面，防止地表水浸入，且应提供单坡屋顶和油布围护（或效果等同的遮护）。⑥应每两月检查工作线圈及类似部件的绝缘电阻值。如果绝缘电阻值偏低，就应在电动机投入运行之前，对绕组绝缘进行干燥处理。⑦储存时用于维持压力的氮气（如果需要），应符合ASTM D1933《作为电绝缘材料的氮气的标准规范》的类型Ⅰ、Ⅱ或Ⅲ（最好是类型Ⅲ，如有）的要求。在安装和操作氮气瓶的过程中，应遵照制造商的指导说明。

### 13.9.8 仪表

在永久性或临时性电力供应可以接通以及空调机组可以运行之前，不应把DCS、SIS或其他敏感或基于计算机的仪表硬件及其附属外罩（远程仪表外壳）发运到现场，因为可能会遇到高温或高湿度天气。

不应把DCS、SIS或其他敏感或基于计算机的仪表硬件提前发运到现场，除非运到现场后能够直接安装或存放在其最终建筑物里，例如控制室、附属建筑物、机柜间等或其他室内空调区。

对于最终安装在室外的 DCS 硬件，例如现场总线机柜、多路通信器、远程 I/O 模块等，可以放置在温度和湿度受控的室内，但不必储存在控制室或附属建筑物里。

应按照供应商的指导说明，储存分析小屋和复杂分析仪表。

应把所有仪表储存在室内，而且：①控制室内温度，防止湿气冷凝。②在把预制配电盘转移到控制室或其他地点以前，应把预制配电盘留在其原包装箱内。③电动仪表的周围环境温度不得低于 0℃ 或高于 52℃。④应保护安装在室外的调节阀和电动机执行器等仪表免受天气损害或机械损伤。可以用木板遮护住玻璃前端。⑤保护调节阀执行器免受剧烈撞击和极端温度的影响，因为这些执行器里可能有易损的电子硬件。用塑料塞或其他材料堵塞住外壳上的导线管开孔，以防雨水、雪、灰尘等进入这些外壳，直到可以安装穿线管或电缆密封头为止。⑥应采取与保护电动机同样的方式，保护电动机执行器。

### 13.9.9 阀门

所有阀门应当储存在室内，以下情况除外：①可将尺寸为 NPS 6（150 mm）及更大的手动阀存放在室外，放置在铺筑区或货盘上，使阀杆直立向上。必须保护室外储存的阀门免受风沙和盐雾的不利影响。②可把大型自动控制阀（比如滑动阀和电动阀）储存在室外，但应放置在铺筑区或货盘上，且应提供单坡屋顶和油布围护（或效果等同的遮护）。应保护调节阀和电动阀上的执行器，免受机械损伤。应堵塞住外壳上所有的导线管开孔，以防进入水。③阀门在储存时应处于关闭阀位，除非这些阀门带有弹簧执行机构，储存时应使弹簧处于松弛状态。④在准备好安装阀门之前，应始终保留阀门法兰上的保护板。⑤应按照制造商的储存程序和要求，储存调节阀。

### 13.9.10 电焊条

电焊条应按照以下方式保管：①应把有药皮的焊条储存在没有灰尘和油污的区域。②对于低氢药皮焊条，倘若在现场接收时发现其密封罐受损，应在使用前，在 260℃ 下，烘焙两个小时；在 315℃ 下，烘焙一个小时。烘焙后的焊条和开罐后的焊条储存温度应保持在 120～150℃ 之间，或者遵照供应商的建议。③纤维素型焊条的储存温度不应超过 93℃。④如果焊条包装在纸板箱或塑料袋里，应在加热前，将其取出。

### 13.9.11 不锈钢、结构钢及杂项钢

不锈钢、结构钢及杂项钢应按照以下方式保管，以保护合金含铬超过 10% 的设备、零部件和材料：①覆盖住（可接受防护涂层，以替代覆盖储存方式）。②不得与土壤或多孔支撑（例如原木）接触。维护程序必须反映出不利环境条件的潜在影响，比如不锈钢与腐蚀物（例如吹砂）发生接触。③不得使奥氏体不锈钢接触到盐水或盐雾。④须与铁质材料隔离储存。⑤当昼夜温差极大时，必须格外小心，避免在不锈钢设备和材料上产生露点冷凝水。

### 13.9.12 法兰密封面

在制作和施工过程中，应始终保护所有管道和设备上的法兰密封面。除了涂覆适当的防锈剂以外，还应尽量使用法兰保护盖。

在运输机现场储存期间，应给所有高压法兰（25MPa 及更高）配上坚固的金属保护盖。当法兰与保护盖最后闭合时，必须安排一位称职人员见证、确认并记录下每一高压法兰接头是干净的、未受损且装配正确。应把该记录文件放入移交文件包里。

### 13.9.13 建筑物材料

待安装在建筑物内的所有材料应储存在室内：①应把所有易受天气损害的所有材料（例

如保温材料等）储存在室内；②应按照本章适用章节，储存妥当用于建筑物的所有设备，例如电动机、变压器等；③应按照本章适用章节，储存妥当用于建筑物的所有材料，例如混凝土、钢结构、油漆等。

### 13.9.14 基础及混凝土结构材料

储存有环氧涂层的钢筋时，应将其垫离地面，并沿其整个长度，进行充分支撑，以防损坏环氧涂层。储存基础和混凝土的带螺纹预埋件时，包括螺栓和螺母，应防止损坏螺纹。

### 13.9.15 计算机、电信设备及辅助设备

应按照制造商的规定要求，储存和保养所有计算机、电信设备及辅助设备。应把所有敏感的电子设备储存在环境条件受控的室内储存位置。只有合格人员才能对这样的设备实施预防性保养。

## 13.10 发料

### 13.10.1 将材料交付给分包商

图 2-13-6 标明了将材料交付给分包商的两种方式。

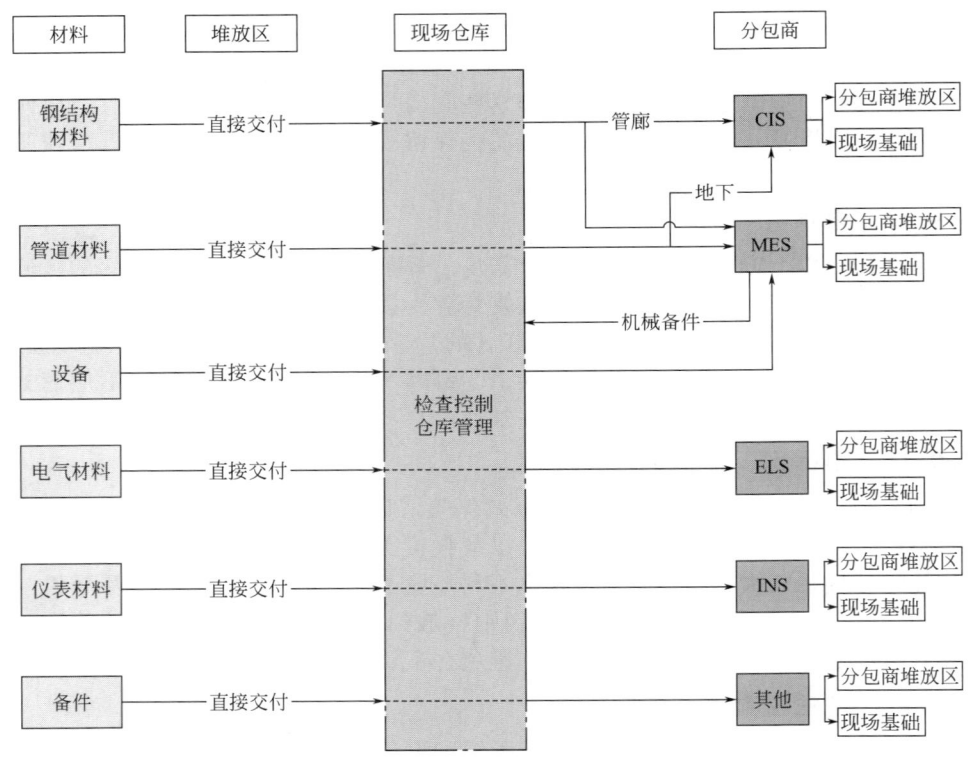

图 2-13-6 材料交付给分包商的方式

**（1）直接交付**

当现场材料组决定把运抵现场的某些材料马上交给对应的分包商时，采用直接交付方式。因此，这些材料不经过仓库储存，相关责任（包括保管、储存以及在上述 13.9 节"保管计划"里规定的维护活动实施）直接转移给分包商。

不过，这些直接交付材料的检验、检查和文件控制应依照为其余材料管理所制定的

程序：①一直受材料控制人员协助的物流组人员应当见证现场卸货，并拍照（如有可能）；②一旦卸货结束，就把经分包商签字的装箱单复印件交给材料人员；③所附文件（装箱单、卸货报告及放行单）将输入到材料控制系统（如 SPM）里的 MRR（材料接收报告）；④MRR（材料接收报告）和 MIR（材料发放报告）复印件及其相关文件将被交付给分包商。

采用这种直接交付方法的理由如下：①体积大的材料：一些设备（比如塔器、容器、换热器、成套包设备或超大配件）的体积很大，二次搬运困难，只要有可能，就直接卸在设备的对应基础上或旁边，或者直接卸到工作地点。②将材料运到涂装车间：有时候决定把材料直接运到喷砂区，处理完以后，等待发送到管道焊接作业区。③校准要求：把有些需要在安装前进行校准的仪表直接发送并交付给分包商。④特殊储存条件：例如，把需要环境温度受控的仪表储存在分包商的适当设施里。⑤最终安装位置准备就绪：例如，电控柜、CCM、DCS 或计算机在建筑物内的最终安装位置已经准备就绪。⑥急需材料：当现场急需某种材料时，这种材料到货后，应在卸货地点（工作地点）进行接收、检验和发放。

**(2) 凭领料单交付**

只有凭相应分包商代表和承包商主管已签字的领料单，才能把储存在现场仓库或露天货场的材料交付给分包商或者允许材料离开其储存地点。

根据所发放材料的类型，有下述两个发料程序。

① 管道材料　由于凭单线图发料是一件复杂的任务，需要收集已完成单线图的材料或少量缺少材料，承包商材料组应通过使用材料控制系统（如 SPM-Marian），根据现有已批准的单线图，来协助管道分包商优化库存资源。

② 其他材料　对于其余材料，比如设备、电气和仪表材料、保温材料，遵循表 2-13-4 所示的程序。

表 2-13-4　其余材料发放程序

| 步骤 | 任务 |
| --- | --- |
| 1 | 分包商填写仓库领料单(凭证)(见下述 13.14.4 节)，请领所需材料，并将领料单提交给承包商 |
| 2 | 相应的承包商主管签署(批准)领料单 |
| 3 | 备料并将材料发给分包商 |
| 4 | 在材料控制系统(如 SPM)中传入领料单 |

分包商必须在领料单上写明以下信息：①采购订单；②物料编号；③管线/单线图（如有可能）；④材料名称；⑤请领数量。

仓库组应指明所发放材料的数量。

分包商应根据工程需要，将承包商提供的所有材料和设备从其存储区装车，然后运到最终安装/使用地点并卸车，并负责其安装、维护以及保管，直至工程的临时验收。

### 13.10.2　将材料运到厂区外

在以下情况下，会要求现场仓库将材料运到厂区外：运到厂区外的车间进行制作、维修、更换，将剩余材料退还给供应商，运到另一个项目现场使用或者出售等。

在上述所有情况下，现场仓库都应编写"材料发放报告"，陈明以下内容：目的地名称及地址、日期、编号、发运方式、采购订单、发运原因、材料数量、名称及注意事项。

### 13.10.3　业主提供的材料

对于业主提供的所有材料，承包商应负责及时向业主提交申领报告。申领报告上应陈明业主所供材料的数量、规格、需要材料的日期以及其他要求。

承包商负责保证业主提供材料、工具和设备的安全，确保小心搬运、维护保养、正确使用和操作。

业主仅负责在其材料供应设施内的业主供应材料的装卸工作。

### 13.10.4　向业主供应的材料

承包商将负责保证提供给业主的工具和设备的安全，确保按照本章所述措施小心搬运、正确保养。如果项目要求按下述要求进行管理，就必须把与专用工具、保险备件或两年操作备件相关的货物移交给业主。

**（1）备品备件**

如果承包合同规定应把备品备件（主要是两年备件）交付给业主，应按照以下所述进行备件交付：①在入场接收时检查所有备件材料（状况和数量）。②进行适当的检验和记录（包括 QC 质量控制）。③承包商应把相应的材料接收报告（MRR）传递给业主，通知业主已接收的货物，承包商还应报告货物差异情况。④在交付货物和验证材料接收报告（MRR）之前，承包商通知业主进行联合检验。承包商应联系业主代表、确定联合检验时间表并接管。⑤应按照上述 13.8 节所述，尽可能将备件与其他施工和安装材料进行隔离存放。⑥同时，应把材料存放在（若可能）其原包装箱里并适当保养。除了供应商对这类货物的推荐维护措施以外，还应遵照维护程序。⑦编写材料发放报告（MIR）并附上装箱单、已实施的检验项目、备件可互换性记录，指明件号和对应的采购订单编号（如可能）。⑧交付给业主的所有货物必须附有本身的文件资料，比如：a. 储存期间已经采取的维护措施；b. 装箱单和装运证明文件；c. 材料接收报告（MRR）复印件及对应的 OS&D（超量、短缺及损坏报告）（如有）；d. 对以前使用过的材料及差异解决（如有）应采取的进一步措施。⑨应采用原制造商标签/位号，对材料进行正确标识和维护。⑩检查经双方（承包商和业主）签字确认的材料和文件。⑪维护电子文档里的所有记录。⑫按照项目要求，签字后在约定地点交付材料。

**（2）专用工具**

上述备品备件的要求同样适用于本项目设备采购订单所包含交付的专用工具。一旦完成这些设备的施工/安装作业后，试车组没有异议，即可按照项目要求，将专用工具移交给业主。由材料经理代表执行交付活动。将任命一位备品备件协调员来完成所有移交和沟通联络工作。

## 13.11　剩余材料的管理控制

在项目施工阶段，作为一个通用程序，承包商现场材料组应对照适当的材料清单（BOM）和需求，监控使用和发放的材料，以便再利用已发给分包商的剩余管材以及在以后版本的单线图里不再需要的管材。这样做有以下两个目的：①使项目完工时剩余材料数量最少；②新的单线图再利用回收的材料。

除了这些，当项目已机械完工且已开始试车和/或开车阶段时，材料组必须正式要求分包商退回分包商保管的、在项目以前阶段没有使用的材料。

收到分包商退回的材料并检查后，将其入库。同时，还应把退回的材料输入施工过程中用于材料控制的系统（如 SPM）。

随后，材料组将按专业生成库存，当作材料控制系统（如 SPM）的参考资料。并将其与不同储存区域的现有实际存货进行比对。

只考虑将状态良好的材料列入剩余存货。材料经理应按照特殊标准，列入有一定价值或特殊价值、但有缺陷的材料，但应在库存清单的"注意事项"里注明。

按以下专业划分库存清单。

**（1）管道**

对于管道材料，必须在库存清单上写明以下内容：①承包商按照材料控制系统（如SPM）编制物料标识码；②管件类型（弯头、三通、管子等）；③连接形式（对焊BW、承插焊SW、螺纹TH、凸面RF等）；④材质；⑤管材的压力等级及几何数据；⑥管材所在采购订单编号和物料编号；⑦剩余数量。

**（2）电气及仪表**

也应给库存电气及仪表材料标记上采购订单编号/位号。必须指出电缆盘编号或标记。不应计入不在电缆盘上的各段电缆剩余长度。

**（3）设备库存**

安装完工后，材料组应列入与设备相关的、未使用的材料、零件和消耗品，比如工具、剩余件等。材料组应特别注意，指明未使用的试车或开车备件或专用工具的件号及其所属设备的位号。将发布专用格式，始终指出这样库存的日期。

**（4）材料保护**

必须把剩余材料储存在一个封闭的指定区域，做好防盗保护。如果有闲置的剩余集装箱，可用于储存剩余材料，主要是管材。

**（5）催化剂、油品、油脂及化学品**

材料组还应列入剩余的催化剂、油品、油脂及化学品，指明采购订单编号、项号、数量（升、千克）、包装方式（包装箱、集装箱、包装袋、垫上托盘等）、包装件数（即一个托盘上的包装箱数量，或每一托盘上的桶数），并列入（如可能）这些产品的失效期或活性期。

**（6）材质证书**

剩余材料必须有材质证明，指明所在采购订单编号及物料号。

倘若某些材料没有材质证书，施工组应当联系供应商或总部采购人员，从供应商那里得到材质证书。

**（7）废料**

废料管理包括：①管子：不得把主管人员认为是废料的预制管列入剩余存货。一般情况下，把长度小于5m的碳钢管定义为废料，但大直径（如18in及以上）碳钢管除外，可接受长度短于5m的大直径碳钢管（≥18in）。长度小于5m的不锈钢管或合金钢管将视为废料。②电气/仪表材料：将把不在电缆盘上的剩余小段电缆，严重损坏、弯曲或没有多大价值的电缆桥架，弯曲的管子或损坏的仪表配件视为废料。③钢结构：切割散件、残余件或其他对于本项目而言没有进一步使用价值的废物应视为废料。④包装容器：空包装容器（包装物、木箱、托架、塑料等）应视为废料。应按照HSE规定或当地法规，对仍盛放油品、油脂、油漆或化学品废物或曾经盛装过油品、油脂、油漆或化学品的桶、容器或其他包装容器进行废物处置或废料处理。

## 13.12 遗失/损失/损坏现场材料再发放控制

对分包商遗失（丢失）、过失使用、损失或者损坏的材料的再发放控制有以下几个目的：①把手工凭单减至最少；②把再发放次数减至最少；③针对再发放的所有丢失/损失/损坏材料，向分包商索赔或收费；④通过对再发放材料的实际控制，加快完成和关闭水压试验。

承包商通过使用材料控制系统（如SPM）和其自有的软件工具，将能够控制分包商遗失、损失或损坏的所有管材并收费。

## 13.13 个人计算机软件应用

承包商对本文件里涉及的所有材料的接收、优化、发放和控制所使用的计算机软件称为材料控制系统（如 SPM）。材料控制系统（如 SPM）将用于管理文档、物流、当地或非当地项目采购以及优化材料库存，以利于更好执行项目，确保项目按照预期进度竣工。

## 13.14 样表与模板

### 13.14.1 维护活动编码

如表 2-13-5 所示。

表 2-13-5 维护活动编码

| 序号 | 活动编码 | 活动内容 |
|---|---|---|
| 1 | #1 | 手动盘轴 $2\frac{1}{4}$ 圈 |
| 2 | #2 | 给双端面机械密封和串联机械密封加注密封油 |
| 3 | #3 | 塞住或盖住开口 |
| 4 | #4 | 罩住并保护所有设备管口 |
| 5 | #5 | 根据需要，往轴和毂上喷防锈剂并用蜡布包住外露轴进行保护 |
| 6 | #6 | 检查机加工表面并涂上防锈剂 |
| 7 | #7 | 根据需要，保护油量计和液位计 |
| 8 | #8 | 检查防锈油油位 |
| 9 | #9 | 检查氮气覆盖层压力，根据需要加氮气 |
| 10 | #10 | 检查是否存在水分 |
| 11 | #11 | 根据需要，给轴承箱注油 |
| 12 | #12 | 清洗轴承并涂油脂（每四个月一次） |
| 13 | #13 | 保养润滑和密封油系统的内部构件 |
| 14 | #14 | 根据需要，往齿轮箱注入润滑油 |
| 15 | #15 | 根据需要，检查并加入干燥剂或汽相防锈剂 |
| 16 | #16 | 根据需要，运转润滑油系统 |
| 17 | #17 | 根据需要，验证空间加热器正常工作 |
| 18 | #18 | 根据需要，测量绝缘电阻 |
| 19 | #19 | 根据需要，用蜡布包住外露轴进行保护 |
| 20 | #20 | 在涂覆防锈剂之前，先除锈 |

### 13.14.2 设备交接单

如图 2-13-7 所示。

### 13.14.3 集装箱返还表

返还集装箱需要检查集装箱，并在备注栏写入常见的集装箱损坏类型。

倾斜：是指在海运过程中集装箱受到静力或动态力作用而移动，集装箱外壳发生扭曲。

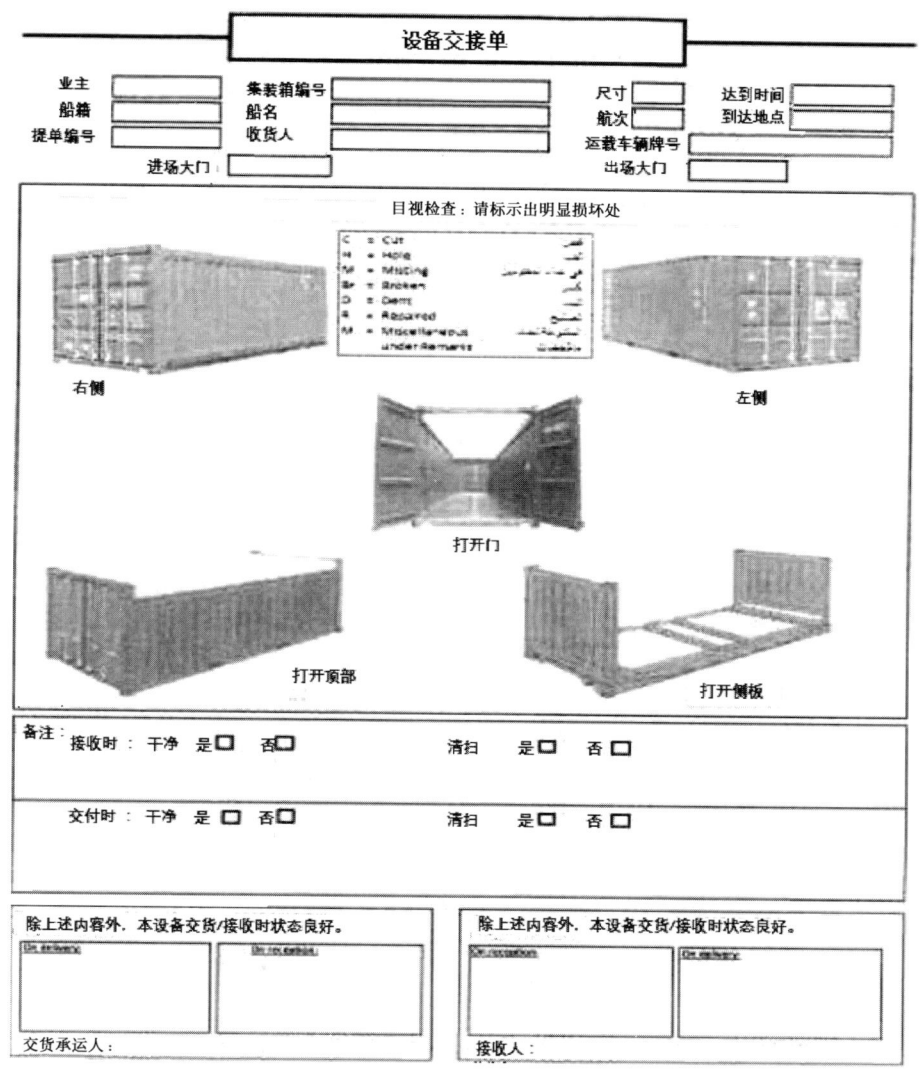

图 2-13-7　设备交接单

倾倒：当集装箱在船上受到倾侧移动影响，或堆垛直立时受到强风影响，而发生倾倒。防范措施是采用扭转锁定器并捆绑住。

集装箱塌陷（角柱被压塌）：在集装箱角柱施加超过容许载荷所致。通过保持在集装箱载重极限内，即可避免。当在船上进行捆绑时，避免过度拉紧。

局部结构损坏：是指集装箱结构件发生分离，比如侧壁与顶横梁和下横档分离、包角铸件与纵梁分离。

集装箱上孔洞：这是最常见的损坏类型。通常是由于使用横撑、寻找包角铸件位置时，在顶部压出凹痕/孔洞；或者把扭转锁定器和绑紧工具扔到顶部，造成顶部损坏。

门未关好：接收时，集装箱必须已开锁且密封（除非在文件里写明有海关介入）。开启方法必须得当，不得造成弯曲、外部损伤或强力开启痕迹。铰链门上有塑料或橡胶内衬，用作密封，防止进入水。

擦伤：在接收集装箱时，必须记录下外部油漆表面上的擦伤、斑痕和损伤。

集装箱清洁情况：必须查看集装箱内面和外表的清洁情况。把集装箱返回给承运商时，必须清扫干净，不得有任何残留包装材料。

内部污染：集装箱底板会受到货物的严重污染，比如会污染未来货物的湿的隐藏物。内部油漆也会被货物剥离，比如萘和丁香等。

清洁：前次货物没有留下残余物（垃圾、灰尘、油脂或液体）。

干燥：内部干燥，没有任何水珠或结霜。

无侵扰：没有害虫、昆虫或啮齿动物，这会污染货物，且会因港口卫生当局发现问题而导致耽搁。

无污染：如果包装了损坏后会散发难闻气味的易碎货物，那么集装箱必须好闻。打开箱门后应当立即检查，此时气味最浓。

防水：最好进入集装箱进行检查，关闭前后门。如何能看到光点，说明水会进入。这也适用于检查集装箱底板，因为公路运输时，水会向上溅入集装箱。

集装箱底板：底板可能是叠层木板、厚木板或胶合板，它们必须完整且没有伤痕或松动部分。

集装箱顶部：集装箱顶部最容易受损，尤其是敞口型集装箱。防水帆布上不得有孔洞或损伤，且集装箱必须有齐整的横梁。

遵守指导说明：应遵守贴在集装箱里的指导说明。

### 13.14.4　其他表单

① 放行单
② 装运控制表
③ 超量、短缺及损坏报告
④ 材料接收报告（MRR）（依据放行单）
⑤ 材料发放报告（MIR）
⑥ 材料到货发放汇总表
⑦ 材料接收报告（MRR）的控制报告
⑧ 材料交货报告
⑨ 设备保管及保养记录汇总表
⑩ 施工设备保养记录表
⑪ 材料识别标签
⑫ 仓库领料单
⑬ 下一单线图材料发放通知单
⑭ 材料接收报告
⑮ 材料卸货报告

①～⑮中内容见电子版，下载地址见前言中的说明。

# 第3篇
# 施工管理

施工技术工人的直接工作通常不超过其全部工作时间的 35%～45%。提高施工生产效率需要提高直接工作时间的比例。为了增加直接工作时间的比例，必须改进施工作业面上材料、信息和工具的可用性。

为了实现这一目标，需要一系列的创新共同作用，特别是需要在施工的实践中，广泛改进技术并重点改进施工管理与工作流程。

大量的现场调查与特定现场的实践发现，材料管理、安全性、团队建设、前期规划以及自动化和集成与提高施工生产效率和最佳实践之间存在显著的关系。同时上述几个方面高度相关且相互依存。工程建筑行业中在这些方面实施得好的平均生产效率可以提高 50%。

显然，当施工工人的生产效率得到提高时，EPCC 项目的收益就会大大增加。这些收益包括降低成本，减轻劳动力和技能的短缺，以及改善建筑项目预定的进度绩效，降低 EPCC

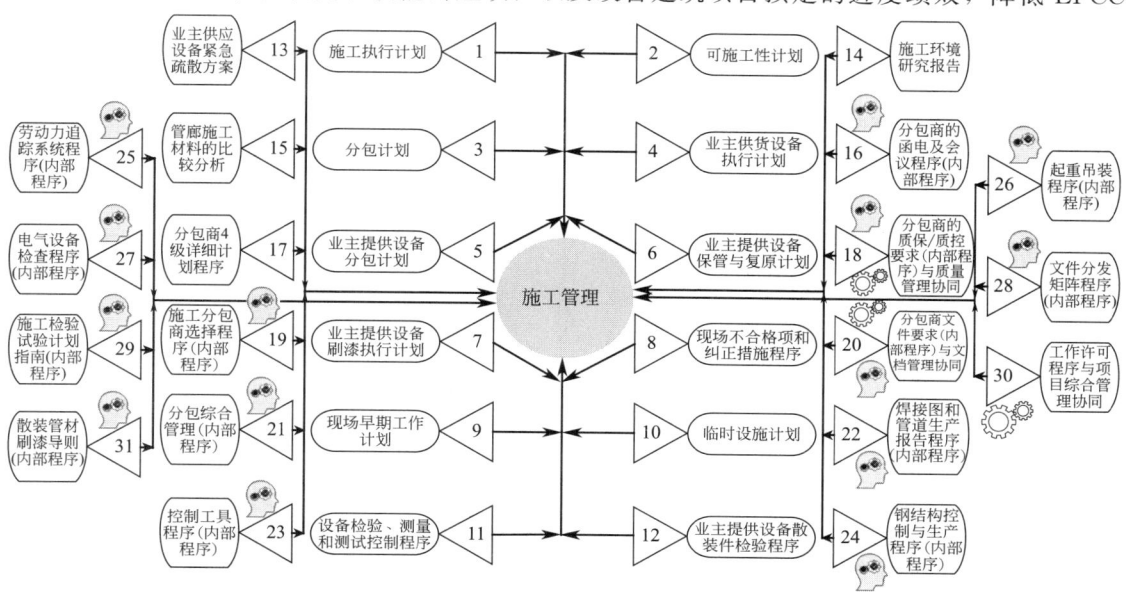

图 3-0-1 施工管理程序结构

项目延期与超支的风险。

尽管重型施工设备、工具和材料方面的进步也提高了生产效率，但仍然存在其他解决工法、流程和组织以及人的行为提高生产效率的机会，并且可以说仍未得到开发。虽然创新无疑提供了提高工程建筑行业生产效率的机会，但如果不能有效利用控制和提高生产效率的既定流程和实践，大多数的创新可能对生产效率几乎没有影响。

为此，有必要为EPCC项目建立覆盖行业最佳做法的施工管理流程。图3-0-1给出了施工管理覆盖的典型管理与控制程序框架，限于篇幅，本篇介绍其中的主要程序。

# 第1章
# 施工执行计划

## 1.1 目的

旨在为项目施工提出首选策略,适用于为施工活动提供支持,与所有项目参建单位规划施工活动的界面。

各方提议并同意,本项目将以施工为主导。这意味着参与本项目的其他部门或工程师必须尽力使各自的工作能够支持本文件中提出的目标、愿望和意图。

## 1.2 范围

本文件说明从项目开工之日起到完工的施工活动,以及向业主移交装置,包括移交责任和正式验收。

范围包括 EPCC 合同中所述的为实现装置机械完工的施工计划、可施工性、参与详细设计、临时设施、材料进场、监理和施工队与劳动力进场、永久工程施工,以及施工队离场和拆除不必要临时工程。

还说明了为实现确立的 HSE 施工目标、质量保证和进度的策略。

## 1.3 介绍

为建设 EPCC 项目,应针对施工现场进行的各项主要活动(包括临时设施)的策略和计划,以便明确为建造项目和实现项目机械竣工需要和必要执行的各种工作,包括合同工作范围内的相关设备。

施工执行计划并未包含所有现有的可预期的施工程序,而是引用部分程序文件作为一般参考,以便对于在现场开展活动期间将要执行的各种活动有一个全面的了解。

## 1.4 概述

提出的施工策略及活动划分借鉴了承包商在同类 EPCC 项目的施工经验,同时考虑了实施此类项目的能力,并兼顾了施工进度,也是实现 EPCC 项目所涵盖的包括当地劳动力市场、分包商资源、质量和 HSE 绩效要求等方面的需要。

本文件说明了施工现场条件以及承包商在项目安装阶段采取的施工方法。

鉴于前文所述的实施项目的工作情境,下面将详细介绍最重要的施工监理组织,同时介绍分包计划、服务和物流活动，以便更好地了解项目，更好地协调所开展的活动。

本文件将包括以下主要内容：①承包商总部项目执行中心施工组织；②施工现场组织；③施工专业执行；④设备吊装策略；⑤现场材料管理；⑥可施工性计划；⑦施工进度；⑧进场策略（人员和施工设备）；⑨临时设施；⑩机械竣工计划；⑪HSE施工要求；⑫施工质量体系实施。

## 1.5 项目说明

业主计划建造包含本 EPCC 合同的项目，项目包括的详细内容以及项目的地理位置。说明 EPCC 合同所涵盖的项目工作范围，及其余整个项目之间的关系。

## 1.6 建议的工作划分和人工预测

### 1.6.1 施工活动范围和施工活动划分

与本文件对应的工作范围包括但不限于 EPCC 的工作范围中所述的所有工艺单元的施工、联动试车、投料试车和开车支持（按照合同范围）活动。

从施工角度而言，可将所要实施的项目工作分为几个工作区域和单元。详细说明 EPCC 项目考虑的区域，并介绍这样划分 EPCC 项目与分包策略有关。分包商范围内的活动清单汇总如下：①岩土工程报告和地形测量。②临时设施和生活营地。③打桩工程（如需要）。④土建工程。⑤建筑工程。⑥钢结构供应。⑦机电工程，主要活动包括：a. 机械安装（设备和管道）；b. 钢结构安装；c. 管道预制；d. 防火；e. 面漆；f. 保温；g. 紧固螺栓；h. 电气工程；i. 仪表控制工程；j. 联动试车。⑧重型吊装。

上述活动将采用不同的方法。尽管按照专业或装置组织施工（无论土建、机械还是电气、仪表与控制），但随着工程项目的进展，施工模式将变成详细的区域要求（每个装置、系统的竣工）和内部移交联动试车。

在其他情况下，划分工段和区域是为了分配工作，以支持分包策略，可能会由不同的分包商实施同一项工程，或由一个分包商负责不同的工程。

### 1.6.2 人力资源计划和进度及加班活动

本节将介绍对于 EPCC 项目施工活动所需的施工监理和直接工时的预测情况：①直接施工劳动力，是指直接执行施工任务的所有劳动力。根据劳动生产率、施工工作量、施工进度和工时估算。②施工监理工作量是指负责控制和监督所有直接施工工作量的人员。根据直接施工工作量、施工进度和工时估算。

根据合同规定，应向业主上报上述人工时数据。下面说明人工时的计算方法，并考虑哪些活动可能需要加班，最终形成项目的人力进场策略。

已经编制完成人力进场策略，说明何时向现场运送资源以支持和保证施工进度的要求。

**（1）间接（承包商）人力计划**

为制定施工人力计划，承包商已根据以下信息估算了 EPCC 项目施工的监理工作量：①直接施工工作量。直接施工工作量由承包商根据劳动生产率、施工工作量、施工进度和工时估算。②施工进度。按照工期分配施工工作量。③人工时。特别是，在制定与 EPCC 项目有关的所有计划和工作安排时，应考虑每个人每月的总工时等因素。按每月 260h 考虑。

作为进场策略的一部分，承包商的人力计划应侧重于确保项目每阶段顺利开工和为项目配备足够的人员。此外，施工进场策略应结构化，以便监理及时进场，在负责的施工活动开工之前熟悉工作。

施工监理进场计划包括按月和类别为整个项目工期计划人力水平。施工现场组织包括但不限于以下工作组：①项目管理组，包括项目总监和合同经理两个职位；②施工管理组，包括现场经理和各施工区域经理；③施工主管，包括各专业（土建、钢结构、设备、管道、电气、仪控、保温油漆）的施工监理和主管；④施工质量体系组织，包括各专业（土建和钢结构、焊接、设备管道、电气仪控、保温油漆）质量经理、主管和检查员等；⑤施工HSE组织，其中包括经理、工程师、主管、负责人等；⑥施工成本控制和分包管理组，其中包括经理、负责人、工程师和管理员等；⑦施工计划和生产控制组，其中包括经理、负责人、工程师、助理等；⑧施工材料控制和仓储组，其中包括经理、负责人、主管、工程师等；⑨管理服务组，其中包括经理、管理员、助理、工程师等；⑩施工现场办公室技术支持组（现场工程设计），其中包括经理、工程师、协调员和助理等；⑪联动试车、投料试车和开车监理组，包括联动试车/投料试车和开车经理、投料试车监理、投料试车主管、机械/电气/仪表（自动化控制系统）主管；⑫移交组，包括移交协调员、移交系统公司、移交控制系统（HCS）主管、尾项清单协调员、移交文件管理员、数据库操作员（分包/专业）。

**（2）直接（分包商）人力计划**

承包商根据以下信息估算施工（直接）工艺生产效率：①生产效率。根据项目所在国家条件和劳动法、气候、分包商知识、工艺条件等管理项目生产效率。②施工工作量。根据典型工作量和生产效率估算施工所需的人力。③施工进度。施工工期是根据典型工作量和生产效率计算分配工作量的基础。④人工时。特别是在制定与EPCC项目有关的所有计划和工作安排时，应考虑每个人月的总工时等因素。按每月260h考虑。

分包商人力计划的主要目的是证明分包商能按照项目整体进度，为项目估算高峰期人力，及时安排人员进场。高峰期进度是指施工阶段每月施工进展最大的时期，保持率是指"S"形施工曲线图处于最大斜率期间每月进度的平均值。

分包商人力计划包括按月和专业为整个项目工期计划的人力水平，其中直接施工工作涉及的专业有：①土木工程；②建筑；③钢结构安装；④管道预制和安装；⑤设备安装；⑥电气安装；⑦仪表安装；⑧保温和油漆；⑨联动试车。

这些专业包含了项目所需的所有分包商的各个工种，如工长、焊工、管工、木工、架子工、模板工、钢筋工、机工、喷砂工/油漆工/保温工、技术人员、设备操作员等。

**（3）劳动生产效率、进度和加班活动**

承包商应根据以下条件保证通过最合适的资源提供充足的人力：①确保通过竞标程序选择分包商，着重分包商的能力和生产效率。选出有足够的资源、有当地经验和业绩（过去的经验）的分包商。②详细分析分包商当前的工作量。③尽量使用当地的资源和分包商。在当地缺乏分包商资源的情况下，承包商可以提出使用以前有成功经验的国际分包商。④分包商应确保使用适当的和全新/保养良好的施工设备。⑤应及时组织人力进场，确保在所有方面充分支持现场工作。⑥承包商应按照整体项目进度，确保分包商及时进场。⑦承包商应按照自己的方法领导和管理施工分包商（通过应用控制和管理）。⑧承包商管理施工活动时应按照QHSE优化进度。⑨承包商应建立必要的增加人力的管理机制（缩短进场周期），并按照分包的重要性采取特殊的措施。⑩在条件无法达到最佳生产效率的情况下，承包商应通过企业的生产管理工具提前采取纠正措施，以实现设定的目标。

一般来说，施工工作时间为每周60h，每天10h，每周6天，从周一到周六。开工之前，开始和结束时间应经业主批准。工作应遵守EPCC项目所在国的劳工法。

如果需要加班，应经过业主事先书面批准。在这种情况下，承包商应采取所有必要的预防措施，在开工前应满足业主对于充分监督和安全管理以及提供照明和福利设施的要求。

需要加班的工作包括：①必须在无人在场的情况下进行的射线作业或高压试验；②为降低地下水位必须连续24h进行的地面排水作业；③安保和门禁；④联动试车，如化学清洗，开始后必须连续24h作业；⑤管道气压试验（如有）；⑥停车期间的系统接入；⑦其他。

## 1.7 施工组织

### 1.7.1 承包商总部项目执行中心施工人员

从项目的前期阶段开始，应向承包商总部项目执行中心设计组分配施工组主要人员，参加可施工性研究和施工前熟悉设计。当不参与设计细化时，施工组应在进场和现场施工活动开始之前完成所有施工计划。

应在项目开始时建立承包商总部项目执行中心施工组。与承包商总部项目执行中心施工组相关的主要活动包括但不限于：①组织现场考察和调查。②为HSE和安保计划提供输入。③总平面图可施工性审核。④制定进场计划。⑤组织可施工性研讨会。⑥制定施工执行计划。⑦确定临时设施和生活营地要求和位置。⑧审核材料仓储要求。⑨制定完整的临时设施/公用工程计划。⑩确定设备安装计划。⑪编制和发布分包询价。⑫对分包商进行资格预审，确保分包商有足够的闲置产能和技术能力承担工程。另外，还需要确认业绩。⑬进行分包报价的技术和商业评标，包括标书评选、评标和推荐分包商。⑭向分包商下订单。⑮制定详细的计划，包括施工主要工序和长交货期采购物资。⑯制定签证、出差、住宿、交通等各项管理程序。⑰制定各项现场施工程序。⑱确定人力要求。⑲确定现场服务计划。⑳审核施工设备进场计划。㉑为物流研究提供输入，负责现场物流工作。㉒建立施工生产管理制度。㉓发布施工监理进场计划。㉔发布供应商代表进场计划。㉕审核为满足施工要求的各种清单和工程交付计划。㉖制定机械竣工程序，审核检查表。㉗制定系统竣工和移交计划的要求。

### 1.7.2 现场施工人员

承包商应成立一个项目施工监理组，包括由选定的企业和国际专业人士组成的专业队伍，应由承包商负责发放工资。应根据以下要求选择所有监理人员：①有全球大型施工项目经验；②有相关工作经验；③有专业技术能力；④有新建项目/改造项目施工经验；⑤有预制和预组装经验；⑥有偏远现场施工经验；⑦有可施工性和施工计划经验；⑧有质量和安全经验；⑨能够与团队其他成员相互配合。

初步现场组织结构图见下述1.22节。注意，现场组织结构图可根据一些人员的特殊技能进行调整。

与现场组织相关的主要活动包括：①遵守安全目标；②避免发生健康和环境问题；③协调安装活动；④有效管理分包商；⑤实现进度要求；⑥遵守质量要求；⑦识别和控制界面；⑧与所有各方保持联络；⑨协调机械竣工活动；⑩提早完工系统；⑪确保提供图纸和材料以保证进度。

现场经理是主要联系人，是所有现场活动的负责人，包括人力资源部（如HR）、成本控制、分包等。向现场经理负责的专人称为"施工总监"，负责生产管理。

现场分为几个区域，分别由各区域经理负责。下设多名主管，将分配到各个区域，听从专业监理领导，是现场的联系人。各监理应安排主管到按照位置分割的区域。

施工的WBS（分工结构）示例如图3-1-1所示，包括承包商联合体各成员的分工。该分工用于分包策略、测量、调度、生产控制等。

### 1.7.3 与业主、政府部门和其他方联络

为顺利开展工作，承包商应考虑与业主、政府部门和相关方建立适当的联络，这对于以下工作是一个关键问题：①现场工作许可管理。承包商应全权负责按照EPCC合同范围为

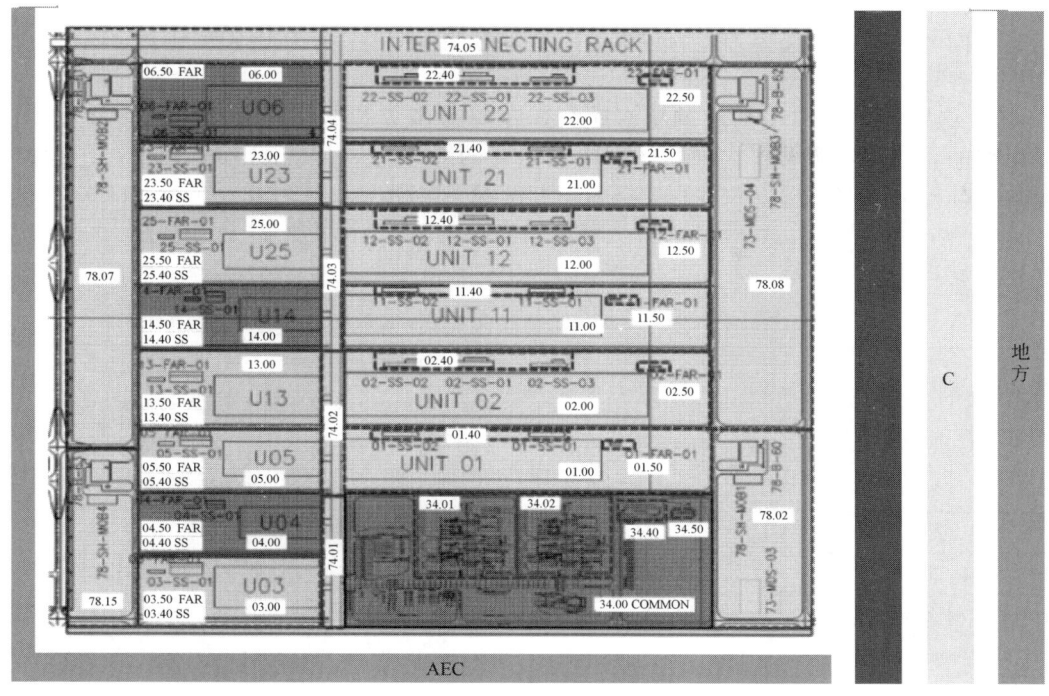

图 3-1-1 施工的 WBS（分工结构）示例

项目获得各种许可证。②与现场其他的承包商和业主协调。承包商应研究和管理与为 EPCC 项目工作的现场其他承包商之间的界面工作，确保施工顺利进行，避免施工和投料试车时发生干扰。详见项目界面管理计划。③由于直接人工和施工监理组都会遇到高峰期，所以应制定合适的承包商和分包商人员以及施工设备的进场计划，组建一支有经验的合格施工队伍。应为营地住宿设施建立互补、专项政策和管理团队，为来自不同民族和文化背景的人员在现场工作期间提供福利和适当的生活条件。

## 1.8 施工策略

承包商已制定初步的施工策略，以期在项目建设期内实现高标准的施工安全和质量。承包商应为项目关键岗位配备人员，并做好人员的管理工作。

应进一步完善施工工序以求准确，包括采用新思路，当设计和采购活动达到一定进度时，进行统筹安排，确定可行的可施工性研讨会的主线。

### 1.8.1 岩土工程报告和地形测量

（1）现场位置

拟建现场的地点、占地面积。EPCC 项目所在的区域占地面积。

（2）现场地形

结合业主组织完成的 EPCC 项目现场的地形测量，承包商组织现场踏勘期间获得分析样本，确定 EPCC 项目现场的地质条件。安排现场钻孔，确定地下水位标高。

从上述研究中确定地下土壤的状态，落实现场是否需要改良土壤，以适合于施工。通常可以选用以下改良措施：①振冲置换；②强夯；③强夯置换；④振动压路机压实；⑤超载预压；⑥快速冲击夯实；⑦剥离和置换。

上述各项技术对于可以改良的最大深度、通过 200 目筛网的细砂百分比和与地下水位的距离有不同的限制。在选择合适的技术时应考虑这些局限性。表 3-1-1 列出了为现场土壤改良考虑的各种方法的限制。

业主实施包括表 3-1-1 所示的所有改良。在现场移交后承包商应立即进行岩土工程研究。研究的目的是确认 EPCC 项目区域下层土壤的岩土特性。工程开始时，应完成现场准备工作，并根据原始地形以及计划土壤改良和回填工作数据，确定现场的断面大致的层次，如：①4~6m 回填层；②1~5m 改良土壤（泥土和粉砂），采用强夯/强夯置换法；③1~5m 中高致密砂；④极致密砂。

表 3-1-1 现场土壤改良方法及其限制

| 改良技术 | 限制要求 | | |
|---|---|---|---|
| | 有效深度/m | 200 目筛网通过率/% | 与地下水位距离/m |
| 振动压实 | <2.0 | <30 | >1.0 |
| 强夯 | 4~9 | <30 | >1.5 |
| 强夯置换 | 5~6 | >30 | >1.5 |
| 碎石桩 | <15 | 无限制 | 无限制 |
| 超载预压 | 无限制 | 无限制 | 无限制 |
| 快速冲击夯实 | 4 | <30 | >1.0 |
| 剥离和更换 | 无限制 | 无限制 | 无限制 |

### 1.8.2 临时施工设施和住宿

**(1) 临时施工设施**

考虑以下临时施工设施：①业主现场办公室；②承包商现场办公室；③分包商现场办公室；④分包商预制车间；⑤承包商堆场；⑥分包商堆场。

应就此制定完整的专项临时设施计划，作为指导建议，有可能会根据现场情况再做调整。

**(2) 住宿**

预计分为三种住宿安排：①业主住宿。自行安排。②承包商监理住宿。一部分人员安排在周边城镇（租住公寓），一部分安排在由业主提供的区域内新建的临时营地。③分包人员（直接和间接）住宿。自行安排。如果需要建造营地，应由业主指定区域。

在所有情况下，应由各营地建造方提供营地的全面服务。

### 1.8.3 专业施工策略

应按照现行先进的施工实践与惯例快速跟踪各项施工工作。这样，后面的专业才能在前面的工作完成具备条件时尽快开工，使不同种类的工作紧凑，而不相互直接重叠。这样的工作包括以下专业：土木（包括建筑）、钢结构、机械、管道、电气、仪表、保温、油漆。

在上述专业进场之前，应适当注意确保所有许可证要求到位，并且现场有足够的可用材料和设计数据。任何施工专业分包商应视情况提供所有必要的物品，包括但不限于：①所有材料，包括相关配件和文件；②所有施工材料和易耗品（模板、焊接和研磨材料、保护材料、化学酸洗剂、溶剂等）及相关文件；③必要时提供供应商服务；④有序储存材料，以便在需要时按顺序领用；⑤按照供应商说明与项目规定保护和维护所有材料/设备，直到发放临时验收证书；⑥当可能会受到特定施工活动（喷砂、油漆、防火等）影响时，做好现场现有设施的保护工作；⑦更换有缺陷、异常、劣质或不符合规定的任何材料；⑧实施管道跟踪和识别系统；⑨选择材料来源和堆放场所，包括必要时提前申请批准；⑩为所需的材料试验提供实验室或实验室服务，验证材料的稳定性、可使用性和施工要求合规性；⑪组织调查和检查，为将要施工/安装的所有事项提供/确认正确位置；⑫现场和/或工作场所检查和试验（无损检测、热处理、水压试验等），以及对设备和仪表进行充分/准确的检验与试验；⑬程序/施工方案、重型吊装研究、焊接规程和焊工资格评定考核，以及在资格评定考核之前所需的材料、设备、人员和实验室服务；⑭在调试永久阴极保护系统之前，提供用于保护管道和/或罐底的临时阴极保护。

### （1）业主供应设备

业主可能已为EPCC项目采购了部分主要设备。承包商在移交后应立即按照EPCC合同的规定组织检查，并根据检查结果进行相关的修改和维修。

将发布业主供货设备执行计划和业主供货设备施工执行计划。在该文件中包括与这些设备相关的所有详情。然后，应将设备运至EPCC项目现场，如有可能，直接安装在基础上。应为此提前指定土建分包商。

### （2）打桩工程

对于重型设备，在结束岩土工程调查后，可能需要对一些基础进行打桩。应由一个承包商负责此项工作。

按区域制定策略，以便优化施工绩效。优先提交与上述策略配套的IFC版的设计文件，以便按照项目进度实现土建开工。

打桩工程能使土壤达到EPCC合同规定要求的特性。地面的关键活动应尽快开工。考虑的主要活动包括：①机械进场和准备工作；②必要时进行地面平整；③钻孔；④浇注混凝土预制桩（按设计）；⑤必要时，在回填之前开挖软地面；⑥切割桩柱；⑦全面清理剩余混凝土废料等。

### （3）土建

参看项目分包计划确定将要选择的分包商数量，以及是专业分包商还是非专业分包商。承包商将现场分成几个区域，应以确保施工紧凑为前提。根据工作类型，应视当地公司的可用性和能力，尽可能使用当地公司负责供应和安装。

开始施工活动前，应研究现场，确定土壤条件、临时排水、废物堆放区和取土区以及天气条件。

最深的基础应先施工，避免后施工破坏邻近的基础。开挖工作包括选择合适的岩土施工方法，确保安全并提高效率。当基础低于地下水位时，应安装排水系统（板桩或其他合适的系统），将地下水抽至指定的排水或沉降池。

所有开挖材料应运至指定的废土堆，避免造成现场拥堵。开挖的材料通常用作基础的回填料，但必须满足相应的项目规定要求。不能重复利用的多余开挖材料应运至指定区域。

应制定控制措施，确保所有搅拌、灌浇和收尾工作符合项目规定和安装程序。应在安装模板之前确认基础布置。在贫混凝土、钢筋和安装模板后，应由现场工程师进行检查，并批准浇灌混凝土。

土建分包合同应包括安装地面混凝土结构（如果有此设计）。

部分混凝土工程（桥架的柱台和梁、沟槽、小型地基）可以预浇，以提高工作效率，减少现场人员量。

土建活动初步顺序如下：①在业主提供的基线设立项目基准点。②开工前测量地形或现有地面标高。③开始预浇混凝土，在运输预制件之前，留出足够的固化时间。④大型基础或深基础包括：a.初步开挖；b.必要时安装排水系统；c.开挖地沟支撑挡板、放坡、支护；d.浇贫混凝土；e.安装钢筋；f.安装模板；g.安装地脚螺栓。⑤管廊基础：a.开挖；b.排水；c.浇贫混凝土；d.安装钢筋；e.模板；f.安装地脚螺栓。⑥管廊土建结构。

制定策略时应考虑以下事项：①根据防火要求，在F&G部门确定"防火区"后实施解决方案：开始时，管架的第一层必须防火。②需要防火的所有管架和/或结构最后采用混凝土设计，但也可以考虑其他方法（按照技术规范）。③工艺单元管廊和互连管道的两个分支管廊采用预浇（混凝土管廊）。管廊的柱和梁应（但不限于）在现场预浇和处理。应根据EPCC项目当地是否有专业工厂，酌情决定或否定预浇方案。④安装如图3-1-2所示的预制人孔。⑤当区域建成地面时，安装如图3-1-3所示的预浇窨井。⑥在人孔之间安装排水管。⑦地下排水管带水试验。⑧路面回填。⑨土建分包商应在每个柱基处做中心线和高程标记，方便机务安装。⑩厂房地基开工。⑪安装混凝土结构或地面砌砖。⑫主要道路铺设：a.平整；b.夯实；c.铺设模板；d.钢筋混凝土；e.浇注混凝土接窨井。⑬未铺设区域用石子整平。

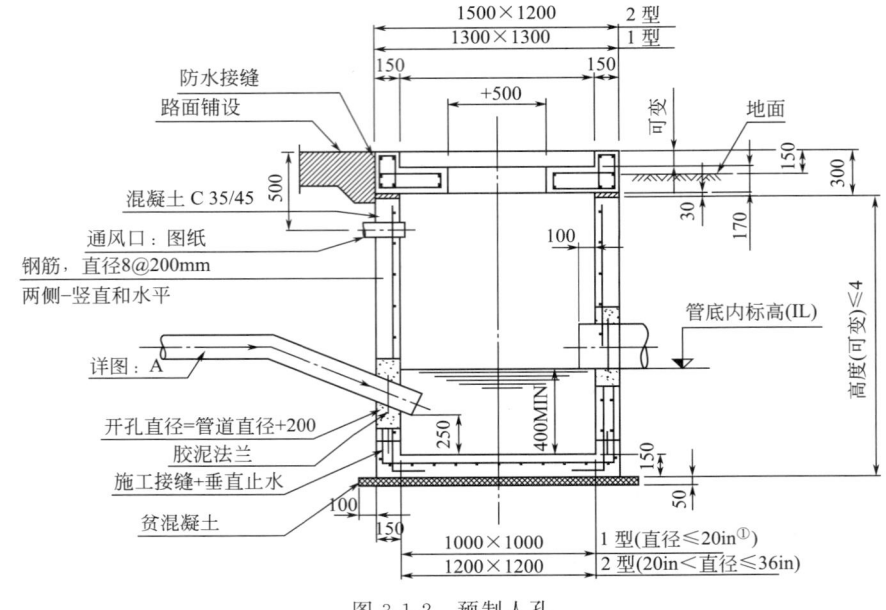

图 3-1-2 预制人孔

① 1in＝0.0254m。

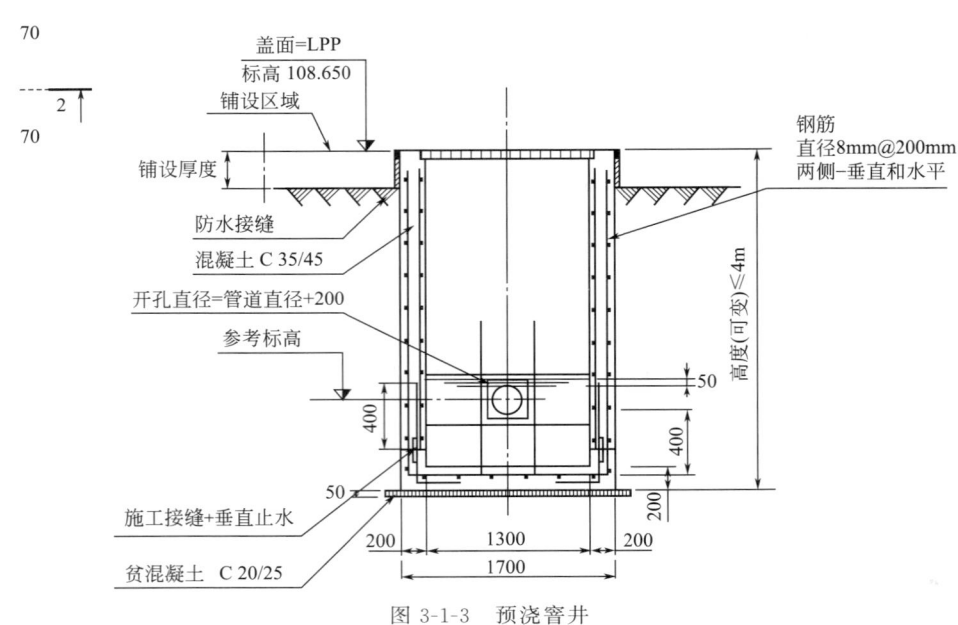

图 3-1-3 预浇窨井

### (4) 厂房

EPCC 项目为每个单元配备 $n$ 座变电站。另外，每个单元还设有 $m$ 个 FAR（现场机柜室）。变电站应按 FEED 信息和电气部门的信息设计。这些厂房将在现场施工或模块化制造。

### (5) 钢结构

决定将钢结构范围分包授予场外的几个工厂，包括制作和油漆。

制定分包策略和选择制造商的主要因素包括：①按照安装工序提供优先制造。②由承包商计划所有钢结构的预制、制造、材料控制和安装优先次序和程序。以现场为主，以场外分包为辅，制定的策略面向项目所在国内资源和场外资源互补，保证随时有专业人力和设备可用。③钢结构应油漆。对于钢结构工程，应准备几个足够大的区域堆放钢材，另外，还应准备一些区域存放将要安装的平台和梯子。④安装钢结构之前，应按照图纸检查螺栓和基础。工长和安装人员应研究钢结构安装图纸，确认所有材料到场，并确保人员了解工作范围。⑤应将随钢结构一起提供的螺栓存放到指定的螺栓储存区域内，并由仓库管理员发放给安装工长。所有未使用的螺栓应送回储存区域。⑥在工厂预制期间，应由承包商的现场质量人员全面检查焊接和工作质量。⑦关于钢结构，最重要的行动是交付主要结构（连同辅助结构），使得钢结构在现场可以"直接安装"。

另有 $k_1$ 座检修运行楼（MOB），在 EPCC 合同工艺区边界外侧两边各两座，装置内共有 $k_2$ 个操作员室和 $k_3$ 个吸烟室。

钢结构安装工序如下：①管廊（见土建部分）；②设备周围结构；③管道支架；④钢结构安装设备（平台、梯子等）；⑤其他结构。

钢结构典型工序：①车间预制图。②材料统计（也可以根据工程设计图统计材料）。③材料采购。④材料分配。⑤制造：跟踪分析、放线、切割、组装、焊接、调整。⑥喷砂和涂层施工。⑦运至现场。⑧安装：a. 安装管廊和互连管廊钢结构；b. 安装工艺/辅助设施钢结构/设备结构；c. 出于安全原因的考虑，应尽快安装通往管廊的平台、梯子、楼梯、台阶、格栅、花钢板和栏杆；d. 安装工棚；e. 内部设备安装；f. 屋顶和外立面；g. 其他相关工作，如电气设备支架、仪表和桥架、管道支架等；h. 保温（如需要）；i. 面漆（如需要）。

### (6) 设备安装

机械和设备安装分为以下几类：①加热炉安装；②业主供应设备安装；③立式和卧式容器安装；④机械（泵、压缩机、空冷器、换热器等）安装；⑤设备内构件（塔盘、分配器等）和填充材料（催化剂、除雾器等）安装；⑥加热炉内耐火混凝土安装；⑦空冷器及其供应商提供的钢架和平台安装；⑧所有类型的成套设备安装；⑨现场组装的储罐（如果由于道路限制）安装；⑩其他设备安装。

应检查所有运至工地的设备是否有损坏，包括检查制造材料和材料证书。

在卸货、运至存放区域或安装场地的过程中，应遵照制造商说明搬运。由分包商的专业组负责运输和吊装工作。承包商和分包商的安全组应参与现场运输和吊装。

供应商应提供各种设备的使用维护说明书，在编制安装和联动试车方案说明时应遵照本文件。

组装大型设备可能需要供应商代表到场。在下订单时确认是否有提供此服务的条款，当提供此项服务时，供应商代表应指导和批准所有安装工作，以便使供应商的设备质量保证完全有效。

在安装需要吊运的重型设备时，应由施工管理组计划和审批。在这种情况下，一般来说，需要载重能力大于 500t 的移动起重机设备，承包商应雇佣专业分包商负责吊装。在所有其他情况下，设备安装分包商应使用自己的起重机。详情参看下述 1.10 节。

上电之前应仔细检查电气设备。

需要灌浆的所有设备基础应经过彻底清理，将表面打毛，然后再灌浆。应按照现行的程序和规范将设备调整到适当的标高。

安装工序计划应尽量减少吊装作业。一般来说，设备安装工序如下：①大型塔器、容器和反应器；②换热器、空冷器和小型容器；③泵、成套装置、压缩机。

对于重量超过起重机起重能力 50% 的主要设备或任何设备，必须在运输和起吊/吊装研究获得批准后才能移动。

主要出于安全和工作效率的原因考虑，承包商应尝试尽量预装好塔和容器，预拼装好空冷器。关于此类大型设备吊装，应提前研究是否可以在周边区域或在制造车间内预装保温。详见下述 1.9.1 节。

反应器和其他设备的内构件是一项复杂的安装工程，因为需要在受限空间内作业，必须采取额外的安全措施。

在受限空间内进行上述工作时，必须使用低压照明，提供新鲜空气和氧气检测器。工作期间，应在容器外安排一名安全员，以便随时采取必要的安全和保护措施。

就压缩机而言，可将设备拆分后（拆分成电机和压缩机）放在橇架上运至现场。可根据运输方法调整安装流程。

部分动设备在安装时需要供应商在场；需要在采购范围中考虑技术支持。

**(7) 管道预制和安装**

在 EPCC 项目施工过程中，管道预制和安装是最重要的环节之一；管道安装工程将决定整个施工活动的成败。一般来说，管道安装工程需要考虑尽量预制管道，这样可以考虑主要在项目场外车间还是场内（根据现场的空间条件）进行预制。

① 预制车间　部分预制车间将在现场安装（连同现场管道焊接和现场修改），最好在堆场区域内：a. 所有必要的设施布置应确保安全、高效生产，达到工艺的最高质量，包括应力消除和整个预制工艺的检试验标准。应由在生产管理方面经验丰富的专业组负责管理这些设施。需要考虑的主要问题之一是在正确绘制单线图方面的专业知识。b. 预制车间内至少配备焊接机、切割机、焊接工具、油漆区和无损检测室。应编制制造程序和具体的 QP（质量计划）和 ITP（检试验计划），确保制造符合工程设计要求和相关的项目规范。c. 区域内应设置一些临时设施，如办公室、保安室、卫生设施等。应做好区域的保护工作。应用围栏围住，并在主要道路上安装活动门，必要时，可针对交通需要、设备规格和进行特殊拖运时预见到的一些困难，在现场设置一些战略点。d. 关于区域的形状，可以调整对专业区域的分配，方便堆放区域作业。e. 通常，预制车间是一个工棚，由不同的隔间组成，避免不同的管道材料混放、材料污染和通过资格评定负责焊接不同管道材料的焊工混在一起。f. 这些设施有用于管道工程（碳钢管道预制和不锈钢管道）和钢结构工程（预置）的工棚。设施应在管道进场的地方设置一个专用堆场。从堆场开始，用物流箭头一步一步指示预制工艺线路。g. 表面处理和油漆工程详见下文 [(10) 保温和油漆]。h. 承包商应确保所有分包商和供应商设备可靠，并按照要求校准，以合理计划、安全的方式进行检查、保养和操作，使制造生产满足项目需求。i. 在项目期间制定的临时设施计划中，应包括由承包商实施的车间、堆场和临时设施。

② 总体设计　应使用 Smart Plant 3D 软件设计。设计成果是单线图，包括用于水压试验和气压试验的疏排口信息。

③ 计划　应为管道安装工程需要的监理、人工、设备和工具制定详细的计划。应计划并与基础施工协调在地下和厂房周围安装管道，避免干扰区域内的其他工程。工艺和公用工

程的地上管道，应在管廊和设备安装后尽快安装。应协调管道支吊架和阀门的计划、交付和安装，尽量减少使用临时支架。

④ 预制　管道预制采用如下策略：a. 根据发布用于施工的（IFC）单线图分派材料，或特殊情况下，根据单线图管理剩余材料；b. 分包商按照 IFC 的单线图准备预制用管道材料；c. 分包商从堆场向预制车间运输原材料；d. 焊工批准后，分包商安排预制、喷砂和油漆（不包括焊缝）；e. 由分包商制作支架；f. 分包商按照 IFC 安装支架，小口径（≤2in）管除外，将视情况在现场决定是否使用。

项目的基本政策是尽量预制。所有管道尽量在车间预制，使用通过资格评定的管道焊工做标记的短管图。对于小口径管道而言，在车间预制还是现场制作取决于对单线图的分析和承包商/分包商的决定。

在施工区外预制的预制件应尽量预拼装，在安装前确认实际安装尺寸，减少现场调整。可以为部分/所有管道考虑远距离预制计划。

管道预制工作包括但不限于：a. 预制大口径对焊管道，安装在设备周围、管架/管墩上的管道；b. 预制大口径管道的辅助管道支架；c. 预制大口径管道的冷态辅助管道支架；d. 按照规定的涂层体系对管道进行喷砂和油漆（不包括焊缝）。

⑤ 焊工　应特别注意 EPCC 项目所需的焊工资格和人数与项目所在国内可用的焊工人数，以便安排现场预制和预拼装。开工前应相应评估焊接质量，并制定确保焊接质量的程序。为顺利开展工作，需要进行一些培训。

⑥ 管道材料　工厂施工需要使用的管道材料主要包括：a. 碳钢；b. 不锈钢。

⑦ 现场材料管理　材料进场和标识应使用短管和管线号标识制作的管道，并对照单线图确认这些编号，在存放区域内按管线分类。这样，可以缩短寻找材料的时间（从而提高拼装效率）。应使用颜色系统标识不同等级的堆放管道和管配件。阀门上应挂有管道规格规定的标识。支架应按管线分类，按照相同的原则存放。管道支架除了焊缝以外应全部涂漆，焊缝将在现场涂漆。

⑧ 安装　脚手架安装不仅限于管道安装工程。为确保足够提前正确安装脚手架，必须将脚手架捆绑到结构上，并遵守制造商规范和项目适用标准。连接脚手架至少遵守以下几点要求：a. 连墙件不应影响脚手架的作业层。b. 连墙件应尽可能靠近升降机的底部固定。c. 务必确保结构能够固定住载荷。d. 不使窗框或任何木结构抖动。e. 井字框或支撑系统只能作为临时方法使用。f. 在管廊上安装时，优先安装下层，避免影响起重机进出。管廊管道大部分是直管，小部分需要预制（直管段）。g. 先安装设备周围的大口径管道，再安装小口径管道。这样，如果有任何管道相碰，可以修改小口径管道。h. 管道焊接必须遵守由承包商设计并经业主批准的程序。i. 管道支架。安装管道时必须检查分配的标记，确认油漆和防腐保护施工。如果与焊缝重合，应提前进行无损检测。

⑨ 管道试验　承包商应在计划的试验活动之前分系统准备好试验文件包。水压试验文件包中的文件一般包括：a. 各管道的试验系统图（在 P&ID 上）。b. 尾项清单，分 A、B、C 类。c. 管线清单。d. 压力试验证书。e. 所包含的单线图的焊接图。f. 螺栓拧紧证书。g. 垫片检查文件。h. 管道支架详图。i. 试验准备工作：压力试验预检查；焊缝；拆卸部分仪表和阀门，用临时短管代替；有法兰接头时，用法兰接头隔离设备。

⑩ 管道工程的主要工序　管道工程的主要工序包括：a. 制定焊接规程，进行焊工资格评定。b. 地下管道涂层和缠绕，管道安装（如果地下工程属于土建范围，工序相同）。c. 地上管道和管道支架材料喷砂、打底漆。应按照项目规范决定是否在水压试验前在焊缝上打底漆。d. 地上管道（管架/管墩）和管道支架预制；大口径对焊管道（预制）；大口径螺纹管

道；小口径承插焊接/螺纹管道；e.检查和无损检测（NDT）。f.现场在管架上安装短管和支架。g.现场安装设备周围管道（包括支架）：大口径对焊管道（预制）；大口径螺纹管道；小口径承插焊接/螺纹管道；h.制造和安装 1in 以下伴热管道。i.焊后热处理（如需要）。j.现场检查和无损检测。k.试验和冲洗。l.（必要时）采用油冲洗、化学清洗等方法对管道内部进行特殊清洗。m.最终安装调节阀、安全垫（用新垫片）和仪表，取下设备上的盲板法兰。

### (8) 电气工程

主要电气工序包括但不限于：①变电站安装和通电：a.主变安装和连接。b.配电变压器安装和连接。c.电气设备安装和连接。d.电缆桥架安装。e.互连电缆安装和连接。f.所有变压器/设备通电。g.应安排变电站中的设备（如开关柜、电力和配电变压器、控制柜等）在设施可用时尽快安装。此外，厂房建好后，尽快启动各动力和控制电路的桥架和线路，当设备安装电机后就能接线，不耽误试验。h.高低压布线系统、电机高阻表、控制回路的所有试验应在电气主管的监督下进行，应由业主代表和承包商质检人员见证。②现场电气安装：a.接地/避雷系统安装。b.电缆桥架和电缆梯架安装。c.地下刚性导管和镀锌钢导线管短管安装。d.地上刚性钢导管安装。e.直埋电缆安装。为方便现场运输，可能需要安装一些临时盖板。f.将电缆安装在电缆桥架上。g.电缆穿管。h.中/低压电机电缆连接。i.低压电气设备电缆连接。j.控制站安装和连接及接线盒。k.电气伴热系统安装。l.阴极保护系统安装。m.电力和照明试验。n.变电站通电。

### (9) 仪表工程

仪表工程包括但不限于：①控制室工程（安装和通电）：主配电柜、机架和面板安装；互连电缆和线管安装和连接；机柜室机柜内部电缆（RIB）电子接线；DCS、ESD、F&G系统安装；所有仪表盘、机架、设备、系统等通电。②现场仪表工程：电缆桥架安装和小口径穿管；电缆地下线管安装和穿管；地上刚性钢导管安装；直埋电缆安装；电缆、多根电缆桥架安装；电缆和多根电缆穿管；电缆和多根电缆连接；接线箱和接地盘柜安装；仪表安装；通信系统安装；仪表预校准；仪表回路试验。

一般情况下，当管道安装进度达到60%时，开始仪表安装。典型的仪表工序为：①支架和支柱预制；②仪表电缆路径；③桥架安装；④仪表校准；⑤仪表电缆敷设；⑥穿线管安装（电缆槽与接线盒之间）；⑦接线箱安装；⑧火灾和气体检测安装；⑨仪表安装；⑩电信安装；⑪安全视频监测设备；⑫仪表电缆连接；⑬现场验收试验（SAT）；⑭仪表电缆连接试验（符号检测）；⑮功能回路试验（回路试验）。

应特别注意，不同仪表设备的存放方式也不同。

本策略是尽量在车间完成仪表校准，仪表的支架和支柱尽量预制。

### (10) 保温和油漆

EPCC项目最后施工的工程是保温和最终油漆。保温工程包括但不限于：①保温工程（管道、阀门、法兰和设备、仪表和仪表导压管）；②防烫伤隔热工程（管道、设备）；③隔音工程（管道）；④伴热管线保温（管道）。

保温工程的工序通常为：①管道和管线部件保温；②容器和塔器保温；③特种设备（如泵）保温。

如果是大型设备（塔、反应器、容器），应在安装前研究保温（在预制车间和/或安装地点周围区域），尝试在高空作业时减少/避免风险，提高施工过程的工作效率。这种方法称为"预组装"。

按照适用的和批准的油漆工序，油漆工程应包括但不限于：①钢结构，如梯子和栏杆；

②设备（外部和内部）；③储罐（外部和内部）；④成套设备；⑤火炬；⑥管道和管道支架；⑦电气/仪表支架；⑧安装后末道漆施工和修补。

应尽量采用以下策略以减少现场油漆工作：①应在预制车间将短管油漆至中间涂层；②钢结构应全部油漆后运至现场；③所有设备应全部油漆后运至现场。其目的是尽量在涂装车间进行油漆管道，保证质量。

承包商应充分认识到油漆质量是装置最终质量的关键，特别要考虑现场的极端腐蚀性环境（海洋环境、高温、工艺环境和高湿度）。因此，分包商应确保减少户外和现场油漆，并且应采用适合于装置最终目的高标准的油漆。

应特别重视检查预制车间和供应商车间油漆工程。

表面处理和油漆工作都是对环境有害的活动。承包商应编制施工环境管理计划，确保每个分包商遵守该计划，特别要强调控制喷砂活动以及油漆产品的存放、使用和处置。承包商应确保喷砂设施符合项目规定。油漆区域包括封闭区和开放区。当天气条件适合于油漆施工，不会影响油漆施工质量时，应在开放区内作业。

油漆区域还应提供移动材料、压缩气瓶和油漆工具的设备和装置。应适当控制存放油漆的工棚内的条件。

## 1.9 预制和预组装策略

施工过程中，由于许多工程项目同时进行，现场周围缺少劳动力。因此，承包商应尽量在现场以外的地方或在现场空地上预制。该策略的优势：①在预制车间条件下执行工作，质量好，效率高；②降低现场人员的人工时，可以减少干扰、风险和交通问题。

### 1.9.1 现场预制

在技术和经济可行的情况下，考虑在现场以外预制以下物料：①钢筋切割、弯曲和预制；②管段和支架预制，管段油漆应符合技术规范；③当可行时，预制人孔、坑、管道支架和预制混凝土结构；④在项目授标后，应立即研究模块化互连管廊的可行性；⑤应考虑在安装现场以外预组装钢结构和空冷器，最好在业主提供的堆场区域内组装；⑥安装钢结构（特别是高空结构，如空冷器的钢结构）前应做好防火处理；⑦应尽量由供应商在车间内完成加热炉的耐火材料施工。在车间安装对流部分和烟囱的耐火材料，在现场安装辐射部分的耐火材料。

此外，通过将部分人员调离现场进行预组装，可以节约现场空间，减少承包商之间的干扰。如果使用得当，预组装还可以减少高空作业量，提高现场安全：①在将设备运至现场和在最终位置就位安装之前，预组装设备（塔）的保温设施、管道、仪表、梯子和平台，可以避免在设备周围搭设脚手架（避免更多的干扰）和高空作业；②可以在厂外地面上组装楼梯、小结构、平台，然后整体吊运到现场。

为确保分包商实现上述策略，应对有预制设施的潜在分包商进行评估和资格审核。此外，鼓励所有分包商在现场附近设置预制设施。

如果没有固定设施，或规模不大，可以负责预制施工期间需要的小口径管段、管道支架和结构件，临时预制车间应设置在业主专门提供的区域内。

### 1.9.2 设备预组装

(1) 范围

研究考虑基础之上或结构总高度大于等于20m的设备。

(2) 预组装活动考虑的工程

考虑预装活动的工程包括：①保温，不包括运输支架支撑的位置；②安装平台和楼梯，除非会对吊装造成干扰；③塔的下游管道组装；④组装不影响吊装的仪表和电气设备及桥架。

不考虑卧式安装设备的内部件，因为一般情况下，供应商会建议设备的内部件应直立安装。

检查单元总图，确认对应的装置或相邻的区域空间是否满足上述预组装活动。

(3) 预组装活动要求

为获得良好的预组装结果，需要协调和分析以下参数的可行性：①是否有合适的区域，并有相应的承载能力和平整度；②按照规定的顺序提供和/或获得需要的所有材料和物料；③机动能力，考虑组装新增元件的刚度、相应增加重量和重心偏移，以及安排起重机作业不受干扰；④符合各自制造商和供应商以及业主的规范和建议；⑤与设备制造商协调修改运输设备支架，以便能够预组装塔，并在完工后运输。

(4) 评估进度计划

评估进度计划应考虑：①提高效率，在地面上预组装脚手架和其他活动时，可以提高工作效率35%左右，方便人员操作和近距离监督；②由于是在基础附近工作，可以缩小作业范围；③与在最终直立位置进行安装活动相比，横向预组装可以缩短进度；④设备从运到EPCC项目现场到完成脚手架至少需要1个月时间，在此期间可用于进行预组装活动，见表3-1-2 第1~5周的安排；⑤降低工作高度，减少材料在高空的移动，可以提高工作场所的安全度。

表 3-1-2　设备预组装进度计划

| 项目 | | 第 1 个月 | | | | 第 2 个月 | | | | 第 3 个月 | | | |
|---|---|---|---|---|---|---|---|---|---|---|---|---|---|
| | | 1 | 2 | 3 | 4 | 5 | 6 | 7 | 8 | 9 | 10 | 11 | 12 |
| 在基础上预组装 | 运至现场 | ■ | | | | | | | | | | | |
| | 设备安装 | | | | | | | | | | | | ■ |
| | 搭脚手架 | | ■ | ■ | | | | | | | | | |
| | 保温 | | | | ■ | ■ | ■ | ■ | | | | | |
| | 脚手架修改 | | | | | | | | ■ | | | | |
| | 平台和梯子 | | | | | | | | | ■ | ■ | | |
| | 设备准备 | | | | | | | | | | | ■ | |
| 在基础旁边预组装 | 运至现场 | ■ | | | | | | | | | | | |
| | 搭脚手架 | | ■ | ■ | | | | | | | | | |
| | 保温 | | | ■ | ■ | ■ | | | | | | | |
| | 平台和梯子 | | | | | ■ | ■ | | | | | | |
| | 设备安装 | | | | | | | ■ | ■ | ■ | | | |
| | 保温运输支持 | | | | | | | | | | ■ | | |

## 1.10 吊装策略

重型吊装策略应按照国际规范和标准以及适用的项目规范执行。建议质量超过100t的设备采用重型吊装作业。本活动不包括质量不超过100t的以模块形式提供的其他重型设备（由机械安装分包商管理）。其他特种设备也可以采用重型吊装，如质量超过50t的换热器、炉子的烟囱等。

承包商应将这些活动分包给经验丰富并且有能力承担此业务的专业公司。其中，分包商应提供以下文件供承包商批准：①适合设备质量和/或尺寸的吊装程序、备选方案；②所需的起重机和龙门吊清单，说明可用性、来源和所有权；③重型吊运作业计划，与承包商施工进度完全结合，并考虑货物到达现场；④陆路运输。

表3-1-3给出了EPCC项目的重型吊运清单样表。更多信息将包含在重型吊装计划中。

表 3-1-3  重型吊运清单

| 用途 | 数量 | 质量/t | | | 所在区域 |
| --- | --- | --- | --- | --- | --- |
| | 设备数量 | 设备单位质量 | 总质量 | 货运吨 | |
| | | | | | |
| | | | | | |
| | | | | | |
| | | | | | |
| | | | | | |
| | | | | | |
| | | | | | |
| | | | | | |
| | | | | | |
| | | | | | |
| | | | | | |

## 1.11 分包策略

承包商应分包全部的施工工程，并做好管理工作。应选择有资质和有经验的分包商，在承包商施工管理组织的指挥下开展施工工作。

分包策略应集中在让最佳数量的可靠、技术合格和经验丰富的分包商进场，分包商应拥有满足施工所需的足够可用的设备和熟练人员，能够保证在规定的时间内，以最佳的商务条件，满足EPCC合同的质量要求并安全完成工作。

施工分包计划中将包含详情策划的内容。

## 1.12 材料管理策略

承包商应提交一份详细的材料管理程序说明，包括承包商对材料的接收、储存、防腐和向分包商分发材料方面的内容。详见现场材料管理计划。

### 1.12.1 现场材料管理

现场材料管理计划中的指导原则和说明适用于由承包商或代表承包商采购、接收、处理、储存和发放的所有材料。现场材料管理计划中包括以下内容：①材料接收（卸货、材料检验）；②储存（标识、保护和储存）；③防腐方案；④材料发放（发放给分包商的材料、业主供应的材料、剩余材料管理）；⑤材料管理系统（软件应用程序）。

### 1.12.2 材料管理软件

承包商的材料管理计算机软件应用程序（如 SPM），可以定义、统计、采购、检查、激活、接收、优化、分发和控制所有材料。

材料管理计算机软件负责文件、物流、项目所在地和承包商总部执行中心的采购，以及优化材料库存，以便更好地实施项目，确保项目按时完工。

### 1.12.3 管道材料管理

材料管理程序的第一阶段是设计。管道部门按照 P&ID 和设备的初步信息建立管道的三维模型（如 PDS 管道设计系统）。当完成管道设计后，将向材料部发送一份拷贝。材料部将这些管道和单线图输入材料管理计算机软件（如 SPM），并利用该软件编制材料统计表（MTO）。

编制完成 MTO 后，材料部发布询价请购文件（RFI），并发送至采购部。采购部用材料管理计算机软件编制招标采购文件（RFQ），并与认可的供应商联系，当供应商返回报价后，采购部向材料部提供进行技术分析的信息。

材料部将检查并发布采购请购文件（RFP）。采购部根据 RFP 准备采购订单。

检验部将定义检查等级并执行检验，然后发布相应的文件（检验放行单）。检查结束，一切正常后，催交组应为这些材料准备一份检验放行通知，通知准备装运，通知中包括采购订单、设备材料标识号和装运数量等，供应商应准备货物的装箱单（包括包装信息）。

物流部负责将材料运到工地［除非是 DDP（完税后交货）条件］并办理所有海关手续。为跟进材料运输情况，物流部发布装运控制表，包括发货的以下所有信息：①除了运输控制以外，采购部还发布和维护、更新材料管理计算机软件（如 SPM）中名为"材料交货"信息的 Excel 格式文件，包括与采购订单有关的所有数据；②到货之前，现场材料团队还应收集相应的装运文件、采购订单、放行通知、检验放行证书（IRC）和供应商图纸，以及卸货、检查或储存所需的任何数据。为收集这些数据以及与项目采购材料有关的其他信息，材料经理每天应与 EPCC 承包商总部运营中心的催交团队和物流团队保持联系。

承包商物流团队收到所有这些信息后，应制定和更新运输控制单，包括批准所有预期到货和实际到货，以便：①向现场计划工程师和现场经理报告，以便估算工作量和修正/调整项目曲线。②通知相应的承包商主管和分包商代表即将接收的材料或设备，以便准备卸货地点和安排货物进出，以及派出必要的人力和机械进行卸货。③运送材料的车辆到现场后，在卸货之前，材料团队应进行第一次检查，查看货物或包装是否有损坏。检查后，材料团队或相应的分包商在指定的地点将材料卸车。④卸车后应进行实际状态、数量和质量三项检查。如果检查中发现有损坏或数量不符，材料控制经理应使用材料管理计算机软件（如 SPM）编制一份短缺溢余报告通报损坏或不符的数量。⑤完成货物检验后，材料控制经理应编制一份与装运通知单对应的材料接收报告（MRR），说明实际收到和验收的实际数量。⑥材料控制经理应在此报告后面附上检验阶段生成的不符合报告（NCR）或短缺溢余（OS&D）报告。⑦承包商在发布报告时,应使用软件应用程序(SPM)优化库存(按照规划制定的策略/优先级)。⑧材料管理应用程序的用户应依据提供的单线图进行优化分析,以便及时适量地派发所有材料,可以有一项短缺、两项短缺和多项短缺。⑨材料管理应用程序用户编制并正式发布材料发放报告和验收摘要。发放的材料自动从材料管理应用程序(如 SPM)的库存量中扣除。

另外,还可以通过材料管理应用程序(如 SPM)软件获得 Excel 格式的材料库存状态,以及带或不带标签(TAG)。

承包商现场材料团队一般应对照相应的材料表(BOM)和需求监督材料的使用和发放情况,随时收回在项目施工阶段已发放给分包商但在后来的单线图版本中不再需要的任何相关的管道材料,这样做有两个目的:①减少项目结束时的剩余材料;②将回收的物资重新用于新的现有单线图中。

当项目机械竣工后开始投料试车和/或开车阶段时,材料团队必须正式要求分包商返还项目以前阶段未使用的由他们保管的材料。从分包商处收回并检查这些材料后,将材料记入库存中。同时,还应将这些材料输入施工实施期间用于材料控制的计算机软件应用程序中。然后,材料团队参照上述材料管理应用程序按专业生成库存,并将其与各仓储区域现有的实际库存量进行对比。

只有完好的材料才视为剩余库存。有一定价值但有缺陷的材料,材料经理可以按特殊标准管理,但应记录在库存的"检查结果"备注中。

图 3-1-4 给出了 EPCC 项目材料管理的流程。

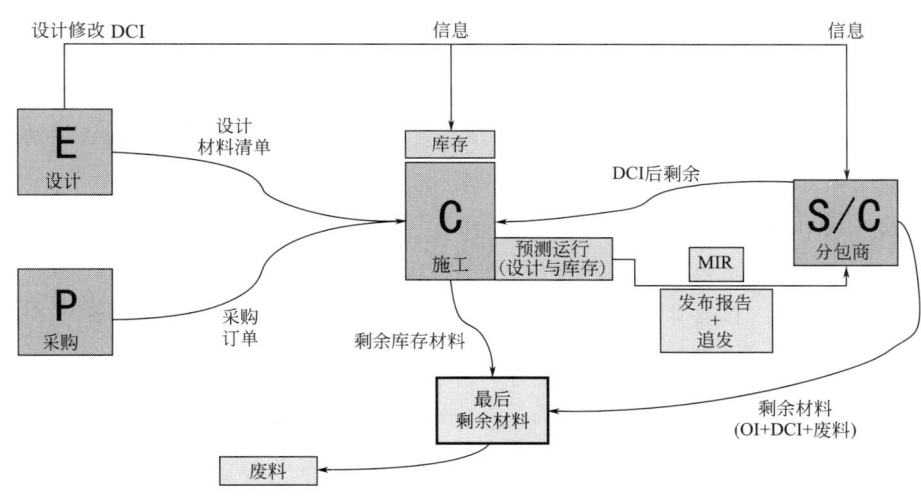

图 3-1-4　材料管理流程

综上所述,材料管理涉及的编制和发布 RFI、RFQ、RFP、PO、MCS、IRC、RN、催交、检验、物流、接收、管理、发货、库存以及已发放材料和溢余材料控制的所有流程和文件,全部通过材料管理应用程序(如 SPM)软件完成。

## 1.13　可施工性策略

承包商应在项目前期制定和实施结构化的可施工性计划,确保从项目一开始就采用施工和作业的专业知识和经验。应在设计阶段授予合同后立即开始编制可施工性计划,以便承包商优化施工的安装工作。

可施工性主要包括但不限于以下活动：①加强早期规划；②减少范围变化；③提高生产力；④减少返工，优化施工方法；⑤提高施工质量；⑥促进施工安全；⑦减少延误/保证进度；⑧提高公众形象；⑨减少冲突/纠纷；⑩降低施工/维护成本。

可施工性策略详见可施工性计划。

## 1.14 施工进度

施工进度应纳入项目的整体进度计划中，分为以下专业：①打桩（如需要）；②临时设施和营地；③土建；④建筑（包括建筑物的设施）；⑤钢结构；⑥机械设备安装；⑦管道安装；⑧电气安装；⑨仪表安装；⑩油漆保温；⑪联动试车以及投料试车和开车协助。

### 1.14.1 施工进度的方法与策略

承包商应使用计划控制软件工具（如 Primavera）设计施工阶段的关键路径（CPM）网络进度计划。施工关键路径将与设计及采购的关键路径（上一级任务）相关联，以实现有效的项目控制和协调。

施工进度应足够详细，显示承包商如何从项目开工一直实施到初步验收，并应展现如何计划施工和机械竣工活动。

承包商还应计划人力负荷，最大限度地调整非关键施工活动，减少现场高峰人数。

通常由专业的进度工程师起草项目进度初稿，但由高级施工人员负责施工进度，以便能够全面跟踪施工进展。同样地，分包商也应制定详细的施工进度计划和人力需求预测，清楚地证明如何实现里程碑，保证满足施工进度要求。

应特别注意与其他承包商的界面，详见界面管理计划。承包商应做好施工活动计划，避免施工期间人力和设备高峰过高。

### 1.14.2 施工进度报告

承包商应定期向业主提交施工进度报告（作为项目进度报告的一部分），确保工程符合项目进度。进度报告（按专业/单元）应通过承包商用于跟踪和指导分包商绩效和效率的控制工具编制。

进度报告应每周和/或每月提交一次，汇报工程状态：

① 月进度报告：每月提交一次，包括施工状态和进展的详细说明，强调影响项目实施的相关情况或情形，并提前计划下个月的各阶段工作。

② 周进度报告：汇报一周的主要进展，并做出下周计划（内部）。

进度报告包括描述项目状态，关注可能影响项目进展的方面和情形，并做出决定和计划恢复行动来克服这些问题。详见进度测量程序。

## 1.15 施工控制系统

承包商应考虑建立所有必要的系统，提高施工控制系统的自动化水平，提高工作效率。

承包商应通过聘请经验丰富的管理人员，并根据以往对于各种施工控制软件系统的成功经验，优化施工流程的效率。

关于承包商使用的软件，表 3-1-4 举例介绍了一些用于施工控制的主要软件工具。

表 3-1-4  用于施工控制的主要软件工具

| 功能 | 系统 |
| --- | --- |
| 进度计划 | Primavera P6 |
| 采购和材料管理 | 智能材料管理(SPM-Marian) |
| 施工控制 | 承包商工具(PCS) |
| 管道预制和安装控制 | 承包商工具(PCA) |
| 施工顺序图 | 承包商工具(2D 与 3D) |
| 文件移交控制 | 承包商的工具(HCS) |

(1) **进度控制软件**（如 Primavera P6）

Primavera 项目计划系统是工程建设行业普遍使用的进度计划管理软件，目前已发行到第 6 版。P6、施工控制工具和采购与材料管理系统之间通过具体程序链接，可以实现进度和实际日期沟通，以便将项目使用的各种进度和控制工具整合在一起。

(2) **智能材料管理**

智能材料管理（SPM-Marian）是材料管理的主要工具。包括采购模块，其中包括所有材料供应活动计划和管理（包括采购、催交、检验和物流等功能）。可以控制订单的整个周期：发布询价请购文件、询价、接受投标、评标、授标、供应商文件、制造、检验和交货。可以自动生成所有正式的采购文件（如询价单、订单等）。该系统生成四级文件，如 RCR 和 MPS。智能材料管理也是采购进度测量系统的主要组成部分，为这些活动提供进度信息，同时与发票、会计和成本控制系统相连。

(3) **施工控制**

施工控制工具软件可以编制进度曲线、人力和人时直方图。此外，还可用于编制完成工程量的曲线。该软件通过编程可以提取进度控制软件（如 Primavera P6）中计算的进度，以标准化格式简化各专业的进度和生产测量的信息。

(4) **管道预制和安装控制**

该工具用于管道控制、单线图、管段、焊接、无损检测和测试包的一个应用程序。管理分包焊接图、焊接日工作量和装配日工作量数据，可以生成 MS Excel 格式和 pdf 格式的输出报告。

(5) **施工顺序图**

该工具以图形方式说明 Primavera P6 的施工顺序，必要时自动更新进度。根据选择，可生成土建、钢结构、安装、地下管道、重型吊装或部分工程的（月度）PPT 报告。

(6) **文件移交控制**

承包商应使用基于计算机的施工和投料试车跟踪应用程序，记录各标签物料、管道、仪表、电缆和大宗材料的使用情况。材料管理应用程序将跟踪联动试车、投料试车文件以及系统综合尾项清单。

## 1.16  进场策略

制定适当的进场策略是使 EPCC 项目按照整个进度计划顺利开展的关键。顺利进场可以避免以后将难以补救的初期延误。

由于承包商将 EPCC 项目的施工工程完全分包，进场计划不仅应包括承包商进场，还应包括所有分包商的进场安排，包括施工材料和设备。

适当的进场计划应包括以下几方面内容：①承包商管理人员进场；②分包商的施工设备进场；③分包商的工人进场；④设备材料进场。

### 1.16.1 分包商的主要施工设备进场/离场

分包商应及时提供数量充足的施工设备，确保按照项目的整体进度计划进行施工。

在授予分包合同之前，应要求潜在分包商对工程所需的主要施工设备与设施进行评估。并将此作为技术评标的一部分，以确认分包商已完全了解工作范围，并在投标书中为施工所需要设备做出充分的预留。在施工过程中应使用该清单作为参照，确保在需要使用时现场不短缺设备。

根据承包商的经验，预计大部分施工设备都能从 EPCC 项目所在地（国内）市场获得。另外，由于 EPCC 项目现场内有大量工程施工，需要同时使用许多施工设备，需要从第三国家进口供 EPCC 项目使用的一些特殊的重型设备和/或技术设备（如打桩设备、特殊分包商使用的特种机械等）。

分包商应提供一份现场施工设备和车辆清单、维护记录和相应的证书，以及通行证和需要进行的定期保养检查。

承包商应提供详细的计划、系统和程序，确保在使用之前初步检查和认证进场/离场的所有设备和小工具。此外，应按照适当的间隔进行定期维护、检查和认证，确保施工设备可以继续安全使用。

通常会在 EPCC 合同中明确承包商有义务提供用于实施 EPCC 项目范围内任何工程的任何施工设备，即使未在上述计划中明确提及的设备。

项目考虑的主要施工设备包括：①重型起重机。承包商应通过认可的重型吊装分包商提供施工所需的设备。②专业施工设备。承包商应通过土建和安装分包商提供施工所需的所有设备。

关于重型吊装设备，如果可以同步集中实施重型吊装，可以大大节省成本。在重型吊装分包中，租用重型起重机的最大成本是进场和离场费。起重机用于最重型设备，当起重机在现场时可以安排快速吊装其他重型设备。

对于重型吊装专业，承包商应在能够协调吊装任务时，尽量优化使用租用的起重机。这意味着，一定范围内进场的分包商越少，越能减少进场和离场活动、许可、操作人员、负荷试验以及现场的干扰等。总之，应通过一系列的改进，使工序更加方便，从而节约成本。

对于现场所需的其他施工设备，如泵、发电机、张拉螺栓设备、小型起重机等，应由各分包商按照工作范围提供。

承包商应检查运到现场的所有施工设备，只有当施工设备具有相应的质量并经过适当维护时，才能签发可使用施工设备的授权贴纸。

当确定施工分包商及其工作范围后，应向业主提供一份施工设备进场计划。

### 1.16.2 施工设备许可证、保险和保养证书

承包商应认真检查，确保进场施工设备具有相应的许可证、保险和保养证书（见施工HSE 计划）。如果施工设备不符合其中任何一项要求的，不允许进场。

所有车辆和机动设备应获得允许进场的有效通行证。

在重型设备进场之前，分包商应与承包商的设备主管一起，按照专门的检查表对设备进行进场前检查。通过检查后，应在重型设备醒目的位置贴上检查合格标签。

承包商和分包商应检查吊装设备、工具和装置，如臂式起重机、卸扣、叉车、横张梁、吊索等，确保作业安全。所有起重机应经授权组织检查和认证。

承包商应要求其分包商按照书面校准和维护计划控制、校准（有要求时）和维护用于确定施工设备符合项目要求的各种检查、测量和试验设备。设备应符合关于其位置、高程、管道测量的相应公差要求。

对于 EPCC 项目所在国的法律或业主规定要求持证上岗的岗位，承包商应确保分包商人员持有有效执照和证书。所有起重机操作员应持有相关设备操作员许可证。应由指定人员管理对起重机操作的所有培训和考核。

对于进口施工设备而言，承包商应确保符合文件程序、规定并按照项目所在国的税务法律做好记录。此外，承包商还应负责向相应的海关部门获得完整的详细进口程序，并负责承包商设备进口的清关手续。

在整个项目施工期间，应做好所有进口施工设备的记录，确保在施工设备使用后按照项目所在国的相关规定转出口。

分包商进口自己的施工设备时，应在承包商监督管理下遵照执行类似的程序。

## 1.17　联动试车以及投料试车和开车协助策略

联动试车以及投料试车和开车计划为项目联动试车、投料试车和开车协助的准备、实施和检验提出了具体的原则和责任划分。

当施工进度达到 60% 左右时，进行现场联动试车，以实现 EPCC 项目机械竣工、允许投料试车、开车和性能试验活动。

在这些现场活动之前，承包商总部执行中心先进行准备活动，以便现场顺利开展相应的准备工作。

## 1.18　质量策略

同样地，承包商承诺达到最高 QA/QC 标准，并将实施和控制现场质量计划作为其主要目标之一。承包商应通过指定的现场 QA/QC 经理落实现场质量计划要求。

对施工活动进行质量控制，确保项目设备和设备的制造、安装和试验符合设计图纸和规范以及 EPCC 合同提出的其他要求，实现以下目的：①确保项目各阶段与现场质量计划有关的所有程序和计划落实到位，并且可以测量、审计。现场质量计划对各项具体工程提出了质量要求，并制定了保证工程质量所实施的各项检验和试验、记录控制计划。②确保项目各阶段所有相关的检试验计划（ITP）得到落实。③尽早和及时地检测到缺陷，提出有效纠正措施，减少每个月重复的不符合报告（NCR）。④为所有项目施工团队的工作管理提供指导准则。

## 1.19　HSE 策略

承包商应通过现场 HSE 经理落实施工 HSE 计划要求。承包商应通过落实 HSE 计划完全支持安全事故为零的目标，在分包商组织内营造浓厚的 HSE 文化氛围，确保顺利实现此目标。

承包商负责 EPCC 项目范围内的安全和安保，包括材料、车辆、工具、设备和任何其他财产。因此，承包商应制定并在每个施工区域落实所有现场安全和安保安排，防止盗窃，防止闲杂人员、车辆和设备进入现场。此类安排见现场安全管理计划，包括以下内容：①职责和义务；②制定为人员、车辆和移动设备、访客、供应商和材料获得出入证/权限的程序；

③制定在承包商人员的临时设施和由承包商管理的其他区域内实施的安保规程和规定；④设置安全围栏、大门，建立联络手段和方法（无线电、移动电话等）；⑤编制与当地政府和警方联络的程序。

发现任何安全漏洞应立即通报。随后应进行调查，查找根本原因，落实纠正措施，避免反复发生。

## 1.20 现场文档控制

承包商应制定现场文件管理计划并提交给业主批准，减少承包商与相关人员之间的沟通错误。

该计划应对现场接收、修订、传输文件提出控制要求，确保准确传输施工阶段的图纸和其他文件。此外，该程序主要确保：①项目设计阶段，在现场对所有文件、图纸和质量记录实施文件控制制度；②图纸记录和"文件状态"保持最新，定期向所有相关方（包括分包商）发布文件修订状态；③按照承包商总部项目执行中心规定，建立图纸和文件电子版记录，包括所有收到、发出和现场修订的图纸和文件；④保管、保存和整理好所有图纸和其他文件，直到移交给业主；⑤施工阶段，控制好文件、计划等的现场授权签字（签名确认表），该表应在加入新签字人时更新。

本计划中提出的要求适用于现场施工阶段，包括以下文件：①项目技术规定；②项目程序；③执行计划、质量计划和程序；④检验试验计划（ITP）；⑤技术图纸；⑥技术澄清单；⑦组织程序；⑧发文单据；⑨其他施工文件。

承包商应制定所有必要的说明，建立整理和分发文件（信件、传真、会议纪要等）的系统。承包商应确保事先标识所有文件，包括沟通程序中所述的信件、传真和发文单据，以及用于文件管理的工具。

由文件控制团队负责文件管理工作。主要责任包括：①做好技术文件归档工作，限制未授权人员查阅；②负责建立文件（主文件）管理流程，以及任何时间对各份计划、图纸或文件保持完整记录；③确保收到的所有文件正确，批准用于施工和其他目的，并突出文件状态；④负责建立一个记录所有文件最新版本的文件，作为开展所有施工活动的依据；⑤确保正确向承包商现场人员和各安装分包商分发文件的最新版本，避免针对文件的更新状态提出疑问；⑥当接收技术文件延误可能会影响施工计划时，通知现场工程设计经理和施工经理。

控制红线版本（变更）的图纸，承包商应落实一种管理所有现场图纸变更的方法，满足施工阶段项目联动试车和投料试车要求，确保将这些变更包含在现场图纸中。此项规定适用于涉及承包商在项目执行期间收到反映现场活动所有变更的图纸。

有关现场文件控制的更多详情，请参看所述的项目程序。

## 1.21 相关规定与程序

相关的项目规定与程序主要包括：①项目执行计划；②分包计划；③可施工性计划；④现场材料管理计划；⑤性能试验程序；⑥联动试车计划；⑦投料试车和开车计划；⑧进度测量程序；⑨界面管理计划；⑩业主供货设备执行计划；⑪施工环境管理计划；⑫施工 HSE 计划；⑬现场安保管理计划；⑭联合体协调程序；⑮现场文件管理计划；⑯重型吊装计划。

## 1.22 初步现场组织结构图

如图 3-1-5 所示。

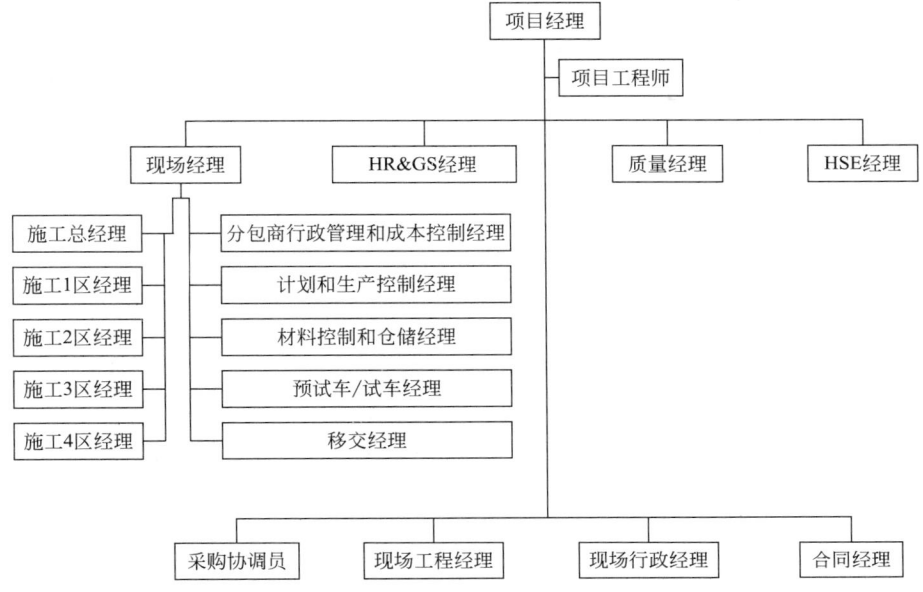

图 3-1-5 初步现场组织结构图

# 第2章 可施工性计划

## 2.1 目的

可施工性计划的主要目的是在设计和采购前期结合项目的可施工性，对施工阶段进行以下优化：①加强前期规划；②减少范围变化；③提高承包商生产效率；④减少返工，优化施工；⑤加强施工质量；⑥提高施工安全；⑦减少延误/保证施工进度；⑧提高公众形象；⑨减少冲突/争议；⑩降低施工/维护成本。

## 2.2 范围

可施工性计划适用于项目的所有活动和陆续参加设计和采购阶段的各个专业。可施工性计划可参照建筑行业协会（CII）出版的相关实践实施。

## 2.3 定义

经验教训：是识别各项活动（总部、项目或现场）中的任何改进机会或错误。

可施工性研讨会：按照可施工性检查表从可施工性角度对项目某些设计方面进行讨论的正式会议。

## 2.4 概述

正确实施可施工性计划需要考虑以下主要方面：①协助制定施工关键路径，识别项目正确顺序和动态；②发布支持施工活动的工程和采购优先次序；③审查总图，将可操作性和可维护性纳入设计；④与重型吊装分包商共同审查吊装计划；⑤记录参考基准标志；⑥评估方便施工的标准化内容；⑦与物流团队审查进场路线、载重和卸载设施；⑧确定重型/大型载荷运载和起重机位置；⑨评估吊装计划和重型吊装策略；⑩确定深开挖区域/部分，评估和确定实施方法；⑪评估和确定地下工程提前完工的要求；⑫高层结构建筑物安装方法；⑬评估预制还是"现场制作"混凝土结构的方便性；⑭评估和决定管道预制顺序；⑮评估在车间还是现场（管廊或地面）组装冷却器及其配套结构的方便性；⑯评估预组装的可能性；⑰预保温研究；⑱评估和确定需要橇装的整套设备；⑲前期让安装工程管道团队进场设置后期水压试验的底座；⑳确定为支持投料试车需要提前完工的设备安装（电力、消防水系统等）；㉑请投料试车团队确定需要运行的系统；㉒编制可施工性阶段需要将安全和质量问题作为一个重要方面加以考虑。

## 2.5 职责

### 2.5.1 可施工性经理

负责在承包商承担的所有项目中实施可施工性计划：①为 EPCC 项目指定可施工性协调员和研讨会负责人；②负责反馈系统；③更新经验教训系统；④审查应用可施工性的 EPCC 项目规定。

工程设计经理、总部施工经理和可施工性协调员应在考虑设计、施工和开车等各个阶段的情况下，制定项目的可施工性计划。

### 2.5.2 总部施工经理

负责制定施工原则。负责在计划和施工执行阶段调整施工顺序。

### 2.5.3 项目可施工性协调员

负责以下工作：①执行、维护和改进可施工性计划；②制定可施工性研讨会计划，包括议程安排；③作为承包商与业主审查可施工性计划的接口；④随时前往工程设计和采购部门，确保顺利沟通；⑤向所有相关人员提供反馈，处理和监督新的可施工性输入的实施情况，建立项目的经验教训日志，并在项目结束时反馈给总部；⑥准备和主持可施工性研讨会；⑦跟进可施工性研讨会上讨论的检查表；⑧研讨会结束后，发布关于研讨会内容的报告，说明项目所处的阶段，以及建议记入可施工性日志的新内容；⑨保持跟进可施工性研讨会的开口事项。

### 2.5.4 项目主任

负责以下工作：①促进和支持实施项目可施工性，明确其对项目团队的承诺，以及支持可施工性计划；②主要负责制定战略规划；③向可施工性工作团队（包括工程设计经理、项目工程师、施工经理、可施工性协调员和研讨会负责人）授予实施可施工性计划的权利，并且进行监督，确保计划得到有效实施，并且完全符合项目执行计划。

### 2.5.5 工程设计经理

负责根据施工顺序制定设计计划和顺序。通过监督实施情况，促进和确保批准的设计方案和可施工性计划得到实施。

### 2.5.6 区域经理

负责提交可施工性研究所需的各种信息，直接参与项目可施工性研究与实施的过程。从各专业调派工程师参与编制可施工性计划和研讨会。负责在研讨会上约定的措施落实到区域设计中，并与采购进行协调。

## 2.6 可施工性计划

可施工性经理负责编制可施工性计划，需要考虑的主要活动包括：①与总部施工经理一起制定施工实施计划。②制定可施工性计划。③制定交通和进场计划以及临时设施计划。④与总部施工经理一起制定施工路径。⑤审查工程设计的下列交付文件：a.总图；b.设备总布置图；c.重型吊装和运输图；d.地下和地上系统图纸，包括一般详图；e.土建标准图纸；f.混凝土基础通用详图；g.各专业布置图；h.项目技术规定；i.制定预装/预保温策略。⑥协调项目工程师与专业负责人之间的界面，保证信息流动，特别是与施工活动有关的问题：a. 避免堆积问题，应及时告知设计人员详情；b. 从各角度获得最合适的布置后，简化装置设置和图纸；c. 简化和优化施工工作；d. 由于设计要素是标准的，施工应能重复实施试验前的技术（可靠性）；e. 改进/保证安装作业的通道与空间，确保顺利开展安装作业（提前修改布置图）；f. 检查材料和设备堆场、装卸区的行走与作业通道。

## 2.7　可施工性研讨会

制定可施工性计划后，应组织召开工程设计经理、各专业负责人、项目工程师、可施工性小组参加的研讨会，讨论和跟进可施工性检查表和产生的其他输入。

可施工性研讨会负责人应编制以下两份文件：①可施工性研讨会计划；②可施工性检查表。

### 2.7.1　可施工性研讨会计划

可施工性研讨会计划包括两部分内容：①内部可施工性研讨会计划。各专业负责人、项目工程师、施工经理、可施工性协调员和可施工性研讨会负责人参加的研讨会。②前期研讨会。研讨的内容包括：a. 总体可施工性策略；b. 总图审查，包括主要设备可操作性、运输和吊装；c. 地下系统和土建工程。

可施工性研讨会应包含所有专业，分6个不同的组：①钢结构；②建筑；③设备和预制；④管道、油漆、伴热和保温；⑤加热炉；⑥电气和仪控。

应在内部可施工性研讨会上审查约定的行动。根据对研讨会所附检查表的审查结果生成报告。

### 2.7.2　可施工性检查表

可施工性检查表是研讨会的主要工具。由各专业制定检查表，以便在分别召开的研讨会上跟进。可施工性检查表是一个动态文件，可以在研讨会和审查检查表的过程中添加新问题、想法、建议等。除了内部研讨会以外，内部还应检查可施工性检查表，保证按照进度实施所采取的措施。

## 2.8　可施工性报告

每次研讨会结束后，必须编制可施工性报告，并分发给相关人员。应根据检查表信息、提出的措施、开口项和关闭项、需要采取的措施以及责任划分编制可施工性报告。

## 2.9　可施工性数据库管理系统

可施工性数据库管理包括三方面内容：①可施工性检查表。应由项目和各专业保存和归档该检查表（电子文件），方便以后同类项目参考。可施工性协调员负责维护检查表。②经验教训。根据承包商的经验教训，项目可施工性负责人负责将所有相关经验教训上传到系统，为以后的项目建立数据库。③可施工性日志。采用Excel电子文件，是项目各项技术决策的对照表。应将所有建立的日志保存和归档在可施工性文件夹内，以便为以后的项目建立数据库。

## 2.10　可施工性指导原则

从可施工性角度可能会将项目考虑得很复杂。承包商交叉开展的施工活动带来的复杂性会形成一个充满干扰的施工环境，如明挖工程、开放的地下工程、道路切割、不断搅拌的混凝土搅拌车、到达的设备等。但是，对于每个 EPCC 项目而言，做好可施工性工作可以在发布图纸和购买设备之前确保顺利开展施工工作。

### 2.10.1 常见的进场问题

就场内活动而言，根据可用的初步信息，检查各个区域之间的道路宽度是否会导致主要问题。

将为各装置建设柏油底基层、基层和中间层构造的内部道路。在整个施工阶段做好该路段的保养工作。当结束使用重型设备或机械的工程实施后，应进行磨耗层施工。

在道路的底基层下方，将安装钢筋混凝土结构的电缆管道，以及排雨水的混凝土涵洞。

### 2.10.2 地下工程

提前完成地下工程是确保项目顺利开发的一个重要方面。必须制定正确的施工顺序，使得机械和电气设备或管道安装等后续活动不会因地下工程而受到任何影响。

下列一些信息有助于顺利开展地下工程的工作：①尽早开展地下管道的设计；②根据早期发布的 MTO 管道规格提前购买用量最大的管道原材料，避免因市场情况导致工期延误；③如果在地下敷设电缆，应优先设计和采购电气和仪控电缆、电缆桥架及相关土建工程，以免延误与上述工程有关的后续施工活动。

有必要提前审查地下工程设计的可施工性，确保施工期间的作业空间与通道。

### 2.10.3 土建工程

按照从下到上的施工顺序，深基础应优先施工。

在项目最早期发布基础的土建图纸是保证项目顺利开工的关键环节。为获得该信息，应考虑以下步骤：①要求供应商提前提供设备载荷数据；②尽早确定需要制造的地脚螺栓；③尽可能早地将模板运至现场；④相同类型的基础标准化，可以加快设计进度，为施工期间开挖、模板和钢筋（弯曲和安装）方面创造标准化的条件。

预制基坑和人孔并在现场正确安装可以减少现场的模板工程和钢筋混凝土工作量。

基坑和人孔及其他典型施工模板（如混凝土沟槽）的标准化，对于方便施工和安装而言非常必要。

### 2.10.4 建筑物

在制定了合适的可施工性顺序后，变电站和与工艺装置有接口的建筑物施工应考虑以下标准：①分析施工的预浇、现浇或成套类型；②提前发布基础图纸，加快分包商土建队伍的施工进度；③充确定进入建筑物的地下或地上电缆路径；④明确结构特性，确定在当地市场最方便地获得材料；⑤在变电站和 FAR 的设备运到现场时，其基础应施工完毕，避免设备仓储和后续的建筑施工作业受影响；⑥提前确定电缆截面尺寸、配电盘的开孔尺寸等。

### 2.10.5 钢结构

如果最终决定主要管廊采用钢结构设计，以下各项应考虑采用钢结构制作：管道支架、设备结构、空冷器支撑结构、平台和梯子等。同时需要考虑以下事项：①预制钢结构的临时存放和保管；②存放期间，标识钢结构部件，以方便识别；③脚手架策略，使用平台和梯子（提前搭设），以免在以后的工程施工中搭设脚手架；④避免空冷器结构的拼装场地堵塞区域内的进出和通行；⑤根据规格和运输可行性确定预制的钢结构。

### 2.10.6 管道安装

管道安装通常是 EPCC 项目最重要的活动之一。因此，应考虑以下事项，避免后期施工遇到问题：①出于工作效率的考虑，必须尽量在预制车间预制短管；②应制定能够保证安装进度的预制顺序；③必须提前预制支架；④预制短管上的单线图和短管标识；⑤保证提前获得预制和安装材料；⑥设计人员在单线图上标明排水和排气点，方便管道压力试验；⑦确定套管的安装方法和压力试验；⑧提前施工和采购用于在线压力试验的临时设备（临时短管、盲板法兰等）；⑨必须制定清晰、详细的施工子工作分解结构（Sub-WBS）。

### 2.10.7 主要设备

设备应按照规定分批运到现场。必须正确制定安装顺序，避免干扰现场同时开展的其他活动：①制定预安装策略；②研究在供应商车间预保温的可能性。

### 2.10.8 电气仪控及配件

应在机械设备安装达到一定的进度后，再开展安装地上电缆的工作，提前安装有可能会损坏电缆。

可施工性应确保及早提出主要和次要电缆槽敷设工作的可行解决方案，减少后期阶段返工，确保达到项目质量要求。

## 2.11 相关规定与程序

相关的规定与程序包括：①项目执行计划；②施工执行计划；③分包计划；④重型吊装计划。

## 2.12 模板与样表

可施工性检查表如表 3-2-1 所示。

表 3-2-1 可施工性检查表

| 可施工性检查表 | | | | | | 编码：<br>版本：<br>日期：<br>页码： |
|---|---|---|---|---|---|---|
| 项目 | | | | | | |
| 装置 | | | | | | |
| 序号 | 工作事项 | 责任方 | 计划日期 | 结束日期 | 状态 | 备注 |
| | | | | | | 相关成本 |
| 1 | 地下管道 | | | | | |
| 1.1 | 提供综合地下设施布置图 | | | | 已实施 | |
| 1.2 | 减少深埋地下管道 | 地下/土建 | | | | |
| 1.3 | 为下水道/排污管道选择运输方便的材料，以及使用的连接类型，推荐使用锁紧接头 | 地下/土建 | | | | |
| 1.4 | 提前提供交叉接入电缆槽组详图 | | | | | |
| 1.5 | 下水道沉坑和人孔标准化及预制 | | | | | |
| 1.6 | 提前发布消防栓、监视器和方向变化细节 | | | | | |
| 1.7 | 专业之间协调所有地下工程；根据设备到位情况制定地下施工方案 | | | | 已实施 | |

续表

| 可施工性检查表 | | | | | | 编码：<br>版本：<br>日期：<br>页码： |
|---|---|---|---|---|---|---|
| 项目 | | | | | | |
| 装置 | | | | | | |
| 序号 | 工作事项 | 责任方 | 计划日期 | 结束日期 | 状态 | 备注 |
| | | | | | | 相关成本 |
| 1.8 | 评估板桩的必要性，确定是否适合现有的土壤类型，尽量避免板桩 | | | | | |
| 1.9 | 加速设计并发布所有地下设施，以便能在项目的基础阶段安装 | | | | 已实施 | |
| 1.10 | 可行时，设计带嵌入式结构统一的管道支撑系统、吊耳、拉环、梯子和排污水基坑的人孔 | | | | 施工 | |
| 1.11 | 检查地下管道是否与设备基础相碰 | | | | 已实施 | |
| 1.12 | 标准化地下管道细节，包括轴套、清扫口、隔火墙、疏水器等 | | | | 已实施 | |
| 1.13 | 地下管道的位置尽量使得开挖一个通道就能同时连接多个设施（特别是在交叉口） | | | | | |
| 1.14 | 各区域的地下管道和电缆槽应尽量在同一标高敷设。应减少标高的变化 | | | | 已实施 | |
| 1.15 | 尽早设计排水系统，方便施工阶段使用 | | | | 已实施 | |
| 1.16 | 提前设计地下系统和区域路面铺设 | | | | | |
| 1.17 | 在水压试验之前，进行地下管道现场焊接接头涂层施工并回填 | | | | | |
| 1.18 | 制定各装置的施工顺序和先后次序 | 施工 | | | | |
| 1.19 | 设计各装置的周边排水 | | | | 已实施 | |
| 1.20 | 确定管道材料 | 施工管道材料 | | | | |
| 1.21 | 管道间提供足够的间隔 | | | | 已实施 | |
| 2 | 土建和结构 | | | | | |
| 2.1 | 均衡基础和基坑的底部标高，方便土方运输和施工，研究按相同深度设计上述标高 | | | | | |
| 2.2 | 考虑使用预制人孔、集水池和穿线盒，编制预制项清单 | | | | | |
| 2.3 | 标准化所有订单的地脚螺栓规格 | | | | | |
| 2.4 | 标准化预埋材料规格（确认材料在当地市场的可获得性） | | | | | |
| 2.5 | 使用套管布置重要/复杂的锚固 | | | | | |
| 2.6 | 考虑使用模板定位基础内的地脚螺栓 | | | | | |
| 2.7 | 提前完成混凝土路面铺设 | | | | | |

续表

| 可施工性检查表 | | | | | | 编码:<br>版本:<br>日期:<br>页码: | |
|---|---|---|---|---|---|---|---|
| 项目 | | | | | | | |
| 装置 | | | | | | | |
| 序号 | 工作事项 | 责任方 | 计划日期 | 结束日期 | 状态 | 备注 | |
| | | | | | | 相关成本 | |
| 2.8 | 在区域路面铺设图纸上注明伸缩缝/搭接缝的位置 | | | | | | |
| 2.9 | 考虑为道路铺设和轻型结构使用化学养护 | | | | | | |
| 2.10 | 项目尽量使用复用设计,通过使用相同的基础和基座模板,标准化基础尺寸 | | | | | | |
| 2.11 | 考虑各装置界区内大规模开挖的干扰和物流 | | | | | | |
| 2.12 | 设计基础时尽量避免使用板桩 | | | | | | |
| 2.13 | 坡面充分铺装,考虑标准规定的设计允许范围(避免铺沙) | | | | | | |
| 2.14 | 混凝土路面尽量考虑使用丝网 | | | | | | |
| 2.15 | 标准化不同基础的钢筋直径。考虑使用较大的钢筋规格,需要增加所需的间距 | | | | | | |
| 2.16 | 标准化灌浆要求 | | | | | | |
| 2.17 | 混合设计大规模混凝土基础的特殊考虑 | | | | | | |
| 2.18 | 在基础间提供足够的间距,以便使用压实设备 | | | | | | |
| 2.19 | 在土建详图中规定回填材料的压实度 | | | | | | |
| 2.20 | 直径大于1m的设备避免使用圆形基础;基础应为八角形或其他易于施工的形状 | | | | | | |
| 2.21 | 建立永久性的测量控制、基准点控制,并且易于作业与行走 | | | | | | |
| 2.22 | 提前发布地脚螺栓清单,特别是要求使用特种合金钢或热浸镀锌工艺时 | | | | | | |
| 2.23 | 设备基础使用地脚螺栓套管 | | | | | | |
| 2.24 | 结构和现场条件允许时,设计的基础能够直接在工作面上浇灌混凝土,从而不需要模板 | | | | | | |
| 2.25 | 审查环氧灌浆料和水泥基灌浆料的使用情况 | | | | | | |
| 2.26 | 钢结构和设备支架的灌浆厚度最大不超过1~2in | | | | | | |

续表

## 可施工性检查表

编码:
版本:
日期:
页码:

| 项目 | | | | | | |
|---|---|---|---|---|---|---|
| 装置 | | | | | | |
| 序号 | 工作事项 | 责任方 | 计划日期 | 结束日期 | 状态 | 备注 |
| | | | | | | 相关成本 |
| 2.27 | 研究灌浆材料,尽量避免使用环氧灌浆料 | | | | | |
| 2.28 | 检查相邻的小型基础、泵和小型设备,考虑是否可以共用一个贫混凝土底板 | | | | | |
| 2.29 | 在大型设备基础上,安装一根长出5cm的螺栓,当安装设备时作为导向销使用 | | | | | |
| 2.30 | 提前发布围墙平面图,以便制定安保计划 | | | | | |
| 2.31 | 对将要安装的设备,反复检查是否有凸出的地脚螺栓 | | | | | |
| 2.32 | 确定开挖的最低标高,如有可能进行大规模开挖。尽量避免在地下水位以下开挖 | | | | | |
| 2.33 | 在开挖底部使用土工织物、粒状材料或贫混凝土 | | | | | |
| 2.34 | 减少开挖深度(土建和建筑物) | | | | | |
| 3 | 建筑物 | | | | | |
| 3.1 | 提前发布建筑物设计信息 | | | | | |
| 3.2 | 提前确定电缆入口 | | | | | |
| 3.3 | 尽量使用预制结构。安装支架的路径 | | | | | |
| 3.4 | 设计时尽量使用当地常规的材料 | | | | | |
| 3.5 | 研究是否可在建筑物界区内使用混凝土电缆沟 | | | | | |
| 3.6 | 确保建筑物门洞满足设备进出要求 | | | | | |
| 3.7 | 避免在电缆层内使用混凝土地板 | | | | | |
| 3.8 | 提前研究电缆层内的电缆槽,避免后期架设过多桥架,并按照技术规定要求保持电缆和桥架的间隔(电缆桥架支架) | | | | | |
| 3.9 | 提前完成HVAC基础设计,提前从分包商处获得详细设计 | | | | | |
| 3.10 | 提前设计电气和仪表盘的开孔和钢支架 | | | | | |
| 3.11 | 与电气和土建专业协调,提前设计变压器场地 | | | | | |
| 3.12 | 直接从运输卡车上卸下并安装变压器,避免反复搬运造成损坏 | | | | | |
| 3.13 | 确定变压器区域的母排入口密封剂 | | | | | |

续表

| 可施工性检查表 | | | | | | 编码：<br>版本：<br>日期：<br>页码： |
|---|---|---|---|---|---|---|
| 项目 | | | | | | |
| 装置 | | | | | | |
| 序号 | 工作事项 | 责任方 | 计划日期 | 结束日期 | 状态 | 备注 |
| | | | | | | 相关成本 |
| 3.14 | 按照电气和仪表及控制系统桥架修改 HVAC 管道设计图,需要先安装 HVAC 的管道,肯定存在一定的干扰情况,需要调整 | | | | | |
| 4　钢结构 | | | | | | |
| 4.1 | 研究钢结构和混凝土结构成本和进度比较优势 | | | | | |
| 4.2 | 减少钢构件数量、种类和规格（尽量使用标准化的柱、梁、连接件和螺栓） | | | | | |
| 4.3 | 尽量使用可从当地获得的钢构件类型和规格 | | | | | |
| 4.4 | 使用可从市场上获得的标准栏杆、梯子和楼梯 | | | | | |
| 4.5 | 准确采购结构件的连接螺栓,以便提前运至现场 | | | | | |
| 4.6 | 提前批量订购主要结构和轻型结构 | | | | | |
| 4.7 | 确保制造商在制造前提供所需的经过批准的安装图和工厂制造详图 | | | | | |
| 4.8 | 确保预制的钢结构符合施工顺序 | | | | | |
| 4.9 | 确保向现场交付的材料可装配（成套材料） | | | | | |
| 4.10 | 钢构件需要镀锌时,确认螺栓尺寸与螺栓孔相匹配 | | | | | |
| 4.11 | 提前确定防火要求,并向承包商通报 | | | | | |
| 4.12 | 确保设计的垫圈和螺纹符合技术规定 | | | | | |
| 4.13 | 在钢结构上涂预浇防火涂料 | | | | | |
| 4.14 | 在防火构件上提供扣板,用作支撑以后的小口径穿线管、支架等 | | | | | |
| 4.15 | 为预制的钢结构建立标识和跟踪系统 | | | | | |
| 4.16 | 确保制造商可以平行加工与主结构配套的轻型结构,或委托不同的制造商加工 | | | | | |
| 4.17 | 在项目早期设计和安装永久楼梯、平台和梯子 | | | | | |
| 4.18 | 研究预拼装模块化结构 | | | | | |
| 4.19 | 留出螺栓紧固空间 | | | | | |

续表

| 可施工性检查表 | | | | | | 编码：<br>版本：<br>日期：<br>页码： | |
|---|---|---|---|---|---|---|---|
| 项目 | | | | | | | |
| 装置 | | | | | | | |
| 序号 | 工作事项 | 责任方 | 计划日期 | 结束日期 | 状态 | 备注 | |
| | | | | | | 相关成本 | |
| 4.20 | 安装钢结构之前确定转矩要求 | | | | | | |
| 4.21 | 确定电气、仪控、管道和设备的工作范围界面 | | | | | | |
| 4.22 | 在钢结构或工厂制造图纸上注明钢结构重量 | | | | | | |
| 4.23 | 评估供应商设计的空冷器支架，以免需要在现场另行加固 | | | | | | |
| 4.24 | 使用自锁垫圈组装钢结构 | | | | | | |
| 4.25 | 在管道穿墙处周围制作活动的平台格栅和/或隔板 | | | | | | |
| 4.26 | 在钢结构图上注明电缆桥架支架 | | | | | | |
| 4.27 | 设计立式设备周围的钢结构，以便允许维护与操作 | | | | | | |
| 4.28 | 编制IFC计划 | | | | | | |
| 5 管道 | | | | | | | |
| 5.1 | 尽早采购预制用材料：第一批为50% | | | | | | |
| 5.2 | 工程量清单（BOQ）数据应包括所有支架类型，并生成管道订单 | | | | | | |
| 5.3 | 优先提前发布大口径管道的采购和施工图；督促所有大口径管道材料提前交货 | | | | | | |
| 5.4 | 提前完成在管廊上铺设/安装需要组装的管道直通接口的工程量清单和订单 | | | | | | |
| 5.5 | 大口径管道考虑使用自动/半自动焊接 | | | | | | |
| 5.6 | 尽早确定管道长度，方便采购 | | | | | | |
| 5.7 | 尽量使用标准化的管道材料部件，使其类型最少 | | | | | | |
| 5.8 | 优先设计大口径管道 | | | | | | |
| 5.9 | 让分包商在现场绘制小口径短管图纸 | | | | | | |
| 5.10 | 确定管道材料裕量，以便采购 | | | | | | |
| 5.11 | 采用颜色标识不同的管道规格和管道缠绕垫片材料 | | | | | | |
| 5.12 | 确定管道材料标识要求，并在预制和焊接预制管组件之前予以确认 | | | | | | |

续表

| 可施工性检查表 | | | | | | 编码：<br>版本：<br>日期：<br>页码： |
|---|---|---|---|---|---|---|
| 项目 | | | | | | |
| 装置 | | | | | | |
| 序号 | 工作事项 | 责任方 | 计划日期 | 结束日期 | 状态 | 备注 |
| | | | | | | 相关成本 |
| 5.13 | 估算并提供焊工资格评定试验（认证）所需的管道试样 | | | | | |
| 5.14 | 在3D单线图上注明所有可能需要的数据，方便工厂和现场预制 | | | | | |
| 5.15 | 用3D绘制预制管组件单线图 | | | | | |
| 5.16 | 研究并提交预制管组件的预制和交货顺序 | | | | | |
| 5.17 | 规定并确保提供用于测试的冷却水、饮用水、工厂用风/仪表风，而不进行HT（水压试验） | | | | | |
| 5.18 | 设计用于外接蒸汽管道考虑供汽试验，代替HT（水压试验） | | | | | |
| 5.19 | 水压试验必须符合管线等级 | | | | | |
| 5.20 | 确保按照相同的管道等级信息绘制P&ID图和单线图 | | | | | |
| 5.21 | 所有单线图应提供详细的材料清单，区分工厂预制和现场预制 | | | | | |
| 5.22 | 用三维模型和其他专业软件分析管道布置，避免桥架、防火设施、支架相碰 | | | | | |
| 5.23 | 尽量减少现场焊接作业 | | | | | |
| 5.24 | 确认管道、结构件、设备之间的管道间隙足以避免现场调整保温 | | | | | |
| 5.25 | 在单线图上注明所有管道支吊架 | | | | | |
| 5.26 | 提前完成支架设计，以便随管道一起安装 | | | | | |
| 5.27 | 公用设施联箱管道提供端法兰，代替焊接管帽，以方便管道冲洗 | | | | | |
| 5.28 | 为所有排水管道提供适当的清扫口 | | | | | |
| 5.29 | 疏排口位置应易于操作，并避免与支架相碰 | | | | | |
| 5.30 | 评估使用不锈钢代替碳钢的管道系统成本 | | | | | |
| 5.31 | 使用蒸汽伴热供汽循环预保温管道 | | | | | |
| 5.32 | 确保阀门和仪表可操作，方便维护 | | | | | |
| 5.33 | 上紧螺栓的转矩控制要求 | | | | | |

续表

| | | 可施工性检查表 | | | 编码:<br>版本:<br>日期:<br>页码: | | |
|---|---|---|---|---|---|---|---|
| 项目 | | | | | | | |
| 装置 | | | | | | | |
| 序号 | | 工作事项 | 责任方 | 计划日期 | 结束日期 | 状态 | 备注 |
| | | | | | | | 相关成本 |
| 5.34 | | 为重型 CV(控制阀)和 PSV(压力安全阀)设计维护小车,方便安装 | | | | | |
| 5.35 | | 现场收到每批次设备并发放给分包商后,更新总部的材料数据库 | | | | | |
| 5.36 | | 注意管道和电气/仪控桥架路径之间是否相碰,大型阀门直接装在桥架下方 | | | | | |
| 5.37 | | 确认是否需要临时启动滤网,规定所需的目数 | | | | | |
| 5.38 | | 评估各种规格阀门的采购订单。确定所需分批交货的优先次序 | | | | | |
| 5.39 | | 尽量在工厂预制仪表的组件和重复组装的管道,如蒸汽疏水阀组件和公用工程站。标准化设计 | | | | | |
| 5.40 | | 需要化学清洗时,设计有适当连接、排污和可拆卸法兰的管道,方便循环 | | | | | |
| 5.41 | | 确定化学清洗要求,如临时阀门、管路等,编制清洗程序 | | | | | |
| 5.42 | | 成立单独的专业组,负责安装管道支吊架,绘制相关的图纸,在安装支架之前应准备好安装专业组 | | | | | |
| 5.43 | | 应尽量能从平台、梯子上看到弹簧吊架刻度 | | | | | |
| 5.44 | | 弹簧吊架组件、减振器和支柱安装后不方便油漆,应在工厂油漆 | | | | | |
| 5.45 | | 提前订购管道阀门,方便短管安装,无须安装临时隔板或短管 | | | | | |
| 5.46 | | 管道直径小于6in时,考虑使用不锈钢管道代替镀锌管道 | | | | | |
| 5.47 | | 不锈钢管应使用卡套,避免连接 | | | | | |
| 6 | 重型起吊/设备安装 | | | | | | |
| 6.1 | | 确定并列出重型设备 | | | | | |
| 6.2 | | 检查装卸区 | | | | | |
| 6.3 | | 研究从港口向装置运输设备的路线,包括政府的官方许可 | | | | | |
| 6.4 | | 确定安装前需要预装的容器 | | | | | |

续表

| 可施工性检查表 | | | | | | 编码：<br>版本：<br>日期：<br>页码： |
|---|---|---|---|---|---|---|
| 项目 | | | | | | |
| 装置 | | | | | | |
| 序号 | 工作事项 | 责任方 | 计划日期 | 结束日期 | 状态 | 备注 |
| | | | | | | 相关成本 |
| 6.5 | 估算预装后的重量,研究结构强度 | | | | | |
| 6.6 | 确定所有主要设备的交货日期,为重型吊装设备安装的分包留出足够时间,策划容器安装顺序和进度 | | | | | |
| 6.7 | 研究起重机位置地面加固 | | | | | |
| 6.8 | 在设备基础上留出足够的锚孔间隙 | | | | | |
| 6.9 | 成套设备尽量在工厂组装,并审查现场组装工作事项 | | | | | |
| 6.10 | 地面组装翅片管空冷器,并滑入安装位置 | | | | | |
| 6.11 | 为圆形基础的所有容器提供模板 | | | | | |
| 6.12 | 为圆形锚固布置提供模板 | | | | | |
| 6.13 | 确定模板和地脚螺栓的采购范围 | | | | | |
| 6.14 | 分段组装火炬筒体或拉索筒体 | | | | | |
| 6.15 | 特种吊装设备、撑杆等供货范围 | | | | | |
| 6.16 | 审查吊耳和尾部吊耳设计是否适合所选用的安装方法 | | | | | |
| 6.17 | 由吊装专业人员审批吊装方案 | | | | | |
| 6.18 | 由吊装专业人员审批特种吊装方案 | | | | | |
| 6.19 | 检查供应商图纸、总布置图和承包商的图纸,确保信息相同 | | | | | |
| 6.20 | 承包商总布置图和供应商图纸应相互配套,并含有相同信息 | | | | | |
| 6.21 | 交叉检查业主的标准、所有吊装要求、条件和规定 | | | | | |
| 6.22 | 清楚地注明所有运输附件和临时支撑,方便安装后拆除,漆上不同的颜色 | | | | | |
| 6.23 | 确定撑杆和吊梁以及主要吊篮的试验和认证要求 | | | | | |
| 6.24 | 在所有容器(特别是卧式容器)上注明重心和运输重量/净重 | | | | | |
| 6.25 | 确认吊索和设备元件与钢结构之间吊装是否会相碰 | | | | | |

续表

| 可施工性检查表 | | | | | | 编码：<br>版本：<br>日期：<br>页码： |
|---|---|---|---|---|---|---|

| 项目 | | | | | | |
|---|---|---|---|---|---|---|
| 装置 | | | | | | |
| 序号 | 工作事项 | 责任方 | 计划日期 | 结束日期 | 状态 | 备注 |
| | | | | | | 相关成本 |
| 7 | 机械设备 | | | | | |
| 7.1 | 静设备 | | | | | |
| 7.1.1 | 油漆之前，在供应商工厂安装用于防火和保温材料的锚固件 | | | | | |
| 7.1.2 | 在请购单上包括所有立式设备的模板。停工待检点：检查钻孔 | | | | | |
| 7.1.3 | 检查吊装计划中所有接管、平台、管道和其他配件的间隙 | | | | | |
| 7.1.4 | 容器设计应考虑检查所有热电偶套管和/或引压接头的长度，避免与内件等相碰 | | | | | |
| 7.1.5 | 确保吊耳设计考虑保温、平台和管道重量，尺寸适合固定环形元件 | | | | | |
| 7.1.6 | 确保保温与平台/梯子/栏杆之间的空隙足够，避免相碰 | | | | | |
| 7.1.7 | 所有人孔方向相同，减少平台尺寸 | | | | | |
| 7.1.8 | 人孔位置尽量位于底部，方便触及塔底 | | | | | |
| 7.1.9 | 在供应商规定中包括特种吊梁或设备的要求 | | | | | |
| 7.1.10 | 人孔位置尽量位于塔底，方便触及塔底，必要时安装内部到达底部的台阶，并在人孔上方安装一个台阶 | | | | | |
| 7.1.11 | 使用耳轴吊运时，确保与容器管嘴之间留出足够的间隙 | | | | | |
| 7.1.12 | 提出容器交货后和安装前防腐保护的特殊要求 | | | | | |
| 7.1.13 | 确认正确规定塔盘和内构件的尺寸公差，并按照规定公差制造 | | | | | |
| 7.1.14 | 裙座人孔位置应足够高，避免与底座圈锚栓相碰 | | | | | |
| 7.1.15 | 提供永久设备搬运设施，如单轨吊、旋转臂吊车和/或环链葫芦梁式起重机，用于拆卸和更换重型机械部件和难以触及的零件 | | | | | |
| 7.1.16 | 提前绘制平台和梯子图纸，用于在安装容器之前支撑设备 | | | | | |
| 7.1.17 | 确定和指定所有容器内部材料标识 | | | | | |

续表

| 可施工性检查表 | | | | | | 编码：<br>版本：<br>日期：<br>页码： | |
|---|---|---|---|---|---|---|---|
| 项目 | | | | | | | |
| 装置 | | | | | | | |
| 序号 | 工作事项 | 责任方 | 计划日期 | 结束日期 | 状态 | 备注 | |
| | | | | | | 相关成本 | |
| 7.1.18 | 开始安装之前,发布容器垂直/水平/找正的规范/程序 | | | | | | |
| 7.1.19 | 提前确定和提出容器和设备的化学清洗要求 | | | | | | |
| 7.1.20 | 防腐保护特殊要求,包括临时电源 | | | | | | |
| 7.1.21 | 换热器（AFC）现场压力试验要求 | | | | | | |
| 7.1.22 | 对于滑动支座,减少滑动鞍座高度,以吸收底座圈内聚四氟乙烯协同定位的一些偏差 | | | | | | |
| 7.2 动设备 | | | | | | | |
| 7.2.1 | 按照供应商要求制定设备存放、防腐和安装程序 | | | | | | |
| 7.2.2 | 提出安装和联动试车与投料试车需要的供应商支持要求 | | | | | | |
| 7.2.3 | 为需要环氧灌浆的动设备提供水泥基灌浆料或混凝土填充料 | | | | | | |
| 7.2.4 | 在设备运到现场之前,督促供应商提供设备手册 | | | | | | |
| 7.2.5 | 与土建部门协调滑板要求 | | | | | | |
| 8 电气 | | | | | | | |
| 8.1 | 提前设计和采购主要电缆和接地电缆 | | | | | | |
| 8.2 | 及早获得设备电气系统设计,以便与设备和管道工程一起完成电气工程,特别是在安装前敷料 | | | | | | |
| 8.3 | 督促接地电缆和电缆桥架图纸与地下工程图纸一起提交 | | | | | | |
| 8.4 | 电气图纸应参考详细描述安装电缆管道的附属物（支架、阻断材料、埋置件等）的土建图纸 | | | | | | |
| 8.5 | 使用平台、楼梯和梯子铺设穿线管和桥架,方便安装 | | | | | | |
| 8.6 | 标准化电气详图,包括照明及灯具、电路面板、控制站等 | | | | | | |
| 8.7 | 大宗材料的种类应标准化,减少规格数量和/或材料数量 | | | | | | |

续表

| 可施工性检查表 | | | | | | 编码：<br>版本：<br>日期：<br>页码： | |
|---|---|---|---|---|---|---|---|
| 项目 | | | | | | | |
| 装置 | | | | | | | |
| 序号 | 工作事项 | 责任方 | 计划日期 | 结束日期 | 状态 | 备注 | |
| | | | | | | 相关成本 | |
| 8.8 | 控制站支架和需要镀锌钢的所有其他支架应在工厂制造和镀锌 | | | | | | |
| 8.9 | 确定所需的任何特殊工具或安装设备，确保随主设备订单订货 | | | | | | |
| 8.10 | 提供电缆桥架详图和穿线管走向图 | | | | | | |
| 8.11 | 确保电气地下工程图纸注明所有电缆、线管、管道、管接头和地下管线的标高 | | | | | | |
| 8.12 | 在人孔的底部和侧面安装拉环，用于在底部固定滑轮 | | | | | | |
| 8.13 | 审查设计，通过换成相当的桥架，消除敷设多个穿线管 | | | | | | |
| 8.14 | 审查是否可以使用 Hilti 双头螺栓直接将桥架安装在钢结构上 | | | | | | |
| 8.15 | 确保电缆桥架布置在桥架之间留出足够可以拉出电缆的距离 | | | | | | |
| 8.16 | 在盘柜、开关柜等内留出足够的空间，以便安装夹套电缆 | | | | | | |
| 8.17 | 接线盒有足够的空间布置电缆端头 | | | | | | |
| 8.18 | 尽量减少高架电缆接线，减少搭设脚手架的要求 | | | | | | |
| 8.19 | 审查生产区域内设有装置的操作和维护的控制/紧急停车柱 | | | | | | |
| 8.20 | 在考虑其他施工活动的情况下，确定电气分线盒的位置 | | | | | | |
| 8.21 | 接线盒位于易于操作的地方 | | | | | | |
| 8.22 | 检查接线盒位置是否方便设备维护（特别是泵） | | | | | | |
| 8.23 | 现场液位视镜便于操作员观察 | | | | | | |
| 8.24 | 减少所使用的接线和电缆规格数量 | | | | | | |
| 8.25 | 由工程设计部提供动力电缆的切割长度表，包括端接余量 | | | | | | |
| 8.26 | 考虑使用截面较大而不是确定选用电气负荷较小的电缆，以满足施工进度交付要求 | | | | | | |

383

续表

| 可施工性检查表 | | | | | | 编码：<br>版本：<br>日期：<br>页码： |
|---|---|---|---|---|---|---|
| 项目 | | | | | | |
| 装置 | | | | | | |
| 序号 | 工作事项 | 责任方 | 计划日期 | 结束日期 | 状态 | 备注 |
| | | | | | | 相关成本 |
| 8.27 | 尽量采购外护套有规格标记的电缆 | | | | | |
| 8.28 | 减少在建筑基础内的穿管深度 | | | | | |
| 8.29 | 建筑物内穿线管与地下管道标高相同，减少拉伸张力，使用长半径 | | | | | |
| 8.30 | 尽早决定建筑物的电缆入口 | | | | | |
| 8.31 | 督促提前发布可供施工使用的永久照明图纸 | | | | | |
| 8.32 | 大量安装穿线管时，考虑使用阻断材料代替单个护套 | | | | | |
| 8.33 | 为电缆通道、回路和连接制定明确和简单的标识 | | | | | |
| 8.34 | 工程设计部需要完成高低压继电器整定值的所有设计计算，并发往现场以满足变电站检查计划 | | | | | |
| 8.35 | 由工程设计部提出高压设备和电缆试验要求，以便安排分包 | | | | | |
| 8.36 | 预造时在防火钢上安装接地夹 | | | | | |
| 8.37 | 对照容器和设备接地夹的位置检验接地短管的位置 | | | | | |
| 8.38 | 主馈线电缆走向远离重型起重机通行道路 | | | | | |
| 8.39 | 要求保护地下电缆免受施工设备负荷损坏 | | | | | |
| 8.40 | 电气材料和盘柜要求特殊防腐保护 | | | | | |
| 8.41 | 在工厂加变压器油，或确认本地市场可获得变压器 | | | | | |
| 8.42 | 临时电源要求：确保有足够的临时电源可用于检查、测试和启动，正式开车的开始阶段，要求可获得永久电源测试电气 | | | | | |
| 8.43 | 为节约成本，临时电源系统应尽可能使用永久系统设备（如变压器、照明配电盘等） | | | | | |
| 8.44 | 提前提出装有电气面板HVAC柜的要求 | | | | | |
| 8.45 | 提出现场试验要求（连通性和高阻表试验），以及测试设备和变电站设备供货范围 | | | | | |
| 8.46 | 提前设计阴极保护 | | | | | |

续表

| 可施工性检查表 | | | | | | 编码：<br>版本：<br>日期：<br>页码： |
|---|---|---|---|---|---|---|
| 项目 | | | | | | |
| 装置 | | | | | | |
| 序号 | 工作事项 | 责任方 | 计划日期 | 结束日期 | 状态 | 备注 |
| | | | | | | 相关成本 |
| 8.47 | 提前采购材料，部分材料与土建的任务同步安装 | | | | | |
| 8.48 | 确保供应商收到土建和电气部门的最新版图纸 | | | | | |
| 8.49 | 确认管道电气伴热要求 | | | | | |
| 8.50 | 如果设备有电伴热要求，确保包括受管道影响的管嘴伴热 | | | | | |
| 8.51 | 确认电缆桥架的电伴热要求 | | | | | |
| 8.52 | 确保电伴热配电盘的容量 | | | | | |
| 8.53 | 确认电伴热配电盘的可操作性，以便进行接线 | | | | | |
| 8.54 | 所有专用设备在运至现场之前应经过工厂检验 | | | | | |
| 8.55 | 购买精密设备之前，考虑培训操作员和维护人员（有时制造商为了销售产品，会提供免费培训） | | | | | |
| 8.56 | 计划主要电气设备使用有代表性的供应商产品，包括采购订单中的现场条款和条件 | | | | | |
| 8.57 | 简化混凝土电缆沟的走向和类型 | | | | | |
| 8.58 | 提前确定阴极保护要求，并确保准备好图纸和材料，以便优化安装（新、旧系统隔离） | | | | | |
| 8.59 | 在出铺设图之前或与铺设图一起出接地图。平面下方的接地应位于沙床内，而不要埋在沟里 | | | | | |
| 9 仪表 | | | | | | |
| 9.1 | 提前（及时）采购安装在管线上的仪表 | | | | | |
| 9.2 | 提前（及时）采购主要电缆 | | | | | |
| 9.3 | 提前（及时）采购设备仪表 | | | | | |
| 9.4 | 提前设计接线盒的位置和电缆走向，避免干扰设备的可操作性，尤其是泵 | | | | | |
| 9.5 | 研究与其他专业的干扰后，在详图上明确注明电缆桥架和电缆走向 | | | | | |

续表

| 可施工性检查表 | | | | | | 编码：<br>版本：<br>日期：<br>页码： | |
|---|---|---|---|---|---|---|---|
| 项目 | | | | | | | |
| 装置 | | | | | | | |
| 序号 | 工作事项 | 责任方 | 计划日期 | 结束日期 | 状态 | 备注 | |
| | | | | | | 相关成本 | |
| 9.6 | 仪表安装尽量标准化，如支架、接线盒、歧管和阀门 | | | | | | |
| 9.7 | 明确仪表的特殊预防性维护和存储要求（防腐） | | | | | | |
| 9.8 | 避免公用工程站、接线盒和仪表位于导致堵塞的塔附近 | | | | | | |
| 9.9 | 提前设计地下电缆沟槽走向和地下电缆保护 | | | | | | |
| 9.10 | 确定仪表风试验要求 | | | | | | |
| 9.11 | 管道安装仪表与管道水压试验的隔离要求 | | | | | | |
| 9.12 | 确保在所有请购单中包含仪表标签要求 | | | | | | |
| 9.13 | 明确规定电缆、仪表、接线盒等的标签要求 | | | | | | |
| 9.14 | 检查所有仪表的供应商标签 | | | | | | |
| 9.15 | 明确规定准备回路包的现场试验要求 | | | | | | |
| 9.16 | 为准备回路包要求ILD图纸和校准试验 | | | | | | |
| 9.17 | 要求对供应商成套设备进行ILD和校准试验 | | | | | | |
| 9.18 | 现场泄漏试验要求 | | | | | | |
| 9.19 | 根据施工情况提前准备回路包 | | | | | | |
| 9.20 | 在项目开始时明确定义回路包的范围 | | | | | | |
| 9.21 | 制定和定义回路包流向和信息 | | | | | | |
| 9.22 | 关于接线图，反复核对供应商图纸与IFC图纸，确保连接单个仪表时将要使用的触点状态 | | | | | | |
| 9.23 | 应针对控制和仪表详细检查供应商图纸 | | | | | | |
| 9.24 | 一旦HVAC系统可用，就准备向现场运送DCS设备 | | | | | | |
| 9.25 | 在DCS和其他专用设备的订单中包括供应商代表小时费率条款 | | | | | | |
| 9.26 | 标准化不锈钢管的管道等级和壁厚 | | | | | | |
| 10 保温 | | | | | | | |
| 10.1 | 立式高容器安装保温外壳 | | | | | | |
| 10.2 | 投料试车前在法兰接头处安装保冷层 | | | | | | |

续表

| 可施工性检查表 | | | | | | 编码：<br>版本：<br>日期：<br>页码： |
|---|---|---|---|---|---|---|
| 项目 | | | | | | |
| 装置 | | | | | | |
| 序号 | 工作事项 | 责任方 | 计划日期 | 结束日期 | 状态 | 备注 |
| | | | | | | 相关成本 |
| 10.3 | 设计允许时,使用管道预保温 | | | | | |
| 10.4 | 确认并包括特殊保温要求 | | | | | |
| 10.5 | 容器裙座考虑使用保温材料代替混凝土防火材料 | | | | | |
| 10.6 | 确保在设备运至现场之前安装正确的保温支架 | | | | | |
| 11 油漆 | | | | | | |
| 11.1 | 安装之前或在预制工厂对容器进行最后油漆 | | | | | |
| 11.2 | 压力试验之前油漆现场焊缝 | | | | | |
| 11.3 | 工厂预制或安装前油漆管道和管接头 | | | | | |
| 11.4 | 水压试验前对储罐外壳进行最后油漆 | | | | | |
| 11.5 | 在供应商工厂对结构钢材料进行最后油漆 | | | | | |
| 11.6 | 简化油漆规格,减少油漆系统数量 | | | | | |
| 11.7 | 优化短管、预制、油漆和存放的搬运流程 | | | | | |
| 11.8 | 消防设备监视器、消防栓、软盘管交货时涂红色油漆 | | | | | |
| 11.9 | 控制阀交货时涂指定颜色油漆 | | | | | |
| 11.10 | 地下管道涂层和衬里的施工方法 | | | | | |
| 11.11 | 在供应商工厂进行耐火材料内衬施工 | | | | | |
| 11.12 | 选择耐火内衬材料、交货控制和保质期 | | | | | |
| 11.13 | 阀门工厂油漆(至少打底漆) | | | | | |
| 12 加热炉 | | | | | | |
| 12.1 | 加热炉的主要零部件交货日期 | | | | | |
| 12.2 | 及时下耐火材料和砂浆订单,避免过早失效,安装新鲜材料 | | | | | |
| 12.3 | 研究清管接头位置的可操作性和方便性 | | | | | |
| 12.4 | 提供煤气灯/长明灯吹扫管道设施,防止小碎片堵塞燃烧器,导致发生问题 | | | | | |
| 12.5 | 为各加热炉设计和安装至少能容下一人通过的检修门 | | | | | |

续表

| | 可施工性检查表 | | | | | 编码：<br>版本：<br>日期：<br>页码： | |
|---|---|---|---|---|---|---|---|
| 项目 | | | | | | | |
| 装置 | | | | | | | |
| 序号 | 工作事项 | 责任方 | 计划日期 | 结束日期 | 状态 | 备注 | |
| | | | | | | 相关成本 | |
| 12.6 | 设计的筒体吊耳能承受组装后的筒体及耐火材料重量，筒体必须能在地面预装 | | | | | | |
| 12.7 | 提供安装耐火材料锚栓的筒体段 | | | | | | |
| 12.8 | 筒体应设计有法兰接头 | | | | | | |
| 12.9 | 应要求加热器供应商提供详细说明，简述工厂组装范围和需要在现场进行的工作 | | | | | | |
| 12.10 | 尽量在工厂预制加热炉和相关设备，减少现场组装和安装要求，必须提供运输重量、尺寸和重心数据 | | | | | | |
| 12.11 | 出单线图之前确定化学清洗要求 | | | | | | |
| 12.12 | 横向拼接使用稍大的孔，以便进行一些较小的找正调整 | | | | | | |
| 12.13 | 相同的加热炉保持相同的间距 | | | | | | |
| 12.14 | 设计风扇周围钢结构，以便风扇拆卸 | | | | | | |
| 12.15 | 尽量设计通用尺寸的基础 | | | | | | |
| 12.16 | 在加热炉下方提供足够的铺面坡度，避免积水 | | | | | | |
| 12.17 | 如果炉子的套管锚栓数量多，安装后在图纸上注明需要充填的套管 | | | | | | |
| 12.18 | 在预制车间组装对流板并竖直运输，不要平板运输在现场组装 | | | | | | |
| 12.19 | 如果不受运输限制，应运输加热炉模块，在工厂装好平台。至少在工厂焊接支架 | | | | | | |
| 12.20 | 在预制工厂和现场完成罩面漆 | | | | | | |
| 12.21 | 通过将运输钢连接件定位在接头处，减少油漆修补工作量 | | | | | | |
| 12.22 | 确定临时短管要求，以便通过控制阀吹扫管线 | | | | | | |
| 12.23 | 提前确定移交试验、管道吹扫和蒸汽吹扫的系统 | | | | | | |
| 12.24 | 确定管路吹扫需要安装的仪表和需要拆除的仪表 | | | | | | |

续表

| 可施工性检查表 | | | | | | 编码：<br>版本：<br>日期：<br>页码： |
|---|---|---|---|---|---|---|
| 项目 | | | | | | |
| 装置 | | | | | | |
| 序号 | 工作事项 | 责任方 | 计划日期 | 结束日期 | 状态 | 备注 |
| | | | | | | 相关成本 |
| 12.25 | 提前制定吊装计划初稿,以便为模块或部件设计吊装点,方便组装 | | | | | |
| 12.26 | 与加热炉专业组一起确定FSD或加热炉运输和吊装细节,包括辐射段吊耳、位置、撑杆/索具 | | | | | |
| 12.27 | 确定施工活动所需的管夹和支架 | | | | | |
| 12.28 | 尽量在工厂将散装钢构件组装在模块上,方便与管道支吊架一起安装 | | | | | |
| 12.29 | 尽量使用螺栓连接 | | | | | |
| 12.30 | 尽量使用弯矩接头,减少对管道、仪控、电气等的干扰 | | | | | |
| 12.31 | 将模块安装在基础上时,使用大型底板锚栓孔更容易安装 | | | | | |
| 12.32 | 提高底板标高,避免现场焊接 | | | | | |
| 12.33 | 考虑用临时支架支撑管道,以后再拆除临时支架 | | | | | |
| 12.34 | 提前订购所有弹簧吊架和管道支架,避免临时支撑管道等待弹簧吊架/支付交货 | | | | | |
| 12.35 | 了解业主对密封焊接要求的明确指示 | | | | | |
| 12.36 | 应在工厂完成双金属焊接 | | | | | |
| 12.37 | 与业主一起评估分包预制和组装的可能性 | | | | | |
| 13 联动试车 | | | | | | |
| 13.1 | 开始管道活动之前,定义联动试车活动的范围 | | | | | |
| 13.2 | 研究公用工程机械竣工和开车顺序/计划 | | | | | |
| 13.3 | 变电站通电顺序和计划 | | | | | |
| 13.4 | 仪表投料试车顺序和计划 | | | | | |
| 13.5 | 联动试车临时电力、公用工程要求 | | | | | |
| 13.6 | 施工和联动试车之间的分工和合作 | | | | | |
| 13.7 | 管道内部清洗/冲洗方法 | | | | | |
| 13.8 | 采购用于联动试车和投料试车的材料和备件 | | | | | |
| 13.9 | 通燃料气的火炬筒体要求 | | | | | |

续表

| 可施工性检查表 | | | | | | |
|---|---|---|---|---|---|---|
| 编码：<br>版本：<br>日期：<br>页码： | | | | | | |

| 项目 | | | | | | |
|---|---|---|---|---|---|---|
| 装置 | | | | | | |

| 序号 | 工作事项 | 责任方 | 计划日期 | 结束日期 | 状态 | 备注<br>相关成本 |
|---|---|---|---|---|---|---|
| 13.10 | 水压试验后立即完成冲洗和恢复 | | | | | |
| 13.11 | 提前确定管道内部清洗和冲洗的计划和程序 | | | | | |
| 14 施工 | | | | | | |
| 14.1 | 从施工进场角度审查总图/布置图 | | | | | |
| 14.2 | 重型起重机的作业区域和可操作性 | | | | | |
| 14.3 | 审查道路/区域标高和转弯半径 | | | | | |
| 14.4 | 收到业主正式的基准点和界桩信息 | | | | | |
| 14.5 | 确定正常和特殊进场的围护区域 | | | | | |
| 14.6 | 检查用于设备安装/拆卸的小型(5t)起重机的通道 | | | | | |
| 14.7 | 开挖材料堆放区域 | | | | | |
| 14.8 | 回填材料堆放区域 | | | | | |
| 14.9 | 采购材料堆放区域 | | | | | |
| 14.10 | 施工材料和工具堆放区域 | | | | | |
| 14.11 | 在阴凉室内存放仪表和专用设备 | | | | | |
| 14.12 | 设备预拼装区域,如空冷器、容器预装饰等 | | | | | |
| 14.13 | 设备(有屋顶)保温堆放区域 | | | | | |
| 14.14 | 安装分包商车间预制保温场地 | | | | | |
| 14.15 | 小口径管道预制施工区域 | | | | | |
| 14.16 | 蒸汽伴热预制施工区域 | | | | | |
| 14.17 | 现场临时办公区域(承包商、业主和分包商) | | | | | |
| 14.18 | 主承包商-分包商现场卫星办公室 | | | | | |
| 14.19 | 人员、材料和设备交货通道 | | | | | |
| 14.20 | 不锈钢管道预制施工区域 | | | | | |
| 14.21 | 施工现场排水许可 | | | | | |
| 14.22 | 指定喷砂和油漆场所 | | | | | |
| 14.23 | 投料试车期间 Merox 苛性材料的存放、搬运和装载 | | | | | |
| 14.24 | 制定施工顺序 | | | | | |
| 14.25 | 研究施工期间是否需要临时排水系统 | | | | | |

续表

| | 可施工性检查表 | | | 编码：<br>版本：<br>日期：<br>页码： | | |
|---|---|---|---|---|---|---|
| 项目 | | | | | | |
| 装置 | | | | | | |
| 序号 | 工作事项 | 责任方 | 计划日期 | 结束日期 | 状态 | 备注 |
| | | | | | | 相关成本 |
| 14.26 | 使用饱和潮湿热气切割法预浇混凝土 | | | | | |
| 14.27 | 施工道路永久道路基层计划 | | | | | |
| 14.28 | 确定在结构/设备安装后，仍然有可监测点通道 | | | | | |
| 14.29 | 当规定使用高性能混凝土时，特别是硅粉混合物，应试验浇筑性能 | | | | | |
| 14.30 | 按照技术规范选择预期回填材料 | | | | | |
| 14.31 | 现场控制回填材料分层压实度 | | | | | |
| 14.32 | 明确灌浆承包商的责任 | | | | | |
| 14.33 | 研究结构分段预拼装 | | | | | |
| 14.34 | 从运输卡车上卸下直接安装变压器，避免反复搬运造成损坏 | | | | | |
| 14.35 | 研究起重机位置的地面加固 | | | | | |
| 14.36 | 确定现场是否需要供应商专业人员支持 | | | | | |
| 14.37 | 采用高频感应弯管碳钢、低温碳钢、不锈钢管道 | | | | | |
| 14.38 | 采用高频感应热处理 | | | | | |
| 14.39 | 工厂预制采用 MAG 自动焊接 | | | | | |
| 14.40 | 与结构件安装协调，审查主要管段，确定管道安装到位顺序计划 | | | | | |
| 14.41 | 检查动设备管道支架，确保施工或运行时不会向接管施加负荷 | | | | | |
| 14.42 | 动设备工厂预制管道至少在最后法兰的最后焊缝处留有现场焊缝，制造商应将法兰安装在短管上运输 | | | | | |
| 14.43 | 大型变压器吊装计划。由吊装工程师确定吊耳的适当性 | | | | | |
| 14.44 | 提出现场试验要求（连通性和高阻表试验），试验设备和变电站设备供货范围 | | | | | |
| 14.45 | 确定供电和仪表风试验的要求 | | | | | |
| 14.46 | 试验时尽量避免二次搬运安全阀 | | | | | |
| 14.47 | 明确提出准备回路测试包的现场试验要求 | | | | | |

续表

| 可施工性检查表 | | | | | | 编码：<br>版本：<br>日期：<br>页码： |
|---|---|---|---|---|---|---|
| 项目 | | | | | | |
| 装置 | | | | | | |
| 序号 | 工作事项 | 责任方 | 计划日期 | 结束日期 | 状态 | 备注 |
| | | | | | | 相关成本 |
| 14.48 | 成立不同的施工组，由一名协调员负责回路检查 | | | | | |
| 14.49 | 在加热炉内搭设脚手架时，采取预防措施，避免耐火材料发生不必要的损坏 | | | | | |
| 14.50 | 确认业主对管道超声波探伤读数的要求，在拆除脚手架之前执行或在制造商处执行管道超声波探伤 | | | | | |
| 14.51 | 确定临时管道组件要求，以便通过控制阀吹扫/冲洗管线 | | | | | |
| 14.52 | 确定吹扫管路需要安装的仪表和需要拆除的仪表 | | | | | |
| 14.53 | 与加炉专业组一起确定 FSD 或炉运输和吊装细节，包括辐射段吊耳、位置、撑杆/索具 | | | | | |
| 14.54 | 考虑对设计用于外接蒸汽的管道进行供汽试验，代替 HT（水压试验） | | | | | |
| 14.55 | 开始安装之前，发布容器垂直/水平/找正的规范/程序 | | | | | |
| 14.56 | 评估板桩的必要性，确定是否适合现有的土壤类型，尽量避免板桩 | | | | | |

# 第3章
# 分包计划

## 3.1 目的

为规范承包商总部为授予项目的分包活动、所有施工物资供应和服务的分包合同，特制定本分包计划。

## 3.2 范围

本分包计划以承包商为本项目制定的施工策略为依据，通过建立工作包，划分工作范围，确保按照所述的施工策略实施分包活动。

分包工程时需要考虑的主要问题是让最佳数量的可靠、技术合格和经验丰富的分包商进场，分包商应具有满足施工要求、足够可用的设备和人员，能够达到要求的质量和安全水平，在规定的时间内完成工作，并提供最佳的商务条件。

随着收集到更多的项目、现场和市场条件的数据，可在项目实施期间调整分包计划。

## 3.3 分包策略

分包计划基于承包商对以下方面的了解：①区域；②分包商在项目所在地区内的运营情况及其资源；③劳动力市场；④项目特殊性；⑤预计工期。

目的是在相互冲突的因素之间进行最佳权衡，如：①减少分包商数量，减少施工活动中的现场干扰；②确保有足够的资源按时完成所实施的工程；③确保由可靠的分包企业负责工程，最好是本地的企业；④如果因工程的变化而导致任何修改及其相应的恢复计划，确保分包商有及时响应的时间；⑤减少项目前期的许可、批准和授权问题；⑥根据具体情况，将每个专业包分成两个或两个以上的分包合同，减少只由一个分包商负责的风险。

### 3.3.1 选择投标人/分包商的标准

应从业主批准的分包商名单中选择分包商，并随时考虑下述3.5节中规定的发生紧急情况时的新增分包商。

根据招标程序结果（技术标和商务标），由承包商为各工作包制定策略（一个或多个分包合同，或将一个分包合同分成几个包）。

定义分包时考虑以下内容（顺序不分主次）：①项目具体要求；②项目进度；③项目施工执行计划。

分包活动和管理应遵守以下竞标程序原则，以便从多个有资格和有信誉的投标人中选中合适的分包商，因此，应考虑：①将项目施工活动作为一个整体管理，按照项目质量和HSE标准，以总体进度为最终优化目标；②可靠、项目所在地和国际运营、技术合格、有类似的经验；③有足够可用的设备和熟练人员实施分包工程；④能够按照规定的质量实施分包工程；⑤各潜在分包商的业绩；⑥承诺在规定的时间内完成分包工程；⑦提供最佳的商务条件。

为保证通过竞标选出合适的分包商，本分包计划采取以下评标标准：①HSE统计绩效；②遵守项目HSE标准、规定和要求；③有足够的可用资源，有当地经验和/或有参加过同类性质和规模项目的良好业绩；④有一定的经济能力，能够满足项目的具体工作范围和需求；⑤当前的工作负荷符合项目要求；⑥推荐的主要人员简历及其在同类性质和规模项目中的经验；⑦根据各潜在分包商以往的经验进行绩效评估；⑧尽可能选择当地活动和分包商，因为对地区了解，能缩短进场时间，并且可能按照项目所在地当地市场价格水平获得竞争性报价；⑨分包商有保荐人，并做出在最短期内执行任何恢复行动的相关承诺；⑩向项目提供足够和最新施工设备的能力；⑪根据分包商的重要性采取具体措施。

本计划允许在当地市场不能满足项目要求或预期时，考虑选用项目所在地境外公司和/或个人。

### 3.3.2 各专业工作范围

编制请购文件时，应至少考虑以下几类工作。

**（1）临时设施**

临时设施的供货范围包括：①供应和安装临时办公室。②供应和安装临时仓库。③供应和安装临时围栏。④临时道路。⑤临时地下网络。⑥维护：电气、机务和暖通空调。⑦IT设施与支持。⑧安保和门禁。⑨医疗急救（如需要）。⑩零食设施运营和餐饮。⑪运行成本。⑫重复使用的物品。

**（2）岩土工程报告**

岩土工程报告包括：①现场土壤调查和样本收集；②土壤试验；③交付岩土工程报告。

**（3）土建活动**

土建工程供货范围包括：①场地平整；②如果基础工程低于地下水位，进行排水；③开挖并将挖出的土送至废土堆；④结构与建筑物以及安装设备的基础；⑤地面混凝土结构物施工；⑥条件允许时，预浇混凝土；⑦管廊；⑧道路，路面铺设；⑨安装地下管道、排水、人孔和沉泥井；⑩电气管排和混凝土电缆沟；⑪土建修整。

**（4）建筑物**

建筑物活动工作范围包括：①土建工程；②钢结构工程；③砌体结构；④照明；⑤暖通系统；⑥消防。

**（5）钢结构供应**

钢结构工程供应范围包括：①接头的详细设计和计算。②发布预制/安装图。③采购原材料。④预制。⑤无损检测（NDT）活动。⑥油漆。⑦现场交货，在这种情况下，通常需要一个分包商，主要包括：a.准备X钢模型；b.加工；c.现场交货。

**（6）钢结构安装**

钢结构安装工作范围包括：①厂内运输到安装位置；②测量标高；③钢结构安装；④罩面漆；⑤供应和安装围护板、格栅、屋面、外墙；⑥焊接试验（如需要）；⑦竣工图。

**（7）安装活动**

安装工作范围包括：①设备安装。②储罐安装。③管道预制和安装。④管道支架制作和安装。⑤无损检测。⑥管道、管道支架和设备油漆。⑦保温和防火工程，主要包括：a.机械安装（设备和管道）；b.防火、罩面漆和保温；c.上紧螺栓。

### (8) 重型吊装

重型吊装工作范围包括：①主设备安装；②现场机动；③主要起重机作业和租赁。

### (9) 电气和仪控

电气和仪控工作范围包括：①接地（地下、地上和防雷电）；②在地下电缆沟内敷设电缆；③地上电缆敷设；④设备安装（变压器、模块、PCS、盘柜）；⑤电机和设备电气连接；⑥变电站电气工程；⑦安装电缆桥架和线管；⑧仪表校准、安装和试验；⑨电气和仪表安装试验，主要包括电气安装和仪表安装。

#### 3.3.3 预期分包合同

根据上述工作划分和项目特殊条件，应编制以下询价文件，向市场询价并获得报价：①岩土工程报告；②临时设施安装和操作；③土建工程；④建筑物；⑤钢结构供应；⑥升降设备安装；⑦重型吊装。

承包商可在分包阶段分析适合项目需求的所有可能的分包，并在考虑承包商和业主利益的前提下决定最终分包策略，据此编制分包询价文件。

承包商应为上述分包工程选择一个或几个分包商，在地理区域上避免专业分包商之间相互干扰。

在分析计划和预期工作量后，初步划分工作，工程划分和管理区域可示例如图 3-3-1 所示。

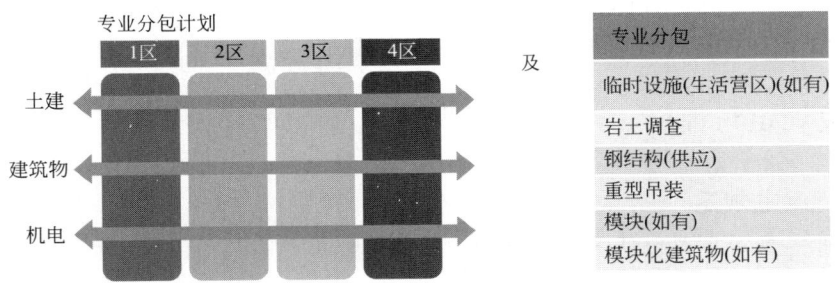

图 3-3-1　工程划分和管理区域示例

因此，为了利用建设相同装置的协同效应以及由此获得提高的进度和效率，初步策略是将主要工作包（土建、钢结构供应和机电）分成如图 3-3-1 所示的四个区，加上连接管廊（考虑尺寸大和特殊施工条件，可尽量提高施工效率，将作为第五个区）。

按上述要求定义的其他工作包，可考虑由专业承包商负责全厂的施工工作：①专业分包计划。②土建。③建筑物。④机电。⑤1 区。⑥2 区。⑦3 区。⑧4 区。⑨专业分包：a. 临时设施（生活营区）（如有）；b. 岩土调查；c. 钢结构（供应）；d. 重型吊装；e. 模块（如有）；f. 模块化建筑物（如有）。

因此，在分析市场满足项目要求的响应、能力和可用性后，综合考虑上述条件，可根据以下一种或几种组合，做出最终分包策略：①按区域/装置竖向分包；②按专业横向分包；③为特定项目确定专项分包，如混凝土烟囱、主要基础安装、连接管廊钢结构安装、换热器安装、塑料管道安装等。

## 3.4　分包部门活动

承包商总部的分包部门组织结构图中包括经验丰富的分包工程师工作组，根据如图 3-3-2 所示的项目组织结构图，该工作组由分包经理领导，向总部施工经理负责。

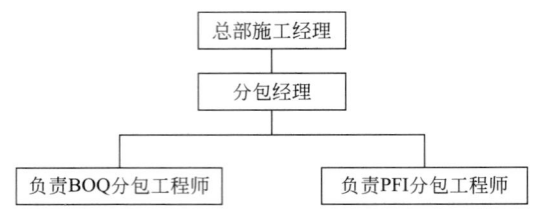

图 3-3-2 分包部门组织结构

该工作组由承包商总部成立,在必要时将前往各工程设计中心和现场收集信息,以便准确地签署分包合同,并前往分包商的现场、办公室和/或工厂进行评估,选择最合适的分包商。

## 3.5 潜在分包商名单

EPCC 合同通常会列明批准的分包商名单,根据业主要求,承包商有权增加符合承包商要求的分包商。

除了招标期间投标的分包商以外,承包商可以将潜在的新分包商增加到分包商名单中,以增加竞争力。新增分包商应提交满足项目要求的资格预审问卷。

承包商应按照 EPCC 合同条款提交每个 ITB 包筛选的投标人名单供业主批准,以便获得是否可以向 ITB 投标人名单中的分包商授予合同的批准。

## 3.6 相关规定与程序

### 3.6.1 业主规定

相关的业主规定主要包括 EPCC 合同中分包的要求。

### 3.6.2 项目程序

本分包计划所依据的项目主要的程序包括:①可施工性计划;②施工执行计划。

# 第4章 业主供货设备执行计划

## 4.1 目的

本文件的目的是说明如何开展业主供货设备相关的工作，并详述要遵循的程序。

## 4.2 范围

业主提供的设备是指由业主提供给承包商并由承包商安装的设备。在业主供货设备移交后，承包商负责检查执行工程所需材料的完整性，负责保护所有设备和相关材料，在氮封正压力条件下维护设备，并将此类设备及放在木箱中的内件和其他部件送到项目所在的最终目的地，由承包商进行安装。

要检查业主供货设备是否有效和合适，其工作范围包括下列内容：①检查工程设计和质量文档；②检验设备材料等，并在必要时进行无损检测；③委托分包商检验；④出具业主供货设备的最终检验报告；⑤业主供货设备的油漆；⑥运输业主供货设备。

## 4.3 业主供货设备的执行策略

执行策略的基本理念重点归纳如下：①承包商委派专门的项目小组，重点制定业主供货设备（FIE）相关工作并监督其执行；②承包商计划委托有经验的分包商，在承包商的监督、管理和协调下进行检验工作。

建议的 FIE 执行计划概要如表 3-4-1 所述，具体内容在接下来的章节中详细阐明。

表 3-4-1　FIE 执行计划概要

| 阶段 | 说明 | 地点 | 持续时间/月 | 开始时间 | 结束时间 |
|---|---|---|---|---|---|
| 0 | FIE 的移交、保管、控制和保护 | 项目所在地 | 5 天 | | |
| 1 | 文件审查 | 承包商总部 | 2.5 | | |
| 2 | 搭设脚手架、设备开箱及实物检查工作的准备 | 项目所在地 | 0.5 | | |
| 3 | 设备的外观检查及散装材料的检查 | 项目所在地 | 2 | | |
| 4 | 最终检验报告 | — | — | | |
| 5 | 油漆 | 项目所在地 | 7 | | |
| 6 | 运输 | 项目所在地 | 6 | | |

## 4.4 业主供货设备组织结构

承包商将委派专门的项目团队制定执行计划所述的所有需要进行的任务和工作，具体内容见下述4.9.1节中的FIE组织结构图。

FIE项目团队将驻两个运营中心办公：①承包商总部；②项目所在地。

在承包商总部办公室办公的FIE项目团队负责下列工作：①统筹协调；②项目综合管理；③HSE管理；④质量保证/质量控制管理；⑤分包工作和施工管理；⑥物流工作；⑦编制最终检验报告。

并且直接负责阶段1的工作：文档审查、工程设计和检查。

项目所在地的FIE项目团队负责执行所有的现场及检验工作，授予合同后的首要工作之一就是成立项目所在地运营中心。项目所在地运营中心的职责包括：①负责在当地执行工程的相关工作，比如数据收集；②业主供货设备的移交；③业主供货设备的保管和控制；④设备开箱以及实物检查工作的准备；⑤监督分包商；⑥外观检查；⑦专利商考察；⑧发布最终检验报告。

并且直接负责下列阶段的工作：①阶段0：FIE的移交、保管和控制。②阶段2：搭设脚手架、设备开箱以及实物检查准备工作。③阶段3：设备的外观检查和散装材料的检验。④阶段4：最终检验报告。⑤阶段5：油漆。⑥阶段6：运输。

## 4.5 进度

工程设计、分包、检验和施工工作进度一般会在"FIE三级进度计划"中给出。

主要的进度节点如下：①FIE执行和检验计划：明确节点日期（如2017年11月11日）。其开工之日起14天内，承包商应将其FIE执行计划和程序提供给业主审核，以供在检验期间实施该计划。②FIE的移交：不迟于开工之日后30天。承包商提出书面请求后，业主应将所提供设备的保管、保养和控制移交给承包商，预计于确定的日期（如2017年11月27日）移交。③FIE最终检验报告：承包商应在移交之日后150天内完成相关的检验工作，并将业主供货设备的最终检验报告提交给业主批准。

## 4.6 业主供货设备检验计划

### 4.6.1 阶段0：FIE的移交、保管、控制和保护

根据EPCC合同的规定，FIE将按下列程序执行移交：①承包商提出正式移交FIE的请求；②业主向承包商提供移交文档，以供承包商签署；③收到移交文档后5天之内，承包商将到FIE所在地检查已有的设备，并且对存放在堆场的箱子进行计数和确认（本阶段暂不核实箱子里的内容）；④不迟于收到移交文档后5天内并且如上文所述进行审查后，承包商和业主应签署移交文档。

业主供货设备移交后，承包商将负责：①业主供货设备的保管；②业主供货设备的保养；③业主供货设备的控制；④业主供货设备的保护。

业主供货设备的保护、保管、保养和控制将按照"FIE保护程序"执行，该程序规定检查工作结束后的保护、日常复原和最终保护期间要遵循的要求和程序。

### 4.6.2 阶段1：文档审查及专利商文档的批准

文档审查包含两个部分：①审查工程设计和专利商确认；②审查质量控制文件。

(1) 工程设计审查和专利商确认

本阶段审查所有涉及供应商的文档，以检查设计是否有效，并且符合采购订单中提出的技术要求：①制造图纸的确认，包括所有合同要求；②锚泊设计的确认；③由于承包商不参加确认原始设计和制造，因此请专利商审核并批准供应商的机械计算书和供应商的容器制造图纸。

在本阶段中，承包商在文档审查过程中可能会出现与合同要求的偏离或不一致（以下简称"问题"）应作为问题列出，并且在取得业主同意之后，记录在下述 4.9.2 节中的"工程审查汇总表"中。

(2) 质量控制文件审查

根据"FIE 检验计划"，将审查业主批准供应商的最终质量文件。这些文件应和采购订单中包含的已批准检查程序和检验计划规定的要求进行比对审查。

在本阶段中，承包商在文档审查过程中可能会出现与合同要求的偏离或不一致（以下简称"问题"）应作为问题列出，并且在取得业主同意之后，记录在"质控文件问题清单"中。

### 4.6.3　阶段 2：搭设脚手架、设备开箱以及实物检查工作的准备

搭设脚手架、设备开箱以及实物检查准备工作将按照"FIE 分包计划"的规定执行，该程序规定下列内容：①分包策略：执行工作过程中要遵循的策略。②执行程序：在施工阶段采用的方法，以实现安全、质量和成本目标，并且能够按照项目进度表执行项目。③临时施工设施：进行 FIE 检验工作的临时设施。④保护和复原程序。⑤堆场的现场组织和人员直方图。

设备开箱和实物检查准备工作也应当按照"FIE 检验计划"及其附件的规定执行。

初步的调查包含参观堆场，以了解设备的状态、确定合适的方法来提取设备（搭设脚手架等）、估算可同时参与的所需全部人力以及可以采用的临时安装类型。

在参观堆场之后，承包商将派施工团队驻到堆场，负责初步的安排，做好设备外观检查的准备。

承包商的 HSE 现场主管负责确认安全标准、提供已搭设脚手架的进入批准并在必要时执行"受限空间程序"。

### 4.6.4　阶段 3：设备的外观检查及散装材料的检查

在"FIE 检验计划"中提供设备外观检查工作的基础，该计划规定 FIE 检查所采用的方法，以检查业主供货设备是否有效和合适。

散装材料的检查和确认的基础在"散装材料检查计划"中提供，该计划规定散装材料检查所采用的方法，以检查散装材料是否有效和合适。

### 4.6.5　阶段 4：最终检验报告

在完成所有检查检验和文档审查工作之后，承包商会给业主发送最终检验报告。"FIE 检验计划"将提供检验报告的基础和格式。

### 4.6.6　阶段 5：油漆

根据 EPCC 合同的规定，在完成所有检验工作之后，应重新油漆业主供货设备的外壳。FIE 重新油漆的基础和进度安排应按照"FIE 油漆执行计划"的规定执行。

### 4.6.7　阶段 6：运输

在完成了所有检查检验工作后，应根据"FIE 运输和起重计划"将 FIE 从临时堆场运输到项目现场。

根据 EPCC 合同的规定，业主的远洋运输合同应由承包商新签订的合同代替。为了计划设备的运输以及进度安排，业主应和远洋运输分包商举行一次会议。

#### 4.6.8 健康、安全和环境

在"业主供货设备分包计划"中给出施工期间的健康、安全和环境执行基础。

### 4.7 对业主的要求

为了履行 EPCC 合同下的合同义务，业主需要进行下列工作：①在规定的移交日前 5 天提供移交文档；②根据"FIE 分包计划"，在移交日期之前批准推荐的 FIE 分包商；③为承包商和分包商提供支持，帮助其顺利进入 FIE 的堆场大门；④提供所有必要的 FIE 工程设计和质量文档，以确认业主供货设备是否有效和合适；⑤在检验检查过程中将业主的检验代表派驻到 FIE 的堆场，根据"FIE 检验计划"签署并确认检验过程中发现的所有问题和情况。

### 4.8 相关规定与程序

#### 4.8.1 业主规定

EPCC 合同中关于长周期/业主供货设备的规定。

#### 4.8.2 项目管理程序

相关的项目管理程序主要包括：①FIE 检验计划；②FIE 分包和施工计划；③FIE 准入和安全计划；④FIE 油漆执行计划；⑤FIE 三级进度计划；⑥散装材料检验程序；⑦FIE 保护和复原程序；⑧FIE 运输和起重计划。

### 4.9 样表和模板

#### 4.9.1 FIE 组织机构图

如图 3-4-1 所示。

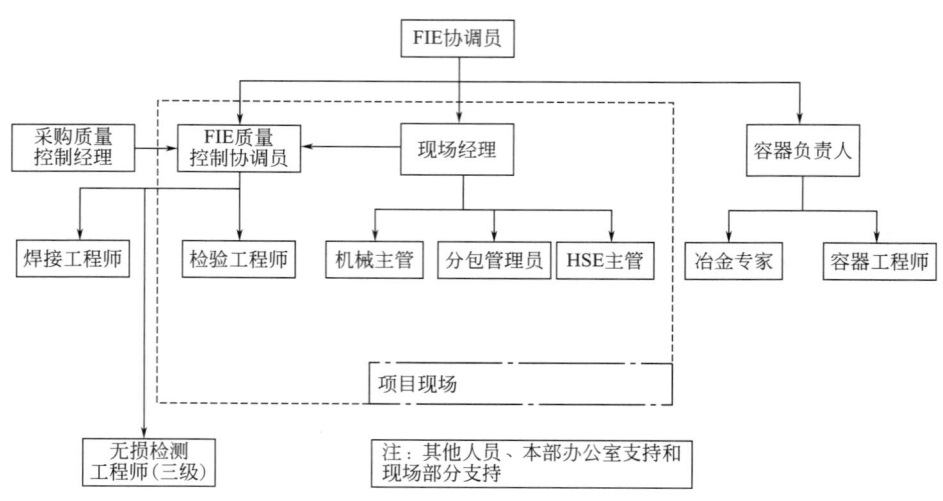

图 3-4-1 FIE 组织机构图

### 4.9.2 工程审查汇总表

如表 3-4-2 所示。

表 3-4-2 工程审查汇总表

| ××××项目 (合同编: ) | | | | | | | | |
|---|---|---|---|---|---|---|---|---|
| 工程审查汇总表 | | | | | 文档编号:<br>版次<br>版本日期 | | | |
| 序号 | 设备位号 | 供应商 | 文件 | | | 承包商观察结果/意见 | 业主反馈 | 状态 |
| | | | 编号 | 章节号 | 表格编号 | | | |
| | | | | | | | | |
| | | | | | | | | |
| | | | | | | | | |
| | | | | | | | | |
| | | | | | | | | |
| | | | | | | | | |
| | | | | | | | | |
| | | | | | | | | |
| | | | | | | | | |
| | | | | | | | | |
| | | | | | | | | |
| | | | | | | | | |
| | | | | | | | | |
| | | | | | | | | |
| | | | | | | | | |

# 第5章
# 现场不合格项和纠正措施程序

## 5.1 目的

本程序的目的在于适当发布、管理、控制保证在项目施工/联动试车期间发现的不合格项，以及相关的纠正措施、预防措施和解决办法。

## 5.2 范围

本程序适用于在项目施工/联动试车阶段承包商现场作业时发现的所有不合格项、观察项以及纠正措施/预防措施。

## 5.3 定义

### 5.3.1 定义

本程序的主要定义包括：①投料试车：是指为了使设施能够按照《技术规范》规定以及"EPCC合同通用条款"及详细说明的特定设计参数要求正常运行而需要进行的活动。②纠正措施：是指为消除现有不合格项的原因并防止不再次发生所采取的措施。③停工待检点：是指制造商/供应商/分包商应通知承包商/业主的主管准备在特定时间和地点见证检验的控制点。④检验：是指为确定实体的每项特征是否符合规定要求而进行的活动，例如对实体的一项或多项特征进行测量、检查、试验或计量或者对结果进行比较等。⑤检验和试验计划（ITP）：是指由分包商/承包商编制设备施工期间和安装阶段的详细检验活动，并得到承包商/业主批准的书面计划。⑥不合格项：是指未能符合某一特定要求的情况。⑦预试车或联动试车：是指为了使部分项目设施在临时移交期间能够按照《技术规范》规定以及"EPCC合同通用条款"及详细描述的特定设计参数要求正常运行而需要进行的活动。⑧预防措施：是指在发现某种潜在不合格项的风险时为预防该不合格项发生所采取的措施。⑨质量：是指是否能满足业主EPCC合同的要求。具体是指为履行EPCC合同要求而满足项目一系列固有特征的程度。⑩质量保证：是指按照质量体系要求实施的各项有计划且系统化的活动。有需要时应提供实体的证明，以表明其有足够的满足质量要求的证据。⑪质量审计：是指为确定质量活动和相关结果是否符合计划安排、安排是否得到有效实施以及是否适合目标达成的系统且独立的检查活动。⑫质量控制：是指为满足质量要求所采取的运营手段和活动。⑬现场：是指在其之上、之下、之中或穿越其中开展工程的地方或其他地点，以及业主为了EPCC合同目的而提供的其他土地或地点。⑭试验：是指使受试对象在一系列物理、化学、环境或运行条件下确定或检验该受试对象是否能满足规定要求。⑮第三方：是指非业主或承包商直接参与检验、监督或协议服务的实体。第三方不直接参与工程项目、协议或合同，但是也应在合同中注明第三方而且受到合同的约束。⑯型式试验：是指为通过认证对设计进行的一项或一系列试验，其目的在于确定设计是否能符合产品规范的要求。⑰验证：是指通过检查或提供客观证据，确定是否满足规定要求。⑱确认：是指通过检查或提供客观证据，确定是否满足特定目标用途的具体要求。

#### 5.3.2 缩略语

相关的缩略语主要包括：①CA/PA（Corrective Action/Preventive Action）：纠正措施/预防措施。②CAR/PAR（Corrective Action Report/Preventive Action Report）：纠正措施报告/预防措施报告。③ITP（Inspection and Test Plan）：检验和试验计划。④NC（Non Conformity）：不合格项。⑤NCR（Non Conformity Report）：不合格项报告。⑥OBS（Observation）：观察项。⑦OS&D（Overage，Shortage and Damages）：溢缺损。⑧QA（Quality Assurance）：质量保证。⑨QC（Quality Control）：质量控制。⑩QMS（Quality Management System）：质量管理体系。⑪SOC（Site Operating Centre）：现场运营中心。

### 5.4 发现不合格项

通常，不合格项会在以下任何一种情况中发生：①违反法律要求；②不符合相关标准的要求；③不符合相关程序的要求；④提供的产品或服务不符合要求。

此外，不符合要求的产品可能是：①工程设计计划和文件不符合项目要求；②采购的设备和大宗材料不符合图纸或规格书的要求（不合格项可能是采购物资本身，也可能是其随附的文件）；③试验、检测或检验发现有材料（例如混凝土、钢筋、回填料等）、工程设计部分或物资不符合相关标准、规范或采购订单的要求，应认为是不合格项。

表 3-5-1 所述为最常见待解决的不合格项的情况、检测和责任。

表 3-5-1 常见不合格项

| 不符合要求的产品/情况 | 参考文件 | 问题检测方 | 不合格项报告的发布方 |
| --- | --- | --- | --- |
| 不符合要求的情况、计划和文件 | 相关法规、标准和程序；项目要求 | 专家/审计员 | 审计员 |
| 设备/材料 | 相关的规范和计划 | 承包商的现场人员、分包商的主管/检验员 | 现场质量主管、分包商的检验员 |
| 施工中不符合要求的情况、文件、质量计划、工程设备和材料 | 国际规范、项目质量和执行、设备程序和计划 | 现场质量主管、分包商的主管/检验员、审计员 | 现场质量主管、分包商的主管/检验员、审计员 |

根据相关流程（如"不合格项报告决定流程图"），发现不合格项的任何人员应立即通知承包商的质量管理人员以记录不合格项。如果分包商的质量主管/检验员发现或意识到存在产品/服务不合格项，则必须首先明确并尽量立即隔离。然后，分包商的质量主管/检验员应通知现场质量主管/检验员，以记录不合格项并开始编制不合格项报告（详见下述 5.11.3 节中的"不合格项报告"）。

在发布不合格项报告之后，应确认和隔离产品。应尽可能在隔离区隔离不符合要求的产品。

承包商应调查确认不合格项的根源，并采取相应的纠正措施。

应按照上述要求确认不合格项，以确保能完全可追溯审计/控制发现的异常情况。

在日常施工和安装作业中，对于业主/承包商人员检验/监视期间提出的意见或建议，如果并非不符合 EPCC 合同的任何要求、规定要求或项目规范，则报告应视为观察项（OBS）。

如果承包商任何雇员发现存在观察项，则应立即向现场质量主管/检验员报告，以在记录表中记录。在记录表中记录的信息包括所发现观察项的相关信息。此外，应记录其正确的处理方法，以确保观察项得到彻底处理。

在评估发现不合格项的特征时，受影响项目应由不合格项报告的发布方负责按照下文所述流程处理。产品/服务不合格项应按照以下相关准则进行处理：①废弃：对于划分为不可复原且属于分包商/承包商责任的不合格项，应进行废弃处理。②返回至供应商：对于划分为供应商责任的不合格项，应返回至供应商。③返工：对于不符合相关规范要求，且经过重新处理能符合相关规范的不合格项，应进行返工处理。对于这种情况，无须通知业主。④修复：对于不符合相关规范要求，且尽管经过重新处理不能符合原规范要求但能达到可接受情况，应进行修复处理。对于采用这种处理手段的情况，应在不合格项报告中要求业主检验，以确保该处理方式得到批准。⑤不处理继续使用：对于采用这种处理手段的情况，应在不合格项报告中要求业主检验，以确保该处理方式得到批准。⑥重新划分等级：对于符合规定的情况，可重新对材料划分等级。⑦重新测量/检验/试验：在定期校准期间，如果发现所用的测量仪器不符合相关的计量条件，则可以进行重新测量/检验/试验。

## 5.5 职责

### 5.5.1 现场质保/质控经理

现场质量保证/质量控制经理负责：①审查和处理不合格项，以确保正确处理不合格项；②分析需修复的不合格项，并审批最终处理方式；③必要时采取纠正措施/预防措施；④记录不合格项；⑤结束已完成处理的不合格项；⑥编制并监视不合格项报告（NCR）和观察项记录；⑦检验对产品和服务不合格项的处理情况；⑧分析和审批关键和严重不合格项的处理；⑨与分包商和业主举行质量评审例会（尽量每周举行一次例会）；⑩对于严重不合格项，应由承包商的质量经理采取相应的手段和措施处理；⑪根据上述解释，对严重不合格项采取的纠正措施/预防措施应由承包商的质量经理负责协调和关闭。

### 5.5.2 质量审计员

质量审计员负责：①发布审计期间发现的不合格项和观察项；②对发现的不合格项和观察项提出需采取的必要措施；③关闭其工作（审计过程）发现的不合格项和观察项。

### 5.5.3 现场质量主管/检验员

现场质量主管/检验员应负责：①处理接收、过程或服务阶段期间发现的不合格项和观察项；②监视和验证采取的纠正措施/预防措施；③按照不合格项或观察项的责任范围确定需考虑的特定纠正措施；④需要执行纠正措施时通知分包商的质量主管/检验员并与其协调。

### 5.5.4 现场施工主管

现场施工主管负责：①在检验活动期间参与质量小组以提供协助和协调；②编制质控文件，并检查分包商进行的所有活动是否符合承包商规定的质量要求（施工主管应参与检验和试验工作）；③在检验期间发现有不合格项时发出通知，并采取相应的纠正措施，以确保发现的不合格项能最终关闭。

#### 5.5.5 现场质量主管/检验员（分包商）

现场质量主管/检验员（分包商）负责：①在接收、执行或服务阶段期间检查是否存在不合格项和观察项；②记录不合格项和观察项；③参与不合格项和观察项的处理，必要时采取相应的纠正措施/预防措施；④跟进不合格项和观察项的处理，并向现场质量主管/检验员报告；⑤在不符合要求的产品、执行或活动修复或返工之后，按照现场质量主管/检验员的要求对其复检和验证。

### 5.6 报告的发布和整理

不合格项或观察项报告应按照以下规则编号：AAA-PDO-XXX-YYY。其中，PDO：项目编号；AAA：不合格项或观察项；XXX：内部（INT）或分包商采用的缩写；YYY：顺序编号（例如001）。

由以下人员负责执行内部质量审计：①从承包商总部派往SOC活动所在地的承包商质量管理人员；②从承包商SOC派往SOC活动所在地的承包商质量管理人员。

不合格项报告代码应填写在"不合格项报告"中所示的"具体代码"部分中。

### 5.7 措施的监视和结束

#### 5.7.1 纠正措施和预防措施

**(1) 确定需采取的纠正措施/预防措施**

发布报告的承包商质量管理人员应确认不合格项（文件或产品）的情况，提供不合格项的说明，并指明应处理不合格项的责任部门或工程项目区域。

现场质保/质控经理应负责评估报告中的不合格项，并通告产生不合格项的详细原因。在承包商与业主达成最终协定之前，应研究解决不合格项拟用的措施和接受/意见（如适用）。

受到不合格项影响的责任部门应指派相关人员实施已批准的措施，并制定实施措施的截止期限。

应分析最终工作报告，以根据承包商的"经验教训制度"确定是否在日后的工作中采取预防措施。对于发现的观察项，记录报告中应包括待改进措施及其最终关闭的方案。

**(2) 跟进和关闭**

在完成纠正措施之后，指派的人员应立即通知现场质保/质控经理或现场质量主管/检验员，以完成跟进并关闭流程。

#### 5.7.2 复检

对于返工或修复的不合格项，应在按照上述5.4节的要求返工或修复完成之后进行复检。应有相应的不合格项（NCR）的复检记录。

#### 5.7.3 验证

在关闭不合格项之前，应按照流程进行验证（详见案例1：业主发布的不合格项报告。案例2：承包商发布的不合格项报告），同时应符合上述5.7.1节的要求。

#### 5.7.4 不合格项和观察项

现场质量主管/检验员和分包商质量主管/检验员或审计员应监视不合格项的处理过程，检查纠正措施是否得以实施，并验证其是否行之有效。在承包商采取任何措施之前，应向业主提交拟用的纠正措施以供其审批。

审计员或主管/检验员应负责关闭不合格项，现场质保/质控经理应会签关闭的不合格项，并且在相应的记录表中记录（详见下述 5.11.4 节中的"不合格项监视记录表"）。应定期向业主提交不合格项监视记录表。

对于关闭观察项，应按照其相应的流程进行。

## 5.8 记录

承包商应每日更新汇总的未处理/已处理不合格项报告，并且应在项目月度进度会议上提交给业主。有要求时，每周也应向业主提交不合格项报告的状态。

应在不合格项监视记录表中确认并记录所有不合格项报告（详见下述 5.11.4 节中的"不合格项监视记录表"）。应在相关的记录表中确认并记录观察项。

承包商应在质量审查会上向业主报告监视和记录不合格项的状态。

对于业主发现的不合格项，承包商应尽快作出响应。必要时，承包商应提出纠正措施。根据承包商的"现场质量计划"，承包商也应向业主报告发现的不合格项。

应在现场保留不合格项报告，在承包商电子文档数据库（如 Documentum）中保存，并由现场的质量部门归档。

## 5.9 报告的分发

不合格项报告应分发至以下各方：①业主代表；②项目经理/受不合格项影响的部门主管；③现场经理；④施工经理；⑤现场质保/质控（QA/QC）经理。

此外，在质量会议期间，承包商也应与分包商一起分析和审查不合格项、观察项和纠正措施/预防措施。

## 5.10 相关规定与程序

### 5.10.1 业主规定

相关的业主规定有：①EPCC 合同通用条款；②质量管理要求；③项目质量保证。

### 5.10.2 项目程序

相关的项目程序有：①组织程序；②现场质量计划；③现场质量审计程序。

### 5.10.3 规范、标准和法规

相关的标准有：①ISO 9001—2015《质量管理体系 基础和术语》；②ISO 9001—2015《质量管理体系 要求》；③ISO 19011—2011《质量和/或环境管理体系审计指南》。

## 5.11 样表与模板

### 5.11.1 案例 1：业主发布的不合格项报告

如图 3-5-1 所示。

### 5.11.2 案例 2：承包商发布的不合格项报告

如图 3-5-2 所示。

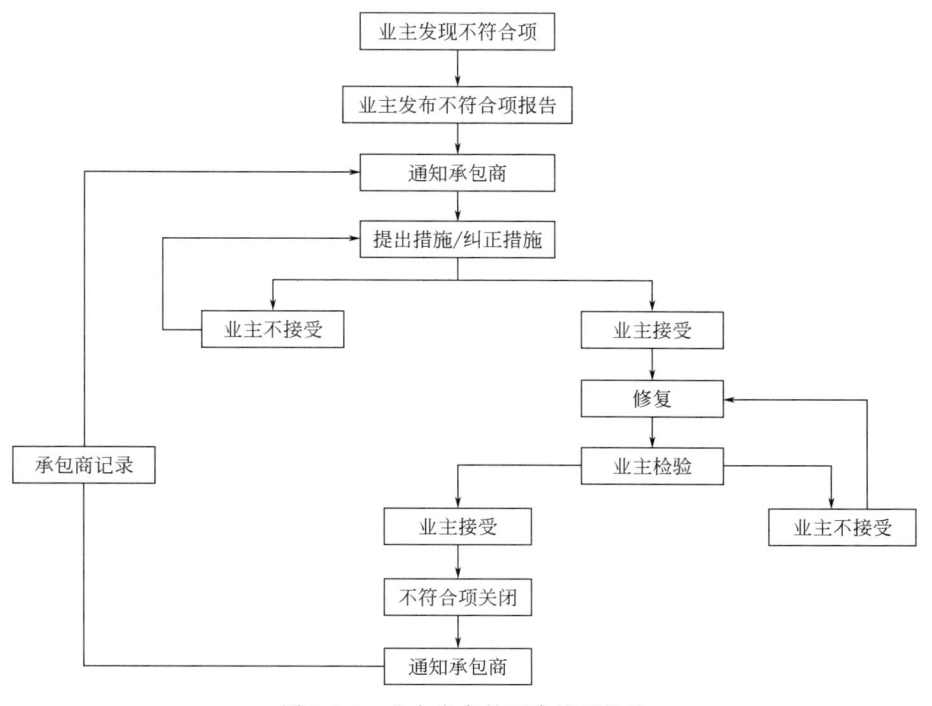

图 3-5-1 业主发布的不合格项报告

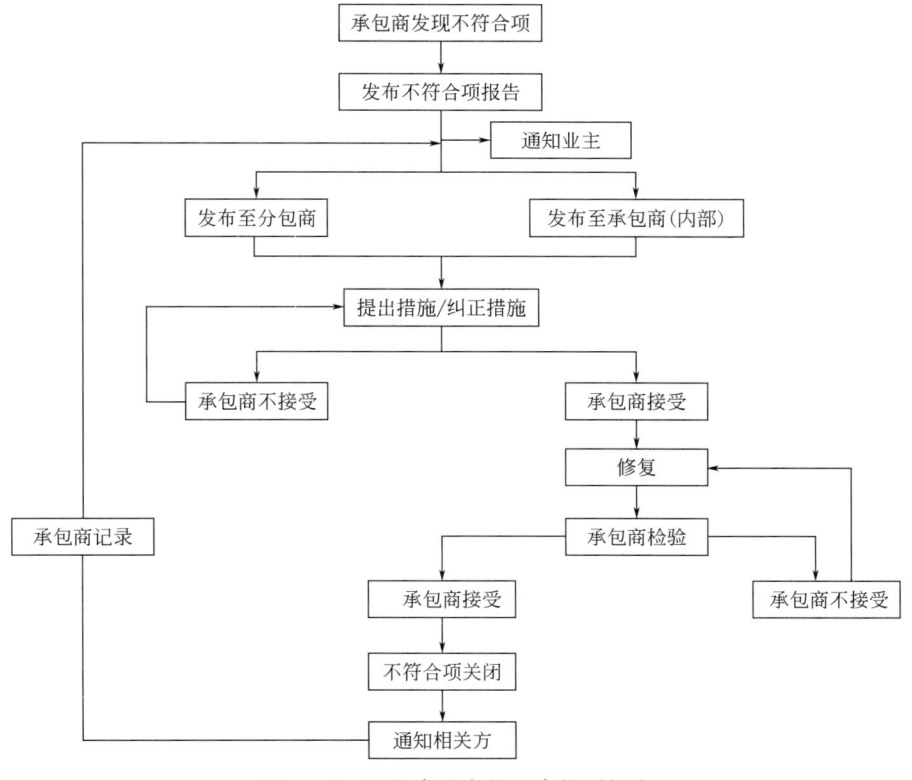

图 3-5-2 承包商发布的不合格项报告

### 5.11.3 不合格项报告

如表 3-5-2 所示。

表 3-5-2 不合格项报告

| 不合格项报告 ||||
|---|---|---|---|
| 项目名称： ||||
| 类型 | | 状态 | |
| 发现不合格项编号 | | 具体代码 | |
| 发布方 | | 接收方 | |
| 发布日期 | | 预测日期 | |
| 专业： ||||
| 质量管理缺陷： ||||
| 装置/系统/子系统 | | 分包商/供应商 | |
| 发现时间 | | 发现不合格项的阶段 | |
| 位置 | | 项号 | |
| 承包商不接受：□ | | 响应： | |
| 不合格项的说明 ||||
| 发布方(发现方) | | 签名 | |
| 根源 ||||
| 纠正措施 ||||
| 备注 ||||
| 最终处理方法 ||||
| 关闭方： | | 承包商 QA/QC 负责人签名： | |
| 承包商关闭日期 | | 业主关闭日期 | |
| 是否需要采取任何预防措施？ | 是否 | 路线： | |
| 本不合格项报告是否需要附上任何图片？ | 是否 | 路线： | |

### 5.11.4 不合格项监视记录表（样表）

如表 3-5-3 所示。

表 3-5-3 不合格项监视记录表（样表）

| 不合格项报告具体代码 | 位置 | 发布日期 | 预测结束日期 | 说明 | 不合格项监视记录表(样表) ||||||||
|---|---|---|---|---|---|---|---|---|---|---|---|
| | | | | | 不合格项报告的发布人 | | | | | | |
| | | | | | 未处理不合格项报告 | | | | | | |
| | | | | | 已处理不合格项报告 | | | | | | |
| | | | | | 不合格项报告的发布方 | 不合格项报告的接收方 | 分包商/供应商 | 装置/系统/子系统 | 专业 | 状态 |
| | | | | | | | | | | |
| | | | | | | | | | | |
| | | | | | | | | | | |
| | | | | | | | | | | |
| | | | | | | | | | | |

# 第 6 章

# 现场早期工作计划

## 6.1 目的

旨在说明 EPCC 合同为完成现场移交,在合同生效的前几月项目现场应执行的施工活动。

## 6.2 范围

本文件仅描述业主向承包商移交现场的施工活动,后续工程需要一个复杂完整的现场监理组织接管。在 EPCC 合同生效的前几个月中,承包商将在不同地点进行活动:①业主存放长周期设备的港口;②项目所在国境内外的钢结构制造厂;③项目现场。

本文件仅涉及应在项目现场内部执行的活动。

## 6.3 介绍

开始施工活动之前,承包商必须制定施工顺序和组织计划。该计划应以 EPCC 合同的规定为准。

该计划将纳入"施工执行计划"和"正式基准进度"中,这两份文件均应提请业主批准。

为了进行现场移交并开始现场工作,业主要求提供一份关于现场早期工作的详细执行计划。

这份"现场早期工作计划"是"施工执行计划"的摘要,施工执行计划详细阐述了实现现场移交的主要目的,二者必须结合使用。

需要指出的是,前几个月的施工活动需要承包商提供少量的现场监督管理人员。当施工进度确定了人力需求时,将组建完整的现场组织,并委派固定人员进入早期工作组织从事工作。

明确具体的移交时间,(如 2019 年 1 月进行移交),以及预计组建正常现场组织的时间(如 2019 年 9~10 月)。

## 6.4 活动列表

前几个月内,现场工程应进行的活动按时间顺序分成两组或两个阶段:

阶段 1

主要工作包括:①地质和地形勘测;②现场围隔。

主要工作包括：①现场临时设施；②现场路基；③重载道路施工/改造；④业主供货（FIE）设备基础；⑤FIE设备吊装；⑥开始建造住宿营房（如有）。

下面将对所有这些活动进行说明。有关这些活动的时间安排，参见"正式基准进度"。

## 6.5 阶段1

### 6.5.1 地质和地形勘测

按照"施工执行计划"安排分包商对自然土壤进行初步地质勘察。根据研究结果，业主将按照EPCC合同的规定完成现场整理（场地平整）。基于上述考量，承包商正在设计基础及其余的土建工程。开始现场土建工程之前，必须验证设计结果。为此，需要进行地质勘测以及地形踏勘。地质勘测将包括下列活动：①测定载荷能力；②计算墙体及其他支护结构的岩土参数；③分析临时和最终坡面的稳定性；④估计土壤渗透性和排水要求；⑤区域地形勘测。

地质勘测将涉及以下区域：①EPCC合同确定的现场界区内的地块；②重载道路，仅供检查；③场内堆放区；④场外堆放区，将用于仓库、车间和住宿营房。

鉴于业主已完成现场整理（土体移动），本项勘测不包括对障碍物、战争武器和/或爆炸物的地下测绘。有关分包合同中所有要求的详细说明，可参考提请业主批准的《地质勘测RFI-PDO-2301》。

本文件附有引用自RFI供参考的标记现场区域试验点总图的初步信息。

对于本工程而言，承包商将按照合同要求任命一家可靠的分包商，并将派遣一名地质专家以及一名HSE检验员进行协助和监督。

尽管项目内部给出的实际数据没有考虑到基础打桩，但是，对于最重的设备来说，如果完成地质勘测后，有些基础可能需要进行打桩，则应选择一家专业分包商执行这些工程。

### 6.5.2 现场围隔

按照EPCC合同的规定，承包商必须划定EPCC项目的现场界限。开始现场活动时，承包商将从项目所在地四家分包商中选定一家分包商，按照本文件中"地质勘测""路基""FIE土建工程"和"临时设施"要求，使用小型标杆和红/白塑料链条围隔地块。

根据最终批准的"临时设施计划""交通计划"以及"设备和材料的预期运输计划"等，承包商可考虑采用临时金属栅栏代替上述围栏。这种替代方案可在现场早期工作计划结束时实施。

## 6.6 阶段2

### 6.6.1 现场临时设施

业主在EPCC项目所在地划出了三块区域：①现场装置临时设施地块；②场内堆放区；③场外堆放区。

(1) 现场装置临时设施地块

在该区域，承包商将为自己和业主安装现场临时设施。有关办公室及其内外布局和装修等的完整说明，参考"临时设施计划"及其各自的采购规范。该区域通过装置的东门以及相关的连接道路进出。有关门的位置，最终将与业主施工团队确定。

"现场早期工作计划"旨在为业主和承包商建造现场办公室及其公用工程，供施工监理团队入驻。

**（2）场内堆放区**

目前，业主正占用本区域进行现场整理（土体移动），只能在最终确定之后使用。根据EPCC合同明确启动使用的时间（如于2017年底使用），所以这份"现场早期工作计划"无法预测其使用情况。

**（3）场外堆放区**

该区域（明确预计的面积如约200万平方米）距装置的方位以及距离（如东南4km），由业主按自然状态交付。

承包商将在该区域建造以下设施：①住宿营房，供承包商（如有）和施工分包商入住；②仓库和堆放区，供承包商使用；③预制车间，供分包商使用。

各方将负责自己所需要的设施。各方将自己使用的每个分区装设围栏。

这份"现场早期工作计划"中，临时设施部分的工作范围包括地形勘测、区域界区、连接道路和开始建造承包商的堆放区与仓库。

### 6.6.2 现场路基

业主已完成现场整理。所用的回填材料取自疏浚系统。根据地质勘察结果，可能需要改善现场条件来允许施工设备进场，不至于每辆卡车、公共汽车等都需要履带牵引车。为此，作为永久性土建工程的前期工作，承包商正计划修筑总图中道路的路基，以便允许人员、公共汽车、卡车及其他施工设备进出现场。将选定一家经验丰富的土建分包商执行这些工作。

在这些早期工作期间和之后以及其他工程施工期间，将由承包商养护和修复这些道路，以确保项目结束时业主收到状态良好的永久性道路。

### 6.6.3 施工/改造重载道路

业主应修筑从驳船码头到装置现场的重载道路，并利用道路连接现场入口和EPCC项目所在地块的边界。

按照EPCC合同，承包商应负责将道路延伸到重型货物的接收地点。为此，选择EPCC项目所在地块内道路以实现此目的。将由上面指定的地质勘测分包商执行地质勘察，已确定这些道路的承载能力。

对于运输FIE设备，部分道路业主不需要施工。这些道路将由修筑现场路基的分包商修筑，以确保顺利完工，接收首批设备（明确预计开始的日期，如计划于2019年7月开始）。

### 6.6.4 业主供货（FIE）设备的基础

对于业主向承包商移交的业主供应设备（FIE），将按照以下说明运抵现场并进行吊装。为进行吊装，必须修筑这些设备的基础，如果需要的话，还必须准备存放这些设备的区域。承包商已设计好相关基础的图纸，并将按照上文地质勘察结果进行验证。

承包商将选择一个土建分包商（不一定是前面所指定的道路分包商）进行开挖、回填和修筑FIE设备基础，如果需要的话，还要修建相关管廊。同其他土建工作一样，询价请购文件应提请业主批准。

### 6.6.5 FIE设备的吊装

承包商将重新订立业主提供的运输分包合同，并按照合同将FIE设备从港口运输到现场。当现场接收FIE设备后，将设备吊装到基础上，以避免长期存放现场。以后将保持立式放置设备，并进行妥善防锈。

有关这些吊装工程的完整说明，参见"FIE设备卸载和吊装计划"。

### 6.6.6 住宿营房的施工

承包商将尽量选择拥有项目所在地员工的当地公司。并非所有分包商都能将其员工从永久居住区搬迁过来，因此需要为员工建造一个住宿营房。这些营房应建造在场外堆放区。

在执行这份"现场早期工作计划"期间，预计只签约土建分包商，因为，其他分包商需要有营房才能派驻足够的项目专用人员。如果所有或任何分包商需要建造营房，可在指定区域以最快的方式自行建造。

对于承包商自身住宿问题，将根据当地居住资源的可用性和价格，评估是否及何时建造自己的营房。为了安全起见，承包商将根据需要对住宿营房区域进行封闭管理。

## 6.7 HSSE

对于这份"现场早期工作计划"中与现场工作有关的活动，所有施工将采用涉及的HSSE要求，即采用"施工 HSE 计划"及相关文件和规范。

## 6.8 QA/QC

同样，施工将采用所有涉及的 QA/QC 要求，即采用"现场质量计划"及相关文件和规范。

## 6.9 预期的现场组织

对于上述工作，承包商已确定了如图 3-6-1 所示的现场组织。该组织将设立图 3-6-1 所列出的职位开始执行阶段 1（地质勘察、地形勘测和围隔）。

根据需要组建完整的早期工作组织，以执行现场的早期工程（FIE 设备的临时设施、土建工作等）。当现场工程量巨大需要扩大组织时，将组建完整的现场组织，并将该早期工作组织纳入其中，继续执行其工作和任务。同时明确预计该早期工作的时间，如预计 2019 年 9 月、10 月会发生这种情况。

在完整的现场组织中，将安排现场经理负责启动和分包活动。早期工作经理将向其汇报。

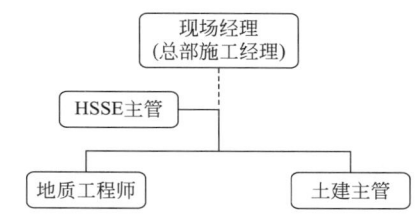

图 3-6-1　现场早期工作的组织结构

## 6.10 相关规定与程序

### 6.10.1 业主规定

相关的业主规定包括：①工作范围；②施工要求。

### 6.10.2 项目程序

相关的项目程序包括：①项目执行计划；②分包计划；③可施工性计划；④现场材料管理计划；⑤FIE 执行计划；⑥FIE 施工执行计划；⑦施工 HSE 计划；⑧施工环境管理计划；⑨供应商的 HSE 要求；⑩现场安全管理计划；⑪现场质量计划；⑫现场文件管理计划；⑬FIE 卸载和吊装计划；⑭临时设施计划。

## 6.11 样表与模板

### 6.11.1 早期现场工程组织机构图

如图 3-6-2 所示。

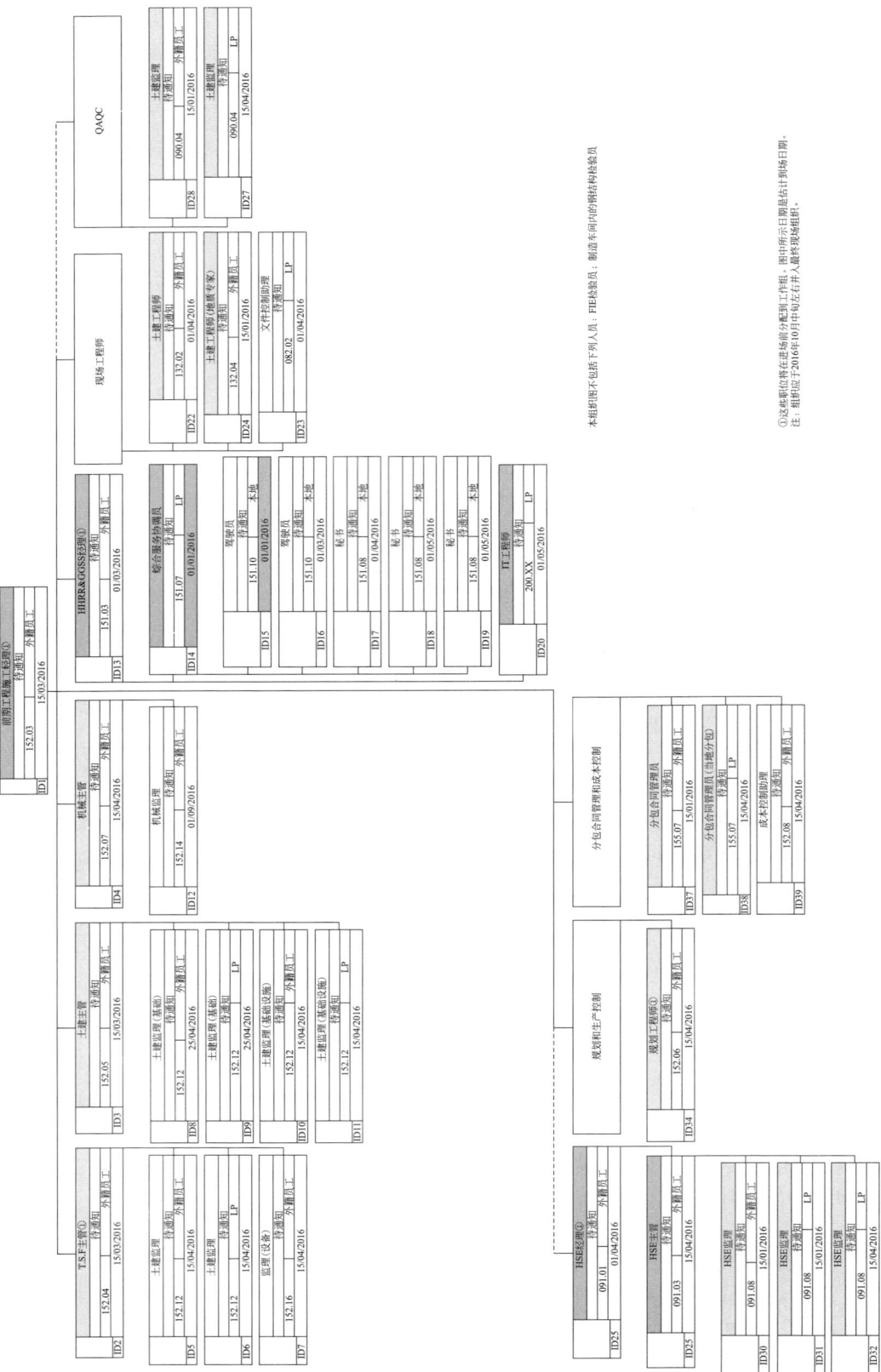

图 3-6-2 早期现场工程组织机构图

### 6.11.2 早期工作进度表

如表 3-6-1 所示。

表 3-6-1 早期工作进度表

| 早期工作进度表 | | | | | | | | | | | | | | | | |
|---|---|---|---|---|---|---|---|---|---|---|---|---|---|---|---|---|
| 2017 | | | | | | | | | | | | | | | | |
| ID | 说明 | 开始时间 | 结束时间 | 1月 | 2月 | 3月 | 4月 | 5月 | 6月 | 7月 | 8月 | 9月 | 10月 | 11月 | 12月 |
| | | 项目月… | | 3 | 4 | 5 | 6 | 7 | 8 | 9 | 10 | 11 | 12 | 13 | 14 |
| 施工 | | | | | | | | | | | | | | | | |
| 地质研究 | | | | | | | | | | | | | | | | |
| | 现场通道地质研究 | | 13/01/2017 | ◆ | | | | | | | | | | | |
| | 地质研究-分包批准 | | 16/01/2017 | ◆ | | | | | | | | | | | |
| | 地质研究-进场 | 17/01/2017 | 31/01/2017 | ▬ | | | | | | | | | | | |
| | 地质研究-现场营地 | 01/02/2017 | 13/03/2017 | | ▬ | ▬ | | | | | | | | | |
| 施工基础设施-其他 | | | | | | | | | | | | | | | | |
| | 现场道路（路基） | 14/03/2017 | 30/07/2017 | | | ▬ | ▬ | ▬ | ▬ | ▬ | | | | | |
| | 临时进出道路 | 14/03/2017 | 30/08/2017 | | | ▬ | ▬ | ▬ | ▬ | ▬ | ▬ | | | | |
| | 现场办公室 | 21/05/2017 | 01/09/2017 | | | | | ▬ | ▬ | ▬ | ▬ | | | | |
| | 场外堆放区 | 21/05/2017 | 31/12/2017 | | | | | ▬ | ▬ | ▬ | ▬ | ▬ | ▬ | ▬ | ▬ |

# 第7章 临时设施计划

## 7.1 目的

编制本临时设施计划旨在确定 EPCC 项目施工所设计的临时施工设施（TCF）的基础。本文件介绍了为协助承包商现场作业而设置的临时施工设施及其初步布局图。

本临时设施（TF）计划基于承包商的项目施工策略编制，以明确临时施工设施工程的相关情况（作业和工程实施位置），本临时设施计划同时考虑项目现场的临时施工设施基本情况，以确保施工作业符合业主要求。

临时施工设施的详细策略详见下述 7.5 节。

项目施工期间，随着收集到的项目、现场和分包商数据增多，会对临时设施计划进行调整。

## 7.2 范围

### 7.2.1 概述

承包商将提供、维护并运行临时施工设施，以支持承包商的现场作业。下面简要介绍主要临时施工设施工程项。本概述仅将其纳入考虑范围。对办公室及其内外布局和装饰等的完整说明，请参见下文及对应的采购规定。

主要临时设施包括项目施工中会用到的所有以下临时基础设施：①现场临时后勤设施：用于区域划定和人员、机械及材料运输的设施。②临时公用工程：临时网络。③临时建筑物和带顶棚设施。④临时专业服务：运营阶段的运行成本和服务设施。

总而言之，根据以下章节的结构最大限度地清晰编制临时设施计划。

### 7.2.2 临时施工设施区（临时施工设施作业的配置）

临时施工设施计划按照业主和承包商拟签订的豁免费用协议聚焦以下三点地点（由业主向承包商提供，不另外收取费用）：①临时施工设施区 1。承包商作业区域包括：a.业主和承包商现场主办公区；b.临时施工设施区，设置承包商和分包商现场办公室，以方便承包商进行现场作业。②临时施工设施区 2。承包商的现场堆放区。③临时施工设施区 3。承包商的场外堆放区。

### 7.2.3 临时施工设施作业（设施类型）

设施可分为 5 大类作业设施，各类作业设施均配备相关临时现场后勤、公用工程、建筑物和遮蔽处以及服务：①现场临时办公室：现场主办公室、现场办公室和辅助办公室。②作业现场项目辅助设施。③存放设施：露天存放设施。④制造设施：预制作业和相关设施。⑤住宿设施。

### 7.2.4 临时施工设施阶段

临时施工设施分为4个阶段：①第一阶段：设计临时施工设施。②第二阶段：建造临时施工设施。a.临时施工设施建造第1阶段：辅助早期工作的临时施工设施。b.临时施工设施建造第2阶段：业主和承包商的主要临时施工设施。c.临时施工设施建造第3阶段：剩余临时施工设施。③第三阶段：临时施工设施的运营阶段。④第四阶段：拆除临时施工设施。

各设施的详细说明参见以下章节和临时施工设施询价请购文件。

## 7.3 定义

本计划涉及的主要定义包括：①界区：单个工艺装置或公用工程装置的操作边界。②承包商区域：场外区域，供承包商存放施工材料和设备、进行组装、油漆、制造或用作承包商临时办公室。可分配不同区域进行施工和操作。③集中医疗机构（CMF）与远程医疗机构（RMF）以及现场医疗机构（SMF）。④装置：指承包商在作业过程中设计、建造、采购、施工、安装和互连的整个工艺、公用工程、场外装置或基础设施或场内装置或建筑物，参见工作范围和技术规范。⑤堆放区（LA）：界区内的一部分，用于存放维护检修或施工架设期间工艺设备部件的区域，一般指存放区（露天覆盖存放）。承包商的堆放区为场内堆放区（场内LA）和场外堆放区。⑥场外：与现场相关但保持一定距离的区域，如场外堆放区、营地和水井等。⑦场内区域：用于公用工程和工艺装置的区域，包括相关控制室、变电站、分析仪室、烟道、相关管路和厂区道路。⑧场外区域：规划的场外设施区，可包括行政楼、工厂、洗衣房、仓库、材料场、存放罐组、泵站、火炬、消防站、训练场、冷却水取水站、冷却塔、冷却水沉淀池、冷却水排放渠、码头、海港、相关管路和道路。⑨临时施工设施或临时设施（TCF或TF）：项目施工的所有临时基础设施和服务设施。相关施工基础设施（临时建筑物）、临时公用工程（电、水、初期场地排水/生活废物处理、IT/电信等）、现场后勤设施（初期围栏、初期施工道路、现场车辆/人员入口）和服务。⑩临时设施区：设置临时施工设施的所有地块。⑪临时施工设施分包商：指负责实施任何特定临时施工设施工程的实体，包括编制设计图或提供任何材料，由承包商直接分包或进行任何层级的分包，包括其法定继承方或许可受让方。⑫临时设施作业或临时施工设施作业：指按照EPCC合同实施、完成和维护作业所需要的或与其相关的所有临时作业，包括但不限于完工必需的所有临时支架、临时建筑物、道路和服务。⑬作业：指承包商按照EPCC合同应提供的设施、所有物品和材料、应实施的所有作业和应提供的所有服务。

## 7.4 临时施工设施总体说明：区域、作业和阶段

### 7.4.1 临时基础设施

主要临时设施包括项目施工中会用到的所有以下临时基础设施。

**（1）现场临时后勤设施**

用于区域划定和人员、机械及材料运输的设施（安全围栏、现场车辆/人员入口、初期施工道路以及所有其他划界和运输问题）。

**（2）临时公用工程**

临时网络（电、水、卫生和暴雨下水道，公用工程用空气、氮气、仪器和空气蒸汽、

IT 和电信、暖通、临时火灾系统）。

**（3）临时建筑物和掩蔽处**

临时现场办公室、安保大楼、集中医疗机构、食堂、吸烟棚、祈祷室、仓库、车间和住宿以及所有必要的服务和公用工程大楼。

**（4）临时专业服务**

旨在为业主、承包商和分包商人员提供食宿和支持的临时专业服务（即供电、供水、饮用水供应、家政和清洁服务、供应办公室文具、维修服务、废物管理、医疗服务、现场安保服务、餐饮服务）。

### 7.4.2 临时施工设施区

临时施工设施作业配置：临时施工设施工程包括场内和场外。可通过表 3-7-1 查询与 EPCC 项目相关的承包商的临时施工设施区；同时也可查询拟在各临时设施区开展的相关作业。

表 3-7-1　临时施工设施区一览表

| 临时施工设施区:地点分配和作业 |||||||
|---|---|---|---|---|---|---|
| 临时施工设施区 ||| 临时施工设施作业 | 用户 |||
| 提供方 | 主要区域 | 分区 | | 业主 | 承包商 | 分包商 |
| 业主(由业主提供区域,不另行收费) |||||||
| | 场内 | | | | | |
| | | 承包商作业区域 | | | | |
| | | （工艺装置） | 业主和承包商现场主办公区 | 业主和承包商现场主办公室 | X | X |
| | | | 其他工艺装置 | | | |
| | | | | 承包商与分包商现场办公室 | | X | X |
| | | | | 临时日常存放 | | X | X |
| | | | | 其他项目辅助作业(车间等) | | X | X |
| | | 承包商场内堆放区 | | | | |
| | | （指定堆放区） | 分包商现场主办公区（备选地点） | 分包商主要临时办公室 | | X | X |
| | | | 业主、承包商和分包商的辅助办公区 | 业主、承包商和分包商的临时辅助办公室 | X | X | X |
| | | | 承包商和分包商堆放区（备选位置） | 承包商和分包商临时施工设施作业：日常存放和车间等 | | X | X |
| | 场外 | | | | | |
| | | 承包商场外堆放区 | | | | |
| | | （指定堆放区） | 业主、承包商和分包商的辅助办公区 | 业主、承包商和分包商的辅助办公室 | X | X | X |
| | | | 承包商和分包商堆放区（拟用位置） | 承包商和分包商的存放和相关作业设施 | | X | X |
| | | | 车间区域 | 预制设施 | | X | X |
| | | | 承包商和分包商住宿区 | 住宿设施 | | X | X |
| 其他(非业主提供区域) |||||||
| | 场外 | | | | | |
| | | 场外住处 | 承包商和分包商住宿区 | 住宿设施 | | X | X |

注：X 表示负责完成。

### 7.4.3 临时施工设施

临时施工设施计划按照业主和承包商拟签订的豁免费用协议聚焦以下三类地点（由业主向承包商提供，不另外收取费用）：①A1：临时施工设施1区，承包商作业区域（工艺装置）。②A2：临时施工设施2区，承包商场内堆放区，如930m$^2$。③A3：临时施工设施3区，承包商场外堆放区，如2000m$^2$。

各方（承包商和各施工分包商）将在这些区域设置对应的设施。

各方负责构建自身需求。各分区使用方对其所使用的分区设置围栏、整改、施工和运营。

**(1) 1区：承包商作业区域（工艺装置）**

1区内的临时施工设施主要作业在2个分区内展开：①分区1-A：设置业主和承包商现场主要办公室的区域。②分区1-B：临时施工设施区，设置承包商和分包商现场办公室，以方便承包商进行现场作业。

**(2) 2区：承包商场内堆放区**

由于该区域由业主用作现场整备（运土），最终完成前不得投入使用。按照EPCC合同，明确在开工后多长时间（如14个月，2017年12月）投入使用，所以其在初期工程中不会出现。

承包商场内堆放区的临时施工设施主要作业为日常存放/缓存区和承包商现场主办公区。

**(3) 3区：承包商场外堆放区**

在临时施工装置3区，承包商将提供以下服务：①仓储设施：仓库和存放区，供承包商和分包商使用。②预制场：分包商预制车间。③承包商和分包商住宿营地（若有）。

### 7.4.4 临时施工设施作业：设施类型

设施可分为5大类作业设施，各类作业设施均配备相关临时现场后勤、公用工程、建筑物和遮蔽处以及服务。

**(1) 现场临时办公室和相关设施**

现场临时办公室和相关设施包括：①业主、承包商和分包商现场主办公室；②作业区域（工艺装置）的承包商和分包商现场办公室（活动板房）；③堆放区、车间和预制区的业主、承包商和分包商辅助办公室。

**(2) 作业现场项目辅助设施（工艺装置）**

作业现场项目辅助设施（工艺装置）主要包括：①区域划界：设置围栏。②门禁设施：大门和安保设施。③人员、机械和材料运输设施。④医疗机构。⑤膳食和休息设施。⑥卫生设施。⑦现场提供的其他专用服务。

**(3) 仓储设施**

供承包商和分包商作业使用的露天与带顶仓库存放设施。

**(4) 预制场**

预制车间、分批配料装置、预制作业和相关设施。

**(5) 住宿设施**

承包商和分包商人员住宿营地（若有），包括所有相关服务。

与项目相关的主要临时施工设施活动（作业）参见下述7.8节。

### 7.4.5 临时施工设施阶段

临时施工设施作业拟通过按时间顺序排序的四个阶段/分成四组完成。

① 第一阶段：设计临时施工设施。

② 第二阶段：建造临时施工设施。

临时施工设施区的建造将逐渐取决于承包商项目进度和必要项,并需要满足承包商的需求。

临时施工设施的建造阶段分以下几步：a.临时施工设施建造第1阶段。辅助早期工作的临时施工设施：现场先期办公室（移动板房），供业主和承包商人员早期使用，配置基础设施和相关服务设施以及初步围栏。b.临时施工设施建造第2阶段。主要建筑物和相关基础设施和公用工程网络：业主的现场主要办公室和承包商现场办公室的首个（首批）模块（单间、存放区，设有围栏，用于存放业主供货的设备等）。c.临时施工设施建造第3阶段。剩余临时施工设施（剩余施工设施）。

③ 第三阶段：临时施工设施的运营阶段。

④ 第四阶段：拆除临时施工设施。

表 3-7-2 为临时施工设施阶段一览表。日期可随进度进行调整。

表 3-7-2 临时施工设施阶段一览表

| 临时施工设施阶段 |||| 临时施工设施作业 |
|---|---|---|---|---|
| 主要阶段 | 明确时间,如: ||分阶段|  |
| 第1阶段:设计 | 2017年02月 ||| 设计考虑事项/临时施工设施分包商指南和详细设计 |
| 第2阶段:建造 | 明确时间,如: 2017年03月~2018年03月 | 初步建造顺序: |||
| | | 第1步: | 建造临时施工设施,以协助早期工作 | 先期办公室和早期后勤设施、主要基础设施、相关服务设施 |
| | | 第2步: | 为业主和承包商建造现场主办公室 | 主要建筑物、相关基础设施以及服务 |
| | | 第3步: | 建造剩余临时施工设施工程 | 堆放区临时施工设施的基础设施（场外和场内堆放区）以及剩余临时施工设施工程 |
| 第3阶段:运营 | 明确时间,如: 2017年03月~2020年07月 ||| 运行成本/正在进行的服务 |
| 第4阶段:拆除 | 明确时间,如: 2020年08月 ||| 恢复至"到货"状态 |

## 7.5 临时施工设施策略

### 7.5.1 临时施工设施总体策略

临时施工设施计划基于承包商对以下各项的了解进行编制：①项目区域；②承包商及其施工分包商的预见资源，即该区域内使用的人力、机械和材料资源（交通运输）；③与同在该区域（资源）作业的其他EPC承包商的交叉区域；④该项目的特征；⑤施工作业的预计时长。

如果考虑事项之间存在冲突，应得出最佳折中方案，例如：①确保相关资源充足、可用，并运送至现场以进行作业；②减少运输次数，以将对施工期间现场交通的影响和干扰降至最低；③若拟实施作业的性质决定需要进行调整并编制相应的恢复方案，应确保立即响应；④尽量减少项目早期的许可、批准和授权问题；⑤根据具体情况在3个临时施工设施区内分配不同的临时施工设施专业，以减少因将所有设施设置在同一地点而产生的交通影响；⑥尽量减少环境影响。承包商的目标是临时施工设施采用适当的最佳可用控制技术（BACT）和必要的环境减缓措施，以满足或超过相关项目所在国的环境规范标准。设计初步临时施工设施布局，以减少环境影响，且已采用多个环境最佳实践措施和最佳可用控制技术。

所以，最终临时施工设施策略将在分析临时施工设施分包商的市场响应度、能力和可得性是否能满足项目辅助作业要求后，根据上述条件得出。

### 7.5.2 临时施工设施位置选择标准

先期已经研究过临时施工设施作业恰当位置的多个方案。位置分配研究主要考虑以下事项。

**(1) 现场主办公区的位置**

承包商作业现场区域内或附近有地是确定现场主办公室位置的主要要求。

① 业主和承包商的现场主办公区　现场临时主办公区需要有足够大的空间，以容纳现场主办公室的相关作业。装置内部分土地可用，且下面没有项目地下层。装置可通往 EPCC 作业现场、可用且完整，可视作最佳地点。其尚有空地，有通路，且附近有综合基础设施。该位置同样也可用于未来办公室的小规模扩建。

② 分包商现场主办公区　将设施尽可能靠近作业现场设置，这是一个需要考虑的主要问题。

在承包商作业现场区域内（临时施工设施 1 区）没有足够的空间设置分包商主要办公室。为充分监督和开发 EPCC 项目，分包商现场主办公区将设置在承包商场内堆放区内，尽量靠近承包商作业现场区域。

使用临时施工设施 2 区：由于业主在"承包商场内堆放区"规划承包商现场预制，所以其要较晚才能投入使用且条件有限。根据 EPCC 合同确定的业主在开工一定的时间段后（如 14 个月，2019 年 12 月）移交承包商场内堆放区，所以其在初期工程中不会投入使用。早期工作中，分包商的现场办公室将设置在承包商作业现场或承包商场外堆放区。承包商作业现场内的部分区域已确定没有地下设施，且不会干扰施工。分包商可在这些区域设置其现场办公室。

**(2) 堆放区位置**

堆放区可设置在承包商场内堆放区（临时施工设施 2 区）或场外堆放区（临时施工设施 3 区）。

项目现场区域内施工产生的交通流量将比较大。为确保不影响如此大量的交通，承包商将使用承包商场外堆放区来作为主存放区。

承包商场内堆放区将主要用作日常存放区/缓存区。其他用途包括分批配料装置、重型设备停放等。该措施将从多种 EPCC 项目资源运输量评定对交通的影响（工业人力运输量）。

除交通问题外，承包商场内堆放区要较晚（应明确时间，如 2019 年 12 月）才能投入使用，且考虑到其现场条件，所以其在初期工程中不会投入使用。将在今后具备条件进一步确认承包商场内堆放区的最终布局。可能时，分批配料装置由土建分包商在指定的堆放区内建造。

**(3) 住宿设施位置**

承包商和施工分包商负责提供住宿，确保并维持恰当的人员居住标准，使其符合业主标准和 EPCC 合同要求（承包商营地最低标准）。

各方（承包商和施工分包商）均将研究其住宿的可行替代地点，并在后期最终确认和决定。

①分包商住宿设施位置　各施工分包商将负责其人员的住宿。部分分包商可能在工业综合体附近有自己的相关设施。其他分包商可将人员搬迁至常设居住区，也可要求建造宿营地，以满足自身需求。

预先选择承包商场外堆放区作为这些分包商的营地区（若有）。其靠近 EPCC 项目施工现场，几乎所有承包商施工人员都居住在离现场相对较近（10～15km）的地方，以减少交通运输需求。

如果所有或任何分包商要求建造营地，将督促其在其选定的地点尽快开工，建造方式自行决定。

②承包商住宿设施位置　对于非直接人员的住宿，承包商将评估是否以及何时在承包商场外堆放区内建造自用营地，或在周围的私有设施内为其安排住宿。承包商将决定其人员所选的地点是否满足其不时变化的需求。

最终配置取决于当地住宿资源的价格和可用性。出于安全，承包商将封锁承包商场外堆放区内的一个区域，供自身使用。承包商应研究周围的城市私有住宿设施是否能容纳承包商施工团队的所有技术人员、工程师和经理。居住区公寓的面积和体积均应能满足业主和承包商标准，并配有适当的照明、空调、供暖设施、足够的家具、适当且足够的床上用品，并经常提供清洁和洗衣服务。

根据可用土地的大小、使用现有基础设施（设施和服务）的优势以及协同效应、社会经济情况以及影响、施工、交通和环境考虑事项进行预先选择。

### 7.5.3　通路、现场入口和准入要求标准

**(1) 通路**

①业主为承包商建造通往现场的临时施工道路　业主应进行交通影响评估（TIA），旨在确保因 EPCC 项目施工和运营增加的交通量不会严重影响周围区域。

对于因为 EPCC 项目而预计增加的施工交通量和运营交通量对周围环境的预期影响进行评估。评估尤其应聚焦 EPCC 项目现场及其周围通路。按照 EPCC 合同的"施工要求"，初期将由业主负责建设通往现场的临时施工通路，或从其他市政道路通往承包商作业区的临时施工通路。车辆可通过公路直接通往承包商作业现场。

②项目现场通往承包商作业现场的临时施工道路　通常，实施通往 EPCC 项目作业现场的承包商通路战略时要考虑以下因素，以预测所产生的施工影响：a.施工产生的交通量：所有承包商、施工工人、材料和机械交通量。b.通往承包商作业区域的道路：通往承包商作业区域的通路和大门不止一个，部分经常处于关闭状态，主要用于材料运输。c.通往承包商作业现场的大门应设有电子门禁系统，以监测进入作业区域的相关数据。

③承包商作业现场内的临时施工道路　通常，研究承包商作业现场临时道路时需要考虑以下因素，以预测所产生的施工影响：a.供承包商和分包商施工工人使用的停车场；b.将确定行人专用道，并与交通路线隔离开来：行人专用道设置相关标识，安装路牌和标牌。

**(2) 施工阶段通路（现场入口）**

①业主提供给承包商的项目通路（现场入口）　由负责施工阶段围栏的承包商建造专用施工入口，带安全门和警卫室。所有施工入口均设置工艺回转门和车辆通道。入口应设有 2 个警卫室，一个负责工艺回转门（A类），一个负责车辆通行（B类），均配备安全围栏。人员和车辆入口均需设置业主提供的电子门禁系统，以控制进入项目的人员和车辆。

承包商还将在围栏内外分别设置停车场，并对停车场路面进行铺砌。承包商还需要按照图纸和规范为所有建筑提供充足的照明、管道、卫生、暖通、消防设施（若适用）。

承包商现场入口均应设置标准保安亭供业主安保人员使用。这些安保设施由承包商负责建造。

人员和车辆入口均需设置业主提供的电子门禁系统，以控制进入项目的人员和车辆。现场总体安保由业主提供并管控。

然而，场内施工所产生的交通量还是非常大的。应使用多个入口，从多种 EPCC 项目资源运输量评定对交通的影响（工人运输量）。

将设置多个工人下车区，与邻近的施工大门入口相连，需提供足够的车辆和交通工具。大巴停车场的面积应确保满足日班需求。

② 设备材料运输　为确保不影响如此大量的交通运行，承包商将另外使用 2 类现场入口：a. 重材运输路大门。b. 临时门，紧邻重材运输路大门。

也可选择通过重材运输路大门或临时门前往承包商。业主应修建从驳船码头通往现场入口的重材运输路。

重型设备计划通过重材运输路大门运输。

**(3) 安全保卫问题**

① 围栏　项目早期将设置初步划界围栏来确定项目位置。永久性建筑施工开始前，承包商将在局部永久性安全围栏（指构成永久性安全围栏的三个不同的内部围栏）处设置安全门。

无法设置局部永久性安全围栏的地方，需设置临时围栏。随着区域划界清晰，需要完成全套永久性围栏的设置。承包商还需要在围栏处设置四周安全照明装置。承包商负责在整个施工期间维护该围栏及其相关设施，并最终建造/提供符合规范、品质优良的永久性围栏。

承包商将在其设置初步划界结构体来划分和标出承包商的作业区域，在其地理区域内设置临时围栏和大门，以确保承包商作业区域、办公室、临时设施和/或承包商收到的材料和设备（由业主提供）以及承包商提供的材料和设备安全。

② 现场安保　业主将派遣警卫队保障整个项目现场的安全，包括现场出入道路的安全。警卫队将向业主履行日常安保职责，包括巡视现场、业主设施、围栏和场外堆放区。业主警卫队将和承包商警卫队进行沟通。业主将提供并管控相关雇员出入证设施，并向承包商发放出入证。将在通往外部的各大门处设置电子门禁系统，以控制进入现场的人员。

业主将提供可识别电子出入证的电子门禁系统。

承包商将提供安保/警卫服务，以确保承包商堆放区、办公室和临时施工设施安全。承包商将向其人员提供培训，以确保其达到业主出入要求。

承包商将与业主和其他承包商合作，以确保整个项目进展顺利、无延误。

在其他承包商管控的地界内施工时，施工分包商必须在收到管控承包商的"作业票"后才能施工。承包商必须就工作范围、施工进度及任何专项安全、环境或实施要求达成一致。

**7.5.4　临时施工设施分包策略**

临时施工设施分包策略的详细说明请参见下述 7.6.1 节。临时施工设施最终的分包策略将在分析临时施工设施分包商的市场响应度、能力和可获得性是否能满足项目要求后，根据下面的条件确定：①按照临时施工设施区域（1 区/2 区/3 区）垂直分包临时施工设施；②按照专业（土建等）水平分包临时施工设施；③按照阶段（施工/运营/拆除）水平分包临时施工设施；④对于特定项目专门分包，比如活动板房供应商或专业服务提供方（临时施工设施运营阶段）。

## 7.6 设施详细说明

在任何临时设施开始施工前，承包商应提前至少30天将一份临时设施综合计划提交业主审批。EPCC合同"现场后勤和使用"中有相关规定。

设施及其策略概述参见上述7.2节（范围）和7.5节（临时施工设施策略）。下面简要总结概述提及的主要临时施工设施工程。

对临时施工设施的详细说明及其内外布局、表面修整等应符合临时施工设施对应的采购规定，如临时施工设施1区：承包商作业现场（将提交业主审批）。

临时施工设施需要符合项目所在国家相应的标准和国际标准，并满足业主要求。

### 7.6.1 职责

下述7.8节提供了典型的业主、承包商和分包商作业职责分配。各方均有自己的职责。

**(1) 业主和承包商临时施工设施**

承包商负责为业主和承包商监控所有临时施工设施：设计、建造和运营。

临时施工设施的简要分包方案应符合表3-7-3。

表 3-7-3 临时施工设施的简要分包方案

| 使用方 | 第一阶段：详细设计 | 第二阶段：施工1期（早期工作） | 第二阶段：施工2期 | 第二阶段：施工3期 | 第三阶段：运营 | 第四阶段：拆除 |
|---|---|---|---|---|---|---|
| 供业主使用的临时施工设施 | 由临时施工设施分包商负责 | 由早期工作分包商负责 | 由临时施工设施分包商负责 | 由临时施工设施分包商负责 | 由临时施工设施分包商负责（专业从事运营成本管理） | 由临时施工设施分包商负责 |
| 供承包商使用的临时施工设施 | 由临时施工设施分包商负责 | 由早期工作分包商负责 | 由临时施工设施分包商负责 | 由临时施工设施分包商负责 | 由临时施工设施分包商负责（专业从事运营成本管理） | 由临时施工设施分包商负责 |
| 供施工分包商使用的临时施工设施 | 由各分包商负责 | 由各分包商负责 | 由各分包商负责 | 由各分包商负责 | 由各分包商负责 | 由各分包商负责 |

① 早期工作的临时施工设施（施工阶段1期） 对于现场早期工作（岩土工程和地形勘测、现场道路、重材运输路建设/改造、业主提供设备的基础、吊运业主提供设备），由于临时施工设施还没开建，承包商将使用现场早期工作分包商安装的先期临时施工设施。先期设施主要包括用作办公室的活动板房、卫生服务设施、区域围隔和大门。

② 临时施工设施的设计和施工（施工阶段2期和3期） 由专业临时施工设施分包商（TCF S/C）负责业主和承包商临时施工设施，同时也由该分包商负责相关的详细设计、建造、维护和运行。

承包商可以选一名土建分包商负责拆卸临时施工设施（可以不选之前施工阶段指定的分包商），相关作业（建造和拆除阶段）接受施工管理团队监督，施工管理团队主要由土建总监和主管组成。

③ 业主和承包商临时施工设施运营　临时施工设施的运营阶段：由选定的临时施工设施建造阶段分包商负责运营成本/持续服务（以确保顺利推进），或由其他专业分包商负责。

**(2) 施工分包商的临时施工设施**

由分包商负责其所有的临时施工设施及其服务。施工分包商/主分包商或专业分包商将自行安装临时施工设施，或分包给其他临时设施分包商（该分包商需具备上述类似地点和类似后勤条件下的作业经验）。各分包商将在3个临时施工设施指定区域内设置相应的设施。

分包商将考虑与安全和健康、环境保护、医疗机构、安保、材料和设备物流以及存放相关的项目要求。

### 7.6.2 现场临时后勤设施

现场临时后勤设施指用于划定区域和人员、机械及材料运输的设施（安全围栏、现场车辆/人员入口，初期施工道路以及所有其他划界和运输问题）。

现场临时施工设施区摘录自询价请购文件，作为事前资料附在本文件后面，仅为方便查阅。

**(1) 总体设计考虑事项**

临时施工设施的设计需要考虑以下事项：①当地气候条件；②主导风的风向；③预制的设备、材料与安装工程的工作流合理；④预制和安装工程的工作流合理；⑤优化材料和设备装卸，以进行材料管控；⑥针对本项目规模的多个分包计划的数量和类型；⑦高峰期的人员和设备数量及运输；⑧将按照EPCC合同"施工要求"，以及其中引用的相关程序实施临时施工设施工程；⑨与安全和健康、环境保护、医疗机构以及安保相关的具体项目要求；⑩所有施工区都要遵守项目所在地政府和业主设置的环境要求。

**(2) 进场时的现场条件**

根据EPCC合同"施工要求"确定现场条件。

① 临时施工设施区1：承包商的作业现场。

业主已完成现场准备（运土）：业主（土壤修复分包商）已改良了现场土壤，路面标高范围内已基本整平。明确现场土地是否已于移交给承包商和业主（应明确具体的日期，如2017年1月20日）。

② 临时施工设施2区：承包商场内堆放区。

业主正在进行现场准备（运土）。场内堆放区基本整平并压实至符合现场临时施工设施常规要求后，业主将按照EPCC合同进度把其移交给承包商（明确具体的日期，如2017年12月25日前）。业主将向承包商提供与移交相关的所有交付项和相关技术。

交付项包括在使用前必须提交的障碍物和武器清除证明（针对所有区域的围栏或岩土工程），尤其包括场外堆放区。

③ 临时施工设施3区：承包商场外堆放区。

业主尚未实施该区域的现场准备（运土）。必要时，需要对土壤进行处理。使用前业主将提供障碍物和武器清除证书（针对所有区域的围栏或岩土工程）。

**(3) 临时围栏、大门和道路**

在承包商作业区域和堆放区内，承包商和分包商将在必要时为临时施工设施设置临时围栏，并安装带门禁的临时大门，建造并维护提供现场服务所必需的临时施工道路。

通路策略请参见上述7.5.3节"通路、现场入口和准入要求标准"。

① 临时围栏　根据EPCC合同，承包商应划分出承包商的现场。将为各施工阶段提供临时划界设施。

a. 施工阶段 1 期：早期工作。现场作业开始时，承包商将要求在现场的四位分包商中的一位用标杆和红/白塑料标识件对现场进行围隔，具体参见现场早期工作计划：岩土工程调查、路基、业主供货设备的土建工程和临时设施。

b. 施工阶段 2 期和 3 期。由于需要运输设备和材料等（具体取决于最终获批的交通方案），承包商可以考虑将围隔设置成临时金属围栏。

该阶段将提供两类围栏：临时施工设施主围栏，用于围隔所有施工阶段的主要临时施工设施区；临时施工设施辅助围栏，用于围隔分区或特定施工阶段。

② 临时施工大门　参见上述 7.4.4 节。

③ 临时道路　临时施工道路的设计应确保尽可能减少无用区域，并尽量增加通往主要区域的道路。应按照规定设置所有安全和道路标识、标记，以管控交通。整个区域都需要设置标识牌。

### 7.6.3　临时公用工程（临时网络）

公用工程指所有建筑物和服务设施正常使用所必需的所有地下和地上网络、装置和系统。应安排具备丰富公用工程操作和管理经验的技术人员负责这些设施。

承包商和个别分包商负责提供下述自用装置和服务设施。

各方（承包商和分包商）应负责安全、专业地实施安装作业，遵守当地安全条例、行业标准和业主适用于特定临时性工程（临时公用工程）的相关规范。

整个施工期间，承包商和分包商应维护并确保临时公用工程状态良好，直到 EPCC 合同结束为止。

将建造临时公用工程网络，包括配电、供水及废物处理。恰当的做法是确保设施使用寿命期间的供应。需要时，可设置临时供应源（如柴油发电机、水箱和使用化学剂的厕所等）。

在设计中，这些公共设施采用可回收/再利用产物和副产物的环保型系统，同时尽量减少产生的废物以及之后的环境排放。下面将讨论各类系统。

整个施工阶段需要提供全套临时设施，即电、水、卫生和通信设施等，如：①临时供电；②临时供水系统；③生活废物处理系统；④现场临时排水；⑤临时消防系统；⑥公用工程设施、仪表空气、氮气和蒸汽；⑦临时 IT 系统；⑧临时电讯系统；⑨临时暖通系统。

**(1) 临时供电**

根据 EPCC 合同的施工要求，施工阶段承包商和其分包商将在其各自的工地上安排设置临时供电和配电系统，以满足自身需求。

大型工地的施工噪声属于严重环境问题，需要在施工规划中提出应对措施。因此，希望业主优先考虑施工阶段采用电网供电，以减少施工作业过程中使用柴油发电机，或不再使用，从而降低噪声和空气污染。因此，承包商将支持业主采用这种方式处理，以减少对环境、施工后勤和进度的负面影响。

如果业主在所有施工现场和临时施工设施区提供多个外接电源点（国家电网接点），可提供所有施工所需的必要中压电力。这样不仅会改善环境（噪声、交通），还可加快施工进度，这将是一个重大问题。

承包商也应尽力合作减少环境影响，也应负责就外接电源点（国家电网接点）事宜与业主协调。

施工阶段，承包商和分包商应负责提供相应的临时配电网络，以向现场不同位置的最终临时用户配电。然而，联动试车、投料试车和开车操作中需要的公用工程可由业主自己提供。

应确定施工供电的预计总容量（如共需要 60MW 供电），以满足承包商的施工需求，同时应考虑预计现场营地施工工人（如 25000～30000 人）的用电需求，以及相关基础设施的要求。

承包商应确保临时供电系统有电。项目安全标准适用于临时供电系统［包括各电路上的保护装置，如安装、维护和运行接地故障断路器（GFCI）］，并针对带电系统采取隔离电能措施。

承包商和业主应提前审核临时电力系统的所有布线和安装细节，以确保不会影响其他装置（包括现有装置和预计建设的装置）。承包商指定堆放区和作业现场外部的临时电缆需要提请业主批准。

各方（承包商和分包商）负责设计、监督、提供、安装、运行和维护其区域和管辖范围内（与临时配电相关）的所有临时发电装置建筑、变压器、燃料和燃料箱、配电板、控制板、控制室、电缆、人力、工人、材料、工具、运输、其他机械、设备和附件。

承包商或分包商通过安装发电机组（主发电机或备用发电机）供电时，发电机组应能供应 420V（1 期为 230V）、50Hz 的电源，配备隔音罩，由柴油驱动，集中设置在各指定的临时施工设施区域内合理的位置：①分包商设施的电力系统。各分包商负责设置各自的供配电系统，以满足自身需求。②承包商设施的电力系统。为避免停电而配置的备用发电机应设置在承包商的堆放区内，归承包商所有。发电机组不与分包商共用。由承包商负责电网的安装和运行、柴油供应和维护等。

(2) 临时供水系统

施工阶段，承包商和其分包商将安排在各自场地内设置临时供配水系统，以满足自身的需求。业主将通过永久性设施提供联动试车作业的脱盐水。水应干净、无有害悬浮。为确保水质能满足相关用途，将对水进行化验。

施工准备期间的现场临时供水可由 EPCC 承包商自己提供，完成后，将引入 EPCC 项目全场供水系统：①淡水：由距离现场较近（6km）的水处理厂提供。②碳酸水：由附近的电厂通过主供水网提供（含能预防管道腐蚀的矿物质）。③脱盐水：可由当地电站提供，提供拟用于施工的也是这种水。

饮用水指供人员使用的水，如饮用、食物和洗涤用水。承包商和分包商应确保其临时施工设施区域内供应充足的淡水。承包商和分包商将与当地的水供应商合作，提供并安装缓存/存放和配水装置。

承包商场址/控制范围内所有饮用水的处理和存放需满足业主卫生准则对饮用水细菌和化学性质的要求。承包商应提供并存放足够的饮用水，确保能在供水方断供的情况下运行 24h：①分包商供水的设施。各分包商负责设置各自的供配水系统，以满足自身需求。②承包商供水的设施。计划在承包商临时施工设施区域内设置储水箱。储水箱归承包商所有，且不与分包商共用。由承包商管控所有接头、泵送装置和水箱的安装、维护、水的运输以及管道等。

(3) 生活废物处理系统

承包商和分包商将按照其人员和工人数量，成比例安装并使用足量的厕所设施。承包商/分包商必须每日派专人打扫、维护和维修厕所设施，以确保其满足最高卫生标准。需要且适当时，承包商将设置男女厕所设施、蹲便器和坐便器。

应沿现场战略性地设置厕所设施，以尽量减少因走路上厕所而损失的时间。

卫生服务包括定期清洁维护、及时清理垃圾。

承包商及其分包商将遵守项目所在国公共环境管理部门在污水处理质量方面的要求和规范。

拟在场内安装中央生活废物处理设施，以满足整个 EPCC 施工的需求。

各承包商和分包商应提供足够的废物临时存放设施,可使用密封储罐抽运,也可使用与中央生活废物处理设施相连的管道(临时存放和收集采用密封储罐)。

从临时施工设施区域设置管道与市政主网的生活废物系统相连,或者采用其他运输方式,比如通过足量的真空运输车运输生活废物,并在市政或其他私营机构提供的废物处理装置处排放。对于这两种方案,承包商和分包商应分析成本效益。

中央生活废物处理设施的干净水可用于控制道路扬尘。污泥应定期送往授权的当地处理厂。

**(4) 现场临时排水**

① 施工用水和雨水排放处理  施工阶段,承包商和分包商将在项目现场的承包商场内堆放区设置单独的集水池,以收集并排放在临时施工设施区内的施工排水、雨水、水力试验用水。

承包商和分包商在设计和建造集水池时,应考虑并采取充分的稳定措施,以防止倒塌和渗透,避免对其他区域的地下水位造成不利影响。

如果现场排水的质量合格,将排往大海/市政排水系统。如不合格,将排往生活废物处理设施进行处理,处理合格后再排放。

将集水排放至大海/市政排水系统前,承包商和分包商将采取措施确保按照项目所在地的环境标准处理集水。目视检查现场径流水是否含泥沙和其他污染物,每班至少化验一次污染。采用真空卡车运走沉积泥沙,并采用环保的方式处理。

② 分包商设施的现场临时排水  由分包商全权负责处理其临时施工设施区域内的集水。

为恰当处理和运输施工排水,分包商将提供并安装所有钢筋混凝土管道、所有其他材料和设备(泵机、管道、仪表和电气装置等)。使用的所有设备和材料均需符合项目相关规范。

③ 承包商设施的现场临时排水  由承包商全权负责处理其临时施工设施区域内的集水。

**(5) 临时消防系统**

对于临时施工设施区域内的临时基本消防设施,承包商及其分包商需遵守项目所在地和项目所在国所有相关法律、法规以及项目规范。

预计不会为设施安装洒水装置和可寻址消防探测面板。

如《施工 HSE 方案》所述,在作业区域完成指定作业期间,承包商和分包商需要负责预防火灾,所以必须配备:①足够的且训练有素的人员;②充足的消防工具,如灭火器、烟雾探测器、报警器和火警警铃等。

此外,发生火灾时该如何应对,请参见《紧急疏散方案》。

另外,如果发生更为严重的事故,需要通知业主消防部或当地消防局:①业主和承包商的临时消防系统。承包商将在临时施工设施建筑内安装灭火器、自动烟雾探测器、报警器或火警警铃。具体由临时施工设施分包商在其分包段内安装。②分包商的临时消防系统。分包商将全权负责在自身的临时施工设施建筑内安装灭火器、自动烟雾探测器、报警器或火警警铃。

**(6) 公用工程设施、仪表空气、氮气和蒸汽**

① 承包商提供的公用工程设施和仪表空气以及氮气。

承包商将提供:a. 施工拟用的所有公用工程空气和氮气;b. 仪表空气系统通电和吹扫,以及仪表回路检测需要的仪表空气。仪表空气应干净、无油污、干燥(露点为-40℃),且正常工作压力为 7.0bar。

施工阶段,承包商将按照 EPCC 合同和业主就提供其他临时公用工程(如空气、氮气等）进行协调和合作。

② 业主提供的公用工程设施和仪表空气、氮气以及蒸汽。

业主将提供永久性的公用工程设施，以确保满足联动试车作业的需求；业主将在所有施工和临时施工设施区域，提供必要的公用工程设施和仪表空气、氮气（低压）以及蒸汽（中压和低压，视具体需求而定），以满足所有联动试车、投料试车和开车作业的需求，直到新建装置可以提供为止。

(7) 临时 IT 系统

① 分包商 IT 系统　各分包商将负责按照项目所在地和所在国的法律、法规以及项目标准设置和维护其自用的工厂与电话通信系统。

② 承包商 IT 系统　承包商将提供其施工作业所必需的基本通信和连接设施，包括：a.电话通信、数据传真和互联网连接；b.施工用无线电讯设施，特别是联动试车、投料试车、开车和测试所需要的无线电讯设施；c.用于满足电话和数据需求的所有内部办公室布线系统，并安装所有电话设备、电话、传真机、局域网系统、个人电脑和打印机等，供其自身和业主使用。

承包商应为承包商现场办公室的业主人员提供专门的连接、IT 基础设施和支持。需要具备通过各种方式与业主联系的能力。

承包商通信基础设施至少将包括软件、硬件、电源和电子邮件、局域网、寻呼、电话、传真和双向无线电使用的结构化布线系统。

如果业主从当地电信供应商获得使用无线电信道的许可证，与业主安全和安保人员的通信将考虑专门使用 2 个双向无线电信道，也可通过其他方式进行通信，包括但不限于手机或无线电通信（若有）。

承包商将为承包商临时现场通信系统提供、安装和维护所有硬件和软件组件，以满足工作的不同需求。拟采用思科的局域网和电话系统。

(8) 临时电讯系统

预计不会为临时施工设施设置电讯系统；临时施工设施区域不适用扬声器网络或闭路电视系统。

对于无线电手机，承包商将评估是否可以为项目获得使用 UHF 无线电通信的许可证。如果不能，将给予监督人员一套，以尽量减少该区域内的电话数量，确保紧急情况不占用带宽。

(9) 临时暖通系统

办公室需配置充足的照明、空调和通风系统。由承包商和分包商提供、维护暖通设备/机器、暖通材料、导管、隔热装置、管道和布线等。原则上，业主和承包商办公楼使用分体式暖通装置。

### 7.6.4　临时建筑

项目施工阶段，将利用现有基础设施改建各类临时建筑，必要时也可新建临时建筑，包括：①办公楼；②医疗服务建筑；③安保建筑：控制室和警卫室；④培训设施；⑤仓库；⑥车间。

对各建筑的功能要求的定义参见临时施工设施信息询价请购文件［TCF RFI（s）］：①建筑类型；②大小和面积；③数量；④允许人数（正常和峰值）；⑤其他。

承包商将为现场业主人员提供办公室，具体数量和大小等参见 EPCC 合同的规定。预计主办公楼为单层预制钢结构建筑。预计现场和辅助办公室采用活动板房。对建筑及其内外布局、装饰等的详细说明参见相应的临时施工设施规范（需提交业主审批）。

### 7.6.5 临时服务：临时施工设施运营阶段

现场临时服务设施指项目实施期间提供的以下服务设施：①供电。②淡水供应。③饮用水供应。④家政、保洁和清理服务。⑤防尘。⑥设施维护服务：维护电气、机械、暖通和IT。⑦废物管理：废物收集、处理以及内部污水系统的清洁和清理。⑧急救和医疗服务机构。⑨现场安保服务和门禁。⑩办公室文具供应。⑪食堂服务。⑫餐饮服务。

下面说明临时施工设施的具体服务：

**(1) 供电**

参见上述 7.6.3 节的"临时供电"。

**(2) 淡水供应**

参见上述 7.6.3 节的"临时供水系统"。

**(3) 饮用水供应**

参见上述 7.6.3 节的"临时供水系统"。

**(4) 房间打扫、保洁和清理服务**

EPCC 承包商负责维护各自的作业区域、堆放区、存放区和办公区。承包商将提供日常家政和清洁服务所需的适当资源，以确保项目实施安全、顺利。承包商需要每日清理整个作业区域、堆放区和办公室等。承包商将用大垃圾铁皮箱清除其控制区域的垃圾，并定期清空，以确保作业区域干净、合格。承包商将把垃圾清运分包给具备相关资质且业主认可的废物清运分包商。

**(5) 防尘**

承包商和分包商负责通过定期喷水或利用环保粉尘控制抑制剂，为自己指定工作区域内的道路和非铺设区域实施防尘。

承包商和分包商将审查"EPCC 项目主要环境影响评估（EIA）报告"所述 EPCC 项目作业会对环境产生的潜在影响，并实施相关建议，以尽量减少或减轻影响。

**(6) 维护服务**

施工期间，承包商和分包商将提供临时公共设施维护服务，以确保其能正常使用（属于承包商的职责，分包商的工作范围）。

项目施工期间，承包商将为 IT 设施提供相关服务，以确保 IT 设施顺利运行。这属于承包商的职责和工作范围。

由承包商提供、安装和配置 IT 设施包括的所有设备。供应商提供的所有 IT 设备均纳入供应商的正常质保范围。供应商质保应包括在必要时提供相关备件。

质保类型：在下一个工作日回复并维修。

**(7) 废物管理服务**

EPCC 承包商和分包商应维护其各自的临时施工设施区域。作为项目施工阶段 HSE 管理的一部分，将特别注意环境问题，以尽量减少实施项目对环境的潜在影响。因此，承包商将制定"施工环境管理计划"，确保遵守所有适用的环境法规和业主的具体要求。

"施工环境管理计划"旨在概述项目实施期间采取的主要措施，以尽量减少工程项目施工造成的环境风险，将施工作业对环境的影响降至最低合理可行水平。

按照项目要求和环保惯例管理施工作业产生的所有废物，确保对环境无负面影响。为实现这一目标，承包商应确保所有分包商负责按照业主的程序和规范，在最终处置之前尽量减少现场产生的废物，并分类和分隔所产生的废物。

因此，"施工环境管理计划"应当包括详细说明废物管理的临时垃圾收集处置方案。同时，该方案需要详细说明垃圾和废物妥善收集、分类、存放和最终处理的所有必要措施。

承包商 HSE 团队定期检查和审核现场 HSE 绩效，包括对环境条件/废物管理，监测和跟踪废物存放区域条件和所有其他相关的环境问题。

废物管理和处置将遵守项目所在国的公共环境管理规定。

污水处理系统将分别由承包商和分包商负责。所需的系统清洁和清理属于承包商和分包商的责任和工作范围。清洁、清理和处置将遵循项目所在地与项目所在国与环境相关的所有法律、法规及项目规范。

**(8) 急救和医疗服务机构**

① 集中医疗机构（CMT） 集中医疗机构（CMF）预计设置在 EPCC 承包商场外堆放区内。

可采用的方案有：a. 为承包商和分包商人员统一设置集中医疗机构的方案；b. 为各分包商分别设置一个集中医疗机构。承包商应研究两种方案的便利性后选择确定一种方案。

集中医疗机构每周 7 天、每天 24h 均需有值班人员，为承包商和分包商人员以及所有工作相关事件提供二级和急救标准的医疗服务。

集中医疗机构至少始终有 1 名医生和 2 名护理值班人员，熟悉创伤/急诊/急救式护理，并配备足够的辅助人员来治疗在应急情况中受伤的员工。

该设施将能够处理短期留院（即夜间监测等）。然而，其配置或值守人员无法处理需要持续治疗和/或住院的患者。

按照计划，承包商和分包商不提供除紧急医疗救护（分诊和稳定病情等）外的专业医疗服务，由最近且最适合的医疗机构提供专业医疗服务。如果认为必要，承包商可以选择提供专业医疗服务。

相较于急救，设置集中医疗机构更是为了提供全方位治疗。所有需要急救治疗的事件都应在/由现场集中医疗机构进行处理。

未来，集中医疗机构的作用为分诊中心，员工在此接受初步治疗后，紧急医疗运送/转移至恰当的医疗机构。

集中医疗机构还能够为全体员工提供非工作相关的健康服务要求。常见流感和感冒等疾病，应在集中医疗机构治疗。这项措施旨在确保在集中医疗机构范围内，员工可以及时接受与工作无关的常见疾病治疗。

应在承包商或分包商集中医疗机构内设置药房或药物存放和分发区域，药品充足，可处理承包商或分包商风险识别和评估中确定的小病、疾病和伤情。

尤其针对在承包商设施环境内与运行结束后作业相关的潜在事件，以及与向大量员工提供标准医疗服务相关的常见事件。

② 远程医疗机构 由于 EPCC 承包商只有唯一一个集中的作业现场，所以按照现场人员数量设置一个远程医疗机构。远程医疗机构应针对每 1500 名现场人员配备一名合格医师。

所有不需要由医生进行常规医疗看护的轻微疾病和急救患者将由合格医师通过远程医疗机构治疗。承包商将为其各自的工作区域提供应急车辆/救护车。车辆仅供集中医疗机构工作人员和应急小组使用。

③ 急救点 作业期间，承包商将在不同作业现场的每个工地的关键位置设置急救箱。急救箱放置在软袋中，方便相关责任人运输和携带。

急救箱将放置在一个便于取用且设有明显标识的地方。每天班前会，一名合格急救人员将检查急救箱，并在必要时使用。非运营时间，由专人（通常是主管）保管急救箱。

承包商及其分包商将确保聘用足量的合格人员来提供规定水平的急救治疗。

**（9）现场安保服务**

业主将为整个项目提供警卫队，包括负责现场出入口的警卫队。警卫队每日向业主履行安保职责，包括巡视现场、业主和承包商设施（包括堆放区、办公室和临时设施）、围栏和场外堆放区。

承包商安保部门将与业主安保部门联系。承包商将为 EPCC 承包商的堆放区和现场临时主办公室提供安全/安保服务。

业主将提供雇员通行证设施，并管控向承包商发放通行证的相关事宜。将在现场各入口处设置电子门禁系统，以控制进入现场的人员。

业主将按照 EPCC 合同"施工要求"，提供与电子通行证相配套的电子门禁系统。此外，承包商将为工人和员工提供培训，以满足业主通行证要求。

① 固定哨站　承包商将设置多个固定哨站，以确保能观察到现场安保情况。固定哨站的数量、位置和类型由承包商在风险识别和评估阶段确定。承包商将定期评估安全哨站，每季度进行一次有效性评估，并将结果提交业主审批。

② 流动巡逻队　承包商区域还应设置多个流动巡逻队（非定点巡逻队）。巡逻队的用途、规模、组成和巡逻频率由承包商在风险识别和评估阶段确定。承包商将确保其安保计划详细涵盖流动巡逻计划的方方面面。业主将在进场前审批现场所有安保计划。

**（10）提供办公文具**

合同存续期间，承包商将为业主和承包商的现场临时主办公室提供办公用品（或间接提供或由分包商提供）。

所提供的办公用品包括所有耗材：①打印机、复印机和传真机等的纸张（A4 和 A3）；②所有打印机、复印机等的墨盒；③书写簿、夹纸板等；④信封（所有尺寸）；⑤铅笔、橡胶、铅笔刀等；⑥荧光笔、记号笔、笔座等；⑦白板用记号笔；⑧订书机、订书钉、订书钉拔出器等；⑨胶带、胶带座等；⑩打孔机；⑪文件、文件册、文件夹；⑫剪刀、胶棒等；⑬IT 设施用空白 U 盘、DVD、CD-ROM 等。

业主应就办公室文具的供应提交一份请购单，比如周送货单。

**（11）食堂服务**

承包商将在位于住宿营地（若有）的食堂准备人员的早餐、晚餐以及就餐。在工作时间内，业主和承包商人员的午餐可以在住宿营地（若有）准备好后送到现场主办公区的食堂就餐。

应始终确保餐饮设施齐备，以便有效、卫生地准备所需数量的膳食。使用/维护冰箱、冰柜和干燥存放区。将派遣足够的人员操作和维护承包商工作人员的所有餐饮设施。

所有适用法律法规均纳入餐饮设施的运作，以确保优质服务并满足 HSE 要求。

**（12）餐饮服务**

项目执行期间，承包商将为业主和承包商提供餐饮服务，包括茶水工。餐饮包括供各个办公室人员使用的所有消耗品，如咖啡、茶、糖、牛奶、零食、纸和塑料制品。

### 7.6.6　业主和承包商现场主办公室

业主和承包商的现场主办公室主要包括以下设施/建筑（含所有必备公用工程和服务设施）：①业主现场主办公室；②承包商现场主办公室；③远程医疗处置设施（RMF）应尽量靠近施工现场通路和大门，以便进行急救、方便救护车靠近；④餐饮设施，即食堂；⑤吸烟棚；⑥业主和承包商祈祷设施；⑦承包商人员培训设施。

承包商和业主办公室应相邻设置，或者尽可能靠近设置。

**（1）业主现场临时设施**

承包商将在承包商的现场主办公室提供以下设施、办公室和办公设备，供业主人员使用。

承包商应针对该现场办公室提供一个专门的停车场，在行人区之外，可停放××辆车。业主办公室和设施可容纳××人（依据 EPCC 合同业主技术规定：业主的现场办公室和设施）。

承包商将为业主人员提供现场办公室，质量、数量和大小等符合 EPCC 合同中业主办公室/家具要求以及业主现场办公室和设施的要求。

业主现场主办公室的初步布局为单层预制钢结构建筑。工程完工后，业主人员办公室归业主所有。

承包商应提供符合以下要求的业主现场办公室住宿和设施：①办公室（单人办公室，开放式办公室、双人办公室）和会议室的质量，包括办公家具，如椅子、书桌、储藏柜、板子等，以及高标准的空调、暖气和照明；②作业区域（平方米）所需空间数量、办公室数量、所需办公家具数量（书桌、椅子、储物柜等）；③服务，如设备服务（计算机服务、附加组件和设备技术支持），现场办公室内外工具（维修和维护）。

建筑物将安装电力、水、卫生系统、通信网络、家具、设备等各种配套设施。所有业主办公室均可锁，全部安装空调，通风照明良好（荧光灯照明），并提供日常清洁服务。将根据项目所在地法规安装消防和烟雾报警系统和灭火器。清洁将按照承包商的标准、项目所在地的健康和卫生要求实施。

业主在施工阶段不需要秘书或文书支持。

分包商将在预制场和制造场/车间为业主的 N 名检查员（若有）提供一个活动板房。

**（2）承包商在现场主办公区的临时设施**

① 承包商现场主办公室　承包商应在作业现场为其现场监督小组提供办公室，以确保和全面促进对进度、工作质量和安全性的恰当、实际控制。

将根据收集的预计项目在高峰期的人数数据规划承包商现场办公区。承包商的现场办公室应按照要求提供完善的设备和相关服务、用品与耗材。

承包商的现场主办公区除办公室、服务大楼外，还将设置用餐区、警卫室、吸烟棚、集中医疗机构（承包商医疗设施）以及步行区外的停车场。

办公楼结构牢固，应配备达到适当标准的防尘、空间、家具、设施、空调、火灾探测、保护装置和人员住宿所需的相关服务。每天将妥善维护和维修办公室。建筑物将安装所有配套设施，如电、水、现场卫生、收集与处理建筑废物和通信网络等。办公室还将配置足够的会议设施，以便召开与分包商的内部协调会议，以及与业主召开的审查会议。

② 远程医疗处置设置（RMF）　承包商将提供上述远程医疗处置设置（RMF）。

③ 餐饮设施　EPCC 承包商将在与承包商作业区域紧邻的现场主办公区提供餐饮设施，以方便承包商和业主工人就餐。这些设施清洁、有遮挡，并保持足够卫生和满足环境标准。原则上，现场午餐将分包给专业餐饮公司负责。

④ 吸烟棚　EPCC 承包商将在现场主办公区设置吸烟棚设施。

⑤ 祈祷设施　EPCC 承包商将在现场主办公区为业主和承包商设置祈祷室。祈祷室应配备优质地毯，沐浴设施和空调。

⑥ 培训设施　EPCC 承包商将为承包商人员提供一个培训室。

### 7.6.7　承包商作业现场

**（1）承包商作业区域的承包商临时设施**

① 承包商作业区域的承包商现场办公室　承包商将在承包商作业区域内为其现场监督

小组设置现场办公室,以确保并全面促进并恰当控制进度、工作质量和工人安全、设备使用和运行。办公室结构牢固,带空调,并为工作人员提供符合适当标准的住宿设施。

将在承包商作业现场区域设置约10间承包商现场办公室,每间$30m^2$($12m×2.5m$)。作业现场的现场办公室完全独立,在公共设施、通信等方面采用承包商办公室相同的标准和要求。

EPCC承包商将在承包商现场作业区域为承包商人员提供空调休息区。

② 停车设施 由EPCC承包商和分包商自行负责围栏内的大巴停车场。承包商应确保建造的所有设施符合项目标准和总体说明。

(2) 承包商作业区域的分包商临时设施

分包商将在所指定的区域建设其现场办公室、食堂、卫生设施和供电系统等。

### 7.6.8 承包商的场内和场外堆放区

承包商将把这2个类似作业区视作一个,并根据分包策略、提供的基础设施确定区域的最终配置,同时进一步调查这2个区域和区域条件也会影响最终配置。这2个区域可能包含以下几类设施:①存放区(仓库和堆放区);②预制场和其他相关设施,如分批配料装置;③住宿区,即施工人员的营地。分包商营地可设置在承包商位于项目现场界外西南的场外堆放区,与此处的基础设施平行。

(1) 存放区(仓库和堆放区)

承包商将在存放区配备相应的仓库和一些辅助设施,如办公室、警卫厅和卫生服务室。该区域边界将全部设置围栏,在主路上配可拆卸门,以确保该区域受到充分保护。必要时,可根据交通需求、设备大小、特殊运输可能遇到的困难在现场确定战略点。

根据材料管理方案的分类,拟存放物料组别的类别如表3-7-4所示。

表3-7-4 存放物料组别的类别

| 物料组别 | 存放类型 | 存放类型说明 | 存放要求参考 |
| --- | --- | --- | --- |
| 钢结构 | 1 | 1——室外存放;<br>2——根据物品的大小和类别,进行室外存放或覆盖存放;<br>3——覆盖通风存放;<br>4——覆盖温控存放 | I:室内存放-不保温<br>O:室外存放/堆放-无保护措施<br>IH:室内存放-保温 |
| 主要设备 | 1 | | |
| 管道 | 1 | | |
| 管件、法兰和阀门 | 2或3 | | |
| 电气设备和材料 | 3或4 | | |
| 仪表和开关面板 | 3或4 | | |
| 机械单元 | 2或3 | | |

① 仓库 将为不能存储在室外的物料建造一个有盖仓库,空间应足够大,以满足储存这些物品的峰值需求。将在这个仓库内设置一个办公室,用于维护有效的物料控制程序,设置一个空调房间,用于存储需要受控环境的物品(即敏感的电气和仪表设备)。将提供仓库尺寸,设置仓库搁架、搁板、储存箱,指定物料位置,配置环境控制、安全和特殊设施,如储存温控设备(根据需要设置),储存校准仪表,储存焊接气体、油漆、化学品等设施。材料经理负责确保现场物料控制和存放设施符合项目要求。仓库应始终整齐有序,以防止材料受损,方便取用和识别材料。承包商将采取必要的预防措施、特殊设施和指示,根据业主标准和总体说明存放危险和有毒化学品(包括燃料)。所有带盖顶的仓库应符合安全、保安和消防计划。所有带盖顶的仓库均需遵守安全、安保和防火方案。

需要说明的是:a.化学和易燃产品宜储存在特殊的密闭空间或隔离空间内,以避免发生溢出/损坏，存储区人流量不大，采用覆盖存储方式，使用自然通风并配备灭火器；b.催化剂由于其重要性（取决于其用途和供应商规范），也应覆盖存放在分开的通风区域，并始终持续监测其容器状态和数量，以避免漏气、受潮等。

② 露天存放（堆放区） 建造所有必要的设施，以便适当管理堆放区。这些设施配备具有丰富实施和管理经验的技术支持人员。室外存放区域将设置围栏和受控入口、安全照明。

布局应符合下列要求：a.管道、设备和其他材料的存放区域（碳钢与不锈钢分开）；b.钢结构材料的存放和分拣区域；c.电气和仪表材料的存放区域；d.土建、施工和其他材料的存放区域；e.保温（隔热）材料的存放区域。

内部堆放区将尽量多设置道路，以方便交通和搬运材料（也考虑装卸需要的空间）。

**(2) 其他相关设施**

针对在作业现场设置生产设施和在作业现场之外设置预制设施的事宜，承包商打算在经济、可行时尽量预制所有材料。

应确保能在整个制造周期内提供安全、高效的生产和最高质量的工艺设置所有必要的设施，包括消除应力、检验和测试标准。这些设施将由具有高水平生产管理经验的专业团队管理。

车间设施至少包括焊接机、切割设备、焊接工具、涂装区和无损评估室。将制定制造程序、具体的质量程序、检验及试验方案，以确保预制符合工作要求和相关项目规范。通常，预制车间分为多个隔间，主要是为了避免不同管道材料混合、污染，并避免合格焊工在不同管道材料上实施焊接时产生混淆。

这些设施配备管道工程（碳钢管预制，其他是不锈钢管）和钢结构工程（预制）。这些设施配有一个专门的堆放区，该堆放区也是管道收货区。预制生产线从管道收货区开始，一步一步用物料循环箭头指示。如果需要设置存放无损评估放射源的安全隔离坑，则应由承包商按照项目所在地的许可和规定确定安全隔离坑的位置。

该区域将设置一些活动板房作为办公室、警卫室和卫生设施。

该区域边界将全部设置围栏，在主路上配可拆卸门，以确保该区域受到充分保护。必要时，可根据交通需求、设备大小、特殊运输可能遇到的困难在现场确定战略点。

向分包商提供专门区域来维护施工设备，同时向其提供喷砂和底漆专用区域。针对整备和涂漆工程，承包商将采取必要措施保护当地环境和相邻作业区域的人员。这些工作将作为接收、布置、存放、准备、涂装、制造和卷筒堆放管道/钢结构生产周期的一部分。设计必须适当考虑交通和装卸作业、围栏、预制作业、起重和搬运设备、操作安全、急救、卫生、卫生设施和使用、存放未使用的清洁材料。

承包商将确保其所有分包商和供应商的设备可靠，已经过认证和校准，已经过常规检查，已按照计划逻辑并采用安全的方式进行维护和操作，以使预制生产满足项目计划需求。

可能时，由土建分包商在指定的堆放区内建造分批配料装置。

## 7.7 相关规定与程序

### 7.7.1 业主规定和程序

相关的业主规定与程序包括：①EPCC合同通用条款；②工作范围；③总体施工要求说明；④施工要求；⑤交通影响评估（TIA）；⑥环境影响报告书（EIS）；⑦项目所在地公共环境管理规定。

#### 7.7.2 项目程序

相关的项目程序包括：①项目执行计划；②现场文件管理计划；③现场质量计划；④供应商 HSE 的要求；⑤施工环境管理计划；⑥现场安保管理计划；⑦施工 HSE 计划；⑧施工执行计划；⑨可施工性计划；⑩分包计划；⑪现场材料管理计划；⑫业主供货设备执行计划；⑬业主供货设备施工执行计划；⑭业主供货设备卸载和吊装计划；⑮现场早期工作计划。

## 7.8 模板与样表

① 临时设施（样例）
② 临时施工设施
③ 业主现场办公室

①～③中内容参见电子版，下载地址见前言中的说明。

# 第8章
# 设备检验、测量和测试控制程序

## 8.1 目的

针对检验、测量和测试设备建立一套校验、控制和维护系统。

## 8.2 范围

适用于项目施工阶段承包商实施各项工作需要校验的所有检验、测量和测试设备。

## 8.3 定义

主要包括以下定义：①精度：测量的精确程度。②准确性：某项测量数据的重现程度。③最佳测量能力：在实验室认证范围内测量可达到的最低不确定度。④校验：为证明测量设备的精度而进行的工作。⑤测量设备：用于测量、标定、测试、检验或确定是否符合规定技术要求的设备。⑥计量确认：确保测量设备能够对有关参数做出有效测量的过程。⑦不确定度：通过提供一个范围内且可能包含了真实值的数值来表述测量的不确定度。⑧CLF：校验记录表。

## 8.4 校验控制

应通过一套追踪系统来控制和记录所有测量设备的校验状态。承包商应确认用于某项具体工作的测量设备是否与批准的测试程序或操作说明书一致。

确认应包括下列数据：①类型；②量程；③分辨率；④精度；⑤校验；⑥状态；⑦符合要求。

由于与校验有关，因此计量检定是测试/校验结果与规格（通常为制造商规格或法律、标准、建议或其他有关文件规定的工艺容差）之间的比较。

大部分测量设备的预计测量不确定度应在制造商规格中予以说明。为了证明测量设备符合规范即用途，下列方程式必须正确：$|E| \geqslant |D+U|$。式中，$E$ 为最大可容许误差或公差值；$D$ 为偏离值（在报告/检定证书中说明）；$U$ 为检定实验室的不确定度。

## 8.5 校验服务

只有业主/承包商批准的校验实验室才能进行测试和/或检定工作。分包商必须使用自己的校验设施（经过批准后）。选择实验室时应考虑到该实验室在认证的测量设备功能和量程范围内可达到的最佳测量能力，这也表明一个校验实验室的不确定度。

中选的实验室应在每台测量设备上贴上校验标签，该标签最少要提供下列信息：①设备控制号；②校验日期；③下一次校验日期。

中选的实验室应提供测试报告/校验证书，此类文件应至少包含下列信息：①测试报告/检定证书的唯一识别；②校验日期；③设备控制号；④所采用方法/标准的识别；⑤环境条件和校验时间；⑥技工的姓名、职务和签名；⑦测试/校验结果；⑧校验实验室的不确定度；⑨维修说明（如有）；⑩下一次校验日期。

## 8.6 校验状态

经过校验的设备应与超出校验范围或不需要校验的设备分开存放。

## 8.7 校验记录和周期

所有需要校验的测量设备的校验状态应采用"校验记录表"（CLF）（见下述 8.11 节中的"校验记录表模板"）来进行记录。使用 CLF 可确保根据规定的校验周期来安排对测量设备进行定期校验。如果设备损坏、怀疑损坏或以任何方式被篡改，则应在下一次投入使用前进行重新校验。

校验周期应按 EPCC 合同要求、制造商的建议或其他技术数据执行。周期应根据下列因素来调整：①制造商建议；②测量设备预计使用的程度和严重度；③环境的影响；④测量所需的不确定度；⑤最大容许误差；⑥单个设备的调整；⑦所测量数量的影响。

在任何情况下校验周期均应超过 1 年。

## 8.8 召回

应根据校验控制文档（包括定期检验结果）提供的数据来召回设备。

如果在使用过程中发现测量设备已超出公差范围，用户应将具体的设备名称、测量能力、超出公差以及对标准的偏离情况告知分包商的主管质量控制检验员。

分包商的质量控制检验员应告知承包商的现场 QA/QC 经理。

应停止使用设备，并评估和验证之前的测量结果，并且应在接受之前评估此类测量结果的影响。

## 8.9 职责

### 8.9.1 承包商的现场 QA/QC 经理

承包商的现场 QA/QC 经理应确保落实和遵守本程序。此外，如有必要，现场 QA/QC 经理负责核实和确认发布的不符合项。

### 8.9.2 分包商的现场质量人员

具体而言，分包商的现场质量检验员应负责：①管控分包商存放测量设备的设施；②管控分包商的设备测试报告或检定证书以及设备的校验状态；③从量程、分辨率、精度和最大容许误差方面确认分包商的设备足以进行所需的测量工作；④确认最好由经过认证且在实验室认证范围内的实验室提供分包商的测试报告或检定证书。

## 8.10 相关标准

涉及的国际标准包括：①ISO 9001—2015《质量管理体系 要求》；②ISO 10012—2003《测量管理体系 测量过程和测量设备要求》；③ISO/IEC 17025—2005《测试和校验实验室能力一般要求》；④ISO/IEC Guide 99—2007《国际计量词汇 基本概念、一般概念和相关术语》。

## 8.11 模板与样表

校验记录表模板如表 3-8-1 所示。

表 3-8-1　校验记录表模板

| 项目号 | 编号 | 制造商 | 序号 | 设备名称 | 量程/单位 | 上一次校验日期 | 下一次校验日期 | 指定日期 | 停用日期 | 备注 |
|---|---|---|---|---|---|---|---|---|---|---|
| | | | | | | | | | | |
| | | | | | | | | | | |
| | | | | | | | | | | |

# 第9章 施工环境研究报告

## 9.1 目的

本报告介绍 EPCC 项目（合同编号：应引用业主以及承包商的合同编号）的施工环境研究报告。施工环境研究应邀请从事环境研究专业机构的专家提供协助。施工环境团队由承包商和业主的专家组成。

施工环境研究报告旨在考察项目对环境产生的影响。环境研究是对施工和联动试车期间因建设 EPCC 合同确定的新装置而产生的环境危害、环境问题或风险以及隐患的早期识别。该研究能够快速而可靠地制定环境保护和合规措施。编制施工环境研究报告以确保项目能够符合项目所在地监管部门的环境要求，能够达到批准所需要的标准。

## 9.2 范围

施工环境研究报告适用于承包商责任范围内的所有方面，包括施工区域、仓库、堆放区、场地和临时设施（办公室），并且适用于承包商工作范围内的项目施工和联动试车阶段。

## 9.3 缩写

缩写包括：①CEMP：连续排放监测计划。②EIA：环境识别分析。③EMP：环境管理计划。④ENVID：环境影响识别。⑤HAZID：危险识别。⑥LOC：内容物损失。⑦MSDS：物料安全数据表。⑧RO：反渗透。

## 9.4 执行摘要

××××年××月××日，EPCC 项目执行阶段的施工环境研究在承包商的总部进行。施工环境会议由第三方咨询商的专家主持。施工环境团队也由承包商和业主的代表组成。

施工环境的范围包括与上述项目有关的施工和联动试车活动。

施工环境会议期间识别出的环境影响及其原因和后果，采用专用软件（如 Primatech 公司开发和发行的 PHAWorks v.5.27）进行记录。

表 3-9-1 所示的风险矩阵总结了所识别影响的严重性和可能性。

如表 3-9-1 所示，识别出施工和联动试车期间共有 16 个环境影响因素，其中 11 个列为"低"风险，5 个列为"中"风险。未发现高风险因素。该风险排序考虑到了现有的保障措施。

表 3-9-1　风险矩阵

| 严重程度 | 概率增加 | | | | |
| --- | --- | --- | --- | --- | --- |
| | A | B | C | D | E |
| 0 | | | | | |
| 1 | | | | 3 | 3 |
| 2 | | | 4 | 2 | |
| 3 | | 1 | 1 | 2 | |
| 4 | | | | | |
| 5 | | | | | |

必要时，提出进一步减轻影响后果的相应行动（建议），将风险降低到可接受的水平。

## 9.5　引言

本报告介绍了 EPCC 项目的施工环境研究报告的主要研究成果。本研究在施工工程启动之前的项目详细设计阶段实施。

××××年××月××日，在 EPCC 承包商总部举行了施工环境研讨会。环境会议旨在对上述项目在施工和联动试车期间的相关环境影响进行定性识别和评估。施工环境团队由承包商、业主和第三方咨询商的专家组成。这项研究由担任环境主席的第三方咨询专家领导。有关施工环境会议的签到表见下述 9.8 节。

本文包含的所有结果、结论以及建议仅与所研究的装置有关，不得用于其他装置或操作。本报告的首要目标是识别出在特定设施和/或装置条件下潜在问题的影响。实施纠正措施不在本报告范围内。此外，本报告不以任何形式保证、确保或担保设计/安装符合任何法律、法规、条例或指令，也不保证本报告的建议能消除所有的危险或事故。由用户自行承担使用本报告及其所含信息的风险。

环境研究旨在识别 EPCC 项目新建装置施工的相关环境危险或风险以及隐患，确保快速而可靠地制定环境保护和合规措施。

研究施工环境是为了确保项目施工阶段的环保措施能够达到当地监管部门批准所需要的标准。

研讨会期间，通过投影仪展示施工环境的研究成果，便于参会人员对所记录的项目和行动进行确认，并将结果记录在专用软件中（如 Primatech 公司开发的 PHA Works v.5.27）。

## 9.6　环境研究研讨会

### 9.6.1　项目概述

介绍 EPCC 项目的建设内容以及项目所在地及其周边相关的设施与环境情况。

### 9.6.2　环境工作范围

施工环境涉及 EPCC 项目施工阶段的所有活动。施工阶段和联动试车阶段所包含的工作活动如下：①施工活动：运土；开挖和掘沟；打桩；厂房建造；土建工程；预制及钢结构安装；设备安装；重型设备操作。②联动试车活动：水压试验；冲洗和清洁；仪器校准（如有必要）；设备检查；电气检查；电机运行；仪表回路试验；烘炉；设备装填（内件/化学品/

催化剂）；气密性试验。

### 9.6.3 环境研究方法

**(1) 总则**

按照《HAZID 和环境程序》中所述方法研究施工环境。图 3-9-1 给出了环境研究研讨会期间所遵守的施工环境研究流程图。图 3-9-1 中提到的有关引导词见下述 9.8 节。用于评估风险的风险矩阵见表 3-9-2。

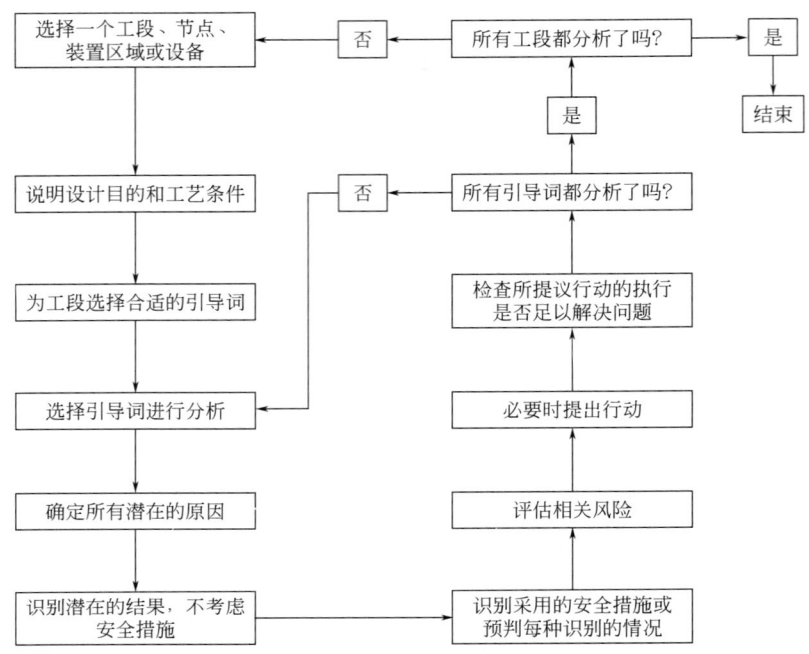

图 3-9-1 施工环境研究方法

表 3-9-2 风险评估用的风险矩阵

| 严重性 | 后果 | 可能发生概率 | | | | |
| --- | --- | --- | --- | --- | --- | --- |
| | | A | B | C | D | E |
| | 环境 | 环保产业中从未听闻 | 环保产业中发生过 | 运营公司发生过的事件 | 运营公司每年多次发生 | 当地每年多次发生 |
| 0 | 无影响 | | | | | |
| 1 | 轻度影响 | 不断完善管理 | | | | |
| 2 | 微小影响 | | | | | |
| 3 | 局部影响 | | | 采取降低风险措施 | | |
| 4 | 重大影响 | | | | | |
| 5 | 巨大影响 | | | | 不允许 | |

下面进一步讨论环境研究方法中的几个关键点。

**(2) 原因**

根据提交研讨会的项目说明和最新布置图的图纸，识别环境危害/影响，并通过对项目施工阶段的每个相关活动、事件及操作指定一组引导词，对这些环境危害/影响做进一步的评估。

根据这种方法，识别与影响有关的潜在原因和后果，以及现有的控制/保障措施。识别原因仅考虑单一事件，避免双重危险的情况（当两个初始事件没有任何共同失效模式时，并且第一个事件的要求不是第二个事件失效引起时，这两个事件是彼此独立的）。

### （3）后果

按照对环境的直接或间接影响，说明每种原因的潜在后果。根据影响的概率和严重程度，采用表 3-9-2 所示的风险矩阵对影响进行定性评估。

### （4）风险评估

根据影响的严重程度并考虑到现有的保障措施，将发生的概率和后果的严重程度结合起来评估每个识别因素的影响，以得出风险排序（高、中或低）。必要时，提出一步减轻影响后果的行动（建议），并将风险降低至可承受的级别。

按照以下方法确定可能发生的概率、严重性（后果）和风险：①可能发生的概率。如果团队具有足够的经验，应该能够通过判断来评估大多数事件发生的大致频率，并由此判断出现偏差的概率，范围包括"从未听闻"（范围 A）到"每年发生多次"（范围 E）的事件。②严重性（后果）。如同"可能发生的概率"一样，也可以根据大致量级评估严重性或后果。这里再次使用了 5 级体系，包括从"无伤害/无损坏"或"无影响"（0 级）到"多人死亡""大面积损坏"或"巨大影响"（5 级）。如果产生了多种后果，应选择"最坏工况"。③风险。将"可能发生的概率"和"严重性"结合起来评估每个危害/影响的风险。表 3-9-2 列出了使用风险矩阵得到的"严重性"和"可能发生的概率"，以此确定每种特定情况的风险。

在施工环境工作表中，采用以下层次结构来进行风险排序：①不断完善管理：以"L"表示，意味着"低"风险或危害。②采取降低风险措施：以"M"表示，意味着"中"风险或危害。③不允许：以"H"表示，意味着"高"风险或危害。

#### 9.6.4 施工环境研究假设

下面列出了施工环境会议期间，以及构成本项研究标准的假设条件：①施工环境研究不包括项目管理问题；②投料试车活动不包括在 EPCC 承包商范围内，因此排除在施工环境范围外；③双重危险（设备或系统同时失效，导致工艺偏差）视为不可信事件。

#### 9.6.5 会议时间和进度

明确召开施工环境会议的时间、地点与进度要求。

#### 9.6.6 团队组成

施工环境研究团队由承包商和业主的专业人员组成，并由第三方环境咨询专家引导带领，按照有关会议确定的团队中所属部门和职位确定参会的成员。

## 9.7 施工环境结论

本节提出了施工环境研究的主要结果。这些结果可分为三类：①行动项：研究得出的主要建议。②项目说明：研究得出的其他注释，不包括团队认为对准许采取"行动项"状态不重要的注释。解决这些问题不需要使用施工环境响应表。③项目关注事项：除 EPCC 之外，与其他项目阶段（例如操作）有关的，或与其他承包商有关的未决问题。这些问题不包括在施工环境研究的解决范围中，因此，不能按照采用与"行动项"相同的"跟进"流程。

表 3-9-3 所示的风险评估结果展示了施工环境研究期间所评估的各种情况的结果。风险评估考虑到了保障措施。

表 3-9-3　风险评估结果

| 严重程度 | 概率增加 | | | | |
| --- | --- | --- | --- | --- | --- |
| | A | B | C | D | E |
| 0 | | | | | |
| 1 | | | | 3 | 3 |
| 2 | | | 4 | 2 | |
| 3 | | 1 | 1 | 2 | |
| 4 | | | | | |
| 5 | | | | | |

从表 3-9-3 中可以看出，对总计 16 种情况进行了排序，其中 11 种情况为"低"风险，5 种情况为"中"风险。对这些情况，提出了 8 个"行动项"，如表 3-9-4 所示。未发现"高"风险情况。

表 3-9-4　施工环境行动项清单

| 行动代码 | 说明 | 责任部门 |
| --- | --- | --- |
| EPC-CE-001 | 按照适用的标准和指导方针（最新版），应定期开展噪声监测。下次修订 CEMP（版本 B）时应包含环境监测计划（包括噪声监测） | 承包商-HSE |
| EPC-CE-002 | 按照业主和项目所在地环境机构要求，应制定水压试验的方法说明，确定水和化学品的使用量（如有）以及废水处置方法 | 承包商-施工 |
| EPC-CE-003 | 按照当地法规的要求和程序/计划，应建造化粪池。有关这些要求，参见每份转包合同的技术规范。 | 承包商-施工 |
| EPC-CE-004 | 按照业主要求，承包商应确保在宿营地提供临时的污水处理厂 | 承包商-施工 |
| EPC-CE-005 | 承包商应与项目所在地环境机构和其他 EPC/业主保持联络，以解决储罐处理相关问题，以及处置处理过的废水 | 承包商-施工 |
| EPC-CE-006 | CEMP 应包含对 STP 已处理水排放的监测，以确保符合 K-EPA 要求/排放限值 | 承包商-施工 |
| EPC-CE-007 | 承包商应考虑提供缓冲罐，以避免 STP 的意外泄漏/溢出/失常 | 承包商-施工 |
| EPC-CE-008 | 如适用，确保在下次修订交通管理计划时，包含最新提出的所有与交通管理有关的 HSE 建议 | 承包商-施工 |

除"行动项"之外，表 3-9-5 还列出了施工环境研究得出的 1 个"项目说明"。

表 3-9-5　施工环境研究项目说明

| 编号 | 说明 | 责任部门 |
| --- | --- | --- |
| 1 | 承包商应制定换料程序，确保只有受过训练的人员才能进行换料活动 | 承包商-施工 |

施工环境研究期间，未提出"项目关注事项"。

### 9.7.1　跟进建议

应由适当的责任部门跟进确定的行动项，以确保正确进行和结束行动。这样可确保所确定的行动得到有效执行并达到设定的目标。

### 9.7.2　可能影响其他承包商的问题

在施工环境研究期间，未确定存在影响其他承包商的问题，以及 EPCC 合同范围外的问题。

## 9.8 模板与样表

① 施工环境研究签到表　　　　　　③ 施工环境工作表
② 施工 ENVID 审查报告施工环境引导　④ 施工环境审查报告
词清单

①～④中内容参见电子版，下载地址见前言中的说明。

# 第 10 章
# 分包商的函电及会议程序

## 10.1 目的

本程序的目的是确定正确控制项目交流内容的方法和资源,并对项目采用的编制、发布和存档规则作出说明。

## 10.2 范围

本程序涉及项目承包商与分包商之间的函电及会议纪要格式、记录、编号、控制和发布。文件的其他内容将按分包商文件要求执行。

有关技术澄清内容,分包商应按分包商文件要求中的具体程序执行。

## 10.3 概述

### 10.3.1 相关各方

应保留承包商、供应商及分包商之间的正式函电(包括信函和邮件)及会议纪要(MOM),并对相关内容作出说明。

承包商的正式代表如表 3-10-1 所示。

表 3-10-1 承包商的正式代表

| 承包商 | 项目代表 | 现场代表 |
| --- | --- | --- |
| 代表 | | |
| 职位 | | |
| 地址 | | |
| 电话 | | |
| 电子邮件 | | |

通常项目经理是承包商的代表,承包商的运营经理将协助项目经理。项目经理不在时,承包商的运营经理将充当其代表。承包商与分包商在签署所有分包合同时,均应以信函方式提交承包商代表的正式通知和发放表。

### 10.3.2 函电及会议纪要编号

函电及会议纪要的编号格式如图 3-10-1 所示。

| 编制 | - | 收件人 | - | 项目代码 | - | 文件类别 | - | 序号 |
|---|---|---|---|---|---|---|---|---|
| OOOO | - | RRRR | - | EPC01 | - | Y | - | NNNN |

图 3-10-1　函电及会议纪要的编号格式

按以下 4 个类别标识函电：
①OOOO：作者识别码。②RRRR：收件人识别码。③Y：文件类型标识符如下所述。a.L：信函；b.MOM：会议纪要；c.ADS：邮件。④NNNN：序号系列，并自 0001 开始。信函、邮件及会议纪要的序号编排自 0000 至 9999。

电子邮件标题中的字母必须带有承包商/分包商名称、字母参考编号和文字标题。标识格式如下所述：OOOO-RRRR-EPC01-L-NNNN_信函题目。

示例如表 3-10-2 所示。

表 3-10-2　函电及会议纪要编号示例

| 承包商发至分包商的信函 | PDO-RRRR-EPC01-L-0001 |
|---|---|
| 上一封信函所附的电子邮件(主题) | PDO-RRRR-EPC01-L-0001-承包商代表姓名 |
| 承包商与分包商之间的会议纪要 | PDO-RRRR-EPC01-MOM-0001 |

### 10.3.3　责任

函电或会议纪要编写人应确保其格式及发送方法正确，且编排的参考号符合本程序规定。各方应确保保留相应的函电及会议纪要记录，并按其所在机构的要求作出答复。

承包商应定期督促其内部（承包商团队内）和外部（分包商或供应商）人员办理未决的函电事宜。

## 10.4　函电

函电包括信函和电子邮件。

### 10.4.1　信函

不符合以下要求的沟通应视为无效：①函电单点联系人：承包商与分包商之间所有的正式沟通应由承包商代表发送（采用信函方式的应签名）至分包商代表，且两者应作为双方之间的单点联系人。分包商应将其所有函电发送至承包商另外书面指明的承包商的分包合同管理员。②主题：所有函电应仅限于一个标题并标有项目名称、合同编号及函电主题。③函电编号在上述 10.3.2 节中指明。④信函模板应根据下述 10.7.1 节的模板确定：a.标识 Logo。分包商应确保自身的公司标识和地址符合要求。b.参考号。在答复上一封函电时，应指明前述文件的参考号（以便于监控和跟踪）。c.附件。如有附件，应列明附件且附件名称应与所附文件名称相同。d.回复要求。应指明是否回复。e.分发表。分包商和承包商应指明收件人名单。分包商应在承包商分发表中指明所有收件人。⑤尤其应当指出的是所有信函和函电必须含有分包合同管理员作为收件人。⑥函电编号应是独一无二的且不得进行修改。如果信函中的信息有误并需要审查或取消，应发布一封新信函，指明收回此前信函和正确的措辞内容。⑦分包商将通过电子邮件并以软拷贝形式提交信函。采用 MS Word 格式的信函正文原件将作为附件并按 pdf 格式扫描和签字。分包商还将向承包商提交一份硬拷贝并额外提供 1 份供承包商确认、接收。承包商应保存信函原件。⑧如果未提供硬拷贝及软拷贝（两种格式均必须提交）格式，则不得确认已收到信函。软拷贝格式的文件名应采用信函的标识码。⑨分包商未按所有上述条件规定提交函电，则除了承包商正式书面通知的情况外，应视为该函电内容无效。⑩记录：承包商与分包商之间的所有函电的记录及控制均应利用 Excel 表或数据库进行。

正式的信函应以电子邮件附件形式通过 Microsoft Outlook 发送。除非附件为本地文件，最好将附件合并到一个信函文件中。

承包商的签字和内部分发：对于外发分包商的信函，信函作者应利用下述 10.7.1 节的模板向项目秘书发送信函正文和以下字段：①贵方参考号：在对其他函电进行回复时，对上一封函电的回复应指明其参考文件内容。②信函标题。③附件：涉及附件的，应列出附件。④回复要求：是/否。⑤专业：参见专业清单。所述信函标题或正文所涉及的部门或专业。⑥类别：此字段由承包商根据内部情况填写。

各方将控制序号以防出现信函代码重复及丢失相互关联的信函编号情况。还应在信函签字人姓名的下方注明信函作者的姓名。应始终将函电作者的姓名置于函电副本中。

为确保所收悉函电的可追溯性，收件人将在信函上加盖印章、指明收文日期并通过电子邮件将已盖章的信函软拷贝返回信函作者。此后将由分包商负责收集已盖章的硬拷贝。

尽管需要提交电子版的分包商信函，分包商应将信函原件提交承包商盖章、指明收文日期并保留相应的记录。如提出要求，分包商可保留一份已盖章的副本。

分包商还应负责收集在承包商场所提交的信函原件。这些信函所盖印章上的日期应与承包商提交其电子版的日期相同。

由各机构内信函原件的收件人负责发放信函。

### 10.4.2 邮件

有充分的证据表明，利用电话和简短的会议解决问题将更有成效。因此，电子邮件应限于相关工作问题，以尽量避免通过电话闲谈而不是讨论解决各种问题。如果需要发送电子邮件，仅向涉及的收件人和负责解决问题的专人发送即可。严肃和正式的沟通应通过信函进行。

邮件的收发必须符合以下要求：①邮件单点联系人：承包商与分包商之间所有正式的沟通应由承包商代表发送（采用信函方式的应签名）至分包商代表，且两者应作为双方之间的单点联系人。分包商应同时将其函电发送至承包商另外书面指明的承包商的分包合同管理员。②分包商和承包商应指明收件人清单。分包商可将所有收件人纳入承包商的分发表中。③尤其应当指出的是，所有信函和邮件必须含有分包合同管理员作为收件人。④承包商可在任何时间通过增删收件人修改分发表。⑤主题：所有邮件应仅限于一个标题并标有项目名称、合同编号及邮件主题。⑥邮件编号应是独一无二的，并符合上述 10.3.2 节中的规定。建议由项目秘书分配邮件编号。必须将以下邮件核心内容信息作为邮件的标题：a. 承包商；b. 项目；c. 主题；d. 收件人。⑦如果分包商未按所有上述条件规定提交邮件，则除了承包商正式书面通知的情况外，应视为该邮件内容无效。

将拒收非正式电子邮件或不符合要求的电子邮件中的说明、工作范围变更、通知和信息，并视为无效。

如果分包商收到通过非正式或不符合上述要求的电子邮件发布的任何指令，并已对分包商造成影响，分包商应在收到该等电子邮件 5 日内通过正式电子邮件并根据上述规定要求确认相关内容。否则，分包商实施的任何工作及/或发生的费用已包括在分包合同价款中，并视为分包商已放弃权利且不会得到承包商的认可。

### 10.4.3 记录

为了做好函电的记录工作，承包商和分包商必须保留一份完整的清单，包括相应字段中各份函电的相关数据。至少应包括如下这些字段：①信函/电子邮件标识号；②分包商代码；

③分包合同编号；④收文/发文（指明是否为收文或发文）；⑤日期；⑥发件人；⑦收件人；⑧内容。

承包商可在任何时间要求分包商将上述记录提交给承包商。记录应按 MS Excel 格式提交，且所用字段顺序应符合上文要求。

## 10.5 会议纪要

### 10.5.1 会议的组织

分包商应根据承包商的要求至少组织及/或参与表 3-10-3 所述的会议。分包商应编制周报和月报（如有要求）并将此作为召集会议的依据。

表 3-10-3　分包商应组织的会议

| 序号 | 管理会议 | 议题和与会人员要求 | 预计时间安排 |
| --- | --- | --- | --- |
| 1 | 总协调会 | 与其他承包商举行的协调会 | 根据承包商的决定定期举行 |
| 2 | 承包商/分包商 HSE 研讨会 | 在承包商出席的情况下与分包商的 HSE 关键人员和经理审查 HSE 措施、建议及改进内容 | 季度 |
| 3 | 进度审查会 | 审查情况和进度细节；与会人员包括分包商关键管理团队和承包商团队 | 月度 |
| 4 | 现场分包商协调会 | 承包商召集的、用于协调分包商问题的月度协调会 | 月度 |

除了上述会议外，承包商的专业人员还将要求定期召集专业工作会议，并在会上一起与分包商审查相关工作的实施情况和相关问题（如质量、HSE、工程设计、采购、合同、项目控制、界面管理、风险管理及费用问题等）。

分包商应委派相应等级的分包商管理及负责人、项目管理人员及专业管理团队代表。在召集上述会议时，分包商将准备会议资料、说明项目情况和进度，并根据本文所述的项目沟通内容和相关要求形成会议文件。

分包商应根据承包商的日期/时间计划安排会议，否则，各方应就不同的计划安排取得一致意见。应按计划安排的时间召开会议。应尽量避免发生取消会议或重新安排会议的情况。出现上述情况时，应提前发布通知。

召集非例行会议时，分包商应在会前向所有与会人员发布会议议程。

会议纪要至少应包括以下内容（见下述 10.7.2 节的模板）：①日期及会议地点；②编写会议纪要的人员姓名；③与会人员及业主代表（与会人员）；④会议主题；⑤议定的措施、完成日期及实施方（责任方）；⑥发布日期；⑦分发表（与会人员＋会议纪要抄送框中的人员）；⑧按模板编制的与会人员表、带有签字的与会人员清单。

电话会议纪要应记录到会议纪要（见下述 10.7.2 节的模板）中并由各方签署和批准。各方代表应签署会议纪要（扫描版），会议纪要内容须由承包商批准。由分包商负责下发经各方签署的最终版会议纪要。

对于由分包商和承包商联合举行的采购订单会议，分包商应在会后 48h 内编制并向承包商分发会议纪要。分包商应将会议纪要原文通过非正式电子邮件（抄送与会人员、抄送框中的人员、项目秘书及项目经理）发送承包商评议。承包商应在收到该文件后不晚于 48h 内审查上述文件。

项目秘书或指定的相关职位人员将发布正式版会议纪要，包括一致同意的意见和签字。

应尽快与会议纪要作者解决会议纪要中的任何例外情况。如有要求，应在发送原文后重新发布对会议纪要中相关内容的修改说明。

对于定期举行的会议，除了上次会议已关闭的内容外，应做好会议内容的记录。会议内容编号应是唯一的，如第一次项目协调会议应含有第 001~010 项内容，第二次项目协调会议中的新内容应自 011 开始编号。

应尽量减少会议纪要篇幅（措辞和内容编号），因此，会议纪要所含的相关及重要数据、日期和协议应与分包合同或双方此前正式书面说明的协议内容有所区别。

除了双方一致同意的情况外，鉴于分包合同已签署且生效，不得将合同问题包括在内。

#### 10.5.2 签字

会议纪要（MOM）应由出席会议的承包商代表和分包商代表（或专业负责人）签署。

对项目进度计划、项目费用、项目工作范围或分包合同内容造成影响的所有会议纪要，均应由承包商的项目经理（或其授权人员）签署和批准。

#### 10.5.3 正式下发

发布任何会议纪要的副本前，均应获得承包商的批准。

已签字的会议纪要副本由承包商正式盖章，并由分包商的项目秘书存档。会议纪要的扫描版由分包商的项目秘书分发。

应由与会人员及指定人员（包括被指定执行措施内容的人员）按相关标准要求以电子邮件形式分发会议纪要副本。

可根据具体情况和会议纪要封面中的说明增加会议纪要副本份数，并将其分发给其他指定人员。

#### 10.5.4 跟踪措施

应针对需要采取措施的内容确定相关责任人和完成日期。应将前次会议的措施结果记录在案。

## 10.6 相关规定与程序

相关的规定与程序包括：分包商的文件要求。

## 10.7 模板及样表

#### 10.7.1 信函模板

如图 3-10-2 所示。

#### 10.7.2 会议纪要模板

如图 3-10-3 所示。

#### 10.7.3 培训表模板

如图 3-10-4 所示。

| 项目： | |
|---|---|
| 分包商名称 | |
| 分包商地址 | |
| | 日期：年月日 |
| 我方参考号 | PDO-RRRR-EPC01-L-NNNN |
| 贵方参考号 | |
| 收件人 | 姓名 |
| 内容 | 分包合同名称<br>[插入信头内容说明]. |
| 分包合同编号 | PDOXXXX0 |
| 专业 | "见专业清单" |
| 类别 | "由承包商确定" |
| 尊敬的　　先生， | |
| | |
| | |
| | |
| | |
| 谢谢贵方的协作。 | |
| 您忠实的， | |
| | 承包商名称 |
| | 职位 |
| | 项目经理签名 |
| 附件：　　　[插入附件名称 ] | |
| 是否需要回复：　　否 | |
| 回复日期：　　年月日 | |
| 不得将本文件或其任何附件中的说明视为合同工作范围变更或批准放弃任何合同要求所发布的指令。 | |

图 3-10-2　信函模板

| 编制： | 发布日期： | |
|---|---|---|
| 地点： | 会议日期： | |
| 时间： | 下次会议日期： | |
| 会议内容：承包商的分包商开工会议 | | |
| 议题： | | |
| | | |
| 附件： | | |
| | | |

| | 姓名 | 单位 | 职务 |
|---|---|---|---|
| 与会人员 | | 承包商单位名称 | 早期工作现场经理(EW) |
| | | | |
| | | | |
| | | | |
| | | | |
| | | | |
| | | | |
| | | | |
| | | | |
| | | | |
| | | | |
| | | | |
| | | | |
| | | | |
| | | | |
| | | | |
| | … | | |
| 副本抄送 | | 承包商单位名称 | 项目主任 |
| | | 承包商单位名称 | 运营经理 |
| | | 承包商单位名称 | 现场经理(HO) |
| | … | | |

| 序号 | 措施-协议 | 责任人 | 日期 | 状态 |
|---|---|---|---|---|
| 1.00 | 引言 | | | |
| 1.01 | … | 姓名 | 日期 | 用于提供信息 |
| 2.00 | 文件要求 | | | |
| 2.01 | | | | |
| 2.02 | | | | |
| 2.03 | | | | |
| 2.04 | | | | |

| | |
|---|---|
| 姓名： | 姓名： |
| 职位： | 职位： |
| 日期： | 日期： |
| 签字： | 签字： |

图 3-10-3 会议纪要模板

日期：_____

| 序号 | 姓名 | 身份证号 | 公司 | 职位 | 签字 |
|---|---|---|---|---|---|
| 1 | | | | | |
| 2 | | | | | |
| 3 | | | | | |

图 3-10-4 培训表模板

### 10.7.4 专业

专业主要包括：①费用控制；②HSE；③施工监督；④工程设计；⑤计划；⑥计量；⑦人力管理；⑧报价；⑨质量保证/控制；⑩索赔；⑪行业关系；⑫法务；⑬分包合同部。

# 第 11 章
# 分包商4级详细计划程序

## 11.1 目的

本程序旨在确定 4 级分包商详细计划、工作分解结构（WBS）、组织准则和其他方法的编制和更新要求。

本程序对分包商计划的编制和更新及与其他工具的关系作出了说明。

## 11.2 范围

本文件中的指南适用于分包商工作范围内非施工专业和施工及/或投料试车专业所有的计划编制工作。

## 11.3 定义

相关的定义主要包括：①WBS：工作分解结构。②PPM(Primavera P6)：专业项目管理软件（Primavera P6）。③ID：标识（工作标识）。④PFP：被动防火。

## 11.4 4级分包商详细计划

### 11.4.1 非施工专业计划

分包商应根据以下要求就整个工作范围编制一份适用于非施工专业（如早期工作、临时设施等）的详细进度计划（Primavera P6 PPM 逻辑网络）：①依据工作阶段、工作区或工作单元、专业和工作系统组织的工作分解结构（WBS）。②包括与上述 WBS（工作阶段、工作区域或工作单元、专业及工作系统）相同的工作代码。③构建工作标识（多个代码组件）及表示唯一的代码。④将工作日历考虑在内，如国庆节和当地节日。⑤包括分包节点和项目相关节点（如需要）。⑥包括按专业和工种分类的直接人工时资源。⑦包括按工作系统的工作量分类确定相应的工作资源。⑧根据详细计划编制以下报告：a.根据工时估算和各工作阶段及专业情况编制总进度 S 曲线（不包括基于工作阶段的经济权重的总进度曲线）；b.间接劳力直方图（按部门绘制的分段条形图）；c.按专业绘制的直接劳力直方图（按熟练和非熟练劳力绘制的分段条形图）；d.施工设备及机具直方图（按机器类别绘制的分段条形图）；e.应按周绘制"S"曲线和直方图。⑨至少应在开工前 1 个月向承包商提交详细的计划（包括所有上述报告)。⑩应按原始格式和 pdf 格式提交详细计划和报告。⑪应按月更新详细的进度计划并提交承包商。

在带有进度赢得值和实际劳力及施工设备、机具情况的周报中应纳入"S"曲线和直方图周报中。应根据 5 级进度控制数据库确定赢得进度值。

必要时,承包商可要求在 4 级详细计划中提供更多细节。

#### 11.4.2 施工专业计划

分包商应按专业和施工阶段并根据所附的工作系统分解(见下述 11.5 节)编制一份适用于施工及/或投料试车专业(如管道、土建、钢结构等)的 4 级详细进度计划(Primavera P6 PPM 逻辑网络),该计划应在不晚于开始施工阶段工作前 1 个月提交。施工/投料试车阶段如下所述:①第 1 阶段:土建工程(主基础、主混凝土工程及地下工程)和变电站(混凝土和建筑)。②第 2 阶段:钢结构安装(不包括平台和梯子)及机械设备安装(不包括在线设备)。③第 3 阶段:管道预制和安装、管道刷漆(喷砂清理和底漆)及在线设备。④第 4 阶段:土建工程(剩余工作,如铺面、道路等)及钢结构安装(平台和梯子)。⑤第 5 阶段:电气和仪表工程(包括厂房)。⑥第 6 阶段:管道/设备/钢结构、刷漆修补、保温及 PFP。⑦第 7 阶段:预投料试车工作(所有专业)。⑧第 8 阶段:投料试车工作。

4 级详细计划应与分包合同或承包商提交的 3 级施工实施计划(基准或当前计划)保持一致。此后分包商分析 3 级施工执行计划时,应考虑相关顺序或策略的变更并将其通报承包商,以便经承包商审查和验收后将其纳入 3 级施工执行计划中。

4 级详细计划应按各阶段(如适用)的 WBS(工作分解结构)、单元/工作区域、专业和工作系统进行组织。另外,对于相同的 WBS 等级(阶段、单元/工作区域、专业及工作系统),还应将工作代码包括在内。工作标识应与 3 级施工执行工作相同,应增加 2 个数位作为后缀(01~99)序号并用圆点隔开(如 2CAJV0000ACM003.01)。应将工作日历(包括国庆节和当地节假日)考虑在内。包括分包合同节点及相关项目节点(如有必要)。应将直接人工时和工程量资源包括在内。

均应在同一项目控制软件(如 Primavera P6)中创建所有 4 级分包商详细计划,以便于汇总和分析分包合同总体的工作范围。

应根据 4 级详细计划编制以下报告:①根据估算工时和各工作阶段及专业情况,编制总进度 S 曲线,但基于工作阶段经济权重的总进度曲线除外;②间接劳力直方图(按部门绘制的分段条形图);③按专业绘制的直接劳力直方图(按熟练和非熟练劳力绘制的分段条形图);④施工设备及机具直方图(按机器类别绘制的分段条形图);⑤应按周绘制"S"曲线和直方图。应按编制的 4 级分包商详细计划更新"S"曲线和直方图。

分包商应按月更新 4 级详细计划并提交承包商。带有赢得进度值和实际劳力及施工设备、机具情况的周报中应纳入"S"曲线和直方图。应根据 5 级进度控制数据库确定进度赢得值。必要时,承包商可要求在 4 级详细计划中提供更多细节。

承包商可要求分包商计划部门提供更多信息,以便于按月更新 3 级施工执行计划。

## 11.5 分包商 4 级详细计划工作系统分解要求

#### 11.5.1 土建工程(主基础、主混凝土工程及地下工程)和变电站(混凝土和建筑)

如表 3-11-1 所示。

表 3-11-1　土建工程和变电站系统分解要求

| 类别 | 工作 | 代码 | 工序 | 权重/% |
|---|---|---|---|---|
| 专业：土建工程 | | | | |
| 打桩 | 打桩① | PL.PL1 | 预制 | 17 |
| | | | 现场交付 | 5 |
| | | | 打桩 | 68 |
| | | | 桩头切割 | 5 |
| | | | QA/QC 证书 | 5 |
| | 打桩(灌注桩) | PL.PL2 | 打桩 | 55 |
| | | | 加固 | 20 |
| | | | 混凝土浇注 | 10 |
| | | | 桩头切割 | 10 |
| | | | QA/QC 证书 | 5 |
| | 打桩(无预制)① | PL.PL3 | 初步工程及现场交付 | 15 |
| | | | 打桩 | 68 |
| | | | 桩头切割 | 12 |
| | | | QA/QC 证书 | 5 |
| 现场平整 | 现场平整 | CI.SP | 区域清理 | 10 |
| | | | 移土、整平 | 45 |
| | | | 围墙 | 40 |
| | | | QA/QC 证书 | 5 |
| | 拆除(主结构) | CI.DS | 围墙 | 10 |
| | | | 拆除准备 | 10 |
| | | | 结构拆除 | 30 |
| | | | 基础拆除 | 25 |
| | | | 地下部分拆除 | 20 |
| | | | 现场平整准备就绪 | 5 |
| | 拆除(其他) | CI.DE | 围墙 | 10 |
| | | | 拆除 | 85 |
| | | | 现场平整准备就绪 | 5 |
| 混凝土管廊基础 | 主管廊基础[及地脚螺栓(如适用)]② | CI.PR1 | 挖方 | 10 |
| | | | 贫混凝土 | 2 |
| | | | 基础模板 | 12 |
| | | | 加固 | 25 |
| | | | 基础混凝土浇筑 | 22 |
| | | | 基座模板 | 7 |
| | | | 地脚螺栓 | 5 |
| | | | 基座混凝土浇筑 | 6 |
| | | | 回填及压实 | 6 |
| | | | QA/QC 证书 | 5 |

续表

| 专业:土建工程 ||||||
|---|---|---|---|---|---|
| 类别 | 工作 | 代码 | 工序 || 权重/% |
| 混凝土管廊基础 | 二次管廊基础［及地脚螺栓（如适用）］② | CI.PR2 | 挖方 || 10 |
| ||| 贫混凝土 || 2 |
| ||| 基础模板 || 12 |
| ||| 加固 || 25 |
| ||| 基础混凝土浇筑 || 22 |
| ||| 基座/Caliz模板 || 7 |
| ||| 地脚螺栓 || 5 |
| ||| 基座/Caliz混凝土浇筑 || 6 |
| ||| 回填及压实 || 6 |
| ||| QA/QC证书 || 5 |
| 混凝土结构基础 | 结构基础［及地脚螺栓（如适用）］② | CI.ST1 | 挖方 || 10 |
| ||| 贫混凝土 || 2 |
| ||| 基础模板 || 12 |
| ||| 加固 || 25 |
| ||| 基础混凝土浇筑 || 22 |
| ||| 基座模板 || 6 |
| ||| 地脚螺栓 || 7 |
| ||| 基座混凝土浇筑 || 5 |
| ||| 回填及压实 || 6 |
| ||| QA/QC证书 || 5 |
| 混凝土板 | 混凝土板［及地脚螺栓（如适用）］② | CI.SL | 挖方 || 10 |
| ||| 贫混凝土 || 3 |
| ||| 基础模板 || 15 |
| ||| 加固 || 25 |
| ||| 基础混凝土浇筑 || 25 |
| ||| 基座模板 || 4 |
| ||| 地脚螺栓 || 4 |
| ||| 基座混凝土浇筑 || 5 |
| ||| 回填及压实 || 4 |
| ||| QA/QC证书 || 5 |
| 混凝土管轨 | 管墩（管轨） | CI.PT1 | 贫混凝土 || 10 |
| ||| 基础模板 || 30 |
| ||| 加固 || 26 |
| ||| 混凝土浇筑 || 21 |
| ||| 回填及压实 || 3 |
| ||| QA/QC证书 || 5 |

457

续表

| 专业:土建工程 | | | | |
|---|---|---|---|---|
| 类别 | 工作 | 代码 | 工序 | 权重/% |
| 混凝土管轨 | 管墩(预制) | CI.PT2 | 加固 | 35 |
| | | | 模板 | 25 |
| | | | 混凝土浇筑 | 35 |
| | | | QA/QC证书 | 5 |
| | 管墩安装(预浇注) | CI.PT3 | 挖方 | 5 |
| | | | 贫混凝土 | 3 |
| | | | 预浇注管墩定位和找正 | 80 |
| | | | 排水系统 | 2 |
| | | | 回填 | 5 |
| | | | QA/QC证书 | 5 |
| | 管墩(街道和道路) | CI.PT4 | 挖方 | 5 |
| | | | 贫混凝土 | 5 |
| | | | 预浇注管墩定位和找正 | 80 |
| | | | 回填 | 5 |
| | | | QA/QC证书 | 5 |
| 预浇注基础 | 预浇注基础(泵、支架等) | CI.PF | 加固及地脚螺栓 | 44 |
| | | | 模板 | 15 |
| | | | 混凝土浇筑 | 25 |
| | | | 挖方 | 5 |
| | | | 贫混凝土及定位 | 4 |
| | | | 回填及压实 | 2 |
| | | | QA/QC证书 | 5 |
| 混凝土结构 | 主管廊混凝土结构(柱和梁)-灌注 | CI.CS1 | 柱体加固 | 15 |
| | | | 柱体模板 | 27 |
| | | | 柱体混凝土浇筑 | 8 |
| | | | 梁模板 | 11 |
| | | | 梁加固 | 20 |
| | | | 梁混凝土浇筑 | 6 |
| | | | 地脚螺栓 | 8 |
| | | | QA/QC证书 | 5 |
| | 二次管廊混凝土结构(柱和梁)-灌注 | CI.CS2 | 柱体加固 | 15 |
| | | | 柱体模板 | 27 |
| | | | 柱体混凝土浇筑 | 8 |
| | | | 梁模板 | 11 |
| | | | 梁加固 | 20 |
| | | | 梁混凝土浇筑 | 6 |
| | | | 地脚螺栓 | 8 |
| | | | QA/QC证书 | 5 |

续表

| 专业：土建工程 | | | | | |
|---|---|---|---|---|---|
| 类别 | 工作 | 代码 | 工序 | | 权重/% |
| 混凝土结构 | 主管廊混凝土结构（柱和梁）-预浇 | Cl.CS3 | 柱体安装 | | 43 |
| | | | 梁安装 | | 42 |
| | | | 连接 | | 10 |
| | | | QA/QC证书 | | 5 |
| | 二次管廊混凝土结构（柱和梁）-预浇 | Cl.CS4 | 柱体安装 | | 43 |
| | | | 梁安装 | | 42 |
| | | | 连接 | | 10 |
| | | | QA/QC证书 | | 5 |
| | 工艺混凝土结构（柱及梁）-浇注 | Cl.CS5 | 柱体加固 | | 12 |
| | | | 柱体模板 | | 25 |
| | | | 柱体混凝土浇筑 | | 8 |
| | | | 梁模板 | | 14 |
| | | | 梁加固 | | 21 |
| | | | 梁混凝土浇筑 | | 7 |
| | | | 地脚螺栓 | | 8 |
| | | | QA/QC证书 | | 5 |
| | 工艺混凝土结构（柱及梁）-预浇注 | Cl.CS6 | 柱体安装 | | 45 |
| | | | 梁安装 | | 40 |
| | | | 连接 | | 10 |
| | | | QA/QC证书 | | 5 |
| 竖向设备基础 | 竖向设备基础（柱/塔） | Cl.VE | 挖方 | | 13 |
| | | | 贫混凝土 | | 2 |
| | | | 基础模板 | | 8 |
| | | | 加固 | | 15 |
| | | | 基础混凝土浇筑 | | 8 |
| | | | 基座模板 | | 6 |
| | | | 基座加固 | | 26 |
| | | | 地脚螺栓 | | 5 |
| | | | 基座混凝土浇筑 | | 8 |
| | | | 回填及压实 | | 4 |
| | | | QA/QC证书 | | 5 |
| 横向设备基础 | 横向设备基础（容器/换热器） | Cl.HE | 挖方 | | 10 |
| | | | 贫混凝土 | | |
| | | | 基础模板 | | 4 |
| | | | 加固 | | 34 |
| | | | 基础混凝土浇筑 | | 11 |
| | | | 基座模板 | | 12 |
| | | | 基座加固 | | 5 |
| | | | 地脚螺栓 | | 12 |
| | | | 基座混凝土浇筑 | | 5 |
| | | | QA/QC证书 | | 5 |

续表

| 专业:土建工程 ||||||
|---|---|---|---|---|
| 类别 | 工作 | 代码 | 工序 | 权重/% |
| 储罐基础 | 储罐护圈混凝土基础 | CI.TF1 | 挖方 | 16 |
| | | | 贫混凝土 | 3 |
| | | | 基础加固 | 12 |
| | | | 基础模板 | 10 |
| | | | 基础混凝土浇筑 | 12 |
| | | | 护圈加固 | 8 |
| | | | 护圈模板 | 7 |
| | | | 地脚螺栓 | 3 |
| | | | 护圈混凝土浇筑 | 6 |
| | | | 回填及压实 | 5 |
| | | | 罐内沙子回填 | 6 |
| | | | 地面集水坑及沙子-刷漆 | 4 |
| | | | 罐底薄膜衬层 | 3 |
| | | | QA/QC证书 | 5 |
| | 罐基混凝土基础 | CI.TF2 | 挖方 | 18 |
| | | | 贫混凝土 | 2 |
| | | | 基础加固 | 16 |
| | | | 基础模板 | 15 |
| | | | 基础混凝土浇筑 | 18 |
| | | | 地脚螺栓 | 6 |
| | | | 回填及压实 | 5 |
| | | | 罐内沙子回填 | 7 |
| | | | 地面集水坑及沙子-刷漆 | 5 |
| | | | 罐底薄膜衬层 | 3 |
| | | | QA/QC证书 | 5 |
| | 储罐基础(沙子垫层) | CI.TF3 | 挖方 | 23 |
| | | | 贫混凝土 | 5 |
| | | | 预浇注集水池 | 12 |
| | | | 回填及压实 | 20 |
| | | | 储罐基础土工布及高压聚乙烯加长段 | 7 |
| | | | 粗砂 | 8 |
| | | | 碎石 | 8 |
| | | | 砂子沥青 | 12 |
| | | | QA/QC证书 | 5 |

续表

| 专业:土建工程 | | | | | |
|---|---|---|---|---|---|
| 类别 | 工作 | 代码 | 工序 | | 权重/% |
| 动设备基础 | 泵基础 | CI.RE1 | 挖方 | | 10 |
| | | | 贫混凝土 | | 3 |
| | | | 基础模板及加固 | | 48 |
| | | | 地脚螺栓 | | 12 |
| | | | 基础混凝土浇筑 | | 20 |
| | | | 回填及压实 | | 2 |
| | | | QA/QC 证书 | | 5 |
| | 压缩机基础 | CI.RE2 | 挖方 | | 16 |
| | | | 贫混凝土 | | 2 |
| | | | 基础模板 | | 10 |
| | | | 基础加固 | | 20 |
| | | | 基础混凝土浇筑 | | 12 |
| | | | 基座模板 | | 5 |
| | | | 基座加固 | | 5 |
| | | | 地脚螺栓或孔 | | 9 |
| | | | 基座混凝土浇筑 | | 14 |
| | | | 回填及压实 | | 2 |
| | | | QA/QC 证书 | | 5 |
| | 压缩机基础(无基座) | CI.RE3 | 挖方 | | 16 |
| | | | 贫混凝土 | | 2 |
| | | | 基础模板 | | 10 |
| | | | 加固 | | 32 |
| | | | 基础混凝土浇筑 | | 16 |
| | | | 地脚螺栓孔 | | 10 |
| | | | 地脚螺栓 | | 2 |
| | | | 环氧树脂砂浆 | | 5 |
| | | | 回填及压实 | | 2 |
| | | | QA/QC 证书 | | 5 |
| | 蒸汽透平及发电机基础 | CI.RE4 | 挖方 | | 15 |
| | | | 贫混凝土 | | 2 |
| | | | 基础模板 | | 9 |
| | | | 基础加固 | | 15 |
| | | | 基础混凝土浇筑 | | 14 |
| | | | 基座模板 | | 6 |
| | | | 基座加固 | | 9 |
| | | | 地脚螺栓或孔 | | 8 |
| | | | 基座混凝土浇筑 | | 15 |
| | | | 回填和压实 | | 2 |
| | | | QA/QC 证书 | | 5 |

续表

| 专业:土建工程 ||||||
|---|---|---|---|---|---|
| 类别 | 工作 || 代码 | 工序 | 权重/% |
| 加热炉基础 | 加热炉基础 || CI.HF | 挖方 | 15 |
| | | | | 贫混凝土 | 2 |
| | | | | 基础模板 | 8 |
| | | | | 基础加固 | 44 |
| | | | | 基础混凝土浇筑 | 11 |
| | | | | 回填和压实 | 2 |
| | | | | 基座及梁模板 | 4 |
| | | | | 基座和梁加固 | 5 |
| | | | | 地脚螺栓 | 2 |
| | | | | 基座和梁混凝土浇筑 | 2 |
| | | | | QA/QC证书 | 5 |
| 锅炉基础 | 锅炉基础 || CI.BF | 挖方 | 15 |
| | | | | 贫混凝土 | 2 |
| | | | | 基础模板 | 8 |
| | | | | 基础加固 | 44 |
| | | | | 基础混凝土浇筑 | 11 |
| | | | | 回填和压实 | 2 |
| | | | | 基座及梁模板 | 4 |
| | | | | 基座和梁加固 | 5 |
| | | | | 地脚螺栓 | 2 |
| | | | | 基座和梁混凝土浇筑 | 2 |
| | | | | QA/QC证书 | 5 |
| 撬装或成套设备基础 | 撬装或成套设备基础 || CI.PE | 挖方 | 2 |
| | | | | 贫混凝土 | 3 |
| | | | | 模板 | 13 |
| | | | | 加固 | 33 |
| | | | | 台架锚栓或锚栓孔 | 10 |
| | | | | 混凝土浇筑 | 32 |
| | | | | 回填和压实 | 2 |
| | | | | QA/QC证书 | 5 |
| 其他基础 | 组合基础 || CI.MF | 工序③ | |
| 地坑及集水池 | 地坑及集水池 || CI.PS1 | 挖方 | 10 |
| | | | | 贫混凝土 | 2 |
| | | | | 基础加固 | 5 |
| | | | | 基础模板 | 2 |
| | | | | 基础混凝土浇筑 | 3 |
| | | | | 墙体加固和模板 | 26 |
| | | | | 墙体混凝土浇筑 | 12 |
| | | | | 墙体表面处理和检漏 | 18 |
| | | | | 盖子-安装 | 8 |
| | | | | 刷漆 | 5 |
| | | | | 回填和压实 | 4 |
| | | | | QA/QC证书 | 5 |

续表

| 专业:土建工程 ||||||
|---|---|---|---|---|---|
| 类别 | 工作 | 代码 | 工序 || 权重/% |
| 水池 | 水池 | CI.PS2 | 挖方 || 15 |
| | | | 贫混凝土 || 2 |
| | | | 基础加固和模板 || 10 |
| | | | 基座混凝土浇筑 || 10 |
| | | | 墙体加固和模板 || 18 |
| | | | 墙体混凝土浇筑 || 12 |
| | | | 防酸表面处理 || 5 |
| | | | 刷漆 || 5 |
| | | | 盖子-安装 || 12 |
| | | | 回填和压实 || 6 |
| | | | QA/QC证书 || 5 |
| 明沟 | 混凝土明沟 | CI.OT | 挖方 || 8 |
| | | | 贫混凝土 || 2 |
| | | | 加固 || 22 |
| | | | 模板 || 18 |
| | | | 混凝土浇筑 || 25 |
| | | | 接缝和表面处理 || 8 |
| | | | 回填和压实 || 5 |
| | | | 箅子板 || 7 |
| | | | QA/QC证书 || 5 |
| 有盖管沟 | 有盖混凝土管沟 | CI.CT1 | 挖方 || 5 |
| | | | 贫混凝土 || 2 |
| | | | 加固和角钢架 || 25 |
| | | | 模板 || 15 |
| | | | 混凝土浇筑 || 22 |
| | | | 预浇注盖子 || 11 |
| | | | 接缝、盖子刷漆和表面处理 || 7 |
| | | | 回填和压实 || 6 |
| | | | 盖子安装 || 2 |
| | | | QA/QC证书 || 5 |
| | 地下土沟(挖方及回填) | CI.CT2 | 挖方 || 40 |
| | | | 回填 || 50 |
| | | | QA/QC证书 || 10 |
| | 地下土沟(挖方及砂子垫层) | CI.CT3 | 挖方 || 45 |
| | | | 砂垫层/盖子 || 35 |
| | | | 回填和压实 || 15 |
| | | | QA/QC证书 || 5 |

续表

| 专业:土建工程 ||||||
|---|---|---|---|---|---|
| 类别 | 工作 || 代码 | 工序 | 权重/% |
| 灌浆 | 灌浆(结构及设备) || CI.GT | 灌浆 | 90 |
|  |  ||  | QA/QC 证书 | 10 |
| 回填 | 回填 || CI.BA | 回填 | 90 |
|  |  ||  | QA/QC 证书 | 10 |
| 挖方 | 挖方 || CI.EXF | 挖方 | 90 |
|  |  ||  | QA/QC 证书 | 10 |
| 排水井 | 预浇注排水井及集水池 || CI.PD | 加固 | 25 |
|  |  ||  | 模板 | 25 |
|  |  ||  | 混凝土浇筑 | 35 |
|  |  ||  | 检漏 | 5 |
|  |  ||  | 刷漆 | 5 |
|  |  ||  | QA/QC 证书 | 5 |
|  | 排水井安装(预浇注) || CI.DM1 | 挖方 | 7 |
|  |  ||  | 抵达现场 | 3 |
|  |  ||  | 贫混凝土 | 15 |
|  |  ||  | 安装 | 40 |
|  |  ||  | 检漏 | 5 |
|  |  ||  | 刷漆 | 5 |
|  |  ||  | 回填及压实 | 15 |
|  |  ||  | 盖子(预浇注)安装 | 5 |
|  |  ||  | QA/QC 证书 | 5 |
|  | 排水井(灌注) || CI.DM2 | 挖方 | 15 |
|  |  ||  | 贫混凝土 | 2 |
|  |  ||  | 基础加固 | 5 |
|  |  ||  | 基础模板 | 2 |
|  |  ||  | 基础混凝土浇筑 | 5 |
|  |  ||  | 墙体混凝土及模板 | 22 |
|  |  ||  | 墙体混凝土浇筑 | 12 |
|  |  ||  | 墙体表面处理和检漏 | 15 |
|  |  ||  | 盖子(预浇注)安装 | 7 |
|  |  ||  | 油漆 | 5 |
|  |  ||  | 回填和压实 | 4 |
|  |  ||  | 排气口安装 | 1 |
|  |  ||  | QA/QC 证书 | 5 |

续表

| 专业:土建工程 ||||||
|---|---|---|---|---|
| 类别 | 工作 | 代码 | 工序 | 权重/% |
| 排水 | 排水(雨水/油性水/污水) | CI.DR | 挖方 | 15 |
| | | | 检查井加固 | 20 |
| | | | 检查井模板 | 15 |
| | | | 检查井混凝土浇筑 | 20 |
| | | | 净砂回填 | 5 |
| | | | 检查井安装 | 8 |
| | | | 刷漆 | 5 |
| | | | 回填及压实 | 5 |
| | | | 检查井井盖安装 | 2 |
| | | | QA/QC证书 | 5 |
| 地下系统 | 接地网 | CI.GR | 挖方 | 25 |
| | | | 接地安装 | 50 |
| | | | 测试 | 15 |
| | | | 回填 | 5 |
| | | | QA/QC证书 | 5 |
| | 地下系统-土建工程 | CI.UG1 | 挖方 | 40 |
| | | | 砂子基层 | 25 |
| | | | 回填 | 30 |
| | | | QA/QC证书 | 5 |
| | 地下系统-管道安装[④] | CI.UG2 | 挖方 | 25 |
| | | | 砂子垫层 | 5 |
| | | | 管道安装 | 20 |
| | | | 连接 | 15 |
| | | | 将管道固定到检查井/集水池 | 6 |
| | | | 检漏 | 2 |
| | | | 砂子覆层 | 6 |
| | | | 回填及压实 | 16 |
| | | | QA/QC证书 | 5 |
| | 地下工艺管 | CI.UG3 | 挖方 | 10 |
| | | | 贫混凝土 | 2 |
| | | | 加固及钢构件预埋 | 18 |
| | | | 模板 | 25 |
| | | | 混凝土浇筑 | 15 |
| | | | 接缝及表面处理 | 5 |
| | | | 回填及压实 | 5 |
| | | | 篦子板盖 | 15 |
| | | | QA/QC证书 | 5 |

续表

| 专业:土建工程 | | | | |
|---|---|---|---|---|
| 类别 | 工作 | 代码 | 工序 | 权重/% |
| 废液池 | 废液池施工 | CI.PZ | 挖方 | 10 |
| | | | 现场平整 | 15 |
| | | | 防水膜安装 | 30 |
| | | | 烟囱和火嘴安装 | 40 |
| | | | 区域清理 | 5 |
| 船坞 | 疏浚 | CI.DO1 | 疏浚 | 100 |
| | 预浇混凝土预制 | CI.DO2 | 加固 | 25 |
| | | | 模板 | 30 |
| | | | 混凝土浇筑 | 40 |
| | | | QA/QC证书 | 5 |
| | 打桩 | CI.DO3 | 制备、切割和焊接 | 28 |
| | | | 打桩 | 35 |
| | | | 加固及安装 | 18 |
| | | | 混凝土浇筑 | 14 |
| | | | QA/QC证书 | 5 |
| | 引桥 | CI.DO4 | 氯丁橡胶条安装 | 5 |
| | | | 预制梁安装 | 12 |
| | | | 贫混凝土 | 7 |
| | | | 预制板安装 | 14 |
| | | | 预制预浇梁安装 | 12 |
| | | | 模板加固及混凝土浇筑顶板 | 17 |
| | | | 伸缩缝和收尾工程 | 18 |
| | | | 资产安装 | 10 |
| | | | QA/QC证书 | 5 |
| | 系船柱 | CI.DO5 | 模板-加固及混凝土浇筑系船柱 | 55 |
| | | | 钢结构安装-系船柱连接 | 30 |
| | | | 系船柱挂钩安装 | 10 |
| | | | QA/QC证书 | 5 |
| | 装料平台 | CI.DO6 | 预制板安装 | 20 |
| | | | 锚板安装 | 30 |
| | | | 预制预浇梁安装 | 20 |
| | | | 模板加固及混凝土浇筑压缩层 | 25 |
| | | | QA/QC证书 | 5 |
| | 钢通道 | CI.DO7 | 基础制备 | 10 |
| | | | 通道制配和安装 | 65 |
| | | | 收尾工程 | 20 |
| | | | QA/QC证书 | 5 |

续表

| 类别 | 工作 | 代码 | 工序 | 权重/% |
|---|---|---|---|---|
| 堤坝 | 混凝土堤坝 | CI.BW1 | 挖方 | 14 |
| | | | 贫混凝土 | 2 |
| | | | 加固 | 20 |
| | | | 模板 | 26 |
| | | | 混凝土浇筑 | 20 |
| | | | 回填及压实 | 5 |
| | | | 墙管连接 | 4 |
| | | | 集水池 | 4 |
| | | | QA/QC 证书 | 5 |
| | 土堤坝 | CI.BW2 | 挖方 | 10 |
| | | | 回填及压实 | 45 |
| | | | 护坡 | 40 |
| | | | QA/QC 证书 | 5 |
| 管廊 | 管廊(及管道安装) | CI.DB | 挖方 | 10 |
| | | | 贫混凝土 | 2 |
| | | | 塑料管安装(及垫片) | 28 |
| | | | 模板 | 25 |
| | | | 混凝土浇筑 | 20 |
| | | | 回填及压实 | 10 |
| | | | QA/QC 证书 | 5 |
| 涵洞 | 涵洞 | CI.CU | 挖方 | 5 |
| | | | 贫混凝土 | 2 |
| | | | 基础加固及模板 | 9 |
| | | | 基础混凝土浇筑 | 7 |
| | | | 墙体加固 | 13 |
| | | | 墙体模板 | 12 |
| | | | 墙体混凝土浇筑 | 7 |
| | | | 刷漆 | 5 |
| | | | 回填及压实 | 5 |
| | | | 混凝土盖子及安装 | 30 |
| | | | QA/QC 证书 | 5 |
| 旋梯及小基础 | 旋梯及小基础 | CI.SF | 挖方 | 10 |
| | | | 聚乙烯膜 | 2 |
| | | | 加固 | 25 |
| | | | 模板 | 10 |
| | | | 混凝土浇筑 | 40 |
| | | | 接缝、表面处理及刷漆 | 8 |
| | | | QA/QC 证书 | 5 |

续表

| 专业:土建工程 ||||||
|---|---|---|---|---|---|
| 类别 | 工作 || 代码 | 工序 | 权重/% |
| 铺面 | 混凝土铺面 || CI.PV1 | 挖方 | 10 |
| | | | | 聚乙烯膜 | 2 |
| | | | | 加固 | 25 |
| | | | | 模板 | 10 |
| | | | | 混凝土浇筑 | 40 |
| | | | | 接缝及表面处理 | 8 |
| | | | | QA/QC证书 | 5 |
| | 碎石铺面 || CI.PV2 | 调平及基础滚压 | 55 |
| | | | | 碎石覆盖层 | 40 |
| | | | | QA/QC证书 | 5 |
| 道路 | 沥青道路 || CI.RD1 | 挖方 | 15 |
| | | | | 地基 | 27 |
| | | | | 基础 | 26 |
| | | | | 粘接层 | 11 |
| | | | | 面层 | 14 |
| | | | | 道路标识和符号 | 2 |
| | | | | QA/QC证书 | 5 |
| | 混凝土道路 || CI.RD.2 | 挖方 | 15 |
| | | | | 地基 | 27 |
| | | | | 基础 | 26 |
| | | | | 混凝土 | 25 |
| | | | | 道路标识和符号 | 2 |
| | | | | QA/QC证书 | 5 |
| | 土路 || CI.RD3 | 挖方 | 12 |
| | | | | 地基 | 30 |
| | | | | 基础 | 42 |
| | | | | 表面处理 | 9 |
| | | | | 符号 | 2 |
| | | | | QA/QC证书 | 5 |

| 专业:土建工程-建筑物(电气内容-防爆) |||||
|---|---|---|---|---|
| 工作 | 代码 | 工序 | 权重/% | 权重/% |
| 钢筋混凝土基础 | BU.BR.FO | 挖方 | 16 | 19 |
| | | 贫混凝土 | 11 | |
| | | 基础模板 | 16 | |
| | | 基础钢筋 | 22 | |
| | | 基础钢筋混凝土 | 32 | |
| | | QA/QC证书 | 3 | |

续表

| 专业:土建工程-建筑物(电气内容-防爆) ||||||
|---|---|---|---|---|---|
| 工作 | 代码 | 工序 | 权重/% | 权重/% ||
| 钢筋混凝土电缆通道 | BU.BR.CG | 电缆通道柱及梁模板 | 10 | 13 |
| | | 电缆通道柱及梁钢筋 | 10 | |
| | | 电缆通道柱及梁中的钢筋混凝土 | 17 | |
| | | 电缆通道墙体模板 | 20 | |
| | | 电缆通道墙体钢筋 | 17 | |
| | | 电缆通道墙体钢筋混凝土 | 23 | |
| | | QA/QC证书 | 3 | |
| 钢筋混凝土结构 | BU.BR.CS | 电气室混凝土板模板 | 7 | 26 |
| | | 电气室混凝土板钢筋 | 7 | |
| | | 电气室混凝土板钢筋混凝土 | 10 | |
| | | 电缆通道铺面 | 7 | |
| | | 电气室柱梁模板 | 10 | |
| | | 电气室柱梁钢筋 | 5 | |
| | | 电气室柱梁钢筋混凝土 | 7 | |
| | | 电气室墙体模板 | 15 | |
| | | 电气室墙体钢筋 | 13 | |
| | | 电气室墙体钢筋混凝土 | 16 | |
| | | QA/QC证书 | 3 | |
| 钢筋混凝土房顶 | BU.BR.CR | 房顶混凝土板模板 | 27 | 12 |
| | | 房顶混凝土板钢筋 | 35 | |
| | | 房顶混凝土板钢筋混凝土 | 35 | |
| | | QA/QC证书 | 3 | |
| 建筑 | BU.BR.AR | 内部隔墙(CMU砌块) | 13 | 28 |
| | | 墙体保温 | 25 | |
| | | 外墙刷漆(砂子和水泥) | 13 | |
| | | 排水系统(下水道、生活用水下水管等) | 3 | |
| | | 变电站系统(照明、电力等) | 4 | |
| | | 木制品防爆金属件 | 13 | |
| | | 耐酸瓷砖 | 7 | |
| | | 外部旋梯结构/护栏 | 3 | |
| | | 墙体和天棚刷漆及表面处理 | 11 | |
| | | 房顶(包括防水和保温) | 3 | |
| | | 家具和门 | 2 | |
| | | QA/QC证书 | 3 | |
| 接地 | BU.BR.GR | 接地网 | 95 | 2 |
| | | QA/QC证书 | 5 | |

469

续表

| 专业：土建工程-建筑物（变电站） | | | | |
|---|---|---|---|---|
| 工作 | 代码 | 工序 | 权重/% | 权重/% |
| 钢筋混凝土基础 | BU.SS.FO | 挖方 | 15 | 19 |
| | | 贫混凝土 | 11 | |
| | | 基础模板 | 19 | |
| | | 基础钢筋 | 22 | |
| | | 基础钢筋混凝土 | 30 | |
| | | QA/QC证书 | 3 | |
| 钢筋混凝土电缆通道 | BU.SS.CG | 电缆通道柱梁模板 | 28 | 13 |
| | | 电缆通道柱梁钢筋 | 28 | |
| | | 电缆通道柱梁钢筋混凝土 | 41 | |
| | | QA/QC证书 | 3 | |
| 钢筋混凝土结构 | BU.SS.CS | 电气室混凝土板模板 | 14 | 26 |
| | | 电气室混凝土板钢筋 | 16 | |
| | | 电气室混凝土板钢筋混凝土 | 15 | |
| | | 电缆通道铺面 | 14 | |
| | | 电气室柱梁模板 | 14 | |
| | | 电气室柱梁钢筋 | 11 | |
| | | 电气室柱梁钢筋混凝土 | 13 | |
| | | QA/QC证书 | 3 | |
| 钢筋混凝土房顶 | BU.SS.CR | 房顶混凝土板模板 | 27 | 12 |
| | | 房顶混凝土板钢筋 | 40 | |
| | | 房顶混凝土板钢筋混凝土 | 30 | |
| | | QA/QC证书 | 3 | |
| 建筑 | BU.SS.AR | 电缆通道墙体模板 | 4 | 28 |
| | | 电缆通道墙体钢筋 | 4 | |
| | | 电缆通道墙体钢筋混凝土 | 5 | |
| | | 电气室墙体模板 | 5 | |
| | | 电气室墙体钢筋 | 4 | |
| | | 电气室墙体钢筋混凝土 | 5 | |
| | | 内部隔墙（CMU砌块） | 10 | |
| | | 墙体保温 | 18 | |
| | | 排水系统（下水道、生活用水下水管等） | 2 | |
| | | 变电站系统（照明、电力等） | 4 | |
| | | 外墙刷漆（砂子和水泥） | 8 | |
| | | 木制品防爆金属件 | 8 | |
| | | 耐酸瓷砖 | 5 | |
| | | 外部旋梯结构/护栏 | 2 | |
| | | 墙体及天花板刷漆和表面处理 | 9 | |
| | | 房顶（包括防水和保温） | 2 | |
| | | 家具和门 | 2 | |
| | | QA/QC证书 | 3 | |
| 接地 | BU.SS.GR | 接地网 | 95 | 2 |
| | | QA/QC证书 | 5 | |

续表

| 专业：土建工程-建筑物（变压器） | | | | |
|---|---|---|---|---|
| 工作 | 代码 | 工序 | 权重/% | 权重/% |
| 钢筋混凝土基础 | BU.TR.CS | 挖方 | 9 | 52 |
| | | 基础模板（电缆沟） | 11 | |
| | | 基础钢筋（电缆沟） | 15 | |
| | | 基础钢筋混凝土（电缆沟） | 13 | |
| | | 基础模板（变压器底座） | 14 | |
| | | 基础钢筋（变压器底座） | 22 | |
| | | 基础钢筋混凝土（变压器底座） | 13 | |
| | | QA/QC 证书 | 3 | |
| 钢筋混凝土板 | BU.TR.SL | 钢筋混凝土板模板 | 24 | 30 |
| | | 钢筋混凝土用钢筋 | 38 | |
| | | 钢筋混凝土板所用的钢筋混凝土 | 35 | |
| | | QA/QC 证书 | 3 | |
| 建筑 | BU.TR.AR | 排水系统（油、水等） | 5 | 16 |
| | | 镀锌管格子板平台 | 27 | |
| | | 隔火墙 | 26 | |
| | | 外部旋梯结构 | 7 | |
| | | 外部旋梯护栏 | 3 | |
| | | 变电站系统（照明、电力等） | 2 | |
| | | 大小均匀的石料 | 19 | |
| | | 墙体刷漆及表面处理 | 6 | |
| | | 铁丝网和门（围栏） | 2 | |
| | | QA/QC 证书 | 3 | |
| 接地 | BU.TR.GR | 接地网 | 95 | 2 |
| | | QA/QC 证书 | 5 | |

| 专业：土建工程-建筑物（控制室） | | | | |
|---|---|---|---|---|
| 工作 | 代码 | 工序 | 权重/% | 权重/% |
| 钢筋混凝土基础 | BU.CT.FO | 挖方 | 14 | 20 |
| | | 贫混凝土 | 11 | |
| | | 基础模板 | 22 | |
| | | 基础钢筋 | 25 | |
| | | 基础钢筋混凝土 | 25 | |
| | | QA/QC 证书 | 3 | |
| 钢筋混凝土结构 | BU.CT.CS | 柱梁模板 | 14 | 40 |
| | | 柱梁钢筋 | 21 | |
| | | 柱梁钢筋混凝土 | 20 | |
| | | 模板墙体 | 16 | |
| | | 钢筋墙体 | 14 | |
| | | 墙体钢筋混凝土 | 2 | |
| | | QA/QC 证书 | 3 | |
| 钢筋混凝土房顶 | BU.CT.CR | 房顶混凝土板模板 | 27 | 10 |
| | | 房顶混凝土板钢筋 | 35 | |
| | | 房顶混凝土板用钢筋混凝土 | 35 | |
| | | QA/QC 证书 | 3 | |

续表

| 专业:土建工程-建筑物(控制室) ||||||
|---|---|---|---|---|---|
| 工作 | 代码 | 工序 | 权重/% | 权重/% ||
| 建筑 | BU.CT.AR | 内部隔墙(CMU砌块) | 10 | 28 |
| | | 墙体保温 | 7 | |
| | | 外墙刷漆(砂子和水泥) | 9 | |
| | | 木制品防爆金属件 | 16 | |
| | | 电池室耐酸瓷砖 | 4 | |
| | | 外部旋梯结构/护栏 | 2 | |
| | | 墙体及天花板刷漆和表面处理 | 10 | |
| | | 房顶(包括防水和保温) | 10 | |
| | | 排水系统(下水道、生活用水下水管等) | 6 | |
| | | 变电站系统(照明、电力等) | 4 | |
| | | 高架地板(数据储存层) | 11 | |
| | | 吸音板吊顶 | 8 | |
| | | QA/QC证书 | 3 | |
| 接地 | BU.CT.GR | 接地网 | 95 | 2 |
| | | QA/QC证书 | 5 | |
| 专业:土建工程-建筑物(预浇) ||||||
| 工作 | 代码 | 工序 | 权重/% | 权重/% |
| 基础 | BU.PC.FO | 挖方 | 12 | 21 |
| | | 贫混凝土 | 10 | |
| | | 混凝土浇筑 | 60 | |
| | | 地面铺装 | 10 | |
| | | 回填工程 | 5 | |
| | | QA/QC证书 | 3 | |
| 预浇结构安装 | BU.PC.IN | 混凝土柱梁 | 25 | 49 |
| | | 混凝土围墙 | 48 | |
| | | 房顶混凝土板 | 24 | |
| | | QA/QC证书 | 3 | |
| 安装和建筑 | BU.PC.AR | 内部隔墙(CMU砌块) | 10 | 28 |
| | | 墙体保温 | 7 | |
| | | 外墙刷漆(砂子和水泥) | 9 | |
| | | 木制品防爆金属件 | 16 | |
| | | 电池室耐酸瓷砖 | 4 | |
| | | 外部旋梯结构/护栏 | 2 | |
| | | 墙体及天花板刷漆和表面处理 | 10 | |
| | | 房顶(包括防水和保温) | 10 | |
| | | 排水系统(下水道、生活用水下水管等) | 6 | |
| | | 变电站系统(照明、电力等) | 4 | |
| | | 高架地板(数据储存层) | 11 | |
| | | 吸音板吊顶 | 8 | |
| | | QA/QC证书 | 3 | |
| 接地 | BU.PC.GR | 接地网 | 95 | 2 |
| | | QA/QC证书 | 5 | |

续表

| 专业:土建工程-建筑物(其他) ||||||
|---|---|---|---|---|---|
| 工作 | 代码 | 工序 | 权重/% | 权重/% ||
| 混凝土基础 | BU.OT.FO | 挖方 | | 根据建筑形式确定 ||
| ^ | ^ | 贫混凝土 | | ^ ||
| ^ | ^ | 混凝土基础 | | ^ ||
| ^ | ^ | QA/QC证书 | | ^ ||
| 混凝土结构 | BU.OT.CS | 混凝土柱 | | ^ ||
| ^ | ^ | 回填工程 | | ^ ||
| ^ | ^ | 混凝土围墙 | | ^ ||
| ^ | ^ | 首层混凝土板 | | ^ ||
| ^ | ^ | QA/QC证书 | | ^ ||
| 安装及建筑 | BU.OT.AR | 房顶混凝土板 | | ^ ||
| ^ | ^ | 采暖通风空调用混凝土板 | | ^ ||
| ^ | ^ | 砌块 | | ^ ||
| ^ | ^ | 钢结构工程 | | ^ ||
| ^ | ^ | 门窗 | | ^ ||
| ^ | ^ | 过梁工程 | | ^ ||
| ^ | ^ | 金属工程(护栏、梯子) | | ^ ||
| ^ | ^ | 石膏工程 | | ^ ||
| ^ | ^ | 房顶防水 | | ^ ||
| ^ | ^ | 电气工程 | | ^ ||
| ^ | ^ | 抹灰工程 | | ^ ||
| ^ | ^ | 包覆工程 | | ^ ||
| ^ | ^ | 乙烯树脂工程 | | ^ ||
| ^ | ^ | 天花板工程 | | ^ ||
| ^ | ^ | 其他地面表面处理 | | ^ ||
| ^ | ^ | 墙体表面处理 | | ^ ||
| ^ | ^ | 仪表工程 | | ^ ||
| ^ | ^ | 卫生工程 | | ^ ||
| ^ | ^ | 消防工程 | | ^ ||
| ^ | ^ | 刷漆工程 | | ^ ||
| ^ | ^ | 围墙工程 | | ^ ||
| ^ | ^ | QA/QC证书 | | ^ ||
| 专业:机电工程-(采暖通风空调安装) ||||||
| 工作 | 代码 | 工序 | 权重/% | 权重/% ||
| 采暖通风空调安装 | HV.IN | 风管安装 | 25 | 95 ||
| ^ | ^ | 制冷管安装 | 16 | ^ ||
| ^ | ^ | 风管及管道保温 | 8 | ^ ||
| ^ | ^ | 采暖通风空调控制盘和现场设备 | 12 | ^ ||
| ^ | ^ | 穿线管和电缆铺设 | 10 | ^ ||
| ^ | ^ | 主设备安装及连接 | 12 | ^ ||
| ^ | ^ | 插座安装 | 4 | ^ ||
| ^ | ^ | 配电盘安装 | 6 | ^ ||
| ^ | ^ | 次要设备安装 | 4 | ^ ||
| ^ | ^ | QA/QC证书 | 3 | ^ ||

续表

| 专业:机电工程-(采暖通风空调安装) ||||||
|---|---|---|---|---|---|
| 工作 | 代码 | 工序 || 权重/% | 权重/% |
| 采暖通风空调测试 | HV.HT | 整改项目清单 || 15 | 5 |
| ^ | ^ | 压力系统试验 || 24 | ^ |
| ^ | ^ | 通风系统试验 || 20 | ^ |
| ^ | ^ | 冷却系统试验 || 36 | ^ |
| ^ | ^ | QA/QC证书 || 5 | ^ |

① 如采用其他平整方式，应指明相关细节。
② 如果"地脚螺栓"工序不适用，应将相应的权重合计到连续的工序中。
③ 其他基础的工作工序将根据基础类别进行修改。
④ 参见塑料管部分。如采用钢管，见"管道专业"。
注：1. 如采用沥青漆，其权重应为5%。该权重根据其他工作工序按比例减少。
2. QA/QC证书权重（5%）包括整改清单完成情况（如有要求）。

### 11.5.2 钢结构安装（不包括平台和梯子）及机械设备安装（不包括在线设备）

如表3-11-2所示。

表3-11-2 钢结构安装及机械设备安装系统分解要求

| 专业:钢结构制配 ||||||
|---|---|---|---|---|---|
| 类别 | 工作 | 代码 | 工序 | 权重/% | 权重/% |
| 钢结构制配 | 制配图 | ST.FB1 | 收到制配图 | 60 | 20 |
| ^ | ^ | ^ | 批准制配图 | 40 | ^ |
| ^ | 钢结构预制 | ST.FB2 | 原料储存 | 19 | 60 |
| ^ | ^ | ^ | 下料 | 19 | ^ |
| ^ | ^ | ^ | 焊接 | 29 | ^ |
| ^ | ^ | ^ | 刷漆 | 14 | ^ |
| ^ | ^ | ^ | 电镀 | 14 | ^ |
| ^ | ^ | ^ | QA/QC证书 | 5 | ^ |
| ^ | 钢结构交付 | ST.FB3 | 现场交货 | 50 | 20 |
| ^ | ^ | ^ | 安装材料 | 50 | ^ |
| 专业:钢结构 ||||||
| 类别 | 工作 | 代码 | 工序 | 权重/% | 权重/% |
| 管廊 | 管廊 | ST.PR | 基础制备和垫铁 | 10 | |
| ^ | ^ | ^ | 框架预装配 | 30 | |
| ^ | ^ | ^ | 框架安装 | 26 | |
| ^ | ^ | ^ | 找正和把紧 | 24 | |
| ^ | ^ | ^ | 灌浆 | 5 | |
| ^ | ^ | ^ | QA/QC证书 | 5 | |

续表

| 类别 | 工作 | 代码 | 工序 | 权重/% |
|---|---|---|---|---|
| 设备结构 | 设备支撑结构 | ST.EQ1 | 基础制备和垫铁 | 10 |
| | | | 主框架安装 | 50 |
| | | | 找正和把紧 | 30 |
| | | | 灌浆 | 5 |
| | | | QA/QC证书 | 5 |
| | 支座结构(设备地面支撑) | ST.EQ2 | 基础制备和垫铁 | 19 |
| | | | 支座安装 | 61 |
| | | | 找正和把紧 | 15 |
| | | | QA/QC证书 | 5 |
| 平台 | 平台,梯子和扶手(设备结构、管廊、空冷器等) | ST.PL | 预组装(框架及格子板) | 40 |
| | | | 平台安装 | 30 |
| | | | 扶手/梯子安装 | 15 |
| | | | 表面处理(螺栓/找正/把紧) | 10 |
| | | | QA/QC证书 | 5 |
| 结构、旋梯、通道及地面 | 楼梯间及类似结构 | ST.SP | 基础制备和垫铁 | 10 |
| | | | 结构安装 | 35 |
| | | | 表面处理(螺栓/找正/把紧) | 13 |
| | | | 支梁安装 | 20 |
| | | | 格子板/踏步安装 | 6 |
| | | | 扶手 | 6 |
| | | | 灌浆 | 5 |
| | | | QA/QC证书 | 5 |
| 其他 | 其他 钢结构(专用管架、场地管架及次要结构) | ST.MS | 基础制备 | 10 |
| | | | 结构安装 | 65 |
| | | | 表面处理(螺栓/找正/把紧) | 20 |
| | | | QA/QC证书 | 5 |
| 护棚及库房 | 护棚及库房-结构 | ST.SH1 | 基础制备和垫铁 | 15 |
| | | | 结构安装 | 60 |
| | | | 表面处理(螺栓/找正/把紧) | 20 |
| | | | QA/QC证书 | 5 |
| | 护棚及库房-房顶及墙体包覆 | STSH2 | 檩条安装 | 30 |
| | | | 覆板安装 | 55 |
| | | | 表面处理(檐沟及下水管) | 10 |
| | | | QA/QC证书 | 5 |

续表

| 类别 | 工作 | 代码 | 工序 | 权重/% | 权重/% |
|---|---|---|---|---|---|
| 专业:机械设备安装 | | | | | |
| 重型设备吊装 | 重型设备吊装① | ME.HL | 基础制备和垫铁 | 5 | 95 |
| | | | 重型设备吊装计划 | 5 | |
| | | | 主吊车抵达现场 | 15 | |
| | | | 辅助吊车抵达现场 | 10 | |
| | | | 主吊车准备吊装 | 15 | |
| | | | 辅助吊车准备吊装 | 5 | |
| | | | 吊装演练、垫铁和找正 | 30 | |
| | | | 主吊车退场 | 5 | |
| | | | 灌浆 | 5 | |
| | | | QA/QC 证书 | 5 | |
| 立式容器 | 立式容器 | ME.VV1 | 基础制备和垫铁 | 5 | 95 |
| | | | 安装 | 65 | |
| | | | 找正 | 20 | |
| | | | 灌浆 | 5 | |
| | | | QA/QC 证书 | 5 | |
| | 立式容器(及保温和防火) | ME.VV2 | 基础制备和垫铁 | 5 | 95 |
| | | | 安装 | 45 | |
| | | | 找正 | 20 | |
| | | | 灌浆 | 5 | |
| | | | 保温 | 10 | |
| | | | 防火 | 10 | |
| | | | QA/QC 证书 | 5 | |
| 卧式容器 | 卧式容器 | ME.HV1 | 基础制备和垫铁 | 10 | 95 |
| | | | 安装 | 55 | |
| | | | 找正 | 25 | |
| | | | 灌浆 | 5 | |
| | | | QA/QC 证书 | 5 | |
| | 卧式容器(及保温和防火) | ME.HV2 | 基础制备和垫铁 | 10 | 95 |
| | | | 安装 | 35 | |
| | | | 找正 | 25 | |
| | | | 灌浆 | 5 | |
| | | | 保温 | 10 | |
| | | | 防火 | 10 | |
| | | | QA/QC 证书 | 5 | |

续表

| 类别 | 工作 | 代码 | 工序 | 权重/% | 权重/% |
|---|---|---|---|---|---|
| 压缩机 | 备用压缩机及电机 | ME.CO1 | 基础制备和垫铁 | 5 | 95 |
| | | | 主设备安装 | 40 | |
| | | | 辅助设备安装 | 20 | |
| | | | 初步找正和灌浆 | 5 | |
| | | | 连接 | 20 | |
| | | | 最终找正 | 5 | |
| | | | QA/QC证书 | 5 | |
| | 离心压缩机及电机 | ME.CO2 | 基础制备和垫铁 | 5 | 95 |
| | | | 主设备安装 | 40 | |
| | | | 辅助 设备安装 | 25 | |
| | | | 初步找正和灌浆 | 10 | |
| | | | 连接 | 10 | |
| | | | 最终找正 | 5 | |
| | | | QA/QC证书 | 5 | |
| | 离心压缩机及透平驱动设施 | ME.CO3 | 基础制备和垫铁 | 2 | 95 |
| | | | 压缩机安装 | 14 | |
| | | | 透平驱动设施安装 | 18 | |
| | | | 初步找正和灌浆 | 10 | |
| | | | 辅助压缩机设备安装 | 17 | |
| | | | 辅助透平设备安装 | 17 | |
| | | | 连接 | 10 | |
| | | | 最终找正 | 7 | |
| | | | QA/QC证书 | 5 | |
| 塔、反应器及塔器 | 塔、反应器及塔器 | ME.TO1 | 基础制备及垫铁 | 5 | 95 |
| | | | 设备安装 | 77 | |
| | | | 找正 | 10 | |
| | | | 灌浆 | 3 | |
| | | | QA/QC证书 | 5 | |
| | 塔、反应器及塔器（及保温和防火） | ME.TO2 | 基础制备及垫铁 | 5 | 95 |
| | | | 设备安装 | 55 | |
| | | | 找正 | 10 | |
| | | | 灌浆 | 5 | |
| | | | 保温 | 10 | |
| | | | 防火 | 10 | |
| | | | QA/QC证书 | 5 | |
| | 塔、反应器及塔器（及内件安装） | ME.TO3 | 基础制备及垫铁 | 5 | 95 |
| | | | 设备安装 | 40 | |
| | | | 内件安装 | 33 | |
| | | | 找正 | 10 | |
| | | | 灌浆 | 5 | |
| | | | 保温 | 2 | |
| | | | QA/QC证书 | 5 | |

续表

| 类别 | 工作 | 代码 | 工序 | 权重/% | 权重/% |
|---|---|---|---|---|---|
| 专业：机械设备安装 | | | | | |
| 换热器 | 换热器 | ME.HE1 | 基础制备及垫铁 | 10 | 95 |
| | | | 设备安装 | 55 | |
| | | | 找正 | 25 | |
| | | | 灌浆 | 5 | |
| | | | QA/QC 证书 | 5 | |
| | 换热器（及保温和防火） | ME.HE2 | 基础制备及垫铁 | 10 | 95 |
| | | | 设备安装 | 50 | |
| | | | 找正 | 10 | |
| | | | 灌浆 | 5 | |
| | | | 保温 | 10 | |
| | | | 防火 | 10 | |
| | | | QA/QC 证书 | 5 | |
| | 换热器-板 | ME.HE3 | 基础制备及垫铁 | 5 | 95 |
| | | | 设备安装 | 65 | |
| | | | 找正 | t 20 | |
| | | | 灌浆 | 5 | |
| | | | QA/QC 证书 | 5 | |
| 空冷器 | 空冷器预装配 | ME.AC1 | 钢结构支座预装配 | 20 | 95 |
| | | | 增压室安装 | 10 | |
| | | | 风机及电机安装 | 10 | |
| | | | 管束安装 | 25 | |
| | | | 百叶安装 | 20 | |
| | | | 找正 | 10 | |
| | | | QA/QC 证书 | 5 | |
| | 空冷器安装 | ME.AC2 | 基础制备及垫铁 | 15 | 95 |
| | | | 空冷器安装 | 70 | |
| | | | 找正 | 10 | |
| | | | QA/QC 证书 | 5 | |
| 立式泵 | 立式泵及电机 | ME.VM1 | 基础制备及垫铁 | 5 | 95 |
| | | | 设备安装 | 60 | |
| | | | 调平及灌浆 | 20 | |
| | | | 辅助设备安装 | 5 | |
| | | | 找正 | 5 | |
| | | | QA/QC 证书 | 5 | |
| | 立式泵及透平驱动设施 | ME.VM2 | 基础制备及垫铁 | 2 | 95 |
| | | | 泵安装 | 15 | |
| | | | 透平驱动设施透平驱动设施安装 | 16 | |
| | | | 初步找正和灌浆 | 10 | |
| | | | 辅助泵设备安装 | 17 | |
| | | | 辅助透平设备安装 | 17 | |
| | | | 连接 | 11 | |
| | | | 找正 | 7 | |
| | | | QA/QC 证书 | 5 | |

续表

| 专业:机械设备安装 ||||||
|---|---|---|---|---|---|
| 类别 | 工作 | 代码 | 工序 | 权重/% | 权重/% |
| 卧式泵 | 卧式泵及电机 | ME.HM1 | 基座制备和垫铁 | 5 | 95 |
| | | | 设备安装 | 45 | |
| | | | 调平及灌浆 | 10 | |
| | | | 辅助设备安装 | 0 | |
| | | | 连接 | 10 | |
| | | | 最终找正 | 5 | |
| | | | QA/QC证书 | 5 | |
| | 卧式泵及透平驱动设施 | ME.HM2 | 基座制备和垫铁 | 2 | 95 |
| | | | 泵安装 | 14 | |
| | | | 撬块透平驱动设施安装 | 18 | |
| | | | 初步找正及灌浆 | 10 | |
| | | | 辅助泵设备安装 | 17 | |
| | | | 辅助透平设备安装 | 17 | |
| | | | 连接 | 10 | |
| | | | 最终找正 | 7 | |
| | | | QA/QC证书 | 5 | |
| 冷却塔 | 冷却塔安装 | ME.CT | 一般性工作 | 6 | 95 |
| | | | 结构及旋梯组装 | 5 | |
| | | | 风机平台和护栏装配 | 6 | |
| | | | FRP总管组装 | 5 | |
| | | | 覆层和隔墙组装 | 7 | |
| | | | 梯子组装 | 5 | |
| | | | 填料组装 | 5 | |
| | | | 分配器组装 | 5 | |
| | | | 除水器组装 | 5 | |
| | | | 机械EQ组装 | 5 | |
| | | | 风机烟囱组装 | 7 | |
| | | | 润滑器组装 | 5 | |
| | | | 疏水井盖/检修用爬梯及机械通道组装 | 5 | |
| | | | 入口百叶组装 | 5 | |
| | | | 仪表工程 | 6 | |
| | | | 电气工程 | 5 | |
| | | | 检漏/内部涂层 | 4 | |
| | | | LPS组装 | 4 | |
| | | | QA/QC证书 | 5 | |

续表

| 类别 | 工作 | 代码 | 工序 | 权重/% | 权重/% |
|---|---|---|---|---|---|
| 专业:机械设备安装 | | | | | |
| 燃烧室和火嘴 | 燃烧室和火嘴 | ME.BR | 基座制备和垫铁 | 5 | 95 |
| | | | 设备安装 | 50 | |
| | | | 耐火材料安装 | 20 | |
| | | | 灌浆 | 15 | |
| | | | 平台和附件 | 5 | |
| | | | QA/QC 证书 | 5 | |
| 塔盘吊车 | 行车 | ME.TC | 轨道安装和调平 | 25 | 95 |
| | | | 设备安装 | 65 | |
| | | | 最终找正 | 5 | |
| | | | QA/QC 证书 | 5 | |
| 焚化炉 | 焚化炉① | ME.IC | 基座制备和垫铁 | 5 | 95 |
| | | | 设备安装 | 90 | |
| | | | QA/QC 证书 | 5 | |
| 蒸汽锅炉 | 蒸汽锅炉① | ME.SB | 基础制备 | 5 | 95 |
| | | | 设备安装 | 90 | |
| | | | QA/QC 证书 | 5 | |
| 成套单元 | 成套单元①② | ME.PA | 基座制备和垫铁 | 5 | 95 |
| | | | 设备安装 | 90 | |
| | | | QA/QC 证书 | 5 | |
| 内件 | 塔及反应器内件 | ME.IN | 材料制备及选型 | 10 | 95 |
| | | | 内件安装 | 85 | |
| | | | 检测和 QA/QC 证书 | 5 | |
| 其他 | 其他 | ME.MC | 设备安装 | 95 | 95 |
| | | | QA/QC 证书 | 5 | |
| 调试 | 静态封闭 | PR.BO1 | 文件档案 | 20 | 5 |
| | | | 静态测试 | 70 | |
| | | | HCS 移交证书 | 5 | |
| | | | QA/QC 证书 | 5 | |
| | 动态封闭 | PR.BO2 | 文件档案 | 20 | 5 |
| | | | 动态测试 | 70 | |
| | | | HCS 移交证书 | 5 | |
| | | | QA/QC 证书 | 5 | |

续表

| 专业:机械/加热炉③ ||||||
|---|---|---|---|---|---|
| 工作 | 代码 | 工序 | 权重/% | 权重/% ||
| 基础制备及垫铁 | ME.FU | 麻面处理及调平 | 50 | 10 ||
| | | 垫铁及测量 | 50 | ||
| 设备安装 | | 辐射段钢结构安装(墙板) | 12 | 40 ||
| | | 辐射段底层安装 | 5 | ||
| | | 管架安装 | 3 | ||
| | | 墙板密封焊 | 2 | ||
| | | 辐射段耐火层敷设 | 17 | ||
| | | 辐射段平台、旋梯、梯子、通道和护栏 | 8 | ||
| | | 炉顶安装及焊接 | 2 | ||
| | | 一次模块安装 | 2 | ||
| | | 炉顶耐火材料敷设 | 2 | ||
| | | 对流段钢结构安装 | 2 | ||
| | | 二次模块安装 | 2 | ||
| | | 烟道总管 | 2 | ||
| | | 烟囱耐火材料 | 5 | ||
| | | 烟囱挡板 | 2 | ||
| | | 对流段平台、旋梯、梯子、通道和护栏 | 2 | ||
| | | 烟囱支撑结构 | 5 | ||
| | | 烟囱安装 | 8 | ||
| | | 底层耐火材料 | 2 | ||
| | | 辐射段底层火嘴安装 | 2 | ||
| | | 附件、膨胀节 | 2 | ||
| | | 仪表安装 | 5 | ||
| | | 最终刷漆和修补 | 8 | ||
| 管道安装 | | 辐射盘管装配 | 20 | 20 ||
| | | 辐射管焊接 | 50 | ||
| | | 对流段到辐射盘管的交叉炉管 | 15 | ||
| | | 辐射段及对流段盘管热电偶、防热罩、导线及导线固定夹 | 15 | ||
| 找正及装配 | | 辐射墙板找正 | 20 | 10 ||
| | | 炉管支撑找正 | 10 | ||
| | | 辐射盘管找正 | 10 | ||
| | | 对流段及支撑找正 | 20 | ||
| | | 平台及结构找正 | 20 | ||
| | | 烟囱找正 | 10 | ||
| | | 火嘴找正 | 10 | ||
| 检漏/检验 | | 辐射盘管无损检验 | 40 | 10 ||
| | | 水压试验 | 30 | ||
| | | 耐火层试验 | 10 | ||
| | | 最终辅助测试 | 10 | ||
| | | 火嘴测试 | 10 | ||
| 灌浆 | | 加热炉基座基础 | 100 | 5 ||
| QA/QC 证书 | | 整改项目清单 | 33 | 5 ||
| | | 发放及机械完工 | 67 | ||

续表

| 专业:机械/加热炉③ ||||||
|---|---|---|---|---|---|
| 工作 || 代码 | 工序 | 权重/% | 权重/% |
| 基础制备及垫铁 || ME.SR | 加热炉基础垫层及调平 | 50 | 5 |
| ||| 垫铁及测量 | 50 ||
| 设备安装 || | 辐射墙板管线安装 | 3 | 35 |
| ||| 已安装墙板管线的螺栓连接 | 1 ||
| ||| 底层支撑柱梁的安装 | 1 ||
| ||| 底层板安装 | 3 ||
| ||| 底层板与辐射墙的螺栓连接 | 1 ||
| ||| 管线处单面墙板的安装及螺栓连接 | 3 ||
| ||| 催化剂管支撑板的安装 | 2 ||
| ||| 顶板安装及螺栓连接 | 5 ||
| ||| 辐射台的安装 | 5 ||
| ||| 安装旋梯塔架及平台并与炉顶对齐 | 3 ||
| ||| 结构平台与旋梯的螺栓连接 | 1 ||
| ||| 格子板及护栏 | 2 ||
| ||| 炉顶耐火材料安装 | 5 ||
| ||| 墙板耐火材料安装 | 5 ||
| ||| 底层耐火材料 | 3 ||
| ||| 催化剂管安装 | 5 ||
| ||| 炉顶封板安装 | 2 ||
| ||| 顶层结构预装配 | 2 ||
| ||| 顶层安装 | 3 ||
| ||| 顶层结构螺栓连接和找正 | 2 ||
| ||| 催化剂管支撑系统安装 | 2 ||
| ||| 顶层包覆材料安装 | 3 ||
| ||| 排液槽布置/装配/焊接 | 1 ||
| ||| 底板布置/装配/焊接 | 2 ||
| ||| 锚座安装/装配/焊接 | 3 ||
| ||| 炉体管口/人孔/附件安装 | 2 ||
| ||| 安装炉顶梁架/结构 | 3 ||
| ||| 炉顶板安装/装配/焊接 | 2 ||
| ||| 炉顶管口/人孔/附件安装 | 2 ||
| ||| 自支撑锥顶安装 | 2 ||
| ||| 梯子/平台的装配/焊接 | 2 ||
| ||| 储罐水压试验 | 5 ||
| ||| 内外部刷漆/钝化处理 | 5 ||
| ||| 最终检查/封闭及移交 | 2 ||
| ||| 炉顶拉力梁安装 | 3 ||
| ||| 火嘴安装 | 4 ||

续表

| 专业:机械/加热炉③ ||||||
|---|---|---|---|---|---|
| 工作 | 代码 | 工序 | 权重/% | 权重/% ||
| 管道安装 | ME.SR | 内部歧管系统安装 | 6 | 20 |
| | | 内部入口总管系统安装及焊接 | 14 | |
| | | 副总管系统安装及焊接 | 10 | |
| | | 入口猪尾管的安装及焊接 | 10 | |
| | | 吊架安装 | 6 | |
| | | 传输管线垫板安装 | 6 | |
| | | 传输管线安装 | 14 | |
| | | 出口总管安装 | 9 | |
| | | 猪尾管吊装系统安装 | 9 | |
| | | 过渡烟道安装及焊接 | 9 | |
| | | 过渡烟道耐火材料 | 7 | |
| 找正及装配 | | 底层支撑梁柱找正 | 20 | 5 |
| | | 辐射模块找正 | 25 | |
| | | 结构平台及旋梯找正 | 15 | |
| | | 顶层结构找正 | 20 | |
| | | 催化剂管找正 | 20 | |
| 检漏/检验 | | 无损检验 | 40 | 10 |
| | | 水压试验 | 30 | |
| | | 耐火材料测试 | 0 | |
| | | 最终辅助测试 | 10 | |
| | | 火嘴测试 | 10 | |
| 外部 工程 | | 电缆桥架及电缆安装 | 50 | 10 |
| | | 仪表安装 | 30 | |
| | | 板安装 | 20 | |
| 外部 保温 | | 管道外部保温 | 50 | 5 |
| | | 设备外部保温 | 50 | |
| 灌浆 | | 辐射模块(柱体)灌浆 | 50 | 5 |
| | | 旋梯塔架灌浆 | 50 | |
| QA/QC证书 | | 整改清单 | 33 | 5 |
| | | 发布及机械完工 | 67 | |

| 专业:机械/储罐及球罐④ ||||
|---|---|---|---|
| 工作 | 代码 | 工序 | 权重/% |
| 储罐金属结构 | ME.TK1 | 罐底及环形板 | 10 |
| | | 上部罐壁通道、顶部角钢及罐顶 | 15 |
| | | 罐顶护栏+人孔 | 6 |
| | | 所有其他罐壁通道 | 20 |
| | | 立管、支架及附件 | 5 |
| | | 加热及防火系统 | 6 |
| | | 测试 | 10 |
| | | 内部刷漆 | 7 |
| | | 外部刷漆 | 6 |
| | | 保温 | 10 |
| | | QA/QC证书 | 5 |

续表

| 专业:机械/储罐及球罐[④] | | | |
|---|---|---|---|
| 工作 | 代码 | 工序 | 权重/% |
| 储罐金属结构(无保温) | ME.TK2 | 罐底及环形板 | 10 |
| | | 上部罐壁通道、顶部角钢及罐顶 | 15 |
| | | 罐顶护栏+人孔 | 10 |
| | | 所有其他罐壁通道 | 27 |
| | | 立管、支架及附件 | 5 |
| | | 加热及防火系统 | 3 |
| | | 测试 | 10 |
| | | 内部刷漆 | 8 |
| | | 外部刷漆 | 7 |
| | | QA/QC证书 | 5 |
| 球罐 | ME.SF | 下部柱体及支撑 | 15 |
| | | 球罐壁板 | 33 |
| | | 结构钢(支撑、旋梯及平台) | 3 |
| | | 内部管道 | 5 |
| | | 罐体水压试验 | 2 |
| | | 喷淋管 | 10 |
| | | 刷漆 | 4 |
| | | 酸洗 | 10 |
| | | 保温 | 12 |
| | | $N_2$吹扫 | 1 |
| | | QA/QC证书 | 5 |

① 这些工序由供应商界定并由承包商的公司批准实施。这些工作内容需要招标并在供应商制造装配厂或现场开工会上提交（见相关典型工序说明）。

② 相关工序应根据成套设备类别确定。可按要求将相关工序纳入其他专业中。

③ 将根据加热炉型号修改加热炉工作工序。

④ 储罐及球罐的工序和权重由供应商界定并由承包商的公司批准。这些工作内容需进行招标并在供应商的制造装配厂或现场开工会上提交。

注:1. 证书权重（5%）包括整改清单完成情况（如有要求）。
2. 对于土建工程灌浆，此权重应按与其他工序的比例减小。

### 11.5.3 管道预制和安装、管道刷漆（喷砂清理和底漆）及在线设备

如表 3-11-3 所示。

表 3-11-3 管道预制和安装、管道刷漆及在线设备系统分解要求

| | | 专业:管道 | | | | |
|---|---|---|---|---|---|---|
| 类别 | 工作 | 代码 | 工序 | 权重/% | 权重/% | 权重/% |
| 需要管道安装的设备（大口径） | 管道预制 | PI.PR1 | 下料/坡口处理及找正 | 35 | 60 | 85 |
| | | | 焊接 | 60 | | |
| | | | QA/QC证书 | 5 | | |
| | 管道安装 | PI.BB | 管段安装 | 45 | 40 | |
| | | | 焊接(包括阀门) | 35 | | |
| | | | 管架及整改项目清单 A | 15 | | |
| | | | QA/QC证书 | 5 | | |

续表

| 类别 | 工作 | 代码 | 工序 | 权重/% | 权重/% | 权重/% |
|---|---|---|---|---|---|---|
| 需要管道安装的设备（小口径） | 管道预制 | PI.PR2 | 下料/坡口处理及找正 | 35 | 20 | 85 |
| | | | 焊接 | 60 | | |
| | | | QA/QC 证书 | 5 | | |
| | 管道安装 | PI.SB | 管段安装 | 30 | 80 | |
| | | | 焊接（包括阀门） | 50 | | |
| | | | 管架及整改项目清单 A | 15 | | |
| | | | QA/QC 证书 | 5 | | |
| 管廊安装的管道连接 | 管道预制 | PI.PR3 | 下料/坡口处理及找正 | 35 | 45 | 85 |
| | | | 焊接 | 60 | | |
| | | | QA/QC 证书 | 5 | | |
| | 管道安装 | PI.RA | 管段安装 | 45 | 55 | |
| | | | 焊接（包括阀门） | 35 | | |
| | | | 管架及整改项目清单 A | 15 | | |
| | | | QA/QC 证书 | 5 | | |
| 地下管道安装 | 管道预制 | PI.PR4 | 下料/坡口处理及找正 | 35 | 20 | 85 |
| | | | 焊接 | 60 | | |
| | | | QA/QC 证书 | 5 | | |
| | 管道安装 | PI.UG | 管段安装 | 45 | 80 | |
| | | | 焊接（包括阀门） | 35 | | |
| | | | 管架及整改项目清单 A | 15 | | |
| | | | QA/QC 证书 | 5 | | |
| 管架说明 | 管架预制 | PI.SU1 | 材料供货 | 35 | 40 | 100 |
| | | | 预制 | 60 | | |
| | | | QA/QC 证书 | 5 | | |
| | 管架安装 | PI.SU2 | 安装 | 95 | 60 | |
| | | | QA/QC 证书 | 5 | | |
| 伴热 | 伴热/蒸汽伴热管 | PI.ST1 | 伴热管安装 | 70 | 60 | 100 |
| | | | 伴热管固定并准备伴热 | 15 | | |
| | | | 检漏（蒸汽或水压试验） | 10 | | |
| | | | QA/QC 证书 | 5 | | |
| | 蒸汽/凝液歧管站-蒸汽伴热管 | PI.ST2 | 歧管制配及安装 | 25 | 40 | |
| | | | 蒸汽或凝液管线 | 20 | | |
| | | | 伴热管安装/连接 | 40 | | |
| | | | 水压试验 | 10 | | |
| | | | QA/QC 证书 | 5 | | |

续表

| 类别 | 工作 | 代码 | 专业:管道 | | 权重/% | 权重/% |
|---|---|---|---|---|---|---|
| | | | 工序 | 权重/% | | |
| 预调试 | 管道（整改清单A/水压试验/冲洗/恢复原状） | PR.HT | 文件档案 | 20 | 50 | 15 |
| | | | 水压试验 | 80 | | |
| | | PR.FL | 吹洗 | 100 | 10 | |
| | | PR.RE | 恢复原状 | 55 | 40 | |
| | | | 整改清单B(遗留项目) | 35 | | |
| | | | HCS移交证书 | 5 | | |
| | | | QA/QC证书 | 5 | | |

注：1. 地下管道工序及权重与管廊管道情况相同。
2. QA/QC证书权重（5%）包括整改清单完成情况（如有要求）。
3. 如不需按类别细分，应按PI.PR（管道预制）执行。

### 11.5.4 电气工程（包括厂房）

如表3-11-4所示。

**表3-11-4 电气工程（包括厂房）系统分解要求**

| 工作 | 代码 | 专业:电气工程 | | |
|---|---|---|---|---|
| | | 工序 | 权重/% | 权重/% |
| 接地/防雷系统安装 | EL.GR | 附件安装 | 35 | 100 |
| | | 电缆铺设及连接 | 60 | |
| | | QA/QC证书 | 5 | |
| 电缆槽桥架安装 | EL.TI | 支架制配及安装 | 30 | 100 |
| | | 桥架装配及附件 | 65 | |
| | | QA/QC证书 | 5 | |
| 穿线管安装 | EL.CI | 支架制配及安装 | 20 | 100 |
| | | 安装 | 75 | |
| | | QA/QC证书 | 5 | |
| 变压器 | EL.TR | 基础制备及垫铁 | 10 | 100 |
| | | 设备制备及安装 | 40 | |
| | | 连接 | 20 | |
| | | 测试 | 25 | |
| | | QA/QC证书 | 5 | |
| MV配电盘 | EL.MV | 底部框架安装 | 10 | 100 |
| | | 盘装配 | 35 | |
| | | 断路器安装 | 10 | |
| | | 连接 | 30 | |
| | | 测试 | 10 | |
| | | QA/QC证书 | 5 | |

续表

| 工作 | 代码 | 工序 | 权重/% | 权重/% |
|---|---|---|---|---|
| 变电站控制盘 | EL.PA1 | 底部框架安装 | 10 | 100 |
| | | 控制盘装配 | 40 | |
| | | 连接 | 35 | |
| | | 测试 | 10 | |
| | | QA/QC 证书 | 5 | |
| 就打盘/控制站 | EL.PA2 | 支架安装 | 20 | 100 |
| | | 盘安装 | 75 | |
| | | QA/QC 证书 | 5 | |
| 电气设备安装 | EL.EQ | 设备布置准备 | 10 | 100 |
| | | 设备安装 | 40 | |
| | | 连接 | 35 | |
| | | 测试 | 10 | |
| | | QA/QC 证书 | 5 | |
| 汇流排 | EL.BD | 支架安装 | 10 | 100 |
| | | 汇流排安装 | 70 | |
| | | 测试 | 10 | |
| | | QA/QC 证书 | 10 | |
| 电缆敷设 | EL.CL1 | 电缆敷设 | 85 | 100 |
| | | 标识 | 10 | |
| | | QA/QC 证书 | 5 | |
| 装置照明① | EL.PL1 | 接线盒安装 | 25 | 100 |
| | | 照明灯具 | 55 | |
| | | 测试 | 15 | |
| | | QA/QC 证书 | 5 | |
| 储罐阴极保护 | EL.CT | 电缆安装 | 43 | 100 |
| | | 阳极安装 | 32 | |
| | | 内部保护 | 5 | |
| | | 外部网络 | 5 | |
| | | 变压器(整流器)安装 | 5 | |
| | | 测试 | 5 | |
| | | QA/QC 证书 | 5 | |
| 管道阴极保护 | EL.CP | 连接人孔旁路 | 35 | 100 |
| | | 电缆与管道的焊接 | 10 | |
| | | 临时阳极安装 | 5 | |
| | | 永久阳极安装 | 20 | |
| | | 阀门 | 5 | |
| | | 外部网络 | 15 | |
| | | 测试 | 5 | |
| | | QA/QC 证书 | 5 | |

续表

| 专业:电气工程 ||||||
|---|---|---|---|---|---|
| 工作 | | 代码 | 工序 | 权重/% | 权重/% |
| 电气伴热 | | EL.HT | 伴热材料制备 | 10 | 100 |
| | | | 盘安装 | 25 | |
| | | | 变压器安装 | 5 | |
| | | | 接线盒安装 | 5 | |
| | | | 伴热管安装 | 25 | |
| | | | 电缆敷设及连接 | 20 | |
| | | | 测试 | 5 | |
| | | | QA/QC证书 | 5 | |
| 电缆压盖及连接/测试 | | EL.CO | 电缆压盖制备 | 55 | 100 |
| | | | 连接 | 30 | |
| | | | 绝缘测试 | 10 | |
| | | | QA/QC证书 | 5 | |
| 电机运行 | | PR.MR | 文件档案 | 20 | 5 |
| | | | 电机测试 | 70 | |
| | | | HCS移交证书 | 5 | |
| | | | QA/QC证书 | 5 | |

① 电缆敷设和连接已包括在相应的工作内容中。

注：QA/QC证书权重（5%）包括整改清单完成情况（如有要求）。

### 11.5.5 仪表工程（包括厂房）

如表 3-11-5 所示。

**表 3-11-5 仪表工程（包括厂房）系统分解要求**

| 专业:仪表工程 ||||||
|---|---|---|---|---|---|
| 类别 | 工作 | 代码 | 工序 | 权重/% | 权重/% |
| 支架 | 现场仪表桥架及接线盒支座预制 | IN.SU | 材料供货 | 30 | 100 |
| | | | 制配 | 70 | |
| 仪表预调 | 仪表预调 | IN.IP | 仪表接货 | 10 | 100 |
| | | | 调校表 | 10 | |
| | | | 预调校 | 75 | |
| | | | QA/QC证书 | 5 | |
| 接线盒、仪表及接地盘 | 接线盒安装及接地盘 | IN.JB | 支架安装 | 30 | 100 |
| | | | 接线盒安装 | 65 | |
| | | | QA/QC证书 | 5 | |

续表

| 类别 | 工作 | 代码 | 工序 | 权重/% | 权重/% |
|---|---|---|---|---|---|
| 专业：仪表工程 | | | | | |
| 桥架及穿线管安装 | 主电缆桥架安装 | IN.CT1 | 支架安装 | 30 | 100 |
| | | | 桥架安装 | 65 | |
| | | | QA/QC证书 | 5 | |
| | 二次电缆桥架安装 | IN.CT2 | 支架安装 | 40 | 100 |
| | | | 桥架安装 | 55 | |
| | | | QA/QC证书 | 5 | |
| | 穿线管安装 | IN.CT3 | 支架安装 | 20 | 100 |
| | | | 穿线管安装 | 75 | |
| | | | QA/QC证书 | 5 | |
| 电缆敷设 | 多对电缆敷设 | IN.ML | 电缆敷设 | 85 | 100 |
| | | | 标识安装 | 10 | |
| | | | QA/QC证书 | 5 | |
| | 单对电缆敷设 | IN.SL | 电缆敷设 | 85 | 100 |
| | | | 标识安装 | 10 | |
| | | | QA/QC证书 | 5 | |
| | 光缆敷设 | IN.FO | 光缆敷设 | 95 | 100 |
| | | | QA/QC证书 | 5 | |
| 电缆压盖及连接 | 电缆压盖及连接/测试 | IN.GC | 电缆压盖制备 | 55 | 100 |
| | | | 连接 | 35 | |
| | | | 保温测试 | 5 | |
| | | | QA/QC证书 | 5 | |
| | 光缆压盖及连接 | IN.FC | 电缆压盖制备 | 55 | 100 |
| | | | 连接 | 40 | |
| | | | QA/QC证书 | 5 | |
| 仪表 | 仪表安装 | IN.IN | 支架安装 | 30 | 100 |
| | | | 安装 | 65 | |
| | | | QA/QC证书 | 5 | |
| 机柜及控制台 | 系统机柜及控制台安装 | IN.CC | 基础框架预制及安装 | 20 | 85 |
| | | | 设备安装 | 40 | |
| | | | 系统布线及连接 | 25 | |
| | | | 系统测试（连接） | 10 | |
| | | | QA/QC证书 | 5 | |
| 分析仪 | 分析仪及其他仪表设备安装 | IN.AI | 基座制备 | 10 | 100 |
| | | | 安装及调平 | 25 | |
| | | | 管道及电缆连接 | 55 | |
| | | | 调校及测试 | 5 | |
| | | | QA/QC证书 | 5 | |

续表

| 专业:仪表工程 ||||||
|---|---|---|---|---|---|
| 类别 | 工作 | 代码 | 工序 | 权重/% | 权重/% |
| 接头 | 过程接头安装 | IN.HU1 | 安装 | 75 | 100 |
| | | | 管道连接 | 10 | |
| | | | 水压/气压试验（检漏） | 10 | |
| | | | QA/QC 证书 | 5 | |
| | 毛细管接头安装 | IN.HU2 | 安装 | 85 | 100 |
| | | | 电缆连接 | 10 | |
| | | | QA/QC 证书 | 5 | |
| | 气压接头安装 | IN.HU3 | 安装 | 80 | 100 |
| | | | 气压试验 | 15 | |
| | | | QA/QC 证书 | 5 | |
| DCS/VMS/ESD 机柜 | D.C.S./V.M.S./E.S.D. 机柜 | IN.DC | 基础框架 | 20 | 85 |
| | | | 设备安装 | 45 | |
| | | | 系统布线及连接 | 20 | |
| | | | 系统测试（互联） | 10 | |
| | | | QA/QC 证书 | 5 | |
| 通信系统 | 通信系统 | IN.CO | 设备及附件安装 | 70 | 85 |
| | | | 内部测试 | 25 | |
| | | | QA/QC 证书 | 5 | |
| RIBs | RIB 预制 | IN.RI | 基础制备 | 15 | 85 |
| | | | RIB 安装及调平 | 55 | |
| | | | 内部系统布线 | 25 | |
| | | | QA/QC 证书 | 5 | |
| 火灾和气体 | 火灾和气体系统 | IN.FG | 穿线管及桥架 | 25 | 100 |
| | | | 电缆敷设及连接 | 35 | |
| | | | 设备及附件 | 25 | |
| | | | 测试 | 10 | |
| | | | QA/QC 证书 | 5 | |
| | 火灾抑制 | IN.FS | 设备及附件安装 | 95 | 100 |
| | | | QA/QC 证书 | 5 | |
| 预试车-SAT | | PR.ST | 硬件检查 | 10 | 15 |
| | | | 软件检查 | 20 | |
| | | | 通电 | 35 | |
| | | | 通信 | 30 | |
| | | | 验收 | 5 | |
| 预试车-回路测试 | | PR.LT | 回路档案 | 20 | 100 |
| | | | 性能测试 | 70 | |
| | | | HCS 移交证书 | 5 | |
| | | | QA/QC 证书 | 5 | |

注：证书权重（5%）包括整改清单完成情况（如有要求）。

### 11.5.6 保温及刷漆

如表 3-11-6 所示。

表 3-11-6 保温及刷漆系统分解要求

| 工作 | 代码 | 工序 | 权重/% |
|---|---|---|---|
| (专业:保温及刷漆) | | | |
| 设备刷漆 | PA.EQ | 面漆/补漆 | 95 |
| | | QA/QC 证书 | 5 |
| 结构刷漆 | PS.ST | 补漆/面漆 | 95 |
| | | QA/QC 证书 | 5 |
| 管道底漆(预制) | PA.PP | 喷砂清理及底漆 | 65 |
| | | 中间漆 | 30 |
| | | QA/QC 证书 | 5 |
| 支架刷漆(预制) | PA.SP | 喷砂清理及底漆 | 65 |
| | | 中间漆 | 30 |
| | | QA/QC 证书 | 5 |
| 管道及支架表面刷漆(最终涂层及修补) | PA.FP | 面漆/修补 | 85 |
| | | 流体标识符 | 10 |
| | | QA/QC 证书 | 5 |
| 设备保温 | IS.EQ | 材料制备 | 35 |
| | | 保温安装 | 60 |
| | | QA/QC 证书 | 5 |
| 管道及阀门保温 | IS.PI | 材料制备 | 30 |
| | | 保温安装 | 45 |
| | | 阀门及法兰保温安装 | 10 |
| | | 标识标签 | 10 |
| | | QA/QC 证书 | 5 |

注:QA/QC 证书权重(5%)包括整改清单完成情况(如有要求)。

### 11.5.7 防火

如表 3-11-7 所示。

表 3-11-7 防火系统分解要求

| 工作 | 代码 | 工序 | 权重/% |
|---|---|---|---|
| (专业:防火) | | | |
| 钢结构 | FP.SS | 丝网安装 | 35 |
| | | 防火材料混合应用 | 60 |
| | | QA/QC 证书 | 5 |
| 设备 | FP.EQ | 丝网安装(内部/外部) | 30 |
| | | 防火材料混合应用 | 65 |
| | | QA/QC 证书 | 5 |
| 电缆桥架 | FP.CT | 板/盖子预制 | 50 |
| | | 板/盖子安装 | 45 |
| | | QA/QC 证书 | 5 |

注:1. QA/QC 证书权重(5%)包括整改清单完成情况(如有要求)。
2. 有关防火漆的处理说明,见"保温及刷漆"专业。

# 第 12 章
# 施工分包商选择程序

## 12.1 目的

寻源/选择施工分包的程序为项目实施做好准备，确保选择合适的分包商，为项目顺利实施 EPCC 项目提供恰当的资源保障。

## 12.2 范围

适用于确定从潜在分包商资格预审阶段到授予分包合同的分包活动涉及的职能部门及其职责。对于授标后的施工分包管理，参见合同管理与控制程序。

## 12.3 定义

"分包"是指对分包商进行资格预审、制定分包投标方案、招标、评估、谈判、推荐和授标的过程。

"分包管理"是指管理执行授予分包合同的过程，以确认分包合同的工作范围是根据商定的工作范围、计划的时间以及执行双方同意的补偿，以及管理变更的努力。

"招标邀请"（ITB）是指一组书面文件，其中包括投标邀请函和一套用于报价的文件和合同文件，要求经批准的投标人提交特定分包合同的报价。有时也称为投标请求、投标或征求报价书（RFP）。

"评估"是指资格预审和招标过程中的技术和商务评估。

## 12.4 职责

### 12.4.1 一般要求

承包商的施工分包经理负责执行此程序，并通过向施工分包部门提供说明，来管理施工分包合同职能，并落实控制措施。

在形成分包合同过程中，下列部门负责向施工分包部门提供技术和商务支持：①现场施工经理应通过准备工作范围、技术规格和图纸来确定每个分包合同的工作范围。在制定支付方法和计量方法时，应向施工部门提供工程量、价格和/或固定总价的明细表。②HSE 部门将提供 HSE 要求和条件。③现场质量保证部门负责提供质量要求。④现场控制部门负责编制：a. 附表和里程碑活动日期；b. 数量和价格表和/或一次总付明细表；c. 根据设计提供的数量检查估算。

### 12.4.2 分包评估小组

分包评估小组（SET）应在分包前由 2～3 名代表组成。在施工部的领导下，SET 负责资格预审潜在的施工分包商：①根据分包资格预审程序，准备一份潜在的施工分包商名单，对这些潜在的施工分包商进行资格预审，并进行调查和评估，然后向施工部报告评估报告；②根据施工部的指示，编制一份合格的潜在施工分包商名单，并附上评估报告，提交给 PDO 和业主批准；③评估投标人的投标方案，并与施工分包经理一起编制评标报告，然后将评标报告提交施工部审批；④按照工作程序协助施工分包部门开展分包工作。

### 12.4.3 施工分包经理

施工分包经理应负责：①编制确保施工分包合同的正常运作的资格预审文件，并为每个分包合同的投标文件编制分包合同；②准备分包合同工作进度；③为潜在分包商准备并发布资格预审问卷；④根据每个要分包的工作包编制 ITB 文件，并按照业主批准的合格的潜在施工分包商短名单，按照分包程序向这些批准的潜在分包商签发 ITB 文件；⑤按照程序接受投标人的报价；⑥组织评标；⑦必要时与投标人进行澄清；⑧在评估过程中，协助投标人完善技术和商务报价，并在需要时澄清投标人的技术和商务报价；⑨协助 SET 准备供施工部和 PDO 批准的评估报告；⑩提报分包评估结果供 PDO 和业主批准，给中标者准备并颁发中标函，准备并向不成功的投标人发出遗憾信；⑪如果需要，组织与中标者的分包谈判；⑫组织分包签约仪式。

### 12.4.4 施工分包合同经理

施工分包合同经理在合同经理领导下负责施工分包工作的施工分包合同。

### 12.4.5 施工部

施工部负责以下分包工作：①建立 SET 并向 SET 提供开展分包工作的具体说明；②由 SET 提出分包的研究评估报告，用于潜在施工分包商的资格预审；③指示 SET 制定一份合格的潜在施工分包商名单，并提交 PDO 和业主批准；④对潜在施工分包商进行资格预审。

对潜在施工分包商进行资格预审是强制性的。SET 与施工分包部门一起编制潜在施工分包商应提供的信息，以供潜在投标人使用。应按照图 3-12-1 所示的程序在技术和财务能力上对每个潜在投标人进行资格预审。

## 12.5 资格预审

### 12.5.1 资格预审信息

潜在的施工分包商需要提供以下资格预审信息：①法定营业执照；②完善的质量保证体系；③健全的 HSE 体系；④类似项目的良好历史业绩；⑤良好的社会信誉；⑥良好的经营状况和承担一定的经济风险和偿债的财务能力；⑦针对所分包工作的施工技术力量和设备能力；⑧先进的组织手段和管理的熟练程度。

### 12.5.2 问卷调查

对潜在施工分包商进行问卷调查。SET 应向潜在的施工分包商准备问卷，潜在的施工分包商应填写以下问卷：①公司的一般信息；②已完成项目的质量评级；③正在进行的项目清单；④技术人员和管理人员的组成；⑤技术资格证书/获得技术资格认证人员名单；⑥施工设备和工具的资源清单；⑦检查和测试设备和设备清单；⑧财务资产负债表；⑨财务盈亏账户；⑩财务现金流量。

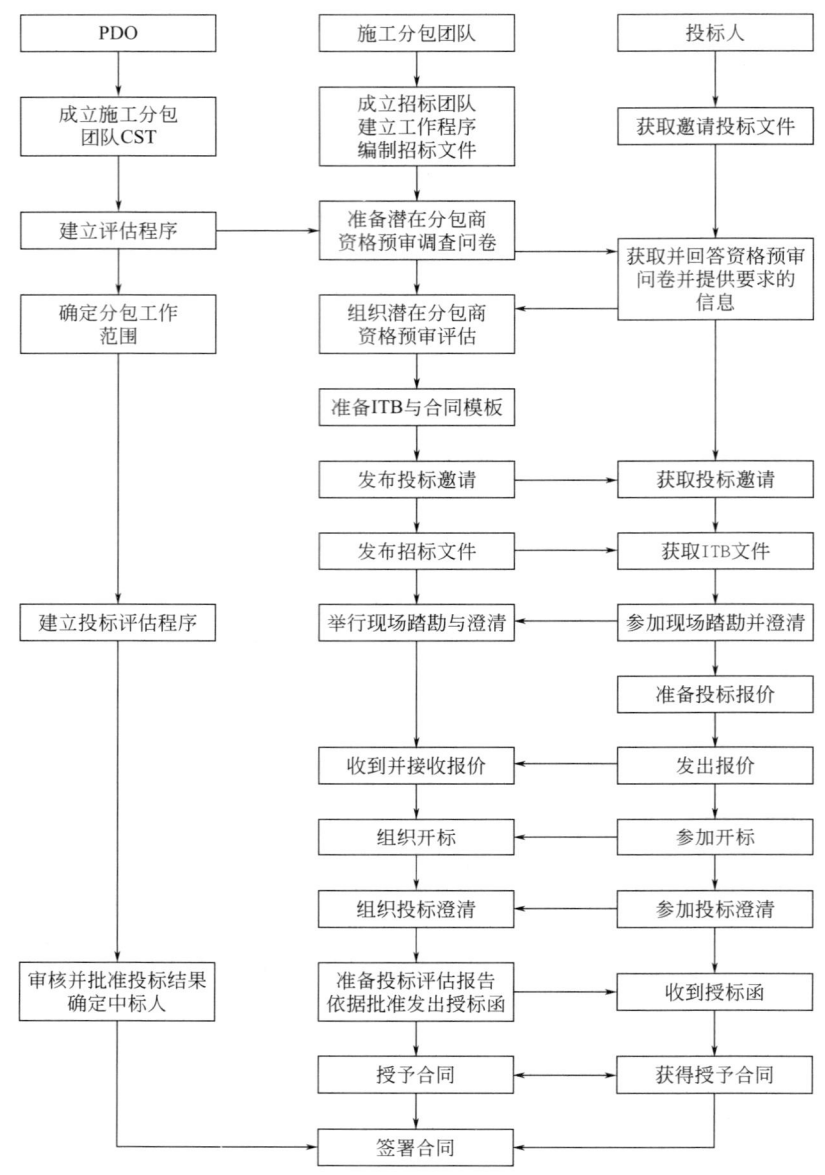

图 3-12-1　潜在投标人资格预审流程

潜在施工分包商应向承包商提交下列资格预审资料：①公司简介；②营业执照副本、资质等级、注册证书；③质量保证书的副本；④近三年的优秀施工经验和业绩清单；⑤技术能力和施工设备和机具清单以及证明文件；⑥最近三年的 HSE 记录；⑦最近三年的财务报告副本；⑧公司的信用等级证书的副本。

### 12.5.3　潜在施工分包商的评估程序

SET 应设置评估程序并对潜在施工分包商进行以下评估：①HSE 经理应负责 HSE 评估；②现场施工经理负责技术评估；③质量经理负责质量体系的评估；④控制经理应负责进度表和商务评估；⑤施工分包团队负责编制综合评估报告。

施工分包团队应对每个潜在施工分包商提出如下结论：①合格或不合格，说明主要原因；②需要额外的调查与细节；③如有必要，可对选定的潜在施工分包商进行现场调查。

#### 12.5.4 编制和批准投标人名单

经过资格预审后,SET 应制定一份评估报告,并附上不少于 8 名推荐潜在投标人的简短清单,并提交施工部审批。本评估报告还需要 PMO 和业主的最终批准。

## 12.6 ITB 文件的组成

ITB 文件应至少包含:①分包文件;②技术文件;③商务文件;④HSE 要求与程序。

#### 12.6.1 第 1 部分:分包文件

分包文件包括:①招标邀请;②投标说明;③投标条件;④投标确认的形式;⑤保密协议;⑥合规声明;⑦授权委托书的格式;⑧报价说明;⑨分包协议;⑩分包合同条件;⑪分包承包商的人员;⑫分包承包商的设备和机具;⑬担保格式。

#### 12.6.2 第 2 部分:技术文件

技术文件包括:①工作范围;②分包承包商提供的设备和材料清单;③批准的供应商名单;④材料供应范围;⑤交付;⑥项目进度;⑦项目执行要求摘要;⑧工程设计图纸;⑨项目规定;⑩项目程序。

#### 12.6.3 第 3 部分:商务文件

商务文件包括:①通用说明,包括付款和发票条款;②银行担保格式;③工程量清单和专项工作的单位费率;④人力和施工机具、设备的单位费率表。

#### 12.6.4 第 4 部分:HSE 要求与程序

## 12.7 招标资格预审数量

#### 12.7.1 潜在合格投标人数量要求

在可能的情况下,优先邀请参加投标的招标人数应为核准的推荐潜在投标人短名单中的 3~4 名,每项分包合同不得少于 2 名投标人,除非提供下列理由:①发包人阐明只了解到分包工作属于市场单一或唯一来源;②承包商决策层批准;③业主指示单一或唯一来源。

#### 12.7.2 单一/唯一来源的报价

除下列情况外,应避免单一/唯一分包商投标:①业主书面指示采用唯一分包商;②项目技术要求确定采用单一来源的分包商;③考虑与现有设施和设备的一致性或兼容性决定采用单一来源的分包商;④招标人只知道单一/唯一分包商来源(唯一市场来源)。

## 12.8 招标和评估

分包应采用招标方式:①固定单价定价将转换为固定总价的分包合同。②招标采用工程量清单。投标人应按招标文件提供综合单价。③招标评标小组、分包评标小组、项目施工专家参加技术评审。④应按技术和商务报价分别评标。

为确保投标技术报价和商务报价的一致性,技术和商务小组评估成员之间需要密切沟通。对投标人响应招标文件的报价有任何疑问,应与所有的投标人一起澄清,以确保承包商的意图对所有的投标人具有一致性。

在技术方案符合条件的前提下,优先选择具有良好商务报价的投标人。招标投标管理按照承包商的标准工作程序办理。

## 12.9 投标期间的活动

从向批准的投标人发布 ITB 到授予分包合同之时，所有与投标人的沟通都应通过施工分包部门，以确保记录并保留所沟通的全部信息。

### 12.9.1 现场踏勘

在可行的情况下，投标人应该有机会参观与工程项目分包工作范围相关的工地。应结合投标方案或投标前会议组织实地踏勘。回答的任何问题必须书面分享给所有投标人。

### 12.9.2 招标前的澄清会议

应按计划在投标前召开澄清会议，招标前澄清会议可能与项目现场实地踏勘安排在同一天。本次会议应告知所有投标人，并使其有机会参加澄清会议。

招标前澄清会议的目的是为投标人提供一个论坛，可以询问与招标文件有关的问题，并介绍投标的具体工作范围，设计和施工的具体考虑和要求，必要的施工现场考察，并澄清准备和提交投标文件的相关事宜。

招标前澄清会议期间讨论的主题是说明招标文件内容的细节以及未说清楚的问题，不应引起投标文件中未涉及的问题或范围。

每次会议都应提前准备好会议的议程。应准备投标前澄清会议纪要并分发给所有投标人。应对所有投标人提出的询问进行书面答复。应要求参加会议者在登记注册表上签名，以记录投标人的出席情况。

### 12.9.3 投标人澄清

有关招标文件的所有信函应通过施工分包部门书面通知。应由施工分包部门发布澄清问题的回答，并由以下部门根据需要提供相关部门的意见：①现场施工部负责施工和劳动力资源事宜；②控制、商务、成本、进度和工程量问题；③HSE 相关问题。

任何投标人澄清的问题和答案应发送给所有投标人。

### 12.9.4 开标

施工分包部门应当接收投标，并监督和控制开标过程。在开标之前，所有指定参加开标或评估商务和技术方案的人员都应签署保密声明。这些保密声明应保留在施工分包部 ITB 文件中。

在开启投标人的商务投标之前，应检查报价的密封。投标截止日期和时间是固定的，任何投标延期都必须通过补充函件正式发给所有投标人。

分包合同控制工程师和至少一名 SET 成员应参与每次开标。

正常情况下，应拒绝投标结束后收到的投标。但是，在施工部和/或 PDO 同意的情况下，也可考虑接收这类投标。

在保密的开标表格中应以达成一致统一的货币记录所有投标人的报价。在开标表上应记录所有"拒绝投标"的投标人。

所有投标人的报价文件应保存在安全区域的带锁文件柜中。

### 12.9.5 投标后澄清会议

如果承包商认为投标人的报价中有不明确或模棱两可的内容，则可能需要召开投标后澄清会议。投标人在此次会议上提出的报价不得有实质性变更。

应准备投标后澄清的会议记录并分发给相关投标人。提出的问题应以书面形式回答。应要求参会者在登记注册表上签名，以记录投标人的出席情况。

### 12.9.6 评标标准

(1) 商务评估

应根据招标文件的要求评估投标人的商务报价，并考虑条款和条件的基本要素。

根据招标文件的条款和条件以及其他商务要求，检查投标人商务报价的合规性，评估投标人的价格并检查范围的完整性，以及详细细分定价的差异，判断单价是否合理，是否存在严重的不平衡报价。

(2) 技术评估

对投标人技术方案的评估应集中在投标方所有的非商务报价，特别是技术和执行方面。

技术评估将严格关注投标人对招标文件要求的响应，主要是施工技术、施工能力和管理水平。

应评估以下技术事项：①项目整体执行计划；②详细的施工策略和施工方法；③进度；④组织和资源；⑤报告和进度测量；⑥HSE策略；⑦质量管理策略；⑧经验和资质。

典型的技术报价评分如表3-12-1所示。

表 3-12-1 典型的技术报价评分结构

| 序号 | 说明 | 得分权重 | 序号 | 说明 | 得分权重 |
|---|---|---|---|---|---|
| 1 | 组织结构图和人员资格 | 24 | 3.1 | 人力动迁计划 | 6 |
| 2 | 控制方法 | 20 | 3.2 | 施工设备计划 | 10 |
| 2.1 | 进度控制 | 5 | 3.3 | HSE 计划 | 10 |
| 2.2 | 人力资源控制 | 5 | 4 | 质量保证和控制 | 15 |
| 2.3 | 施工设备控制 | 5 | 5 | 同类项目的工作经验 | 10 |
| 2.4 | 材料控制 | 5 | 6 | 公司的财务状况 | 5 |
| 3 | 计划 | 26 | | | |

优秀≥80；好70～79；可接受60～69；不可接受≤59

### 12.9.7 出具评估报告

分包合同评估小组在澄清报价和评估之后，首先出具评估报告，并附上推荐投标人名单。投标评估报告至少应包含以下内容：①开标分析的结果；②推荐授标的选择过程；③由于评估、澄清或谈判而导致的价格变化；④如果需要，请检查预算，检查费用估算，±10%费用估算和分包工作最终报价之间的差异。

该报告应提交给施工部、PDO和业主审批。

## 12.10 分包授标和签署

在授予分包合同之前，可以与选定的分包商召开预授标会议，以确保对所要授予的分包工作有清晰的了解。

施工部、PDO和业主批准投标评标报告后，应向中标人发出施工分包合同授标书。同时给未成功的投标人发出遗憾通知书。

收到中标人给承包商发来的确认接收中标的函后，双方均有义务参与招标的分包合同澄清与谈判工作。中标人可以在承包商批准后着手分包工作，并为分包合同签字做准备。

中标人的价格、增补以及可能导致对投标文件进行修订的任何澄清，必须在任何一方签署分包合同之前并入最终的分包合同文件。

承包商 PDO 或其授权代表应与中标人签署分包合同。

## 12.11 分包合同执行记录保存

在分包合同关闭前,承包商的施工分包合同部门应在分包合同文件中保留以下资料:①由 PDO 和业主批准的分包合同投标人名单;②投标文件,包括增编、投标说明、备忘录和会议记录;③开标表格;④中标/不成功的投标书;⑤批准的投标摘要和技术评估;⑥批准授予合同的文件;⑦成功分包商的授标函/未成功投标人感谢信函;⑧分包文件;⑨全部履约担保和预付款担保的副本以及有效期日志;⑩保险证书的复印件和有效期日志;⑪内部与外部的沟通记录;⑫分包商报价日志;⑬每日报告;⑭移交文档。

对于未在工作现场签订的分包合同,分包控制人应协调将完整的分包合同移交给项目现场。该分包合同移交的内容通常包括:①所有事项的目录;②合规的分包合同;③签署合同的授权、变更通知、变更指令、修改和任何其他支持性文件;④投标前、投标后澄清,谈判和授标前会议记录;⑤保险证书、银行担保和审查状况;⑥沟通日志;⑦尚未纳入分包合同变更的文件;⑧任何未经请求的报价和索赔文件;⑨信用审查是否涉及非现场工作或预付款的进度款;⑩电子文件打印件;⑪报价、评标和推荐授标;⑫与报价有关的违约赔偿金的记录。

## 12.12 相关规定与程序

相关的规定与程序:①施工工作职责;②施工执行计划;③施工分包计划。

## 12.13 模板与样表

分包商选择进度计划如表 3-12-2 所示。

表 3-12-2 分包商选择进度计划

| 序号 | 说明 | W1 | W2 | W3 | W4 | W5 | W6 | W7 | W8 | W9 | W10 | W11 | W12 | W13 | W14 | W15 |
|---|---|---|---|---|---|---|---|---|---|---|---|---|---|---|---|---|
| 1 | 分包商资格预审 | | | | | | | | | | | | | | | |
| 2 | 准备 ITB | | | | | | | | | | | | | | | |
| 3 | 发出 ITB | | | | | | | | | | | | | | | |
| 4 | 开标、澄清与评估 | | | | | | | | | | | | | | | |
| 5 | 授予合同 | | | | | | | | | | | | | | | |
| 6 | 签署合同 | | | | | | | | | | | | | | | |
| 7 | 动迁到现场 | | | | | | | | | | | | | | | |
| 8 | 开始工作 | | | | | | | | | | | | | | | |

# 第 13 章 分包商文件要求

## 13.1 目的

说明和定义承包商对需提交分包商文件和数据的要求。无法遵守这些要求的分包商应在其标书中详细说明所有例外情况。如果未能提供足够的初步文件和数据，可能会导致宣布报价为"不接受标书"。

对于由分包商发送的文件（特别是关键文件），必须在第一次发送时根据下述 13.5.1 节与 13.5.3 节模板定义的最低质量和内容表。拒不接受不符合此要求的文件，不符合要求的这些文件将拒绝相应的里程碑付款。

除出于特殊情况或不可抗力原因外，不允许分包商变更承包商返还的"已审查，无意见"关键文件。

不接受未完全填妥承包商标题栏的任何文件。分包商应在预制/施工期间逐步编制最终质量档案和设备数据手册，以便在联动试车或移交（根据合同情况而定）之前，已经准备并完成项目最终检查时需要的这些文件。

分包商应根据本文件和分包合同中包含的其他相关文件的要求向承包商发送文件。

## 13.2 定义

包括的定义有：①SDDR：分包商图纸和数据要求。②SDDL：分包商图纸和数据清单，是分包商提供给承包商以满足分包合同要求（包括但不限于 SDDR）的所有文件清单。③SDMT：现场文件管理团队。④质量档案：制造数据报告或最终质量档案。按照分包商质量保证/质量控制要求的要求适当收集、组织和编号的制造和测试文件、材料证书以及设备和材料质量文件档案。⑤电子文件：分包商将根据 SDDR 和下述 13.3.4 节中的说明以电子格式提供所需的所有文件。⑥关键文件：分包商应严格遵守 SDDR 中指明的关键文件的提交日期。里程碑付款可能取决于承包商收到适当修订的关键文件。

## 13.3 分包商图纸和数据要求

### 13.3.1 分包商应提供的文件

"分包商图纸和数据要求"（SDDR）规定如下：①应随同分包商的标书向承包商提交要求的文件和数据清单。每个分包商的标书副本中应包括文件和数据样例。如果承包商询价单中没有要求，分包商必须在开工会议（KOM）上提出此方面的澄清。②在签订分包合同

(PO)后，应将所需数量和类型的电子文件发送到承包商工程设计中心。③在签订分包合同（PO）后，承包商可以确定要求分包商提前交付数据的时间（日历日）。如果分包商不能遵守规定的数据交付要求，分包商应在分包商图纸和数据清单（SDDL）中输入与承包商商定的日期（填写要求请参见下述 13.3.3 节中提交的原始文件）。④SDDL 清单是分包商计划提供满足承包商要求的分包商所有的图纸和数据清单。⑤分包商必须在预期的提交日期填写 Excel 格式的 SDDL，并应打印出 SDDL 签名后，在不迟于 15 天内将其发送给承包商以供审查和批准。⑥在投标过程中分包商应填写 SDDL 清单并发送给承包商，可在开工会议（KOM）期间更新。⑦当建议更改清单时，分包商应修改并重新发布 SDDL 清单。⑧应在最终检验后将质量档案发送给承包商。

### 13.3.2 提交给承包商文件的关键数据

分包商应根据包含在分包合同中的 SDDR 和随后批准的 SDDL 发送文件：①日期：a. 第一版。应在不迟于随附分包合同的 SDDR 清单中商定和规定的日期提交文件的第一个版本以供承包商验收。b. 后续版本（在需要进行其他审查的情况下）。应在不超过承包商给出意见后 15 个日历日内提交文件，并附有分包商实施的相应意见。应根据项目需要缩短该时间。除由于不可抗力因素外，分包商不得在承包商返还的"已审查，无意见"文件中进行任何变更。②每个电子文件只对应一个文档。③应随文件提供文件发送传递单（见下述 13.5.4 节）。④应发送电子格式、pdf 和原始格式的文件。此外，如果上述 13.3.1 节中说明的 SDDR、操作手册和最终质量档案中要求，还应发送纸质文件。⑤分包商应根据分包商质量保证/质量控制要求、现场质量计划和最终质量档案程序的要求，在分包合同签署后 30 天内提交文件索引以供批准。⑥妥善填写承包商标题栏，包括文件代码（依据下述 13.5.1 节中的说明）。

### 13.3.3 提交原始文件

原始文件是由原始软件应用程序使用的文件或数据库。分包商应提交所有必要版本文件的原始格式。以文件扩展名指定可交付格式。

表 3-13-1 列出了每种文件类型、其允许的格式版本和文件扩展名。

表 3-13-1 原始文件格式要求

| 信息类型 | 本地可交付格式 | 替代可导向交换模式 | 一般查看模式 |
| --- | --- | --- | --- |
| 图纸 | .dwg(v2017) | .dxf(v2017) | .pdf(Acrobat vXI) |
| 文件 | .doc(MS-Word v2010-2013) | 不适用 | .pdf(Acrobat vXI) |
| 表格报表 | .xls(MS-Excel v2010-2013) | 不适用 | .pdf(Acrobat vXI) |
| 数据 | .mdb(MS-Access v97-2003) | 不适用 | 不适用 |
| 附件 | (Primavera PPP6) | 不适用 | 不适用 |
| 扫描图片 | 不适用 | 不适用 | .pdf(Acrobat vXI) |

提供的手册和档案的电子副本应是非扫描并带有书签的 PDF 格式，以便进行搜索。如果需要，应根据适用的供应范围提交 3D 模型相关的数据库（如 INTOOL 数据库）或模型（如 PDS）。

使用不同工具生成或者所需的替代格式或更高版本的任何提案须经承包商批准。应使用文件编号和文件标题栏中指示的其版本号命名电子文件（第一版除外）(Document Number_X.ext)。

### 13.3.4 文件特征

**(1) 文件语言**

根据分包商的要求，应指定 EPCC 项目的官方语言（如中文或英语）。分包商提交的所有文件和数据必须使用指定的官方语言。

如果合同要求提供使用其他语言的文件，则分包商必须遵循有关这些方面的要求。

**(2) 文件尺寸**

文件尺寸应为公制。为了便于操作，最大尺寸应为 GB-A1(594mm×841mm)，且最小尺寸应为 GB-A4(210mm×296mm)。例外情况必须经承包商的事先书面批准。

具体要求包括：①管道和仪表流程图（工艺流程图 PEFS）应采用 GB-A1 尺寸；②空视图（单线）、逻辑图、单线图和链接图应采用 GB-A3 尺寸。

**(3) 文件质量**

文件的质量要求包括：①所有文件应清晰易读并使用官方语言。技术数据的测量单位应符合 ISO 31（第 0~13 部分）。②如果所提供的所有图纸、数据表、手册或其他文件的信息不完整、不正确或难以辨认，或如果复制副本的质量不可接受，即无法复制清晰和易读的打印件，则承包商应拒绝。③除 A4 尺寸以外的所有打印件，必须以允许插入 A4 尺寸塑料钱袋的格式折叠。④如果计算机生成的图纸符合上述要求，则可作为缩小尺寸的打印件接受。在通过扫描生成电子文件的情况下，图像质量应足够好，以允许使用由原始提交扫描图像打印的副本制作二次扫描图像。⑤货物或待交付制造物品文件的完整性和准确性应达到分包商满意的程度，并且不存在保留或遗漏。分包商应在提交之前审查分供应商的文件，并且仅能提交符合所有规定要求的文件。⑥必须在文件正文内明确标识所有修订。

**(4) 承包商标题栏**

由分包商发送的所有文件应包含符合要求的承包商标题栏。此标题栏应包含在原始格式文件中。

对于 GB-A2 和更大尺寸的图纸，其标题栏应位于右下方。对于 GB-A3 和 GB-A4 尺寸的图纸，其标题栏可能需要位于"封面页"的单独表中。

提交文件前，分包商应根据要求填写承包商标题栏中的以下内容：①分包合同编号；②单元号和说明（如果文件适用于多个工艺分包商，则应分别列出）；③设备和/或标签编号和/或部分工程（如果文件适用于一个或多个设备或标签，分包商应全部标注）；④文件编号（见下述 13.5.1 节）；⑤分包商文件编号（唯一）及其修订版本；⑥承包商文件编号（唯一）及其修订版本；⑦业主文件编号（唯一）及其修订版本；⑧标题。

对于第二次和后续修订，必须包括分配的承包商文件编号。

**(5) 文件编码和审查**

文件编码和审查应考虑：①为所有文件分配一个承包商和业主的文件编号。分包商可以在"分包商文件编号"框中填写自己的文件编号。②文件应包括承包商文件编号。③所有尺寸大于 GB-A3 的图纸应具有单独的图纸编号。④应将空视图（单线）、逻辑图、接线图和回路图等多页文件编制成文件集或册。应为文件集或册分配一个单一的文件编号，每页均标识"第 _ / _ 页"。每本文件集或册应包括一个目录，清楚地标识文件集中每个文件的单独修订版本。

当修订多页文件集的单页时，应重新提供完整的修订文件与修订索引，显示每页和首页的发布状态，并使用更新的版本序列号反映已修订文件的最高版本序列号。不允许仅修改受影响的文件页并重新提交。

**(6) 文件标题**

所有文件应包含一个符合以下要求的标题：①是唯一的，并参考适用的设备/物料。例如，总体布置应附有设备的标签号。②自我说明。不得使用不涉及内容或适用设备的总标题，如"报告和数据表等"。

### 13.3.5 文件传递

应在审查/批准周期内以电子方式传送文件。文件传送必须使用共享文件端口（SFP）。应为分包商提供用于访问 SFP 的专用的用户名和密码。如果通过电子邮件传送分包商文件，必须得到承包商的批准。

### 13.3.6 文件审查

（1）承包商文件和数据审查

承包商文件和数据审查：①承包商保留审查和评论由分包商提交的所有文件的权利，包括"仅供参考"以及任何其他先前已审查且给出或未给出意见的文件。审查主要涉及验证数据和图纸的合规性。②承包商审查分包商图纸和数据的结果，不免除分包商遵守所有分包商条款、条件和要求的责任。③承包商应在 pdf 中采用标记给出意见。④对所提交分包商数据的意见不应视为授权变更分包合同的范围或规范。仅能通过文件传送修订承包商图纸或其他书面沟通（如信函）的范围或规范的变更，并须通过修订版本的分包合同确认。对分包商数据的意见仅限于在审查中披露的分包合同范围内确定的要求。

（2）承包商审查文件后分包商的行动

承包商审查后，必须将文件返还给分包商，并在承包商标题栏中标注以下审查意见：①A——"拒绝，不接受"；②B——"参见注释意见"；③C——"已审查并给出意见"；④F——"已审查，无意见"；⑤I——"仅供参考"；⑥R——"竣工审查"。

当承包商将标注上述代码的文件退还给分包商时，分包商应按照表 3-13-2 采取行动。

表 3-13-2　分包商相应审查意见清单

| 代码及含义 | | 文件 | 分包商应 |
| --- | --- | --- | --- |
| A | 拒绝,不接受 | 是不完整的,被承包商视为"无效"。分包商不得开始工程,因为文件不符合其最低要求 | 需要重新提交 SDDR 表格中指定的新文件 |
| B | 意见参见注释 | 是不完整的,应该结合意见进行纠正。分包商不得开始与文件评论直接相关的此类工程活动 | 分包商应重新提交新版本的文件"以供审查" |
| C | 已审查并给出意见 | 应该结合意见进行纠正。供应商应在工程中考虑这些意见 | 分包商应重新提交"最终版本"的文件 |
| F | 已审查,无意见 | 无意见 | 分包商不得重新提交文件(除 13.3.6 节第 3 条中注明的例外情况) |
| R | 等待修订,直至竣工 | — | 维持最终文件的等待发送状态,直到现场工作完成 |

（3）承包商返回标注审查意见的响应

如果分包商需要修改先前标注"已审查，无意见"的文件，分包商应：①修订原始文件；②更新文件版本；③适当地更新承包商标题栏；④按照规定以 SDDR 格式重新提交文件，并给出修订原因。

在收到承包商有关这些文件的修订意见后，分包商应根据 13.3.6 节中定义的承包商代码及含义采取适当的措施。

如果分包商需要修改的文件已经包含在已发送给承包商的档案中，则分包商应提交足够的替代副本，包括修订的目录以及有关删除每个替代文件及其替代文件的说明。

### 13.3.7 最终和竣工文件

分包商应在工程设计/竣工和分包要求期间根据业主审核矩阵的要求提供作为"竣工"文件的所有相关文件。

一旦文件经审查且未给出意见,承包商应保留要求分包商提供所有"竣工"修订版本的权利。

在每次部分活动的最终检查日期后 30 天内,承包商验证文件后,分包商应在 SOC(现场运营中心)将最终质量档案、运行和维护手册与最终记录簿提交给承包商(如适用)。

所需数量记录如下:①最终质量档案:a.10 份复印的副本;b.1 份电子版副本。②运行和维护手册:a.4 份复印的副本;b.1 份电子版副本。③最终记录簿:a.6 份复印的副本;b.1 份电子版副本。

### 13.3.8 发布现场技术查询单

**(1) 现场技术澄清单**

当分包商检测到设计问题并通过正式表格(见下述 13.5.5 节)要求工程设计或现场经理进行澄清或修改时,应出具现场技术澄清单(STQ)。应说明澄清和/或变更、要求变更的原因以及可能受影响的文件清单。有必要填写所需修改的原因("冲突原因")。

必须始终通过现场施工监理管理 STQ。在适用情况下,现场施工监理可要求分包商给出相应的澄清说明和图形支持(如果可能)。

STQ 必须一致,并且始终只包括一个单一的主题。在同一个 STQ 模板中,可以提出多项澄清,但始终应包含相同的主题、文件或图纸(以便跟踪)。STQ 将引用本文件的模板(见下述 13.5.5 节)。如果需要,可以随附与澄清相关的文件。如果随附,应在 STQ 模板中注明该文件。

**(2) STQ 编号和提交**

分包商应分配 STQ 为编号。现场技术澄清单应采用如下编码:SSSS-DDD-STQ-10031-NNNN。其中,SSSS 为分包商代码。分包商应向承包商询问此代码。信函和文件传递单同样应使用该代码。DDD 为与 STQ 相关的专业/主题的代码:①PRO——工艺;②PIP——管道;③CIV——土建;④STR——结构;⑤ELE——电气;⑥MEC——机械;⑦INS——仪表;⑧TEL——电信;⑨PRJ——工程项目;⑩HSE——HSE 问题;⑪IT——信息技术;⑫HT——热传递;⑬QC——质量控制;⑭GEN——通用。NNNN 为序列号,应从 0001 起始。

## 13.4 相关规定与程序

### 13.4.1 业主规定和程序

业主的规定与程序主要包括:①工程设计/竣工文件中的业主审查矩阵;②项目初步记录簿的内容;③最终项目记录簿的内容;④质量管理要求。

### 13.4.2 项目程序

相关的项目程序包括:①分包商质量保证/质量控制要求;②现场质量方案。

## 13.5 模板与样表

### 13.5.1 文件编号

如表 3-13-3 所示。

表 3-13-3　文件编号

| 文件类型 | 编号 | 文件类型 | 编号 |
|---|---|---|---|
| 计算 | | | |
| 膨胀节计算 | CAL-0001 | 电机计算 | CAL-0010 |
| 热计算 | CAL-0002 | 电缆尺寸计算 | CAL-0011 |
| 液压/气动计算 | CAL-0003 | 电气计算 | CAL-0012 |
| 土木工程计算 | CAL-0004 | 管道应力分析报告 | CAL-0013 |
| 机械计算 | CAL-0005 | 抗震计算 | CAL-0014 |
| 金属结构计算 | CAL-0006 | 排水计算 | CAL-0015 |
| 设备计算表 | CAL-0007 | 管道应力分析报告 | CAL-0016 |
| 电力负荷计算 | CAL-0008 | 抗震计算 | CAL-0017 |
| 热负荷计算 | CAL-0009 | 排水计算 | CAL-0018 |
| 目录 | | | |
| 目录与主要尺寸和特点 | CAT-0001 | | |
| 证书 | | | |
| 电气保护证书 | CER-0001 | 项目所在地法规授权证书 | CER-0005 |
| 证书和符合性声明 | CER-0002 | 项目所在地法规校准证书 | CER-0006 |
| 型式和特殊测试证书 | CER-0003 | 技术护照 | CER-0007 |
| 材料的测试和认证 | CER-0004 | 安全证书文件 | CER-0008 |
| 曲线 | | | |
| 校准曲线 | CUR-0001 | 等剂量曲线 | CUR-0006 |
| 过载曲线 | CUR-0002 | 保护继电器设置曲线 | CUR-0007 |
| 设备性能曲线 | CUR-0003 | 电流互感器饱和曲线 | CUR-0008 |
| 起始曲线和惯性矩 | CUR-0004 | 冷对准曲线 | CUR-0009 |
| 蒸汽消耗曲线 | CUR-0005 | | |
| 说明 | | | |
| 工艺说明和保证 | DES-0001 | 设备描述 | DES-0004 |
| 功能设计规范（FDS） | DES-0002 | 抗浪涌负载共享系统及控制说明 | DES-0005 |
| 一般操作说明 | DES-0003 | | |
| 图表 | | | |
| 工艺管道和仪表图 | DIA-0001 | WILLANS 图 | DIA-0010 |
| 辅助系统管道和仪表图 | DIA-0002 | 两线回路图（ILD） | DIA-0011 |
| 框图 | DIA-0003 | 单线回路图（典型） | DIA-0012 |
| 具有热量和物料平衡的流程图 | DIA-0004 | 动态图形（PAS） | DIA-0013 |
| 液压/气动图 | DIA-0005 | 系统架构图 | DIA-0014 |
| 单线图 | DIA-0006 | 原理图和连接图 | DIA-0015 |
| 逻辑图 | DIA-0007 | 坎贝尔、古德曼和索德伯格图 | DIA-0016 |
| 报警和关机框图 | DIA-0008 | 机械对齐图 | DIA-0017 |
| 顺序控制框图 | DIA-0009 | 临界速度图 | DIA-0018 |

续表

| 文件类型 | 编号 | 文件类型 | 编号 |
|---|---|---|---|
| 档案 | | | |
| 焊接档案 | DOS-0001 | 最终工程档案 | DOS-0004 |
| 最终质量档案 | DOS-0002 | 安全/HSE档案 | DOS-0005 |
| 索引质量档案 | DOS-0003 | | |
| 规范 | | | |
| 热处理规范 | ESP-0001 | 规范和技术参数 | ESP-0003 |
| 喷涂规范 | ESP-0002 | 材料采购技术规范 | ESP-0004 |
| 方案 | | | |
| 接线盒和端子排连接 | ESQ-0001 | 仪器电源和接线 | ESQ-0007 |
| 辅助电路方案 | ESQ-0002 | 完整组件布线 | ESQ-0008 |
| 工艺连接和材料统计 | ESQ-0003 | 交流/直流仪表配电 | ESQ-0009 |
| 气动连接和材料统计 | ESQ-0004 | 端子排图纸,包括符合每个信号的仪表标签 | ESQ-0010 |
| 配电板电气方案 | ESQ-0005 | 慢辊装置示意图 | ESQ-0011 |
| 接地系统方案 | ESQ-0006 | | |
| 研究 | | | |
| 扭转分析 | EST-0001 | 变更的安全完整性等级验证日志 | EST-0010 |
| 脉冲研究 | EST-0002 | SRS报告 | EST-0011 |
| 横向临界和不平衡响应分析 | EST-0003 | 安全完整性等级确定建议跟进报告 | EST-0012 |
| 危害与可操作性分析研究 | EST-0004 | 每月执行计划进展 | EST-0013 |
| 动态模拟 | EST-0005 | 保护层分析研究报告 | EST-0014 |
| 安全完整性等级确定和安全完整性等级验证执行计划 | EST-0006 | 一般研究 | EST-0015 |
| 安全完整性等级确定研究报告 | EST-0007 | 涡轮发电机的可靠性、可用性和生产率 | EST-0016 |
| 变更的安全完整性等级确定日志 | EST-0008 | 振动分析数据 | EST-0017 |
| 安全完整性等级验证研究报告 | EST-0009 | | |
| 数据表 | | | |
| 主要机械设备的完成数据表 | HDD-0001 | 通信设备数据表 | HDD-0008 |
| 辅助机械设备的完成数据表 | HDD-0002 | 容器数据表 | HDD-0009 |
| 电气用户数据表 | HDD-0003 | 电气设备数据表 | HDD-0010 |
| 噪声数据表 | HDD-0004 | 火焰加热器API数据表 | HDD-0011 |
| 安全数据表 | HDD-0005 | 燃烧器API数据表 | HDD-0012 |
| 仪器数据表 | HDD-0006 | 空气冷却器数据表 | HDD-0013 |
| 设备和液压/气动设备数据表 | HDD-0007 | | |

续表

| 文件类型 | 编号 | 文件类型 | 编号 |
|---|---|---|---|
| 清单 | | | |
| 符合 SDDL 格式的供应商图纸和数据清单 | LIS-0001 | PLC 数据库和输入/输出清单 | LIS-0013 |
| 符合附件格式的推荐备件清单 | LIS-0002 | 电缆卷筒清单 | LIS-0014 |
| 材料和元件清单与标识 | LIS-0003 | 专用工具清单 | LIS-0015 |
| 每张卡的输入/输出清单 | LIS-0004 | 用于联动试车、投料试车和开车的备件列表 | LIS-0016 |
| 符合所附格式的润滑剂清单 | LIS-0005 | 用于 2 年运行的备件清单 | LIS-0017 |
| 仪表清单 | LIS-0006 | 资产备件清单 | LIS-0018 |
| 公用设施消耗清单 | LIS-0007 | 分供应商清单 | LIS-0019 |
| 连接清单与特性 | LIS-0008 | 装箱单和箱内物品清单 | LIS-0020 |
| 沟通数据库 | LIS-0009 | 专用工具 | LIS-0021 |
| 电缆表 | LIS-0010 | 空视图索引 | LIS-0022 |
| 报警和停车的设定值清单 | LIS-0011 | 材料清单 | LIS-0023 |
| 联锁清单 | LIS-0012 | 初步货物清单 | LIS-0024 |
| 手册 | | | |
| 安装、操作和维护手册 | MAN-0001 | 配置手册 | MAN-0004 |
| 设计手册 | MAN-0002 | 软件包 | MAN-0005 |
| 投料试车和开车手册 | MAN-0003 | | |
| 模型 | | | |
| 3D 模型 | MOD-0001 | | |
| 详细图纸 | | | |
| 设备详细图纸 | PLD-0001 | 控制系统总图及详图 | PLD-0015 |
| 设备和辅助元件的详细图纸 | PLD-0002 | 本地控制面板图纸 | PLD-0016 |
| 内部元件图纸 | PLD-0003 | 仪器详细图纸 | PLD-0017 |
| 带零件标识的剖面图 | PLD-0004 | 分析仪采样调节系统图纸 | PLD-0018 |
| 机械密封或包装图纸 | PLD-0005 | 铭牌图纸 | PLD-0019 |
| 带设备地脚螺栓和板材详情的图纸 | PLD-0006 | 卡片布局 | PLD-0020 |
| 固定和安装设备详图 | PLD-0007 | 竣工最终图纸 | PLD-0021 |
| 设备运输准备图纸 | PLD-0008 | 耐火材料图纸 | PLD-0022 |
| 管道和滑槽的车间图纸 | PLD-0009 | 所有终端布置图纸 | PLD-0023 |
| 金属结构、平台和梯子图纸 | PLD-0010 | 基础图纸,包括基础承载力 | PLD-0024 |
| 土建工程图纸 | PLD-0011 | 外部连接和端子图 | PLD-0025 |
| 管道平面图和空视图 | PLD-0012 | 建筑图纸 | PLD-0026 |
| 管道支撑件图纸 | PLD-0013 | 维修图纸 | PLD-0027 |
| 接线盒和端子图纸 | PLD-0014 | | |
| 总图 | | | |
| 配置图 | PLG-0001 | 机柜布局/控制台布局 | PLG-0004 |
| 仪器布局 | PLG-0002 | 带主要尺寸和重量的总图 | PLG-0005 |
| 带尺寸和装载数据的总体布置 | PLG-0003 | | |
| 计划 | | | |
| 质量控制计划 | PLN-0001 | 项目质量计划 | PLN-0002 |

续表

| 文件类型 | 编号 | 文件类型 | 编号 |
|---|---|---|---|
| 程序 | | | |
| 测试程序 | PRC-0001 | 现场集成测试程序 | PRC-0027 |
| 安装程序 | PRC-0002 | 模拟测试程序 | PRC-0028 |
| 测试程序（工厂验收测试、现场集成测试和现场验收测试） | PRC-0003 | 硬度测试程序 | PRC-0029 |
| 焊接程序 | PRC-0004 | 净正吸入水头程序 | PRC-0030 |
| 清洗和干燥程序 | PRC-0005 | 平衡程序 | PRC-0031 |
| 无损检测程序 | PRC-0006 | 常规测试程序 | PRC-0032 |
| 酸洗和钝化程序 | PRC-0007 | 型式测试程序 | PRC-0033 |
| 材料可靠性鉴别程序 | PRC-0008 | 剥离测试程序 | PRC-0034 |
| 现场保存说明 | PRC-0009 | 涡流程序 | PRC-0035 |
| 压力试验程序 | PRC-0010 | 筛选测试程序 | PRC-0036 |
| 焊后热处理程序 | PRC-0011 | 水溶性涂层程序 | PRC-0037 |
| 包装和运输程序 | PRC-0012 | 铁氧体检查程序 | PRC-0038 |
| 视觉和尺寸检查程序 | PRC-0013 | 气动测试 | PRC-0039 |
| 管与管板膨胀程序 | PRC-0014 | 逃逸排放测试（阀门） | PRC-0040 |
| 逐步冷却程序 | PRC-0015 | 泄漏测试程序 | PRC-0041 |
| 喷涂程序 | PRC-0016 | 扭矩测试程序 | PRC-0042 |
| 性能测试程序 | PRC-0017 | 现场装配程序 | PRC-0043 |
| 机械运行测试程序 | PRC-0018 | 负载测试程序 | PRC-0044 |
| 转子机械和电气运行测试 | PRC-0019 | 密封测试程序 | PRC-0045 |
| 整机运转测试程序 | PRC-0020 | 超速测试程序 | PRC-0046 |
| 润滑油系统运行测试程序 | PRC-0021 | 冲击测试程序 | PRC-0047 |
| 衬里安装程序 | PRC-0022 | 噪声水平测试程序 | PRC-0048 |
| 不合格程序 | PRC-0023 | 热处理程序 | PRC-0049 |
| 可追溯性程序 | PRC-0024 | 焊接修补程序 | PRC-0050 |
| 校准测试程序 | PRC-0025 | 管扩张程序 | PRC-0051 |
| 现场验收测试程序 | PRC-0026 | | |
| 程序和报告 | | | |
| 每月预制报告 | PRG-0001 | 总体制造计划 | PRG-0003 |
| 子程序和每月现场安装程序 | PRG-0002 | 搭配进度 | PRG-0004 |
| 正式报告 | | | |
| 正式报告 | PRO-0001 | | |
| 子程序 | | | |
| 子程序的副本 | SUB-0001 | | |
| 表格 | | | |
| 力矩和力表 | TAB-0001 | 因果图 | TAB-0002 |
| 供货商资料册 | | | |
| 供货商资料册索引 | VDB-0001 | 供货商资料册 | VDB-0002 |

### 13.5.2 承包商的审查回复

如表 3-13-4 所示。

表 3-13-4 承包商的审查回复

| XXXXXX 项目 | | | |
|---|---|---|---|
| 项目编号: | | 单位: | |
| 分包合同编号①: | | 设备/部分②: | |
| 承包商的审查回复:<br>承包商的审查和意见不表示对本文件的准确性和完整性负责或承担责任,也不变更任何合同条款和条件: | | | |
| A 拒绝,不接受 | C 已审查并给出意见 | | F 已审查,无意见 |
| B 意见参见注释 | R 竣工审查 | | I 仅供参考 |
| 日期: | | | |
| 分包商标识③: | | | |
| 文件标题③: | | | |
| 分包商文件编号③: | | 版本⑤: | 代码④: |
| 合同文件编号⑤: | | 版本⑤: | 文件尺寸⑥: |
| 公司文件编号⑤: | | 版本⑤: | 页码⑥: |
| | | | 公司类别⑤: |

① RFQ 上显示的分包合同编号。
② 如果适用,文件所涵盖的每个项目的设备/标签号。如果文件涵盖所有项目,例如布置,则为文件所涵盖的每个项目的设备/标签号。如果文件涵盖所有项目,例如总体规范或总体布置,则填写"全部"。如果标签编号的数量太多,无法在框中全部列出,则可以给出作为 A4 文件一部分的图纸或单独图纸的参考号。
③ 分包商应使用其常规标准标题栏标识其文件。所需的最小数据须符合指示。标题应包含纯文本,且不存在与任何其他属性的歧义。
④ 本文件附件 1 中商定的文件编码。如果文件涵盖多个代码,且不能在适当的框中列出,则可以给出作为文件一部分的图纸或单独图纸的参考号。
⑤ 承包商应列入第一个版本,并在后续版本中保留。
⑥ GB 标准 (A0/A1/A2/A3/A4) 和文件的页数 (应在每个版本中更新)。

### 13.5.3 文件清单

如表 3-13-5 所示。

表 3-13-5 文件清单

| 项目编号 | 分包合同编号 | 承包商文件代码(SDDR) | 所需竣工文件(是/否) | 设备编号 | 业主文件编号 | 分包商文件编号 | 文件标题 | 承包商文件的合同约定提交日期 | |
|---|---|---|---|---|---|---|---|---|---|
| | | | | | | | | 关键 | 非关键 |
| | | | | | | | | | |
| | | | | | | | | | |
| | | | | | | | | | |
| | | | | | | | | | |
| | | | | | | | | | |

### 13.5.4 文件发送传递单

如表 3-13-6 所示。

表 3-13-6 文件发送传递单

| 分包商公司名称 | | 日期： | | 年/月/日 | |
|---|---|---|---|---|---|
| 分包商地址 | | 贵方参考号： | | 传递单编号： | |
| 主题： | | | | | |
| 收件人： | | | | | |
| 尊敬的先生：<br>我们在此向您转发下列文件： | | | | | |
| 项目/设备编号 | 文件编号 | 版本 | 标题 | 类别 | 代码 | 格式 |
| | | | | | | |
| | | | | | | |
| | | | | | | |

### 13.5.5 现场技术澄清单

如表 3-13-7 所示。

表 3-13-7 现场技术澄清单

| | 现场技术澄清单 | | | | | | | |
|---|---|---|---|---|---|---|---|---|
| 由现场技术查询单发起人(分包合同或TSHJ施工)填写 | 分包商姓名： | | 分包合同编号 | | 发布日期 | | 代码(SSSS-DDD-STQ-PPPPP-NNNN) | |
| | 单位： | | 位置： | 发起人： | | | 专业： | |
| | 主题： | | | | | | | |
| | 规范/文件/图纸编号： | | | | | | | |
| | 问题/冲突说明： | | | | | | | |
| | 建议纠正措施(发起人)： | | | | | | | |
| | 随附草图(是或否)： | | 随附草图代码： | | | 随附现场技术查询单的其他文件： | | |
| | 要求回复日期：(考虑到发送和回复过程的合理时间)： | | | | | | | |
| | 发起人：<br>职位：<br>日期：××/××/20×× | | | 姓名：<br>签名： | | 需要的批准<br>职位：<br>日期：××/××/20×× | | 姓名：<br>签名： |
| 由施工监理填写 | 现场技术查询单回复(来自施工专业) | | | | | | | |
| | 施工监理：<br>日期：××/××/20×× | | | 姓名：<br>签名： | | 施工经理或经授权人：<br>日期：××/××/20×× | | 姓名：<br>签名： |
| 由工程专业填写(仅在需要时) | 现场技术查询单回复(来自工程专业和施工专业,如需要) | | | | | | | |
| | (包括显示修改的图纸或草图参考) | | | | | | | |
| | 接受设计修改：<br>(使用"X"标注) | | | | | 拒绝设计修改：<br>(使用"X"标注) | | |
| | 由工程专业批准：<br>姓名：　　签名：<br>职位：专业负责人/日期：××/××/20×× | | | | | 由工程经理或经授权项目工程师批准：<br>姓名：　　签名：<br>职位：　　/日期：××/××/20×× | | |

续表

| 由项目工程/区域经理填写 | 冲突原因 | 干预 | 设计错误 | 施工错误 | 现场修改 | 解释 | 其他(详述) |
|---|---|---|---|---|---|---|---|
| | | | | | | | |

| 分发至(在相应的框中标记)： | | | | | | | |
|---|---|---|---|---|---|---|---|
| 分包商 | 专业负责人 | 工程经理 | 项目工程经理 | 施工监理 | 施工经理 | 质量 | 现场成本控制 分包合同管理员 |
| 本人认为此现场技术查询单是一个经验总结(注明是或否) | | | | | | 是 | 否 |
| | | | | | | | |

注：未经工程经理（或被授权人）签名，不得进行设计修改。

# 第 14 章 分包综合管理

## 14.1 目的

本文件的目的是说明和澄清用于正确分包管理的工作方法及其相关文件的工作程序。

## 14.2 范围

本程序适用于 EPCC 项目中所有要求管理的施工分包和采购订单。

## 14.3 定义

涉及的定义包括：①现场指导（SI）：包含承包商施工部门（监督人员、负责人或现场经理）提交的指导，含有用于完成或澄清执行某些工作的信息、说明和文件。②设计指导（EI）：包含承包商设计部门提交的指导，含有用于澄清或详细说明执行某些工作或技术问题（其中包括规格书）的信息、说明和/或文件。③价格表：价格表或费率表或 BOQ，是含有分包单价表的文件。④控制进度：反映不同专业分包商所完成的进度并入总进度汇总表中的文件；⑤分包商现场额外工作单请求或现场额外工作单请求（SFR）：由分包商提交并请求授权将现场额外工作单提交给承包商的文件。⑥现场技术澄清（STQ）：含有待澄清的技术和设计问题，并应由分包商提交给承包商的文件。⑦现场额外工作单（FEWO）：是含有详细说明分包商所执行额外工作（不包括在分包商工作范围内的工作）的文件。⑧反索赔：对分包商的反索赔。包含由分包商造成并应据此向分包商索要的承包商已发生成本，将通过从分包商凭证中扣除此金额或扣发给分包商的任何待付款的方式，将已发生的成本偿还给承包商，含有已发生成本的所附信息、汇总表和更多文件。⑨凭证：工作进度凭证或支付凭证或支付申请单。包含整套单据，这些单据凭证作为承包商应批准分包商已完成进度的回报金额。含有汇总表、控制进度、现场额外工作单、违约赔偿金、反索赔费用、扣除额，还包括认为对证明分包商工作进度必不可少的单据。⑩发票：是在收到承包商按期签发的凭证时，由分包商提交的支付凭证。⑪延迟通知（NOD）：包含来自分包商的通知，该通知告知可能对分包商完成任何里程碑的能力或总完工时间有影响的任何因素。⑫施工分包通用条款（GTCCS）。⑬工作进度（WS）：分包商编制的进度，其中包括根据其工作范围应完成的工作。⑭报价请求（RFQ）：包含承包商请求分包商对任何特定工作、服务或活动做出报价的请求。

## 14.4 总则

除非分包合同中另有明确规定，分包商应始终恪守总体职责，本着合理、诚信、善意的原则行使其权利、权限和自由裁量权，并根据分包合同履行其职责、承诺和义务。

## 14.5 职责

**（1）承包商的职责**

承包商的职责主要涉及：①经承包商施工经理/调试经理批准的施工/调试监督人员负责编制和发放给分包商的现场指导；②承包商的施工经理负责编制和保管现场说明日志，以便跟踪发给分包商的指导；③承包商的设计经理负责编制和发放给分包商的设计指导；④承包商的设计经理负责编制和保管设计说明日志，以便跟踪发放给分包商的指导；⑤承包商的设计经理负责编制和保管现场技术澄清的相关日志；⑥承包商的计划和进度控制经理负责批准和纠正控制进度的所示进度，包括签署控制进度文件；⑦承包商的施工经理负责为批准和纠正控制进度表的所示进度提供帮助，包括签署控制进度文件。

**（2）分包商的职责**

分包商的职责主要涉及：①分包商负责提交和编制现场技术澄清；②分包商负责编制和提交分包商现场额外工作单请求及其附件；③分包商负责编制和提交现场额外工作单及其附件；④分包商编制控制进度，并提交给承包商的计划与进度控制部；⑤分包商负责签署控制进度并请求承包商签署；⑥分包商根据承包商批准的控制进度编制和分发凭证。

## 14.6 额外工作

### 14.6.1 现场说明（SI）/设计说明（EI）

承包商的施工/调试经理可针对某些工作的绩效随时给出分包商的现场说明。施工/联动试车经理负责按给定的模板编制现场说明文件（SUBC-PDO20000-SI♯0001）。此类工作可能包括或可能没有包括在分包商的工作范围内。

承包商的设计经理可随时向分包商发送可改变某些工作绩效的设计指导。设计经理负责编制设计说明文件。此类工作可能包括或可能没有包括在分包商的工作范围内。

将通过文件传输（或者函件、正式编码的电子邮件）正式向分包商提交此类现场指导/设计指导，分包商将在该传送表单上签字，并采用相同的函件往来渠道返回至承包商，并且还应给承包商提供一份硬拷贝副本。

现场指导采用如下唯一代码进行标识：[分包商代码]-[采购订单号]-SI♯0001。示例：SUBC-PDO20000-SI♯0001。设计指导采用如下唯一代码进行标识：[分包商代码]-[采购订单号]-EI♯0001。示例：SUBC-PDO20000-EI♯0001。在签订分包合同时承包商提供分包商的代码。在采购订单文件中注明采购订单（PO）号。

分包商收到现场指导/设计指导时应签收并签署，然后采用与承包商相同的沟通方式（文件传输或者函件、正式电子邮件）返回给承包商。分包商应给承包商提供签署后的拷贝正本。

但如果分包商认为现场指导/设计指导中涉及的上述工作不包括在分包商的工作范围内或分包价格内，或正在造成影响，则分包商可向承包商提交现场额外工作单请求。

承包商提交现场指导/设计指导后，分包商应在后续3日内提交分包商现场额外工作单请求。如果承包商在此期限内没有收到分包商现场额外工作单请求，则认为现场指导/设计指导中所述的工作包括在分包商的分包价格中，并且没有影响。因此不包含任何权利的不可撤销免责和/或对所述工作活动绩效的索赔或与此工作相关的任何其他索赔。

如果分包商查出或认为工作的任何部分超出其工作或分包合同的范围，则分包商应向承包商的监督人员提出此事，以便发布现场指导/设计指导。

### 14.6.2 分包商现场额外工作单请求

分包商应按函件附件提交现场额外工作单请求（SFR）。函件的主题应包括分包商工作的现场额外工作单请求标识代码和简要说明。

**(1) 分包商现场额外工作单请求标识**

分包商现场额外工作单请求采用如下唯一代码进行标识：[分包商代码]-[采购订单号]-SFR♯0001。示例：SUBC-PDO20000-SFR♯0001。

承包商在签订分包合同时提供分包商代码。在采购订单文件中会注明采购订单（PO）号。

**(2) 强制性要求**

分包商应完成分包商现场额外工作单请求中的所有字段，并尽可能多地详细说明以下各项：①应执行工作的指导；②展示认为该工作在工作范围以外的分包合同条款；③包括现场指导/设计指导参考资料（若适合）和附件；④工作地点；⑤精确估计的费用；⑥测量数据；⑦估计完成工作的时间；⑧估计资源；⑨所需劳动力和机具；⑩图纸；⑪时间进度；⑫影响（若适用）。

分包商应在分包商现场额外工作单请求上签字盖章，并且必须注明发起人的姓名和职务。

在任何情况下均应按 BOQ 价格表的 Excel 格式提交影响的成本，并注明工程量、单价和最终金额，只要可能则应按 BOQ 价格表中已有的事项说明。

如果价格不详，则应根据价格表中已注明类似事项之间的价格插值法批准新价格。如果没有类似事项，则可能适用工时、人工和机具费率。在任何情况下，均应按下述 14.8 节的指导确定新价格。

如果影响进度，则分包商应考虑提交延迟通知（下述 14.7 节的指导）。应在分包商现场额外工作单请求中详细说明延迟通知的参考依据。

所有上述要求均是强制性要求，并且如果分包商没有按照这些要求给承包商提交现场额外工作单请求，则应自动解除，并通过认为其内容无效而不可撤销地作废。

**(3) 承包商评估与决策**

承包商将接收分包商现场额外工作单请求，并评估该请求的有效性。为完成此工作，分包商应首先请求与承包商的区域监督人员会面，以便阐明应执行的工作。承包商的区域监督人员将在工作说明表单上签字，并仅限批准该表单中所含的工作说明，或者修改该表单并对其提出意见，以调整所需工作，然后签字。

分包商应将包含承包商监督人员签字的上述分包商现场额外工作单请求提交给承包商分包合同工程师，该分包合同工程师将根据分包合同条款评估分包商现场额外工作单请求的条款和有效性。

如果承包商确定由于所述工作包括在分包商工作、分包价格的范围内，或是作为分包商单独措施的结果或者没有此项，则承包商将拒绝分包商现场额外工作单请求，并以正式函件向分包商详细说明相关原因，该函件包括主题中的分包商现场额外工作单请求标识代码。

如果承包商确定此请求有效，则承包商将分析分包商现场额外工作单请求文件，通过对分包商函件做出响应、附上如期签字的分包商现场额外工作单请求，并评估一些现场额外工作单响应分包商的请求。

承包商有陈述定价方法的全部权利。如果可能，应采用单价对现场额外工作单进行估价。

承包商的优先偏好如下：①单价或经批准的对价价格；②整个工作的总包价格；③基于人工时的时间和材料费率；④材料供应或服务，加上10%作为管理费用和利润。

各方必须商定应尽可能降低单位费率或总额和时间与材料的费率。

承包商有权按等于分包商现场额外工作单请求中分包商所提交估算金额的总包价或各方商定价格更好的固定价。在此特定情况下，总包价应包括所有费用，并且应为不得进行任何调整的最终价格。

无论承包商响应的结果如何，在所有情况下，分包商在收到承包商响应后，应立即完成分包商现场额外工作单请求，并开展现场指导/设计指导中包含和所述的工作。

分包商不应根据各方之间的分歧延误或延迟任何部分的工作。分包商应始终本着合理、诚信、善意的原则恪守总体职责。

### 14.6.3 现场额外工作单

当完成工作属于经批准的分包商现场额外工作单（FEWO）时，分包商应提交如期签署和完成的现场额外工作单表，包括所有所需文件、分包商现场额外工作单请求参考、最终费用、图纸，以便承包商验证其中的信息。分包商应请求监督该工作的承包商监督人员签字。承包商的监督人员应在现场额外工作单上签字，仅限批准所执行工作的完工，而不是价格。

分包商应将包含承包商监督人员签字的上述现场额外工作单提交给承包商监督负责人，该负责人将评估最终价格和工作符合以前批准的分包商现场额外工作单请求。在此种情况下，承包商向分包商提交响应函件，包括如期签署的现场额外工作单，供分包商备案。

当收到经批准的现场额外工作单时，分包商应将现场额外工作单的价格包括到凭证中。

每个现场额外工作单的扫描首页应作为其依据文件的一部分包括在凭证中。

分包商现场额外工作单请求必须在开始现场额外工作单的工作前如期签署。如果在没有签署分包商现场额外工作单请求情况下开始现场额外工作单工作，或者如果承包商没有按时以正确的方式收到分包商现场额外工作单请求，则认为现场指导/设计指导中所述的工作包括在分包商的分包价格中，因此承包商不应考虑费用或时间的影响。

## 14.7 延迟通知（NOD）

延迟通知（NOD）包含分包商提供的关于工作中延误或可能延误的通知。一旦出现延误，分包商应立即书面通知承包商任何可能对分包商完成任何里程碑的能力或总完工时间有影响的因素。

承包商可以通知分包商工作上任何部分的延误，但不认为此通知是施工分包通用条款中涉及的延迟通知，因此不执行与分包商通知相同的要求。

应始终按施工分包通用条款所述的要求以单独函件给承包商提交延迟通知。此类要求是强制性要求，并且如果没有提交这些要求，则应自动解除延迟通知，并通过认为其内容无效而不可撤销地作废。

采用如下唯一代码标识延迟通知：[分包商代码]-[采购订单号]-NOD#0001。示例：SUBC-PDO20000-NOD#0001。

分包商应始终考虑提交延迟通知的时间限制。每个延迟通知至少应包含（强制性）以下各项：①分包合同中通知和权利相关的条款；②延误相关的条款或默认的违约；③受影响的单元；④延误事件的日期；⑤延误事件的因果；⑥受影响的中间和最终里程碑；⑦延误时间周期；⑧建议减少延误的活动；⑨工作进度版次；⑩工作进度中受影响的活动；⑪通知对关键路径的影响；⑫通知其他影响（若适用）；⑬提交恢复计划；⑭重订活动的工作进度；⑮依据文件和此类的附件。

承包商不接受未正确、及时提交的延迟通知。分包商应按分包合同中规定的时间限制提交延迟通知。

所有上述要求均是强制性要求，并且如果没有按照这些要求提交给承包商，则应自动解除延迟通知，并通过认为其内容无效而不可撤销地作废。

## 14.8 新价格/对价

由于工程量变动、某些批量增加或项目要求，完成某些工作可能需要新价格或对价。

但如果出现无当前规定单价的新工程量或以前的工程量为零，则分包商必须根据已定价的类似事项采用插值法给出新的统一价格，并始终遵循价格表所述统一协调的价格。这些价格应经承包商的分包负责人同意，并且不应构成变更。

如果不可能采用插值法，则分包商应根据 BOQ 价格表中已批准的类似项目，采用小时费率或基于劳动力、设备和机器价格提交建议价格的完整细目。

这些价格很敏感，因此分包商应尽可能按承包商要求提供更多的信息，以支持批准价格。

分包商还应提供"新价格批准表"所需的信息，其中包括承包商最终精确估计的工程量和最终估计成本。

当通过带编码的电子邮件提交所有信息时，分包商应与承包商的分包负责人会面，以便就价格相互达成一致。

如果承包商对提交的建议价格和信息感到满意，则分包商将给承包商的分包负责人提交新价格依据的所有信息。分包商将在相应的表格"新价格批准表"上签字，以便承包商使该协议正式化。

## 14.9 反索赔

如果发生以下情况：①分包商未能在承包商规定的期限内完成按分包合同条款应负责工作的任何部分；②或如果分包商未能按关键路径完成工作，且承包商发出指示以弥补损失的时间，而分包商未能在承包商规定的期限内采取这些措施；③或分包商拒绝在规定的合理时间内根据承包商的明确指示执行任何工作；④或如果分包商对合并到或未合并到项目的设施、设备或材料造成损失、损害或缺乏照管等；⑤或如果分包商不遵守保持现场清洁、整齐和安全的义务；⑥或如果分包商无法正确执行其工作范围内的工作，并需要承包商的资源以完成该工作；⑦但不限于以上情况，则承包商按分包合同和以下要求向分包商发出反索赔。

为履行发布的反索赔程序，承包商将通过通知分包商违约的函件发出第一次通知。如果分包商没有立即采取措施解决违约，则承包商将发出构成反索赔的第二次通知，要求分包商采取措施解决、完成、实施或执行某项工作，以解决因分包商未履约、疏忽行为或上述情况而造成的此类违约。

反索赔通知应包括分包商响应的截止日期和完成纠正措施的期限，并包括回避采取这些措施将导致反索赔的忠告。如果没有注明日期，则分包商应适用在 5 个连续日内响应，并且如果通知中没有注明期限，则开始工作以纠正违约的日期，应为反索赔通知之后 10 天。

分包商应对通知做出响应，该通知注明纠正措施开始日期和完成此项工作的期限，应自费并按承包商要求完成此项工作。但如果分包商拒绝完成工作或没有在规定期限内回复，则承包商可以执行此类措施或让第三方执行此类措施。承包商应有权使用另一个分包商的服务，以完成此部分工作或纠正分包商的违约，与此相关的所有费用应向分包商反索赔。

因此，应向分包商如期反索赔与此相关的所有已发生费用，或从根据分包合同应付的付款、保险或银行担保中扣除。要完成此工作，承包商应发出通知函，其中包括已发生的影响和费用，并附有证据、相关文件和反索赔表。分包商应在该表上签字，并将该表返回给承包商进行备案。

无论是否签字，应立即将反索赔金额包括在用于扣除相应金额的汇总凭证中。承包商将以向分包商发出反索赔总金额的 20%（除非采购订单中另有说明）向分包商收取"承包商管理费用"。

如果分包商拒绝同意相应凭证中的反索赔费用或反索赔包含的内容，则承包商保留扣留每月凭证的权利。

## 14.10　违约赔偿金

承包商可按采购订单中规定的陈述和条件，随时申请相应的违约赔偿金。

通过给分包商的第一次简单通知将违约赔偿金加到凭证中，并从应开发票的总金额中扣除。但如果应认定的合计值不足以覆盖根据违约赔偿金应扣除的金额，并开具负数发票，则相应的金额应从根据分包合同应付的付款、保险或银行担保中扣除，并由承包商自行确定。

## 14.11　报价请求（RFQ）

承包商可随时要求分包商提供执行某些工作、服务、供应材料或与项目相关的其他任何活动的报价。为此承包商应发出带编码的电子邮件，将相关要求、技术规格或适用于分包商提交报价的任何信息告知分包商。

还应通过带编码的电子邮件将报价提交给承包商的分包负责人，该负责人将评估条件、价格和收到的文件，以发出响应。

承包商书面批准现场额外工作单、新采购订单或采购订单增补前，分包商不应开始与报价请求相关的任何工作。否则分包商应免除任何发生的工作或费用，可能要求该分包商拆毁、拆除或返工已开工的此类工作的任何部分，同时承包商不承担任何费用。

## 14.12　凭证

分包商应每月按分包合同编制并提交凭证。分包商应按承包商提供的模板编制 Excel 文件格式的凭证。

凭证用于证明应支付的金额，因此每月应更新与自分包合同开始起已完成工作相对应的总金额。从以前认定的价格中扣除此更新的结果，在本月认定合计值。

要完成下面的所有字段：①除非分包合同中另有说明，按从承包商计划和进度控制部门获得的 4 级进度百分比执行进度；②应按分包合同执行里程碑，应按照承包商的标准验收；③应按截止日期时承包商批准的现场额外工作单执行现场额外工作；④应按截止日期时承包商批准的反索赔执行反索赔；⑤应按分包合同执行违约赔偿金（LD），并由承包商（若适合）计入。

分包商应连同凭证汇总表一起提交经批准现场额外工作单的封面、由承包商计划和进度经理签字的 4 级计划、最新版本订单的封面、已申请银行担保的封面（当由于增加订单价格而增加担保额时）和证明应认定金额的任何有关依据文件。

## 14.13　特殊考虑因素

### 14.13.1　额外工作的执行

未经承包商事先书面授权，分包商不应开始任何工作。此书面授权通过经批准的现场说明/设计说明、正式函件或分包商现场额外工作单请求/现场额外工作单的正式授权。如果分包商执行此类工作，并忽视此要求，则分包商应无权对所执行的工作要求任何附加补偿，并且承包商应有权要求分包商撤销已进行的工作。

承包商强调非正式书面说明不予赔偿，不存在任何例外情况。

### 14.13.2　基于工时的额外工作

额外工作除了上述要求以外，根据工时执行的工作还需要以下各项：①在该天开始时和开始工作前，分包商的监督人员应通知承包商的监督人员，分包商已准备好根据分包商现场额外工作单请求和分包合同的条款开始工作。②承包商的监督人员应确认现场资源（人力、设备和机具）、开始时间，并确认资源符合待执行的工作。如果承包商的监督人员感到满意，则其将通知分包商的监督人员继续履约执行工作。由承包商自行决定是否要求分包商编制控制文件并签字。③承包商的监督人员将密切注意额外工作的进展和履约。④在该天结束时，分包商的监督人员应将工时表交给承包商的监督人员进行签字。工时表必须压印有唯一、一致的连续 ID 编号，副本由三个不同的页构成，每页颜色不同。这些工时表书面规定了特定字段中的分包商现场额外工作单请求参考、按分包商现场额外工作单请求所述应执行的工作说明、根据此特定工时表执行的工作、特定字段中的日期、每名工人的姓名、按价格表中所含说明的工人职务、使用的设备、使用的机具、包括完成的工程量和使用的时间。每台机具和设备应按价格表中所含说明和标签 ID 编号（唯一）。⑤承包商的监督人员应评审工时表，必要时进行修改，在工时表上签字，并保留其中一份副本。⑥分包商的监督人员应将其他副本交给承包商的分包负责人。⑦分包商应在提交工时表供签字后不迟于 1 天提交 Excel 表，该 Excel 表包括按价格表格式的汇总表/每个类别和详细说明工时表的完整数据。⑧Excel 表中相应列的概念与工时表中所含概念相同（如分包商现场额外工作单请求编号、姓名、职务、日期、时间等），并包含对应的数据，以便进行管理并导入数据库。

中期索赔概不受理。经承包商批准的现场额外工作单，仅当完成时方可将工作计入凭证中。

## 14.14　记录

### 14.14.1　登记

分包商需要按由承包商管理的日志提交带每个分包商现场额外工作单请求和现场额外工作单的 Excel 文件，并附上"现场额外工作单和反索赔的日志"。

分包合同部门负责：①将应由分包商签字的所有现场额外工作单正本存档；②将应由分包商签字的所有分包商现场额外工作单请求正本进行存档；③将应由分包商签字的所有现场指导文件副本存档；④保管和更新现场额外工作单日志和文件。

**14.14.2　汇编**

为方便划分，每个经批准的现场额外工作单必须根据取决于其性质的以下代码进行编码：①代码 A：创建修改的设计变更。②代码 B：因不当工作流程所引起干扰造成的额外费用。③代码 C：业主请求。④代码 D：未包括在分包合同工作范围内并通过现场额外工作单支付的永久工作。⑤代码 E：向卖方或分包商反索赔。⑥代码 O：其他。⑦代码 G：与临时工作现场设施相关的工作。

# 第 15 章
# 焊接图和管道生产报告程序

## 15.1 目的

规定机械分包商和承包商关于预制和管线安装的生产和质量要求上的信息沟通管理要求。为预制和安装分包商生成焊接图（WM）与管道生产报告（PPR）提供了必须遵守的导则，便于其向承包商在项目中使用的管道控制应用（PCA）软件中导入 WM 与 PPR。

## 15.2 范围

适用于收集来自 EPCC 项目机械分包商的所有数据，也包括管道生产以及质量控制方面的数据，如施工承包商负责的管道质量控制。

上述"管道生产"以及"质量"控制由承包商通过 PCA（即"管道控制应用"）软件实施。

## 15.3 定义

定义包括：①PCA：管道控制应用。PCA 是承包商控制管道生产，为多个部门生成报告（施工、质量控制、计划等）的软件。②PPR：管道生产报告。③IFC：供施工。④NDT：无损探伤。⑤WPS：焊接工艺程序。⑥SCH（Schedule）：管道等级。⑦HN（Heat Number）：钢材炉号。⑧WM：焊接图。⑨WS：车间。⑩FW：现场焊接。⑪BW：对接焊。⑫BR：支管焊接。⑬SW：承插焊。⑭RP：补强焊。⑮LG：纵向焊。⑯TH：螺纹焊。⑰DM：虚接。⑱FJ：法兰接头。⑲SP：支撑焊。

## 15.4 管道控制应用

本部分内容简单说明 PCA 软件工具、详细要求及每个预制和安装分包商需用到的强制要求模板。

PCA 是承包商使用的一种软件工具，用于管线生产和控制，提供管道单线图、预制管和焊接（包括无损探伤和测试包性能）信息。通过该软件提供预制和安装分包商的管道生产和质量（无损探伤测试）报告。

应用：计划部在现场施工用 PCA 软件来控制生产，发布各种报告，如焊接生产、预制管、管道单线图和测试包及无损探伤报告。质量部用最新报告（无损探伤）来开展质量控制（QC）工作。

## 15.5 焊接图

预制和安装分包商必须为"供施工"（IFC）的管道单线图编制焊接图，并提交给承包商。承包商在现场施工阶段收到图纸后，必须在一周内抓紧审核，在开展预制件和组装件的装配或焊接工作之前完成审核工作。

预制和安装分包商必须在焊接图模板（电子版）及焊接图图纸（纸质）上指出需要生产（焊接或螺纹连接）的接头及安装单线图应使用的预制管。

**(1) 接头标识号**

接头名称是指按照图纸指示流动方向，表示接头顺序的编号。一般使用 2～3 位数（在文本格式中用数值表示）从零开始计数（01，02，03…）。同一单线图不允许使用相同的接头名称。

修改单线图有时会需要增加新接头。所增加接头的命名方式为在之前接头的编号上加修改符号（字母 A、B…）。只在下列接头上使用字母 C、F、M、T 和 S：切口接头（例如 01C）、法兰接头（例如 F01）、修改接头（例如 01M）、螺纹接头（例如 T01）及管线的焊接支撑（例如 S01）。

**(2) 说明**

在焊接图表格中，不允许将接头命名为 WS♯1，应用"1"表示，并在"位置"一栏中规定是车间焊接还是现场焊接。将接头从 WS 中移到 FW 中，会产生两个不同的接头名称（WS♯1&FW♯1），但实际上只能有一个接头。在这种情况下，接头名称为"1"，并在相应位置栏中修改数据。

如果接头未能通过射线探伤，保留相同的名称"1"。不允许将接头名称修改为"1R"或"1RR"，这会导致系统中重名。为避免这种现象，应在射线探伤报告中记录所有的射线探伤作业。只有当接头 3 次未能通过探伤，或已经切除接头，才允许修改接头名称。如果一个法兰接头含有间隔片、8 字盲板、蝶阀或类似设备，应考虑使用两个法兰接头，以便于两个法兰面间的物料编码。

焊缝应用符号标识，说明需要焊接的位置。焊缝符号分为：①○：车间焊接；②◇：现场焊接。

**(3) 预制场所**

焊接图应使用具体符号来区分接头是在车间还是在现场预制：①WS——现场的车间焊接；②FW——现场的工地焊接。

## 15.6 二维码（QR）智能标签

分包商应在安装阶段之前实施控制和记录预制管的电子系统。可将具体的 QR 码标签喷涂在一个塑料卡上，并贴在预制管上，避免损坏标签。喷完后，可以考虑更换卡片。电子标签应包含预制管的详细信息，最低标准应包含以下信息：单元、应用管线、机组/生产线、版次、预制管、区域、材料、喷漆类型、3D 模型等。

完成喷漆后，由 QC 小组验收，然后立即贴标签。在记录阶段，由一位负责人统一阅读 QC 码，识别每个预制管、堆场的工序和位置，然后发给现场。

智能标签系统要求：①金属片，带预制管名称的钢印（若可行）；②塑料卡，带 QR 代码；③夹子；④QR 代码卡印机；⑤读取设备。

## 15.7 焊接完工报告（承包商）

分包商负责无损探伤报告的归档管理，向承包商提供焊接生产和无损探伤的完工信息。

承包商使用 PCA 中记录的信息提供焊接完工报告。在压力/外观测试前，该文件是加入到测试包文件夹中的唯一正式文件。分包商应给承包商提供任何要求的信息，以便按照项目要求遵守正确的焊接完工控制规定。

## 15.8 管道生产报告

承包商应制定一系列的控制程序，详细跟踪分包商的生产。为此，本部分制定并详细说明部分主要控制报告。

分包商必须每日提交前一天的焊接生产报告。所递交 Excel 表格的所有单元格都必须为文本格式。

分包商应在完成接头后，于每天下午 1:00 前以规定的 Excel 表格形式和规定的标题向承包商提交"焊接生产"（见下述 15.11 节中的模板）和"装配生产"（见下述 15.11 节中的模板）报告。由承包商将这些数据输入管道控制应用（PCA）中。

还应根据项目的具体要求，每日向承包商提交所有无损探伤和焊后热处理报告。

（1）焊接生产报告

焊接生产报告必须包含以下数据（每个接头可能略有不同）：①单线图名称：单元、通途、管线、机组/生产线。②接头名称：名称、接头类型、位置、直径、管段号、WPS、材料等级 1、材料等级 2、HN1 和 HN2。③生产数据：焊工和生产日期。日期必须以"文本格式"填写（年/月/日）。

分包商应按照规定格式每日提交焊接生产报告。然后，承包商将这些数据输入管道控制应用（PCA）中。

应在完成接头后生成焊接生产报告，在下午 1:00 之前以规定的 Excel 表格、规定标题（见下述 15.11 节的模板）递交。

应根据项目的具体适用要求，每日（进行无损探伤和焊后热处理后 2 天内）向承包商提交所有无损探伤和焊后热处理报告。承包商收到报告后，质量人员重审和确认报告中的数据/结果，然后将信息输入 PCA。未经质量小组重审和确认，不得将无损探伤和焊后热处理报告载入 PCA。

承包商质量人员需在两天内确认完报告内容，然后将原件返回分包商。

分包商扫描确认后的报告，以电子形式将报告存储在承包商的服务器上。报告名称必须一一对应。经承包商质量人员确认报告后，分包商需在 24h 内将报告存储在服务器上。

分包商还应通过电子邮件的形式，给承包商提交当日存储在服务器中确认后的报告清单。

承包商 PCA 团队应每日用分包商存储在服务器上的确认报告更新，并将报告和具体接头对应起来。承包商 PCA 团队应在收到确认报告后 24h 内完成这一任务。

（2）装配生产报告

装配生产报告应报告后期焊接表面预处理所需的切口和坡口，应由分包商提供该信息，用于焊接和预制作业及质量检查。

该报告必须包含以下信息（每个接头可能略有不同）：①单线图名称：单元、用途、管线、机组/生产线。②接头名称：名称、接头类型、位置、直径、管段号。③生产数据：装配日期，以"文本格式"填写（年/月/日）。

## 15.9 生成电子文件的规定

必须以承包商提供的规定 Microsoft Excel 形式和规定标题（见下述 15.11 节中的模板）每日填写焊接图报告。

### (1) 焊接图报告（见下述 15.11 节中模板）

如表 3-15-1 所示。

**表 3-15-1　焊接图报告内容**

| 项目 | 内容 |
|---|---|
| 单线图类型 | 单线图类型,地上还是地下 |
| 单元 | 项目单元。字母数字数据。例如:R210,R220,1803 等 |
| 用途 | 介质用途。字母数字数据。例如:A,CWS,CWR,P 等 |
| 管线 | 管段号。字母数字数据。例如:001,301,4010,C103 等 |
| 机组/生产线 | 机组/生产线号。字母数字数据。例如:01,51,71 等 |
| 接头 | 接头标识号(流向编号)。字母数字数据 |
| 材料等级/管道等级 | 管道材料等级。字母数字数据。例如:1CC1P01 等 |
| 版次 | 单线图版本号。字母数字数据。例如:S1,R1,01 等 |
| 接头尺寸 | 接头公称直径,单位英寸,数字格式数据 |
| 接头类型 | 接头的类型,字母数字数据 |
| | BW:对接焊 |
| | BR:支管焊。包括支管台管件和总管之间的接头以及 ASME B31.3 的 328.5.4A/B/C/D 规定的支管接头 |
| | SW:承插焊、角焊、密封焊 |
| | RP:补强焊 |
| | LG:纵向焊,比如套管 |
| | TH:螺纹焊 |
| | DM:虚接 |
| | FJ:法兰接头 |
| | SP:支撑焊接 |
| 预制管 | 接头位置所在的预制管。字母数字数据。例如:SPA。每个预制管应至少有一个接头 |
| 位置 | 预制场地。字母数字数据 |
| | WS:现场的车间焊接 |
| | FW:现场的工地焊接 |
| SCH | 管接的标准等级。字母数字数据。数值有:5S,10,10S,20,30,40,40S,60,80,80S,100,120,140,160,XS,XXS |
| 最大尺寸 | 若有多个直径,其中的最大公称直径 |
| 管长 | 如果左侧(假设管线从左往右看)的管道元件是一根管线,记下管子长度(单位米)。除了这一情况,只写零 |
| 物料编码 1 | 每个管接必须配一个位号。它是流向从左往右看时,管接左侧的管道元件(阀门、管线等等)的标准位号 |
| | 例外:部分元件的管接可能超过 1 个。在这种情况下,只使用一个位号 |
| 物料编码 2 | 每个管接必须配一个位号。它是流向从左往右看时,管接右侧的管道元件(阀门、管线等等)的标准位号 |
| | 例外:部分元件的管接可能超过 1 个。在这种情况下,只使用一个位号 |
| 分包商 | 分包商代码 |
| 材料等级 1 | 流向从左往右看,接头左侧所使用管线和管件的材料规格 |
| 材料等级 2 | 流向从左往右看,接头右侧所使用管线和管件的材料规格 |
| 区域 | 工作区域代码 |

(2) 焊接生产报告（见下述 15.11 节中模板）

分包商应以规定格式每日提交焊接生产报告。这些数据由承包商导入管道控制应用（PCA），焊接生产中包含的数据见表 3-15-2。

表 3-15-2　焊接生产报告内容

| 单元 | 项目单元。字母数字数据。例如:R210,R220,1803 等 |
|---|---|
| 用途 | 介质用途。字母数字数据。例如:A,CWS,CWR,P 等 |
| 管线 | 管段号。字母数字数据。例如:001,301,4010,C103 等 |
| 机组/生产线 | 机组/生产线号。字母数字数据。例如:01,51,71 等 |
| 接头 | 接头标识号（流向编号）。字母数字数据 |
| 位置 | 预制场地。字母数字数据 |
| | WS:现场的车间焊接 |
| | FW:现场的工地焊接 |
| 接头类型 | 接头的类型,字母数字数据 |
| | BW:对接焊 |
| | BR:支管焊。包括支管台管件和总管之间的接头以及 ASME B31.3 的 328.5.4A/B/C/D 规定的支管接头 |
| | SW:承插焊、角焊、密封焊 |
| | RP:补强焊 |
| | LG:纵向焊缝,比如套管 |
| | TH:螺纹焊 |
| | DM:虚接 |
| | FJ:法兰接头 |
| | SP:支撑焊 |
| 接头尺寸 | 接头的公称直径,单位英寸,用数字表示 |
| SCH | 管接的标准等级。字母数字数据。数值有:5S,10,10S,20,30,40,40S,60,80,80S,100,120,140,160,XS,XXS |
| HN1 | 接头第一个连接材料的跟踪参考号或炉号,用在接头的左侧（假如从流向的左侧向右看）。字母数字数据。例如:P-1232,F-1002 |
| HN2 | 接头第二个连接材料的跟踪参考号或炉号,用在接头的右侧（假如从流向的左侧向右看）。材料的顺序见单线图的流向 |
| WPS | 焊接工艺程序。字母数字数据 |
| 焊工 1 | 接头焊工姓名。例如 X3121,W1002 |
| 焊工 2 | 第二名焊工姓名(若有)。如果只有一名焊工,焊工 2 和焊工 1 相同。字母数字数据 |
| 焊工 3 | 第三名焊工姓名(若有)。字母数字数据 |
| 焊工 4 | 第四名焊工姓名(若有)。字母数字数据 |
| 焊接日期 | 接头或预处理完成的日期。日期数据。格式:年/月/日。例如:2017/01/27 |
| 预制管 | 接头位置所在的预制管。字母数字数据。例如:SPA…。每个预制管应至少有一个接头 |
| 区域 | 工作区域代码 |
| 报告螺纹接头时的数据包括:装置、应用、管线、机组/生产线、接头、装配日期、HN1、HN2 |||

(3) 预制管控制报告（见下述 15.11 节中模板）

如表 3-15-3 所示。

表 3-15-3  预制管控制报告内容

| 分包商 | 分包商名称(代码)，见 PCA 定义 |
|---|---|
| 单元 | 项目单元。字母数字数据。例如：R210,R220,1803 等 |
| 用途 | 介质用途。字母数字数据。例如：A,CWS,CWR,P 等 |
| 管线 | 管段号。字母数字数据。例如：001,301,4010,C103 等 |
| 机组/生产线 | 机组/生产线号。字母数字数据。例如：01,51,71 等 |
| 预制管 | 接头位置所在的预制管。字母数字数据。例如：SPA…。每个预制管应至少有一个接头 |
| 喷漆日期 | 预制管喷漆的日期。日期数据。格式：年/月/日。例如：2017/01/27 |
| 喷漆系统 | 喷漆系统的名称(代码)。字母数字数据 |
| 喷漆状态 | 预制管喷漆完成日期。日期数据。格式：年/月/日。例如：2017/01/27 |
| 送去喷漆日期 | 送去喷漆的日期。格式：年/月/日。例如：2017/01/27 |
| 位置状态 | 位置的状态 |
| 堆放日期 | 预制管在制造后存放在中间存放区域时填写 |
| 现场日期 | 预制管位于现场待装时填写 |
| 安装日期 | 安装的日期。格式：年/月/日。例如：2017/01/27 |
| 保温日期 | 保温的日期。格式：年/月/日。例如：2017/01/27 |
| 安装状态 | 安装的状态 |
| 保温状态 | 保温的状态 |

(4) 管支撑预制和安装报告（见下述 15.11 节中模板）

如表 3-15-4 所示。

表 3-15-4  管支撑预制和安装报告内容

| 单元 | 项目单元。字母数字数据。例如：R210,R220,1803 等 |
|---|---|
| 用途 | 介质用途。字母数字数据。例如：A,CWS,CWR,P 等 |
| 管线 | 管段号。字母数字数据。例如：001,301,4010,C103 等 |
| 机组/生产线 | 机组/生产线号。字母数字数据。例如：01,51,71 等 |
| 预制管 | 接头位置所在的预制管。字母数字数据。例如：SPA…。每个预制管应至少有一个接头 |
| 支撑识别号 | 支撑识别号。字母数字数据 |
| 支撑尺寸 | 支撑尺寸。字母数字数据 |
| 重量 | 支撑重量。字母数字数据 |
| 等级 | 支撑等级。字母数字数据 |
| 预制日期 | 支撑预制完成日期。日期数据。格式年/月/日。例如：2017/01/27 |
| 安装日期 | 支撑安装完成日期。日期数据。格式年/月/日。例如：2017/01/27 |
| 完成 | 如果支撑识别号不是唯一的，则填写。字母数字数据 |
| TP 强制要求 | 如果支撑是液压测试包(TP)的强制性要求，则填写。字母数字数据 |

(5) 测试包报告（见下述 15.11 节中模板）

如表 3-15-5 所示。

表 3-15-5　测试包报告内容

| 单元 | 项目单元。字母数字数据。例如：R210,R220,1803 等 |
|---|---|
| 用途 | 介质用途。字母数字数据。例如：A,CWS,CWR,P 等 |
| 管线 | 管段号。字母数字数据。例如：001,301,4010,C103 等 |
| 机组/生产线 | 机组/生产线号。字母数字数据。例如：01,51,71 等 |
| 预制管 | 接头位置所在的预制管。字母数字数据。例如：SPA…。每个预制管应至少有一个接头 |
| HTP 单元 | 液压测试包（HTP）单元。字母数字数据 |
| HTP | 液压测试包（HTP）。字母数字数据 |

**（6）装配生产报告（见下述 15.11 节中模板）**

如表 3-15-6 所示。

表 3-15-6　装配生产报告内容

| 单元 | 单元四位数,第一位数指工段（例如 1772） |
|---|---|
| 用途 | 介质用途。字母数字数据。例如：A,CWS,CWR,P 等 |
| 管线 | 管段号。字母数字数据。例如：001,301,010,103 等 |
| 机组/生产线 | 机组/生产线号。字母数字数据。例如：01,51,71 等 |
| 接头 | 接头标识号（流向编号）。字母数字数据 |
| 装配日期 | 接头定位焊接完毕日期。日期数据。格式年/月/日。例如：2017/01/27 |

**（7）支撑图数据（见下述 15.11 节中模板）**

如表 3-15-7 所示。

表 3-15-7　支撑图数据内容

| 单元 | 单元四位数字,第一位数指工段（例如 1772） |
|---|---|
| 应用 | 流体应用。字母数字数据。例如：A,CWS,CWR,P 等 |
| 管线 | 管号。字母数字数据。例如：001,301,010,103 等 |
| 机组/生产线 | 机组/生产线编号。字母数字数据。例如：01,51,71 等 |
| 预制管 | 接头位置所在的预制管。字母数字数据。例如：SPA…。每个预制管应至少有一个接头 |
| 支撑位置 | 支撑位置标识码。字母数字数据。例如：POS1,POS2 |
| 类型 | 支撑类型标识码。许多类型可归属于同一个位置。字母数字数据。例如：Z01,Z04… |

## 15.10　相关规定与程序

相关的规定与程序包括：控制工具程序。

## 15.11　模板与样表

① 焊接图（WELDING MAPS）报告
参见下述 16.10 节。
② 焊接生产报告
参见下述 16.10 节。
③ 预制管（SPOOL）控制报告
④ 管道支撑预制和安装报告
⑤ 测试包报告
⑥ 装配（FIT UP）生产报告
⑦ 支撑图（SUPPORT MAPS）数据

①、②中内容参见下述 16.10 节，③～⑦中内容参见电子版，下载地址见前言中的说明。

# 第 16 章 控制工具程序

## 16.1 目的

编制本程序的目的是制定分包商和承包商的信息流管理要求,以便控制项目施工阶段的生产和质量。

## 16.2 范围

该程序适用于承包商 EPCC 项目的所有现场分包商。根据项目适用要求和国际规范,收集分包商的信息用于现场生产和质量控制。

承包商利用 PCA、PCS、CSM 3D(管道和钢结构模块)及 E&ICA 软件工具在现场执行现场生产(和质量)控制。

本程序为分包商制定了必须遵守的生成信息导则,需要用承包商在项目施工阶段的不同软件工具来生成这些信息。承包商制定一系列控制程序,详细跟踪分包商的生产情况。为此,编制了主要控制报告,并进行了详细说明,简述了不同软件工具,以及每个工具的要求和强制要求的记录表。必须以 Microsoft Excel 表格填写所有记录表,并采用承包商规定的表格和标题。

## 16.3 定义和缩写

定义包括:

①记录表:带具体数据和格式的模板,需导入承包商不同的工具中,必须由分包商给承包商交付这些记录表。②PCA:管道控制应用。PCA 是承包商控制管道生产,为多个部门生成报告(施工、质量控制、计划等)的系统。③PCS:进展控制系统。PCS 是承包商接入计划控制软件(如 Primavera P6)控制生产和进展的系统,为多个部门生成报告(施工、质量控制、计划等)。④CSM 3D:施工顺序规划系统。CSM 3D 是承包商用于图示化展示施工顺序,生成管道和钢结构进展信息报告。⑤EICA:电气和仪表控制应用。EICA 是承包商控制电气和仪表生产的系统,可生成电气和仪表专业报告。这些报告可用于多个部门(施工、质量控制、计划等)。⑥IFC:供施工用。⑦NDT:无损探伤。⑧WPS:焊接工艺程序。⑨SCA:结构控制应用。SCA 是承包商控制钢结构生产的系统,为多个部门形成报告(施工、质量控制、计划等)。

## 16.4 管道生产和控制工具(PCA)

PCA 是承包商用于管道生产和控制,并且为单线图、短管、焊缝(包括无损探伤和测试包服务)提供信息的软件工具。该软件工具发布自分包商提供的管道生产和质量(无损探伤）报告。

### 16.4.1 焊接图

分包商在现场收到图纸后一周内，并且必须在预制和装配或焊接组装件之前（视具体情况而定），编制并且向承包商提交"供施工用"（IFC）的单线图及其后续版本的焊接图。

焊接图中包括表 3-16-1 中的数据。

表 3-16-1 焊接图数据

| | | |
|---|---|---|
| 单线图类型 | 单线图类型，地上还是地下 | |
| 单元 | 项目单元。字母数字数据。例如：R210，R220，1803 等 | |
| 用途 | 介质用途。字母数字数据。例如：A，CWS，CWR，P 等 | |
| 管线 | 管段号。字母数字数据。例如：001，301，4010，C103 等 | |
| 机组/生产线 | 机组/生产线号。字母数字数据。例如：01，51，71 等 | |
| 接头 | 接头标识号（流向编号）。字母数字数据 | |
| 材料等级/管道等级 | 管道材料等级。字母数字数据。例如：1CC1P01 等 | |
| 版次 | 单线图版本号。字母数字数据。例如：S1，R1，01 等 | |
| 接头尺寸 | 接头公称直径，单位英寸，数字格式数据 | |
| 接头类型 | 接头的类型，字母数字数据 | |
| | BW：对接焊 | |
| | BR：支管焊。包括支管台管件和总管之间的接头以及 ASMEB31.3 的 328.5.4A/B/C/D 规定的支管接头 | |
| | SW：承插焊、角焊、密封焊 | |
| | RP：补强焊 | |
| | LG：纵向焊，比如套管 | |
| | TH：螺纹焊 | |
| | DM：虚接 | |
| | FJ：法兰接头 | |
| | SP：支撑焊接 | |
| 预制管 | 接头位置所在的预制管。字母数字数据。例如：SPA…。每个预制管应至少有一个接头 | |
| 位置 | 预制场地。字母数字数据 | |
| | WS：现场的车间焊接 | |
| | FW：现场的工地焊接 | |
| SCH | 管接的标准等级。字母数字数据。数值有：5S，10，10S，20，30，40，40S，60，80，80S，100，120，140，160，XS，XXS | |
| 最大尺寸 | 若有多个直径，其中的最大公称直径 | |
| 管长 | 如果左侧（假设管线从左往右看）的管道元件是一根管线，记下管子长度（单位米）。除了这一情况，只写零 | |
| 物料编码 1 | 每个管接必须配一个位号。它是流向从左往右看时，管接左侧的管道元件（阀门、管线等等）的标准位号 | |
| | 例外：部分元件的管接可能超过 1 个。在这种情况下，只使用一个位号 | |

| | |
|---|---|
| 物料编码 2 | 每个管接必须配一个位号。它是流向从左往右看时,管接右侧的管道元件(阀门、管线等等)的标准位号 |
| | 例外:部分元件的管接可能超过1个。在这种情况下,只使用一个位号 |
| 分包商 | 分包商代码 |
| 材料等级 1 | 流向从左往右看,接头左侧所使用管线和管件的材料规格 |
| 材料等级 2 | 流向从左往右看,接头右侧所使用管线和管件的材料规格 |
| 区域 | 工作区域代码 |

### 16.4.2 焊接生产

分包商应以规定格式每日提交焊接生产报告。这些数据由承包商导入管道控制应用(PCA)。

焊接生产报告中包含的数据如表 3-16-2 所示。

表 3-16-2 焊接生产报告数据

| | |
|---|---|
| 单元 | 项目单元。字母数字数据。例如:R210,R220,1803 等 |
| 用途 | 介质用途。字母数字数据。例如:A,CWS,CWR,P 等 |
| 管线 | 管段号。字母数字数据。例如:001,301,4010,C103 等 |
| 机组/生产线 | 机组/生产线号。字母数字数据。例如:01,51,71 等 |
| 接头 | 接头标识号(流向编号)。字母数字数据 |
| 位置 | 预制场地。字母数字数据 |
| | WS:现场的车间焊接 |
| | FW:现场的工地焊接 |
| 接头类型 | 接头的类型,字母数字数据 |
| | BW:对接焊 |
| | BR:支管焊。包括支管台管件和总管之间的接头以及 ASME B31.3 的 328.5.4A/B/C/D 规定的支管接头 |
| | SW:承插焊、角焊、密封焊 |
| | RP:补强焊 |
| | LG:纵向焊缝,比如套管 |
| | TH:螺纹焊 |
| | DM:虚接 |
| | FJ:法兰接头 |
| | SP:支撑焊 |
| 接头尺寸 | 接头的公称直径,单位英寸,用数字表示 |
| SCH | 管接的标准等级。字母数字数据。数值有:5S,10,10S,20,30,40,40S,60,80,80S,100,120,140,160,XS,XXS |
| HN1 | 接头第一个连接材料的跟踪参考号或炉号,用在接头的左侧(假如从流向的左侧向右看)。字母数字数据。例如:P-1232,F-1002 |
| HN2 | 接头第二个连接材料的跟踪参考号或炉号,用在接头的右侧(假如从流向的左侧向右看)。材料的顺序见单线图的流向 |

续表

| WPS | 焊接工艺程序。字母数字数据 |
|---|---|
| 焊工1 | 接头焊工姓名。例如 X3121,W1002 |
| 焊工2 | 第二名焊工姓名(若有)。如果只有一名焊工,焊工2和焊工1相同。字母数字数据 |
| 焊工3 | 第三名焊工姓名(若有)。字母数字数据 |
| 焊工4 | 第四名焊工姓名(若有)。字母数字数据 |
| 焊接日期 | 接头或预处理完成的日期。日期数据。格式:年/月/日。例如:2017/01/27 |
| 预制管 | 接头位置所在的预制管。字母数字数据。例如:SPA…。每个预制管应至少有一个接头 |
| 区域 | 工作区域代码 |
| 报告螺纹接头时的数据包括:装置、应用、管线、机组/生产线、接头、装配日期、HN1、HN2 | |

### 16.4.3 装配

装配报告包含后期焊接表面预处理所需的切割和打坡口信息。该信息由分包商提供,焊接、预制作业以及质量、制造和管道分包商都需要该信息。

装配生产包含的数据如表 3-16-3 所示。

表 3-16-3 装配生产数据

| 单元 | 项目单元。字母数字数据。例如:R210,R220,1803… |
|---|---|
| 用途 | 介质用途。字母数字数据。例如:A,CWS,CWR,P… |
| 管线 | 管段号。字母数字数据。例如:001,301,4010,C103… |
| 机组/生产线 | 机组/生产线编号。字母数字数据。例如:01,51,71 |
| 接头 | 接头标识(流向编号)。字母数字数据 |
| 装配日期 | 接头定位焊接完成的日期。时间数据。格式:年/月/日。例如:2017/01/27 |

## 16.5 管道进度控制工具(PCS)

PCS是承包商用于控制进度的软件工具,提供实际进度、人力和费用进度及报告、图示化分析和统计分析。PCS与进度控制软件(如P6)连接可直接获取数据,可以在统一的框架内运行。

PCS L4 记录表(表 3-16-4)包含施工进度信息。

表 3-16-4 PCS L4 记录表数据

| 说明 | 进度控制软件(如P6)任务说明 |
|---|---|
| 任务名称 | 进度控制软件(如P6)任务名称 |
| 资源 | 任务的代表性资源的资源名称 |
| PCS完成权重 | 自上次更新任务后完成进度的权重(不是百分比) |
| 进度百分比 | 任务的实际百分比进度 |
| 完成数量 | 完成任务的数量 |
| 相对权重 | 任务的相对权重 |
| 工序1~20 | 任务每步的进度百分比(一直到20步) |

## 16.6 施工顺序控制工具（CSM） 3D-管道模块

CSM 3D 是承包商用于控制管道模块施工顺序的软件工具。管道模块将 PCA 提供的信息和 4 级（L4）设备联系起来，让管道和设备施工顺序的信息可视化。

### 16.6.1 CSM L4 记录表

CSM L4 记录表包含了设备综合信息及其施工优先级别和进度。

CSM L4 记录表中包含的数据如表 3-16-5 所示。

表 3-16-5 CSM L4 记录表数据

| | |
|---|---|
| 设备位号 | 设备位号说明。字母数字数据。例如:100X-010,410G-145… |
| 名称 | 设备名称。字母数字数据。例如:压缩机、分离塔 |
| 进度 | 进度百分比,以小数格式给出。从各工序中计算得出。字母数字数据。例如:0.25,0.55,1.00… |
| 交付日期 | 设备到达现场日期。日期数据。格式:年/月/日。例如:2017/01/27 |
| 安装日期 | 设备开始安装的日期。日期数据。格式:年/月/日。例如:2017/01/27 |
| 进度极限 | 本周的进度极限百分比 |
| 模型编号 | 根据位置图,设备所在管道的模型编号。字母数字数据。例如:P011A104,P012A308… |
| 区域 | 根据位置图,设备所在管道的区域编号。字母数字数据。例如:011A6,091A5… |
| 优先工作包 | 和设备相关的优先工作包编号。字母数字数据。例如:1,5,7,11… |
| 优先单元 | 和设备相关的优先单元编号。字母数字数据。例如:1,3,7,9… |
| 做好单线图准备 | 设备做好管道连接准备的日期。日期数据。格式:年/月/日。例如:2017/01/27 |

### 16.6.2 单线图编辑

单线图编辑包含项目所有单线图信息。

单线图编辑包含的数据如表 3-16-6 所示。

表 3-16-6 单线图编辑数据

| | |
|---|---|
| 单元 | 项目单元。字母数字数据。例如:R210,R220,1803… |
| 用途 | 介质用途。字母数字数据。例如:A,CWS,CWR,P… |
| 管线 | 管道号。字母数字数据。例如:001,301,4010,C103… |
| 机组/生产线 | 机组(生产线)编号。字母数字数据。例如:01,51,71… |
| 模型 | 根据位置图,设备所在管道的模型编号。字母数字数据,例如:P011A104,P012A308… |
| 管线标识 | 管线标识号。字母数字数据。例如:AC-1090001-50,BD-1470010-01… |

## 16.7 钢结构控制工具（SCA）

SCA 是承包商用于控制钢结构生产的软件工具。钢结构控制工具管理与工程设计、制造、到达现场、QC、安装相关的所有信息。

### 16.7.1 钢结构材料记录表

钢结构材料记录表包含不同钢模的制造状态信息。

钢结构材料记录表中包含的数据如表 3-16-7 所示。

表 3-16-7　钢结构材料记录表数据

| 模型 | 含有钢构件的模型。字母数字数据。例如：NS5A 和 EO2A 等 |
|---|---|
| 重量 | 模型的估计重量 |
| 订购的材料 | 模型订购材料的重量。数字表示。单位：吨。例如：520.56,10.2… |
| 原材料 | 车间收到模型的原材料重量。数字表示。单位：吨。例如：100.56,50.3… |
| 合格日期 | 材料检验合格日期。日期。格式：年-月-日。例如：2015-12-30 |
| 合格重量 | 模型合格材料的重量。数字表示。单位：吨。例如：300.28,40.0… |

### 16.7.2　钢结构钢件标号记录表

钢结构钢件标号记录表包含不同钢件的制造状态信息。

钢结构钢件标号记录表中包含的数据如表 3-16-8 所示。

表 3-16-8　钢结构钢件标号记录表数据

| 模型 | 含有钢构件的模型。字母数字数据。例如：NS5A 和 EO2A 等 |
|---|---|
| 钢构件标号 | 钢件的钢件标号。字母数字数据。例如：NS5A 112PU020,EO2A 013CX001… |
| 重量 | 具有相同钢件标号的钢件总重。编号。数字：吨。例如：0.673,325.5… |
| 长度 | 钢构件长度。数字。单位：毫米。例如 4220,4191,595… |
| 切割量 | 钢构件切割百分比。数字。例如：0.00,100.00 |
| 焊接量 | 钢构件焊接百分比。数字。例如：0.00,100.00 |
| 喷漆量 | 钢构件喷漆百分比。数字。例如：0.00,100.00 |
| 镀锌量 | 钢构件镀锌百分比。数字。例如：0.00,100.00 |
| QC | 钢构件 QC 百分比。数字。例如：0.00,100.00 |
| 交付量 | 钢构件交付百分比。数字。例如：0.00,100.00 |
| 可安装量 | 可安装钢构件百分比。数字。例如：0.00,100.00 |
| 数量 | 钢构件数量。数字。例如：1,3 等 |
| 宽度 | 钢构件宽度。数字。单位：mm。例如：170,90,76.2… |
| 高度 | 钢构件高度。数字。单位：mm。例如：205,20.1… |
| 单位重量 | 钢构件号下的单个钢件的重量。数字。单位：吨。例如：0.273,125.5… |
| 区域 | 钢构件所在区域。数字。例如：22.78,3.23… |

### 16.7.3　钢结构船运记录表

钢结构船运记录表包含不同钢模交付状态信息。

钢结构船运记录表包含的数据如表 3-16-9 所示。

表 3-16-9　钢结构船运记录表数据

| 模型 | 含钢构件的模型。字母数字格式数据。例如：NS5A,EO2A… |
|---|---|
| 钢构件标识号 | 钢件的标识号。字母数字格式数据。例如：NS5A 112PU020,EO2A 013CX001… |
| 交付数量 | 交付钢构件数量。数字。例如：1,3 等 |
| 船运号 | 船号。字母数字格式数据。例如：154785-647854-48548 |
| 交付日期 | 钢构件交付日期。日期。格式：年-月-日。例如：2017-12-30 |

### 16.7.4 钢结构现场记录表

钢结构现场记录表包含不同钢模的安装状态信息。
钢结构现场记录表包含的数据如表 3-16-10 所示。

表 3-16-10 钢结构现场记录表数据

| 模型 | 含钢构件的模型。字母数字格式数据。例如:NS5A,EO2A… |
|---|---|
| 钢构件标识号 | 钢件的标识号。字母数字格式数据。例如:NS5A 112PU020,EO2A 013CX001… |
| 已安装 | 已安装钢构件百分比。数字。例如:0.00,100.00 |
| 安装日期 | 钢件安装的日期。日期。格式:年-月-日。例如:2017-12-30 |
| 数据 X | (任选项)钢件 X 状态百分比。数字。例如:0.00,100.00 |

## 16.8 电气和仪表安装进度与质量控制工具

电气和仪表安装进度与质量控制(E&ICA)工具是承包商用于控制电气和仪表工程软件的工具。该工具可以有效控制电气和仪表的现场安装工程的进度和质量。

### 16.8.1 电缆采购

电缆采购记录表包含电缆盘综合信息、到达现场信息和控制材料采购的重要信息。
电缆采购中包含的数据如表 3-16-11 所示。

表 3-16-11 电缆采购记录表数据

| 电缆盘 | 电缆盘名称。字母数字格式数据。例如:PG-P3106,PGP3128 |
|---|---|
| 承包商订单号 | 承包商在 Marian 中的配序。字母数字格式数据。例如:PG-P3106,PGP3128 |
| 供货商 | 供货商名称。字母数字格式数据。例如:TCPI |
| 位置 | 订单号中的物品或位置 |
| 子位置 | 物品的子位置,已多次发送 |
| Ident | 几何特征的唯一标识号 |
| 商品 | 所有同类型材料的唯一标识 |
| 库存数量 | 库存中未预留可用的材料。库存收货:从工厂发货的材料 |
| MIR 数量 | 从工厂发货的材料 |
| 合同发货日期 | 根据合同,电缆必须发货的日期。日期数据。格式:年-月-日。例如:2017-12-30 |
| 预计发货日期 | 预计电缆发货日期。日期数据。格式:格式:年-月-日。例如:2017-12-30 |
| 放行通知 | 备注。字母数字格式数据。例如:电缆 AR-PM-27B 功能良好 |
| 预计到达现场日期 | 预计电缆到达现场日期。日期数据。格式:格式:年-月-日。例如:2017-12-30 |
| 实际到达现场日期 | 电缆实际到达现场日期。日期数据。格式:格式:年-月-日。例如:2017-12-30 |
| MRR | 材料接收报告 |

### 16.8.2 电缆敷设

电缆敷设记录表包含电缆类型和现场安装等综合信息。
电缆敷设中包含的数据如表 3-16-12 所示。

表 3-16-12　电缆敷设记录表数据

| 电缆编号 | 电缆位号。字母数字格式数据。例如：011-AT-0004,011-BS-0002-J… |
|---|---|
| 类型 | 用位号说明电缆种类。字母数字格式数据。例如：IP01S88OTNTNASRD,IP01S88OTNTNASLB |
| 说明 | 电缆的重要信息。字母数字格式数据。例如：电力电缆 |
| 长度 | 电缆长度,单位米。数字格式数据。例如：45,228… |
| 电缆进线接头 | 字母数字格式数据。例如：2×A |
| 电缆出线接头 | 字母数字格式数据。例如：2×A |
| 来自 | 电缆连接来自元件代码。字母数字格式数据。例如：VSD-52-3-ARCM02.5 |
| 去向 | 电缆连接到的元件的代码。字母数字格式数据。例如：PG-IRC-3001(DCS) |
| 敷设区域 | 电缆敷设区域代码。字母数字格式数据。例如：SS-52(建筑内) |
| 电缆盘 | 识别电缆的电缆盘编号。字母数字格式数据。例如：PG-C0040,011D0180… |
| 备注 | 现场加入相关备注。字母数字格式数据。例如"注释1：当前电缆沟详情见图号 RSHC-16230-017 和 PG-16258-2" |

### 16.8.3　计划和监督

计划和监督包含生产、工作包、状态和 Primavera 相关信息。

计划和监督包含的数据如表 3-16-13 所示。

表 3-16-13　计划和监督数据

| 电缆位号 | 电缆位号。字母数字格式数据。例如：011-AT-0004,011-BS-0002-J… |
|---|---|
| 进度控制软件(如 Primavera 6)敷设识别码 | 进度控制软件(如 Primavera 6)给出的活动识别码,确定电缆敷设任务。字母数字格式数据。例如：RCUELAR2153 |
| 进度控制软件(如 Primavera 6)连接识别码 | 进度控制软件(如 Primavera 6)给出的识别码,确定连接电缆行为。字母数字格式数据。例如：RCUELUT146 |
| 单元 | 电缆敷设和连接区域所在单元代码。字母数字格式数据。例如：HC,011-CDU/VDU |
| 工作包区域 | 电缆敷设和连接所在工作包区域的单元代码。字母数字格式数据。例如：011A101,091A604 |
| 优先单元 | 和电缆相关的优先单元编号。字母数字格式数据。例如：1,3,7,9… |
| 优先作包 | 和电缆相关的优先工作包编号。字母数字格式数据。例如：1,5,7,11… |
| 权重 | 电缆敷设任务的相对权重 |
| 敷设所在的组码 | 进度控制软件(如 Primavera 6)给出的敷设识别码所在的组码。字母数字格式数据。例如：ELPU,STHE… |
| 连接组码 | 进度控制软件(如 Primavera 6)给出的连接识别码的组码。字母数字格式数据。例如：ELPU,STHE… |
| 进度 | 敷设任务的实际进度,单位百分比 |
| 承包商 | 承包商编号。字母数字格式数据。例如：C1-TCPI |
| 工作估计日期 | 电缆敷设估计日期。日期数据。格式：年-月-日。例如：2017-12-30 |
| 工作状态 | 确认工作状态的编号(未完成、有干扰、完成)。字母数字格式数据。例如：0——完成,1——干扰,2——未完成 |
| 开始敷设根数 | 开始敷设根数。字母数字格式数据。例如：1,2,3… |

续表

| 实际已敷设数量(m) | 已敷设电缆实际数量,单位米。字母数字格式数据。例如:70,45,50… |
|---|---|
| 完成敷设日期 | 电缆完成敷设日期。日期数据。格式:年-月-日。例如:2017-12-30 |
| 理论敷设数量 | 电缆的理论需敷设数量,单位米。字母数字格式数据。例如:70,45,50… |
| 剩余量 | 电缆剩余需敷设数量。字母数字格式数据。例如:70,45,50… |
| 单元需接入电缆总数 | 单元需接入电缆总数(电缆根数)。字母数字格式数据。例如:1,2,5… |
| 单元已接入电缆总数 | 单元已接入的电缆总数(电缆根数)。字母数字格式数据。例如:1,2,5… |
| 完成接入日期 | 完成电缆接入日期。日期数据。格式:年-月-日。例如:2017-12-30 |
| 装置需接出的电缆总数 | 装置需接出的电缆总数(电缆根数)。字母数字格式数据。例如:1,2,5… |
| 装置已接出电缆总量 | 装置已接出的电缆总量(电缆根数)。字母数字格式数据。例如:1,2,5… |
| 完成接出日期 | 完成电缆接出日期。日期数据。格式:年-月-日。例如:2017-12-30 |
| 回路测试日期 | 进行回路测试的日期。日期数据。格式:年-月-日。例如:2017-12-30 |
| 文件夹或档案 | 文件夹或档案生成的日期。日期数据。格式:年-月-日。例如:2017-12-30 |
| 完成日期 | 完成所有电缆敷设任务的日期。日期数据。格式:年-月-日。例如:2017-12-30 |

## 16.9 相关规定与程序

相关的规定与程序有:焊接图和管道生产报告程序。

## 16.10 模板与样表

① 焊接图(WELDING MAPS)报告
② 焊接生产报告、装配(FIT UP)报告
③ PCS L4 作业记录表
④ PCS L4 设备记录表
⑤ ISOEDIT(单线图编辑)报告
⑥ 钢结构材料记录表
⑦ 钢结构钢件标号记录表
⑧ 钢结构船运记录表
⑨ 钢结构现场记录表
⑩ 采购记录表
⑪ 电缆敷设报告
⑫ 计划和监督报告

以上内容见电子版,下载地址见前言中的说明。

# 第 17 章
# 劳动力追踪系统程序

## 17.1 目的

该程序的目的是确立规范标准和唯一的人力控制系统、员工在现场执行活动花费的工时、由于外部条件和/或天气条件而停产的工时和所需传输的数据流信息要求，收集监测和实施本系统的所有要求，以控制人力投入和工作时间。

## 17.2 范围

该程序适用于 EPCC 项目的所有现场分包商。从分包商处获取的信息适用于根据现场条件控制人力投入和工作时间。

本程序确立了承包商在生成控制现场人力和设备所需的信息时必须遵循的准则，按照专业、类别和工作组、直接和间接资源进行分类，并记录花费的工时和可能中断现场施工活动的情况。

本程序中还包含人力数据代码，整理了不同类型的专业、类别、工作组、设备、事故和班次等，必须注明此类信息以便由分包商提交给承包商。

## 17.3 定义

定义包括：①MTS：人力追踪系统。②MTR：人力追踪报告。③MTI：间接人力追踪。④MTD：直接人力追踪。⑤ET：设备追踪。⑥SC：现场条件。⑦IM：间接人力。⑧DM：直接人力。⑨WG：工作组。⑩MDC：人力数据代码。

## 17.4 人力追踪系统

MTS 代表通过管理资源类别、控制工作和损失工时的系统，为组织提供执行项目的增值。为了提供所有必需的信息，需在现场执行的主要任务包括：①承包商必须每天在现场收集以下信息：a.间接人力；b.直接人力；c.现场条件；d.现场的设备。②监控和更新 MDC 以维护系统、先前的协议和承包商的批准。③分包商必须编制并向承包商提交以下报告：a.间接人力追踪（MTI）；b.直接人力追踪（MTD）；c.设备追踪（ET）；d.现场条件追踪（SCT）。

## 17.5 人力数据编码

人力数据编码（MDC）是表示不同类型信息的代码库：①原因；②专业；③HSE 标

记；④设备；⑤班次；⑥间接人力；⑦直接人力；⑧工作组。

### 17.5.1 原因
在施工阶段可能导致至少一项活动中断的原因和限制条件。

### 17.5.2 专业
施工阶段涉及的项目专业。

### 17.5.3 HSE 标记
现场 HSE 部门可以使用的标记类型，颜色代码显示允许或限制现场活动的现场条件。

### 17.5.4 设备
现场分包商可以使用的设备和材料资源的类型。

### 17.5.5 班次
现场确定的班次。

### 17.5.6 间接人力
按组分类间接人力的类别。

### 17.5.7 直接人力
按组分类直接人力的类别。

### 17.5.8 工作组
在现场执行施工活动期间，对直接人力进行分类的工作组。

示例的编码如表 3-17-1 所示。

表 3-17-1　编码示例

| 代码 | 说明 | 代码 | 说明 |
| --- | --- | --- | --- |
| 原因 | | | |
| 00 | 没有限制 | 08 | 气体排放 |
| 01 | 极端温度 | 09 | 进出受限 |
| 02 | 阴天 | 10 | 工作许可 |
| 03 | 雨天 | 11 | 客户限制 |
| 04 | 雪天 | 12 | 分包商事故 |
| 05 | 有风 | 13 | 罢工 |
| 06 | 沙尘暴 | 14 | 供货商协助 |
| 07 | 工厂运行 | | |
| 专业 | | | |
| TF | 临时设施 | PI | 管道 |
| PL | 管道 | EL | 电气 |
| CI | 土建 | IN | 仪器仪表 |
| BU | 建筑 | PA | 喷涂 |
| HV | 暖通空调 | FP | 防火 |
| MA | 水运 | IS | 绝缘 |
| ST | 钢结构 | PR | 联动试车 |
| ME | 设备 | CO | 投料试车 |
| TK | 储罐 | | |

续表

| 代码 | 说明 | 代码 | 说明 |
|---|---|---|---|
| HSE 标记 | | | |
| R | 红色 | O | 橙色 |
| B | 黑色 | N | 无标记 |
| 设备 | | | |
| E01 | 容量不大于 10m³ 的卡车 | E23 | 大于 300t 的起重机 |
| E02 | 容量大于 10m³ 的卡车 | E24 | 喷射灌浆设备 |
| E03 | 沥青摊铺机 | E25 | 微型桩设备 |
| E04 | 挖掘装载机 | E26 | 钉设备 |
| E05 | 压实机 | E27 | 锚设备 |
| E06 | 机械装载机 | E28 | 钻孔桩设备 |
| E07 | 推土机 | E29 | 打入桩设备 |
| E08 | 拉铲挖土机 | E30 | 板桩设备 |
| E09 | 钻头 | E31 | 混凝土围堰设备 |
| E10 | 挖掘机 | E32 | 驳船 |
| E11 | 自动平地机 | E33 | 压缩机 |
| E12 | 路料复拌机 | E34 | 焊机 |
| E13 | 倾卸推土机 | E35 | 发电机 |
| E14 | 铲运机 | E36 | 木板吊索 |
| E15 | 叉式升降机 | E37 | 振动器组 |
| E16 | 升降机 | E38 | 水车 |
| E17 | 搅拌机 | E39 | 液压泵 |
| E18 | 混凝土泵 | E40 | 脱水泵 |
| E19 | 配料装置 | E41 | 沥青切割机 |
| E20 | 不大于 25t 的起重机 | E42 | 显示器 |
| E21 | 大于 25t 且不大于 100t 的起重机 | E43 | RT 机 |
| E22 | 大于 100t 且不大于 300t 的起重机 | E44 | 热水机 |
| 班次 | | | |
| D | 日班 | N | 夜班 |
| 间接人力 | | | |
| I01 | 管理 | I06 | 质量 |
| I02 | 行政服务 | I07 | HSE |
| I03 | 成本控制和分包合同 | I08 | 工程 |
| I04 | 计划和生产控制 | I09 | 联动试车和投料试车 |
| I05 | 材料控制（仓库） | I10 | 移交控制 |

续表

| 代码 | 说明 | 代码 | 说明 |
|---|---|---|---|
| 直接人力 | | | |
| D01 | 领班 | D10 | 石匠 |
| D02 | 焊工 | D11 | 帮工 |
| D03 | 管道装配工/管道工 | D12 | 喷涂工 |
| D04 | 索具装配工/安装工 | D13 | 保温工 |
| D05 | 机械装配工 | D14 | 水力测试员 |
| D06 | 脚手架工 | D15 | 仪表员 |
| D07 | 电工 | D16 | 电气测试员 |
| D08 | 木工 | D17 | 消防员 |
| D09 | 钢筋工 | D18 | 操作员 |
| TF-管道 | | | |
| TF.TF | 临时设施工程 | | |
| PL-管道 | | | |
| PL.PL | 土建工程-管道 | | |
| CI-土建 | | | |
| CI.FB | 土建工程-预制柱和梁 | CI.GR | 土建工程-接地 |
| CI.CO | 土建工程-混凝土工程 | CI.DR | 土建工程-下水道和人孔 |
| CI.CB | 土建工程-建造柱和梁 | CI.UG | 土建工程-地下管道[①] |
| CI.BK | 土建工程-回填 | CI.PV | 土建工程-铺砌和道路 |
| CI.CT | 土建工程-沟渠 | | |
| BU-建造 | | | |
| BU.CO | 建造-混凝土 | BU.GR | 建造-接地 |
| BU.AR | 建造-建筑 | | |
| HV-暖通空调 | | | |
| HV.IN | 暖通空调-电动机械 | | |
| MA-水运 | | | |
| MA.MA | 水运工程 | | |
| ST-钢结构 | | | |
| ST.FB | 钢结构-制造 | ST.HS | 钢结构-重载结构 |
| ST.ER | 钢结构-安装 | ST.PL | 钢结构-平台和其他 |
| ST.PR | 钢结构-管道支架安装 | | |
| ME-机械 | | | |
| ME.FU | 机械-加热器/复形机 | ME.OT | 机械-其他设备 |
| ME.AC | 机械-空气冷却器 | ME.TF | 机械-储罐制造 |
| ME.RO | 机械-旋转（泵和压缩机等） | ME.TE | 机械-储罐安装 |
| ME.ST | 机械-静态（容器、柱和换热器等） | ME.SF | 机械-储罐制造 |
| ME.HE | 机械-重型设备（汽轮机、燃气轮机和锅炉等） | ME.SE | 机械-储罐安装 |
| ME.IN | 机械-内部构件 | | |

续表

| 代码 | 说明 | 代码 | 说明 |
|---|---|---|---|
| TK-储罐和球形构件（仅适用于储罐区，否则应属于机械部分） | | | |
| TK.TF | 机械-储罐制造 | TK.SF | 机械-球形构件制造 |
| TK.TE | 机械-储罐安装 | TK.SE | 机械-球形构件安装 |
| PI-管道 | | | |
| PI.FB | 管道-预制 | PI.SB | 管道-小孔径管道安装 |
| PI.PU | 管道-支撑件预制 | PI.UG | 管道-U/G管道安装[②] |
| PI.ER | 管道-安装 | PI.SU | 管道-支撑件安装 |
| PI.PR | 管道-支架管道安装 | PI.MF | 管道-阀组安装 |
| PI.BB | 管道-大孔径管道安装 | PI.ST | 管道-蒸汽伴热 |
| EL-电气 | | | |
| EL.ES | 电气-接地和防雷系统 | EL.MA | 电气-主要设备 |
| EL.CT | 电气-电缆槽 | EL.SE | 电气-小型设备 |
| EL.CD | 电气-管道安装 | EL.LF | 电气-灯具安装 |
| EL.JB | 电气-接线盒安装 | EL.LC | 电气-灯具电缆铺设 |
| EL.PL | 电气-电缆铺设 | EL.ET | 电气-电气伴热 |
| EL.CO | 电气-电缆连接 | EL.CP | 电气-阴极保护 |
| IN-仪器仪表 | | | |
| IN.CT | 仪器仪表-电缆槽 | IN.CO | 仪器仪表-电缆连接 |
| IN.CD | 仪器仪表-管道绝缘 | IN.FO | 仪器仪表-FO电缆铺设 |
| IN.JB | 仪器仪表-接线盒安装 | IN.MA | 仪器仪表-主要设备 |
| IN.PL | 仪器仪表-电缆铺设 | IN.IN | 仪器仪表-仪器绝缘 |
| PA-喷涂 | | | |
| PA.SS | 喷涂-结构 | PA.SP | 喷涂-管道支撑件 |
| PA.PP | 喷涂-管道底漆 | PA.EQ | 喷涂-设备 |
| PA.FP | 喷涂-管道饰面 | | |
| FP-防火 | | | |
| FP.SS | 防火-钢结构 | FP.VA | 防火-阀门执行机构 |
| FP.SP | 防火-管道支撑件 | FP.CT | 防火-电缆槽 |
| FP.EQ | 防火-设备 | | |
| IS-绝缘 | | | |
| IS.EQ | 绝缘-设备 | IS.PI | 绝缘-管道 |
| PR-联动试车 | | | |
| PR.PI | 联动试车-管道测试 | PR.RB | 联动试车-动设备控件组装 |
| PR.MR | 联动试车-电机运行 | PR.EL | 联动试车-电气设备 |
| PR.SB | 联动试车-静态控件组装 | PR.LT | 联动试车-回路测试 |
| CO-投料试 | | | |
| CO.CO | 投料试车工程 | | |

① 带包层的塑料管和金属管。
② 排水系统和消防用水金属管被称为U/G。

## 17.6 需要提交的报告

分包商必须每天编制并向承包商提交所需的信息。程序指定需要在报告中提供的数据。

### 17.6.1 间接人力追踪（MTI）报告

间接人力追踪报告如表 3-17-2 所示。

分包商：承包商提供的分包商代码。日期：字母数字数据。例如年-月-日。类别：符合 MDC 的类别代码。工人：按类型的工人数量。工时：每天的总工作时间。

表 3-17-2 间接人力追踪报告

| 分包商 | 日期 | 类别 | 工人 | 工时 |
|--------|------|------|------|------|
|        |      |      |      |      |
|        |      |      |      |      |
|        |      |      |      |      |
|        |      |      |      |      |
|        |      |      |      |      |
|        |      |      |      |      |

### 17.6.2 直接人力追踪（MTD）报告

直接人力追踪报告如表 3-17-3 所示。

分包商：承包商提供的分包商代码。日期：字母数字数据。例如年-月-日。类别：符合 MDC 的类别代码。工人：按类型的工人数量。（按照每天记录工时得出的工人比例数）工时：每天的总工作时间。单元：项目单元。区域：项目区域。专业：符合 MDC 的专业代码。工作组：符合 MDC 的工作组代码。活动：活动的说明。班次：符合 MDC 的班次代码。

表 3-17-3 直接人力追踪报告

| 分包商 | 日期 | 类别 | 工人 | 工时 | 单位 | 区域 | 专业 | 工作组 | 活动 | 班次 |
|--------|------|------|------|------|------|------|------|--------|------|------|
|        |      |      |      |      |      |      |      |        |      |      |
|        |      |      |      |      |      |      |      |        |      |      |
|        |      |      |      |      |      |      |      |        |      |      |
|        |      |      |      |      |      |      |      |        |      |      |
|        |      |      |      |      |      |      |      |        |      |      |
|        |      |      |      |      |      |      |      |        |      |      |
|        |      |      |      |      |      |      |      |        |      |      |

### 17.6.3 设备追踪（ET）报告

设备追踪报告如表 3-17-4 所示。

分包商：承包商提供的分包商代码。日期：字母数字数据。例如年-月-日。类别：符合 MDC 的类别代码。说明：设备说明（如果本程序的 MDC 中没有指定）。设备：按类型的设备数量（按照每天记录工时得出的设备比例数）。小时：由该日期设备数量得出的总小时数。单元：项目单元。区域：项目区域。专业：符合 MDC 的专业代码。班次：符合 MDC 的班次代码。

表 3-17-4　设备追踪报告

| 分包商 | 日期 | 类别 | 说明 | 设备 | 小时 | 单位 | 区域 | 专业 | 班次 |
|---|---|---|---|---|---|---|---|---|---|
|  |  |  |  |  |  |  |  |  |  |
|  |  |  |  |  |  |  |  |  |  |
|  |  |  |  |  |  |  |  |  |  |
|  |  |  |  |  |  |  |  |  |  |
|  |  |  |  |  |  |  |  |  |  |
|  |  |  |  |  |  |  |  |  |  |

### 17.6.4　现场条件（SCT）报告

现场条件报告如表 3-17-5 所示。

分包商：承包商提供的分包商代码。日期：字母数字数据。例如年-月-日。原因：符合 MDC 的原因代码。HSE 标记：符合 MDC 的专业代码。开始时间：条件开始的时间（从 00:00 至 23:59）。结束时间：条件结束的时间（从 00:00 至 23:59）。损失时间：考虑到工人的数量，开始时间和结束时间之间的总损失时间［例如，5（工人）×6（损失小时）＝30（损失小时）］。工人：工人的数量。整天：受影响或部分受影响的整天（0——部分/1——完整）。主要活动：受影响的主要活动的说明。

表 3-17-5　现场条件报告

| 分包商 | 日期 | 原因 | HSE 标记 | 开始时间 | 结束时间 | 损失小时 | 工人 | 整天 | 主要活动 |
|---|---|---|---|---|---|---|---|---|---|
|  |  |  |  |  |  |  |  |  |  |
|  |  |  |  |  |  |  |  |  |  |
|  |  |  |  |  |  |  |  |  |  |
|  |  |  |  |  |  |  |  |  |  |
|  |  |  |  |  |  |  |  |  |  |
|  |  |  |  |  |  |  |  |  |  |
|  |  |  |  |  |  |  |  |  |  |

# 第 18 章 起重吊装程序

## 18.1 目的

本程序概括了正确选择、检查、安装、维护起重滑轮的基本要求,以及用起重设备和/或吊索起吊或放下材料时需遵守的安全预防措施。

其中很重要的一点是,负责上述操作的人员在执行作业之前,需了解并严格遵守这些导则。

特定起重吊装的设计目的是消除手动搬运脚手架零件和其他材料引发的危险。

## 18.2 范围

本程序说明了在执行项目过程中,承包商和分包商在承包商控制区域内进行 FIE 作业、施工作业及预调试作业过程中如何使用起重滑轮和吊索。

## 18.3 定义与缩写

定义与缩写包括:①HSE:健康、安全和环境。②PPE 个人防护装备。③SHALL:指强制性要求。

## 18.4 职责

### 18.4.1 承包商的项目/现场经理

承包商的项目/现场经理对本程序负有总体责任,应支持执行本程序,确保施工现场的所有(公司)实体都积极参与:①项目/现场经理有责任提供人员、设施及其他必要资源,以有效执行本程序;②项目/现场经理和管理团队应身体力行,为所有现场作业人员应具有的行为做出榜样效应。

### 18.4.2 承包商的现场 HSE 经理

承包商的现场 HSE 经理应和项目/现场经理共同负责本程序的执行和管理。

承包商现场 HSE 经理应:①对程序执行过程中出现的问题,做出评判;②审查分包商,确保本程序要求执行到位;③协助分包商规划和协调作业,以便有效执行程序要求;④保证生成和保存 HSE 要求记录,以便管理层和各部门进行审查。

#### 18.4.3 分包商的施工经理

分包商的施工经理有责任遵守本程序，并应提供必要人员、设施及其他资源来有效执行、管理和实施本程序。

分包商施工经理负责在分包商及自身分包商的组织体系内进行有效宣传和教育。承包商施工经理应确保分包商符合并积极参与其要求。

#### 18.4.4 分包商 HSE 经理

分包商 HSE 经理需持续监督该程序的执行。

分包商 HSE 经理应反馈绩效，协助分包商监理来规划和协调工程作业，以便有效实施程序要求。

#### 18.4.5 分包商负责人

分包商负责人应全面了解该程序及其各自执行程序的职责。

分包商负责人应确保工作任务的指定人员具有充足能力。这包括：确保工人的技术、身体素质、知识能够安全执行工程任务。

#### 18.4.6 员工

员工必须了解、理解并遵守本程序在其作业范围之内的安全要求。员工必须向其负责人汇报任何会影响设备安全运行的设备故障。一旦对任务说明不确定，或对任何任务的安全状态有顾虑时，员工必须向其直接负责人汇报。

## 18.5 编制

#### 18.5.1 说明

**(1) 工作现场的安装工作**

工作现场的安装应按照下列要求执行：①只能由有资质人员安装起重滑轮。②在提升或放下过程中，起重滑轮应固定在脚手架或永久结构上。③起重滑轮需安装在一根从脚手架向外延伸的悬臂管上，距离应保持在最小（不超过750mm，即30in）。支撑起重滑轮的水平管应用直角扣件固定在脚手架的两个立杆上（标准），见图3-18-1。④起重滑轮作业是危险作业，应事先取得作业票。⑤首选环式起重滑轮。如果使用钩式，则不能挂到扣件上，必须拴到支撑管上，并且吊钩需探出。在两种方案下，固定的一侧需安装扣件，防止固定在支撑管上的起重滑轮从脚手架上滑脱，或者向脚手架端滑动，见图3-18-1。⑥起吊的材料应牢固在起重滑轮吊索上，不应超过20kg。⑦脚手架检查人员应每周检查一次脚手架扣件和起重滑轮螺栓的紧固性。⑧组装支撑时，离工作地面的高度应适合作业人员接收吊物，放下吊索。⑨在操作起重滑轮之前，先检查确定已正确安装支撑管，用于固定支撑的脚手架牢固可靠。⑩起重滑轮的位置区域内不得有任何阻碍管件或突出锐角等。⑪需注意，起重滑轮在起吊和降落货物时，其位置必须和支撑管形成直角，确保操作稳定（图3-18-2）。

**(2) 功能和操作技术**

吊装设备的唯一功能是起吊负载。设备不同，其负载也不一样。但是，负载变化很大程度上取决于操作人员的肌肉力量。对于所有起吊作业，其技术都一样，即从顶向下拉吊索或吊链的自由端，最大程度节省力气。这取决于操作人员、吊索长度以及滑轮等情况。吊索和垂直方向的拉紧角度可以进行选择。

**(3) 危险区域控制**

起重滑轮作业时间小于24h，起吊半径外需用两个软路障隔离；起重滑轮作业时间超过

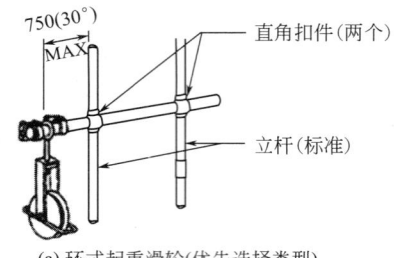
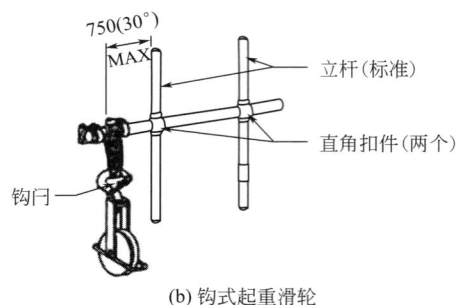

图 3-18-1 起重滑轮安装图例

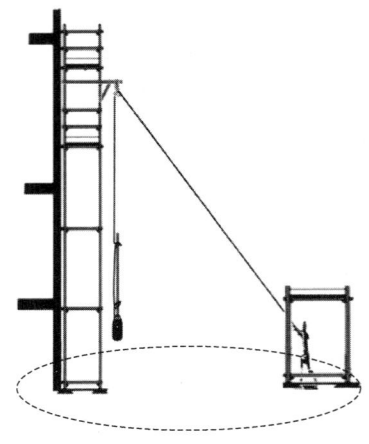

图 3-18-2 现场操作起重滑轮图例

24h，用带顶围和腰围的硬路障隔离。应安装带落杆的大门，闲人免进。

起重滑轮安装位置越高，起吊半径就越大。具体半径请参考表 3-18-1。

表 3-18-1 起重半径　　　　　　　　　　　　　　　　　　　　　　　　m

| 起重滑轮安装高度 | 隔离半径 |
| --- | --- |
| 小于 8 | 8 |
| 9～15 | 10 |
| 大于 15 | 12 |

注：如果场地面积受限，半径应取决于可提供的空间大小。

路障内区域应放置"请保持距离—起重滑轮正在作业"以及"闲人免进"等标识牌。在材料绑系区域的下方或附近应放置作业负载标识牌"M.W.L.20kg"。

**（4）起重滑轮操作人员棚屋**

向高空起吊时，存在较高坠落风险，因此，需对起吊和下放材料的作业人员提供棚屋进行保护，棚屋需用脚手架材料安装。

所有安装在 8m 及以上高度的起重滑轮，需为起重滑轮操作人员提供一个操作人员棚屋。屋顶材料需为脚手架钢板，能承受坠落材料的冲击。起重滑轮操作人员棚屋的位置需尽可能远离悬挂点的垂直面，并位于路障周围内，和吊索的操作角度、脚手架周围的可利用空间相适应。

地面操作人员在处理材料时需时刻位于操作人员棚屋内。绑系材料的工人，在固定好负载之后，应立即进入操作人员棚屋。

**（5）材料吊装**

材料吊装的要求：①只有授权人员才允许使用起重滑轮；②起吊负载必须在操作人员的身体能力之内（和起吊高度也有关系）；③把负载固定到吊索时，也要十分小心，存在负载坠落风险；④使用起重滑轮时，不得使用吊钩来绑系或起吊材料；⑤所有脚手架材料都必须使用适当的脚手架袋子来起吊或放下；⑥任何长度的管子或板子，一次只能起吊或放下一个，而且必须用双结紧固适当，在起吊材料的顶部和底部位置打结；⑦拉升起重滑轮的吊索时，必须戴安全皮手套；⑧脚手架上的所有工人，无论是接收还是下放材料时，都必须配置双防护栏保护，在任何时间段内均应挂系安全带；⑨当风速超过32km/h时，需停止所有起重滑轮作业。

**(6) 材料搬运**

使用起重滑轮起吊和起吊材料可能导致人员受伤。工人必须同时了解手操搬运应考虑的安全事项和设备的安全操作技术。为防止超负载引发伤害，出现以下问题时，工人应寻求帮助：①负载体积太大，工人无法固定或起吊；②员工无法查看负载的周围或顶部情况；③员工无法安全搬运的负载。

在用机械移动材料时，员工应避免超载，应考虑起吊或放下材料的重量、尺寸和形状。承包商和分包商应使员工意识到手操移动材料可能导致潜在的人身伤害，包括：①起吊负载方式不正确或搬运过大或过重负载导致的拉伤和扭伤；②材料碰撞或夹挤造成的骨折和擦伤；③起重滑轮作业过程中紧固不当，材料坠落造成割伤和擦伤。

**(7) 坠物防护**

起重滑轮安装位置所在的高空作业区域的所有边围应安装围护侧板。围护侧板应符合以下要求：①侧板到工作/行走面的垂直距离至少应为100mm（4in）；②木质侧板至少应为25mm（1in）厚；③围栏侧栏应沿着平台的最外侧牢牢固定，在行走/工作平面上方至少保留6mm（1/4in）净空；④围栏侧板应结实，任意一点上应能够承受至少23kg（50lb）的垂直或水平力。

材料到达高空作业平台后应尽快安装，不要在平台上存放。材料到达预定平台之后，接收材料的工人需在平台内解开吊索。如果出现"卡住"现象，材料应保留原位，架子工应以安全的方式接近该位置，手动清除障碍物。在任何情况下，都不能拉拽吊索，这样做只会导致绳结松开，材料坠地。

### 18.5.2　起重滑轮和吊索要求

每个起重滑轮应标有唯一编号，以便进行检查和记录。安全作业负载是设备能够承受的最大负载。绝不能超过该负载。所有起重滑轮和吊索使用前应由制造商进行载重试验并要求合格。需通过挂标签、钢印、刻印或印花的方式清晰标记好安全工作负载和编号。起重滑轮吊索尺寸需和起重滑轮匹配，通常为18mm（3/4in）。吊钩不能突然起吊或停止，避免负载冲击。突然停止和操作不当造成的左右摇晃、吊索在负载上滑动都可能导致负载冲击。负载冲击会将负载提高至正常工作负载的五倍。

吊索直径和起重滑轮不匹配时不允许使用。不要使用如下任何不符合规格要求的吊索：①吊索直径小于起重滑轮要求和指示的最小直径；②吊索变形或损坏。

### 18.5.3　存放和维护

正确存放和维护是确保起重滑轮的安全性、效率和耐用性的基本要求，一般并不需要特殊维护干预，只需清理和定期检查。以下给出部分存放和维护建议：①吊索：a.吊索应存放在干燥场所，无灰尘或污染物；b.不能将吊索用于起重滑轮以外的目的；c.绝不能尝试检修吊索，或通过打结将两段吊索连接在一起。②起重滑轮：a.起重滑轮应存放在干燥场所，避免灰尘和污物；b.绝不能更改起重滑轮的设计；c.检查滑轮状况：如果表面磨损或损坏，必须在现场拆下来起重滑轮；d.检查确认转动的灵活性，没有明显间隙或震动；e.小心清理。用压缩风蒸汽清除灰尘或小的杂物，必要时用细铁丝或其他工具。如果难以取出进入内部的杂物，不用使用蛮力，否则可能损坏内件。

有损坏或有任何缺陷的起重滑轮和吊索,应立即从应用中拆下来。

#### 18.5.4 检查和作业票体系

(1) 检查

① 安装后　脚手架负责人在安装完脚手架后,应尽快亲自检查起重滑轮,以便工人尽早使用起重滑轮。

② 日检或用前检查　使用起重滑轮的工人(通常是作业票接收者)的直接负责人应在用前检查。用前检查是为了确保没有错误更换起重滑轮和吊索,不存在重大安全隐患。

所有吊索在安装前都必须进行检查,而且应每日检查一次,并需要记录在起重滑轮吊索检查记录表中。

③ 周检　脚手架负责人应对起重滑轮进行周检,看所有零部件和附件是否存在断裂、弯曲、更换、严重生锈或其他结构性损坏。检查需记录在起重滑轮周检记录表中并归档。

④ 月检　根据文件施工 HSE 计划的要求进行月检并用色标编号。

(2) 作业票体系

起重滑轮作业为危险作业,因此每天都需要申请作业票。应在平面布置图上标记或标清具体的位置,附在作业票上。

#### 18.5.5 培训

应提供专门培训,或至少对起重滑轮操作的所有人员进行培训,使员工了解和熟悉其要求和正确使用方法。培训完成后,应归档和记录在员工绩效卡中。

## 18.6 相关规定与程序

### 18.6.1 业主规定和程序

相关的业主规定和程序包括:①健康、安全和环境要求;②承包商 HSE 导则;③危机管理方案;④室内环境质量;⑤建筑的施工、翻新和爆毁过程中的室内环境质量管理;⑥开、停工环境导则;⑦环境影响评估研究程序;⑧业主 SHE 审计体系和绩效标准;⑨空气污染监控和管理程序;⑩固废管理程序;⑪环境管理体系顶点手册(ISO 14001—2004);⑫应急响应方案;⑬水处理和弃置监控程序;⑭环境影响评估研究的 EIA 程序。

### 18.6.2 项目程序

相关的项目程序包括:①施工环境管理方案;②应急管理方案;③现场安保管理方案;④施工 HSE 方案。

## 18.7 模板与样表

### 18.7.1 起重滑轮记录表

如表 3-18-2 所示。

表 3-18-2　起重滑轮记录表

| 起重滑轮编号 | 位置 | 投用日期 | 退用日期 | 备注 | 检查人员签名(日期) |
|---|---|---|---|---|---|
|  |  |  |  |  |  |
|  |  |  |  |  |  |

## 18.7.2 起重吊索记录表

如表 3-18-3 所示。

表 3-18-3 起重吊索记录表

| 吊索编号 | 直径 | 长度 | 投用日期 | 退用日期 | 备注 | 检查人员签名(日期)) |
|---|---|---|---|---|---|---|
|  |  |  |  |  |  |  |
|  |  |  |  |  |  |  |

# 第 19 章

# 电气设备检查程序

## 19.1 目的

该程序的目的是通过采取一切措施以确保现场的所有电气设备处于安全条件下,且完全符合制造商的规范、业主的安全手册、业主的项目 HSE 要求以及承包商有关 EPCC 项目现场及其任何相关邻近地区的设备检验计划。

除由第三方检验机构和承包商检查和批准可安全使用外,本程序还应确保 EPCC 项目现场使用的所有设备均经过承包商 HSE 部门的检查和认证。

该程序的目的是确保在 EPCC 项目中使用的所有电气设备均在现场操作期间经过全面检查和常规检查,并确保其安全使用。

## 19.2 范围

本设备检验程序涵盖用于 EPCC 项目(现场和非现场),包括在其任何相关附近地区开展活动的所有类型的电气设备。

## 19.3 定义与缩写

缩写包括:①ANSI:美国国家标准协会。②CFR:美国联邦法规。③EN:欧盟。④FIE:业主提供设备。⑤FM:美国工厂互保研究中心。⑥GI:通用指导。⑦GS:总务部。⑧GFCIs:接地故障断路器。⑨HSE:健康、安全和环境。⑩UL:保险商实验室。⑪LOTO:上锁/挂牌。⑫NFPA:美国国家防火协会。⑬NEC:美国国家电气规程。⑭PRO:公共关系专员。⑮SOC:现场运营中心。

## 19.4 职责

### 19.4.1 承包商施工/现场经理

承包商施工/现场经理:①全面负责本规程,并负责支持和确保参与此规程的所有各方均积极参与以履行其职责;②负责提供有效实施本规程所需的人员、设施和其他资源。

### 19.4.2 承包商现场 HSE 经理

承包商现场 HSE 经理:①负责管理本规程;②负责确保整个项目遵守并执行本规程;

③担任由于执行规程所产生的任何问题的仲裁员；④支持分包商确保实施本规程的要求；⑤停止使用不符合本规程要求的任何电气设备。

### 19.4.3　承包商 HSE 电气设备检验员

承包商 HSE 电气设备检验员：①应在发放标签前全面检查所有电气设备；②对于符合本规程要求的电气设备，应签发"承包商电气设备标签"；③每月定期检查电气设备和颜色编码；④确保项目场所内运行的电气设备均经过检验并附有有效的检验标签；⑤应确保所有电气设备符合分包商提供的文件；⑥应定期对电气设备进行审核/评估；⑦抽查现场使用的电气设备；⑧确保分包商电气设备检验员有效履行其规定职责；⑨应保存电气设备的最新注册表。记录应显示电气设备的有效期/到期日。

### 19.4.4　分包商项目经理/现场负责人

分包商项目经理/现场负责人负责遵守本规程，并应提供分包商有效实施、管理和实施本规程所需的人员、设施和其他资源。

### 19.4.5　分包商 HSE 经理

分包商 HSE 经理：①应确保在现场定期检查项目所有电气设备，并附有所有必需的标签；②停止使用不符合本规程要求的任何电气设备。

### 19.4.6　分包商电气设备检验员

分包商电气设备检验员：①在承包商 HSE 电气设备检验员检查之前，全面检查所有电气设备；②协助承包商 HSE 电气设备检验员每月定期检查电气设备和颜色编码；③确保在 EPCC 项目场所内运行的电气设备均经过检查并附有有效标签；④抽查现场使用的电气设备；⑤如果发现任何重大问题/不合格项，负责停止运行现场电气设备，并向承包商 HSE 电气设备检验员报告；⑥应保存电气设备和操作员的最新注册表。记录应显示电气设备的有效期/到期日。

### 19.4.7　分包商现场 HSE 代表

分包商现场 HSE 代表负责检查和验证在其负责区内运行的所有电气设备均经过例行检查，且设备上附有所有标签和检查表。

## 19.5　一般要求

### 19.5.1　手动和电动工具

使用手动和电动工具的要求：①当使用手动工具和电动工具时，应随时佩戴合适的个人防护装备（PPE）（例如安全帽、安全眼镜/护目镜、护耳、安全鞋、手套和面罩）。②除非经过适当的选择、使用、检查和储存培训，否则人员不得操作任何工具。应根据要求提供培训记录。③应使用由优质材料制成的工具。禁止使用"自制"工具。④应始终保持工具清洁。⑤应在使用前后以及存储前检查工具。⑥不得使用过度磨损、有缺陷或变形的刀具。如果观察到过度磨损、缺陷或损坏，应立即标记工具，并停止使用以进行修理或处置。⑦应提供适当的用于存放工具的支架和箱子。⑧每项作业应使用类型、尺寸和重量正确的工具。⑨在电气设备上或其附近进业时，只能使用适当绝缘或非导电的工具。经授权/认证的电工应定期检查绝缘的完整性。⑩应保存已发放、修理或停止使用工具的记录。

### 19.5.2　便携式电动工具

便携式电动工具的使用要求：①便携式电动工具应配备正常工作的恒压开关或控制器，

可在释放压力时切断电源（即安全开关）。②电动工具不得配备触发锁。③手持式电动工具的操纵装置位置应确保无意操作的可能性最小。④在卸下便携式电动工具之前，应关闭旋转并保持其静止，直到旋转完全停止。不得通过抓住旋转组件而停止其旋转。⑤在更换钻头、刀片、刀具或转轮之前，应断开电动工具的电源。⑥应将便携式电动工具存放在干净和干燥的环境中。⑦不得将便携式电动工具放置在可能造成其损坏的工作区周围。⑧禁止使用电线提升或下降电动工具。⑨不得拆除随工具提供的防护罩/防护装置（按设计）。⑩具有直径大于 50mm（2in）的叶片的便携式动力驱动圆锯应在基板或底座上方和下方配备防护装置。⑪便携式电动工具应经美国保险商实验室（UL）认证或经美国工厂互保研究中心（FM）批准。⑫便携式电动工具应具有额定值，使用电压不得超过 125V。⑬便携式电动工具应采用双重绝缘或使用经 UL 认证或 FM 批准的三线电插座正确接地。⑭不允许使用欧盟（EN）插头和插座。⑮所有便携式电动工具应使用接地故障断路器（GFCI）。⑯在限制区域使用的任何便携式电动工具或延长线需要具有热作业许可证。

### 19.5.3　便携式电动工具的延长线

便携式电动工具的延长线应：①尽可能短；②具有适当的接地插脚和刀片，以适用于电源插座；③应采取三线导体型；④具有符合 NFPA 70 接地和极性要求的插头和插座；⑤有三个插脚和符合 NFPA 70 要求的过电流保护；⑥不得有两个插脚（例如，不得使用欧盟插头）；⑦如果长度小于 30m（100ft），则至少使用♯12 规格（AWG），如果长度为 30m（100ft）及以上，则至少使用♯10 规格；⑧户外使用要采用适用的型号（即绝缘层/护套具有"W"标记）；⑨如果修理，应进行绞接，以使接头保持绞接电线的绝缘、外护套性能和使用特性（例如使用制造的接头套件）；⑩不得用于永久接线；⑪如果用于工厂制造，应经 UL 认证或 FM 批准；⑫应由经授权/认证的电工制造定制延长线。此外，用于制造定制延长线的柔性电缆应为 NFPA 70（第 400 条）规定可用于初级耐用或耐用电缆的电缆，并应在整个线路长度上大约每 0.3m（1ft）有不可消除的标记，（例如，初级耐用电缆标有 SJ、SJO、SJT 和 SJTO 或耐用电缆标有 S、ST、SO 和 STO）。定制延长线应安装标有"NEMA 4 型""NEMA 4X 型"或"IEC IP 55"的插座盒和插头。

### 19.5.4　便捷式灯具

便捷式灯具应：①如果灯具由交流电（AC）供电，则应配备绝缘手柄和连接到手柄或支架上的坚实护罩，且不得使用纸衬里的金属外壳/护罩。②如果灯具由交流电供电，则灯具应通过 UL 认证或 FM 批准，包括使用 UL 认证或 FM 批准的三线电插头进行正确接地。③除防爆手电筒外，在限制区内使用便捷式灯具应具有热作业许可证。④如果有缺陷，应及时维修或更换。⑤在发放/使用前进行检查。应进行频繁的随机现场检查。⑥不得将其放置在由灯具产生的热量可引燃可燃材料的位置（例如脚手架）。⑦如果在电分类区域中使用，"手电筒"应为防爆型（例如标记为"Ex"或"UL 844"）。⑧经过培训的电工应确保正确进行有线电气连接。

### 19.5.5　便携式发电机要求

便携式发电机的要求：①使用者应确保已经检查和批准发电机可供使用。②发电机应具有便于操纵的停止按钮/关闭开关，用于紧急关闭。③应完全封闭或以其他方式防护皮带轮、皮带和风扇。④发动机运行时，应始终关闭发动机盖侧板。⑤在使用发电机前应正确接地。⑥便携式发电机设备应远离易燃和可燃材料。在限制区域内使用发电机需具有热作业许可证。⑦为手持式电动工具供电的插座应配备有效的接地故障断路器（GFCI），并且电压限制在不超过 120V。

#### 19.5.6 临时电气系统要求

临时电气系统要求：①临时电气系统安装应符合适用的标准（如美国国家电气规程 NEC 的 NFPA 70）要求；②应由经授权/认证的电工或在其指导下根据业主要求和使用的标准（如 NEC）进行临时电气设备安装；③在将临时电气装置连接到现有装置之前，应获得相关 SAPO 的事先批准；④不得将插座连接到为临时照明供电的同一电路；⑤应为所有临时接线装置提供接地故障保护（例如 GFCI）。

#### 19.5.7 电动工具和电气设备（发电机和塔灯等）

(1) 文件

应提供的文件包括：①保险证书；②所有权证书；③初始检查表；④每日检查表；⑤检查申请表；⑥设备申请表。

(2) 分包商职责

分包商的职责包括：①分包商应在检查设备 24h 前向承包商提交所有文件；②所有电气设备和电动工具的分包商应编制数据库（日志表），并应每月向承包商提交数据库和每月检查表；③需要由负责人进行电气设备的日常检查。分包商应记录每月检查表。

#### 19.5.8 上锁和挂牌系统

应充分保护操作机器或带电设备的员工，以防止意外通电启动或不受控的释放能量对这些人员和/或设备造成伤害。能量源可能包括化学、机械、电、热、气动、电磁或其他。

上锁和挂牌系统将用作工作许可证系统的额外要求，以避免工作人员在操作设备时受伤（当控制装置未在关闭位置上锁和挂牌时）。员工应接受有关识别有害能源来源、可用能源类型和数量以及所需的能源隔离和控制方法及手段的培训。培训应包括标记要求、限制和员工角色及职责。

应遵守制造商和/或建立的启动或关闭程序，以避免由于设备启动或关闭而对员工或设备造成的任何额外或增加危害。应在现场实施属于 HSE 管理系统（标准）一部分的详细程序"上锁/挂牌（LOTO）"。

#### 19.5.9 电气设备和系统

不考虑电气设备和系统安装的特定危险，因为基本上只包括位于支承结构或电缆槽、电路板和变压器等中的电缆。然而，当在带电的电路或设备附近作业时，必须使用安全工作实践，以防止由于直接或间接接触（LOTO 程序）而导致的电击或其他伤害。在电气设备或系统中执行任何工作或检查时，应遵守上锁和挂牌系统。

仅允许合格员工（电工）在没有断电的电路部件或设备上作业和/或进行高压测试。分包商必须书面委任一名或多名合格的员工担任其"安全监察员"。此类人员应能够在带电的电路上安全作业，并应了解与正确使用预防技术、个人防护设备、绝缘和屏蔽材料以及绝缘工具和 LOTO 程序。

所有参与作业或使用任何电气设备或系统的人员必须：①能够胜任。应经过培训，具备在电气设备或系统上执行任何安全活动的资格和经验。②识别内在危险，如触电、烧伤、火灾、电弧和爆炸。③评估风险。④能够采取必要的风险控制措施和应急措施。

可能接触电击危险的非合格员工应接受培训并熟悉与电气相关的安全实践。

为了避免服务中断或不必要的费用，分包商必须查询和研究现有的有线电缆位置。在此类电缆已露出地面或已通过手工开挖确认不存在此类电缆前，不得使用机械挖掘机。

每月应按照电气设备和系统检查表进行检查，并在检查后予以标记。应立即停止使用有缺陷的工具，并在修理前标记为"有缺陷-不得使用"。

使用的所有临时电气装置和设备应符合适用标准,且应在安装前由承包商审查其设计。

### 19.5.10 电气系统安全要求

应由每个分包商安装临时电气设施。不得由业主或承包商提供电源。

所有临时电源板应始终安装护盖。应充分覆盖所有露天或裸露的断路器区域,并须经承包商现场 HSE 经理和电气工程师批准。

应关闭并锁定电气面板盖,以便仅允许负责人进行维护工作或面板内的任何连接。

应由户外型开关柜和插座提供电源,两者均配备最低 IP-45 保护。配电板应配备用于每个预期输出的通用输入开关和短路组、受保护的开关以及通过适当差动保护装置(最小灵敏度为 30mA)保护的最大断路器。

电缆部分应适用于预测的电源。导体应配备高品质塑料绝缘体或至少 1000V 额定电压的类似绝缘体。

分包商的电气合格人员应经承包商 HSE 电气主管批准和评估。应每月进行所有电气系统检查,以保证安全条件符合每月颜色代码。

### 19.5.11 接地故障泄漏及电路保护

所有电气系统应在面板侧覆盖有接地故障断路器(GFCI)或接地漏电断路器。在某些情况下,如果电气线路的长度大于 ELCV 或 GFCI 的覆盖范围,应安装另一个设备泄漏保护装置。应每月测试安全装置,并保证安全状态符合每月颜色代码。

### 19.5.12 应急系统要求

应在面板上张贴负责安全检查员的联系电话。应随时可操纵关闭主开关。

应在面板上张贴电压额定值、标识以及定位和识别连接线所需的任何其他必要信息。

### 19.5.13 电缆管理

所有电缆应正确布线,以避免其导致跳闸危险。临时电缆桥架应安装在结构管架下方,以布置所有临时电缆。配电箱应安装在结构管架上方的关键位置。

应防止移动重型设备损坏埋地电缆,并应在地上安装带有方向箭头或标志的方向标"下方埋有电缆",以便于识别。应在 HSE 部门的现场办公室保存地下电缆布置图,以便作工作许可证参考。

### 19.5.14 接地棒安装要求

所有发电机和焊机应正确接地或与另一台邻近机器连接。在安装接地棒时,必须实施开挖许可证程序。

### 19.5.15 研磨机安全

使用研磨机的工人应接受有关正确使用研磨机、适当个人防护装备以及研磨机维护和检查的培训。以下是需要遵循的一些重要预防措施:①应按照制造商的说明和安全建议使用研磨机;②应在工具中保存详细的研磨机额定值和标签;③切勿卸下安全护罩;④勿使用未配备安全开关的研磨机;切勿在使用研磨机时锁定开关。

还应正确使用和维护砂轮/研磨盘,以下为需要遵循的重要预防措施:①磨轮的额定值应始终超过研磨机的 RPM 额定值;②研磨盘不得用于切割,且切割盘不得用于研磨;③应妥善存放研磨盘,以确保其完整性。

## 19.6 验证

应通过以下机制验证系统的有效性:①由承包商区域 HSE 团队进行的承包商/业主审

核；②由承包商 HSE 部门每周进行内部的 HSE 审核；③业主和承包商管理层穿行检查；④业主部门审核。

## 19.7 检查指南

### 19.7.1 分包商的初始文件验证

分包商的初始文件验证：①分包商应验证并确保与电气设备相关的所有必需文件有效，并且是最新的；②应检查文件的真实性以及有效日期；③如果所有文件均符合项目要求，则应随附申请向承包商提交以便验证文件。

### 19.7.2 承包商的文件验证

承包商的文件验证：①承包商应验证并确保与电气设备相关的所有必需文件有效，并且是最新的；②应检查文件的真实性以及有效日期；③如果所有文件均符合项目要求，则可以批准申请并发送至最终用户/分包商。

### 19.7.3 分包商电气设备检验员的初始检查

分包商电气设备检验员的初始检查：①在承包商验证文件后，应由分包商电气设备检验员彻底检查所涉及的电气设备；②应进行电气设备的完整功能测试和运行测试，以确保设备在现场的可靠和安全使用；③应按照检查表检查，且必须在检查期间填写检查表；④如果电气设备的物理条件和功能可接受，则应提交要求承包商检查的申请表；⑤申请应随附与电气设备有关的所有强制性文件的清晰副本；⑥应在分包商 HSE 部门保存更新的电气设备日志，并附有所有电气设备相关文件的副本；⑦分包商电气设备检验员应在检查期间配合承包商电气 HSE 设备检验员。

### 19.7.4 承包商 HSE 电气设备检验员的检查及标签发放

承包商 HSE 电气设备检验员的检查及标签发放：①应由承包商 HSE 电气设备检验员与分包商电气设备检验员对每件电气设备进行全面初步检查，并记录在相应的检查报告中；②如果电气设备经检查满足所有检验要求，则承包商 HSE 电气设备检验员应在电气设备上贴上当前月份的颜色代码检查标签；③承包商 HSE 部门应保存更新的电气设备日志，并附有所有电气设备相关文件的副本。

### 19.7.5 每月检查

应由承包商 HSE 电气设备检验员每月正式检查每件电气设备，并记录在相应的检查报告中，在电气设备上张贴正确的颜色编码检查标签。本 EPCC 项目的每月检查颜色编码如表 3-19-1 所示。

表 3-19-1 电气设备每月检查颜色编码

| 绿色 | 红色 | 蓝色 | 黄色 |
| --- | --- | --- | --- |
| 一月 | 二月 | 三月 | 四月 |
| 五月 | 六月 | 七月 | 八月 |
| 九月 | 十月 | 十一月 | 十二月 |

每月检查：①分包商电气设备检验员应在电气设备的每月检查期间协助承包商 HSE 电气设备检验员。②应处理报告中指出的任何缺陷。应立即修理或停止使用有缺陷的电气设备。③应在标注缺陷以及检验员签名的检查表上记录更正的缺陷。④应在承包商的文件中保存最新的每月检查报告的副本。

### 19.7.6 每日检查

每日检查：①电气设备操作员应使用特定的电气设备检查表进行日常检查，检查表应由操作员妥善保管。②应由承包商 HSE 部门提供日常检查表。分包商 HSE 部门应将检查单翻译成操作员可以理解的语言。③现场安全代表必须确保在其责任区内操作设备的操作员定期进行日常检查。④必须在例行检查或审核期间要求操作员生成清单。⑤在月末，应在分包商的文件中汇集和保存每日检查表。

## 19.8 没收标签的条件

如果观察到电气设备不符合上述程序的任何要求，则承包商 HSE 电气设备检验员可以取消每月检查标签，并停止现场电气设备的运行。现场 HSE 代表和分包商 HSE 代表有权取消每月检查标签，且在不符合要求的情况下停止电气设备的运行，并必须立即通知承包商 HSE 电气设备检验员采取进一步行动。

## 19.9 相关规定与程序

### 19.9.1 业主规定和程序

相关的业主规定与程序包括：①健康、安全和环境要求；②项目 HSE 要求；③项目所在地环境要求和国家标准；④过程安全管理；⑤承包商 HSE 指南；⑥危机管理计划；⑦OHS 危害识别和风险评定；⑧OHS 法律识别程序和其他要求及合规性评估；⑨工业卫生计划；⑩听力保护计划；⑪热应力程序；⑫个人防护装备计划；⑬室内环境质量；⑭呼吸保护计划；⑮石棉减排计划；⑯化学危害管理；⑰化学危害通报；⑱化学品危害通报的性能标准；⑲在建筑物施工、改造和拆除期间管理室内环境质量；⑳安全帽规范；㉑焊接保护（焊工手套和防护手套）；㉒手防护（手套-通用）；㉓焊接保护规范（焊接头盔）；㉔HSE 板和标志管理系统；㉕便携式气体探测器测试、校准和认证指南；㉖进入密闭空间的安全工作实践；㉗仓库安全手册；㉘焊接、切割和加热安全工作实践；㉙压缩气瓶的安全工作实践；㉚手动和便携电动工具的安全工作实践；㉛起重设备和吊具的安全工作实践；㉜电气安全的安全工作实践；㉝支架和梯子的安全工作实践；㉞表面处理和喷涂的安全工作实践；㉟工作许可证和风险评估的安全工作实践；㊱开挖和土建工程的安全工作实践；㊲关机/启动时的环境指南；㊳环境影响评估研究程序；㊴污泥处理指南；㊵参与 SHE 奖项与评比的指南；㊶HSE 审计系统和绩效标准；㊷HSE 入门/指导课程；㊸事故调查和报告系统；㊹空气污染监测和控制程序；㊺固体废物管理程序；㊻Apex 环境管理体系手册（ISO 14001—2004）；㊼交通安全指南；㊽消防安全管理；㊾消防服务管理；㊿应急预案；(51)消防安全评审指南；(52)污水处理和处置监测程序；(53)环境影响评估研究的 EIA 程序；(54)空气污染监测和控制程序；(55)固体废物管理程序；(56)化学危害管理。

### 19.9.2 项目程序

相关的项目程序包括：①环境管理计划；②应急管理计划；③现场安全管理计划；④废物管理计划；⑤机械和机器防护；⑥手动和便携式电动工具及其他手持设备；⑦手动和电动工具；⑧动力驱动紧固系统的安全要求；⑨砂轮的使用、维护和保护安全代码；⑩机械和重型设备。

## 19.10 模板与样表

① 电气工具/设备每月检查表
② 发动机焊机每日检查表
③ 发动机初始/每月设备检查表
④ 发电机检查表
⑤ 电气盘每月检查表
⑥ 电气工具/设备检查表
⑦ 动设备每月检查表
⑧ 塔灯检查表

①~⑧中内容参见电子版，下载地址见前言中的说明。

# 第 20 章
# 散装管材刷漆导则

## 20.1 目的

编制本文件的目的是为项目所有散装管道材料（例如散装阀门）统一底漆，为厂家、机械承包商及分包商提供管道散材喷漆导则。

## 20.2 范围

本文件详述了对散材的要求，包括现场组装填的表面预处理、底漆的一般选择及设备涂面漆前的清理程序。

## 20.3 定义

定义包括：①散装管道材料：批量购买的管线、管件、阀门、支撑、管附件，购买时未确定具体用于哪个管道系统。②碳钢：碳钢和低合金钢，铬含量低于或等于9%。③涂层：以规定厚度涂抹的全层涂层材料。要形成一个涂层，需要多层涂抹，包括初始雾喷。④干膜厚度（DFT）：涂层的干膜厚度。在未规定范围的情况下，所给出数值指的是涂层表面所有位置的最小干膜厚度。最大厚度允许比最小干膜厚度多15%，只要多出厚度不导致表面缺陷，如起皱、剥落、龟裂。⑤干膜测厚：已校验干膜测厚仪记录的三个读数平均值。该读数应小于150mm半径，均匀地从一个给定点往外分布。⑥保温表面：图纸和相关文件规定或标注需要保温并在后期阶段加保温的表面。⑦操作温度（OT）：操作温度是设备和管道在正常运行期间的一般温度。⑧不锈钢：铬含量最低为10.5%的钢。⑨不保温表面：图纸和相关文件上未规定或未标注需要保温的表面。

## 20.4 工作内容与目标

### 20.4.1 预涂底漆（车间阶段）

所有材质为易腐蚀钢（如碳钢和低合金钢，等于或小于9Cr钢）的管道散材（跟管道相关的所有阀门和其他材料），厂家需要喷砂处理，并用75μm富无机锌底漆涂底漆。

所有材质为不锈钢的管道散材（跟管道相关的所有阀门和其他材料），厂家需要用氧化铝砂料扫砂至SSPC-SP10标准，并用至少50μm可去除蜡基临时保护涂层进行保护，如Valvoline Tectyl 506H（或同等材料）。

需要用临时保护涂层保护"再生的"SS表面（SS钝化通过用矿物砂料扫砂除去），避免过早腐蚀和表面污染。

所有材质为镀锌碳钢的管道散材（跟管道相关的所有阀门和其他材料），如果需要涂色（例如防火应用阀门需要漆红），只需要在现场涂色即可。

### 20.4.2 清理和面漆（现场阶段）

**（1）去除锌盐**

经验和试验显示，硅酸锌面漆上的少量锌盐对后期防腐性能有微小影响。显然，在涂面漆之前，需要将表面所有松散锌盐去除干净。对于关键应用条件尤为如此，很有必要去除所有可溶性锌盐。

需使用以下 4 种清理技术中的任何一种：①用高压清洁水清洗。一般用 200bar 高压水（最低要求）进行冲洗。或者也可以用尼龙硬毛刷，但效果要差些。②喷砂。该方法的优势是改进粗糙的表面，提高整个涂层系统的黏合性。另外，可以完全去掉焊缝，提高系统的防腐性能。一般会有大量的灰尘清理工作。③机械清理。该方法可以让涂层系统达到合格的防腐性能。需要进行外观检查，直至面漆去除掉大部分锌盐。最常见的程序是用合成磨盘（思高拭亮型）。这种磨盘能够让表面受控清理，面漆去除数量很少。④砂纸。该方法适用于去除少量表面锌盐。

**（2）涂面漆（现场阶段）**

按项目技术规范定的油漆系统要求，在现场涂面漆。

## 20.5 相关规定与程序

### 20.5.1 业主规定

业主的规定包括：①设施保护涂层；②用其他油漆系统替换硅氧烷油漆系统（聚硅氧烷）。

### 20.5.2 相关标准

相关的标准包括：①SSPC-10：保护涂层协会-表面的近白喷砂清理。②ISO 12944-4：A Sa 2 $\frac{1}{2}$、B Sa 2 $\frac{1}{2}$、C Sa 2 $\frac{1}{2}$、D Sa 2 $\frac{1}{2}$：油漆和清漆-利用保护涂层系统对钢结构进行防腐—第 4 部分：表面类型和表面预处理-表面的近白喷砂清理。③NACE 2：全国防腐工程师协会-表面的近白喷砂清理。

## 20.6 简要汇总

图 3-20-1 是管道散材的适用油漆系统的简要汇总。所有给出厚度应视为 DFT。

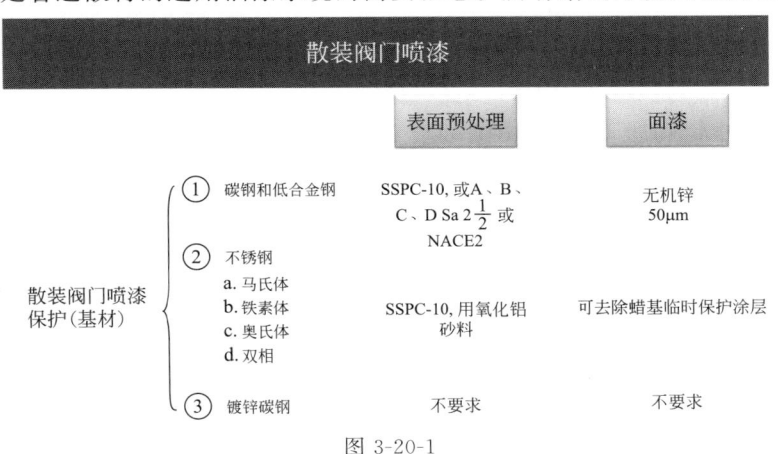

图 3-20-1

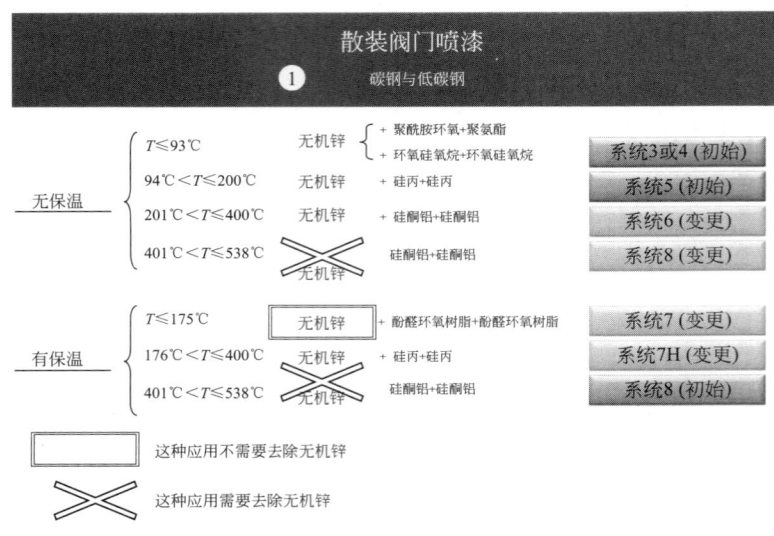

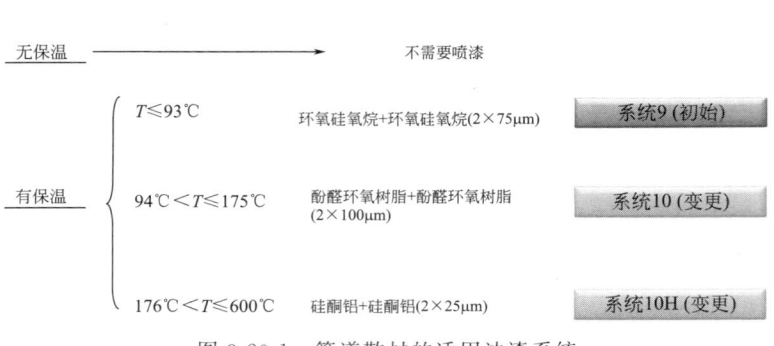

图 3-20-1　管道散材的适用油漆系统

# 第 21 章
# 施工检验试验计划指南

## 21.1 目的

旨在说明制定用于具体工作中的施工检验试验计划时需考虑、遵循的最低要求和职责，以确保 EPCC 项目的施工质量并确认其符合性。

## 21.2 范围

可适用于将通过检验试验计划监控的所有施工活动。检验试验计划（ITP）涉及拟于施工工程上实施的试验和检验，而且应记录该等试验检验，以便验证施工工程可适用的图纸、规范、准则、条例和其他合同文件的符合性并存档。

检验试验计划是正确实施该等试验审查所需信息的总结，也是分包商、承包商、业主和任何其他相关单位的接口文件，以阐明相关干预措施和职责。

无须签发最终记录的例行检查、审查和检验活动不应纳入检验试验计划。任何情况下，实施该等活动只需满足合同要求并确保相关工作得以正确实施、控制。

任何检验试验计划的更新均应考虑参考文件（试验程序、资格评定记录等）和记录形式的任何变化，以及承包商和/或业主或其他相关单位为实现见证试验和验收可能提出的任何额外要求。

## 21.3 定义

定义包括：①验收标准：准则、标准或其他要求文件内规定的某事项、流程或服务特征的具体限值。②检验：诸如衡量、审核、试验或测量某实体的一项或多项特征，并将结果与规定要求进行比较，以确定各项特征是否符合该等要求的活动。③不合格：未满足规定要求。④试验：通过将某项目置于一系列物理、化学、环境或工作条件下，以确定该项目是否能够满足规定要求而实施的检验要素。⑤ITP：根据相应和可适用合同、工程设计和供货商要求制定的检验试验计划/程序。ITP 应按照时间顺序，从初始检验直至最终检验和机械完工，参与适用于执行工程的程序、验收标准、文件、质量记录和检验。⑥RFI：检验申请。⑦TPIA：第三方检验机构，即施工承包商向其分包检验的实施工作和/或实验室试验、相关活动的任何单位、管理机构或人员。

## 21.4 分包商、承包商及业主的职责

### 21.4.1 分包商的职责

分包商应：①实施工作验收需要的所有检查、审查和试验并向承包商报告相关结果，另有规定除外。②完成承包商/业主见证相关检查、审查和试验所需所有准备工作，包括脚手架架设。承包商/业主应可以随时进出分包商工作区域，以检查分包商的检验活动；③完全负责分包合同规定工作的质量。分包商应负责履行合同要求和当地管理机构的强制性法规要求。④可以利用任何预先批准的承包商特有检验试验计划和相关承包商检验检查清单（QC表），只要其可用，代替其自己的检验试验计划和程序。⑤可以在得到承包商代表批准后自定义工作范围。如果某项活动中承包商并未向分包商提供承包商特有ITP，分包商应制定所需ITP并将其提交承包商审批。无论如何，即使承包商向分包商提供经预先批准的承包商特有检验试验计划，这一事实也不会解除分包商的相关责任。

分包商应完成以下工作：①提前2个工作日提出各检验活动的RFI表。②完成该检验试验计划内属于分包商工作范围的检查、审查和试验。③解释并评估相关结果。④按照规定格式签发报告。

### 21.4.2 承包商的职责

承包商应完成以下工作：①确保分包商于各班次开始时提供各检验活动的RFI表；②见证并批准该检验试验计划内属于承包商工作范围的检查、审查和试验；③解释、评估并签署相关结果；④确保分包商按照规定格式签发相关报告。

### 21.4.3 业主的职责

业主应完成以下工作：①有权见证和/或审核任何时候实施的检验和试验；②审核计划检查/审查分类情况并确认检验试验表格所列项目，以见证和/或审核检验和试验。

## 21.5 检查/审查和试验的分类

签发该检验试验计划之前，应在检验试验表内标注各项检查/审查与试验相关方的参与情况。

标注参与情况的代码定义如下：①R：审查。对审查、试验等活动相关文件存档、资格鉴定、项目认证的审核。除非经证明满足存档要求，否则不应继续进行相关工作。②W：见证。应提前将检验或试验的时间安排通知相应单位。但是，如果相应单位代表未出现，该检验或试验应按照计划时间进行。③S：监督。监控正在进行的工作，无须通知分包商。④H：停工待检点。应提前将检验或试验的时间安排通知相应单位。如果相应单位代表未出现，不得实施该检验或试验。不应继续进行相关工作，除非该等检验、审查、检查和试验中取得可接受的结果。

如果分包商将已分配责任委派给其他分包商，那么该其他分包商将承担与分包商分配的责任程度相同的责任。

## 21.6 检验申请通知

分包商将该检验试验计划内检验试验表相关栏标注为W（见证）和H（停工待检点）的项目通知见证检验的相关方。应以书面形式完成检验申请通知，并详细说明拟接受检验的

项目、位置、时间和预计持续时间。

## 21.7 检验报告

对于各项检查/审查和试验活动，应采用检验和试验表内规定报告格式。对于没有任何评论的报告，应理解为相关结果符合规定检查/审查和试验的参考文件。

对于业主代表见证的试验，相关报告应由所有相关方于试验完成之后立即签署，并返回承包商的现场质量部门。

对于业主代表未见证的检查/审查和试验，相关报告将由承包商人员签署并于3日内提交业主代表审批。

若规定的任何检查/审查和试验评估为"不合格"，承包商的质量部应签发不合格报告。但是，如果参考文件中已经指明所需纠正措施，那么可以不签发不合格报告。

## 21.8 特别说明

对于实施的各项施工工程，应遵照执行该检验试验计划，实施各检验活动。经签名的ITP和所有质量控制表格均将成为最终质量档案的组成部分。

## 21.9 相关规定与文件

分包商应采用该等要求以及以下文件（及其所含模板）编制施工检验试验计划：①分包商QA/QC要求；②现场质量计划。

# 第4篇
# 机械完工试车与移交管理

成功的 EPCC 项目不应该只通过项目完工来衡量，更应该是成功的商业运作。试车、移交与开车是在机械完工之后所有活动的总称，直到将资产移交给业主的运营和维护（O&M）团队。

试车、移交与开车活动通常包括验证机械完工（MC）、装置/资产的联动试车准备、装置/资产的性能测试、初始的投料试车与开车，以及向业主移交装置/资产。

试车、移交与开车主要包括以下活动：①管道和设备的清洁和泄漏测试；②装载润滑剂、化学品和催化剂；③安装机械密封件、塔和容器内部构件；④拆除临时支撑；⑤动设备找正对齐；⑥系统惰化；⑦关闭（封装）塔和容器；⑧动设备联动试车；⑨加热炉烘炉干燥；⑩校准仪表；⑪执行循环和功能检查。

成功的商业运作需要成功的完工与移交（C&T）流程，只有全面规划才能编制并实现成功的 C&T 流程。为了确保工厂/资产顺利开车，全面执行 MC 的验证阶段和 C&T 准备阶段的活动至关重要。有效的完工与移交计划的好处包括：①承包商的试车/移交团队、业主的工厂运营维护团队和项目管理团队有机会就开车目标、计划和持续时间达成一致并承诺实施；②试车/移交经理、工厂/资产运营和工厂/资产维护人员参与工程设计和项目执行，允许他们在工厂/资产设计与项目执行期间提供输入；③更加关注完工与移交的成本要素，准确估计成本，并满足商业运营日期；④改善工厂/资产利益相关者之间的沟通和信息交流；⑤及时、彻底地识别与完工及移交相关的潜在风险和问题。

完工与移交活动的总体目标是验证工厂/资产的设计和建造是否符合 EPCC 合同规定的技术和安全要求。

完工与移交的目的是承包商项目团队安全和有序地将工厂/资产移交给业主的运营和维护（O&M）团队，帮助确保其在性能、可靠性和安全性方面的可操作性。完成完工与移交活动包括转移以文件和/或资产管理责任形式的知识。成功的完工与移交会形成组织良好的文档，最重要的是工厂/资产最终按照工程设计运行，O&M 人员接受预期的培训，并顺利操作运行工厂/资产系统。

EPCC 项目移交计划的主要步骤：①建立 EPCC 项目生命周期的信息策略。此策略应由业务要求驱动，并与企业的信息和安全策略保持一致。②确定在 EPCC 项目生命周期每个阶段交付的信息满足业务要求，包括：a.需要哪些信息；b.如何使用信息；c.更新和保留信息有哪些要求；d.后续使用需要什么信息格式；e.需要哪些元数据；f.需要什么样的信息质量。③制定移交计划，该计划是整个项目信息计划的一部分，包括：a. 信息要求（如上所述）；b. 信息移交方法；c. 每种信息类型的详细格式规定；d. 进度安排；e. 创建、交付、接收、验证、保护和维护信息的责任；f. 信息质量管理。④实施移交，需要：a. 调整工作流程和软件工具，以生成所需信息；b. 员工培训；c. 执行移交信息；d. 检查是否符合策略和计划；e. 持续改进。

信息技术发展意味着可以大大改善信息的移交，可以指定和管理装置信息的方式，特别是在其可重用性和质量保证方面有许多可以采用的方法、技术和标准。基于其他行业（尤其是制造业）的经验证明，工程建设行业可以利用信息技术降低成本，并加快跨越多个组织执行业务的流程，来提高整个供应链的绩效，这称为跨组织再造（X Engineering），定义为利用技术支持的流程，将承包商与业主联系起来的艺术和科学，以实现显著提高效率，并为每个参与者创造价值。在这种方法中，需要一定程度的标准化才能达到平稳、全信息、产品和资金流动所需的互联水平。

因此，EPCC 项目移交计划还应充分关注信息移交，执行移交 EPCC 项目信息时，要记住如下要点：①建立装置的生命周期信息策略，可以降低成本并扩大效益。②必须由业主的长期业务需求驱动移交信息的要求。③必须根据长期使用信息的情况选择信息的表格和格式。明确信息类型和保留要求将极大地帮助选择适当的表格和格式。④必须构建所有信息包，以支持下游工作流程，否则重新输入信息或将信息转换为所需格式将是一个昂贵且耗时的过程。⑤必须由装置生命周期信息策略驱动项目信息移交计划。⑥必须在 EPCC 项目创建大量信息之前尽早建立项目信息移交计划。⑦必须监控实施项目信息移交计划，以确保所有各方都遵守商定的信息表格、格式、流程和交换方法。

已证明可行的 EPCC 项目移交可以改善设施与装置利用数字信息的方式，提升利用数字实现增值的水平，这种方法的特点是：①避免相互指责，合作各方没有纠纷文化；②协调并信任所有参与者的目标；③适当分享损失和利润的风险/回报理念；④识别风险，并为其分配责任；⑤透明的问责制，包括详细的绩效或结果指标，以及与可衡量的目标相关适用于所有各方的财务激励措施；⑥基于最佳的工作资源分配，以有效利用专业知识为目标构建团队；⑦沟通和质量培训；⑧定期审查设施与装置生命周期信息策略的方向和绩效。

EPCC 项目的机械完工试车与移交管理涉及的典型程序框架如图 4-0-1 所示。限于篇幅，本篇仅详细介绍几个主要程序。

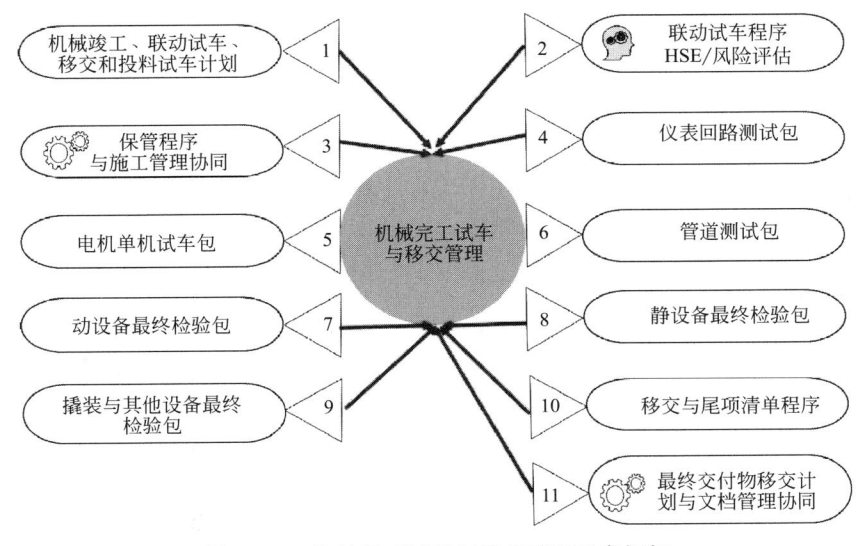

图 4-0-1　机械完工试车与移交管理程序框架

# 第1章 机械竣工、联动试车、移交和投料试车计划

## 1.1 目的

本文件旨在概括业主已经授标承包商承担的设计、采购、施工和联动试车的 EPCC 工程总承包合同的机械竣工、联动试车、移交和投料试车相关的所有活动，包括联动试车和移交阶段到装置投料试车过程中相关的准备、执行、确认和文件记录的具体要求、原则和责任。

## 1.2 范围

"机械竣工、联动试车和移交计划"的范围要明确项目联动试车过程中的目标、方法论、活动顺序和人员组织。该计划还要概括承包商的移交策略，目的是将项目设施的看护、监管和控制责任以一种安全、及时、分阶段的方式向业主移交。

需要采取一种统一、系统且严密的方式管理和控制所有文件的记录和数据。

承包商投料试车团队在项目中要编制的任务可概括如下：①承包商总部-项目工程设计和准备阶段，包括编制系统定义、详细程序、完成数据库和活动时间安排；②施工现场-计划和执行至机械竣工阶段，包括分配每一套系统或装置联动试车的责任义务和工作任务。

## 1.3 定义

计划用到的定义包括：①ITP：检验和试验计划。②RFI：申请检验。③交付控制系统（Go Completions）：用于组织和跟踪机械竣工、联动试车和投料试车活动的专用工具，即竣工和移交管理系统。④临时移交：系指已经完成装置或装置的一部分的子系统/系统/子装置/装置投料试车和开车准备必要的所有联动试车活动并得到确认的时间点。承包商完成移交活动且达到机械竣工条件后，承包商应申请机械竣工证明。因此，移交就是装置及部分装置的主体责任从施工（由承包商控制）转移到投料试车/开车/运行（由业主控制）的过程和事件顺序。⑤移交："移交"意味着装置相关部分已经达到 EPCC 合同规定的条件。装置已经投料试车并开车，已完成竣工检查表的所有事项，且已经满足 EPCC 合同所有要求时即实现移交。⑥机械竣工（MC）：系指装置相关部分的机械和结构除业主自认为不会实质影响装置或装置该部分运行或安全的轻微遗漏和缺陷，已按合同规定和所有法律要求完成，且具备联动试车条件。⑦LOTO：系指上锁和挂牌隔离程序，确立了隔离危险能量源的最低要求，

从而确保意外启动或释放储存或残余能量可能造成伤害条件下人员的安全和健康。⑧ PSSR：指开车前安全审查。开车前安全审查安排在装置投料试车和开车前，由业主负责进行。⑨系统：系指承担装置主要运行功能的工艺或公用工程装置的主体部分（即燃料气、工艺水和饮用水、反应器等）。⑩子系统：系指承担特定运行功能，不受或几乎不受其他部分干扰的一组设备、管道、电缆、仪表等（即装置的一部分）。⑪联动试车：系指让部分装置功能达到临时移交状态所需开展的各种活动，即达到技术规格书中规定设计参数。通常会在 EPCC 合同中详细规定。⑫投料试车：系指让装置达到技术规格书中规定设计参数要求的可运行状态所需开展的各种活动。⑬开车：采取措施使装置或部分装置运行时意味着开始开车。具体活动包括投入原料、熄灭火炬并启动系统内部循环。⑭SIMOPS：承包商编制的一种文件，其中详细说明了在特定时间内在受限空间执行相应危险许可应当进行的具体作业内容。⑮项目质量计划：系指针对特定产品、服务、合同或项目而设定相关具体质量实践、资源和活动顺序的一种文件，项目质量计划应该涵盖工作范围内文件记录的质量管理系统，供应商或分包商针对特定设备或活动编制的检验和试验计划（ITP）等。

## 1.4 系统化方法

"系统化方法"是在项目各阶段过程中优化和计划各项活动的一种方法。联动试车/投料试车团队的责任包括：①将装置划分成系统和子系统；②明确每一套系统和子系统的准确界线和内容。

将装置划分成系统为下列工作提供了切实可行的方法：①按联动试车、投料试车和开车活动的逻辑顺序安排施工作业日程；②对装置的某些系统进行联动试车和/或投料试车活动，而其他部分仍处在施工过程中；③以系统性和受控的方式完成子系统。

子系统可分类如下：①运行系统，具体包括工艺过程系统（油气系统）、公用工程（高压蒸汽、燃料系统、冷却水、低压火炬总管系统）、设施（电信、电气和控制系统）；②非运行系统，具体包括表面防火保护、保温、建筑物、钢结构、标记和标志、电缆/电缆桥架。

非运行系统可以是一个地理位置的一部分或全部。

在承包商总部进行的系统化的主要任务如下：①在修订发布供施工的管道仪表图时执行危险与可操作性分析建议后的项目工程设计过程中，定义和划分联动试车和投料试车范围内系统/子系统中的单元。②在下列工程设计图纸中有明确定义系统和子系统并划定各系统的界限：管道仪表图、单线图、平面布置图及其他类型的文件。然后根据相关工程设计专业列明。

定义和划分系统/子系统中的单元必须符合装置首次开车计划活动的顺序。

对每一套明确的系统或子系统，要编制系统/子系统中所含机械设备、管道和在线仪表的分项清单。

### 1.4.1 定义系统/子系统

一套系统是指属于工艺过程、公用工程、设施范围的一个单元/装置/成套设备的主体部分，执行装置的各种运行功能。系统包括其规定范围内让其运行的所有设备。按系统本身包含的各种介质和/或用途划分子系统。

可以根据移交和机械竣工的组织和记录要求识别其他类型的系统，例如综合办公楼。

子系统是对系统的细分，其特点是按照同类划分。

按照划分的子系统准备、执行和记录所有试验和检查等联动试车活动。下文各节根据预定质量控制计划列出了主要试验和检查。

系统化代码和编号按照 EPCC 合同确定的移交规定执行，编号原则如下：AB-CD-EF-GHIJ-KLM。其中：AB，从 01 至 09 的两位数，区域标识；CD，从 00 至 99 的两位数，单元标识；EF，代表回路的两位数，仅在必要时使用；G，代表系统类型（P——工艺、U——公用工程、S——储存等）；HIJ，代表系统的三位数；KLM，代表子系统的三位数。

例如工艺过程系统 01-02-03-P201-002 是指工厂 01、区域 01、单元 02-装置 A/B、回路 03 中工艺过程系统的子系统-反应器进料系统。

系统类型包括：①B——建筑物/区域；②E——电力；③P——工艺过程；④C——控制；⑤U——公用工程；⑥Z——其他。

承包商联动试车团队在需要时应更新该清单。

按系统/子系统的要求跟踪和报告施工、联动试车和投料试车活动的进度和完工状态。在相应的系统/子系统中分配每个事项，详见有标记的管道仪表图。系统登记表中应列明所有系统/子系统。

从在工艺流程图上的定义系统开始实现系统化，后来在管道仪表图和单线图上更详细地标记子系统。采用这种方法，整个设施或具体范围都可以划分成有明确界限的系统/子系统。

在业主提供的系统界线图上明确标注系统和子系统界线。承包商可据此细分成子系统。这样，由承包商编制说明子系统范围以及标记系统移交界线图，并下装到交付控制系统中。

### 1.4.2 有标记的管道仪表流程图

标记的管道仪表图可以更便于正确识别全装置范围内的系统/子系统及其所属设备。项目执行过程中要向业主交付和更新每套装置标记的管道仪表图，直到最后成为竣工图。

承包商的联动试车团队用色标标记管道仪表图，明确每套子系统的界线和内容（管线、静设备、机械设备、机组和驱动装置、仪表）。执行危险与可操作性分析意见后，承包商的联动试车团队要负责根据系统/子系统方法论编制第一套标记图，并发放供评审。

除非添加了主要管线或设备，不必更新发布的第一套标记图。不过，在项目进度达到 90% 且已经发布供施工的管道仪表图和单线图后，应当发布新的标记图版本。

### 1.4.3 子系统分项清单

承包商应当根据系统/子系统定义编制专用的涉及下列每个专业的分项清单：①静设备（成套设备、换热器、容器、储罐、过滤器、塔类）；②机械-动设备（泵、压缩机、鼓风机、风机、搅拌器等）；③仪表（流量、压力、温度仪表、调节阀、控制阀、紧急切断阀、切断阀以及安全阀）；④电气（电机、开关装置、加热器）；⑤管道（即管段表）。

完工阶段进行的各项活动应纳入完工管理系统（CMS）提供的标准的成套检查清单文件中。提供的文件即检查和试验记录，其中包括标准的移交规定。

上述清单上载到交付控制系统中，根据联动试车质量控制计划的要求，用作交叉检查各项试验和检查的矩阵。

## 1.5 与施工的界面

根据工作分解结构（WBS）方法论，安装工程完成 60%～70% 后，承包商根据系统/子系统划分采用移交方法论，最终确定各项剩余活动。

根据系统/子系统定义，联动试车/投料试车团队要明确施工的试验回路（液压试验或气压试验，取其中可行者，且按 ASME 规范没有任何安全风险）。

按系统或子系统代号识别和编号每个试验回路。每个测试回路的所有控制表均收集在测试包文件夹中。采用 CMS 软件工具记录和管理文件夹分类和编号。

安装完工后，根据工程设计确定的规格和质量控制计划（QCP）中规定的标准，划分装置、管道和设备（如果未在供应商车间进行测试）的测试回路，并按回路进行测试。参见表 4-1-1 所示的管道初步测试检查。

表 4-1-1　管道初步测试检查

| 序号 | 检查项目 | 具体检查内容 |
| --- | --- | --- |
| （1） | 管道组件的完整性检查 | 在安装、运输、组装和建造过程中认真检查所有管道元件的完整性。监督任何破损的维修 |
| （2） | 支撑安装 | 确认支撑安装正确且正常，符合项目文件规定，并认真确认下列内容的正确性 |
| ① | 粗滤器 | 管道和设备法兰之间的对中 |
| ② | 管道导向 | 导向（如有）的对中 |
| ③ | 固定支撑 | 锚固系统、支架和固定支撑的安装 |
| ④ | 移动支撑 | 预定补偿管道膨胀的移动支撑的安装（支撑垫、环、膨胀节等） |
| ⑤ | 可变弹簧装置 | 所有可变弹簧装置（支架、支撑、膨胀弯和抗震装置）的组装，包括运输固定装置 |
| （3） | 液压测试或气压测试 | 确认压力测试程序、准备和标准符合工艺设计规定 |
| （4） | 回路导淋 | 液压回路导淋，采取一切必要措施避免水保留在回路和设备中 |
| （5） | 管道安装完工 | 施工活动完成/确认后，"联动试车准备就绪"通知可以发布 |

按每套设施的系统/子系统划分编制具体的卷宗即"测试包卷宗"并存档。执行定义的系统/子系统中的测试包须考虑包括但不限于下列条件：①所有"测试包"须针对单一系统/子系统；②管段表中明确的每一条管线（及管道仪表图标识）须与"测试包"和系统/子系统关联；③在安装过程中直到业主发布并批准前执行的控制程序和检查。

另外，应按照联动试车进度表中规定的系统/子系统优先顺序安排测试包的进度。

完工团队牵头编制文件包，目的是保证报告数据正确。

指定移交团队负责收集和存档系统/子系统及成套设备的所有技术文件、证明、测试包的测试和检查记录等。文件包应包括全面改造工程项目所必需的所有已认可信息。另外，除非需要用于其他目的，如质量记录、检验记录手册等，否则由相关方分别产生必要的检验报告和测试记录，并保存在系统文件夹中。

施工方根据标记系统文件包要求完成任何确定的测试包或一批测试包后（包括规定的测试），则应将完工测试包或一批测试包提交给联动试车团队，其中包括例外的尾项清单以及联动试车和投料试车阶段的尾项清单。

测试结束且发布每套系统/子系统的测试证明后，结束施工活动。

承包商施工经理要用"安装完工通知"通知承包商的投料试车经理，其后可以开始联动试车活动。

联动试车团队完成联动试车活动后，承包商可实施系统的尾项，并明确移交前需要完成的事项，目的是确定施工的优先顺序。

## 1.6　联动试车

已经完成所有施工活动、安装、静态（非功能）测试、检验和检查且按 EPCC 合同的要求记录后，应当部分实现（子系统/系统）机械竣工。此时，机械竣工部分可开始联动试车活动。当然部分不妨碍联动试车、投料试车和/或开车的仍有待完成的施工事项可在机械竣工后继续完成，从而促成设施尽早成功开车。

联动试车团队监管下的主要具体工作包括：设备、管道、仪表和电气系统的非运行检查、检验、测试、清洁、冲洗、吹扫、干燥、调节、冷态找正等。业主应当参与以见证联动试车工作。

如果同步开展联动试车与最终安装，应按照具体的联动试车控制的现场安全方案进行管理。在执行联动试车范围内的各项工作时，肯定存在联动试车和施工各专业（机械、电气和仪表）之间持续互动和整合。

联动试车阶段包括下列五大类的施工现场活动：①分别对管道、动静设备、电机、仪表等的每件设备和组件进行系统性合格检查，目的是目测确认状态、安装质量是否符合项目图纸、规格书、制造商说明、规范、标准、优秀实践、安全规定等。②对部分设备进行静态/不加电的"冷态"测试，目的是确认关键组件的质量。"冷态"测试涉及所有工程设计专业，内容包括仪表标定、机组找正、安全阀设置、管道压力测试（施工）、电缆通断性检查等。一般在安装前执行仪表标定和安全阀设定并认证。在执行回路测试过程中要检查、测试和重新标定（如果必要）仪表。根据供应商信息和装置实际开车需求，安全阀的设置和记录须有效。如果超期，须重复进行再标定。③用空气吹扫、水冲洗管道和设备进行清洁，且在必要时采取化学清洗，目的是清除在施工作业过程中积聚的所有异物。清洁后须对设备进行进一步检查。④通电试验（动态模式）。在完成配电站和配电网络准备和通电后，应对电气和仪表设备进行通电试验（如电机单机运行、仪表回路测试、电气断路器操作）。⑤最终复原（复位）。复原（复位）系指需要对系统进行临时配置的联动试车活动结束后，恢复正常操作设置。临时系统配置包括部分投料试车活动中可能需要拆除的仪表、临时安装的盲板等。复原（复位）活动意味着施工/联动试车阶段的结束，表明达到了机械竣工状态（根据系统/子系统定义）。

承包商负责完成 EPCC 合同规定的机械竣工/联动试车/投料试车责任矩阵范围内的所有作业事项。对 EPCC 合同中未提及的任何特殊设备，承包商要编制机械竣工前的责任表和临时移交责任表报业主批准。

### 1.6.1 必要文件

有效的联动试车需要一系列技术文件，须更新文件并在开始联动试车活动前尽早提供给联动试车团队。

下面列举了开始联动试车活动前需要文件的参考清单，不过具体须应遵照 EPCC 项目的合同要求：①工艺流程图（PFD）。②管道仪表图（P&ID）。根据系统划分的标记管道仪表图。③详细的业主标准。④系统吹扫和冲洗程序。⑤仪表功能-测试程序。⑥设备清单。⑦工程设计数据表。⑧配电图。⑨功能逻辑图。⑩跳车和报警一览表。⑪详细的设备制造商图。⑫详细的容器内件图。⑬润滑表和方案。⑭物料安全数据表（MSDS）。⑮蒸汽吹扫、清洁、模拟、测试、催化剂装载等具体而详细的联动试车程序。⑯关键法兰制作程序和法兰检查/监管程序。⑰F&G 布置图。⑱操作手册。⑲布置图和总平面布置图。⑳管道规格表。㉑仪表数据表。㉒逻辑图。㉓F&G/ESD 矩阵图。㉔过程控制组态。㉕配电盘单线图。㉖电缆表。㉗功率平衡表。㉘卸载/负载分配规格。㉙接线图。㉚照明布置图。㉛供应商手册（安装、联动试车）。㉜备品备件清单。㉝专用工具清单。㉞设备相关的配件图。

承包商应在实施联动试车活动前至少 2 个月发布联动试车程序，供业主审查和批准。

至少在临时移交装置每个部分的 90 天前，提供供业主审查和批准的投料试车和开车程序。在业主执行相关程序前提供业主操作人员的培训。

### 1.6.2 消耗材料、公用工程和备品备件

表 4-1-2 初步列出了执行联动试车、投料试车和开车活动过程中需要的主要消耗材料和

公用工程。该表属于典型的样表，不包括联动试车、投料试车和开车活动中需要的所有消耗材料、公用工程、化学品和原料。

表 4-1-2  联动试车、投料试车和开车活动需要的主要消耗材料和公用工程

| 活动 | 消耗材料/公用工程 |
| --- | --- |
| 吹扫 | 干燥空气/氮气 |
| 蒸汽吹扫 | 蒸汽 |
| 复原 | 垫圈 |
| 冲洗 | 原水（用于不锈钢管线冲洗时要脱氯）/脱盐水 |
| 泄漏测试 | 干燥空气/氮气 |
| 应急柴油发电机和消防水泵 | 柴油 |
| 压缩机、饮用水泵、空气压缩机等 | 润滑油、润滑脂、黄油 |
| 氮气储存 | 液氮 |
| 放空 | 气氮 |
| 纯碱 | 脱脂活动 |
| 化学品 | 化学清洗/锅炉给水处理/锅炉处理/冷却水 |
| 耐火材料干燥 | 天然气 |
| 电力 | 电机运行 |

表 4-1-2 应视为临时表。最终清单和数量应随详细的联动试车程序发布，同时还要包括供应商的要求。

承包商要提供水压试验和冲洗所需的水并负责处置水，负责润滑数据表中规定的所有润滑油、氮气吹扫，提供并处置冲洗油和化学品，以及工作范围内所有的公用工程消耗。

### 1.6.3  清洁、冲洗和吹扫

管道清洁中最常用的方法是冲洗和吹扫。

如果可选，系统应当用正常运行时的介质进行冲洗或吹扫。此项基本规定的示例包括：①水系统（饮用水、冷却水、消防水等）用水冲洗；②空气系统（工艺空气、仪表风）用空气吹扫。

一般采用不同运行介质冲洗/吹扫的系统包括：①工艺气体系统用空气吹扫；②工艺烃物料系统用空气吹扫或用水冲洗；③特殊化学品系统用空气或氮气吹扫或用矿物油冲洗；④催化剂和助催化剂系统用矿物油冲洗。

装置中每个系统的参考冲洗/吹扫介质及相关方法见下述 1.14.1 节。

**（1）水冲洗**

如果残余水分/水不会对设备或工艺造成任何问题，用水冲洗清洁系统/子系统管道。该方法可用于工艺和公用工程管线。建议下列管道和设备用水冲洗：①含残余水分的液体介质工艺管线。如果采用干燥方法（如可行）可达到规定的露点值。②含残余水分的中小直径气体介质的工艺管线。如果采用干燥方法（如可行）可达到规定的露点值。③工艺/公用工程水管线（新鲜水、工业水、工艺水、冷却水、锅炉给水、脱盐水等）。必要时使用脱盐水。④导淋管线。⑤与水相溶的化学品/添加剂管线。⑥需要冲洗的设备。

需要供应清洁水。应当采取适当的对策确保污水不会进入设备，例如：除非冲洗已经清洁的上游管道，否则禁止用于清洁的介质穿过管式换热器（如有旁通应使用旁通，或"截断"换热器前的管线）。绝对禁止用于清洁的介质穿过板式换热器。

在冲洗过程中，泵的入口/出口管线仅冲洗入口和出口法兰。禁止穿过泵本身进行冲洗，

因为这样会造成破坏。

一般采取外部向管线供水或用装在容器/储罐中的水通过自重力排水的方法进行冲洗。如果可能，可以用泵将冲洗水抽到排放系统。

回路初步冲洗后，循环过程中应在所有泵的入口安装临时粗滤器。主管线冲洗后，必须确保所有中小规格的其他管线打开并进行冲洗。进行目测检查，确保排水清洁且管线内不含任何异物。在冲洗过程中，必须特别注意防止容器或储罐过压或真空。在冲洗活动过程中，必须保持用于缓冲的储罐和容器的放空管线处于打开状态，避免出现真空。

水冲洗时需要针对下列事项采取预防措施：①排放地点；②是否有电气设备；③是否有相应的排污设施；④侵蚀土壤的可能性；⑤排放水中是否含有污染介质。

承包商要根据承包商废物管理方案的要求收集水冲洗的垃圾，并处置废物。

投料试车团队要编制详细的冲洗程序。按下列色标绘制成套管道仪表图，概括各项活动的准备和执行情况：①蓝色：待冲洗管线。②绿色：待拆除管线。③红色：待断开管线。④橙色：待隔离管线。

成套管道仪表图属于跟踪活动进度的实时文件，作为发放联动试车冲洗证书的参考依据。

按上述程序进行复原。

**（2）空气吹扫**

空气吹扫是最有效的管道系统清洁方法之一。该方法使用容器中或大口径管道储存大量压缩空气，利用较小管道系统排放，使流速显著高于正常操作流速，实现清除残碎的物品。

必要时在装置的部分子系统使用这种清洁系统，确保管道保持干燥，如气态和液态烃回路以及仪表风管线。另外还用于无法获得充足、有效水流的大直径系统。水冲洗的绝大部分指南同样适用于空气吹扫。制定吹扫方案时应当保证不会在设备或管线的盲点等处积聚污物和碎屑。

空气吹扫的目的是在较长时间内让高流速的空气穿过管道。这种回路吹扫的方法论要求用压缩空气，然后通过开口迅速放空。回路吹扫中需要大容量的容器作为空气缓冲器，以长期保持空气的流量。

空气吹扫将压缩空气转换成高流速空气通过待吹扫的子系统。如果采用快速减压方法，管网中压力可提高到 3~4bar g（1bar＝$10^5$Pa）。吹扫过程中管道压力不得超过 3~4bar g，且在任何情况下决不可超过系统的最高允许压力，同时应当检查管网中所有管道和容器的设计压力足以承受该压力。对直径大于 10in 的管道，空气吹扫时管网压力只能加压到 2~3bar g。

因为空气出口产生的强大力量，必须采取一切安全预防措施避免对附近管道、设备和人员造成损伤。在吹扫过程中，应当特别注意空气排放地点，制订并部署一切必要的安全措施。管道内的碎屑和异物（有些可能较重）会高速射出，应采取适当保护措施防止设备和装置受损。排放地点须设置障碍，仅允许经授权的人员通行。

为防止吹扫作业过程中出现任何系统过压，须进行技术分析。系统的最高工作压力必须大于吹扫空气压缩机的最高输出压力。须用盲板和/或阀门主动隔离相邻系统，避免意外受压。开始吹扫每套系统/子系统前，必须制定详细的吹扫程序。

清洁度标准是检查出口点的空气颜色（有时用一块清洁布或纸张）。这种检查会证明管道中是否仍然存在铁锈或污物颗粒。这种方法对绝大多数工艺和公用工程管道是充分的。

针对大尺寸的管道，如果吹扫方法不可行或不建议采用吹扫方式，则建议采用人工机械清洁。

**（3）蒸汽吹扫**

蒸汽吹扫利用蒸汽动能和热能的协同作用进行清洁。在反复吹扫和冷却过程中，管线会膨胀和收缩，不仅可以脱除铁锈、焊渣，而且可以清除管道制作过程中形成的轧屑。

这种加热和冷却循环的蒸汽吹扫与采用纯动能的空气吹扫相比是一种更有效的吹扫方法。因此，重要的是要认识到加热与冷却循环本身是蒸汽吹扫过程中非常重要的组织部分。主蒸汽总管加热/冷却不当可能导致未来某个时间点脱落的轧屑引起旋转设备（透平）损坏。如果吹扫的管线没有保温，就会加速加热/冷却循环，从而缩短吹扫蒸汽系统的时间。

因为下列原因蒸汽吹扫具有以下更多的清洁特性：①热循环导致管壁沉积物膨胀差，会降低轧屑和铁锈的附着力，导致沉积物开裂/剥落/削弱。②管道加热到蒸汽的温度时，部分蒸汽冷凝形成水滴。水会形成高能/湍流回弯而产生更大的清洁作用力。③交替受潮和加热/干燥有助于脱除沉积物。④蒸汽-空气-蒸汽的循环会加速氧化管道的沉积物而更容易脱除。⑤新鲜蒸汽同时具有去脂/除油作用，可以作为系统脱脂的补充措施。

空气吹扫和蒸汽吹扫之间的主要差别包括：①蒸汽的温度造成膨胀应力。因此只能对蒸汽管网进行蒸汽吹扫。②密闭系统中蒸汽冷凝时造成的真空危害。这会引起容器和大直径管道坍塌。

应针对 EPCC 项目的特点设计蒸汽吹扫方法，通常有两种主要的蒸汽吹扫方法：①无声蒸汽吹扫（连续蒸汽吹扫）；②间歇蒸汽吹扫。

必须进行深入的研究才能为系统的每个单元找到最好的清洁方法。

**（4）机械清洁**

机械清洁用于空气吹扫/水冲洗不可行和/或危险的大口径管道系统（大于等于 30in）。机械清洁安排人员进入管道用钢丝刷、打磨机等清除管壁和焊缝上的污物和碎屑。所有活动均在 HSE 人员的监护下按作业许可证规定进行。

**（5）清管球作业**

有些管线需要使用清管球进行清洁。清管球外围有尖刺式刷子，常常用于清除管壁上的铁锈和污垢。该方法主要用于长距离管线法兰之间或需要特殊清洁类型的管道。

须进行进一步分析，详细研究 EPCC 项目的某些系统单元是否应当使用本方法。

**（6）化学清洗**

如果特殊工艺与材料或 EPCC 合同规定要求管道系统采用特殊的化学清洗条件，建议采用规定的化学清洗方法。

化学清洗方法主要用于往复式压缩机（如有）的碳钢入口和级间管道，离心式压缩机、涡轮发电机和离心泵的外部循环润滑油和密封油系统。

化学清洗方法也可以用于开车前清洁锅炉、清洁正常蒸汽吹扫前的蒸汽管线以加速清洁活动，并可以用于胺系统的脱脂等。

化学清洗方法可脱除的材料包括油脂、油类、细颗粒物、游离或附着于工艺产品的材料和活性物质。根据系统要求和材料规格，化学清洗可用于酸和/或碱的有机溶剂和/或水溶液。

在联动试车阶段的最后阶段由专业公司进行化学清洗，清洗公司负责提供人员、化学品、设备和配件，确保处置回路的循环化学品和废物。

化学清洗回路中不应含任何动设备，如泵、压缩机、透平等。

必须执行详尽而具体的程序，包括化学清洗的不同步骤：预冲洗、脱脂、酸洗、中和冲洗和钝化等。

首先须中和（pH7.0）含酸、碱和化学化合物的所有废液，然后以一种完备方式进行处置，避免破坏环境。

采用将设备浸泡在清洗剂内或在规定回路内循环清洗剂的方式进行整体化学清洗。

化学清洗由专业分包商进行。分包商负责选择化学品及其在化学清洗过程中不同阶段使用的化学品浓度。

分包商要考虑下列因素：①使用化学品的方便程度和安全性。②回路中要化学清洗的管道和设备的金属材质。③化学清洗不得破坏管道和设备。应当使用防腐剂防止金属腐蚀。④处置和处理废液。

化学清洗的主要步骤一般包括：①预冲洗；②脱脂；③冲洗；④酸洗；⑤排污；⑥清洗/冲洗；⑦中和与钝化。

**（7）油冲洗**

一般在首次投料试车前以及停车维护后对液压润滑油和密封油系统进行油冲洗。这一般属于投料试车前供应商设备的先决条件。

诸如压缩机或透平等动力设备上的润滑油管线系统、输油管线和液压系统需要用油进行冲洗，避免可能影响设备磨合的外部污染。

按照废物管理方案的规定处置重复使用冲洗油品，且属于分包商工作范围。

**（8）清洁方法的选择**

选择清洗的方法应当取决于：①现场可供使用的介质：压缩空气、蒸汽、海水、淡水、防腐水等。②管网容积：决定了要使用介质的量以及将管网加压到预定压力所需的时间。③管道直径。④系统的设计条件。⑤材料规格。⑥工艺流程的工艺功能。

## 1.7 设备检查和装填

根据质量控制方案，设备（容器、反应器、塔、罐等）装填催化剂、树脂、吸收剂等之间要进行检查。检查重点在于：①设备是否符合供应商图纸和规格；②装载作业前后内件的合格情况；③材质规格的合格情况（目数、塔盘、分布器、接头、垫圈等）；④是否符合图纸（外形、规格、开孔等）；⑤安装的合格情况（间隙、裕度、位置、位移）；⑥设备必须彻底清洁，没有铁锈。本规定同样适用于设备本身。

### 1.7.1 装填作业

设备的每次装填作业均制定详细程序。如果进行催化剂装填，必须执行专利商的程序并在专利商的见证和支持下进行。

作为投料试车活动的一部分，由承包商联动试车人员准备和监护装填作业。装载前，须检查设备，确认下列事项：①设备符合项目的图纸、规格以及供应商的图纸和规格；②内件质量；③清洁度；④涂层，如必要；⑤须精确检查催化剂，从而评估和确认其状态正常。

装载作业的组织包括：①物流准备，例如储存、运输和吊装；②必要的设备和工具就绪情况、安装和设置；③配备一切必要的专用人员防护装备（根据材料的物料安全数据表），例如呼吸器、防酸防护服和面罩等；④供应商的详细程序，由投料试车团队和 HSE 执行；⑤负责监护的联动试车人员。

最常见的装载方法如下：①手工装载；②布袋装载；③用装满水的容器装载；④密相装载，主要用于装载催化剂；⑤氮气保护环境装载。

装载作业完成后，要安装好设备顶部的所有内件，检查合格后，要用新的垫圈/接头密闭设备。

每台容器都要发布专门的装载程序及技术图纸，明确标记装载材料的数量、体积和实际料位。

所有文件、报告、证书和结果均存档在相应的系统/子系统联动试车文件夹中。

### 1.7.2 干燥

必须脱除水压试验/冲洗活动残留的水。根据下列条件，需要干燥的原因各不相同：

①根据工艺建议和规格以及供应商要求的设备类型；②工艺规定要求；③防止工艺设备内形成水合物；④防止腐蚀等。

要编制具体而详细的干燥作业程序。

### 1.7.3　压力安全阀/泄压阀的处理和试验

承包商质量保证/质量控制、监护和工程人员负责检查安装和标定作业，并确定作业方式是否合格，是否以可追溯的方式编制、签署和保管相关文件。

### 1.7.4　所有泄压阀

应当在管道系统中安装泄压阀（RV）作为确保装配正确对中和无应力的一种辅助手段。也应当在所有备用泄压阀的位置安装泄压阀。

应当拆除泄压阀进行验证，并在投料试车团队的监护下重新安装。经承包商同意，在压力测试过程中可保持泄压阀处于原位，方便安装测试盲板。

必须用适当的测试盲板和垫圈隔离泄压阀，不得承受任何测试水/介质或测试压力。

应当与承包商的泄压阀数据表和请购书进行对比确认铭牌数据。应当将泄压阀数据表摆放在标定位置。

确认获得承包商批准后，应当用经过批准的专有手工卷边工具密封泄压阀，并用不锈钢丝悬挂不锈钢金属标牌。标牌应当说明泄压阀编号、测试日期以及按数据表和泄压阀请购书规定的冷态设定压力。

分包商应当保护泄压阀的入口和出口的接口及其他向大气敞开的开口，防止任何时候水分、灰尘、沙土、碎屑及其他异物进入。

分包商在处理、运输和储存泄压阀时，应当保持泄压阀处于垂直位置，并始终采取措施防止泄压阀受到可能引起内部移动而干扰标定的冲击。如果存在不当处理、储存或运输经标定的泄压阀，应当根据承包商判断重新进行标定。

### 1.7.5　非运行泄漏测试

完成清洁步骤复原系统后，此时需要进行非运行泄漏测试，确保系统组装正确。该测试可以视作初步的 2 bar g 压力泄漏测试。测试过程中用在线已标定的压力表进行监控。

每个系统/子系统均利用标记管道仪表图（P&ID）根据下列原则编制详细的程序：①使用工艺截止阀或盲板主动隔离分系统/子系统。②开始测试前，明确装置的安全受限区域。③测试过程中，禁止超过系统/子系统的设计压力。④在管道仪表图上标记要测试的系统。⑤识别用于监控压力损失的仪表（现场和控制室）。⑥用仪表风或氮气分步将系统加压到测试压力。持续检查系统是否存在泄漏。⑦达到预定压力后，隔离系统并在规定时间内监控压力和系统的密闭性。

### 1.7.6　回路测试

编制专用程序，概括联动试车阶段用过程控制系统仪表进行仪表和/或电气回路测试的一般方法。其中须考虑到单回路就是与过程控制系统相连的所有组件一系列硬接线的电气信号。

开始回路检查、复杂回路或功能测试的任何活动前，承包商须确认过程控制系统所有主要组件（控制柜、过渡机柜、操作员控制台、系统接线等）正确安装、检查、完工并获得业主批准和通过现场验收试验（SAT）。

开始任何回路检查活动前，工艺操作系统的综合楼（PIB）的下列设施，包括综合楼本身的土木工程须投用并处于运行中（临时或永久性）：①空调暖通系统；②不间断电源；③照明系统；④主接地系统；⑤消防系统（包括灭火器）。

工艺操作系统的综合楼应当视作限制区域，必须执行进入许可程序，仅允许授权人员通知。

完整的回路检查活动在项目的两个不同阶段分别进行：①联动试车，包括合格性检查和静态/不通电试验，确保并确认：a.正确安装；b.回路组件条件；c.符合项目规定；d.安装质量。②功能测试确认和测试：a.复杂回路；b.联锁；c.联动试车阶段还包括与过程控制系统相连的所有回路（组件和/或电气功能）的动态/通电模式的测试和检查。

相关的系统/子系统经业主代表检查和批准后，即视作"投料试车准备就绪"。

回路检查和测试的主要步骤包括：①管道清洁活动后复原每台仪表；②仪表系统的现场验收试验；③DCS/ESD/F&G回路接口测试；④测试仪表和电气分配通断性/回路测试/标定/保护；⑤阀门完整性/行程。

### 1.7.7 电气检查和测试

电气检查和测试的目的包括：①电气设备通电，目的是检查无负载条件下其能长时间正常运行，然后进行多专业有载运行测试；②确认运行测试过程中设备安全通电的能力。

功能测试主要包括在通电或不通电条件下电气保护和与其他设备联锁/接口的测试。

负责设备通电的授权人员须确保可安全通电（通过挂锁隔离/挂牌隔离程序）。

由电气投料试车负责人发布通电程序，由业主批准。

高压介电强度测试可能损害设备的预期寿命，禁止过度重复进行。

任何情况下，应当在通电前目测检查回路的通断性。

投料试车阶段须进行的部分电气任务包括：在承包商监护下，承包商的专业分包商标定继电器。

中高压电缆要进行介电强度测试。应提供进行测试的临时电气设施。

低压电缆要进行通断性试验和100％电阻试验，控制电缆只需进行100％电阻试验。

完成各单元、MCC和电力中心的组装与接线后，对每个接口进行介电强度试验和总体介电强度试验。

配电和马达控制中心要进行功能测试和通电验证测试。仪表盘、中压和480V单元也需要进行测试。另外还需要进行接地试验。

电气分包商负责对现场电气设备，如电机等进行联动试车试验，开展下列试验：①绕阻通断性测量；②电机绝缘；③电机旋转方向、转速和振动等。

在联动试车过程中，须在"磨合测试"中检查和测试泵、压缩机、风机和鼓风机的大多数电机。有些特殊电机不需要进行现场测试。应在活动矩阵表中详细说明这种电机，并上载到移交控制系统中。

运行测试应符合供应商的说明和建议，仅在电机与设备解耦后强制试验。

电机磨合运行测试过程中，应检查和监控的技术数据列举如下：①环境温度；②轴承温度；③电流；④电压降；⑤绕阻温度读数（如有）；⑥振动/温度。

### 1.7.8 联动/投料试车记录

记录、确认和监控采用适当的方法正确执行联动试车活动以及进度是EPCC项目的一项关键内容，具体应在方案的部分编制。

应采用根据项目移交要求定制和改造的交付控制数据库软件系统跟踪所有联动试车和投料试车活动。

交付控制软件系统中部署了有关系统/子系统定义、分项清单、联动试车/投料试车活动、测试和检查及报告和证书，包括正式巡查产生的尾项清单等数据。

所有事项均按工程设计专业、系统/子系统进行编号，并与联动试车活动的具体（适用）

表格相关联。每一种表格均用于记录事先经所有相关各方批准的相关联动试车活动。

承包商负责管理装置完工的检查清单（参见表 4-1-3），向业主保证已经完成所有需要投入试车的工作内容，并且做好了投料试车准备。

表 4-1-3 检查清单示例

| 换热器的检查清单 ||||||||
|---|---|---|---|---|---|---|---|
| 标牌名称： | | | | 位号： | | | |
| 订单编号： | | 检查分类： | | 区域/单元： | | | |
| 承包商： | | 分包商 | | 移交系统： | | | |
| 工程包： | | 业主 | | 子系统： | | | |
| 测试报告：（提出相关报告编号，如第三方报告） | | | | | | | |
| 序号 | 检查说明 | 分包商 || 承包商 || 业主 ||
| | | 签名 | 日期 | 签名 | 日期 | 签名 | 日期 |
| 1 | 确认铭牌细节正确并符合数据表规定，同时铭牌固定牢固且清晰可见 | | | | | | |
| 2 | 找正/水平/方位 | | | | | | |
| 3 | 地脚螺栓/压紧螺栓的紧固性和灌浆 | | | | | | |
| 4 | 检查换热器和重沸器是否损坏 | | | | | | |
| 5 | 润滑/滑板以及滑动脚的自由移动 | | | | | | |
| 6 | 弹簧支撑和膨胀波纹管上的支撑件已经移除 | | | | | | |
| 7 | 放空和导淋阀/旋塞阀/盲板 | | | | | | |
| 8 | 管嘴规格、方位、标高和突出长度 | | | | | | |
| 9 | 顶举螺栓已安装 | | | | | | |
| 10 | 吊装有眼螺栓 | | | | | | |
| 11 | 扶梯、平台、楼梯 | | | | | | |
| 12 | 填料和接合密封材料 | | | | | | |
| 13 | 管束检查（如需要） | | | | | | |
| 14 | 接地 | | | | | | |
| 15 | 压力指示器（已安装，还是在仓库?） | | | | | | |
| 16 | 温度指示器（已安装，还是在仓库?） | | | | | | |
| 17 | 确认管/管板的密封性 | | | | | | |
| 18 | 确认保温 | | | | | | |
| 19 | 确认油漆 | | | | | | |
| 20 | 确认识别标记 | | | | | | |
| 注释： ||||||||
| | 其他[①] | | 分包商 | | 承包商 | | 业主 |
| 名称： | | | | | | | |
| 签名： | | | | | | | |
| 日期： | | | | | | | |

[①] 其他指安装方、第三方供应商等（如有请说明）。

该检查清单要覆盖服务的下列完工点要进行的各种不同活动：①机械竣工；②联动试车。

与联动试车作业相关的所有文件按下列分类编制在特定文件夹中：①部分（子系统/系统/单元）；②子系统。其中包含证明任何一个子系统已经达到投料试车准备就绪状态所需的所有信息。

请注意表 4-1-3 所示的检查清单仅为模板。移交程序和计划中应提供新版本。

**(1) 检查表**

联动试车工作范围内第一类任务是按检查表进行合格性检查并报告。该检查表规定了必须准确确定每台设备系统的工作范围，用于确认每个安装或制作的组件符合项目规定的要求。

**(2) 测试表**

在联动试车和投料试车阶段，要按技术规格书要求进行测试，并提供记录测试结果的测试表及其报告。

上述检查和测试表的版本应当发布供业主批准。

**(3) 尾项表**

施工过程中出现的所有不符项、遗漏项、破损项、可操作性问题、待完成项以及安全相关的问题均记录在尾项表中。

在承包商和业主巡查系统和审计设施的安全时，承包商应形成全面的综合尾项表。

为促进系统移交，应安排多次巡查。巡查的目的包括：①移交前确认区域或建筑物的就绪程度；②确认系统移交前，系统相关设施安全和正常投料试车和运行的就绪程度。

为此，所有相关各方应进行联合巡查，就待执行的遗留工程达成一致意见至关重要。巡查中必须包括：①系统的负责人，承担巡查负责人的作用，协调不同的相关人员；②承包商的专业主管，系统中涉及多少专业就是多少专业（土木工程、管道、电气等），负责机械竣工的施工方以及负责 RFSU（Ready for Startup）的投料试车方；③负责的其他分包商；④工程设计分包商的专业负责人。

承包商应当编制巡查的基本方案，目标是缩短该活动的时间，并在相关区域、建筑物或系统接近完工进行检查。

巡查前，要在承包商办公室召开一个短会，每次就巡查的方法和范围达成一致意见。短会结束后，承包商牵头开展现场巡查，所有相关各方参与现场检查。各方均应负责找出相关区域、建筑物或系统的尾项。

巡查结束且各方均提交了尾项表后，所有参与人员应当到指定会议室碰头，识别存在的遗留问题，目的是消除尾项表中的重复项，并对包含尾项分类以及区域、建筑物或系统的最终正式尾项表达成一致意见。

每个团队根据组成专业编制一份专用的共享尾项表（机械、电气、管道、仪表、土木工程等）。必须强调的是尾项表中每个事项均与单个子系统相关（或属于子系统的设备相关）。

会导致下列潜在危险的每个尾项均视作一个制约点：①完工过程中持续或未来活动的安全或运行问题；②任何遗漏的项目规格书中的要求；③任何与具体的地方规定/法规相关要求的遗漏事项。

下列内容不得作为尾项内容：①在开始联动试车活动前仍未完工，并且不会影响联动试车活动安全或可操作性的相关的施工/安装事项；②工作范围中未穷尽的事项，如合同和规格书中未包括的附加工程设计或新增要求，或以项目文件中未指定的任何方式改善装置的任何要求。

尾项表中的事项一般按其对机械竣工、联动试车、投料试车和开车活动的重要性排列优先顺序。从施工到投料试车阶段，尾项表中的事项分别按下列优先级别排序：①A 类——必须在机械竣工前完成；②B 类——必须在临时移交验收前完成；③C 类——必须在设施验收前完成。

尾项表中每个事项均必须包含下列信息：①子系统：受尾项影响的子系统。②位号/管线/电缆：受尾项影响的位号。③提出人：提出尾项的人员或检验员编号。④分类：尾项类别，根据合同以及与业主针对该特定尾项达成的一致意见。⑤尾项表说明：详细说明不合格的情况。⑥措施执行人：负责解决尾项的团队。⑦措施的专业执行人：负责处理尾项的专业。⑧材料：是否需要材料（是/否）。

已经完成系统或子系统的所有活动且获得批准后（除尾项表中"C"类事项），承包商应发布供业主批准的临时移交证明。

该通知即是对业主提出开始投料试车活动、列明尾项和审查移交文件包的正式申请。

### 1.7.9 移交（机械竣工）

机械竣工指相关子系统、系统、子单元或单元，或整个设施的机械和结构，除对设施或该部分投料试车、开车、试验和运行或安全没有实质影响的轻微遗漏和缺陷，根据EPCC合同要求和所有相关法律的规定已经完工，且具备联动试车条件。另外，机械竣工还意味着相关部分的施工符合图纸、技术规定、适用规范、标准和法规的要求，包括开始联动试车活动所需的所有测试、检验和检查要求。

如果部分设施已达到EPCC合同中规定的所有条件，承包商会对该部分提出机械竣工证明的申请。任何一个单元任何部分的机械竣工证明发布后，即可开始联动试车活动。

针对设施的机械竣工，当然可以将设施划分为很多部分。为整个设施达到机械竣工，要执行EPCC合同中规定的步骤，且应提前发放构成设施的所有单元的机械竣工证明。

在达到机械竣工后，可以执行临时移交，就是将设施及部分设施的主体责任从施工（由承包商控制）转移到投料试车/开车/运行（由业主控制）的过程和事件顺序。

临时移交系指准备投料试车和开车的部分设施或设施的某部分已经完成所有必要的联动试车的准备活动且得到确认的时间节点。机械竣工和临时移交之间需要进行的活动见EPCC合同中的机械竣工/联动试车/投料试车责任矩阵中"临时移交前"的活动栏。

设施的任何部分达到上述条件后，承包商会申请临时移交证明。业主要在21天内响应承包商的申请，发放临时移交证明或告知申请通知不合格的原因。

移交文件包（TOP）系指具体而明确说明准备临时移交到业主的部分设施（子系统/系统/单元）的范围或界区的一系列文件。该文件包用测试、标记管道仪表图和组成索引表等说明确定的完整范围。组成索引表包括但不限于：①管道测试文件包及相应的单线图；②机械设备索引；③确认相关仪表回路分配及相应仪表、油品和润滑油；④电气设备索引。

移交文件包中包含由各承包商专业和业主编制的统一的尾项表。移交文件包的目的是识别明确的工作范围，以及可以移交开始投料试车活动的有关文件/信息。

承包商要向业主提交两种不同的移交文件包：①第一种是子系统临时移交完工手册。该手册发布给业主作为承包商对子系统临时移交的申请。②第二种是临时移交完工手册。该手册发布给业主作为承包商对系统或单元临时移交的申请。

临时移交意味着每套子系统/系统/子单元/单元：①除对设施或该部分运行或安全没有实质影响的轻微遗漏和缺陷，单元的一部分或单元已按技术规格书、图纸和项目规定要求完成安装、建造和测试，并已经具备联动试车条件；②已经达到机械竣工条件；③已经编制证明正确供货、安装和联动试车的记录文件，并已报业主批准，同时已经纳入项目文档系统；④已经消除尾项表中的事项，或遗留事项得到了业主批准。

已经满足EPCC合同的其他要求。临时移交状态须达到更详细的要求：①开展了满足所有安全要求的准备工作。已经完成部分设施或设施某部分进行投料试车和开车的所有联动试车准备活动，并得到确认。②已经完成所有动设备的冷态找正。已经组装和安装所有润滑系统、联轴器和防护罩。已经安装所有最终管道短节和滤网。③所有容器已经打开，已经安装内件，完成了清洁、检查，并在检查后密闭，完成压力测试。④已经完成所有管道的测试、必要的化学清洗、必要的蒸汽吹扫、安装了入口滤网、拆除了测试盲板。已检查了所有弹簧支撑、锚固和导向，拆除了所有运输和安装的制动装置，设置了正确的冷态。⑤已经完成所有管线的冲洗，清除松散材料后按技术规格书的要求进行了干燥，并做好了投用准备，或按技术规定书要求充氮气保护。⑥已经完成部分设施的全部组件的仪表回路检查、测试和校准，目的是确保可操作性和性能符合技术规格书要求。已经完成所有功能回路检查，且部分设施做好了投用准备。⑦已经按技术规格书的要求完成电气系统的安装和测试，已经完成电机转动的振动检查，且已经设定了所有动力系统保护装置。⑧已经完成所有可能干扰投料试车和开车或出于安全原因需要的油漆和保温。⑨已经拆除所有可能干扰投料试车和开车或出于安全原因的临时施工设施。⑩已经完成所有必要的消防系统和设备的安装和测试，且做好了投用准备。⑪已经安全安装、测试所有放射源检测点与仪表回路，并申明安全/投用准备就绪。⑫已经安装、测试好所有气体检测器并做好了投用准备。⑬完成了所有容器、设备管线等的色标，并按技术规格书要求打好标识的钢印。⑭按技术规格书要求完成 DCS、PLC、EICS 和计算机系统的安装，并完成检查，且申明系统进入可运行状态。⑮已按技术规格书要求完成过程分析仪和实验室设备安装，并完成检查，且申明系统进入可运行状态。⑯承包商已经向业主交付了符合投料试车和开车、保证期和两年运行以及长期运行所需的备件，以及所有 EPCC 合同规定要求的库存备品备件。⑰承包商已经向业主交付了所有专用工具、钥匙和剩余的投料试车备件。

另外，对移交给业主的装置的任何部分，必须解决下列问题：①承包商有责任对每个移交系统编制专用的文件夹，其中包括经签字的相关记录、测试、检查和检查清单；②当已经达到 EPCC 合同中规定的条件时，承包商应当针对装置的该部分申请临时移交证明。业主应当在 21 天内对承包商的申请做出响应，发放临时移交证明，或告知申请通知不合格的理由。

### 1.7.10 移交装置

装置包括很多部分。对视为完工的装置，需要执行下列步骤：①承包商会获得装置内所有部分的临时移交证明。②承包商要按业主的意愿完成系统中未完成的尾项表或例外清单事项。承包商要完成业主人员的培训。③业主应当完成装置的投料试车、开车和运行，达到稳定、合格运行状态。④收到业主批准移交装置的通知后，业主应发放移交证明。⑤设施达到稳定、合格运行状态后，业主应当进行性能测试。⑥达到上述所有条件后，承包商应准备并向业主发布验收证明申请。

### 1.7.11 安全

联动试车和投料试车活动应遵照项目的安全要求。从施工移交到承包商的联动试车团队后，系统联动试车的所有活动均受承包商联动试车团队和安全团队管理，并受作业许可证制度管辖。在项目的施工阶段，承包商可以使用自己的作业许可证程序，但在项目的投料试车阶段，承包商应当采用业主的作业许可证程序。

应将专项安全/联动试车程序交业主审查，其中应详细说明作业许可证制度。

承包商应编制和执行机械竣工和联动试车期间的许可证准备和发放程序。该程序还应包括在用装置或组件附近进行的施工活动。

联动试车活动不属于施工团队的工作范围，属承包商联动试车控制。此类活动包括但不限于：①空气吹扫/冲洗管道系统；②机械清洗管道和设备；③公用工程系统投入运行；④动设备运行等。因此，为确保人员安全并防止设备损坏，必须推行作业许可证制度以控制人员通行和活动。

所有进入联动试车控制范围的人员必须参加安全上岗培训课程。该培训课程包括联动试车活动（管线吹扫、冲洗、管道系统内部清洁、密封性试验等）涉及的风险，以及已制定的安全规定。

另外还应设计让相关人员熟悉作业规定的专门课程：①作业许可证制度的程序；②受限空间作业许可证；③挂锁隔离/挂牌隔离程序。应当编制业主特有的挂锁隔离程序并提交给业主。

用特殊颜色的徽章识别参加了联动试车安全上岗培训课程的人员，只有经过培训并持有特殊颜色徽章的人员有权进入联动试车区域。

用硬围栏和/或有警告标记高能见度的投料试车胶带标示联动试车活动的区域并设置障碍。如果围栏不可行，例如在管廊上，则按一定间隔张贴"在用管线"不干胶贴。

采用适当的标记说明承包商联动试车团队管理和控制的仪表盘、电气接线盒和机柜等设备。

在开展活动前，联动试车团队按每套系统详细程序的规定通知业主，说明：①活动地点（标记平面布置图）；②活动的开始日期和大致时间；③活动的时间长度；④活动的性质（吹扫/冲洗）；⑤活动的具体危害（噪声、排放等）；⑥限制区域界线（标记平面布置图）；⑦安全危险及应采取的预防措施。

按作业许可证制度的规定开展联动试车的活动，该制度由承包商和业主提前批准和实施。应强制执行主动隔离（挂锁隔离/挂牌隔离）措施，隔离联动试车系统与施工中的系统，避免发生重大事故。在联动试车活动中，必须按应急预案的要求管理可能发生的任何紧急情况。

必须采用无线电、对讲机、电话等措施预先确定各接口之间（内部和外部）的通信链，同时预先选定集合点。

必须在火灾救援负责人的直接监管下安排涉及所有各方（业主、承包商和分包商）的疏散试验，做好重复穿行检查并执行，同时 HSE 人员须更新日志，纠正和部署发现的所有缺陷。

### 1.7.12 SIMOPS

可以在运行中的装置、互连管廊上或附近同时进行施工、联动试车或投料试车活动，必须评估、协调和安全执行所有此类的活动。此类活动本质上会提高风险级别，原因如下：①物理干扰的风险，例如吊装、挖掘、重型设备、高能投料试车活动等；②活动的潜在烃释放源和潜在火源之间的距离短；③地下工程受损或碰撞；④互连管道和相关设备受损；⑤出现不了解、不熟悉活动潜在危险的人员，例如施工分包商。

所有参与执行本程序的业主和承包商人员必须参加有关本事项的培训课程。

## 1.8 投料试车

任何获得临时移交证明后的部分都可以开始投料试车活动。投料试车活动与系统和装置运行准备相关，包括调整操作和热态找正以模拟实际运行。业主牵头此项工作，但是承包商应提供人员及其他资源以协助开展此项工作。

在投料试车和开车过程中，承包商的支持应当包括但不限于下列专业工程师：①工艺；②仪表；③电气；④动设备；⑤DCS/APC 等。

### 1.8.1 运行泄漏试验

泄漏试验一般属于干燥/惰化以及引入气态或液态烃、化学品前的最后阶段，是开车顺序中关键的安全步骤。

在装置最终复原后引入危险物料前，进行泄漏试验最终检查系统所有的接头与完整性。

须针对每套系统/子系统编制执行泄漏试验的详细程序。应针对所有管道、容器、工艺设备和公用工程设备及其所有相关接头进行泄漏试验。

开始运行泄漏试验前，须完成下列各点：①已经统一消除尾项表中所有"A"类和"B"类尾项；②已经签署系统清洗和管道清洁度证明与管道清洁检查表；③已经完成所有容器/设备的清洁，已经签署内部最终检查和封装证书；④已经签署系统最终复原证明；⑤所有必要的泄漏试验分界处安装了永久盲板法兰；⑥已经重新安装了所有在线仪表，包括泄压阀。

用试验介质将系统加压到操作压力，然后对下列所有接口进行泄漏检查：①法兰/螺纹；②螺纹接口；③人孔；④阀门。

如果两个小时内的压降小于等于试验压力的 0.05%，则泄漏试验成功。

按 ASME B.31.3 规范的要求进行 D 类介质的操作试验。

### 1.8.2 惰化

泄漏试验后，须用氮气进行吹扫，防止烃与氧气（空气）的混合物达到危险的爆炸临界值。为防止腐蚀也必须进行该操作。因为在泄漏试验之后进行惰化，所以不应存在遗留的侵入式的尾项。

如果测量的氧含量低于 0.5%（体积百分比），即视为完成惰化作业。按照标记管道仪表图上的系统/子系统编制详细的惰化程序，包括：①氮气接口和入口点；②放空点或泄压点；③所有阀门的状态；④用于测量氧气含量的气体采样位置；⑤盲板位置和状态。

可采用下列两种不同方法。

**(1) 氮气吹扫方法**

从系统或设备的一端连续输入氮气，同时从氮气输入点相对的另一端放空排放空气。随着空气的排放，系统中氮气含量逐渐上升。

一旦系统中氧气的含量达到 0.5%，系统即达到引入工艺介质的安全状态。

由于该方法需要大量氮气，适用于其他方法不可行时。

**(2) 加压/减压法**

用氮气给系统加压和减压，直到达到规定的氧含量。常见的惰化做法是保持系统/子系统的惰性气体压力处于微正，防止系统/子系统吸入空气。

与此同时，因为存在氮气需要采取相关安全措施。须由参与活动的所有各方签署证明。

### 1.8.3 干燥耐火材料

管式加热炉、炉膛和部分反应器内有需要进行干燥的耐火材料。干燥的主要目标是安全干燥，目的是排出设备中安装的混凝土中的水分，消除耐火材料内部产生的张力。

混凝土材料内含的水分取决于其自身质量和化学性质，其中部分水分用于材料的定型，在反应温度下蒸发少量的水分。但是，必须脱除耐火材料内部遗留的水分。

耐火材料中所含水分主要位于下列位置：①混凝土小孔中；②材料毛细管结构中；③水合过程加入的水分；④混凝土化学过程中产生的水分。

必须逐渐将温度升高到水的沸点以上，缓慢将多余的水分从管式加热炉保温混凝土/耐火材料衬里中逐出。

在干燥过程中，首先主要蒸发小孔和毛细管中水分而消除。蒸发有助于吸收毛细管内壁中的水分，继续干燥过程直到消除所有残留水分，此时视为完成干燥过程，装置可以投入运行。

须按加热炉制造商的建议进行上述操作。

在干燥耐火材料的同时，须在炉管内循环部分冷却介质，防止出现高温。

对于反应工段，必须在装载催化剂前进行干燥作业，目的是尽可能多地脱除反应工段的水分。这样做的目的是避免在装置升温过程中游离水损坏催化剂。

采用循环压缩机循环热氮气干燥反应工段和加热炉的耐火材料。氮气用于加热炉的干燥程序。

在开始干燥作业前,已经可以投用部分系统,具体包括:①仪表风;②工业风;③冷却水系统;④氮气系统;⑤蒸汽;⑥消防水;⑦火炬。

完成干燥程序后,应当检查衬里材料的外观,检查确认未出现破损或过度收缩。

承包商应发布涉及此项活动的详细程序。

### 1.8.4 公用工程投用

下列系统在投料试车阶段要投用:①仪表风/工业风系统;②氮气;③冷却水系统;④锅炉给水/脱盐水系统;⑤冷凝液;⑥低压/中压和高压蒸汽;⑦火炬;⑧燃料气。

可投用仪表风/工业风系统前,应当采取下列预防措施:①已经完成从界区到仪表设备各截止阀的整个系统的回路泄漏试验;②除仪表风/工业风/冷却水/低压、中压和高压蒸汽系统,已经适当完成系统惰化;③采用运行试验进行仪表风/工业风系统的泄漏试验;④在界区内打开氮气系统前,必须检查来自管网的氮气物料中的烃含量,如有;⑤采用运行试验进行冷却水系统的泄漏试验;⑥采用运行试验进行锅炉给水/脱盐水/冷凝水系统/低压蒸汽/中压蒸汽系统的泄漏试验;⑦试验区域设置障碍、警告标志,且仅限授权人员通行。

### 1.8.5 功能测试

功能测试系指在正常操作条件下装置的满负荷测试。功能测试包括系统的最终准备过程,期间需要采用烃原料进行性能测试的系统,应在之前进行功能测试及其他测试。不需要烃原料进行功能测试的系统,投料试车过程中进行该系统的功能测试。

从冷态停车到满负荷的正常操作条件下证明设备各部分的功能。在此阶段,要优化调节系统响应和过程控制的设定值。

因此该功能测试的目的是证明主设备的力学性能完美无缺,且整体上每套子系统做好了正常运行的准备。

一般情况下,下列内容属于功能测试范畴:所有子系统,包括主机械设备。典型示例:①消防水泵;②空气和工艺压缩机;③发电机。

各种子系统,虽然不包括主要的动设备,但要执行装置的重要功能。典型示例:①ESD/F&G;②液压系统;③雨淋灭火系统。

典型的功能测试包括下列三个步骤:①设备的机械准备以及要测试子系统的整体准备;②首次开车,然后进行必要的子系统调节和调试;③向业主证明主设备及子系统整体功能正常。

要在具体程序中详细说明上述工作范围。一般情况下,在投料试车阶段投入物料前进行功能测试,因此:①在循环中用替代介质测试工艺设备,压缩机用水、惰性气体或空气;②合理的临时循环设施。

**(1) 机械准备**

因为在投料试车的功能测试阶段子系统的设备包括仪表、电气和电信设备等已经准备就绪,所以首要任务是准备系统的动设备机械运行测试。

在准备动设备机械运行试验的同时,要做好子系统本身的试验准备,具体包括:①保证为设备运行试验而安装的临时循环设施的泄漏试验;②回路充装试验介质;③投用所有回路和仪表;④运行和供应所有公用工程;⑤准备安全设备;⑥系统加压;⑦准备试验设备、备品备件和专用工具;⑧安装必要的盲板和跨线。

**(2) 开车和调试**

做好子系统的首次开车准备后,按详细的分步程序开车,一般可从供应商获得主要动设备的程序。

功能测试的第二阶段主要针对规划和资源设计，因为极少在第一次试车时就100%做好了向操作员证明主设备的准备。因此必须考虑预留一些时间消除故障和调试设备。

该分步程序应包括下列验证：①正常开停顺序；②热态/冷态开车；③紧急停车；④减压；⑤自动/手动模式；⑥远程/就地模式；⑦负载/待机模式；⑧切换备用设备；⑨动态验证关键工艺和设备的报警和跳车功能正常。

要发布最终报告，其中应包括实际验证的设备性能：①采集稳定运行数小时后，工艺过程中不同负荷条件下的工艺或电气读数；②绘制实际性能和理论特性的坐标曲线。

### 1.8.6 开车前安全审查

开车前应进行安全审查。应当重点强调同时开展活动的要求。需要一系列确认系统、单元或装置的检查清单：①准备好了所有必要的文件；②准备好了所有程序；③完成了相应的所有人员的培训；④准备好了所有可执行的一般性要求，从而确保人员安全、保护环境和业主资产；⑤制定了相应的作业控制体系，并建立了相应的运行接口，如作业许可证；⑥安装了所有特定设备和子系统，配备并投用了相应的安全和系统保护；⑦完成了对相关的所有人员的应急响应培训；⑧完成了适用于改造设施的变更管理要求；⑨完全考虑了因涉及相邻系统、单元或装置同时开展活动造成的任何局限，并纳入了开车程序和准备过程中。

### 1.8.7 开车

执行开始运行装置或部分装置的相关步骤时即开始开车。开车活动包括引入原料、熄灭火炬以及启动系统内部循环。业主可能要求承包商在此活动过程中提供协助。

承包商在此期间应当维持一定的人力和设备，承包商参加涉及其工作范围内的相关工作。

### 1.8.8 性能试验

性能试验、移交和验收（PTT&A）方案规定了EPCC工程总承包商和业主团队在各自职能机构的支持下，按项目进度履行的各项活动和任务。性能试验、移交和验收是项目的最终阶段，构成确认项目是否达到其所有目标的基础，同时会识别出设计中存在的缺陷和不足。

应当在所有单元均按设计条件满负荷运行时进行性能试验，从而确定单元是否达到EPCC的合同要求。性能试验应当尽可能在各单元完成开车后进行。EPCC工程总承包商负责单元性能保证试运行的准备，业主负责试运行以验证工艺保证指标。

### 1.8.9 移交

装置完成投料试车和开车，已经完成所有尾项，并已经满足合同所有要求后，即可进行移交。此时，装置已处于正常运行，且按设计产出产品。移交包括下列内容：①已经收到工程项目所有部分的临时移交证明；②已经完成工程项目所有部分的投料试车和开车；③没有遗留缺陷和不足。

### 1.8.10 验收

达到下列条件后，装置即达到验收条件：①已经完成工程项目所有部分的临时移交；②承包商已经从现场撤出所有临时设施、设备、材料、工具和人员；③已经按EPCC合同实现了装置的移交；④已经消除所有遗留事项或轻微缺陷；⑤已经成功完成所有性能试验，且性能保证已经达到EPCC的合同规定。

## 1.9 防腐

防腐程序的作用是确保在项目的施工、联动试车和投料试车阶段保护设备和系统，过程包括初步防腐、经常检查、现场防腐修复和维护，以及上述所有活动的记录。材料防腐和维护说明包括材料从项目现场交货到看护、监管、移交责任的全过程。

闲置工艺设备的防腐和维护取决于设备类型、预期闲置时间以及设备恢复投用所需的时间等。针对苛刻现场环境，包括极端高温天气、盐雾或水、扬沙等，需要考虑项目现场的设备和材料防腐以及维护。应当采取保护措施让设备、系统和配件在为期至少 18 个月的施工和投料试车活动期间长期承受恶劣气候和介质的接触。如果预计要长期摆放，应当执行更多要求。

应当给业主提交承包商的设备防腐程序，包括提供维护记录以及供应商提供的防腐要求。

设备要采取保护措施防止潮湿、水分、雨水、灰尘、污物、风沙、泥土、含盐空气、盐雾、海水、害虫或其他异物。应当考虑从高温和潮湿地点过渡到低温地点时预防凝露的措施。

始终由经验丰富的合格人员进行到货材料的检查、防腐和维护。

供应商的操作和维护手册应提出由承包商执行的防腐活动及频率，并在电子数据库中按设备位号管理。

由承包商的检验员签署防腐活动计划与周报。

应当在设备现场到货时登记防腐和维护历史数据。临时验收时，应当以批准的电子格式给业主移交防腐的电子数据，方便业主此后继续执行防腐活动。

在承包商总部执行项目的过程中，应当发布自设备和机组现场到货起执行的防腐和维护活动的特定程序。

承包商和分包商在施工和投料试车期间进行设备和机组防腐和维护时，应将该防腐程序作为参照基准。

## 1.10 联动试车组织

由投料试车经理牵头负责带领投料试车团队管理联动试车、投料试车、开车和试验，该团队的责任包括但不限于联动试车、投料试车、开车、功能测试、性能试验到整体性能达到 EPCC 合同要求所需的承包商的所有活动。

现场投料试车团队由现场投料试车经理领导，负责各伙伴的所有活动。

由承包商人员进行联动试车。业主团队负责和控制、指导、监督并直接管理承包商的操作人员进行投料试车。

承包商应根据业主提供的有关团队构成的信息，组织自己的投料试车团队，补充执行相关活动需要但业主并未配备的人员。

现场投料试车经理直接向现场经理报告。

形成联动试车和投料试车阶段应执行任务的完整清单后，就应指定人员数量，并在开始联动试车活动前正式提交给业主。

### 1.10.1 联动试车组织

联动试车组织如图 4-1-1 所示。下面详细介绍联动试车关键人员的主要职责。

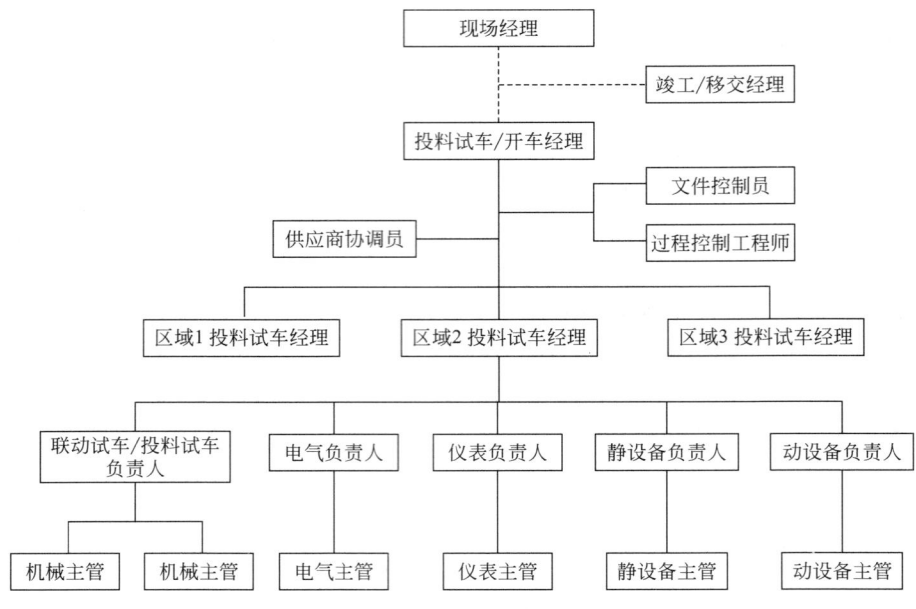

图 4-1-1 联动试车组织

**(1) 投料试车/开车经理**

投料试车/开车经理负责领导承包商的联动试车和投料试车/开车团队，直接向现场经理报告。

**(2) 区域投料试车经理**

区域投料试车经理负责领导联动试车/投料试车/开车团队。负责相关执行方案中规定的各项联动试车、投料试车、开车、性能试验和培训相关活动的整体实施、监督和控制，包括安全。负责相关执行方案中规定的与下列相关活动的整体实施、监督和控制：①联动试车；②投料试车；③性能试验；④培训；⑤安全。

同时，区域投料试车经理是业主和承包商项目组织的焦点人物。区域投料试车经理直接向现场投料试车/开车经理报告，承担实施所有操作的责任，确保安全和质量，负责与其他现场活动之间的协调。区域投料试车经理负责安全执行移交前所有的投料试车和开车活动并及时完工。

其支持人员包括：①承包商负责投料试车期间所有维护工作的专业人员，以及承担技术支持的各专业专家；②负责投料试车所有健康安全环境事务的 HSE 协调员；③供应商的协调员；④培训协调员；⑤文档和文件控制团队；⑥分包商的管理和监护团队。

**(3) 投料试车负责人（工艺/公用工程）**

投料试车负责人的主要任务包括监督和执行下列活动、试验和检查：①联动试车；②投料试车；③开车；④直接向承包商的投料试车经理报告；⑤负责领导投料试车团队并报告和调查所有 HSE 事故。

**(4) 电气负责人**

电气负责人直接向投料试车经理报告。负责协调联动试车的所有活动和电气设备的试验。活动由电气技术团队支持。

电气负责人负责开展下列工作：①联动试车程序的电气部分；②执行联动试车程序；③高压和低压配电盘、电池间 UPS 系统等的联动试车；④确保按系统定义提供标记的单线图；⑤协调现场需要的所有相关电气供应商；⑥负责报告和调查所有 HSE 事故。

另外，电气负责人还负责：①与施工团队共同检查并运行电气设备和系统；②审查工程设计和供应商文件；③管理和组织电气投料试车团队的活动；④执行并记录电气设备、图纸和数据表的"竣工"修改；⑤编制电气投料试车的备品备件清单。

**（5）动设备负责人**

动设备负责人直接向投料试车经理报告。负责协调与下列工艺和公用工程相关系统的所有投料试车和试验活动：①机械设备；②成套设备；③负责报告和调查所有HSE事故。分包商技术团队为动设备负责人提供支持。

**（6）仪表/自动化负责人**

仪表/自动化负责人直接向投料试车经理报告。负责协调与仪表/DCS/ESD/自动化/电信设备相关的所有投料试车和仪表测试活动。负责报告和调查所有HSE事故。

仪表/自动化负责人负责开展和/或批准下列工作：①所有仪表部分的投料试车程序。②安排下列相关的联动试车：a. DCS控制系统；b. ESD系统；c. 火灾和危险气体报警系统；d. 电信系统。③编制并审批仪表和电信活动的检查和测试记录。④协调现场需要的所有仪表/电信相关供应商。⑤监管检查工艺过程连接与仪表及组件的接线合格。⑥管理仪表投料试车团队。⑦承担仪表/电信设备图纸和数据表的"竣工"修改。⑧编制投料试车备品备件清单。

**（7）静设备主管**

静设备主管直接向联动试车/投料试车负责人报告。机械主管负责开展和/或批准下列工作：①所有投料试车程序中的专业相关内容；②按联动试车程序执行联动试车方案；③公用工程和工艺系统联动试车；④编制并审批机械活动的检查和测试记录；⑤协调现场所有机械相关的供应商；⑥审查并批准工艺和供应商文件；⑦组织机械投料试车团队；⑧对特定设备、图纸和数据表进行"竣工"修改；⑨编制投料试车备品备件清单；⑩编制润滑方案；⑪安排所有现场设备和成套设备的防腐方案。

**（8）培训协调员**

培训协调员向现场投料试车经理报告，负责管理和实施培训计划。

**（9）工艺工程师**

工艺工程师直接向区域投料试车经理报告。工艺工程师负责下列工作：①更新投料试车工艺和公用工程程序；②承担公用工程和工艺系统投料试车过程中需要的工艺计算；③给投料试车团队提供支持；④编制装置性能试验报告；⑤编制运行性能试验等程序；⑥批准功能测试程序/提出改进意见；⑦调查运行异常或故障，并编制调查报告。

### 1.10.2 移交团队组织

承包商应在自己的组织机构内部组建一支专门的移交团队，为协调完成各项活动提供必要的管理、计划、协调、文书及其他支持人员，满足装置部分移交的日期和进度。

移交团队要承担下列职责：①接收、复制，并向施工团队、承包商和业主发放移交文件包；②管理、填写和编制必要的质量证明文件，并按移交文件包规定移交装置的部分；③编制、组织、复制和发放规定的移交文件包；④编制、组织和发放供批准的移交工作流程和程序；⑤提供装置部分剩余的施工作业、剩余文件、统计数据和行动项的状态；⑥提供移交过程的状态，并对该过程进行管理；⑦接收、审查、编排、发放和管理与相关方的尾项决议；⑧与业主就移交过程、进一步划分系统或促进移交的其他事项开展联系；⑨协调编制和管理承包商服务记录所需的质量验证文件。

**（1）竣工/移交经理**

竣工/移交经理直接向现场经理报告，另外负责编制和维护下列投料试车文件记录工具：①联动试车和投料试车数据库；②系统文件夹（包括所有程序等）；③落实并跟踪尾项的状态。

**(2) 联动试车 HSE 协调员**

联动试车 HSE 协调员负责所有联动试车活动的 HSE 管理。HSE 协调员直接向现场投料试车经理汇报，但隶属项目 HSE 经理管辖，负责密切与承包商和业主的安全经理合作，协调投料试车的所有安全事务。

HSE 协调员负责开展、实施和管理下列工作和制度体系：①作业许可证；②动火作业许可证；③受限空间进入许可证；④作业许可证制度培训班的组织/实施；⑤编制便携气体探测设备使用、责任和分配的程序；⑥组织便携气体探测设备使用培训。

编制投料试车程序的 HSE 手册，内容包括：①应急预案；②紧急疏散程序；③进入投料试车区域的投料试车动员部署；④准备投料试车安全会议；⑤参加安全会议；⑥参加所有 HSE 事故的调查；⑦编制所有 HSE 事故的报告，包括建议和跟踪；⑧组织班前讨论会；⑨参加投料试车安全巡查/检查；⑩组织投料试车中的安全和限制区域。

**(3) HSE 主管**

HSE 主管负责监控所有联动试车执行过程中的安全活动，并在必要时与管理层共同启动专业/纠正措施。

HSE 主管在联动试车 HSE 协调员的指导下开展日常活动，具体包括但不限于：①负责联动试车中所有区域的安全/监控；②人员行为是否符合现场安全规定和制度的合规性检查；③系统性检查工作团队是否遵守投料试车的作业许可证程序；④持续检查穿戴和使用人身防护装备；⑤准备班前讨论会。

**(4) 供应商协调员/供应商协调**

预计由各专业负责人根据现场人员提供的要求供应商技术支持信息和 EPCC 合同要求协调供应商。当在安装前、安装过程中和所有联动试车活动过程中，关键设备的供应商代表应到现场。在所有安装和检查活动过程中，供应商应当安排充分数量的专家到现场充分确认工程项目的条件。

区域投料试车经理向负责供应商现场技术支持服务管理的负责人提出要求供应商服务的需求。到达现场的所有供应商均需制定一份各自预定的活动和必要的人力进度/计划。

供应商应当根据各自的采购合同规定，负责提供各自活动所需的所有材料、专用工具、程序、手册和消耗材料。

**(5) 其他**

在投料试车执行过程中，业主的操作/维护人员要积极参与，与承包商团队共同执行投料试车活动，并执行与促进项目现场的培训。

承包商还要根据其工作范围的内容，在投料试车和开车各阶段按 EPCC 合同规定，安排专利商对专利技术装置或设备供应商对非专利技术装置的支持。

## 1.11 业主与承包商之间的界面

承包商负责根据 EPCC 合同要求管理和监督投料试车准备、联动试车和移交服务的所有阶段。

任何系统达到机械竣工条件后，投料试车经理应当负责在业主的配合下，通过讨论协调，联合分包商对规定的运行投料试车试验提供支持。投料试车经理还应协调承包商和分包商各专业对各自负责的系统提供支持。持续维护应当由各区域责任承包商按照尾项清单要求实施的所有纠正工作。

## 1.12 协调方法

在承包商的投料试车准备过程中,承包商应当每周与业主召开协调例会,但是随着项目进展,承包商和业主之间应当形成一种持续沟通的关系,确保就现场执行联动试车、投料试车和开车活动应当采取的方法以及最终细节达成一致意见。

承包商的投料试车经理/负责人/维护协调员和业主代表应当每周召开协调会。

在投料试车开始前四周,承包商投料试车/开车/调试团队和业主操作人员应当召开首次协调会。

承包商的投料试车经理在每套装置的投料试车/开车和维护活动支持中要起集中的作用。在周例会上,承包商和业主应沟通投料试车/开车活动的进度和方法,并讨论优先顺序,提前审查下周的相关活动。

承包商和业主要确保在开始活动前完成并具备开展活动所有的先决条件。承包商和业主要识别安全和环境相关的问题和隐患。承包商和业主要确保执行活动的全部准备工作,包括审计所有的作业许可证,由负责方解决发现的任何偏差。

业主和承包商参与本程序实施的所有人员都应当参加温习程序的练习与培训课程。

## 1.13 相关规定与程序

### 1.13.1 业主规定和程序

业主的规定与程序主要包括:①竣工和移交/培训要求;②竣工阶段一览表;③机械竣工/联动试车/投料试车责任矩阵;④移交系统界区线指南;⑤移交编号原则;⑥临时移交完工手册,编制指南和内容;⑦子系统临时移交完工手册;⑧投料试车/开车支持要求;⑨临时移交前的供应商代表;⑩投料试车和开车供应商代表;⑪联动试车和移交;⑫移交技术、完工管理和投料试车工具。

### 1.13.2 项目程序

项目程序主要包括:①项目执行计划;②许可证管理程序;③尾项清单程序;④废物管理计划。

## 1.14 模板与样表

### 1.14.1 系统/子系统的典型清洁方法和介质分类表

表 4-1-4 仅作为参考。如果因冲洗介质可用性或其他现场条件而出现偏差,承包商和业主之间应当达成一致。

表 4-1-4 系统/子系统的典型清洁方法和介质分类表

| 序号 | 公用工程/工艺系统/子系统 | 适用清洁方法 | 适用冲洗/吹扫介质 |
|---|---|---|---|
| 1 | 蒸汽(高压蒸汽-低压蒸汽) | SB/AB | 公用工程/空气/低压蒸汽 |
| 2 | 冷凝液 | AB/WF | 公用工程空气/公用工程水 |
| 3 | 脱盐水 | AB/WF | 公用工程空气/脱盐水 |
| 4 | 饮用水-公用工程水 | AB/WF | 饮用水/公用工程水 |

续表

| 序号 | 公用工程/工艺系统/子系统 | 适用清洁方法 | 适用冲洗/吹扫介质 |
|---|---|---|---|
| 5 | 冷却水-废水 | WF/HJ/AB | 脱盐水/公用工程水 |
| 6 | 公用工程空气/仪表风 | AB | 公用工程空气/仪表风 |
| 7 | 氮气/低压氮气/高压氮气 | AB | 公用工程空气/公用工程氮气/工业氮气 |
| 8 | 锅炉给水 | HJ/CC/AB/WF | 公用工程水/化学/公用工程空气 |
| 9 | 高压密封油系统 | AB&OF | 公用工程空气/工业氮气(露点=-45℃)和油 |
| 10 | 消防水 | WF/AB | 公用工程水/消防水 |
| 11 | 夹套水系统 | WF/AB | 公用工程水/脱盐水 |
| 12 | 闪蒸罐/污油罐 | AB | 公用工程空气/工业氮气 |
| 13 | 气体回收系统 | AB | 公用工程空气/工业氮气 |
| 14 | 重组分塔、重沸器和回流 | AB | 公用工程空气/工业氮气 |
| 15 | 轻组分塔和重沸器 | AB | 公用工程空气/工业氮气 |
| 16 | 氢气系统 | AB | 公用工程空气/工业氮气 |
| 17 | 液态烃 | AB | 公用工程空气/工业氮气 |
| 18 | 氨精制 | AB | 公用工程空气/工业氮气 |
| 19 | 再生系统 | AB | 公用工程空气/工业氮气 |
| 20 | 废气 | AB | 公用工程空气/工业氮气 |
| 21 | 火炬系统 | AB/MC | 公用工程空气/工业氮气 |
| 22 | 压缩机入口管线 | CC | 化学品 |
| 23 | 密封油-润滑油 | AB/OF | 公用工程空气/工业氮气(露点=-45℃)和油 |
| 24 | 胺系统 | AB/CC | 公用工程空气/工业氮气/化学品 |
| 25 | 锅炉 | AB/CC/AW | 公用工程水/脱盐水/公用工程空气/工业氮气/化学品 |
| 26 | 加热器 | AB/CC/AW | 公用工程水/脱盐水/公用工程空气/工业氮气/化学品 |

### 1.14.2 待发布的联动试车的通用程序

如表 4-1-5 所示。

表 4-1-5 联动试车的通用程序

| 序号 | 程序 | 序号 | 程序 |
|---|---|---|---|
| 1 | 培训方案 | 8 | 吹扫和惰化程序 |
| 2 | 盲板维护程序 | 9 | 联动试车程序的HSE-风险评估 |
| 3 | 泄漏试验程序 | 10 | 回路测试程序 |
| 4 | 电机解耦运行程序 | 11 | 供应商和专利商支持人员动迁方案 |
| 5 | 系统定义程序 | 12 | 隔离程序(挂锁隔离和挂牌隔离) |
| 6 | 管道和设备干燥程序 | 13 | 移交程序 |
| 7 | 保管程序 | 14 | 联动试车支持人员动迁方案 |

# 第 2 章
# 联动试车程序HSE/风险评估

## 2.1 目的

概述 EPCC 项目预执行阶段现场执行的 HSE 系统。联动试车程序的 HSE 旨在强调安全工作实践,以防止现场同时开展施工和联动试车期间发生的危害。应用这些工作实践的规范将有助于避免:①对人员的伤害;②不必要的设备损坏;③施工工作出现意料之外的延误;④承包商和业主人员之间不必要的摩擦。

具体目的是通过采取下列措施,确保在联动试车前开展以下安全工作:①正确的安全措施;②充足的信息流;③尊重专项安全程序;④正确协调所有专业的施工和联动试车之间的活动;⑤联动试车期间的关键安全工作与应用专项程序/清单相结合。

## 2.2 范围

该程序涵盖了为实现机械竣工而进行联动试车的计划、准备和执行等活动。

为确保在安全的工作环境中进行联动试车的活动,并确保在发生 HSE 事件、事故或未遂事故前可采取措施纠正安全偏差。本计划适用于在"承包商"指导下,进行联动试车活动的情况。应特别注意:①在仍在施工的地区执行联动试车活动;②关键的联动试车工作。

本程序不适用于业主负责进行的活动。

对适用"业主工作许可证"制度的活动,承包商人员应严格遵守"工作许可证"制度、LOTO 和业主的安全程序。将在已经通过机械竣工的系统上工作的承包商人员,需要完成业主的培训。

## 2.3 定义

程序用到的定义:①联动试车:指根据技术规定中包含的使部分设备按照指定的设计参数条件临时运转所需开展的活动。②试车:指根据技术规定中包含的使设施按照指定的设计参数投入运行所需开展的活动。③机械竣工:意味着承包商已经按照所有的法律、法规以及规范完成装置或部分装置的机械和结构,并且业主认为装置或部分装置(除不影响操作或不存在重大的安全遗漏和轻微缺陷外)已准备就绪。④机械竣工证书:指业主签发的说明承包商实现相关部分机械竣工日期的证书。⑤机械竣工包:系指相互之间相互关联的系统或系统组合,可以在完成机械竣工后交给业主完成机械竣工后的活动。⑥系统:指装置特定组成的部分装置,以及与该部分装置功能相关的管道、仪表、电气、设备和其他如技术数据手册中所列的设备与材料。⑦联动试车关键工作：对于执行联动试车过程中涉及的风险，需要进行特殊风险评估、工作安全分析和/或补充许可或更高等级的授权活动。⑧未遂事件：有可能产生负面后果的无意或无计划的事件（未造成伤害、疾病或损害）。⑨事故：在不同的情况下，可能导致人身伤害、物质损失和/或环境损害的任何无意或无计划的事件。⑩FIE：业主提供设备。⑪ESRA：电气安全和可靠性预上电审计。

## 2.4 职责

### 2.4.1 项目管理

将联动试车的HSE职责分配给每个联动试车活动，并确保所有的联动试车活动符合这些HSE要求。为各级项目团队提供支持，以便适当优先处理HSE问题。追求并提供符合这些HSE标准的资源。

### 2.4.2 联动试车管理

计划、组织、指导和控制联动试车活动，关注联动试车活动的HSE问题，并始终采用预防和控制危害与风险的手段。

确保联动试车的主管熟悉本文档所述的程序。确保将这些HSE程序纳入联动试车的规划阶段。

在联动试车期，要求联动试车监督团队负责人密切关注人员的安全、健康以及环境保护。

分配适当的资源以支持联动试车的HSE活动和要求。

### 2.4.3 HSE管理

HSE管理的职责：①支持规划、组织、指导和控制联动试车前的HSE活动的管理职能；②建立确保所有联动试车工作适当处理HSE事宜的方法；③通过适当的培训传播联动试车HSE标准和要求；④通过定期检查和审计，确保现场符合这些标准，并及时采取改进措施；⑤确保联动试车纳入HSE研究，并将行动事项落实到实施联动试车前的可交付成果和文件；⑥负责执行改进HSE计划要素绩效的措施。

### 2.4.4 策略

规定预防职业病、HSE事件、事故及其后果的策略，以便承包商的人员、分包商员工和任何其他参与联动试车活动人员的HSE状态受控。该策略应完全符合业主HSE方针和承包商的HSE方针。

承包商和分包商负责遵守本程序中描述的所有要求，并提供所有资源。

该策略包括在联动试车阶段消除或最大限度地降低风险，以及创建更安全的工作环境所需执行的活动。

### 2.4.5 联动试车工作计划

联动试车工作计划和进度安排应使以下几点最小化：①同一天同一区域的动火许可证数量；②在同一时间同一区域工作的分包商团队的数量；③由不同的团队执行两个或更多任务之间的干扰；④请求和发布延迟的工作许可。

## 2.5 沟通程序

沟通程序将包括联动试车经理或其代表准备的"工作意向通知"系统，以向所有相关方提供可能影响施工或其他工作的活动建议。这份"工作意向通知"视为在联动试车前和施工之间内部进行的主要沟通。

应在进行任何联动试车活动或工作前至少 48h 发布"工作意向通知书",并应包括全面和具体要进行的活动,涉及或受影响的系统和/或设备,以及潜在释放的能量。

承包商联动试车经理负责确保及时向所有相关方或受影响方发出此类通知。

电气通电注意事项的沟通有不同的路径,详见下述 2.10.6 节。

### 2.5.1 安全会议

安全会议用于鼓励员工积极参与预防工地事故。应在适当的地方举行安全会议,使每位与会者都应感觉舒适,每次会议都应有充足的时间。会议的书面会议记录应发给所有与会者。应提交项目整个生命周期内的安全会议考勤记录。

联动试车阶段的安全会议将遵循施工阶段召开安全会议类似的结构和日程表。

### 2.5.2 开工会

在开始与任何新的分包商合作之前,应召开开工会。承包商联动试车经理、承包商联动试车 HSE 工程师、分包商的现场代表和分包商 HSE 代表参加。

在会议期间,应审查所有的安全要求,以确保分包商充分了解现场的所有安全要求。

### 2.5.3 联动试车每周工作进展会议

承包商联动试车管理人员、联动试车监督员和专业负责人、承包商联动试车 HSE 工程师以及分包商现场代表和 HSE 代表应参加联动试车每周工作进展会议。

联动试车每周工作进展会议是一个可以审查和跟踪联动试车工作进展情况的机会,指出包括 HSE 事宜在内的各方面需要及时解决的事项。

在这些会议期间,HSE 问题应作为会议议程的第一项进行讨论,以便审查以下主题:①HSE 事件/事故调查。②纠正措施的后续措施。③检查培训活动:a.程序和风险分析;b.班前会议主题;c.计划在接口处开展的工作。④计划和安排的活动。

### 2.5.4 承包商联动试车双周 HSE 会议

联动试车双周 HSE 会议是承包商现场经理、承包商联动试车经理、承包商 HSE 现场经理、承包商联动试车 HSE 工程师、承包商联动试车监督员、承包商 HSE 负责人、分包商联动试车监督员和分包商 HSE 代表参加的内部协调讨论会,会议将协调 HSE 相关的活动并强化 HSE 意识。

应在本次会议上审核所有健康、安全和环境方面的事宜,其中将讨论以下问题:①回顾 HSE 活动的进展;②决定改善薄弱环节的最佳方法;③审查双周安全审计的结果;④审查已发生的所有健康、安全和环境事件,并确保已清楚了解事件的所有教训并采取纠正措施。

## 2.6 现场检查

在开始工作之前,分包商 WP/LOTO 协调员应对现场情况进行彻底调查,以尽可能确定可预测的危险,并以更安全的方式确定工作所需安全措施的种类和范围。

换句话说,这些现场检查可以确定可能存在的所有危害,并采取预防措施,以避免事故、伤害、停工、延误和其他不良事件。

### 2.6.1 工作流程和 LOTO 流程许可

这两个过程在联动试车工作许可程序与锁定和标记程序中说明。

#### 2.6.2 班前会议

班前会议是分包商管理层与其员工双向沟通项目安全策略和标准的主要渠道。将安排两种不同的班前会：①每日班前会；②每周班前会。在这两种情况下，都应提交一份记录，以显示讨论的主题以及所有与会者签署出席的名单。

#### 2.6.3 每日班前会

分包商的员工参加每日班前会，将由分包商工头和班组主管安排和主持。

班前会议应在每天开始工作前5min内举行，会议讨论的主题将涉及（但不限于）：①当天为该班组安排的活动（工程内容）；②确保所有人员都拥有所有必需的个人防护装备（PPE）；③告知工作区域存在的新风险/危险；④确保新人员在开始任务前已经过适当的培训；⑤检查工具和设备以确保其处于良好的工作状态。

#### 2.6.4 每周班前会

每周班前会应由分包商的员工参加，将由分包商工头和班组主管安排和进行。

每周班前会将在每周的第一天开始工作前15min内举行，会议讨论的主题将涉及（但不限于）：①护理和使用呼吸设备；②必要时工作许可和LOTO；③确保新员工在开始任务前已经过适当的培训；④告知由于即将开展的活动而产生的新风险/危险；⑤告知事故、原因和后果；⑥确保所有员工都知道如何预防和扑灭火灾；⑦谈论可能导致任何事件或事故的建议和经验教训。

### 2.7 HSE检查审核

"承包商联动试车经理"将会召集双周安全审核，审核以下内容：①确保符合安全并保存记录的要求；②审查和更新培训活动和材料；③识别可能适用于整个项目的安全违规或伤害的任何潜在趋势；④进行行为抽样和知觉调查；⑤这些检查审核将有助于成功实现项目的HSE目标。

双周安全审核应由承包商联动试车经理、承包商现场HSE经理和承包商联动试车HSE工程师联合分包商HSE代表和HSE负责人执行。如果认为必要，业主的HSE代表也将参加。

即使在发布最终报告之前，都应立即通知负责人所有调查结果、即将采取的行动和建议，以便及时采取纠正措施。

### 2.8 培训人员

所有试车与联动试车的人员必须已经接受过HSE部门关于试车与联动试车活动相关的风险培训。

除此培训外，承包商人员还应参加HSE课程，内容涉及工作的具体主题，包括法律要求、业主的安全方针和安全规定要求。应由合格人员讲授HSE培训课程。HSE培训课程清单（但不限于）如下：①危害识别；②密闭空间许可证；③动火许可证；④脚手架；⑤有害物质；⑥锁定/标记（LOTO）；⑦环境控制；⑧消防和控制；⑨设备检查；⑩无损检测辐射危害/控制；⑪挖掘；⑫电气安全和检查；⑬电动便携式手动工具；⑭坠落保护；⑮起重和索具；⑯叉车操作/检查；⑰事件/事故报告；⑱应急响应；⑲个人保护设备；⑳压缩空气安全；㉑应提供的额外的专业培训；㉒急救人员；㉓消防器材；㉔预防污染；㉕消防探头/天然气监测；㉖安全领导（主管）；㉗风险评估（对于主管）。

每天书面记录所有培训活动的全部参加者，记录表格应由所有参加培训人员签字。所有讨论的时间、地点、出席人数和主题信息应记录在案，并应业主代表的要求进行审核。

## 2.9 事件/事故/险情报告

为了采取纠正措施，分包商应立即通知承包商的现场 HSE 经理在其工作区内发生的任何事件/事故。随后，在 24h 内，分包商 HSE 主管应完成关于事件/事故的书面报告，并将其提交给承包商的现场 HSE 经理。

承包商应在一小时内口头通知业主任何事件、事故和未遂事故（险情），应在发生事件、事故和未遂事故（险情）24h 内给业主发书面报告。

来自事件、事故或未遂事故调查的信息将提供给所有承包商和分包商员工的学习。这些信息应记录在 HSE 数据库中，并在 HSE 管理会议和 HSE 委员会会议上进行分析和呈现。一旦获得批准和审批意见，也将在"承包商双周联动试车/HSE 会议"中介绍和讨论这些信息。

构建 HSE 计划，以获取有关沟通方式和识别更多此类情况的详细信息。

## 2.10 联动试车的关键活动

下面列出了联动试车最常见的关键活动，其中需要特别关注联动试车过程中涉及的风险。执行这些活动需要补充的许可证/证书和/或全面风险评估和工作安全分析。

### 2.10.1 活动危害-控制

（1）管道的水力测试

设备或材料可能会失效，由于突然释放能量和碎片可能会造成伤害。

控制措施：方法说明，风险评估/JSA，标牌，上锁挂牌（LOTO），工作许可证程序，SIMOPS（如果适用）。此活动应由施工人员执行。

（2）化学清洗管道

化学品可能由于设备故障而泄漏，或者由于操作不当或配件故障等原因而泄漏造成接触皮肤而导致灼伤、眼睛受伤或污染环境。如果饮用含一定量的化学剂饮用水，可能会导致疾病甚至随后的死亡。

控制措施：方法说明，风险评估/JSA，标牌，上锁挂牌（LOTO），工作许可证程序，SIMOPS，MSDS，PPE，应急计划。

（3）清洗管道

如果在进行水压测试后没有正确排水，残留的水可能会导致"水锤"，导致管线跳出管架或爆裂并造成伤害。在管道开放端，空气吹开飞行粒子可能会导致眼睛和皮肤受伤。经常遇到高水平的噪音。

控制措施：方法说明，风险评估/JSA，标牌，标记 P&ID，上锁挂牌（LOTO），工作许可证程序，SIMOPS，个人防护装备。

（4）水冲洗

通过意外打开的连接或管道末端将水溅到人员和/或设备上；不适当地处理冲洗（受污染）水的污水；工厂区域发生洪水。

控制措施：方法声明，系统管道标识，标记的 P&ID，上锁挂牌（LOTO），PTW。

（5）泄漏测试

由于突然释放累积的能量、设备、材料或配件可能会失效并造成伤害。

控制措施：方法说明，风险评估/JSA，标牌，封锁和封锁，许可证，工作程序，SI-MOPS，个人防护装备。

**（6）润滑油冲洗**

通过无意打开的连接或管道末端将油溅到人员和/或设备上，也可能导致环境损害。

控制措施：方法说明，风险评估/JSA，标牌，标记PID，上锁挂牌（LOTO），工作许可证程序，SIMOPS，个人防护装备。

以管道/法兰取代螺纹连接，如果管道受到压力，则使用法兰/垫圈。

### 2.10.2 动设备

有机物逃逸控制：方法说明，风险评估/JSA，标牌，按照程序隔离机械，工作许可证程序，PPE，应急计划。

无人看管的运动部件总会有可能导致受伤的危险。

控制措施：方法说明，风险评估/JSA，标牌，按程序进行的保管活动，工作许可证程序，PPE，应急计划。

### 2.10.3 仪表的测试设备或管件的故障

压力空气分配器（如适用）、校准/紧固螺栓转矩/弹簧吊钩、进入密闭空间/机柜、小屋检查。

控制措施：方法说明，风险评估/JSA，密闭，工作许可证程序，SIMOPS，PPE。

### 2.10.4 氮气吹扫

在断开接头之前未能减压，导致眼睛受伤和环境污染。

控制措施：方法说明，风险评估/JSA，密闭，工作许可证程序，SIMOPS，PPE。

身体接触危险压力的能量、滑倒、行走、下降。对邻近工作区的影响。

控制措施：方法说明，风险评估/JSA，标牌，上锁挂牌（LOTO），工作许可证程序，个人防护装备。

不安全的工作姿势导致背部疼痛和紧张、螺栓断裂、手部受伤、垫圈和/或法兰面损坏。

控制措施：螺栓转矩规格，JSA，标牌，上锁挂牌（LOTO），工作许可证程序，个人防护装备，应急计划。此活动应由施工人员执行。

缺氧、易燃环境、有毒物质（尘云）、限制进入/出口、陷阱、救援困难。

控制措施：方法说明，风险评估/JSA，标牌，积极隔离密闭空间，密闭空间进入程序，工作许可证程序，PPE，应急计划。

### 2.10.5 机械清洁

将人员暴露于缺氧的环境中。高于正常压力。

控制：方法说明，系统管道标识，MSDS，标记的P&ID，上锁挂牌（LOTO），PTW，SIMOPS。

手部受伤、跌倒、眼睛刺痛、有碎屑或灰尘。

控制措施：风险评估/JSA，面部和眼睛保护。

其他方面如果没有给予足够的重视，可能会加剧现有的危害和/或危险，并且需要持续考虑，具体如下：①许多来自不同方面的人员同时在同一个小区域做不同的工作；②在相同设备/活动上工作的利益冲突人员；③加速完成工作的压力太大，为了很快完成工作，造成"简化"工作程序与流程；④忽视和/或绕过安全方面，因为"安全措施会造成延误"或阻碍进展；⑤使用不正确的非标准或错误的工具和设备；⑥未接受过培训并熟悉与危险产品/物质/气体有关的危险的人员不适合开展相关工作；⑦没有所需的许可证（动火、密闭空间、机械隔离等）工作；⑧忽略许可证要求或者在没有进行适当的风险评估或没有要求的JSA的情况下工作；⑨未能按照高空、脚手架和/或升降作业程序进行工作；⑩没有横幅和警告标志或控制限制访问区域；⑪没有建立路障或封锁，创建一个受限制的访问区域；⑫篡改设备、临时安装（例如脚手架）等；⑬缺乏对工作和任务的监视、协调或监督；⑭缺乏计划，没有准备和适当的材料、配件和设备；⑮在晚上工作和/或缺乏照明；⑯缺少文明施工。

### 2.10.6 电气通电

**(1) 通电之前审计**

在收到给定电气系统的机械竣工证书后，可以在需要时给系统通电。为了给系统通电，必须在获得通电授权之前完成一些步骤，例如可以使用临时电源执行电机的单机运行。

为系统供电的授权流程应遵循业主的规范以及ESRA清单。

当确定新系统需要供电和预计的通电日期（至少提前三周）时，联动试车经理负责通知业主的通电审计负责人。完成业主规定中说明的审核过程后，并收到供电业务代表批准通电，联动试车经理将启动一个内部流程，以向承包商的组织通报指定的系统将通电。

**(2) 通电意向沟通**

在给系统通电之前，必须完成以下步骤以确保及时和有效的沟通：①联动试车经理通知电气负责人已授予通电授权；②电气负责人准备一份检查清单，其中包含关于要通电的设备或系统的安全信息，如相关电源、警告的位置、路障的位置、通电初始日期、通电最终日期（如果有的话）；③联动试车安全工程师收到检查清单，并在通电前48h向所有可能受到影响的分包商和承包商的团队发送"通电意向通知"；④在每日班前会期间，分包商的主管应将"通电意向通知"传达给机组人员。应在每日班前会议中给所有工作人员提供已经通电设备的提醒。

## 2.11 相关规定与程序

相关的规定与程序包括：①项目执行计划；②联动试车工作程序许可；③上锁挂牌（LOTO）程序；④施工HSE计划。

# 第3章
# 保管程序

## 3.1 目的

说明保管的准则，以确保设备和系统的所有材料与资料从接收、存储到仓库以及项目的施工和联动试车阶段开始就保存下来。这些准则包括：①初始保存；②检查频率；③更新现场保存；④维护和记录所有保管活动；⑤保存和维护材料说明；⑥交付到项目现场的材料管理；⑦材料交付给业主。

应保护设备，以防止温度、湿度、雨水、灰尘、污垢、沙子、泥土、盐雾、海水以及害虫或其他异物等不利环境。应考虑在从高温高湿区域转移到低温区域时形成的冷凝液。

应由经验丰富的合格人员随时检查、保存和维护接收的材料。

## 3.2 范围

说明了设备和机械从抵达现场到现场保存和维护所必须遵循的主要活动，以及承包商所涉及部门的责任。

## 3.3 定义

程序用到的定义包括：①ITP：检查和测试计划。②RFI：请求检查。③完工移交：这是一个旨在支持承包商的施工、联动试车、调车和移交活动及相关文件的软件。④临时交工：是已完成并验证装置联动试车和开车所有必要的子系统/系统/子单元/单元或其一部分所需的联动试车活动的节点。一旦承包商完成了移交并且达到了机械竣工的条件，承包商将申请机械竣工证书。因此，临时交工是部分装置的主要责任从施工（承包商控制）转移到试车/开车/运营（业主控制）的流程和顺序。⑤交工：装置投入使用并开车时完成交工，已完成所有的尾项清单并符合 EPCC 合同的所有要求。⑥机械竣工（MC）：是指根据 EPCC 合同和所有法律、法规与规范，已经完成了相关的子系统/系统、子单元/单元或整个装置的机械和结构，除了不影响装置的联动试车、测试和操作或安全的轻微遗漏和轻微缺陷，并准备进行联动试车。⑦LOTO：上锁和挂牌程序，确定隔离危险能源的最低要求，以确保在员工发生意外的情况下，启动或释放可能导致安全、健康和伤害的储存或剩余能量。⑧PSSR：这是一个开车前安全评估。在联动试车和开车之前进行 PSSR 计划。PSSR 由业主执行。⑨系统：是安装过程的一个主要工作结构分解，既可以是工艺过程，也可以是完成具体功能的实用设施,可以执行装置的主要操作功能（如可燃气体检测、饮用水和服务、反应器等）。⑩子系统：是执行给定操作功能的设备、管道工程、电缆、仪表等（即装置的一部分）的特定集合,其没有或几乎不受其他部分的干扰。⑪联动试车：联动试车意味着根据EPCC项目规定中包含的指定设计参数,使部分单元进入预定的功能状态,以等待临时交工。联动试车活动包括设备、管道、仪表和电气系统的非运行检查、检验、测试、清洁、冲洗、吹扫、干燥、调整、冷对中等。包括但不限于管道和设备的水力测试、连续性和高压测试、仪表回路测试、电机空载磨合等。⑫试车：指根据技术规范中规定的设计参数,使装置投入运营服务所需的活动。⑬开车：开车是指采取措施开始运行部分装置。活动包括引入原料,在系统内开始循环运行。⑭VCI：气相腐蚀抑制剂。⑮VSI：气相空间抑制剂。⑯质量控制计划：列出与特定产品、服务、合同或项目相关的特定质量控制实践、资源和活动顺序的文件。

## 3.4 安全考虑

保管和维护人员在开展活动时不应有安全隐患。因此：①人员不得接触通电的组件；②保管和维护人员不得接触移动部件；③保管和维护人员应始终保持安全的工作位置,以防坠落；④适用时,上锁和挂牌系统应与发放和记录事件的工作许可证一起使用；⑤应始终佩戴适当的个人防护装备,并在监督下进行工作；⑥对于高于1.8m的工作,根据HSE标准和工作许可要求,必须使用安全带和/或救生绳。

## 3.5 承包商人员责任

材料控制经理负责应用此保管程序管理存储设备和材料（包括预制件）。

保管主管将在材料控制经理的监督下成为现场材料控制团队的一部分。负责做以下事情：①根据"供应商设备手册"中提到的程序和文件编制保管程序。该程序将包含电子表格/检查清单,其中包含每件设备和每个包单元的具体要求。实施并跟进"保管计划"中设定的行动。②与专业的施工负责人保持沟通,了解设备供应商发布的保管建议。③及时签发用于设备和系统的保管检查清单和标签。④收货时参与设备和文件的检查。⑤执行仓库和施工现场保管行动。⑥填写保管标签并将其固定在设备上。⑦监督是否符合所有维护保养要求。⑧如果在仓库中发现任何缺陷,应将其报告给施工管理部。尽可能纠正缺陷,否则实施施工管理部提出的解决方案。⑨如果在施工活动中发现任何缺陷,将向区域施工主管报告。施工团队应制定实施阶段的缺陷修正。⑩更新保管记录表格中的保管活动。⑪为购买保管所需的材料和资源,即油、油脂、塑料、胶带、工具等编制计划和详细要求。⑫领导施工期间的保管计划和保管行动,直至机械竣工。⑬编制保管方法和通用指南。

## 3.6 方法

典型的被动保管方法,包括但不限于：①临时保管涂层；②包含汽相组分的三相抑制剂；③干燥剂和密封储存容器；④受控大气存容器；⑤防潮袋；⑥空调仓库建筑；⑦本体防护,防止水、灰尘或阳光的伤害；⑧防止轴弯曲、转子损坏、轴承损坏等物理保护。

一般来说,被动保管方法比主动保管方法更受欢迎。被动保管方法通常是一次性应用涂层或抑制剂。积极的保管方法,如除湿、氮封或加热、不间断电源或其他用品。主动保管更加费时费力，需要定期跟进。

### 3.6.1 防腐剂

所有的物资都会暴露在恶劣的气候条件下。物资的性质决定了使用的防腐剂类型。所有受到腐蚀（锈蚀）的金属物资都应使用合适的防腐剂进行处理。

必须用各种方法很容易地将防腐剂涂在各种金属表面，并且应该在表面敷上足够厚的薄膜，以排除湿气和空气。应该在无限期的时间内维持这些防腐层的原状，但应该可以从表面上完全移除防腐剂而不需要费力。防腐剂本身对金属没有任何腐蚀作用。

可通过刷子、不加热施加喷雾或浸渍防腐剂。在使用防腐剂时，应注意确保防腐剂未涂到皮革、云母、橡胶或类似材料制成的物品。

如果通过包装或装箱将设备与大气隔离不切实际，那么未涂漆的表面应采取下述 3.6.2 节中的外部表面保管和 3.6.3 节中的内部表面保护措施。

### 3.6.2 外部表面保管

除空气冷却器翅片管外，包括螺栓和法兰面在内的外部非涂漆表面应彻底清洁并涂上 P-1 防腐剂。外部表面保管应遵守以下规定：①在使用防腐剂之前，设备的所有内部和外部表面应清洁干燥。②应由承包商批准使用的防腐剂。防腐剂产品的基本材料需要具有与 NLGI-5 的一致性，并含有稀释剂以便于应用。防腐剂产品在使用时应耐受高达 60℃ 的环境温度且具有流动性，并应具有以下特征：a. 在工作温度 25℃ 时渗透；b. 质量 20%（ASTM D217）稀释剂；c. 溶剂蒸发前的 NLGI 稠度 2；d. 溶剂蒸发后的 NLGI 稠度 5；e. 每个供应商应提供防腐剂产品的样品（数量的 5%）以及质量认证，以证明所有产品符合行业认可的标准。

每个防腐剂产品的容器上应标记如下：①防腐剂的公司；②主要物料成分及数量；③填写日期和地点；④批号；⑤搅拌机的名称或其他标识；⑥采购订单号。

在使用任何防腐剂前都应经过承包商的批准。所有碳钢和低合金钢材料应避免与腐蚀性或潮湿的大气接触，以防形成腐蚀。暴露的轴和联轴器应涂上 P1 防腐剂，并用可防水塑料布包裹，然后用防水布背衬带完全密封，但应能自由旋转轴。

使用防腐剂时应采取保护措施，以确保由皮革、云母、橡胶和类似材料制成的物品没有涂上防腐剂化合物，因为防腐剂对上述物品具有破坏性影响。

### 3.6.3 内部表面保护

应彻底清除设备的内表面金属颗粒、污垢和碎屑，并应采用气相空间抑制剂（VSI）循环油或气相腐蚀抑制（VCI）粉末进行保护。

油润滑泵轴承箱、设备箱、填料箱和齿轮箱应用 VSI 循环油雾化，并填充内部容积的 10%~15%，然后将所有开口密封。对于存放时间超过三个月的设备，请检查供应商的建议，因为有时 VSI 的内部容积达不到 10%~15%，因为雾化油/填充物会下降到底部，从而使活动部件不受保护。

可通过法兰或塞子密封的设备，应采用内部 VCI 保护设备内部表面，并密封开口。例外情况是将在稍后使用润滑油进行设备润滑，并且设备的任何空间都不得使用 VCI。应优选 VSI 循环油。如果由于某种原因以后必须使用 VCI 润滑油的地方，那么应使用 VCI 散发剂。

应加标签以表明设备内部所使用的防腐剂类型。标签应具有防水性和抗撕裂性，并且应附有不锈钢丝。信息应包括保护的部分、使用的防腐剂类型、安装的腔室、散发剂和/或胶囊的数量、保管的日期和地点，并由负责人签字。对于多腔设备，每个腔室都应单独标记。安装和拆卸腔室的数量应准确无误非常重要。

## 3.7 一般准则

### 3.7.1 机械和转动设备

机械和转动设备保管在混凝土地面或木制托盘上的保护区内，使其位于地平面以上150mm处。

机械与转动设备的保护要求包括：①保护机械和转动设备的外表面和部件、联轴器和机械密封。必须保护挠性联轴器免受天气条件的影响，并且应使用丙二醇或润滑液填充筒式密封件，以避免面部彼此粘连。②保护法兰、仪表和所有配件免受机械、化学或天气的损害。③保护和润滑使用防腐剂或润滑剂的内部部件。④定期转动旋转部件。⑤遵循供应商关于存储和保管的建议。

### 3.7.2 静设备

在混凝土地板或木条上以保管区域放置，保持在地面150mm处。

静设备的保护要求包括：①用适当的油脂保护外部零件，配件和螺纹连接；②关闭人孔、法兰和仪表连接；③保护设备的内部；④适用时使用氮封；⑤遵循供应商关于存储和保管的建议。

### 3.7.3 电子设备

在混凝土地板或木制托盘上的保管区内，以150mm的高度放置在地面上。

电子设备的保护要求包括：①防止机械、化学或天气损坏。②根据需要连接空间加热器维护电气设备，并定期检查或测量电流值，以确认空间加热器功能正常。③根据供应商的建议和程序保持设备免受潮湿。④注意连接和接触处采取恰当的防腐蚀措施。检查供应商的建议。通常使用复合润滑脂。⑤保持接线盒、面板、控制面板、变压器等不受潮。⑥遵循供应商关于存储和保管的建议。

### 3.7.4 仪器仪表

所有仪器仪表应存放在室内温度控制密切的区域以避免冷凝。

仪器仪表的保护要求包括：①应根据供应商的建议存储分析仪小屋和复杂分析仪；②像保护电机一样保护电动执行机构；③保护仪表、控制阀、电机执行机构、启动执行机构免受天气和机械损坏；④遵循供应商关于存储和保管的建议。

### 3.7.5 管道

在混凝土地板或木条上的保管区域放置，保持在地面150mm处。

管道的保护要求包括：①不同种类的材料分类并分开存放，并保持与土壤隔开；②保护法兰面并关闭管道、连接件和线轴的末端，并将它们与土壤隔离；③管道应防腐蚀。将在需要时应用油漆、润滑脂或其他适当的防腐方法。

### 3.7.6 减压阀

减压阀的保护要求包括：①清洁对于令人满意的减压阀操作至关重要。应采取一切必要的预防措施，以排除所有异物。②从供应商处收到或在维修店进行维修后不立即安装的减压阀，应正确密封阀门的入口和出口法兰；应特别注意保持阀门入口绝对清洁。③阀门应存放在室内或其他污垢和污染物最少的地方。④应在木制托盘上和室内的干燥位置垂直存放API 520安全阀。⑤不管阀门是否密封，不要将阀门扔在一堆或混杂地放置在裸土上等待安装。⑥应小心处理阀门，不要受到剧烈冲击。如果不注意小心处理，阀门内部损坏或不对中可能会导致阀座紧固度受到不利的影响。⑦运输安全阀时应垂直放置在木托盘上。⑧用合适的保护装置堵塞减压阀的螺纹开口。

### 3.7.7 通用准则及其他事项

在混凝土地板或木制托盘上的保管区内，以150mm的高度放置在地面上。

通用的保护要求包括：①不同种类的材料应分类并分开存放，并保持与土壤隔开。②应保护结构、支架等免受腐蚀。如果需要，将应用刷漆、润滑或其他适当的保护方法。将保持设备与土壤隔开。③将保护耐火材料、水泥、绝热材料和类似材料，以防止潮湿、气候条件，并确保在安装前储存的时间较短。④保护法兰面并密闭管道、连接件和线轴的末端，并将它们与土壤隔开。⑤应保护并防止管道和附件腐蚀。在需要时应用油漆、润滑脂或其他适当的防护方法。⑥遵循供应商关于存储和保管的建议。

## 3.8 详细的保管要求

### 3.8.1 存放与取走

应优化存放与取走的保管活动，以确保在适当的条件下保管设备和机器，并在项目现场要求时提供设备、机器和材料。因此：①应该可以方便地存放与取走机器和设备；②需要协调施工和检查，以确保设备施工与保管和检查的时间相匹配。

### 3.8.2 主动维护

保管和维护工艺机械设备需要采取一些专项规定的活动。主动维护涵盖设备应具有的高效润滑和清洁的特殊属性。为了改善主动维护，应满足以下要求：①主动维护适用的助剂，例如：a.润滑剂浸渍；b.洗涤剂应符合供应商的规格，②主动维护应有充足可用的助剂；应适当处置废物。

### 3.8.3 检查

保管的检查要求包括：①应通过定期检查及时发现相关缺陷和/或随机缺陷的部件，并应可查看；②应确保已收到所有材料的全部适用的文件，包括制造商的保养和维护说明；③应在收货时检查箱子的包装和外观情况，以确保运输过程中不发生损坏；④如果包装受到任何方式的损坏，并有可能损坏内装物，则将损坏的包装物放入仓库检查区并拍照，然后将物料从包装箱中取出并充分检查。

所有装有防护罩或开口堵塞的设备，以及在外部加工和螺纹表面上涂覆防腐蚀涂层的设备，都应在到达工作现场时进行检查。在安装设备之前，不应该移除设备上的任何盖子或塞子，以避免任何水或碎屑进入设备。如果检测到这些盖子或塞子有任何损坏，请按以下步骤操作：①如果保护罩、塞子和涂层不完整，则应更新。②如果水或污物通过损坏或未正确固定的盖子和塞子进入设备，则应在恢复涂层、盖子和塞子之前清洁设备。③如果使用气相抑制剂或干燥剂来保护机械设备的内部，则应在工作现场接收设备时检查密封件。④应该修理或更换任何损坏的气相密封，并且必要时更新抑制剂或干燥剂。⑤应保护气相密封，直到设备投入运行。在此之前应立即修复任何损坏的封条。⑥应在设备和材料到达现场（即温度控制、室内或室外）之前，确定存储位置并检查其要求和持续时间。尽可能使用室内存储。⑦必须特别注意不锈钢（奥氏体和马氏体）设备，这些设备在现场储存期间可能暴露于盐水、盐雾或吹咸砂环境中。如有必要，应采用恰当的材料覆盖保护不锈钢设备部件和材料，并不得与土壤接触。

#### 3.8.4 材料可用性

保管活动经常需要使用某些材料,包括备件或润滑剂。为了便于提供这些材料:①设备使用寿命期间,应使用符合 EPCC 项目标准的材料;②保管和维护所需的材料,应当在当地提供不能再储存的材料。

#### 3.8.5 执行保管

承包商应承担从设备和系统到达现场之日起直到完成试车之前的保管和维护责任。承包商对上述保管和维护活动的责任应为:①根据保管程序和供应商的具体保管手册和建议制定保管计划。保管计划将包含电子表格/检查清单,其中包含每件设备和每个包单元的具体要求。②在储存、预制、安装和施工过程中,应在撬装专用设备周围架设带护板的临时防护倾斜屋顶,如垂直放置的仪表、阀门、泵、电动机等。此临时防护装置应不易燃。其他类型的仪器设备应用 $0.3 kg/m^2$(或相当)的铝箔玻璃纤维布保护并密封。承包商将设计和安装一个临时覆盖外壳以保护设备。必须在外壳上提供升降用的插槽、管道挂钩、电气/仪表电缆的连接,并便于定期维护保养而不必拆除整个外壳。③特定设备应由供应商确定并提供详细的初始保管要求信息。④用木制盖或类似物保护管嘴、人行道和附件,直到安装期间完成最终连接。⑤通常根据供应商的建议,如保管检查表所示,每两周或每月至少进行一次定期检查,并应准备好相应的保管活动记录。⑥定期加脂和充油。⑦在该保管程序中处理的所有保管活动和方法。

一般来说,设备制造商更严格的保管建议优先于本程序中包含的具体保管要求。任何偏差都必须得到承包商的批准,并与供应商达成一致,以确保保管的设备不会失效。

#### 3.8.6 设备标签

对于独立标签的设备,应将一个保管标签固定在设备上。对于设备与撬装设备,需要以下标签:①主要设备有一个独立标签;②每台动设备一个标签;③每个要进行兆欧表测试的电气设备都有一个标签;④每个专业的撬装设备都有一个标签。

#### 3.8.7 保管的责任矩阵

保管的责任矩阵应考虑仓库、施工和联动试车活动中的储存阶段。

在保管和维护阶段,承包商负责:①收货时检查设备:按照上述 3.8.3 节所述内容进行初始检查。②填写保管标签并将其固定在设备上。③跟进保管程序:该程序根据设备的保管要求和设置频率,每个工艺单元的主电子表格,用于指示所有设备使用的一些数据、存储位置、防护频率和保管检查清单等。该保管程序电子表格应按照 EPCC 项目的规定与要求确定标题。④执行仓库和施工现场保管。保管操作应根据保管检查表执行。⑤填写每台设备和组件的保管检查表和保管跟踪表。如果发现任何缺陷,尽可能立即纠正,否则发布设备损坏报告。

以下方式可能产生或发现缺陷:①保管主管执行维护或保管操作可能会发现需要纠正的缺陷、不足的保管措施或其他问题;②在仓库中检测到需要通知项目相关部门的缺陷,并按照其提供的建议,执行纠正措施;③施工团队要及时纠正在施工活动期间检测到或产生的缺陷;④应按照纠正损害的工作流程执行纠正缺陷的任务顺序;⑤修正缺陷后,按照要求恢复保管。

在保管电子表格上登记保管活动,并且应该涵盖每个特定保管活动。

#### 3.8.8 机械保管

机械保管的一般措施如下:①到货时,应检查供应商以前在法兰面上和连接到机器内部的开口上安装的所有临时防护金属保护装置。如果丢失任何保护措施，应予以补充，如果有人为损坏，应进行修理或更换。在这些情况下，检查是否有水或外来物质渗入机器。如有必要，应再次清洁机器内部，并恢复损坏部分的防锈。②所有法兰或法兰开口应安装合适的垫圈，以便使用金属封闭装置进行封闭或保护。③如果需要，必须用溶剂清洗所有暴露于外部介质（如轮子、法兰面、电机联轴器、活塞杆、活塞、凸轮等）的加工表面，并涂上防护产品。④如有必要（出现生锈或污垢状况），应采用溶剂清洗清洁轴承箱、变速箱和减速齿轮。然后应该用防护产品填充和排空，或者至少在电动机轴的下层填充防锈油，并应旋转几次轴，以使防锈油均匀分布在整个轴的表面上。如果可以完全填充套管，则不必强制转动轴。⑤应标明橡胶联轴器的失效日期，并恰当存放。⑥应从填料函中取出可能已经安装在机器上的通用填料，填充软质填料的箱子应浸泡在油中或喷洒防护产品。储存期间应使用石墨填料。⑦应定期（通常每两周）手动旋转机器轴几圈，并记录在相应的表格上，以便防锈油均匀分布在整个轴的表面上。轴的最后位置应该为 90°，以避免轴承中产生布氏管效应。因此，为了控制轴的位置，应在轴的横向面上标出一条从轴心到边界的直线。切勿将轴保持在同一位置。⑧小型机器和电路应充满保护油或每充满 3 个月后排干，在灌装保护油的过程中应手动转动轴。如果轴密封允许泄漏，建议使用此程序。⑨应每月检查一次机器的所有装有保护油的部件，以确定油位并排出可能存在于油中的水。⑩存放在仓库内或容易存放与取走的地方。⑪应保管、包装好设备密封罐、增压活塞组件以及散装运输的相关仪表，并存放在室内。⑫从蒸汽轮机上拆下碳环轴封，并用柔软的填料或芯吸浸入带有润滑油的防腐剂，并按照设定的频率更换。不得使用含有石墨的填料。

在项目现场最终使用地点安装往复泵、往复式压缩机后，应由分包商采取如下保护措施：①用一定配比的溶剂冲洗计量泵和驱动机构，直到清洁。填充带有润滑剂的防腐剂，直到涂覆所有内表面。内表面应按照制造商的说明每隔一个月重新涂覆一次。②如果需要现场组装压缩机或发动机，请从气缸、轴杆等上取下保护涂层，并用溶剂清洁所有部件（包括曲轴箱）。③在组装缸壁、轴杆、轴承和摩擦部件时使用含有润滑剂的防腐剂。④直到压缩机初始维护完毕后才能安装碳素活塞环、活塞杆填料或阀门。应该在供应商/制造商的监督下完成这项工作。

应通过阀门开口向每个压缩机气缸喷入少量与润滑剂相容的防腐剂。根据供应商/制造商的建议时间表，每次转动曲轴时应再向气缸中喷射防腐剂。

电气附件如可能因潮湿而损坏的磁铁应存放在干燥的地方，以防止湿气结露。

取下所有暴露的链条，并用溶剂清洁链条，涂上储存型防腐剂，并用牛皮纸包好。为每个包装好的链条贴上标签，并提供附件。

### 3.8.9 动设备的保管

**(1) 一般要求**

按照上述 3.6.2 节保护外部表面，按照上述 3.6.3 节保护内表面。

应采用适合垂直和水平存储的氮气金属压力容器存放泵、压缩机和涡轮机的备用转子。容器应装有氮气瓶、压力表、安全装置和报警器，以指示氮气的压力损失。所有备件至少必须保存 4 年，不得打开状态监测系统。

建议将允许的 $N_2$ 压力（最小/最大压力）标记在金属容器上。每个容器都应该贴上所有必要的信息：①零件名称；②设备标签编号；③生产商名称；④重量；⑤采购订单编号。

在准备移动设备和备件之前应确保完全无水。

备用转子至少应可以在室内存储 3 年，转子和支架之间的支持区域至少应使用 3mm 厚的合适铅片或其他合适的材料。转子不应支撑在轴颈上。应该提供备用转子的提升说明。

对于位于容器内的所有重质材料，应清楚标明吊点和重心。

所有动设备必须通过吊耳进行处理,并支撑或放在适当的底座上。不得采用轴提升或支撑设备。如果没有提供吊耳,应检查并遵守供应商的说明。

应检查设备的所有部件,包括联轴器罩盖、安装底座、密封罐和管道、外部密封件、喷嘴(有压接或弯曲)、电机轴承润滑脂端口。

避免将设备放置在高振动区域。

备用转子应按照制造商的建议存放在室内。轴承组件应完全防止潮湿和污垢进入。

(2) 盘车

除非供应商另有建议,否则所有电机、涡轮机、压缩机、泵、散热片鼓风机、充气器、搅拌器和进料器每两周应盘车一次。

(3) 目视检查

旋转暴露的加工表面、轴和联轴器时,要检查是否涂有并且未移除防护涂层。如果需要,重新申请修补防护涂层。

检查所有润滑油管路,看是否有已拆除的管子与管道、油箱或油箱盖。一旦发现后,应重新用胶带封闭端头和盖。如果要打开机器上的法兰,请通知分包商负责人或其他指定人员。

按照六周的时间表检查润滑油控制台的内部。检查是否干净、无锈和无凝结物。如果需要,先清洁并干燥,然后用浓缩防锈剂。

(4) 排放冷凝水

每个月从所有轴承箱、油池和油箱排出冷凝水。如果发现过量的冷凝水,则每周应重新检查一次,或每两周检查一次,具体取决于排出冷凝水的量。

(5) 轴承

将轴承箱充满润滑油,但不要用防锈剂强制供油,使油位上升到轴的底部。对于强制进给的轴承,将移除上部轴承盖和轴承。轴颈和轴承表面可用三聚磷酸钠(STP)的厚涂层,并应该根据实际需要重新恢复涂层。

(6) 透平

应通过拆除涡轮机箱的上半部分检查透平,并进行目视检查。从保存最好和最差的条件中选择计划打开抽样检查的涡轮机样本,并应该在三个月的时间内完成一次。制造商的现场服务工程师可以定期(每月)检查其他涡轮机。当旋转转子时,应当通过小型通用涡轮机顶部壳体的开口注入雾化的防锈剂浓缩物,应该每三个月进行一次。

(7) 压缩机

制造商的代表应该定期检查压缩机,需要在制造商的代表监督下应用防腐剂。离心工艺压缩机应该用雾化防腐剂,并考虑将干燥剂袋放入这些机器中。应该每两个月检查一次防腐剂。高速空气压缩机应按照每两个月检查一次。轴流式压缩机应按照每三个月检查一次并使用雾化防腐剂。

(8) 泵

应按照每两个月打开并检查一次往复式泵。离心泵和往复泵应使用浓缩防锈剂。除非预计泵将停止使用超过一年,否则无须采用防腐剂填充保护泵的内部壳体。

泵的制造商使用防腐蚀产品保护叶轮和内部壳体(吸入口、排放口、蜗壳)。在将泵安装到基础上之前,不应该拆除这种保护,并且应该从法兰上进行检查。如有必要,应该更新保护。

应每月拧下泵的外壳排水管,以检测泵壳内是否存在冷凝水。

如果轴承座上的塞子缺失,请提供合适的塞子,并用溶剂清洗内部部件以消除污垢:先将轴承箱完全充满溶剂,然后再完全排干。安装塞子并加注保护油;为了确保良好的轴承保护，应将油位提高到合适的水平。轴封适用于确保正常油位的油封，以防止轴承外壳完全充满后泄漏，一旦出现这类情况应检查并降低油位。

对于安装有机械密封的离心泵，建议按照顺时针和逆时针两个方向转动泵轴，以避免由于存放时间过长造成机械密封表面黏附。一般采用手动旋转泵。是否采用其他旋转方法将取决于所使用的泵的类型和密封类型。

如果泵装有双机械密封，采用机械密封型润滑剂填充整个密封腔。

外部加工（未涂漆）部件，如轴和联轴器，应采用油脂涂层保护。这种保护必须用油纸或塑料薄膜包好，以防止清除油脂。如果用刷子紧急清洁轴或联轴器的外部零件，应在清洁后用溶剂保护。如果真的有必要并且适当注意，应可使用金属刷和油石清洁。非常重要的是不要损坏轴的表面，尤其是靠近机械密封垫圈或填料的位置，以免将来泵体发生液体泄漏。

必须标记易碎的部件并保护并储存在仓库中，如恒定油位、水流量指示仪和/或仪表。

泵组（泵和电动机）至少应使用坚固的塑料板保护，以避免沙子和灰尘与机器接触，并应避免泵上产生冷凝水。

应每 15 天验证一次所指明的保护措施，以检查并确保保护的条件良好，并在必要时及时提供最新的保护。

外壳内部应涂上防锈剂。齿轮接触点应涂有 STP。应每 3 个月通过拆除检查板目视检查一次齿轮和内件。

检查供应商的建议。一些供应商可能会建议将内部齿轮部件浸入防腐油并周期性旋转轴，而不是采用防锈雾。

(9) 鼓风机

鼓风机应按照每三个月检查一次是否生锈。用氮气吹扫并保持氮气层。每月旋转一次轴。

(10) 搅拌机

搅拌机的轴承应装满浓缩防锈液。

(11) 空冷器

将小袋 VPI 粉末装入联箱中，然后关闭，或将管道和集管用一定压力氮封。

使用壳牌安施之（Shell Ensis）防锈机油或同等产品清洁风扇叶片并保存金属叶片。

管束应完全覆盖以防止碎片落入翅片内，并且防止潮湿或沙质空气通过任何管束循环，这可能导致腐蚀翅片和管之间的结合部。应每三个月给带挤压翅片的碳钢管喷一次油。

① 盲板应处于关闭位置　通过限制风扇叶片或从动链轮，以防止在储存期间空气冷却器风扇旋转。

应尽可能长时间将电机和皮带放在运输的包装中，并存放在温度适中干燥的地方。齿轮传动装置应该装满润滑剂。

如果储存时间超过三个月，每月至少应手动旋转 15 次风扇和电机轴，并且应每六个月增加一次润滑脂。手动旋转后，应将包装恢复原状，并加入干燥剂。应重新固定风扇并重新盖好。

② 电机磨合和联动试车　当空气冷却器投入使用时，应从轴承箱上拆下润滑油管路，用新油脂清洗并重新连接。

应该用油脂清洗轴承润滑脂腔，并去除轴承排放塞。重新拧紧塞子之前，启动电机并运行 5～10min。

### 3.8.10 静设备的保管

下面展示了静设备卸货后的保管指南。应遵守供应商数据手册和指导手册中详细说明的专项存储要求。

在临时卸货区域或直接在其基础上卸货后,应检查塔器、容器、反应器、换热器、空气冷却器、过滤器等静设备的歧管、外壳是否有变形的撞击或划痕损坏。初始检查还应包括放置卸货设备基础的条件、额外的外部支撑、吊耳、管嘴、空气冷却器散热片状况、法兰盖保护(包括带金属垫片的金属盲法兰)和吊架。

**(1) 碳钢压力容器和换热器**

按照下列要求保管的容器和换热器包括:①碳钢或低合金钢容器;②内部不带奥氏体不锈钢衬里的换热器。

所有的开口应在 $1.05 kg/cm^2$ 的外部压力下进行防水处理。对于超过 24in 公称直径的管嘴盖,加外部加强筋是可接受的加强盖板的方法。

所有不带永久盲板的法兰连接应用垫圈和最小厚度为 10mm 的钢板盖覆盖。盖子应采用螺栓安装。法兰螺栓钻孔的直径大于 3/4in 时,可用 3/4in 直径的螺栓和合适的垫圈固定。法兰边缘应用防水布背带密封。

特殊的容器开口应配备由制造商设计的合适的盖子。

如果采用干燥剂,则应指明干燥剂的类型、数量以及容器和位置。在关闭容器之前,应该用干燥空气吹扫,并在非永久性盲板内部提供焊接的不锈钢篮。每个篮子应装有干燥剂;干燥剂应采用合适的包装,以防止直接接触容器的内表面。只能使用业主批准的干燥剂。

球罐应该用氮气吹扫并保持一定压力的氮封。

所有碳钢或低合金钢外部表面不需要按照规定涂漆,但应使用合适的底漆涂底。

应按照保管计划检查保护措施。

**(2) 不锈钢压力容器和换热器**

以下部分涵盖了符合规格的容器和换热器:①内部带奥氏体不锈钢衬里的换热器;②奥氏体不锈钢容器和换热器;③奥氏体不锈钢内部件。

容器和换热器的内部应有额外的保护,防止水分或污染物侵入。所有开放的部位都应该是密封的。

如果建议使用带压惰性气体,请指明气体、压力、压力表(说明和位置)和警告标签。在使用气瓶和压力调节器保护的整个设备内的气体应保持一定的压力。不锈钢(SS)或内部包覆或焊接覆盖的设备应用氮气封存,最大压力值为 0.35bar g,开口应由带有适当密封垫的盲法兰封闭:①应在容器上放置说明标签,以说明所使用的防护方法。②标识每个氮气压力表及其位置的清单,应用以下印刷警告模板:a. 氮封警告。在内部有压力的容器上,加压后应检查所有法兰连接处的泄漏情况,使用对法兰面或合金管嘴法兰边缘处的不锈钢堆焊层无害的液体。b. 在内部有压力的容器上,应在每个开口处安装警示标签"在开启前减压的警告"。

所有暴露于外部的奥氏体不锈钢表面应采用防水包覆材料进行防护,以防止合金容器(合金容器外部、合金喷嘴、合金焊接凸缘外表面、铭牌等)与湿气接触。

对于铬含量大于或等于12%(包括奥氏体不锈钢)的设备,不应当采用保湿材料(如原木)作为临时支撑。当使用木质支撑时,应提供护盾以保护设备。

特殊的容器开口应配备由制造商设计的合适的盖子。

在移动任何可移动内件、备用垫片、备用螺栓和其他设备时,应分别用聚乙烯或其他合适的包装材料包装,并装在坚固的木箱中,以防损坏和接触潮气。这些箱子应标有采购订单编号和设备标签，并应牢固地附在设备上。

应按照保管计划检查保护措施。

### 3.8.11 电气设备保管

**(1) 一般要求**

通常，电气设备适用以下保管说明：①仔细检查原包装。如果发现包装有任何损坏，应立即进行严密检查。检查应包括开盖后的状态、机身螺栓、数字显示盖、任何凹痕、划痕、湿气等。②所有暴露在潮湿环境中的电气和电子设备，应使用干燥剂或气相缓蚀剂进行保护。③电动机和机械密封上的轴应采用油脂胶带、硅基润滑剂和硫化胶带或相同的材料进行保护。④电气设备（如电机、加热器、发电机、变频器和变压器）应根据FEAM每三个月测量一次绝缘电阻，并将测量结果记录在绝缘电阻记录表上。在开车之前，应测量并记录绝缘电阻和极化指数。⑤所有非端接电缆末端都应安装收缩护罩。⑥所有备用电缆都插入面板和接线箱的入口。⑦应在安装阶段给电动机、发电机、面板等所有空间/电机加热器通电。⑧电气和电子设备上的垫圈/O形圈应该均匀采用无酸凡士林润滑脂。⑨打开电子控制面板、报警面板和分析仪的门，并安装VCI多孔袋或VCI散发装置。关上门并用凡士林密封。关闭前将凡士林涂在门上密封，以便密封更有效。⑩所有开口，如连接导管应采用防水的布背胶带盖住、塞住或密封。

下面说明特定电气组件的保管说明。

**(2) 电机和发电机**

电动机和发电机的油脂润滑型轴承。如果使用润滑脂接头，则应将其拆下并堵上或盖上盖子。油脂润滑型轴承按照下面的步骤保养和维护：①油润滑轴承：用含防腐剂润滑油涂覆轴承箱的所有内表面。如果适用的话，应使用钢制接头堵塞通风口和排水口，或加盖或遮盖。②应按一个月的间隔重新涂覆（通过填充、填充和排水、冲洗、喷涂或适当旋转）内表面；应优先考虑制造商的建议。③如果润滑单元到达EPCC项目现场超过一年，且从制造厂出厂之日起仍未运行，则应检查轴承润滑脂。如果检测到润滑脂的润滑特性明显变差，则应按照制造商的建议将其清理干净，并重新填装润滑脂并安装轴承。

除户外使用的设备外，电动机和发电机必须存放在室内，室外存放设备可以不带保护罩。电机应储存在无振动的环境中。任何时候都应遵守制造商的说明/建议。

电机通常为XP、TE、TEWAC电机或类似电机，但在特殊情况下，只能在室内使用，应存放在室内。如果提供保护罩，应确保通风良好，其他电机可以存放在户外。

对于室外存放而没有保护罩的电机和电动阀门执行器，应遵守以下规定：①在保管设备期间不打开所有外壳的开口，例如接线盒内的导管和电缆入口，都应用防水塞封闭。临时运输的塞子应用永久性塞子代替。用蜡布包裹轴封区域。②所有电动机和阀门执行机构应存放在正常的工作位置，例如电动机垂直向下、轴向延伸。任何时候都应遵守制造商的说明/建议。③应根据制造商的建议测量并记录每个绕组的绝缘电阻（IR）值，当设备单元到达工作现场后，应尽快完成安装。④然后按照制造商的说明/建议定期测试电动机/发电机绕组的绝缘电阻值。⑤如果单元内装有空间加热器，应将其连接到符合制造商建议额定值的不间断电源。

应该注意的事项：①在测试空间加热器时，必须安装适当的警告标志，以防止意外的人员触电；②应从刷架上取下刷子，并存放在干燥、温暖的地方，以防止结露。应优先检查核实并采用制造商的建议。

在最终服务地点安装电动机与发电机后，应按照上述油脂润滑型轴承的保养与维护方法保养带有油润滑轴承、油脂润滑轴承。对于交流电动机或带收集环的发电机的电机收集器环，如果保护涂层不完整，应检查和更新涂覆的保护涂层。

每三个月测量并记录每个单元额定电压为 2300V 或更高绕组的绝缘电阻值。在读取测量数据时，应记录温度和天气状况。如果数值不可接受，则应对该单元采取干燥措施。

在试车之前，应执行以下活动：①试车前六周要测量并记录每个绕组的绝缘电阻值。如果数值不可接受，则应采取干燥措施。②在试车之前，立即测量并记录所有设备连接电缆的绝缘值。如果读数较低，在开始试车前晾干。③清洁收集器环表面的保护涂层。④按照制造商的说明清洁换向器的表面。

所有电机应按照制造商的说明进行保管。其中应包括与其他保管活动一样及时旋转轴，并在检查和保管记录卡上记录。

（3）变压器

所有变压器都需要室内存储，但以下情况除外：①用于户外安装的变压器可以存放在户外，不需保护罩；②大型室内变压器可以存放在室外，将地坪等级提高到可以防止地表损坏，并且提供棚屋顶和滑动防水布（或相当的材料）；③储存在室外的绝缘液纸筒应该塞子向下侧放，绝缘液纸筒应按塞子与底部中心位置成 45°角放置。

如果变压器的主筒充满绝缘液（除膨胀空间外），则应测量并记录液位和环境温度。应在变压器到达工作现场时和此后每个月测量一次并记录。如果绝缘液位下降，则应修复泄漏并添加绝缘液，以使绝缘液保持在允许的公差范围内。

压力气体：如果变压器运输时带有绝缘液并充满带压气体，则设备到达现场时以及此后每个月应测量一次气体的压力和环境温度并记录。如果压力下降，应修复泄漏并补充气体，以保持压力在允许的公差范围内。

（4）开关、起动器和控制板

应按照开关装置、起动器和控制设备的要求维护主断路开关。

设备应存放在室内无尘、干燥、温暖的地方，以防止湿气凝结，具体条件如下：①存放地应有良好的通风条件；②如果相对湿度较高或较大，则温度会发生快速变化，应使用加热器将温度保持在高于日最低温度约 6℃的水平；③在潮湿的环境中，可能需要将设备从箱体中取出，以保证足够的通风，并避免霉变；④如果设备内装有空间加热器，则应根据制造商的建议，将其连接到适当额定功率的不间断电源；⑤应直立存放独立的金属封闭设备。

（5）电缆

当电缆盘到达现场时，在拉出电缆之前，应测量和记录电缆盘的绝缘电阻（IR）。绝缘护套电缆的卷轴应每两周旋转 90°。

低压充气电缆的处理方式如下：①应在工作现场收到电缆以及此后每月测量一次气体压力并记录。压力应该在 35～90kPa 之间。如果压力下降，表明存在泄漏，则应在电缆上连接一个干氮气瓶以保持压力，直到检测到泄漏并密封。②如果需要，储存过程中用于维持压力的氮气应符合 ASTM D1933 Ⅰ、Ⅱ或Ⅲ类（如果有的话，优选Ⅲ类）。在安装氮气瓶和操作过程中，应遵循制造商的建议。

应该注意：所有电缆末端均应使用适当的电缆末端密封帽进行保护，以防潮气侵入。

（6）存储电池

所有电池应根据制造商的指南/建议存放在室内无尘、干燥的地方。

在工作场所接收电池时，应检查已经干燥并密封的电池的密封件。应根据供应商/制造商的说明更新损坏的密封件。

应按以下方式处理装运的铅酸电池：①应在到达现场时检查电解液液位。如果需要，加入适量的电解液。②工厂出货后三个月，以及此后每三个月，应给电池充电，以使电池恢复至每个电池 2.15V，在 77 ℉ $\left[t/℃=\dfrac{5}{9}(t/℉-32)\right]$ 时相对密度达到 1.21。

其他类型的电池应按照制造商的说明进行保管。

**(7) 电加热器**

在供应商的保管说明中指定的电加热器应采取特别的预防措施。应在电加热器的加热元件侧装有气相抑制袋或干燥剂袋，以防止加热元件吸收水分。

### 3.8.12 仪表和控制系统机柜保管

**(1) 一般要求**

所有仪表和控制设备与材料，如控制面板、微处理器、视频控制台、处理计算机和相关设备，应存放在无尘空调环境和控制湿度的室内。

仔细检查原包装。如果发现包装有任何损坏，应立即进行严密检查。检查应包括开盖的状态、机身螺栓、数字显示盖、任何凹痕、划痕、湿气等。

所有的仪表都应该有临时的运输塞子，在初次到达时取下检查。所有开口应加盖、堵塞或采用防水保护密封，如导压管/管道接口。

应从板条箱中取出需要现场组装的部件，并在工作现场检查是否有任何损坏。

所有仪表如控制阀等都应按照制造商的指导原则和建议进行保管。

应用无酸凡士林或同等润滑剂润滑仪表设备上的垫圈/O 形圈。

液压/气动管路上的所有开口都应配备与组件材料相同的钢帽或实心钢塞，不得使用非金属塞。

所有电缆末端都应安装收缩护罩。

所有电子仪表绝对不得暴露于低于 0℃（32 ℉）或高于 52℃（125 ℉）的温度。仪表应储存在带温度和湿度控制的空调环境下。

为防机械损坏，应保护包括控制阀和电动执行机构在内的仪表。玻璃前面可以使用木质覆盖物。法兰连接应使用塑料盖。控制阀应根据制造商的程序和要求进行储存。

电动执行机构应与电动机一样受到保护。

应妥善保管和维护所有的仪表，特别应注意控制系统和制造商推荐的要求。

**(2) 现场保管内容**

一旦仪表在现场安装完毕，应用塑料包裹，以防止水分、沙子和天气带来的损坏。应定期检查包裹情况，以确认仪表是否完好无损。

应关闭导压管的截止阀。所有与工艺过程连接或与气体连接的仪表，在连接或未连接时应关闭阀门。

自清洗的气动仪表可保持不变。

如果适用，应在电子仪表的外壳中悬挂 VPI 粉末的小袋子。外壳应用高质量的自粘胶带密封。应定期检查干燥剂并根据需要进行更换。

阀门定位器应视为仪表。阀杆应用壳牌安施文（Shell Ensis）混合物或同等清洁剂进行设备的清洁和保护。阀门填料应留在原位。闲置期间，应用塑料包装好填料函与阀杆。

**(3) 室内保管内容**

应切断电子仪表的电源，并取出电池。应保持空调/净化系统运行，但可以调整容量，以适应所保管设备的实际需要。应检查空气的湿度和温度，确保其保持在要求的水平。

#### (4) 阀门

为所有阀门提供室内储存：①尺寸为 4in（100mm）或更大的手动阀门，应存放在铺设的区域或托盘上，并且阀杆直立。阀门在户外储存必须防止吹砂和盐雾。②如果提供了棚屋顶和防水油布护墙板（或同等材料），则可将大型自动阀门（如滑阀和电动阀门）存放在室外的铺设区域（或货盘）。应保护控制阀和电动阀上的执行机构，以防止机械损坏，所有法兰连接和导管连接需要覆盖保护。③阀门到达后，应仔细检查包括手柄、阀盖、阀杆以及松动或缺少的阀体螺栓。④可以暂时拆除自动阀/控制阀的法兰盖，以确认在预安装和测试期间是否处于故障安全状态。维护时不得拆除或打开阀门上的保护罩和法兰盖。在安装之前必须保持这些密封面的完整性。⑤所有阀门应置于关闭位置，除非有一个弹簧执行机构，该弹簧执行机构应置于弹簧处于松弛状态的位置。⑥对于需要长期保存的库存阀门，应用油脂胶带、聚四氟乙烯基润滑剂和硫化胶带或相同的材料覆盖所有暴露的阀芯。⑦应用螺纹塑料塞或盖子密封（如果制造商尚未这样做）所有开口的螺纹连接。⑧必要时，每个月应检查和更新保护涂层或防腐蚀剂。

#### (5) 安全阀或压力泄放阀和减压装置

由于清洁对安全阀或压力泄放阀和减压装置获得令人满意的操作和密封性至关重要，因此应采取预防措施以排除所有异物：①应在安全阀的入口和出口法兰或螺纹孔处采用正确的密封；②特别注意保持阀门入口的绝对清洁；③应存放在室内的托盘上或远离污垢和其他形式的污染物；④带凸轮或不带凸轮的阀门应始终垂直直立放置，从不侧放，以防止阀门不对中和内部损坏；⑤应小心处理安全阀，不得受到冲击，否则可能导致内部损坏或不对中；⑥只有在应用现场（入口和出口）准备好连接阀门的螺栓之后，才能拆除法兰保护装置和保护座；⑦爆破片应保存在原盒中。

### 3.8.13 不锈钢设备与部件

不锈钢（铬含量超过 10% 的合金）设备、部件和材料应受以下保护：①卧地（小件）存放。②对于大件，储存时应考虑到异常腐蚀（吹砂）的环境条件，并包装好。需要存储的大型材料应优先参考制造商的建议，并且应该包装好，除非制造商规定可接受不包装。③使用保护涂层代替覆盖存储需要获得业主批准。④不要接触土壤或多孔支撑物，如原木。⑤应以黑色金属材料隔离存放。⑥必须注意避免不锈钢材料受到制造和安装过程中产生的低碳钢材料焊接飞溅物或磨屑的污染。⑦奥氏体不锈钢不应暴露于氯化物（盐水/盐雾）或锌污染的环境中，必须小心避免将不锈钢材料存储在镀锌钢材料附近。⑧由奥氏体不锈钢材料制成的设备应采用防水、无氯的外包装保护，以防止暴露于氯化物污染，例如在油气和盐沙中受空气潮湿、雨水或露水打湿。

### 3.8.14 管道材料和配件的保管

#### (1) 法兰和螺纹

应清洁所有法兰面和其他加工表面并涂 P1 防腐剂，同时用安全金属盖保护，以防止运输过程中损坏。盖子应至少为 6mm 厚，并应使用全直径螺栓橡胶垫圈安装。所用螺栓的数量不得少于法兰螺栓孔的 50%（最少 4 个）。法兰边缘应用防水布背带密封。

所有法兰盘应存放在仓库内。应检查保护座区域盖子的状况。应特别注意确保法兰面受到保护以防止损坏，方法是将法兰面对面地存放，其间用合适的垫圈和螺栓连接。

存放在外面的所有碳钢/合金法兰，由于其尺寸的原因，都应进行码垛，并用"防锈剂"或类似产品对其表面进行处理。不要使用胶带或其他类似的材料作垫片或保护法兰面。

应清洁所有螺纹连接并涂上防卡死防锈剂，再用金属或塑料保护套堵住或盖上。

### (2) 钢管和配件

管道应配备端盖或塞子，以防止雨水和异物进入。应始终保持端盖就位，管道应充分支撑在木块上并牢固楔入。

应按照以下要求存放和处理管道、配件和阀门：①金字塔堆叠的最大堆叠高度不得超过管子直径的五倍。如果超过该高度，应平行堆叠管道并楔入，每层之间有木块，最高高度为两米。②检查管道状况是否可能弯曲和卷曲。③应妥善支撑所有存放在架子或枕木外面的管道和管子，以免损坏和弯曲。堆放管道时，每层管道应由其自己的一排枕木支撑。④应垂直放置所有组对的管道组，并采用塑料端盖或法兰盖保护，应提供焊接坡口和法兰面的保护，并防止进入异物。预制管道组应该垂直存放，以便小的分支管道不承受重量。

对接焊缝配件应存放在仓库内。必须小心防止损坏斜端。任何储存在室外的配件，由于其尺寸的原因，应采用码垛或用木块支撑，并以这种方式堆放，以便排出雨水。

应清洁铁质焊接斜面并涂上可焊接的防锈剂，并用金属或塑料保护套堵住或盖上。应用防水布背胶带密封保护边缘。

一般来说，应用塑料端盖保护所有的管道。并应检查更换无效或损坏的保护密封。

管件应包装在一个完全封闭的木箱内，并用牛皮纸浸渍 VCI 作为衬里。牛皮纸衬里应有防水背衬。管件应存放在密闭仓库中。

所有碳钢盘管和碳钢表面应完全涂上 P2 防腐剂。

内部喷砂或化学清洁的碳钢管内部应采用水基/可溶性抑制剂保存。不允许使用溶剂或类似液体。

### (3) GRE 管道和配件

玻璃增强环氧树脂（GRE）管道、配件和预制卷轴的搬运、储存和保管应符合制造商的说明。

如果用集装箱运输玻璃纤维管道，则需要紧固，以确保固定管道接头。

## 3.9 相关规定与程序

### 3.9.1 业主规定和程序

业主的相关规定和程序有：新旧闲置设备保管程序。

### 3.9.2 项目程序

项目相关的程序有：①项目执行计划；②工作许可程序；③联动试车、试车程序 HSE/风险评估。

## 3.10 模板与样表

### 3.10.1 保管程序与跟踪表

如表 4-3-1 所示。

表 4-3-1　保管程序与跟踪表

| 标签 | 订单号 | 说明 | 供应商名称 | 典型的保管类型 | 备注 | 储存地点 | 保管频率 | 检查表 | 紧急于日常保管措施 | 计划日期 | 计划日期 | 计划日期 | 计划日期 | 备注 |
|---|---|---|---|---|---|---|---|---|---|---|---|---|---|---|
| | | | | | | | | | | | | | | |
| | | | | | | | | | | | | | | |
| | | | | | | | | | | | | | | |
| | | | | | | | | | | | | | | |
| | | | | | | | | | | | | | | |
| | | | | | | | | | | | | | | |
| | | | | | | | | | | | | | | |
| | | | | | | | | | | | | | | |

### 3.10.2 设备典型的保管检查表

如表 4-3-2 所示。

表 4-3-2 设备典型的保管检查表

| 检查表编号 | 说明 | 检查表编号 | 说明 |
|---|---|---|---|
| 1 | 离心泵 | 17 | UPS AC/DC,电池 |
| 2 | 计量和容积泵 | 18 | 仪表和控制柜 |
| 3 | 螺杆泵 | 19 | 换热器,冷却器,冷凝器 |
| 4 | 离心泵保管计划 | 20 | 容器 |
| 5 | 计量泵保管计划 | 21 | 储罐和球罐 |
| 6 | 螺杆泵保管计划 | 22 | 过滤器 |
| 7 | 往复式压缩机 | 23 | 加热器和蒸发器 |
| 7A | 离心式压缩机 | 24 | 阀门 |
| 8 | 风扇和鼓风机 | 25 | 不锈钢管 |
| 9 | 搅拌机 | 26 | 管道材料和配件 |
| 10 | 蒸汽轮机 | 27 | 钢管和配件 |
| 11 | 风冷式换热器翅片、风扇 | 28 | GRE 管道和配件 |
| 12 | 高压感应电动机 | 29 | 离心泵的初始保管报告 |
| 13 | 低压感应电机和磁力驱动泵 | 30 | 计量泵的初始保管报告 |
| 14 | 应急发电机 | 31 | 螺杆泵的初始保管报告 |
| 15 | 高压和低压开关设备,起动器和控制面板 | 32 | 其他 |
| 16 | 变压器 | | |

### 3.10.3 保管活动的责任矩阵

如表 4-3-3 所示。

表 4-3-3 保管活动的责任矩阵

| 序号 | 活动 | 职责 | | | | | |
|---|---|---|---|---|---|---|---|
| | | 分包商商保管主管 | 分包商检验员 | 承包商材料控制经理(仓库) | 承包商保管主管(施工与联动试车) | 业主见证 | 承包商施工区域主管 |
| 1 | 基于保管程序与供应商保管手册编制保管方案 | X | X | | X | | |
| 2 | 收货并验证收货的一致性,报告按照规格书与数据表的损坏与不匹配项 | X | X | X | | X | |
| 3 | 执行设备的初始系统保养 | X | | X | | X | |
| 4 | 定期检查保管的设备,并按照保管方案填写检查表 | X | | | | | |
| 5 | 修订并批准保管检查表 | | | X | X | X | |
| 6 | 当在检查期间发现设备的损坏存在排放,并需要维修设备与辅助设施或更换备件,如果有必要,应将报告发给设计 | X | | | | | |

续表

| 序号 | 活动 | 职责 ||||||
|---|---|---|---|---|---|---|---|
| | | 分包商商保管主管 | 分包商检验员 | 承包商材料控制经理(仓库) | 承包商保管主管(施工与联动试车) | 业主见证 | 承包商施工区域主管 |
| 7 | 在仓库检查期间,对发现的损坏执行纠正措施,或更换必要的部件 | X | | | | | |
| 8 | 在现场检查期间,对发现的损坏执行纠正措施,或更换必要的部件 | X | | | | | X |
| 9 | 设备保管历史与记录 | | X | | | X | |
| 10 | 将设备保管检查表上传到完工系统(如 Go Completion) | | | | X | | |
| 11 | 审查并跟踪保管方案,发布保管检查表以及下一个保养日期 | | X | | | X | |
| 12 | 在施工期间,一旦决定保管的设备材料要投运,应排放尽保护设备材料的所有防锈剂与油 | X | | | X | | X |
| 13 | 维护完工记录 | | X | X | X | X | |

注:X 表示负责完成活动中相应的内容。

### 3.10.4 设备损坏报告

如表 4-3-4 所示。

表 4-3-4 设备损坏报告

| 业主 LOGO | 设备损坏报告<br>(仓库与现场保管方案) ||||| 承包商 LOGO ||
|---|---|---|---|---|---|---|---|
| 标签 | | 标签说明 ||| 检查频率 | 报告编号: ||
| 损坏日期 | 条件代码 | 纠正措施 | 实际位置 | 由谁执行纠正措施 | 下一次保养日期 | 备注 ||
| | | | | | | ||
| | | | | | | ||
| | | | | | | ||
| | | | | | | ||
| 条件代码:<br>A——不要求纠正措施;<br>B——轻微伤害。例如:轻微的油漆损坏、氧化点;<br>C——较大受损。例如:油漆损坏大,氧化区域大,润滑或保护损失;<br>D——在仓库或工艺单元中受到冲击或撞击 ||| 实际位置:WO——仓库户外;WI——仓库室内;PU——工艺单元<br>由谁执行纠正措施:PS——保管主管;ED——工程设计专业;CS——施工主管 |||||
| || 分包商/供应商 || 承包商 || 业主 ||
| 姓名: |||||||| 
| 签字: |||||||| 
| 日期: ||||||||

### 3.10.5 损坏修复工作流程

损坏修复流程如图 4-3-1 所示。

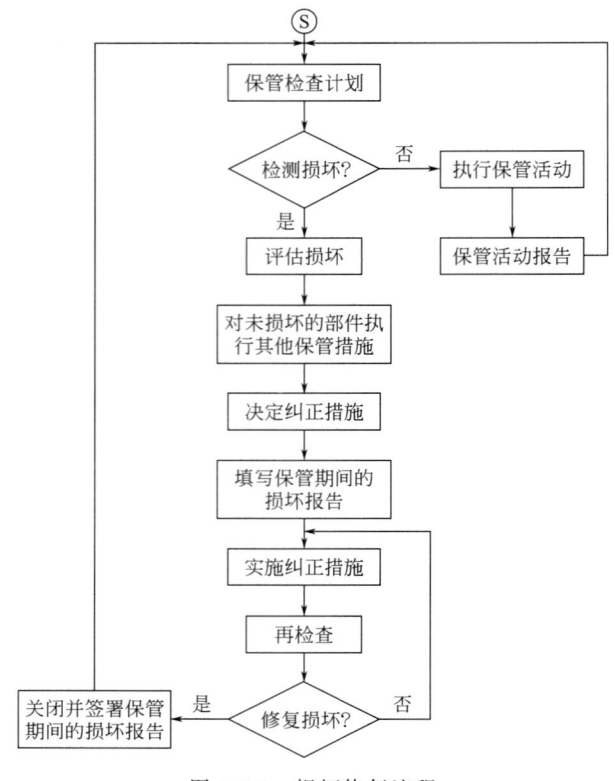

图 4-3-1　损坏修复流程

### 3.10.6 机械防护用缓蚀材料

如表 4-3-5 所示。

表 4-3-5　机械防护用缓蚀材料

| 产品 | 类型 | 适用 | 商标 |
| --- | --- | --- | --- |
| 1 | 固体膜腐蚀抑制剂 | 热浸热刷 | RUST-BAN 326[①] 或相当产品 |
| 2 | 溶剂削减防锈剂 | 稀释后喷涂 | RUST-BAN 392[①] 或相当产品 |
| 3 | 溶剂削减防锈剂 | 喷刷 | RUST-BAN 394[①] 或相当产品 |
| 4 | 防锈浓缩物 | 混合或全力 | PROCON[①] 或相当产品 |
| 5 | 阻隔材料-C级蜡纸 | 包 | MIL-B121-D 或相当产品 |
| 6 | 防油防水涂料（铝漆） | 喷雾 | RUST-BAN PH6297 铝酚醛 |
| 7 | 凡士林-（中性油腻） | 手动涂抹 | Vaseline 或相当产品 |

① EXXON/IMPERIAL 石油产品。

注：表中的产品必须获得业主的批准后才能使用。

### 3.10.7 机械保护的保管类型

如表 4-3-6 所示。

表 4-3-6  机械保护的保管类型

| | P1 | P2 | P3 |
|---|---|---|---|
| 应用方法和温度 | 喷涂,浸涂,刷,5~350℃ | 喷涂,浸涂,刷,5~350℃ | 喷涂,浸涂,刷,5~350℃ |
| 移除方法 | Pet.溶剂,蒸气除油剂 | Pet.溶剂,润滑油,热碱,洗涤,蒸气除油剂 | Pet.溶剂,润滑油,热碱,洗涤 |
| 描述 | 冷用,溶剂回切,坚固,黑色,不透明薄膜,最低38℃ | 冷用,溶剂回切,柔软,琥珀色,透明薄膜,最低38℃ | 冷用,溶剂回切,油性,浅琥珀色,透明薄膜,最低38℃ |
| 有可能适用的情况 | 室内或室外、带或不带覆盖以及带坚固的薄膜覆盖的家用或者轴承的通用防腐剂 | 对机械设备、仪表、轴承等的内部或外部表面的室内保护或轴瓦下的保护。适用于室外有限时间段的保护,其中金属温度不会产生薄膜流动 | 必须除水并防止或阻止腐蚀的地方。用于在有限时间内保护机械设备、仪表或覆盖材料的内表面 |

注:表中的产品必须获得业主的批准后才能使用。

### 3.10.8 保养所用制造商的品牌与产品

保养所用的产品照保养的类别分别选择(表 4-3-7)。

表 4-3-7  保养所用制造商的品牌与产品

| 产品制造商 | P1 | P2 | P3 |
|---|---|---|---|
| Daubert Chemical Ashland Oil/Valvoline | Tectyl 890 | Tectyl 502 | Tectyl 894 |
| Daubert Chemical | NR 201B | NR 207 | NR 208 |
| ExxonMobil | Rust-Ban 373 | 不适用 | Rust-Ban 392 |
| E. F. Houghton | Rust Veto 344 | Cosmoline 1102 | Cosmoline 1104 |
| | | Rust Veto 342 | Rust Veto 853 |
| Technolube | 1级 FE 003 | 2级 FE 003 | 3级 FE 003 |
| Shell | 不适用 | Ensis Fluids S 2 | Ensis Fluid SDB |

注:1. 表中的产品必须获得业主的批准后才能使用。
2. VCI 纸:Dauber Chemical;VSI 循环油:Shell Oil;VCI 散发剂与粉末:Cortec Corp。

### 3.10.9 防锈材料

防锈材料及其应用说明见表 4-3-8。

表 4-3-8  防锈材料及其应用说明

| |
|---|
| 1. VCI(蒸汽腐蚀抑制剂) |
| VCI 蒸汽腐蚀抑制剂是一种粉末,采用 VCI 包装或封闭设备用于保护设备。VCI 将保证长达两年的持续保护。<br>VCI 以气相的形式到达金属表面,并被金属吸收,形成不可见的薄膜,防止腐蚀。对黑色金属以及大多数有色金属和非金属材料提供出色的保护。<br>可以通过使用絮凝枪或其他除尘装置干燥 VCI。VCI 粉末应分散在暴露的金属表面上。<br>应用要求和限制应符合制造商的说明。<br>注意:蒸汽腐蚀抑制剂(VCI)或挥发性腐蚀抑制剂(VPI)是含有环境安全化学品的防腐产品的通用术语。<br>安全须知:①VCI 应按照制造商的说明进行处理;②正常条件下的 VCI 无危害。但是,暴露在含有 VCI 粉末的空气中的工人应该戴上防尘口罩 |
| 2. VCI 纸 |
| VCI 防潮层是一种涂有防锈化学品的牛皮纸。如果使用正确,可出色地提供长达两年的保护。以卷、片和条带形式供应。<br>VCI 纸释放出看不见的蒸气,防止水分中的氧气与钢铁结合形成锈迹。存放受这些纸张保护的材料,除了将它们存放在阴凉环境、阴凉的区域和干燥的地方之外,没有特殊要求。只需在检查后立即重新密封包装,即可短暂打开包装以进行检查而不会失去保护功能 |

| |
|---|
| 3. VCI 散发剂 |
| VCI 散发剂是经过蒸汽腐蚀抑制剂处理的海绵。通常 VCI 散发剂具有黏合胶的背衬,用于附着到需要腐蚀控制外壳的内表面。这些散发剂使用非常方便,并且是可接受的 VCI 多孔袋的替代物 |
| 4. VSI(蒸气空间抑制)循环油 |
| 壳牌(Shell)的蒸气空间抑制(VSI)循环油含有油溶挥发性防锈化合物。该腐蚀抑制剂填充油位以上的蒸汽空间,在暴露的内部金属表面上形成防锈屏障,并防止蒸汽空间生锈。有一定黏度等级的 VSI 循环油,适用于液压、涡轮和一般润滑应用 |

### 3.10.10 保管标签示例

如图 4-3-2 所示。

图 4-3-2 保管标签示例

# 第4章
# 移交与尾项清单程序

## 4.1 目的

说明在施工、机械竣工、联动试车、调车和/或开车过程中的准备、执行、验证和文档的具体要求、原则和责任,从而确保过程中的移交步骤符合接受工作的标准;将设施的所有权与保管权从承包商移交给业主。

## 4.2 范围

通过确定在移交过程中将如何以及在何种阶段发生移交以及相应的责任分配,定义移交新设施控制权(以及因此带来的责任转移)的方法。

推动移交计划,确保有序交付设施和设备,有序和合乎逻辑地进行检查和测试,并随着工程项目的进展确定优先事项。

在项目的不同阶段在完工管理系统(CMS)中建立检查/测试表以及相应的标准:施工、机械竣工、联动试车、试车和开车,以及机械竣工、临时移交、移交和接受正在运行或未运行的子系统/系统/单元。

定义在操作或非操作的子系统/系统/单元的移交证书中允许未完成的尾项类别,并且明确需要解决的类别和时间进度。

定义整个完工过程中所需的不同证书的格式,并确定项目完工涉及的不同组件的安装/测试检查(ITC)和功能测试检查(FTC)的主要类型。

该程序试图通过组织间需要的协作来确定参与人员在项目交付过程中要执行的任务、范围和责任。

## 4.3 定义

ITR:检查和测试记录(ITR)是安装/测试检查(ITCS)和功能测试检查(FTCS)的组合。

HCS:移交控制系统(HCS)是用于通过单个标签保持机械竣工和临时交付任务状态的计算机化系统,还反映与项目/组和子系统关联的尾项状态。

Go Completions:项目的完工管理系统(CMS)软件工具,管理每个EPC完工部分的项目。

系统:是安装过程的一个主要细分,既可以是工艺过程也可以是实用设施(即可燃气体检测系统、服务和饮用水系统、工艺单元反应器等），可以执行工厂的主要操作功能。

子系统：是执行给定操作功能的设备、管道工程、电缆、仪表等（即工厂的一部分）的特定集合，其没有或几乎不受其他部件的干扰。

机械竣工：机械竣工（MC）是指项目的相关部分已根据合同在机械和结构上完成所有法律、法规以及项目规定与工程规范确定的工作，只有部分业主认为不会对工厂或子系统的联动试车运行或安全造成实质性影响并且已准备就绪的微小疏漏和轻微缺陷尾项没有完成。

穿行检查：指业主和/或承包商人员访问项目现场工作场所的活动，目的是验证子系统/系统/单元是否具备好安全的试运行、试车和开车。对于该验证，如果允许任何有关方面和尾项表作为部分尾项，则所有相关方进行联合穿行检查，并就执行的工作完工达成一致。

尾项：根据现有项目图纸和/或规格列出的不完整事项、损坏或不正确的安装。尾项通常按照机械竣工、联动试车和开车活动的重要性排列优先顺序。

机械竣工证书：指由承包商签署并签发确认该单元或其部分（子系统/系统）机械竣工的证书。承包商的施工团队将子系统/系统移交给承包商的联动试车团队。该证书还必须经过业主核实和批准。

联动试车：是指按照技术规定中包含的指定设计参数使部分设施或系统符合设计的功能状态，以进行临时移交的那些活动。

临时移交：临时移交是所有必要的调试（动态/功能测试）活动，已完成用于准备该设施的子系统/系统/单元或其部分的试车和开车所需的活动，并满足工程承包 EPCC 合同的具体要求，同时已经实现子系统/系统/单元的所有相关的机械竣工。

临时移交证书：指由承包商的联动试车团队签署的证书，确认该设施的子系统/系统/单元已准备好试车和开车，以符合 EPCC 合同具体规定的条件。该证书还必须经过业主核实和批准。

PSSR：开车前的安全评估。PSSR 计划在试车与开车之前进行。PSSR 由业主执行。

试车：指根据 EPCC 合同的"技术规定"中包含的指定设计参数，使设施投入运行所需的活动。

开车：当采取措施开始运行项目的部分设备时表明开始开车。活动包括引入原料、点燃系统内的火炬和打通整个工艺流程。

移交：意味着有关部分符合 EPCC 合同具体规定的移交条件。设施投入使用，并开车后，所有尾项清单都已完成，并符合合同的所有要求，则达到移交。

移交证书：由承包商的调试团队签署的确认相关部分/设施已全面投入使用并已依法实现稳定运行的证书。该证书还必须经过业主核实和批准。

接受：意味着有关部分/设施完全满足 EPCC 合同规定的具体接受条件。

验收合格：由承包商调试团队签署的确认相关部分/设施已满足 EPCC 合同规定的具体的验收条件证书。该证书还必须经过业主核实和批准。

交工：意味着工艺流程中的步骤符合接受工程项目工作的条件，则将设备的所有权从承包商转让给业主。根据给业主定义的试车与预开车计划为项目设施实现安全、及时和阶段性完成设施，承包商应为系统/子系统完工和设施的完工、穿行检查、验证和记录制定一致的计划和方法。

## 4.4 系统化

"系统化方法"是优化和规划项目各个阶段活动的一种方式。联动试车/移交团队的系统化职责是：①将安装拆分为系统和子系统；②准确定义每个系统和子系统的边界和内容。

将工厂细分为系统提供了一种可行的方法：①按照联动试车、试车和开车活动的逻辑顺序安排施工工作；②进行某些工厂系统的联动试车和/或试车活动，而其他工厂系统正在建设中。

以系统为基础并以系统化和可控制的方式完成工厂的部分。子系统可以分类如下：①操作系统包括：a.工艺过程（反应段生产线、产品加热炉生产线、氢气回收单元等）；b.公用工程（工厂空气、仪表空气、氮气、冷却水、燃料气等）。②非操作系统包括：a.电气仪表（JB和多芯电缆、F&G系统、电缆桥架、照明、控制系统、变电站子系统、FAR子系统等）；b.土建/其他（土木、钢结构、防火、道路等）非操作系统也可以按照地理区域划分为一部分或全部。

遵循按照联系程度编号原则编制命名系统/子系统的定义程序。将制定PFS/PEFS/SLD的标识，以确定正确的边界线，并正确识别整个工厂的系统/子系统及其所属设备。

## 4.5 数据库开发

承包商交付团队根据系统/子系统定义和涵盖每个专业的专用项目清单开发完工管理系统（CMS）的数据库：①机械-静设备（包设备、换热器、容器、过滤器、塔等）；②机械-动设备（泵、压缩机、鼓风机、风扇、搅拌器等）；③仪表（电缆清单、流量、压力、温度仪表、阀门、BDV、ESV、SDV阀门、压力安全阀等）；④电气（电缆清单、电机、开关设备、加热器、变压器等）；⑤管道（即管线表等）。

在完工管理系统（CMS）提供的标准Matrix矩阵中确定完工阶段开展的活动。检查和测试记录（ITR）形式的文件将提供完工层次结构。还根据批准的质量和联动试车计划确保并交叉检查和测试。

## 4.6 移交组织

承包商在其组织内建立了特定的移交部门。承包商将提供必要的人员配置，以完成协调完工活动以满足部分移交日期和进度所需的综合管理、调度、协调、文档和其他支持。

该移交组织（其结构如图4-4-1所示）将承担以下责任：①启动完工管理系统（CMS）以及交付工具，用于跟踪移交/交付中所需的信息；②根据上述定义的任务，按照项目的规定和标准，在质量和联动试车部门的协助下跟踪所需文件和责任矩阵；③与联动试车和工程设计团队协调，以确定最新的系统清单和工程设计图纸；④基于合同的业主规定准备移交程序并获得批准；⑤接收、复制移交定义文件，并发布给不同的承包商和业主的团队；⑥根据移交定义的系统/子系统、单元/子单元，管理和编制机械竣工档案和临时移交档案，其中包含来自不同部门的所需质量验证文件/ITR的移交；⑦提供剩余工程的系统/子系统、单元/子单元状态，统计未完成的文件和采取措施的事项；⑧进行子系统/系统机械竣工的正式穿行检查；⑨接受有关各方的关注、审查，分类并管理冲突列表的解决方案；⑩完工证书的管理、控制和批准机械竣工证书、临时移交证书、移交证书、验收证书；⑪给各方分配每个子系统/系统完工阶段的活动/任务状态和尾项列表项目；⑫提供工艺流程的状态和流程的管理；⑬与业主就移交过程，进一步开发系统或其他沟通方式，以促进移交的联络；⑭协助开发和管理，完成承包商服务文件所需的ITR；⑮最终移交，将成套的物理和电子可交付物交付给业主。

### 4.6.1 移交经理

移交部门由移交经理在现场经理的领导下进行管理。移交管理人员建立交工的理念，以系统和一致的方式完成工程建设，并全面提升管理水平，确保按照工程项目的进度计划及时、高效、满足合同的规定移交。在项目开工之初就采用项目的信息开发完工管理系统

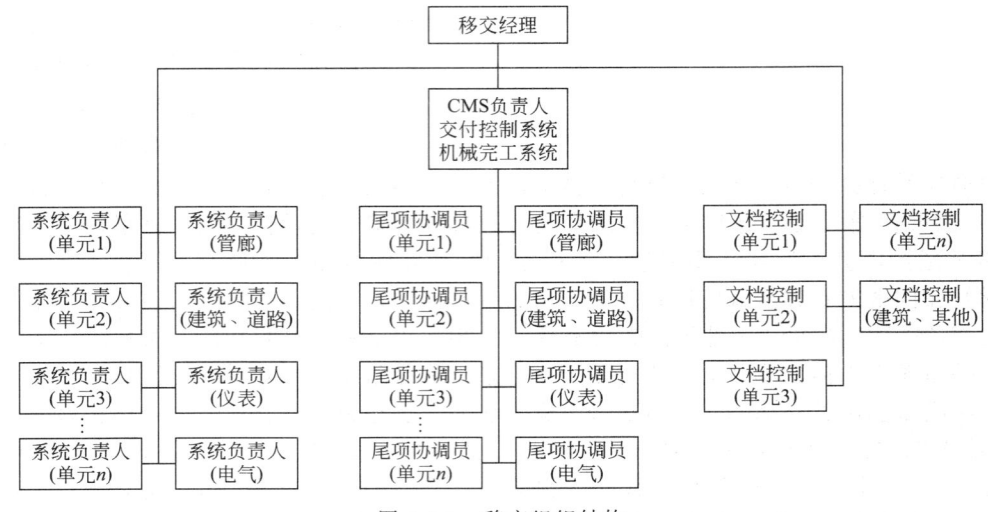

图 4-4-1 移交组织结构

(CMS) 的数据库，识别与项目移交相关的活动和任务，还应负责正确分配资源以协调不同子系统/系统/设施的文档流程，提供不同子系统/系统/设施的状态报告。负责项目组织内部和业主内部的联络工作，以确保完成移交、项目活动清单并按时实现里程碑，如机械竣工、临时移交、移交和子系统/系统/设施的验收。

#### 4.6.2 系统负责人

系统负责人是移交部门和系统主管的关键职位之一，确保在机械竣工和向业主移交时具有可接受的质量和安全性。系统负责人负责规划、监控子系统/系统移交的控制优先级，并与不同部门协调采取必要的措施。

审查子系统的范围，尊重合同确定的系统/单元临时移交日期。
通过施工、联动试车、试车和质量跟进并加速不同的现场活动，以实现目标日期。
根据优先级和现场条件准备不同子系统/系统的穿行检查通知和计划。
密切监测每个子系统/系统的进展情况及其约束条件，以便在项目计划日期前完成。
准备不同子系统/系统的计划、目标和进度报告。
与分包商、施工团队协调，以加快完成不同的任务，现场跟踪和关闭尾项工作。
与业主的相关区域/系统的代表协调不同里程碑，并加快制约。
系统负责人是系统穿行检查的领导者，并在穿行检查结束后与业主进行尾项清单协议的会议。

#### 4.6.3 完工管理系统（CMS）领导者

CMS 领导是 Go Completions/移交控制系统（HCS）的管理员。确保在项目初期阶段建立适当的数据库，直至项目验收。主要负责：①与其他管理工具和控制系统（PCS、PCA、E&ICA）协调所有部门和专业，确保信息的唯一性。②监控和控制 Go Completions/移交控制系统（HCS）中不同专业的活动。③确保来自项目工艺流程方案（PEFS）和 SLD 的数据库中的信息最新。④提供 CMS 软件工具的应用培训并为新用户配置访问权限。⑤完成跟踪（工程项目文件）任务和尾项方面全部工作范围的数据库。⑥控制现场活动的实时进度，并反映到数据库中。⑦创建具有不同管理要求的日常进度报告。⑧发布整个项目的周报并分发所有利益相关者。

#### 4.6.4 尾项协调员

承包商的尾项协调员负责对项目不同阶段提出的尾项进行有效控制。需要对下面的事情负责：①成功传输测试文件夹中优先的尾项事项并正确关闭测试文件夹；②查看尾项事项以获取系统负责人/专业负责人/移交经理支持的完整且正确的分类；③定义适当的专业和负责人；④确保关闭尾项，收集并归档以备将来参考的电子证据；⑤每天更新"CMS"中的尾项；⑥在子系统穿行检查后，打印主要的尾项清单；⑦分发尾项报告；⑧通知所有利益相关者新增加的尾项；⑨每天通知视为关闭的事项。

#### 4.6.5 文档控制员

文档控制员负责项目从开始到最后阶段的所有文件相关问题。承担以下不同的责任：①管理来自文档部门的 PEFS 和 SLD 等正式文档的最新版本；②在系统负责人的协助下，突出显示子系统/系统的最新 PEFS 修订版中的更改或类似标记；③控制所有 CMS/移交相关的文档信息；④每天在 CMS 中签署更新任务；⑤准备与任何阶段的业主的子系统移交通知相关的传送文件和其他文件；⑥打印交付包文件以完成交付，并填写交付包文档的所有其他要求；⑦在其他团队成员的协助下，准备好所有必要的子系统/系统的移交包（机械竣工档案和临时移交完工档案）。

**（1）检验和测试记录**

检验和测试记录（ITR）是安装/测试检验（ITCS）和功能测试检验（FTCS）的组合。在施工和联动试车阶段，"承包商"根据相关程序或规定正式邀请"业主"参与检验与测试。

完工管理系统（CMS）发出的所有 ITR 条形码应在每次完成批准/签署后返还给承包商的移交团队，以更新和签署数据库，以取得项目的进展，并纳入相关的完工（机械竣工/临时移交）档案。

**（2）尾项管理**

工程项目特别值得关注的是项目不同的实施阶段所完成工作的质量、完整性和遵守项目工程标准与规范的情况。这是一项全面的验证工作机制，直至整个工程项目移交给业主。

尾项管理建立了强制性和重要的方法，以便成功将维护和保管的项目设施移交给业主。

**（3）尾项类别**

通常根据对机械竣工、联动试车和开工活动的重要性排列尾项的优先顺序。每个尾项应按照项目合同确定的尾项处理原则进行分类。根据尾项的性质，按执行的优先次序（优先级）主要分为以下四类：

① 类别"O"。该项目主要与施工阶段应完成的测试包文件夹的主要活动相关联。例如对于缺少管道压力测试包括临时性的压力测试所需的螺栓、垫片和支撑等元件、焊接问题、不能对中等。

② 类别"A"（机械竣工前）。由于下列风险之一而视为阻碍机械竣工按时完成的事项，这些事项必须在签署每个子系统机械竣工证书之前清除：a. 影响后续活动的安全和操作方面；b. 影响系统的完整性；c. 不符合当地特定法规/规定的要求。

例如对于缺少诸如螺栓、垫片、盲板、阀门和其他最终元件，如最终恢复管道测试包所需的垫片和支撑等最终元件，联动试车期间温度较低的管线上的保温可能导致危险和安全问题等。

③ 类别"B"（在临时移交前）。在验收每个子系统/系统取得临时移交证书之前予以清除。认为是阻碍子系统/系统试车与开车按时完成的事项。

例如对于电缆标签、绝缘缺陷、关键可访问性、可能会妨碍按时完成试车和开车活动的红线文档等。

注意：对于电气子系统的施工/对永久设备进行的联动试车测试活动不视为永久通电，只有当完成子系统的所有相关测试并且电路永久通电、设施中引入最终介质时，电气系统将会影响工艺/公用工程子系统。

④ 类别"C"(在设施验收之前)。视为阻碍按时完成设施验收的事项。在签署系统/设施的验收证书前必须清除。

例如对于标签、掉漆、保温材料缺损、竣工文件等。

## 4.7 尾项来源

承包商将在项目的不同阶段识别、跟踪和控制所有尾项,并将其上传到完工管理系统(CMS)以进行追溯。这些可能是尾项的来源。

### 4.7.1 施工尾项

施工期间,承包商应维护缺陷工作清单,用于管理其工作和分包商的工作。这些主要尾项应包含在不同的测试包文件夹中。一旦关闭所有待处理的类别为"O"的尾项,将批准/签署文件夹的活动,其余未完成的尾项将转移到完工管理系统(CMS),完工管理系统中的尾项可能来自于但不限于下面列出的文件夹:①管道测试包-文件夹;②静设备组最终检验包-文件夹;③撬装/其他测试包-文件夹;④动设备测试包-文件夹;⑤回路测试包-文件夹;⑥电机单机试车包-文件夹。

### 4.7.2 移交尾项

"机械竣工通知"后承包商和业主的子系统专业代表联合穿行检查,然后生成移交尾项。每个移交尾项应具有下列属性:①子系统-受影响的子系统编号;②事项组成(组/事项)-受尾项影响的唯一标签号码;③尾项描述-要采取的具体缺陷描述或纠正措施;④尾项类别(优先级别);⑤按专业采取行动;⑥发起者和开始整改的日期;⑦由部门/专业和责任人采取的措施;⑧需要的材料/协助。

尾项主清单:正式联合穿行检查后将打印尾项主清单。这是一个综合尾项清单,包括完工管理系统(CMS)中从子系统/系统同步穿行检查中获得的可用的尾项最终项目。主管将发布正式的子系统尾项主清单供业主批准。

## 4.8 关闭尾项

承包商将安排一个专门关闭尾项的办公室,可供不同利益相关者使用,并提供所有的尾项清单以及尾项清单协调员,以监测和控制已签署的尾项并更新进度。尾项清单协调员将协助、监控和控制在不同阶段募集的每个尾项的正确签署(书面和电子)。

### 4.8.1 机械竣工

机械竣工(MC)意味着已根据合同以及相关的法律、法规与规范的要求完成相关部分的机械和结构,并且业主认为不存在重大遗漏和轻微缺陷,不会对生产运营或设施或部分设施的安全性带来影响,并准备进行联动试车。

### 4.8.2 机械竣工档案

机械竣工(MC)档案是一组专门和清楚地标识为机械竣工准备的子系统/系统的范围或边界的文件。主要包括机械竣工阶段子系统/系统的施工和质量检查/测试的信息,是移交包(TOP)的一部分。

按照商定的业主机械竣工档案索引将子系统/系统各个事项的 CMS ITR 包含在 MC 档案中。除了这些 MC 档案,还将针对不同类型的子系统/系统编制如下所述的一般文档:

①子系统边界标记为 PEFS-用于工艺过程和公用工程子系统；②子系统边界标记为 SLD（单线图）-用于电气子系统；③总体布置图、基础图-土建子系统；④平面图详图、平台和梯子图-结构子系统；⑤仪表回路接线图-接线盒和多芯电缆子系统；⑥结构和建筑图-结构和建筑子系统；⑦平面布置图和电缆敷设图-照明子系统；⑧平面布置图-接地和电缆桥架子系统。

机械竣工档案索引已经标识了机械竣工档案各个部分的综合信息。

### 4.8.3 穿行检查

"承包商"将编制子系统/系统穿行检查的总体进度表，目的是最大限度地缩短此活动的持续时间，并确保在所涉及的子系统/系统即将完成时执行这些检查。

当子系统/系统的大部分"预机械竣工"活动和相关任务都将完成时，承包商将事先发出电子邮件，通知业主该子系统的联合穿行检查。承包商专门的移交档案处提供 MC 文档，供业主在正式穿行检查前审查。

根据子系统/系统的类型，承包商将与相关专业代表一起领导此次联合穿行检查，以避免未来在完工过程中对尾项产生误解。所有穿行检查与会者应在出席签到表上签名，并作为记录以便将来归档。

一旦完成穿行检查后，将与参加者进行简短会议就尾项类别达成一致。承包商将正式发布业主批准的尾项清单。

### 4.8.4 机械竣工通知

"承包商"认为已经完成了"机械竣工"要求的所有工作，并且已完成包含在子系统/系统中所需的所有质量验证表格/ITR 的文档。

已经完成尾项，并且 B 类的尾项保持最低限度，承包商可以提交机械竣工通知。业主将开始审查该机械竣工包，并将在 21 天内通知承包商接受或拒绝该机械竣工包。

### 4.8.5 机械竣工证书

将由承包商签署并签发机械竣工证书，确认该子系统/系统已机械竣工，并附有机械竣工通知。承包商的施工团队将子系统/系统转移给承包商的联动试车团队。业主还必须在通知期内验证和批准该证书。

业主将颁发机械竣工证书以及机械竣工通知。

## 4.9 临时移交

临时移交是所有必要的试车（动态/功能测试）所需的该设施的子系统/系统试车和开车的准备活动已完成，并满足合同的验证要求。已经实现子系统/系统/单元的所有相关机械竣工。

### 4.9.1 临时移交完成档案

临时移交完成（PTO）档案是一组文件，特别明确地标识了为临时移交准备的子系统/系统的范围或界区，是移交包（TOP）的一部分。

将按照与业主商定子系统/系统的索引将各项 CMS ITR 包含在 PTO 档案中。PTO 档案主要包括子系统/系统的联动试车和后机械竣工阶段涉及的子系统/系统的单个事项（S）的动态和功能测试。

对于已确定的临时移交完成档案应编制临时移交完工档案目录，以及每个子系统/系统的综合资料。

### 4.9.2 临时移交通知

"承包商"认为符合 EPCC 合同规定的子系统/系统临时移交的一般条件和技术规定的

条件。主要包括但不限于以下条件：①相关子系统/系统已经实现机械竣工；②子系统/系统范围内的所有活动（动态/功能测试）均已完成；③已完成子系统/系统的 B 类尾项。

承包商将提交临时移交通知。业主将在 21 天内对承包商的临时移交通知做出回应，要么发出临时移交证书，要么告知为什么临时移交通知是不可接受的。

### 4.9.3　临时移交证书

临时移交证书将由承包商的联动试车团队签署，确认该设施的子系统/系统已准备好进行试车和开车，并随临时移交通知一起发给业主。业主还必须在通知期内对证书进行验证和批准。在此之后，将由业主接管子系统/系统的责任、保管和监护，并且只需很少的承包商支持。

根据 EPCC 合同的规定，一般临时移交证书将连同临时移交通知书一起发给业主审批。

## 4.10　移交

移交是 EPCC 项目实施过程中重要的一步。将系统所有权从承包商移交给业主。应该理解的是 EPCC 工程项目的设施由许多部分组成。按照但不限于以下标准确定设施的移交：①承包商应获得设施内所有部分的临时移交证书；②业主应完成设施的试车、开车和操作运行，以获得稳定和令人满意的操作运行效果；③承包商完成系统中剩余的尾项或例外项清单；④承包商已根据需要完成了业主专业人员的培训。

### 4.10.1　移交包

移交包（TOP）是包含机械竣工（MC）档案和临时移交完工（PTO）档案中综合信息的全套资料。承包商获得业主对移交设施的批准之后，将正式向业主提交移交硬拷贝和电子拷贝移交包。

### 4.10.2　预开车安全审查

在系统/单元开车之前，将启动预开车安全评审（PSSR）。在同时进行的活动中，要特别强调 PSSR 的要求。

按照下列清单来确认系统、单元或工厂：①所有文件都已完成；②所有程序都已具备；③已经完成所有应培训岗位的人员培训；④所有确保人员安全、环境保护和业主资产的一般要求都已到位并可行；⑤在适当的情况下，工作控制系统具有适当的管理工作准证的操作界面和操作；⑥所有特定的设备和子系统都安装有适当的安全和系统保护装置并且可以正常运行；⑦已完成对所有相关人员的应急响应培训；⑧已充分考虑同时涉及相邻系统、单元或装置的活动而产生的所有限制，并将符合修改设施变更要求的管理程序包含在开车程序和准备工作中，PSSR 将由业主实施。

### 4.10.3　申请移交

"承包商"认为符合 EPCC 合同关于设施移交条件的一般条件和相关规定时，承包商将提交移交申请。业主应在 21 天内回复"承包商"，要么发出移交证书，要么说明为什么不可接受移交的申请。

### 4.10.4　移交证书

移交证书将由承包商的试车团队签署，确认设施已经全部投入使用，并且在向移交部申请移交的同时，稳定运营设施。移交证书还必须在通知期内由业主进行验证和批准。

## 4.11　接收

意味着 EPCC 项目的有关部分/设施已经满足合同的全部要求。在符合但不限于以下条

件时，视为应接受设施：①已经实现设施的移交；②已成功完成性能测试，并且符合 EPCC 合同的性能保证要求；③承包商已经完成了所有剩余的施工活动（如果有的话）并拆除和移除了现场所有的临时设施；④已完成所有 C 类的尾项。

#### 4.11.1 性能测试

性能测试、移交和接受（PTT&A）计划描述了 EPCC 承包商和业主团队按照项目计划在项目相关岗位参与者的支持下执行的活动和任务。该 PTT&A 是项目的最后阶段，并构成确认该项目是否达到其所有目标，同时是识别设计中的任何缺陷/不足的基础。

性能测试应按照设计条件对每个单元进行满负荷运行，以确定单元是否满足合同要求。

性能测试应尽可能在各单元完成开车后较短的时间内进行，"承包商"准备每个单元的性能保证与"测试运行"，业主执行测试运行以验证工艺过程的性能保证。

#### 4.11.2 申请接受

"承包商"认为项目已经符合 EPCC 合同规定的"设施验收的一般条件"以及相关的其他规定时，承包商将提交接受申请。业主应在 21 天内对承包商作出回应，要么签发接受证书，要么告知为什么该申请不可接受。

#### 4.11.3 接受证书

承包商的试车团队将签署接受证书，确认已完成设施的移交、性能测试和符合 EPCC 合同的履约保证，并已向"业主"提交接受申请。业主还必须在通知期内验证和批准接受证书。

如果承包商认为项目已符合 EPCC 合同"设施验收的一般条件"中关于接受的要求，业主将在收到承包商的申请后的 21 天内签发接受证书。在这种情况下，承包商通知已达到接受的日期应为接受证书中规定的适用日期。

如果业主在 21 天内未能签发接受证书或以书面形式通知承包商的申请不可接受的原因，那么承包商可以向业主发送进一步通知，要求对接受申请进行回应。如果业主在收到上述进一步通知后不少于 2 个工作日内仍然未作出有效的回应，则应视为业主已在"承包商"申请之日发出验收证书。

### 4.12 相关规定与程序

#### 4.12.1 业主规定与程序

相关的业主规定与程序包括：①EPCC 合同通用条件；②质量管理要求；③机械完工、移交/培训要求；④完工阶段摘要；⑤机械完工/联动试车/投料试车责任矩阵；⑥系统移交界区指引；⑦移交编码原则；⑧临时移交完工手册，准备指南和内容；⑨子系统临时移交完工手册；⑩供应商代表投料试车与开车；⑪交付技术、完工管理和投料试车工具；⑫EPCC 承包商工作范围的运营准备计划指南。

#### 4.12.2 项目程序

相关的项目程序包括：①项目执行计划；②机械完工、联动试车、移交和投料试车支持计划；③施工检验和测试计划（ITP）导则；④系统定义程序。

### 4.13 模板与样表

#### 4.13.1 机械竣工档案

如表 4-4-1 所示。

表 4-4-1 机械竣工档案

| 业主 LOGO | XXXXXXXX 项目 | 承包商 LOGO |
| --- | --- | --- |
| | 机械完工档案 | |
| 子系统编号：AB-CD-EF-GHIJ-KLM | 子系统说明：XXXXXXXXX | |
| 目录 | 适用 | 不适用 |
| 1 机械完工通知/证书 | | |
| 1.1 机械完工通知/证书① | ☐ | ☐ |
| 2 子系统定义 | | |
| 2.1 子系统说明/限制（PEFS/SLDs）② | ☐ | ☐ |
| 3 综合的尾项清单 | | |
| 3.1 尾项清单③ | ☐ | ☐ |
| 4 配管 | | |
| 4.1 配管状态目录④ | ☐ | ☐ |
| 4.2 配管检查测试报告（ITR）⑤ | ☐ | ☐ |
| 5 机械设备 | | |
| 5.1 机械设备状态目录⑥ | ☐ | ☐ |
| 5.2 机械设备检查测试报告（ITR）⑦ | ☐ | ☐ |
| 6 电气 | | |
| 6.1 电气状态目录⑧ | ☐ | ☐ |
| 6.2 电气检查测试报告（ITR）⑨ | ☐ | ☐ |
| 7 仪表 | | |
| 7.1 仪表状态目录⑩ | ☐ | ☐ |
| 7.2 仪表检查测试报告（ITR）⑪ | ☐ | ☐ |
| 8 土建与其他 | | |
| 8.1 土建与其他状态目录⑫ | ☐ | ☐ |
| 8.2 土建与其他检查测试报告（ITR）⑬ | ☐ | ☐ |

① 承包商和业主签署的机械完工证书。
② 带有子系统界区彩色标记的 PEFS/SLD。
③ 符合 HCS/Go Completion 统一的专业顺序的综合尾项清单。
④ 管道活动的目录主要包括压力测试、重新安装等以及完成这些活动的日期。
⑤ 检查/测试报告以进行压力测试、重新安装等。
⑥ 机械活动目录主要包括：材料接收、安装、重新安装、法兰对准、上紧螺栓、水压测试、组装和最终对齐方式等以及这些活动的完成日期。
⑦ 机械检查/测试活动报告主要包括：接收材料、安装、重新安装、法兰对准、上紧螺栓、水压测试、组装和最终对准等。
⑧ 电气活动主要目录包括：安装、电缆的绝缘测量测试、电机的红外（IR）测试、接地/等电位连接测试等，以及活动完成日期。
⑨ 电气检查/测试活动报告主要包括安装、电缆测试、电机红外测试、接地/等电位连接测试等。
⑩ 仪表活动目录主要包括：安装、电缆的连续性测试、校准、安装泄漏测试、阀门测试等，以及活动完成日期。
⑪ 检查/测试仪表活动报告主要包括：安装、电缆连续性测试、校准、安装检测、阀门测试等。
⑫ 土建及其他专业的目录（结构/建筑物/建筑/刷漆/保温）安装、检查与核查等，以及活动完成日期。
⑬ 检查/测试土建及其他专业（结构/建筑物/建筑/刷漆/保温）的安装、检查与检查等。

### 4.13.2 临时移交完工档案

如表 4-4-2 所示。

表 4-4-2　临时移交完工档案

| 业主 LOGO | XXXXXXXX 项目 | 承包商 LOGO |
|---|---|---|
| | 临时移交完工档案 | |

| 子系统编号： AB-CD-EF-GHIJ-KLM 子系统说明:XXXXXXXXX ||||
|---|---|---|---|
| 目录 || 适用 | 不适用 |
| 1　子系统定义 |||||
| 1.1　子系统说明/限制(PEFS/SLDs)① || □ | □ |
| 1.2　带"红线"的主 PEFS② || □ | □ |
| 2　综合尾项清代 |||||
| 2.1　尾项清单③ || □ | □ |
| 3　程序/证书 |||||
| 3.1　临时移交证书④ || □ | □ |
| 3.2　联动试车程序/指导⑤ || □ | □ |
| 3.3　现场接受测试(SAT)证书/参考(供应商)⑥ || □ | □ |
| 4　联动试车活动 |||||
| 4.1　化学品/催化剂装填及目录⑦ || □ | □ |
| 4.2　泄漏测试/惰化/干燥/真空测试及目录⑧ || □ | □ |
| 4.3　机械设备/容器最终检验及目录⑨ || □ | □ |
| 4.4　化学清洗及目录⑩ || □ | □ |
| 4.5　其他(如有)⑪ || □ | □ |
| 5　功能测试 |||||
| 5.1　电气状况目录⑫ || □ | □ |
| 5.2　电气功能测试表⑬ || □ | □ |
| 5.3　仪表状态目录⑭ || □ | □ |
| 5.4　仪表功能测试表⑮ || □ | □ |
| 6　供应商 |||||
| 6.1　供应商备件和专用工具清单/参考⑯ || □ | □ |
| 6.2　润滑油/润滑脂计划⑰ || □ | □ |
| 6.3　供应商数据/操作/维护手册/参考⑱ || □ | □ |

① 带有子系统界区彩色标的记 PEFS/SLD。
② 带有"红线状态"的最新主 PEFS。
③ 采用 HCS/Go Completion 按照专业顺序打印的综合尾项清单。
④ 由承包商和业主签署的临时移交证书。
⑤ 相关子系统批准的联动试车程序/指导或上电程序。
⑥ 供应商成套设备各类事项的现场接受测试（SAT）报告。
⑦ 按照目录的化学品/催化剂装填报告。
⑧ 按照目录的最终冲洗和空气吹扫、泄漏测试/浸入/干燥/真空测试报告。
⑨ 在联动试车阶段化学品/催化剂装填或设备测试后的组装报告。
⑩ 按目录进行的化学清洁报告。
⑪ 任何非常规的联动试车报告。
⑫ 电气功能检查/测试的状态索引，如电机单独运行、加速、负载测试、照明照度等级。
⑬ 电气功能检查/测试报告，如电机单独运行、加速、负载测试、照明照度等级。
⑭ 仪表回路检查的状态索引，类似逻辑功能测试、复杂回路检查、联锁等功能检查/测试。
⑮ 用于回路检查的检查/测试报告、类似逻辑功能测试的仪表功能检查/测试、复杂回路检查、联锁等。
⑯ 供应商备件和特殊工具清单/参考。
⑰ 润滑油/润滑脂计划清单/相关参考物料/设备。
⑱ 物料/设备的 IOM 参考。

### 4.13.3 机械竣工证书

机械竣工证书的主要内容如表 4-4-3 所示。

表 4-4-3 机械竣工证书

| 项目编号： | 现场编号/本地化： |
|---|---|
| 业主： | 合同号： |
| 设备编号： | 分包商： |
| 设备描述： | P&ID 图号： |
| 系统/子系统编号： | 条形码： |
| 模块编号： | 报告编号： |

该证书证实,除以下事项外,上述数据表明本子系统所有工作均已机械完工,并准备开始本子系统的联动试车过程(S)。各项设备和材料已完全按照项目规定安装/组装,并已完成所有设计和供应商图纸以及必要的质量测试。该子系统(S)现在将接受联动试车的监督。

☐     所有"A"尾项清单项目均已完成(除非另有说明,否则必填)
☐     (应在机械完工前关闭)
☐     所有"B"尾项清单项目均已完成
☐     (应在临时移交前关闭,但不妨碍联动试车)
☐     所有"C"尾项清单项目均已完成
☐     (应在设施验收之前关闭,但不妨碍投料试车)
☐     由业主代表审阅的机械完工档案

剩余事项的摘要如下或附加信息：

_____

_____

我们在此同意上述子系统完全符合机械完工定义的要求。子系统现在已经安全,可以开始联动试车活动。

| 详细信息 | 承包商代表 | 业主代表 |
|---|---|---|
| 姓名 |  |  |
| 签名 |  |  |
| 日期 |  |  |

### 4.13.4 临时移交证书

临时移交证书的主要内容如表 4-4-4 所示。

表 4-4-4　临时移交证书

| 项目编号： | | 现场编号/位置： | |
| --- | --- | --- | --- |
| 业主： | | 合同号： | |
| 设备编号： | | 分包商： | |
| 设备描述： | | P&ID图码： | |
| 系统/子系统号： | | 条码： | |
| 模块号： | | 报告编号： | |

该证书正式.除以下事项外,所有工作均已机械完工,并且已完成上述联动试车活动/测试的详细信息,并准备开始所用子系统的投料试车活动。各设备已完全按照项目规定进行了联动试车,已完成所有设计和供应商图纸以及所有必要的质量测试。现在该子系统(S)将在接受后由业主的联动试车团队接管。

☐　已完成所有"A"尾项清单项目(除非另有说明,否则必填)
☐　(应在机械完工前关闭)
☐　已完成所有"B"尾项清单项目(除非另有说明,否则必填)
☐　(应在临时移交前关闭,但不妨碍联动试车)
☐　已完成所有"C"尾项清单项目
☐　(应在装置验收之前关闭,但不妨碍投料试车)

☐　机械完工证书已获业主批准

☐　由业主代表审阅的临时移交完工档案

剩余事项的摘要如下或附加信息：

_____

_____

_____

_____

我们在此同意上述子系统完全符合投料试车和开车定义的要求。子系统现在是安全的,可以开始投料试车活动。

| 详细信息 | 承包商代表 | 业主代表 |
| --- | --- | --- |
| 姓　名 | | |
| 签　名 | | |
| 日　期 | | |

## 4.13.5　子系统主尾项表

如表 4-4-5 所示。

表 4-4-5 子系统主尾项表

| 单元: | | | 项目名称 | | | |
|---|---|---|---|---|---|---|
| 系统: | | | 子系统主尾项清单 | | | |
| 子系统: | | | | | | |
| | 码 | 类别 | 专业 | | 采取措施的部门 | 合并尾项 |
| | AB-CD-EF-GHIJ | A—在机械完工前纠正 | B:建筑 | I:仪表 | S:安全 | V:供应包设备 | ENG—设计 | COM—投料试车 | 业主 |
| | AB-CD-EF-GHIJ-KLM | B—在临时移交之前纠正 | C:土建 | IN:保温 | ST:结构 | Z:其他 | CON—施工 | QAC—QA/QC | 承包商 |
| 说明 | XXXXXXXX | C—在装置验收前纠正 | E:电气 | M:机械 | T:电信 | | PRE—联动试车 | OTH—其他 | |
| | | | H:HVAC | PC:刷漆 | O:运营 | | | | |
| 尾项编号 | 标签 | 类别 | 专业 | 尾项说明 | 执行(部门) | 提出人(姓名) | 提出尾项日期 | 资源 | 备注 | 分包商代表签署 | 分包商签署日期 | 承包商代表签署 | 承包商签署日期 | 业主代表签署 | 业主签署日期 | 意见/参考 |
|---|---|---|---|---|---|---|---|---|---|---|---|---|---|---|---|---|
| | | | | | | | | | | | | | | | | |
| | | | | | | | | | | | | | | | | |
| | | | | | | | | | | | | | | | | |
| | | | | | | | | | | | | | | | | |
| | | | | | | | | | | | | | | | | |
| | | | | | | | | | | | | | | | | |
| 结束 | | | | | | | | | | | | | | | | |

### 4.13.6 参加机械竣工穿行检查人员表

如表 4-4-6 所示。

表 4-4-6 参加机械竣工穿行检查人员表

| 子系统编号 | | 子系统说明 | | 时间 | |
|---|---|---|---|---|---|
| AB-CD-EF-GHIJ-KLM | | XXXXXXX | | 开始时间 | |
| | | | | 完成时间 | |
| Sl# | 姓　名 | 业　主 | 签　字 | 备　注 | |
| | | | | | |
| | | | | | |

# 第5章
# 最终交付物移交计划

## 5.1 目的

该计划描述了承包商工作范围内的最终可交付成果。包括：①项目记录手册。②操作程序手册。③数据交付。④项目技术文档交付，如：a.供应商操作和维护手册；b.其他供应商文档；c.竣工文件；d.润滑油、机油和防护涂料表。⑤现场移交的可交付成果，例如：a.测试操作包；b.质量档案。

## 5.2 范围

此程序适用于根据 EPCC 合同确定的特定项目和特定的资产。

## 5.3 定义和缩写

### 5.3.1 定义

程序用到的定义包括：①工程项目设计可交付物：指由工程项目设计活动生成的与 EPCC 合同规定交付的任何子系统/系统匹配的数据与资料。主要是文件，但也包括数据库。一般会在 EPCC 合同中定义每个设计专业可交付物的最低要求。②机械竣工：机械竣工（MC）是指项目的相关部分已根据合同在机械和结构上完成所有法律、法规以及项目规定与工程规范确定的工作，只有部分业主认为不会对本工厂或部分的联动试车运行或安全造成实质性影响并且已准备就绪的微小疏漏和轻微缺陷尾项没有完成。

### 5.3.2 缩写

程序的缩写包括：①CADD：计算机辅助设计与制图。②DPC：流程数据中心。③EC：工程设计中心。④EDMS：电子文档管理系统。⑤EFD：工程流程图。⑥FEED：前端工程设计，由业主提供给 EPCC 合同的承包商。⑦MDR：控制版文件登记。⑧RFI：申请检验。⑨RFP：采购请购。⑩SOC：现场运营中心。⑪VDDL：供应商图纸数据清单。⑫VDDR：供应商绘图和数据要求。

## 5.4 项目记录手册

### 5.4.1 总则

有项目初期记录手册和项目终期记录手册。这两个项目记录手册都是按照项目执行计划中的项目分解结构的每个单元/生产线编制的。

项目的文件管理团队将根据 EPCC 合同中关于"工程设计的执行"的标准目录进行预见性的调整。拟定的目录应按照项目计划的日期提前送交业主批准。

项目记录手册是在项目电子文件管理系统中准备。一旦完成并且内容和组织形式得到业主的批准，电子项目记录手册将转移到现场文件控制团队，该团队将打印和装订书面的副本，并根据 EPCC 合同中关于"最终文件移交"的规定和现场文件控制与目录管理要求，调整最终的卷数量。供应商/制造档案纳入项目终期记录手册，由各供应商打印并提交给项目管理团队，项目管理团队将检查并最终完成供应商/制造档案，并将供应商/制造档案转交给现场文件控制团队，以便将其纳入项目终期记录手册。

### 5.4.2 项目初期记录手册

项目初期记录手册将在项目任何部分预定的机械竣工日期前至少 9 个月交付。将提供 4 套打印件和 1 份电子版本。

项目初期记录手册的内容是工程设计的可交付成果，是项目中设置的修订和批准程序的对象，例如：①工程设计执行计划；②图纸的准备、审核和批准；③业主审批意见控制程序；④工程设计变更管理程序；⑤重要文件变更通知程序；⑥文件管理计划。这些程序保证将电子文件从 EDMS 中提取到项目初期记录手册。

根据 EPCC 合同要求应提供一套完整的文件，是每个可交付成果的最新修订的版本，直至提供"竣工"版。根据项目需要和 EPCC 的合同要求，通常所需文件应经过修订/审批周期以获得最新修订版。

### 5.4.3 项目终期记录手册

项目终期记录手册将在项目任何部分的机械竣工日期后的 60 天内交付，将提供 4 套打印件和 1 份电子版本。

项目终期记录手册的内容包括项目产生的总体文件，包括但不限于：①在工程设计中心（EC）和项目管理部（PDO）生成的工程设计和采购管理的交付物；②供应商文件，包括供应商档案和质量记录；③施工文件，包括质量记录；④设施运行和维护所需的手册和清单；⑤参考文件，如工艺设计包协议、工程设计工作 ITB 包和上个月的报告。一旦这些内容已有"竣工"版，应提供"竣工"版文件。

这些内容一直是项目设置的修改和批准程序的对象，例如已经列入项目初期记录手册的程序，其中还包括设备和材料制造过程中生成的供应商文件，以及以下项目施工阶段生成文件的附加程序：①检验程序；②施工执行计划；③现场文件控制程序；④现场质量计划；⑤机械竣工、联动试车和移交计划。

这些程序保证将电子文件从 EDMS 中提取到项目终期记录手册中。根据 EPCC 的合同要求应提供一套完整的文件，并且每个可交付文件应是最新修订版本（包括"竣工"版）。根据项目需要和 EPCC 合同的要求，通常所需文件应经过修订/审批周期以获得最新修订版。

## 5.5 操作程序手册

### 5.5.1 单元（工艺过程）操作程序

EPCC 合同一般会对操作程序的内容进行定义。应根据项目执行计划所示的项目结构分解为项目的每个单元/生产线编制操作程序。

在项目总体进度中指定将为每个单元编制操作程序的进度，并且在任何情况下，不应迟于相应单元预定的机械竣工前 9 个月完成操作程序。第一个单元的操作程序将作为其他单元操作程序遵循的模板。

操作程序将由：①负责该工艺单元的工程设计中心（EC）的工艺部门编制；②承包商的工艺部门负责指导工程设计中心；③联动试车团队（PDO/SOC）提供针对与联动试车活动相关的特定要点；④EC 和 PDO 的区域经理和项目工程师担任协调员；⑤相关的专业将根据需要支持工艺部门和联动试车团队。

操作程序应纳入电子文件管理系统中。一旦完成操作程序，并且操作程序的内容和组织得到业主的批准，将打印副本并装订，并给业主提供 4 套打印件和 1 份电子版本。

### 5.5.2 电气系统操作手册

将为每个电气变电站准备电气系统操作手册。承包商将与业主就电气系统操作手册的内容达成一致。

电气系统操作手册将在相应变电站的预定机械竣工之前的 9 个月内完成。第一个电气变电站的电气系统操作手册，将作为其他电气变电站遵循的模板。

"电气系统操作手册"将由：①负责电气变电站的工程设计中心（EC）的电气部门编制；②承包商的电气部门负责指导工程设计中心；③联动试车团队（PDO/SOC）提供针对与联动试车活动相关的特定要点；④EC 和 PDO 的区域经理和项目工程师担任协调员。

电气系统操作手册应纳入电子文件管理系统中。一旦完成电气系统操作手册并且电气系统操作手册的内容和组织得到业主的批准，将打印副本并装订，并给业主提供 4 套打印件和 1 份电子版本。

注意：每个电气设备的具体手册由各自的供应商提供，包括电子文件和硬拷贝。

### 5.5.3 数据交付

数据交付参见数据管理计划的"可交付成果"以及每个数据库的专用程序：①SPI 实施计划；②SPPID 实施计划；③SPEL 实施计划；④SP3D 实施计划。

这些项目数据库分配到由业主管理的服务器中，一旦确认最终完成数据库，并将应提交的可交付成果提交后，这些数据库将转移给业主，包括完成和发布的竣工版。

SP3D 数据库将由承包商项目的 IT 经理关闭并转交给业主。由于业主可以访问 SP3D 内容，所以承包商和业主之间可以商定优化详细的程序。无论如何，承包商将确认在 SP3D 的活动已经完成，并且负责准备好移交数据库。

### 5.5.4 供应商文件

供应商文件包含在项目终期记录手册中。

要求供应商提供制造档案，包括设计文件、材料规格、质量记录和证书、操作手册和维护手册，这些手册包含在项目终期记录手册的相应章节中。

维护手册将在每个单元移交前 9 个月提交给业主。

供应商将提供电子文件，并提供打印装订好的硬拷贝放入项目终期记录手册中。由于项目终期记录手册按照单元发布，因此供应商将按单元提供分割的文档。根据项目规定，将按照适用的情况完成文件。

这些要求通过包含在每个采购订单中的专用 VDDR 明确，并且在开始编制采购订单的早期，通过由承包商审核由供应商发布的 VDDL，检查供应商的理解是否正确。

供应商文件的质量和完整性通过工程设计程序（例如文件管理计划和工程设计执行计划）中说明的系统进行审查。

供应商按照数据管理计划将数据传输给承包商，并将其包含在项目的数据库中。

#### 5.5.5 竣工文件

承包商将按照 EPCC 合同要求提供竣工的文件，这些文件一般会在 EPCC 的合同中列出。为确保满足这些要求，在项目开始时，应在 MDR 中标识需要发布的竣工的工程设计文件，而自第一次调查开始以来，在每个 VDDR 中标识需要发布竣工版的供应商文件。

分包商在安装该设施期间在工程设计图纸上用红色标记出"竣工"的内容，EFD 除外；EFD 的红色标记由现场工程设计团队执行。施工监督团队和现场设计工程团队验证红色标记"竣工"图的质量和完整性，参见下述 5.8 节中的工作流程。现场文档管理团队将红色标记"竣工"图导入 EDMS 中，并且由 PDO 文档管理团队发布 EC 更新的主要电子文件和"竣工"版电子文件。这项工作流程确保项目终期记录手册中包含的版本是"竣工"版。

供应商文件由供应商发布"竣工"文件，并包含在 EDMS 中。PDO 文档管理团队在采购订单关闭和接受最后一张发票并支付之前，控制供应商完成发布"竣工"文件。

#### 5.5.6 用于操作和维护的表格和清单

**（1）催化剂和化学品清单**

催化剂和化学品清单包含在操作程序手册中。由每个 EC 的工艺部门准备，并由 PDO 工艺部门进行指导。

催化剂和化学品清单的内容将符合 EPCC 合同中采购和管理程序的要求。

**（2）润滑油、机油和防护涂料表**

每个供应商都会为其供货范围内的设备和材料提供相关的润滑油、机油和保护涂层。

工程设计中心（ECs）的机械部门（润滑油和机油，也包括电气设备的部门）和 EC 静设备部（防护涂料）为每个单元准备并发布一个汇总表，并纳入每个单元的最终项目记录册。将由 PDO 的相应部门协调和修改该汇总表。

润滑油、机油和防护涂料清单的内容将与 EPCC 合同中"采购和管理程序"的要求相匹配。

**（3）备件清单**

根据 EPCC 合同的要求与详细说明编制项目的备件清单，并纳入 EDMS 的管理与发布，将包含在项目终期记录手册中。

**（4）特殊工具清单**

特殊工具清单是供应商提供文档的一部分，并且包含在项目终期记录手册中，但会随维护手册一起提交给业主。

## 5.6 可交付物现场移交

按照"机械竣工、联动试车、移交和投料试车计划"，阐述将装置移交给业主所需的行动、程序、职责以及文件。

临时移交完工程序适用于为装置的任何部分（子系统和系统）移交提供手册。临时移交完工手册由承包商移交团队和现场文档控制团队在现场准备和装订。包含手册中的所有文档都通过 EDMS 进行管理。

可交付物现场移交的内容以及进度的要求见表 4-5-1。

表 4-5-1　可交付物现场移交的内容及进度

| 移交资料 | 时间 | 份数 | 说明 |
|---|---|---|---|
| 操作程序手册 | 在预定的机械完工日期之前 9 个月(最少) | 4P+1E | |
| 电气系统操作手册 | 在预定的机械完工日期之前 9 个月(最少) | 4P+1E | |
| 供应商文件 | 在工作车间进行设备/材料最终检验之前完成 | | ① |
| 维护手册 | 将及时纳入最终项目记录簿 | 4P+1E | ② |
| 制造档案 | 在预定的机械完工日期之前 9 个月(最少) | | ① |
| 初步项目记录簿 | 在预定的机械完工日期之前 9 个月(最少) | 4P+1E | |
| 耗材表:<br>①催化剂清单<br>②化学品清单<br>③润滑油和润滑脂清单<br>④防护涂料 | 将按工程设计和采购阶段发布。<br>将及时包含在"操作程序和维护手册"和"最终项目记录簿"中 | | ① |
| 移交完工手册 | 申请移交子系统和系统时 | 4P+1E | |

① 集成在项目手册（操作/维护/项目记录）中。
② 提前交付项目终期记录手册的相应部分。
注：P——打印副本；E——电子副本。

## 5.7　相关规定与程序

### 5.7.1　业主规定与程序

业主的规定与程序包括：①采购和管理程序；②项目管理和协调程序；③业主工程设计/竣工期间的评估矩阵；④初步项目记录手册的内容；⑤项目最终记录手册的内容；⑥操作手册的典型内容；⑦临时移交完工手册、准备指南和内容；⑧子系统临时移交完工手册。

### 5.7.2　项目程序

相关的项目程序包括：①项目执行计划；②业主审批意见控制程序；③信息管理计划；④数据管理计划；⑤工程设计执行计划；⑥图纸的编制、审查和批准；⑦工程设计变更管理程序；⑧关键文件变更通知；⑨文件管理计划；⑩供应商图纸和数据要求-一般注意事项；⑪现场文件控制程序；⑫工程设计和采购质量计划；⑬现场质量计划；⑭检查程序；⑮施工执行计划；⑯机械完工、联动试车和移交计划；⑰SPI 实施计划；⑱SPPID 实施计划；⑲SPEL 实施计划；⑳SP3D 实施计划。

## 5.8　最终可交付物的移交计划及竣工工作流程

最终可交付物的移交计划及竣工工作流程如图 4-5-1 所示。

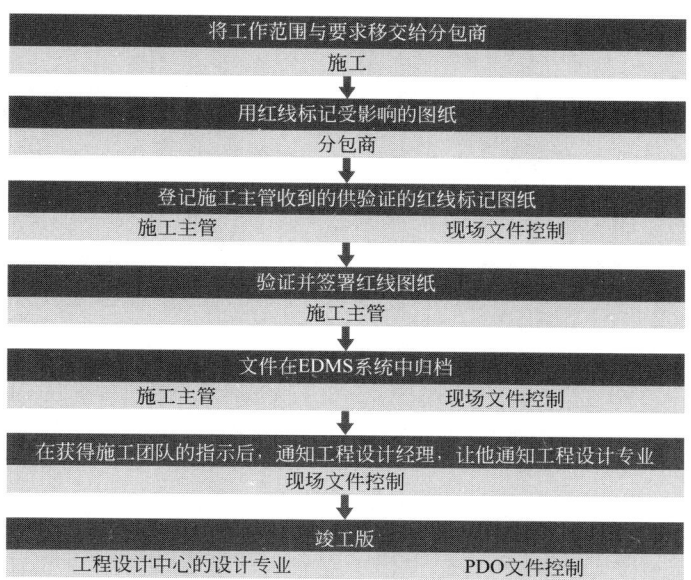

图 4-5-1　最终可交付物的移交计划及竣工工作流程

## 参 考 文 献

[1] CII Knowledge base. https://www.construction-institute.org.
[2] Gu Xiangbai, et al. Hierarchy probability cost analysis model incorporate MAIMS principle for EPC project cost estimation. Expert Systems with Applications, 2011, 38 (7): 8087-8098.
[3] 陈六方, 顾祥柏. EPC 项目费用估算方法与应用实例. 北京: 中国建筑工业出版社, 2013.
[4] 王建, 孟德乾. 传统设计院转型工程总承包公司的挑战与机遇. 价值工程, 2018, 32: 28-29.
[5] 汪凯, 禚新伦, 王正. 设计牵头的工程总承包模式中的设计管理研究. 建筑经济, 39 (9): 31-34.
[6] 张贤超. EMPC 总承包管理模式——系统解决装配式建筑的金钥匙. 住宅与房地产, 2018, 20: 48-51.
[7] Martinelli Russ J. Milosevic Dragan Z. Project management toolbox: tools and techniques for the practicing project manager. John Wiley & Sons, 2016.
[8] NORMAN Eric S, BROTHERTON Shelly A, FRIED Robert T. Work breakdown structures: the foundation for project management excellence. John Wiley & Sons, 2010.
[9] HAUGAN G T, et al. Effective work breakdown structures. Berrett-Koehler Publishers, 2001.
[10] Burke Rory, Steve Barron. Project management leadership: building creative teams. John Wiley & Sons, 2014.
[11] Lloyd-Walker Beverley, Derek Walker. Collaborative project procurement arrangements. Project Management Institute, 2015.
[12] 顾祥柏. 建筑供应链运营管理. 北京: 中国石化出版社, 2014.
[13] Moustafaev Jamal. Project scope management: A practical guide to requirements for engineering, product, construction, IT and enterprise projects. Auerbach Publications, 2014.
[14] Forbes Lincoln H, Ahmed Syed M. Modern construction: lean project delivery and integrated practices. Crc Press, 2010.
[15] Meredith Jack R, et al. Project management in practice. Wiley Global Education, 2016.
[16] Pekuri Aki, Haapasalo Harri, Herrala Maila. Productivity and performance management—managerial practices in the Construction Industry. International Journal of Performance Measurement, 2011, 1 (1): 39-58.
[17] Carrillo Patricia. Lessons learned practices in the engineering, procurement and construction sector. Engineering, Construction and Architectural Management, 2005, 12 (3): 236-250.
[18] CHAMPY James. X-Engineering the corporation: Reinventing your business in the digital age. Recording for the Blind & Dyslexic, 2005.
[19] Aldhaheri O, & Salem M Effectiveness of Engineering, Procurement and Construction (EPC) Major Projects in Abu Dhabi's Oil and Gas Industry: End User's Perspective 2016.
[20] Wang Tengfei, et al. Relationships among risk management, partnering, and contractor capability in international EPC project delivery. Journal of Management in Engineering, 2016, 32 (6): 04016017.
[21] Tian Gao. Research on the claims management of intelligent EPC contractor under the risk sharing vision. 2018 International Conference on Robots & Intelligent System (ICRIS). IEEE, 2018.
[22] Du Lei, et al. Enhancing engineer—procure—construct project performance by partnering in international markets: Perspective from Chinese construction companies. International Journal of Project Management, 2016, 34 (1): 30-43.
[23] Hung Mai Sy, Wang Jianqiong. Research on delay risks of EPC hydropower construction projects in Vietnam. Journal of Power and Energy Engineering, 2016, 4 (04): 9.